LETTRES

DE LA VENERABLE
MERE MARIE
DE
L'INCARNATION
PREMIERE SUPERIEURE
DES URSULINES
DE LA NOUVELLE FRANCE.

Divisées en deux Parties.

A PARIS,
Chez LOUIS BILLAINE, au second Pilier de la grande Salle du Palais, au grand Cesar.

M. DC. LXXXI.
Avec Approbation des Docteurs, & Privilege de Sa Majesté.

AVERTISSEMENT.

IL est juste que je satisfasse le Public, & que je m'aquitte de ma promesse. Lors que j'ai fait imprimer la Vie *de la Mere Marie de l'Incarnation*, j'ai marqué dans la Preface que j'avois ses lettres, & je me suis engagé à les mettre au jour. J'avouë que cet engagement a été un peu precipité, & qu'il eût été mieux de laisser encore passer quelques années, avant que de les publier: car, comme elle y traitte de diverses affaires, qui sont quelquefois assez incommodes & épineuses, pour justes & veritables que soient ses sentimens, pour honnêtes & moderées que soient ses paroles, pour droites & pures que soient ses intentions, il est difficile qu'il ne s'y rencontre quelque chose qui ne plaise pas tout-à-fait à ceux avec qui elle n'a pas toujours eu une entiere conformité de desseins & de pensées.

Mais je me suis trouvé sollicité & pressé de tant d'endroits que je n'ai pu m'en défendre; & les personnes qui ont lu sa Vie, ont si fort goûté quelques fragmens de ses Lettres, qui y sont rapportez, que le desir qu'ils ont eu de les voir entieres, a été jusqu'à l'impatience, & les prieres qu'ils m'ont faites de n'en pas differer davantage la publication, ont passé jusqu'à l'importunité.

AVERTISSEMENT.

L'on s'étonnera peut-être de voir ce Volume si gros & si rempli, n'étant pas une chose ordinaire aux femmes d'écrire beaucoup de Lettres : Mais l'on doit plûtôt s'étonner de le voir si petit, puis qu'ainsi que l'on pourra remarquer en plusieurs endroits de cet Ouvrage, il y a eu des embarquemens ausquels elle a presque écrit un aussi grand nombre de Lettres, que celui qui compose ce Recüeil. Si elles étoient toutes tombées en mes mains, j'aurois eu le moien de faire l'Ouvrage plus complet, & peut-être plus agreable & plus utile; mais il y en a une infinité de perdües. Quelques uns de ceux à qui elle a écrit, les ont regardées avec indifference, & ne se sont pas mis en peine de les garder : d'autres qui les conservent comme des choses qu'ils estiment precieuses, n'ont peut-être pas sceu la recherche que j'en ai faite : Et d'autres enfin qui les regardent comme des Reliques, non seulement de son esprit, mais encore de ses mains, sont bien-aises que personne ne participe à leur tresor.

Mais la plus grande perte que j'aie faite, & que les personnes spirituelles feront aussi bien que moi, est de celles qu'elle a écrites à Monsieur de Bernieres. Dans le dernier voiage qu'il a fait à Paris, il me dit qu'elle lui écrivoit souvent, que ses Lettres ne traittoient pour l'ordinaire que de l'Oraison, & que la plûpart étoient de quinze & seize pages, en sorte que chacune eût été capable de faire un Livre. Bien loin de les trouver trop longues & ennuyeuses, il les lisoit avec une extrême satisfaction, & il en faisoit une estime singuliere. Il me dit entre autres choses, qu'il avoit connu bien des personnes appliquées à l'Oraison, & à qui ce saint Exercice étoit familier & ordinaire, mais qu'il n'en avoit jamais veu, qui en eût mieux pris

AVERTISSEMENT.

l'esprit, ni qui en eût parlé plus divinement. Il me promit de m'envoier ces Lettres, quand nous nous separâmes; mais la premiere nouvelle que j'apris de lui aprés son retour, fut celle de sa mort. J'ai depuis fait toutes les diligences possibles, pour sçavoir ce que ces Lettres étoient devenuës, mais je n'en ai pû rien apprendre. Pour entendre ce qu'elle écrivoit d'elle-même, & des experiences qu'elle avoit des choses spirituelles, il falloit avoir une certaine clef que tout le monde n'avoit pas : c'étoit une adresse innocente, dont elle usoit pour cacher au monde les graces & les lumieres dont nôtre Seigneur l'avoit si richement partagée, & cette adresse lui a réüssi; car je n'ai pas de peine à croire que ceux qui ont recüeilli les papiers de ce grand Serviteur de Dieu, n'aient rejetté ces Lettres, comme des pieces où il n'y avoit point de sens, & qui leur paroissoient de nulle consequence. De la sorte nous avons perdu ce qu'elle a peut-être jamais écrit de plus élevé, & qui eût pu davantage contenter les personnes avancées dans la vie mystique.

Le style des Lettres a quelque chose de particulier; & l'on convient que la plûpart des Peres de l'Eglise & des Auteurs Prophanes n'ont jamais mieux fait connoître leur esprit & leur genie que par cette façon d'écrire. Les autres Ouvrages, comme les harangues & les traittez dogmatiques ne sont pour l'ordinaire que des fruits de l'étude : ce sont ou des élevations & de nobles transports d'esprit, ou des speculations tranquilles des Auteurs, lesquelles ne donnent qu'une foible idée de leurs mœurs & de leur caractere. Mais dans leurs Lettres, & principalement dans celles qu'ils adressent à des personnes égales ou familieres, ils partent plus du cœur que de l'esprit, ils font voir la dif-

AVERTISSEMENT.

position & comme le visage de leur ame, & ils se peignent eux-mêmes.

Ce seront aussi les Lettres de la Mere Marie de l'Incarnation qui la feront mieux connoître, qui découvriront les talens qu'elle avoit reçus de la Nature, ou de la Grace, & qui feront voir l'étenduë & la solidité de son esprit, soit pour les affaires humaines & civiles, ou pour les choses divines & spirituelles.

L'on ne pourra jamais assez admirer la douceur de l'esprit dont ses lettres sont remplies. Car encoré qu'elle traitte de diverses matieres qui d'elles-mêmes sont assez opposées à l'esprit de devotion, comme sont les affaires temporelles, les guerres, les ambassades, les negociations; elle en parle neanmoins d'une maniere si chrêtienne, & avec tant de tendresse de pieté, qu'il est aisé de voir que l'onction de son ame accompagnoit ses pensées, à mesure qu'elle les exprimoit sur le papier.

Ce qui paroîtra encore plus admirable, c'est la moderation avec laquelle elle écrit les choses, quelque interêt qu'elle y eût. La prudence & la charité éclatent également dans ses Lettres. Car dans la diversité des affaires de consequence qu'elle a eu à traitter, l'on verra aisément qu'il lui a fallu soûtenir des contradictions fâcheuses, à qui pour leur pesanteur elle donne le nom de Croix, mais elle n'en declare jamais les Auteurs. Elle en parle generalement & avec obscurité, en sorte qu'il n'est pas possible de dire en particulier, de qui elle veut parler. Et moi-même quoi que j'aie eu le secret de ses affaires, je n'en ai pas eu plus de connoissance que les autres : Elle me les a tenu tellement cachez, qu'à l'égard de plusieurs points je me suis abstenu d'en juger, de crainte de former un jugement

AVERTISSEMENT.

mal fondé & temeraire. Quand la necessité l'oblige de faire mention de ceux qui lui ont causé du chagrin, outre qu'elle le fait confusément, c'est toujours sans les blâmer. Sa prudence & sa charité lui font trouver des tours pour excuser leur conduite, & même pour en parler avec éloge. Elle passe plus avant ; car bien loin d'en avoir du ressentiment, on voit un cœur qui s'ouvre & se dilate, comme si elle y vouloit recevoir ceux qui lui font de la peine.

Elle se soûtient par tout de la sorte, & l'on peut dire que son onction interieure est un baume répandu sur tous ses écrits. L'effusion s'en étend encore plus loin ; elle semble passer jusques dans les cœurs : de sorte qu'on ne les peut lire sans être parfumé de son odeur, & sans entrer dans la communication de son esprit. L'on n'y remarquera point ces bassesses ni ces vanitez mondaines, dont les personnes du siecle font souvent le fort de leurs lettres, quand elles écrivent à d'autres qui leur sont familieres. Mais à qui que ce soit qu'elle écrive, elle conserve toujours une gravité humble, & une generosité respectueuse. Et jamais elle ne s'écarte de la solidité de sa grace principale, qui est son union intime & continuelle avec Dieu.

L'on pourra neanmoins y apprendre à faire des civilitez chrêtiennes & religieuses ; j'entens par là de certaines façons de parler honnêtes, mais qui ne tiennent rien de la vanité de celles du monde, qui bien souvent ne se terminent qu'à la flaterie, & qui par des déguisemens trompeurs & politiques, disent toute autre chose que ce que l'on a dans le cœur. Dans tout ce qu'elle écrit, la charité, la sincerité & la gravité ne se quittent jamais, & dans les tours d'honnêteté qu'elle donne à ses paroles, pour s'insinuer dans l'esprit de ceux à qui elle parle, elle porte &

AVERTISSEMENT.

excite en même temps à l'amour de Dieu & de la vertu: Dieu est toujours le principe & la regle de ses civilitez.

Je divise tout l'Ouvrage en deux parties, dont la premiere contient ses Lettres Spirituelles, & la seconde ses Lettres Historiques. Cette division neanmoins n'est pas si juste, que les Spirituelles ne soient mêlées de beaucoup de faits Historiques; & que les Historiques ne soient remplies de tant de pieté, qu'en les lisant, on croira facilement lire un discours spirituel, & qui tend à l'instruction des mœurs.

Les premieres seront une seconde image de sa Vie. Toutes ses vertus y paroîtront avec éclat: L'on y verra la conduite de son oraison, & les degrez par lesquels elle est montée à une contemplation si haute & si sublime: Son union continuelle avec Dieu s'y découvrira avec étonnement: l'on y remarquera ses combats & ses victoires, ses lumieres & ses obscuritez, ses élevations & ses abaissemens, les caresses & les rebuts de son divin Epoux, & en un mot toutes ces épreuves & ces vicissitudes par lesquelles Dieu fait passer les ames qu'il cherit le plus, pour les purifier, & pour les élever à la perfection evangelique. Et quant à la Doctrine, l'on verra qu'il y a peu de points dans la vie spirituelle & mystique qui ne s'y trouvent expliquez avec tant de clarté, qu'il est évident qu'elle n'a rien écrit que ce qu'elle a fait, & ce que l'experience lui a appris. Ces lumieres ne seront peut-être pas aperceuës de ceux qui ne lisent les livres que par curiosité, ou pour passer le temps; parce qu'elles sont mêlées dans les entretiens propres aux Lettres familieres, & couvertes du voile des choses exterieures: mais ceux qui liront ces Lettres avec attention, & dans le dessein d'en profiter, découvriront facilement ces instructions, & ils n'auront pas de peine à trouver le tresor caché dans le champ.

Les

AVERTISSEMENT.

Les autres Lettres contiennent une Histoire succinte, mais sincere de tout ce qui s'est passé de plus remarquable dans le Canada depuis 1640. jusques en 1672. c'est-à-dire durant l'espace de trente-deux ans qu'elle y a vécu. L'on peut ajoûter foi à tout ce qu'elle dit, n'aiant rien écrit qu'elle n'ait veû ou appris de bouche ou par Lettres des Reverends Peres Jesuites, qui étoient dispersez dans les Missions. Souvent méme le Reverend Pere, qui étoit chargé de travailler aux Relations, lui communiquoit ses Memoires, pour en tirer ce qu'elle jugeroit à propos, afin d'en faire part en France à ses Amis & aux Bienfaiteurs de sa Maison. C'étoit l'adresse innocente, dont elle se servoit pour entretenir leur affection, & l'inclination qu'ils avoient à faire du bien à son Seminaire, & aux Filles Sauvages. Quelques-uns neanmoins de ceux à qui j'ai fait voir ces Lettres, estiment qu'il y a quelques circonstances qui ne sont pas tout-à-fait certaines dans l'Histoire, dont il est parlé dans la Lettre 56. de la seconde partie: & comme je n'ai eû ni le temps ni la commodité de m'en éclaircir, j'ai crû que je devois donner la Lettre en la maniere que je l'avois reçuë. Je la donne donc avec cette precaution, afin de ne point affoiblir la creance que l'on doit à la Relation des Reverends Peres Jesuites de cette année-là, si elle ne s'accordoit pas entierement avec cette Lettre.

Au reste Dieu a donné de si abondantes benedictions au Livre de la Vie de la venerable Mere par les grands secours que les personnes spirituelles en ont reçus, que j'ai sujet d'esperer qu'il n'en répandra pas moins sur ses Lettres. Avec cette confiance je les presente à ceux qui ont quelque amour pour leur perfection, en attendant que je leur communique le reste de ses Ouvrages.

APPROBATIONS DES DOCTEURS.

APPROBATION DE MONSIEUR CAMUS Docteur en Theologie de la Maison & Societé de Sorbonne, Theologal & Chancellier de l'Eglise de Tours, & Grand-Vicaire de Monseigneur l'Archevêque de Tours.

LES Justes, dit l'Ecriture, ne meurent qu'aux yeux des hommes insensez : Car outre que leur mort precieuse devant Dieu, est moins une mort qu'un passage heureux à la vie de l'Eternité, c'est qu'ils vivent toujours en terre, ou par leurs vertus dont le souvenir edifie, ou par leurs ouvrages dont les lumieres instruisent. La venerable Mere Marie de l'Incarnation s'est acquis ce privilege d'immortalité, qui est le partage des Predestinez, non seulement par sa pieté extraordinaire & ses communications avec Dieu ; qui ne cesseront jamais d'être d'un grand exemple & d'une édification admirable pour tout son Ordre ; mais aussi pour ses Maximes tres-Evangeliques & tres-Chrétiennes qui rempliront dans tous les temps l'esprit de ceux qui liront avec application le Livre qui a pour titre : *Lettres de la venerable Mere* MARIE DE L'INCARNATION, *premiere Superieure des Ursulines de la nouvelle France, divisées en deux parties. Premiere partie, Lettres spirituelles. Seconde partie, Lettres Historiques.* Car l'aiant lû avec soin, & aiant trouvé tout ce qu'il contient tres-conforme à la Foi Catholique, Apostolique & Romaine, & aux bonnes mœurs ; j'ai été sensiblement penetré de cet esprit, qui bien que caché sous la lettre, touche les plus endurcis, vivifie les plus tiedes, & change les plus contraires. En foi de quoi, j'ai signé la presente Approbation donnée à Tours, ce 11. Janvier, 1680.

E. CAMUS.

APPROBATION DE MONSIEUR PIROT Docteur & Professeur en Theologie de la Maison de Sorbonne.

J'AY leu ces deux parties manuscrites de *Lettres Spirituelles & Historiques de la Mere* MARIE DE L'INCARNATION *Ursuline.* En Sorbonne, le 15. de Mai 1680.

PIROT.

APPROBATION DE MONSIEUR CATINAT Docteur en Theologie de la maison de Sorbonne, & Abbé de S. Julien.

JE soussigné Docteur en Theologie de la Maison de Sorbonne, certifie avoir lû le Livre, intitulé : *Lettres de la venerable Mere* MARIE DE L'INCARNATION *premiere Superieure des Ursulines de la Nouvelle France, divisées en deux parties,* dont la premiere contient les *Lettres Spirituelles, & la seconde les Lettres Historiques.* Et n'y ai rien remarqué que de tres-conforme aux bonnes mœurs, & à la Foi Catholique Apostolique & Romaine. Et de plus que ces Lettres sont écrites avec tant d'esprit, de netteté & de pieté, qu'elles sont capables de beaucoup contribuer à la perfection du prochain. Fait à Tours, ce 11. Janvier 1680.

C. CATINAT.

LETTRES
DE LA VENERABLE M. MARIE DE L'INCARNATION.

PREMIERE PARTIE.
CONTENANT
LES LETTRES SPIRITUELLES.

ELEVATION A JESUS-CHRIST
en forme de Lettre.

Que Jesus-Christ par ses regards allume dans les cœurs le feu de l'Amour: Que cet Amour est une espece de martyre, & que ce martyre quoique crucifiant, ne laisse pas d'être delicieux.

A mon tres-chaste Amour le sacré Verbe Incarné, dont les yeux sont comme la flâme du feu.

Elle donne se nom d'Amour à Jesus-Christ, co qu'elle fera encore en plusieurs endroits. N. Seigneur lui aiant revelé qu'elle ne lui pouvoit donner une qualité qui lui fut plus agreable. *Apoc. 14.*

U'EST-CE-CY, ô mon cher Amour ! vos yeux sont purs & penetrans comme la flâme du feu ? Aussi ce sont eux qui font tant de blessures dans les cœurs que vous vous êtes assujettis. O mon adorable Epoux, ne guerissez jamais les playes que vous avez faites dans le mien, mais plûtôt renforcez cet heureux martyre par les regards de vos yeux,

A

& par les flâmes qui en sortent. Mon cher Amour, que vos impressions sont charmantes, quoi que crucifiantes! O qui pourroit voir ce qui se passe dans l'ame quand l'on y ressent vos ardeurs! Celui-là brûleroit des mêmes flâmes, où son cœur seroit plus froid & plus insensible que le marbre. Vos desseins adorables sur les ames que vous aimez, sont de les faire mourir & remourir sans cesse; & pourtant vous vous plaisez à les retenir dans la prison de leur corps qui est le Purgatoire, où vous voulez purifier les desirs trop ardens qu'elles ont d'aller se consommer éternellement en vous. O grand abîme de feu! Le temperamment que vous donnez à cette grande croix, est que vous leur ôtez le pouvoir de rien desirer que leur aimable martyre: Elles regardent vos desseins avec amour, & elles tiendroient à gloire de leur ceder, non seulement pour une heure, mais encore pour toute l'éternité, parce que vous êtes tres-digne d'avoir l'empire sur ceux qui vous aiment, & ils sont tres-heureux d'être vos captifs, & de se voir retenus dans vos liens: Dans vos liens, dis-je, que j'adore, puis qu'ils ne sont autres que vôtre esprit saint, qui les charme & les envyre en mille manieres. O mon Amour, cent fois mon Amour, mille fois mon Amour, infinité de fois mon Amour; & toujours mon tres-chaste & suradorable Amour! Ah! il faudroit voir mon cœur à nud pour connoître le doux commerce de vôtre Amour & de son aimable captivité. Vous le sçavez, ô mon grand Dieu, cela me suffit, & je demeure pour jamais collée à mon grand Amour le sacré Verbe Incarné, de qui je suis la tres-humble esclave.

LETTRE II.
A SON DIRECTEUR.

A D. Raymond de Saint Bernard Feüillant.

Elle lui represente avec une respectueuse liberté, que pour parvenir à une parfaite nudité d'esprit, il ne se faut point attacher aux dons de Dieu, particulierement à celui des larmes.

MOn Reverend Pere. Je croi que Dieu vous veut conduire par la voye d'un grand denuëment, & je suis extrêmement consolée de la disposition où il vous met touchant le don des larmes: car bien que ce soit un don, la nature neanmoins s'y peut prendre, parce que ces sortes de larmes delectent en quelque façon, en ce qu'elles sortent d'un cœur piqué dans la veuë d'un Dieu offencé & aimé. Un esprit épuré de toutes choses ne s'arrête pas aux dons, mais il s'élance en Dieu par un certain transport qui ne luy permet pas de s'attacher à ce qui est moindre que cet objet pour lequel il a été crée. C'est en cela que consiste la vraye nudité de l'ame. Une fois que j'estois fortement unie à cette divine Majesté, luy offrant ainsi que je croy quelques ames qui s'estoient recommandées à mes froides prieres, cette parole interieure me fut dite : Apporte-moy des vaisseaux vuides. Je reconnus qu'elle vouloit parler des Ames vuides de toutes choses, qui comme saint Paul courent sans relâche & sans empeschement au but afin d'y arriver. C'est dans ces Ames là que Dieu fait sa demeure, & qu'il prend plaisir de se familiariser. Et quand il nous dit : *Soyez parfaits comme vôtre Pere Celeste est parfait*, ne nous instruit-il pas que comme il est un & éloigné de la matiere, ainsi il veut que les ames qu'il a choisies pour une haute perfection, soient unes, c'est à dire, simples, pures, degagées de l'affection de toutes choses, & même de celle de ses dons ; afin qu'étant attachées à luy seul, elles soient faites un même esprit avec luy, & qu'elles puissent dire avec le Prophete : *J'ay veu la fin de toute la consommation*. C'est à dire, j'ay veu l'aneantissement de toutes les appropriations, par lesquelles la nature pourroit prendre quelque part aux dons de Dieu, & les souiller par de certaines attaches à ces choses-là, qui enfin amusent l'ame, & s'il faut ainsi parler, appesentissent ses aîles pour l'empêcher de voler si haut. Je benis nostre Bienfaiteur, de ce que son Amour vous ouvre cette voye, à laquelle il est bon de consentir, car c'est une aimable liaison, qui rendra l'ame semblable à celuy qui l'attire, si elle se rend fidelle. Mais pardon pour l'amour de nôtre cher JESUS, si je suis si temeraire que de m'avancer à parler de la sorte à celuy que Dieu m'a donné pour Pere & pour Maistre, & de qui parconsequent je dois être la tres-obeissante Fille, & la tres-humble Servante.

Matth. 5. 48.

Ps. 118. 96.

De Tours.

LETTRE III.
AU MESME.

Cette Lettre aussi bien que la precedente est écrite avant qu'elle fût Religieuse.

Elle luy rend compte de sa disposition interieure, qui étoit une insatiabilité d'Amour, & une souffrance de cœur de ne pas assez aimer.

MOn tres cher & tres R. Pere, je prie le doux Amour de nos cœurs de vous transformer en luy. Je n'ay pas voulu laisser passer vôtre cher Frere N. sans vous declarer mes dispositions interieures, ou du moins quelques unes, en attendant le bien de vous voir, & de mettre entierement mon ame à decouvert entre vos mains. Premierement, j'ay souffert une peine extréme de ne pas assez aimer, qui est une peine qui martyrise le cœur. Là dessus Nôtre Seigneur me donna un si puissant attrait, qu'il me sembloit que je tenois mon cœur en mes mains luy en faisant un sacrifice. Ne pouvant faire davantage, je voyois en esprit l'Amour que tant de Saints & de Saintes ont eu pour luy, & tout cet Amour ne me suffisoit pas, ne me pouvant souffrir avec un amour limité. Tout cela, pour grand qu'il fût en effet, me paroissoit petit, & comme rien à l'égard de mon JESUS. Enfin mon Ame étoit insatiable ne voulant que la plenitude de l'amour. En cet attrait, ces angoisses interieures me serroient étrangement par la presence amoureuse de Nôtre Seigneur qui m'étoit si intimement unie que je ne le puis exprimer. O que ce martyre est doux, dans lequel l'ame se trouve toute transformée en son objet! C'est un goût sans goût, aussi c'est ce que je ne puis expliquer. Aprés cette occupation d'esprit, je fus deux ou trois jours que je ne pouvois faire autre chose que de dire à l'Amour : Hé quoy, un chetif cœur est-il digne de JESUS ? Des personnes aussi chetives que je suis pourront-elles aimer JESUS ? Il m'est demeuré en l'ame une impression qui m'a toujours continué depuis, qui est que je me voy comme immobile & impuissante à rien faire pour le bien-Aimé. Je me voy comme ceux qui sont aneantis en eux-mêmes, & cela me met dans un extréme abaissement, qui me fait encore davantage aimer : car je voy tres clairement qu'il est tout & que je ne suis rien, qu'il me donne tout & que je ne puis luy rien donner. Ne suis-je donc pas bien riche dans ma pauvreté, puisque j'ay le Tout dans mon neant ? Je le dis encore une fois, je suis comme les petits enfans dans mon impuissance ; tout ce que je puis faire c'est d'attendre les volontez de l'Amour sur moy, où il fera tout par sa pure bonté. Nous parlerons de cet aneantissement quand Nôtre Seigneur vous aura fait revenir à nous, & que son œuvre qui vous en éloigne sera achevé. Cependant pardonnez à mon enfance & à ma folie, si je me voulois croire je vous en dirois bien d'autres, mais la confusion me saisit, & m'impose le silence.

De Tours le 27. Iuillet.

LETTRE IV.
AU MESME.

Elle se plaint d'une maniere respectueuse de ce qu'il sembloit la vouloir priver de sa direction : D'où elle prend occasion de luy dire jusqu'à quel point Dieu mortifioit ses inclinations propres, quoy qu'innocentes, pour l'élever à la parfaite pureté de l'ame.

MOn tres-R. Pere : Vôtre sainte Benediction. L'on m'avoit fait esperer qu'à la fin de vôtre Chapitre vous viendriez faire un tour en cette ville. Mais me voyant privée de cette consolation, je me suis resoluë de vous dire par écrit ce que je m'étois disposée de vous declarer de vive voix, si pourtant vous eussiez voulu m'écouter. J'ajoûte cette condition, n'osant plus me rien promettre de vôtre part : Car je vous diray, mon R. Pere, dans la candeur avec laquelle j'ay coûtume d'agir envers vous, que j'ay été fort surprise du procedé dont vous avez usé envers celle qui depuis le premier jour qu'elle a eu l'honneur de vôtre connoissance & de vôtre direction, a été tres-fidelle à vos avis. Il n'y a que Dieu qui sçache l'estime qu'elle en a fait, & s'il est arrivé quelque rencontre où j'aye été obligée de communiquer avec d'autres, ç'a été à cause de vôtre absence & dans une tres-grande necessité. J'avois donc crû, & je m'y étois disposée, ainsi que quelques autres ont fait, que je vous rendrois compte dans la derniere visite que vous avez faite icy, de tout ce qui m'étoit arrivé depuis vôtre départ. Mais vôtre abord si froid envers moy seule me ferma la bouche, outre le commandement que vous me fites par deux ou trois fois de me retirer aprés vous avoir dit deux ou trois mots. Le respect que je vous dois ne me permit pas de vous resister, mais je vous obeïs avec la mesme soumission que j'ay toujours fait dans les choses qui m'ont été les plus agreables. Il est vray que je me trouvay comme congediée, de sorte qu'encore que vous fussiez demeuré icy prés de trois mois, je n'eus pas l'asseurance de vous demander. Je ne sçay si c'est le mauvais usage que j'ay fait de vos conseils qui me cause cette privation. Si cela est, j'adore la justice de Dieu, & je plie sous son châtiment, car je ne puis donner un autre nom à cette privation. Peut-être aussi que j'affectionnois trop vôtre conduite, & qu'il me l'a voulu ôter, ainsi qu'il fait toutes les choses dans lesquelles je pourrois me satisfaire. Bien que j'agrée toutes ces dispositions, elles me coûtent, dautant que je vis encore, & une mort si longue & si sensible est dure à la partie inferieure. Je vous le dis avec verité, j'experimente generalement la soustraction de tout ce qui peut me donner quelque satisfaction, de sorte que je ne me puis voir que comme une étrangere pour qui l'on n'a que de l'indifference; ou plûtôt comme une personne degradée à qui l'on ôte tout.

Vous souvenez-vous de cette lumiere que N. S. me donna au commencement de ma conversion, par laquelle je voyois toutes les choses créées derriere moy, & que je courois nuë à sa divine Majesté? Cela se fait tous les jours aux dépens de mes sentimens. Je pensois dés ce temps que ce fût fait, parce que je voyois toutes choses sous mes pieds. Mais helas! je ne voyois pas encore ce qui étoit en moy de superflu; & c'est ce que le divin Jesus retranche continuellement. Ce n'est pas tout; il me fit voir une ame nuë & vuide de toute atome d'imperfection, & m'enseigna que pour aller à luy il falloit ainsi être pure. Or comme je luy étois unie tres-fortement, je croyois qu'en vertu de sa divine union il me rendroit telle qu'il me l'avoit fait connoître & qu'il ne m'en coûteroit pas davantage. Mais l'Amour m'aveugloit & m'empêchoit de voir ce que j'avois à souffrir pour arriver à la parfaite nudité. J'étois bien éloignée du terme que je croyois tout proche; car je vous avouë que plus je m'approche de Dieu, plus je voy clair qu'il y a encore en moy quelque chose qui me nuit & qu'il me faut ôter. Quand je considere l'importance de cette admirable vertu, je crie sans cesse à ce divin Epoux, & le conjure d'ôter sans pitié tout ce qui me pourroit nuire. Il le fait; mais comme je vous ay dit, c'est un martyre qui m'est continuel, tant dans l'interieur que dans l'exterieur. Tout ce que j'aimois le plus m'est matiere de croix; c'est de cela mesme que je souffre davantage. Mais quoy que cette disposition soit crucifiante, je ne la changerois pas pour

DE LA M. MARIE DE L'INCARNATION.

toutes les delices imaginables, parce qu'elle me conduit à mon celeste Epoux que je veux aimer par dessus toutes choses. Vous plaist il, mon Reverend Pere, luy demander pour moy la grace & la force de supporter ses rigueurs amoureuses? Je vous supplie encore d'user en mon endroit de vos severitez ordinaires; je les tiens à faveur, parce que je croy que c'est mon Jesus qui vous fait agir, & qui se sert de vous comme d'un instrument de son amour à mon égard. Si ma nature immortifiée m'a fait dire ou penser quelque chose contre le devoir, je vous en demande un tres-humble pardon: Je vous estime si bon, que je me l'ose déja promettre.

De Tours.

LETTRE V.

AU MESME.

Elle luy decouvre le desir que Dieu luy inspire d'aller en Canada travailler au salut des ames; & l'estime qu'elle fait d'une si haute vocation.

MON tres R. Pere, Vôtre sainte Benediction. Il me seroit impossible de ne vous pas declarer ce qui me presse. Je n'ay jamais eu de desir d'aucune chose qui semblât me pouvoir avancer en l'amour de mon Jesus que je ne vous l'aye communiqué, & qu'au même temps je ne me sois soumise à vôtre bon plaisir & à vos salutaires avis. C'est donc, mon Reverend Pere, que j'ay un extréme desir d'aller en Canada, & comme ce desir me suit par tout, je ne sçay à qui je me dois adresser pour le dire & pour demander secours afin de l'executer. Mais on m'a apris que vous avez aussi le dessein de vous exposer, à une si haute entreprise, & que l'affaire est si avancée, que vous y devez aller par cette premiere flotte qui va partir aprés Pâques. Bon Dieu! cela est-il vray? S'il est vray, de grace ne me laissez pas, & menez-moy avec vous. J'aime ardemment toutes ces petites Sauvages, & il me semble que je les porte dans mon cœur. Que je m'estimerois heureuse de de leur pouvoir apprendre à aimer JESUS & MARIE! Il faut que je vous confesse qu'il y a plus de dix ans que je me sens pressée de travailler au salut des Ames, & je voy tant de charmes & de bon-heur dans l'exercice de cet Employ, que cela le r'alume sans cesse. Il n'y a point de pensée si agreable à mon esprit que celle-là,

LETTRES SPIRITUELLES

& il me semble qu'il n'y a personne sous le Ciel qui puisse jamais meriter la possession d'un bien si inestimable, que d'estre choisie de Dieu pour un si haut dessein. Je pense que pour l'obtenir il faut plus aimer que tous les Seraphins; car cela se doit gagner par amour, & si j'aimois d'un amour tel que je m'imagine qu'il doit être, je me serois déja saisie du cœur de mon tres aimable JESUS, & je l'aurois forcé de m'exaucer sans retardement, tant je me sens pressée. Vous ne sçauriez croire neanmoins, combien je fais de saillies, ny combien de fois le jour mon esprit est transporté pour importuner celuy qui seul peut m'ouvrir la porte : Et comme sa Majesté a des sujets dont elle se veut servir dans l'execution de ses saintes volontez, le rapport qu'on m'a fait de vôtre dessein, m'a fait penser si ce divin Sauveur ne vous avoit point choisi pour me faire posseder l'effet de mes desirs, pour comble de tous les autres biens qu'il m'a fait par vôtre moyen. Voudroit-il bien que vous fussiez le commencement & la fin de mon bonheur, pour me conduire au point où il me veut? Si cela est, qu'il soit beny sans cesse, & que son amour fasse que je ne m'en rende point indigne. Mais quand je regarde mes imperfections, je dis aussi-tôt qu'il ne voudra point de moy, & que quelqu'autre plus fidéle & plus aimée luy gagnera le cœur, & qu'il fera tomber cet heureux sort sur elle. Mais je luy rend graces de ce choix dans lequel il ne se peut tromper, & de ce qu'il se formera des sujets tels qu'il les veut & qui luy seront de riches vases d'élection. Je vous conjure neanmoins, toute indigne que je suis de m'aider en mon dessein, & cependant de me donner une favorable réponse.

De Tours le 20. Mars 1635.

LETTRE VI.
AU MESME.

Elle luy declare de nouveau jusqu'à quel point monte l'ardeur de sa vocation au Canada ; dans laquelle neanmoins elle conserve une profonde paix interieure, desirant pardessus toutes choses l'accomplissement de la volonté de Dieu.

MOn tres R. Pere. Je n'ay pû attendre la fin de la semaine pour vous témoigner de nouveau ce que je voudrois faire plusieurs fois le jour. Nôtre Reverende Mere vous confirme par une lettre qui accompagne celle-cy, que ce que je vous ay communiqué

DE LA M. MARIE DE L'INCARNATION.

muniqué, touchant mon deffein pour le Canada, eft véritable. Croyez-vous, mon R. Pere, que je me fuffe tant oubliée que de vous mander des chofes en l'air, & que je ne vouluffe pas embraffer? ô Dieu, qu'il y a long-temps que j'y penfe! Ma confcience m'obligeoit de le dire, & l'obeïffance que je dois à fa divine Majefté ne me permettoit pas de me taire davantage. Les touches que je reffens en cet appel, (fi je le dois ainfi appeller) font fi vives, que je n'ay point de termes propres pour les exprimer. Je fuis toute languiffante en attendant l'accompliffement de ce que nôtre cher Epoux en a ordonné: s'il ne veut que le confentement de ma volonté, je luy ay déja donné ce qu'il veut dés qu'il m'a fi vivement touchée. Je n'ay nulle intention de me precipiter dans la pourfuite d'une chofe qui me feroit peut-être plus dommageable qu'utile, & qui eft en apparence contre toute la raifon humaine: mais je fuis dans le deffein de fuivre en toutes chofes le confeil & les avis des perfonnes fages. C'eft la penfée continuelle que j'ay quand j'envifage cet objet qui m'eft toujours prefent.

Je reffens dans la force de mon defir une paix fi profonde, & une nudité d'efprit fi entiere, que cela me nourrit dans une nouvelle union d'amour; & ce que je vous dis qui me fait languir, c'eft que traittant dans cette union avec nôtre Seigneur, & confiderant ce que je luy dois, je voy que je pourrois en quelque façon luy rendre le reciproque par une entreprife auffi fainte qu'eft celle qui m'eft reprefentée. Le defir que j'ay de l'accomplir me fait languir; fans pourtant me faire fortir de cette paix & de cette union; puifque je meurs de honte quand je fais reflexion que c'eft moy qui defire une fi grande chofe; moy dis-je, qui fuis fi infidele dans les petites occafions. Je carreffe pourtant mon JESUS, me confeffant en fa prefence, indigne de fon aimable choix. Je vous laiffe à penfer ce qui fe paffe dans ce commerce d'amour; & à l'heure que je vous parle, il femble que nonobftant ma baffeffe, je le veüille contraindre de m'accepter: & dans la mefme pourfuite je veux tellement confentir à fes deffeins, que je le conjure de ne m'accepter jamais par mes feules perfuafions, parce que le plus grand bien que je veux, c'eft ce qu'il veut. Si vous fçaviez combien je fuis encouragée interieurement, combien la foy que j'ay eft vive & forte pour franchir toutes les difficultez qui fe rencontreront dans cette entreprife, vous ne le croyriez peut-être pas. Si donc, mon R. Pere, nôtre Seigneur vous découvre fa volonté,

B

ne m'aiderez-vous pas ? Vous m'avez conduite à luy lorsque j'étois dans le siecle ; vous m'avez donnée à luy dans la Religion ; pour l'amour de luy-même conduisez-moy au bien que je voy comme le plus grand de tous les biens. Seroit-il bien possible que cela arrivât à vôtre indigne fille ? Ne seroit-ce pas le comble des excez du divin JESUS sur mon ame ? O que ce sort seroit heureux pour moy ! Je n'en puis comprendre l'avantage, & je ne le puis dire. Ma R^{de}. Mere Ursule de sainte Catherine est touchée du même desir, & comme c'est une ame toute innocente, je m'assûre qu'elle sera la premiere écoutée. Mais ce qui me console est qu'elle n'ira pas seule, & j'espere que l'union qui est entre elle & moy nous liera de nouveau pour ne nous separer jamais. Vous desirez sçavoir à qui j'ay communiqué ce dessein ; je vous diray que je l'ay declaré à nôtre Reverende Mere qui vous en pourra dire ses sentimens. J'en ay encore parlé au R. Pere Dinet, & le luy ay recommandé quand il est parti d'icy : si donc l'occasion s'en presente, il vous pourra dire mes dispositions. Quand je parle de cette matiere, je ne trouverois jamais de fin ; mais quoique je vous écrive, si j'ay le bien de vous voir, j'auray encore bien d'autres choses à vous dire. Pensez donc, s'il vous plaît, à celle qui est toute vôtre en JESUS-CHRIST.

De Tours le 5. d'Avril 1635.

LETTRE VII.
AU MESME.

Elle luy fait le recit du commencement & du progrez de sa vocation au Canada, ainsi qu'il l'avoit desiré, afin de l'examiner & de juger si elle vient de l'esprit de Dieu.

MOn tres R. Pere : Vous avez un grand sujet de presumer, & tout ensemble de vous défier de mon imbecillité. Et je ne m'étonne pas si vous étes surpris & dans l'étonnement, de me voir aspirer à une chose qui semble inaccessible, & encore plus de voir que c'est moy qui y aspire. Pardonnez-moy, mon tres R. Pere, si l'instinct si violent qui me pousse, me fait dire des choses que j'ay honte même d'envisager à cause de ma bassesse. Je m'en vais donc vous dire ma disposition, puisqu'il vous plaît me le commander. Vôtre Reverence sçait comme nôtre Seigneur m'a tenue depuis long-temps dans une étroite union & liaison interieure qui ne me permettoit pas d'arréter la veuë sur aucune chose particuliere que sur luy seul. Il me tenoit contente dans la joüissance de son amour, dans lequel je me voyois si avantagée, que la soustraction de toute autre chose me sembloit douce, & quelques croix que je pusse souffrir, elles ne me pouvoient faire sortir de cette disposition. Il est arrivé que depuis ma Profession religieuse, il a tenu mon esprit dans une douce contemplation des beautez ravissantes de sa loy, & sur tout du rapport de la loy ancienne avec la nouvelle. Dans cette veuë ma memoire étoit continuellement remplie des passages de l'Ecriture sainte qui me confirmoient dans toutes les veritez qui y sont rapportées du sacré Verbe incarné, quoique je n'en eusse jamais douté : de sorte que par la grandeur de ces lumieres, je me suis trouvée dans de si grands transports, que toute hors de moy, je disois : O mon grand Dieu ! O mon grand Amour ! vous me ravissez dans les connoissances dont vous remplissez mon esprit. Cela a mis dans mon ame un extréme desir de la vie Apostolique, & sans regarder la foiblesse de mon sexe ny mon imbecillité particuliere, il me sembloit que ce que Dieu me versoit dans le cœur, étoit capable de convertir tous ceux qui ne le connoissent, & qui ne l'aiment pas.

Lorsque je fis mes exercices spirituels, je me trouvois toute honteuse quand il me falloit rendre compte de mes sentimens, que j'étois convaincuë qui ne convenoient point ny à mon sexe ny à ma condition. Je n'avois point encore entendu parler de la mission, & neanmoins mon esprit passoit les mers, & étoit dans les terres étrangeres. Il y a plus de dix ans, comme je vous ay dit en ma derniere, que j'envisage & que je souhaitte cette grande chose, mais mon plus grand desir de la posseder, est depuis toutes ces nouvelles connoissances, & encore plus particulierement depuis que j'ay oüy dire qu'il se pourroit trouver quelque moyen de l'executer. De plus, nous avons veu la Relation, qui bien loin de me décourager, m'a rallumé le desir & le courage. Il me seroit impossible de vous dire les communications interieures que j'ay continuellement avec nôtre Seigneur sur ce sujet. Il me fait voir cette entreprise comme la plus grande, la plus glorieuse, & la plus heureuse de toutes les fonctions de la vie Chretienne : qu'il n'y a aucune creature digne de cet employ, ny qui le puisse meriter : qu'il faut que son amour en fasse le choix, & que quand il le fait, c'est gratuitement. J'y voy tant de charmes, qu'ils me raviffent le cœur, & il me femble que fi j'avois mille vies, je les donnerois toutes à la fois pour la poffeffion d'un fi grand bien. Aprés ces veuës je me trouve fi pauvre, fi abjecte, fi éloignée des conditions neceffaires pour gagner le cœur de celuy qui peut feul m'en ouvrir la porte, que je me fens preffée de luy dire : O mon JESUS vous connoiffez tous mes défauts : je fuis la plus digne de mépris qui foit fur la terre, & je ne merite pas que vous me regardiez : Mais, mon cher Amour, vous étes tout-puiffant pour me donner tout ce que vous me faites defirer. Je voy en fuite mon cœur comblé d'une paix qui ne fe peut exprimer, & dans cette paix mon cœur s'occupe à contempler ces ames qui n'aiment point celuy qui eft infiniment aimable. J'ay fort prefent ce paffage de S. Paul, que JESUS-CHRIST eft mort pour tous : & je voy avec une extréme douleur que tous ne vivent pas encore, & que tant d'ames font plongées dans le fein de la mort; j'ay tout enfemble de la confufion d'ofer afpirer, & méme de penfer que je puiffe contribuer à leur faire trouver la vie. Je demande pardon de ma temerité, & avec tout cela je ne puis détourner la vuë de deffus elles, ny perdre un defir qui me fuit par tout.

Comme je crains que mes defirs ne foient plûtôt des impetuofitez de la nature que des mouvemens du S. Efprit, & que mon amour propre ne fe veüille contenter fous une apparence de pieté, je me reprefente les dangers de la mer, & les travaux du païs; ce que c'eft que d'habiter avec des Barbares; le danger qu'il y a de mourir de faim ou de froid; les occafions frequentes qu'il y a d'être prife par les ennemis de JESUS-CHRIST ou de nôtre Nation; enfin tout ce qu'il y a d'affreux dans l'execution de ce deffein : Aprés ces reflexions où il n'y a rien qui puiffe plaire à la nature, ny contenter l'amour propre, mais plûtôt où il y a beaucoup de chofes qui la peuvent effrayer, je ne trouve point de changement dans la difpofition de mon efprit : je reffens plûtôt un inftinct interieur qui me dit que nôtre Seigneur qui peut tout ce qu'il veut, donnera aux ames qui s'expoferont la plenitude de fon efprit; que ce ne fera point en elles-mêmes, mais en luy qu'elles opereront & viendront à bout de leurs deffeins, & qu'elles ne doivent point perdre courage dans la veuë de tant de difficultez qu'elles fe reprefentent. Tout cela me fait pourfuivre mes importunitez auprés de Dieu, & je tâche de luy gagner le cœur. Mais en fuite il me vient en la penfée, fi je ne fuis point comme cette mere qui demandoit à nôtre Seigneur les deux premieres places de son Royaume pour ses enfans, & à laquelle il fut répondu qu'elle ne sçavoit ce qu'elle demandoit. Je crains cela, & dans ma crainte j'ay recours à mon refuge ordinaire, que je conjure de ne me donner jamais ce que je luy demande par mes importunitez, mais qu'il m'accorde par son amour ce qu'il a destiné pour moy de toute éternité. O qu'heureuses seront ces ames, mon R. Pere, sur lesquelles tombera cet heureux sort! Quelles quelles soient, je loüeray éternellement Dieu de ce choix; & si je m'en trouve rejettée, je ne diray pas que ce soit manque d'amour que mon cher maître ait pour moy, mais que c'est moy qui me seray renduë indigne de cette grande misericorde. Depuis le temps que j'ay ce desir, je n'y ay point veu d'alteration pour me faire retourner en arriere; au contraire j'y découvre toujours de nouvelles beautez qui l'embrasent davantage. Aidez-moy donc, mon R. Pere, afin que je meure en servant celuy qui me fait tant de misericordes, car je puis bien manifester mon dessein, mais je ne le puis executer sans secours. Si vous connoissiez la force de mon desir, vous en auriez de la compassion, & je m'assûre que vous ne me refuseriez pas vôtre assistance. Plût à Dieu que vous pussiez lire dans mon interieur, car il ne m'est pas possible de dire tout ce que je pense, quoique j'en dise beaucoup: j'ose seulement vous dire, que je croy que Dieu veut cela de moy. Mes oraisons vont être continuelles à ce sujet, car je ne veux rien que la volonté de cette divine Majesté à laquelle je veux que tous mes desirs soient soûmis & subordonnez.

De Tours le 10. d'Avril 1635.

LETTRE VIII.

AU MESME.

Sur l'avis qu'on luy avoit donné qu'il étoit sur le point de partir pour le Canada, elle le prie d'une maniere pressante de l'emmener en sa compagnie.

MOn R. Pere: Vôtre sainte Benediction. Je ne pouvois attendre qu'une réponse favorable de vôtre bonté. Je sçavois bien que le bien aimé de nos cœurs toucheroit le vôtre, & qu'il vous feroit trouver bon de nous aider pour son amour. L'ouverture de vôtre lettre nous fit treſſaillir de joie, ma chere mere Urſule & moy; mais comme il n'y a point de joie en ce monde ſans mortification, nous en trouvâmes une qui nous donna bien à penſer. Vous parlez, mon tres-cher Pere, de partir ſans nous? Celuy qui a donné la ferveur à ſaint Laurent, nous en donnera autant par ſa grande miſericorde, pour vous dire ce qu'il dit à ſon Pere ſaint Xiſte, lorſqu'il alloit au Martyre; car je vous diray que je ne voy que martyres en cette entrepriſe: Ne laiſſez pas vos filles; avez-vous peur qu'elles ſouffrent ce que vous allez ſouffrir? Je ſçay bien que vous ne trouverez point de lieu preparé qui vous attende; & c'eſt ce qui eſt glorieux, & vous voulez nous priver de cette gloire. Vous dites que vous nous donnerez avis de l'état du païs. Pour moy je fais état qu'en quelque temps que nous y allions, nous ne trouverons que des méſaiſes: Pourquoy donc tarder plus long-temps de ſe perdre entre les bras de la divine Providence, dont je cheris & eſtime les abandonnemens plus que tout ce qu'il y a de grand dans le monde. Tout me paroît au deſſous. Si vous nous laiſſez, qui ſera pour nous? A qui nous faudra-il adreſſer? Comment aurons nous des obediences, & par quelle autorité? Vous avez encore un mois pour pourvoir à tout cela; & Meſſieurs les Intereſſez étant à Paris, il vous ſera aiſé de reſoudre toute l'affaire en peu de temps.

Je n'ay point encore penetré le ſecret de ces affaires, mais ſelon les lumieres que mon eſprit me fournit, il me ſemble que la nôtre ſe faiſant de concert avec eux, elle en ſera plus ſolide & plus ſeure. Je ſuis conſolée de l'entretien que vous deſirez avoir avec le R. Pere Dinet. Il ne ſçait pourtant rien de la communication que j'ay avec vous touchant nôtre grand deſſein. Preſſez donc l'affaire au nom de Dieu, car je ſuis perſuadée que ſi vous l'entreprenez comme il faut, vous en viendrez à bout: & je vous prie, quel eſt le meſſager qui nous viendra dire de vos nouvelles? Quand méme en pourrons nous apprendre? Vous ſçavez que voicy le temps le plus favorable: car comme le païs eſt tres-mauvais, ainſi que la Relation nous l'apprend, il ſeroit bon de prendre les habitudes avant l'hyver. Je ne ſçay pourtant de quel côté il faut aller, ou à Quebec ou ailleurs. Mais de quelque côté du monde que ce ſoit, je regarde cet aimable païs comme le lieu qui doit être mon Paradis terreſtre, & où il me ſemble que la plenitude des graces du ſaint Eſprit nous attend. Quant à nôtre Reverende Mere, elle a une affection telle

DE LA M. MARIE DE L'INCARNATION. 15
que nous la pouvons defirer en cette rencontre. Elle m'a affeurée
qu'elle donnera à Dieu de tout fon cœur ce qu'elle a de plus cher
pour une fi genereufe entreprife, dans la confiance que vous prendrez avec plaifir le foin de celles qu'elle donnera. Hâtez-vous
donc pour l'amour de Jesus duquel je vais tâcher de gagner
le cœur, afin qu'il fe faififfe du vôtre, & qu'il le rende favorable
à celle qui fe tiendra infiniment honorée d'étre.

De Tours le 19. d'Avril 1635.

LETTRE IX.
AU MESME.

*Son zele extréme pour le falut des ames, & le defir ardent qu'elle a de
fouffrir pour leur converfion.*

MOn tres-cher & tres R. Pere: Un defir comme le mien
ne peut garder long-temps le filence. Il fe fortifie fans ceffe
& fait que j'ay toujours de nouvelles chofes à dire. Il n'y a heure
dans le jour à laquelle je ne fente de nouveaux attraits qui me
portent à aimer ces pauvres Sauvages. Si l'oraifon a du pouvoir
auprés de Dieu, j'ofe me promettre leur converfion, & que le
cœur de nôtre divin Epoux fe fléchira à leur égard, car je le car-
refferay tant qu'il ne pourra me refufer. L'ardeur que je reffens en
mon ame me porte à vouloir fouffrir des peines extrémes que
vôtre Reverence ne croiroit pas de ma charité qui luy eft affez
connuë. Mais celuy qui attife en mon cœur le feu qui le confume
eft affez puiffant pour tirer fa gloire de la plus foible & plus chetive de toutes les creatures. La grande lumiere dont il éclaire &
ravit mon efprit, caufe ces effets, principalement fur ce qui regarde la foy des veritez divines qu'il nous a revelées.

Dans la méme union où ces veritez me font montrées, je voy l'é-
tat déplorable de ceux qui les ignorent: il me femble qu'ils font déja
dans les enfers, & que le fang de mon Jesus a été répandu inuti-
lement à leur égard. D'ailleurs regardant l'intereft de Dieu, qui
par la grandeur de fon immenfité eft par tout, je conclus qu'il
eft donc dans ces creatures-là auffi-bien qu'en tout le refte du
monde. Cela me bleffe le cœur, que fon incomprehenfible bonté
ne foit pas connuë, ny aimée, ny adorée, ny glorifiée par des
creatures dans lefquelles il eft; & qui neanmoins font capables de

luy rendre tous ces devoirs. Cette reflexion me fait souffrir à un point que je ne puis exprimer. Je conjure ce tout puissant à qui toutes choses sont faciles, & qui a créé de rien tout ce que nous voyons; que s'il me veut condamner à l'enfer jusques au jour du jugement, il me fasse cette grande misericorde, pourveu qu'en veuë de sa sentence, il convertisse tous ces pauvres abandonnez; s'ils le connoissoient comme il faut, ils seroient aussi-tôt embrasez de son amour, qui est la chose que je leur desire.

Mon tres-cher Pere, je ne fais que begayer, parce que les lumieres qui me sont données, & l'embrasement de cœur qui les accompagne sont inexplicables. J'ose vous dire que cela ne se fait pas en vain: Dieu fasse de moy tout ce qu'il luy plaira, j'adore ses desseins; Priez-le, s'il vous plaît, qu'il me rende digne qu'ils s'accomplissent en moy. Poursuivez donc, de grace, & emmenez-nous si cela se peut. Cette affaire a effacé de nôtre esprit l'idée de toutes les choses aimables. Je veux dire que nous ne voyons rien dans le monde qui ne soit bas & méprisable à l'égard de la mission de la nouvelle France. Nôtre Reverende Mere nous y aiguillonne encore; & elle nous excite comme si elle nous y vouloit porter. Si elle-méme avoit de la force, elle se joindroit à nous, & vous la verriez poursuivre bien d'une autre maniere. Mandez-luy, s'il vous plaît, combien vous voulez de filles, elle vous pourra satisfaire, car il y a icy un bon nombre de sujets capables de l'entreprise dont il s'agit. Travaillez donc pour Dieu, & faites que nous employions le reste de nos vies dans une action si glorieuse. Du reste tout est secret au regard des autres. J'attens de vos lettres, écrivez-nous promptement, l'esperance differée afflige l'ame.

De Tours le 26. d'Avril 1635.

LETTRE X.

AU MESME.

Elle presse d'un zele enflammé & avec des paroles toutes de feu son embarquement pour le Canada.

MOn tres R. Pere: Vous me martyrisez quand vous me dites qu'il nous faut differer, & que vous avez envie de partir sans nous. Y a-t'il quelque chose à disposer qui ne se puisse faire dans le peu de temps que la flotte doit partir? Je croy que vous

vous nous voulez laisser dans la pure Providence, sans que nous devions faire d'autre recherche ; s'il est ainsi j'agrée vôtre procedé. Mais je répons à la vôtre. Je sçavois bien que nos prieres trouveroient quelque lieu en vôtre affection, & que celuy qui nous a poussées à vous les faire, vous feroit prendre à cœur l'affaire dont il nous presse. Pour moy je me sens obligée de sa part à ne point desister, mais à poursuivre sans cesse. Aprés la lecture de vôtre Lettre que ma chere Mere Ursule m'a communiquée, je m'en pris à mon cher Epoux, le conjurant de ne vous point laisser partir sans nous. Peu de temps aprés je me sentis surprise d'une grande retraite interieure, dans laquelle je me trouvay fortement unie à sa divine Majesté qui me mît dans une grande nudité d'esprit. Je ne pouvois rien vouloir me voyant toute changée en sa divine volonté, laquelle me charmoit le cœur. Si-tôt que je pûs respirer je luy dis : Mon Dieu, faites obstacle à tout ce qui seroit contraire à vôtre sainte volonté.

Mais je reviens à nôtre point : Je vous parle dans la candeur & sans rechercher mon propre interêt, aprés l'invocation du saint Esprit & dans mon entretien familier avec Dieu, je me sens portée sans m'en pouvoir desister, à vous supplier tres-instamment de nous attendre, si tant est que par tous les moyens possibles nous ne puissions partir par cette flotte. Et ne craignez point de hazarder vôtre vocation en attendant un peu pour faire un œuvre de charité, autrement nous n'aurions plus de Dom Raimond pour nous aider ; & tout autre qui ne seroit pas embrasé du même desir, ne prendroit pas l'affaire si à cœur, & en ce cas nôtre vocation seroit en hazard plûtôt que la vôtre. Ce n'est donc pas rechercher nos propres interêts que de recourir à ceux que nous croyons que Dieu a mis en ce monde pour nous aider. Combien pensez vous que je cheris vôtre vocation ? Je n'en puis assez loüer Dieu, qui sçait que j'aimerois mieux perdre la vie que d'être cause qu'elle se perdît dans le retardement. Mais je vous le repete, à l'heure que je vous écris, je me sens encore poussée de vous prier de hâter l'affaire, & pour vous & pour nous, en sorte que nous ne nous separions point. Ce n'est pas que nous osions presumer de vous pouvoir apporter du soulagement dans vos travaux, mais bien disposer nos courages à vôtre imitation. Possible que l'aimable JESUS veut tirer sa gloire des choses basses, viles, contemptibles & méprisables, je veux dire, de nous autres pauvres Religieuses. Ne seriez vous pas bien aise que ces paroles qui sont de saint Paul, fussent accomplies en nous ? La divine Majesté en a

G

bien fait d'autres; Et pour moy je suis pleine d'esperance, & je croy fermement qu'elle nous versera à cet effet des graces surabondantes. Nous ne nous voyons que comme de petits moucherons, mais nous nous sentons avoir assez de cœur pour voler avec les aigles du Roy des Saints. Si nous ne les pouvons suivre, ils nous porteront sur leurs aîles, comme les Aigles naturels portent les petits oiseaux. Quant à ce que vous dites que saint Xyste ne laissa pas de passer outre, nonobstant le zele que saint Laurent avoit témoigné de le vouloir accompagner au martyre, & que puisque je me compare à ce saint Levite, vous pouvez bien vous mettre en la place de son Evéque & passer sans moy dans la nouvelle France: Faites reflexion, mon Reverend Pere, que saint Xyste ne devança saint Laurent que de trois jours, aprés lesquels il fut facile au fils de suivre son Pere, & le champ luy étoit ouvert pour satisfaire à son desir. Il n'en est pas de même de nous, il nous faut attendre encore une année, & le champ nous est fermé. Il avoit des tresors à distribuer; & nous n'en avons point, mais plûtôt nous sommes les pauvres de JESUS-CHRIST, & c'est à nous de recevoir la charité de vous-même, comme de la main que je croy avoir été choisie de Dieu pour nous la faire. J'ose m'avancer de dire qu'il vous fait connoître qu'il vous veut donner à nous pour sa gloire & pour nôtre bien, & même qu'il vous fait pancher à cela. Vous n'êtes pas homme à éteindre les lumieres divines; c'est ce qui nous fait esperer que vous serez obeïssant à nôtre Pere celeste, & flexible à nos vœux.

De Tours le 3. de May 1635.

LETTRE XI.
AU MESME.

Elle n'établit l'execution de son grand dessein du Canada que sur la confiance en Dieu & sur la defiance d'elle-même.

MOn tres cher & tres Reverend Pere; J'étois fort étonnée que vous ne m'aviez point encore parlé de saint Pierre, & je n'attendois que l'heure que vous le feriez. Je vous avouë, mon R. Pere, que la défiance que j'ay de moy-même jointe à l'experience que j'ay de mes foiblesses continuelles, me fait souvent apprehender ce que vous dites. Quand je me regarde dans ce point de veuë, je tâche d'entrer dans les dispositions que vous me proposez, m'abandonnant entre les mains de celuy qui me peut donner la solidité de son esprit & appaiser l'impetuosité du mien : je m'ose promettre que sa bonté ne me le deniera pas, & que portée sur ses aîles, il me fera posseder ce qu'il me fait desirer pour l'amour de luy-même, & non par une invention de l'esprit humain. Mais dites-moy, mon R. Pere, voudriez-vous que je vous celasse ce que je sens dans mon interieur ? N'ay-je pas coûtume de traiter avec vous dans toute la candeur possible ? L'experience que vous avez de l'esprit qui me conduit ne vous est-elle pas assez connuë pour souffrir que je n'aye point de reserve à vôtre égard ? Le rebut que vous me fîtes il y a quelque-temps me fit pancher à être plus reservée à vous declarer mes dispositions ; mais je me suis apperçuë que Dieu veut peut-être que j'acheve mes jours, comme je les ay commencés, soûs la conduite d'un si bon Pere. Mortifiez-moy donc tant qu'il vous plaira, je ne cesseray point de vous declarer les sentimens que Dieu me donne, ny de les exposer à vôtre jugement. Je vous diray dés à present que ce que je vous ay pû declarer de mon dessein est tres-veritable, quoy-que ce que je n'ay pû dire, soit encore toute autre chose. Au reste je vous croy si plein de charité, que je m'assure que vous faites plus pour nous que vous ne dites.

Faites donc au plûtôt, mon R. Pere, nos cœurs seront tout brûlez avant que nous soyons en Canada, si vous n'y prenez garde : Et ne nous condamnez pas, si nous semblons impetueuses, comme vous dites, hors de l'occasion ; ce n'est pas sans occasion, vous la voyez precise : Et si nous sommes si pressées, vous ne nous sçauriez condamner, sans condamner celuy qui m'apprend qu'il n'y a que les violens qui ravissent le Ciel. Que ce soit par la poste que nous entendions de vos nouvelles, le Messager tarde trop.

De Tours le 6. May 1635.

C ij

LETTRE XII.
AU MESME.

Elle demeure ferme & constante dans son dessein, nonobstant la nouvelle de la tempeste qui avoit dissipé la flotte; le changement de resolution d'un Gentil-homme qui vouloit doter le Monastere, & les raisons d'un R. Pere Jesuite, qui la vouloit dissuader de penser davantage au Canada.

MOn tres R. Pere, il est vray que nous avons des sujets d'affliction, & je les experimente sensiblement. Les causes que vous m'en touchez me paroissent considerables; mais quand je considere les œuvres admirables de nôtre divin Maître, toutes ces bourasques ne me semblent rien : Il est plus fort que tous les hommes, & c'est luy qui commande aux vents & aux tempêtes. Je ne puis m'imaginer que son Eglise qu'il aime tant, soit delaissée, & que ses serviteurs soient privez de sa protection. Peut-être que son amour veut tous ces accidens pour éprouver nos courages. Mais mon tres cher Pere, j'entre fort dans vos sentimens, qu'il faut esperer contre esperance ; & sans mentir, quoy-que j'entende dire, mon cœur n'est point ébranlé, & il me seroit impossible de me défier de mon JESUS. Toutes ces nouvelles alarmes, bien loin de m'effrayer, m'ont été de nouveaux aiguillons pour me faire rentrer dans la ferveur, & il me semble que j'ay maintenant beaucoup d'affaires à traitter avec mon Epoux. Si j'avois beaucoup d'amour, je luy aurois bien-tôt gagné le cœur ; mais quoy qu'indigente, j'y vais employer tous mes efforts & peut-être ne me rebuttera-t'il pas, puisqu'il se plaît à l'importunité. N'avons nous pas beaucoup de sujet de loüer sa bonté de ce que vous n'étes pas party par cette derniere flotte ? En quelles inquietudes serions-nous à present que la tempête a dissipé les vaisseaux ? Mais peut-être ne sont-ils qu'écartez çà & là, & il se pourra faire que quelque vent favorable les raliera. C'est toûjours un danger pour la nouvelle France, lequel sera capable de donner du refroidissement à ceux qui y ont de l'inclination.

Mais, mon tres-cher Pere, est-il vray que cela ait pû en effet refroidir ce bon Gentilhomme qui nous vouloit doter ? Ne pourriez vous pas luy relever le cœur, & remettre l'affaire en état avant que son inclination se porte ailleurs, & que d'autres, ainsi que vous nous écrivez, n'emportent le prix à nôtre exclusion? O que cette rencontre nous étoit avantageuse, car je voy qu'il sera difficile de gagner nos Canadiennes sans quelque temporel, qui sera comme l'amorce qui couvrira l'hameçon de la foy.

Le R. Pere Dinet ne me donne point d'autre avis que ce que je vous ay écrit, avec ces mots que j'avois omis; qu'il estime que Nôtre Seigneur ne me veut en Canada que d'affection, & qu'il croit que je ne verray jamais la nouvelle France que du Ciel, aprés que Nôtre Seigneur aura accompli ce qu'il veut de moy dans l'état où je suis. Mais cela, non plus que tout ce que je viens de dire ne m'abat point l'esprit; mais plûtôt je sens de nouvelles forces pour embrasser ce que Nôtre Grand JESUS ordonnera de moy. Ma Mere Ursule a été extremement touchée de la réponse de Monsieur son Pere, & elle perd quasi l'esperance, sa volonté neanmoins est ferme & constante. Pour vous si vous étes malade, je croy que c'est d'ennui. Si j'étois proche de vous je vous consolerois ainsi que je fais cette chere Mere, car je croy que vous n'avez pas beaucoup de personnes à qui décharger vôtre cœur à cause du secret de l'affaire. Ayez donc bon courage, mon tres cher Pere, Nôtre Seigneur nous donnera plus que nous ne pensons. Faites-nous part des nouvelles que vous apprendrez; nous sommes dans cette attente, comme vous le pouvez penser, & aussi dans l'esperance de vos saintes prieres.

De Tours le 29. de Iuillet 1635.

LETTRE XIII.
AU MESME.

Que la vocation au Canada quoy qu'accompagnée d'une infinité de difficultez & de souffrances, luy paroit comme le plus grand & le plus desirable de tous les biens.

MOn tres Reverend Pere. Ne vous est-il point venu dans l'esprit que mon silence est un indice de refroidissement? Si vous avez eu cette pensée de moy, j'ay bien plus de sujet de vous faire ce reproche. Vous ne nous dites plus rien de vôtre grand dessein, cela n'est-il pas capable de donner du soupçon à des personnes qui voudroient en entendre parler continuellement? N'avez-vous rien appris de la flotte ny quel a été l'effet de la tempête? J'ay appris d'un Pere Jesuite, sans luy rien dire de nos desseins, que nous sçaurions en trois semaines si elle est arrivée à bon port. Il m'a dit de plus que l'on va commencer à bâtir une Ville, qui sera une seureté pour nous & un affermissement pour le païs. J'ay fait l'ignorante pour sçavoir de luy le detail du Canada. Mais enfin j'espere plus que jamais, & dans mon esperance Nôtre aimable JESUS me traite comme foible, rallumant de temps en temps mes desirs qui se refroidiroient par mon peu de zele. J'ay beaucoup de confiance en la tres-sainte Vierge, & je ne puis m'ôter de l'esprit qu'elle aime la nouvelle France & que c'est elle à qui il faut avoir recours. C'est mon unique refuge, mais je suis si imparfaite que les plus petites choses me mortifient ; que ne seray-je pas dans les grandes ? C'est pour cela que Nôtre Reverende Mere dit dans l'affection qu'elle me porte, que je ne vaudray rien du tout en Canada, & que si Nôtre Seigneur exauce mes prieres, ce ne sera que pour punir ma temerité. Elle dit la verité, & je suis encore plus imparfaite qu'elle ne dit, & toute-fois je ne desire pas moins la possession de ce grand bien, que je croy être le plus aimable & le plus desirable de tous les biens. Quand je fais reflexion que je desire une chose qui semble être contre la raison humaine, j'ay de la confusion : Mais en même-temps je ressens dans l'ame un instinct qui me dit qu'il est raisonnable d'acquiescer aux mouvemens que Dieu donne dans l'interieur ; sur tout quand il n'y a point de recherche de nous-mêmes, mais plûtôt qu'on y remarque un dépoüillement entier de tout propre interêt.

Or dans le dessein dont il s'agit la nature ne se peut rechercher en quoy que ce soit, mais tout luy doit être matiere de croix & de souffrances. Il est vray qu'une Religieuse doit être crucifiée dés qu'elle a quitté le monde, mais ces croix peuvent passer pour des roses en comparaison des succez de la providence qui se rencontreront dans l'execution de la vocation au Canada. Voilà mon sentiment qui trouve fort à son goût les peines que cét instinct interieur luy fait connoître : de telle sorte qu'il n'y a homme du monde qui me pût persuader le contraire, & quand même je ne possederois jamais le bon-heur où j'aspire, je n'estimeray pas moins que la chose soit la plus desirable de tous les biens, & si j'en perds l'occasion, je croiray que je n'en suis pas digne & que je ne la merite pas. Quant à ma chere Mere Ursule, pour traversée qu'elle soit, elle n'est pas dans l'indifference comme vous croyez ; mais plûtôt sa fer-

DE LA M. MARIE DE L'INCARNATION.

vante resolution fait honte à ma lâcheté, & si nous sommes écoutées, je croiray plûtôt que ce sera par ses prieres que par les miennes. Je saluë le R. P. Dom Claude Secretaire du R. P. Provincial, puisqu'il est des nôtres: Il sera peut-être au regard du R. Pere N. qui a perdu sa vocation pour le Canada, ce que fut le Portier de Sebaste, qui s'acquit la Couronne du dernier des quarante Martyrs.

De Tours le 2. d'Octobre 1635.

LETTRE XIV.

AU MESME.

Theologie profonde des jugemens de Dieu & de la science de JESUS-CHRIST. *Elle se soûmet à ces jugemens quoy que contraires à sa vocation, sans toutefois perdre cœur.*

MOn tres Reverend Pere: Ce sont des coups du Ciel, qui nous disent qu'il se faut humilier sous la puissante main de Dieu, dont les desseins sont toûjours justes, & d'autant plus adorables que l'execution en est cachée à nos conceptions. Car nous ignorons ce que veut dire ce commencement de croix qui semble tout perdre. Je ne sçay si cette divine Majesté me vouloit disposer à quelque évenement qui peut-être ne seroit gueres agreable à mon esprit immortifié: Car depuis quelque-temps il m'a tenuë fort plongée dans la veuë de ses desseins & secrets jugemens, comme aussi de leurs effets dans le temps de leur ordonnance. Je ne comprenois là dedans qu'abymes cachez à tous les esprits celestes, mêmes les plus élevez. Il me vint une pensée du Verbe humanisé, sçavoir si comme homme il sçavoit ces grands secrets dans l'étenduë de leur infinité. Je patissois ces veuës, & il me sembloit que pour tout ce qui est au dessous de la divinité, cét incomprehensible JESUS en avoit les connoissances dans une plenitude qui luy est particuliere. Alors mon esprit ayant perdu fond dans ces connoissances, il se trouva dans une ignorance qui luy faisoit adorer ces grands secrets; & comme perdu dans cét abyme, il luy étoit montré que JESUS ayant tous ces dons par le moyen de l'union hypostatique, il avoit une science qui nous est incomprehensible; mais que la plenitude de toute science est cachée dans la divinité qui la communique selon son bon plaisir & à la mesure qu'il luy plaît. Mon esprit demeura si charmé de l'amour des desseins de ce grand Dieu, qu'en cét inftant j'acquiefçay de tout mon cœur à leur execution toute fainte, tels qu'ils puffent être, quoy-que contraires à mon inclination, à la vie & à la mort, pour le temps & pour l'éternité.

Voicy donc, mon tres-cher Pere, une occafion où il faut que je fois fidele, puifque nôtre divin Maître ne permet rien que pour le bien de fes élus. Pour vous je vous conjure de ne vous point affliger: Attendons un peu ; qui fçait fi de cette affliction il ne naîtra point quelque fujet de joye ? Quoy-qu'il en foit, je ne veux que ce que cét adorable JESUS voudra. Je ne me lafferay point de luy recommander l'affaire, & s'il ne nous veut point faire la faveur que nous defirons dans l'employ actuel de cette vocation, j'ofe me promettre de fon amour qu'il ne refufera pas à nos prieres la converfion de ces pauvres Sauvages : Car quand je devrois mourir en priant, je ne cefferay de l'importuner. Je luy demanderay encore qu'il difpofe quelques ames faintes qui par l'efficace de fon efprit, travaillent effectivement à luy gagner ces cœurs qui font fi éloignez de fon amour. Ma Mere Urfule eft conftante, & elle n'eft pas fi aifée à abattre que vous croyez. Quoy-que ce grand coup luy ait donné de l'affliction, & à moy de l'humiliation, nous fommes toûjours telles dans le fond que nous l'avons été dans les commencemens.

De Tours le 29. de Novembre 1635.

LETTRE XV.
AU MESME.

Qu'il faut quitter avec une humble refignation, les deffeins que l'on entreprend pour Dieu, quand on remarque de l'impoffibilité à les executer. Elle l'anime encore au Canada & luy defire un heureux voyage.

MOn tres Reverend Pere: Un deffein entrepris pour Dieu fe doit auffi laiffer pour Dieu, fur tout quand on voit de l'impoffibilité à l'executer. Puifque le nôtre eft de cette nature j'acquiefce, fans perdre pourtant la volonté de l'embraffer, s'il arrive que celuy qui eft tout puiffant rompe les obftacles qui s'y oppofent: Car ce ne font que des pailles & des toiles d'araignées qu'il peut détruire en un moment. Ces empêchemens paroiffent aux hommes comme des montagnes difficiles à renverfer, mais je les ay toûjours regardez auffi-bien que ceux qui les fufcitent, comme de petits moucherons

DE LA M. MARIE DE L'INCARNATION.

moucherons qui se dissipent au moindre vent. Je ne me regarde donc plus dans les pretentions du Canada : Je ne pense plus à posseder à ce coup ce grand, cét aimable, ce souhaitable bien. Je ne laisseray pas d'entrer dans les interêts de mon Jesus qui a répandu son Sang pour ces ames abandonnées, & je ne cesseray point de les demander au Pere Eternel, afin qu'un jour elles participent au bienfait de nôtre redemption. Si ce grand Dieu ne donne des ames remplies de son Esprit il n'y a rien à faire ; C'est ce que je luy demande plusieurs fois le jour, m'y sentant portée interieurement, & j'espere qu'il en donnera, dans lesquelles il mettra cette plenitude. O que j'estime heureuses ces ames ainsi favorisées du Ciel, dont le dessein eternel de Dieu a fait choix pour travailler à une si sainte conquête ! Je les aime déja par avance, puisque la bonté divine leur donne de si grands témoignages de son amour. Pour vous, ce sera à la prochaine flotte que vous singlerez en mer pour aller prendre possession de cét heureux païs.

Allez, mon tres-cher Pere, allez à la bonne heure. Que le saint Esprit vous conduise de ses doux & agreables zephirs ; je n'en auray point de jalousie, parce que je me reconnois entierement indigne de ce bonheur : Et je ne regarde en cela que la volonté de Dieu que je veux aimer & adorer de toute l'étenduë de mon affection. L'on met au jour une Relation qui fait esperer que les Hurons embrasseront nôtre sainte foy. Je ne vous puis exprimer combien mon ame a été consolée de cette nouvelle. Ces peuples ont tenu un conseil, où il a été permis à qui voudra de se faire Chrestien. J'en ay tant de joye que cela me fait passer par dessus beaucoup de mortifications qui m'arrivent coup sur coup. Je vous supplie d'offrir tout cela à nôtre Seigneur. Quoy-que je n'aille pas en Canada avec vous, je vous y suivray en esprit, & je seray inseparablement vôtre tres-humble & tres-obeissante fille en Nôtre Seigneur.

De Tours le 16. de Decembre 1635.

LETTRE XVI.
AU MESME.

Elle desire conferer avec luy de sa vocation au Canada. Sa resignation au changement d'une Superieure qu'elle aimoit. Que la vie solide de l'esprit, est celle qui transforme l'ame en JESUS-CHRIST.

MOn tres Reverend Pere: Vôtre maniere d'agir en mon endroit me sembloit dire un adieu pour toûjours, & je l'aurois cru, si ma chere Mere Ursule ne m'avoit assuré du contraire. Quand cela seroit, vous n'avanceriez rien, car je vous trouverois par tout où je trouve JESUS-CHRIST, & par revanche de ce que vous ne me dites rien, je luy parlerois de vous. Est-ce que vous gardez le silence jusques à ce que nous vous allions voir, ou que nous ayons le bonheur de vous voir icy? Ce dernier étant plus aisé, venez au plûtôt, & faites une bonne provision de temps: Il n'y a personne icy qui n'ait quelque chose à vous dire, mais il me faut au moins huit jours pour moy seule. Ne sçavez-vous pas que nous n'avons pu dire par Lettres tout ce qui concerne nôtre grande affaire? Et de plus j'ay des nouvelles toutes fraîches qui ne se peuvent écrire, & que je reserve à vous dire à l'oreille.

Nôtre Reverende Mere me menace fort de vous; mais quelques menaces qu'elle fasse, vous sçavez le respect que j'ay pour elle; & dans nos élections qui approchent, j'ay bien de la crainte de la perdre. Vous me blâmerez de ce que je ne me perds pas moy-même dans le dessein de Dieu; mais, mon cher Pere, vous sçavez le besoin que nous avons d'une conduite aussi sage que la sienne. Beni soit JESUS en ses ordonnances. Je ne sçay si je me trompe ou si je me flatte, mais je ne desespere point encore pour le Canada; J'attendray de Dieu cette misericorde jusques à la fin: si sa justice nous veut punir, je porteray ce fleau tres-rude à la verité, pour une creature aussi foible que je suis. Forcez le Ciel & gagnez par vos sacrifices ce que nous ne sommes pas dignes de posseder. Mon cœur se dispose depuis long-temps à ce grand dessein, mais je ne vous puis assurer s'il sera constant, comme il se promet, à cause de mes lâchetez. Prenez-le entre vos mains, & quand vous tiendrez le Sang de mon divin JESUS, plongez-le dedans, & dites-luy qu'il me mette dans l'état où il me veut, & sous telle conduite qu'il luy plaira.

Offrez-luy quelques petites difficultez que je souffre à cause de mes puerilitez, & qu'il me donne en échange son esprit: Car en verité, je ne voy rien qui me soit plus à cœur que la vie solide, qui transforme en JESUS. Je vous mets tous les jours en son cœur, & comme une victime j'en fais un sacrifice au Pere Eternel. Je croy que vous m'en avoüerez, & que vous n'oublierez point celle qui osera se dire par tout où elle sera, Vôtre.

De Tours le 19. Mars 1637.

LETTRE XVII.
A UNE RELIGIEUSE DE LA VISITATION.

Elle luy parle de son indignité dans la mission de Canada: De sa facilité à apprendre la langue, & à instruire les Sauvages: Et de la simplicité des nouveaux Convertis.

MA Reverende & chere Mere: La paix & l'amour de nôtre tout aimable JESUS. Mon cœur conserve toûjours l'amour qu'il a pour ma chere Sœur Gillette, de qui nous parlons souvent comme d'une personne dont la memoire nous est tres-chere. Vous m'avez beaucoup consolée de me donner des nouvelles de ma treschere Sœur Louise Françoise. J'ay beny nôtre bon Dieu de l'avoir si amoureusement appellée: Je vous prie de l'assurer que je prie & fais prier pour elle afin que Nôtre Seigneur luy donne la perseverance en ses saintes resolutions. Vive JESUS, ma tres-chere Sœur; Vive JESUS qui fait tant & tant de misericordes aux pauvres! Il m'en fait tant, & de si grandes que je ne vous les puis exprimer. Qui suis-je ma tres-aimée Sœur, pour avoir été appellée à un employ si saint? Je n'eusse jamais osé avoir seulement la pensée de pouvoir parvenir à pouvoir enseigner nos chers Neophites, & neanmoins nôtre bon Maître me donne la facilité à le faire en leur langue. Je vous avoüe qu'il y a bien des épines à apprendre un langage si contraire au nôtre; Et pourtant on se rit de moy quand je dis qu'il y a de la peine: car on me represente que si la peine étoit si grande, je n'y aurois pas tant de facilité. Mais croyez moy, le desir de parler fait beaucoup: je voudrois faire sortir mon cœur par ma langue pour dire à mes chers Neophites ce qu'il sent de l'amour de Dieu & de JESUS nôtre bon Maître. Il n'y a point de danger de dire à nos Sauvages ce que l'on pense de Dieu. Je fais quelquefois

A la Mere Marie Gillette Roland.

des colloques à haute voix en leur presence, & ils font de même. O si la simplicité regnoit dans tous les cœurs, comme elle regne en ceux de nos nouveaux Chrétiens, il ne se verroit rien dans le monde de plus ravissant. Ils disent leurs pechez tout haut avec une candeur nonpareille, & ils en reçoivent le châtiment avec une admirable soûmission. Je parlois hier à un qui s'étoit tant oublié que de suivre des païens à la chasse. M'ayant rendu visite à son retour, je luy dis : hé bien, feras-tu encore les malices que tu as faites jusqu'à present ? Ne quitteras-tu point la païenne avec laquelle tu as fait alliance ? Aime-tu Dieu ? Crois-tu en luy ? Veus-tu obeïr ? O s'en est fait, me dit-il, j'aime Dieu, & l'aime tout à bon, la resolution en est prise, je veux desormais luy obeïr : je croy en luy, & pour le mieux faire je quitte cette femme & me viens retirer avec les Chrétiens sedentaires : Je suis extrémement triste d'avoir fâché celuy qui a tout fait. Aprés que je luy eus fait la reprimende, je le consolay sur la resolution qu'il avoit prise, & qui étoit sans fiction, car il parloit de ses pechez tout haut & devant un autre Sauvage, & il recevoit les reprimendes que je luy en faisois avec tant d'humilité, qu'il n'y a personne qui n'en eût été touché. Il faut vous avoüer, ma chere Sœur que ces dispositions sont aimables.

Il y a des temps ausquels les Sauvages meurent presque de faim, ils font quelquefois trois ou quatre lieuës pour trouver de méchantes meures de haliers, & de méchantes racines que nous aurions de la peine à souffrir dans la bouche. Nous sommes si affligées de les voir ainsi affamez, qu'à peine osons nous les regarder. Jugez s'il est possible de ne se pas dépoüiller de tout en ces rencontres. Ils veulent par fois reconnoître le bien qu'on leur fait quand ils reviennent de leur chasse, par quelque morceau de boucan que nous prenons pour les contenter, car nous ne sçaurions seulement en souffrir l'odeur; eux le mangent tout crû avec un plaisir incroyable. Offrez tous leurs besoins & tous ceux de ces contrées à nôtre bon Maître dont je vous souhaitte toutes les benedictions en reconnoissance du bien que vous faites à nôtre petit Seminaire. Je vous embrasse & suis en luy de tout mon cœur, Vôtre.

De Quebec le 30. Aoust 1641.

LETTRE XVIII.
A UNE DE SES SOEURS.

Elle la console sur la mort de son Mary, & luy conseille de demeurer dans l'état de Viduité.

MA tres-chere Sœur : Je prie Jesus Crucifié d'être vôtre tout pour jamais. Je ne puis vous dissimuler que j'ay été sensiblement touchée, & que j'ay vivement ressenti vôtre affliction dans la perte de mon bon Frere que j'aimois uniquement. Il est mort sur la terre & devant les hommes, mais je croy qu'il est vivant dans le Ciel, & devant Dieu. Vous ne pouvez douter que je n'aye fait pour le repos de son ame, tout ce que l'amitié jointe à la charité Chrétienne, m'a pû suggerer & que je n'aye procuré pour luy le plus de suffrages qu'il m'a été possible des Apôtres de cette Mission. Vous me priez que je demande à Dieu qu'il vous laisse dans l'état où vous étes. Je l'en prie, & le souhaitte; mais il faut que vous sçachiez, ma tres-chere Sœur, que si vous demeurez dans l'état de Viduité, vôtre vie doit être une pratique continuelle de vertus. Il vous faut mépriser toutes les vanitez du monde : Car comme dit saint Paul, la Veuve qui vit dans les delices est morte, quoi-qu'elle semble vivre aux yeux du monde. Je connois vôtre cœur & vôtre naturel porté à faire le bien; je vous conjure donc, ma tres-aimée Sœur de vous comporter selon le dessein de Dieu sur vous. J'ay été un peu mortifiée de ce que vous ne m'avez rien mandé de l'état de vos affaires; car il faut que vous sçachiez que tout ce qui vous touche me touche, & qu'encore que vous soyez fort éloignée de moy, je ne laisse pas de vous offrir à Dieu avec toute vôtre famille. Je ne vous sçaurois dire combien je vous aime; si j'étois riche en merites vous y auriez bonne part; mais comme j'en suis fort pauvre, je vous offre tous les jours au Pere Eternel sur le cœur de son tres-aimable Fils Jesus. C'est là que je suis, vôtre.

De Quebec le 2. Septembre 1641.

LETTRE XIX.
A PLUSIEURS DE SES NEVEUS EN COMMUN.
Elle les exhorte à mener une vie Chrétienne & digne des enfans de Dieu.

MEs-chers enfans : Je vous embrasse tous dans le cœur de nôtre tres-aimable JESUS dans lequel je vous voy tres-souvent. Si vous voyiez mon cœur, il vous diroit qu'il vous aime de la plus sincere affection qu'il puisse avoir pour des ames qui me sont tres-cheres. Mais je vous aime pour le Ciel où j'espere vous voir un jour. C'est pourquoy je vous conjure de vivre comme vrais enfans du Pere celeste regenerez dans les eaux du saint Baptême : je diray mieux dans le Sang de JESUS-CHRIST qui donne toute la vertu à ce Sacrement. Ne degenerez donc point de cette haute vocation, ny des sublimes pensées de ses enfans. Le vray moyen de vivre dans ce haut état & de demeurer dans les bonnes graces de ce divin Pere, c'est d'observer ses commandemens, de frequenter souvent les Sacremens & de regler vos mœurs sur les exemples de JESUS-CHRIST, conformement à l'état où il vous appellera. Je vous prie de prier pour moy à ce qu'il plaise à Dieu me faire misericorde par le Sang de son bien-aimé Fils. Priez aussi pour nos Sauvages. Adieu mes chers enfans ; je vous écris à tous ensemble ne le pouvant faire à chacun en particulier, accablée comme je suis d'occupation. Adieu.

4. Septembre 1641.

LETTRE XX.
A SON FILS.
Elle luy témoigne sa joye de ce que Dieu l'avoit appellé à l'état Religieux, & l'exhorte à la perseverance : Son zele pour le martyre, & que la fidelité au service de Dieu est un martyre sans effusion de sang.

MOn tres-cher & bien-aimé Fils : L'amour & la vie de JESUS soient vôtre heritage. La vôtre m'a apporté une consolation si grande qu'il me seroit tres difficile de vous l'exprimer. J'ay été toute cette année en de grandes croix à vôtre occasion, mon es-

DE LA M. MARIE DE L'INCARNATION.

prit envisageant les écueils où vous pouviez tomber. Mais enfin, nôtre bon Dieu luy a donné le calme dans la creance que son amoureuse & paternelle bonté ne perdroit point ce qu'on avoit abandonné pour son amour. La vôtre m'y a confirmée, & m'a fait voir ce que j'avois esperé pour vous, & bien par dessus toutes mes esperances, puisque sa bonté vous a placé dans un Ordre si saint, que j'honore & estime infiniment. J'avois souhaitté cette grace pour vous lorsqu'on reforma les Monasteres de Tours, mais parce qu'il faut que les vocations viennent de Dieu, je ne vous en dis rien, ne voulant pas mettre du mien en ce qui appartient à Dieu seul.

Vous avez été abandonné de vôtre mere & de vos parens; cét abandon ne vous a-t'il pas été avantageux? Lorsque je vous quittay n'ayant pas encore douze ans, je ne le fis qu'avec des convulsions étranges qui n'étoient connuës que de Dieu seul. Il falloit obeïr à sa divine volonté qui vouloit que les choses se passassent de la sorte. Il me promit qu'il auroit soin de vous, & alors mon cœur s'affermit pour surmonter ce qui avoit retardé mon entrée en Religion dix ans entiers; encore falut-il que la necessité de le faire me fût signifiée par mon Directeur & par des voyes que je ne puis confier à ce papier, & que je vous dirois volontiers à l'oreille. Je prevoiois l'abandon de nos parens, ce qui me causoit mille croix, & ensuite l'infirmité humaine qui me faisoit apprehender vôtre perte. Lorsque j'ay passé par Paris, il m'étoit facile de vous placer. La Reine, Madame la Duchesse d'Aiguillon & Madame la Comtesse de Brienne qui me firent toûjours l'honneur de me regarder de bon œil, & qui m'ont encore honorée cette année de leurs Lettres, ne m'eussent rien refusé de ce que j'eusse desiré pour vous. (Je remercie Madame la Duchesse d'Aiguillon du bien qu'elle vous a voulu faire.) Mais la pensée qui me vint alors, fut que si vous étiez avancé dans le monde, vôtre ame seroit en danger de se perdre. Et de plus les pensées qui m'avoient autrefois occupé l'esprit pour ne desirer que la pauvreté d'esprit pour heritage pour vous & pour moy, me firent resoudre de vous laisser une seconde fois entre les mains de la Mere de bonté, me confiant que puisque j'allois exposer ma vie pour le service de son Fils, elle prendroit soin de vous. Ne l'aviez-vous pas aussi prise pour Mere & pour Epouse, lorsque vous entrastes dans vos études? Vous ne pouviez donc attendre d'elle qu'un bien semblable à celuy que vous possedez. Les avantages qui se sont presentez pour vous à Paris étoient quelque chose, mais ils étoient infiniment au dessous de ceux que vous possedez à present. Je croy, & la vôtre me le confirme, que vous ne les regretez pas, & que vous vous mettez peu en peine des disgraces de vôtre condition dont vous me parlez, qui ne sont nullement considerables. Je ne sçay pas qui vous en a donné la connoissance, car de moy, je n'eusse eu garde de vous en parler : Je ne vous ay jamais aimé que dans la pauvreté de JESUS-CHRIST, dans laquelle se trouvent tous les tresors. Vous n'étiez pas encore au monde, cela est certain, que je la souhaittois pour vous, & mon cœur en ressentoit des mouvemens si puissans que je ne les puis exprimer. Vous étes donc maintenant dans la milice, mon tres-cher Fils ; Au nom de Dieu faites état de la parole de JESUS-CHRIST, & pensez qu'il vous dit: *Que celuy qui met la main à la charruë, & qui tourne la veuë en arriere n'est pas propre pour le royaume des cieux.* Ce qu'il vous promet est bien plus grand que ce qu'on vous faisoit esperer, & que vous ne devez estimer que *bouë & fange pour vous acquerir* JESUS-CHRIST. Vôtre glorieux Patriarche saint Benoist vous en a donné un grand exemple : Imitez-le au nom de Dieu, afin que mon cœur reçoive à la premiere flotte la consolation d'apprendre que mes vœux offerts à la divine Majesté depuis vingt & un an sans intermission, ont été reçus au Ciel. Je vous voy dans de saintes resolutions, c'est ce qui me fait esperer que Dieu qui a commencé cét ouvrage vous donnera la perseverance. Il ne se passe jour que je ne vous sacrifie à son amour sur le cœur de son bien aimé Fils: plaise à sa bonté que vous soyez un vray holocauste tout consumé sur ce divin Autel.

Pour moy, Mon tres-cher Fils, ce que vous dites est veritable, que j'ay trouvé en Canada toute autre chose que ce que je pensois; mais c'est dans un autre sens que vous ne le prenez, les travaux m'y sont si doux & si faciles à supporter, que j'experimente ce que dit Nôtre Seigneur : *Mon joug est doux & mon fardeau leger.* Je n'ay pas perdu mes peines dans l'étude épineuse d'une langue étrangere & sauvage; Elle m'est maintenant si facile que je n'ay nulle peine à enseigner nos saints mysteres à nos Neophites que nous avons eu cette année en grand nombre, sçavoir plus de cinquante Seminaristes, & plus de sept cens visites de Sauvages passagers, que nous avons tous assistez spirituellement & corporellement. La joye que mon cœur reçoit dans ce saint employ essuye toutes les fatigues que je puis avoir dans les rencontres, je vous en assure; ainsi n'ayez point d'inquietude à mon occasion pour ce point là. Je voy que
vous

vous n'en avez point, mais au contraire j'ay une consolation tres-sensible du bon souhait que vous faites pour moy, sçavoir du martyre. Helas, mon tres-cher Fils, mes pechez me priveront de ce grand bien: je n'ay rien fait jusques-icy qui soit capable d'avoir gagné le cœur de Dieu, & de l'obliger à me faire cét honneur: Il faut avoir beaucoup travaillé pour être trouvé digne de répandre son Sang pour JESUS-CHRIST: Aussi n'osai-je porter mes pretentions si haut, mais je laisse faire sa bonté immense, qui m'a toûjours prevenuë de tant de faveurs, que si sans mes merites elle me veut encore faire celle où je n'ose pretendre, je la supplie de me la faire. Je me donne à elle, je vous y donne aussi, & la prie que pour une benediction que vous me demandez, elle vous comble de celles qu'elle a départies à tant de valeureux soldats qui luy ont gardé une fidelité inviolable. Si l'on me venoit dire, vôtre Fils est martyr, je croy que je mourrois de joye. Laissons faire ce Dieu plein d'amour, il a ses temps, & il fera de vous ce qu'il a déterminé d'en faire de toute éternité. Soiez-luy fidele, & assurez-vous qu'il vous trouvera les occasions de vous faire un grand Saint & un grand Martyr, si vous obeïssez à ses divins mouvemens, si vous vous plaisez à mourir à vous-même, & si vous vous efforcez à suivre l'exemple que tant de grands Saints de vôtre Ordre vous ont donné. Si Nôtre Seigneur vous fait la grace de faire Profession, je vous prie de m'en donner avis, & aussi de quelle maniere il vous a appellé, & quels moïens vous avez pris pour executer vôtre dessein. Enfin faites moy part de vos biens, qui comme vous pouvez juger m'apportent une consolation tres-grande. Priez bien Dieu pour moy; je vous visite en luy plusieurs fois le jour, & sans cesse je parle de vous à JESUS, à MARIE & à JOSEPH. Adieu, mon tres-cher Fils, je ne me lasserois point de vous entretenir, mais enfin il faut finir & vous dire adieu pour cette année.

De Qu. bec le 4. Septembre 1641.

LETTRE XXI.

A LA SUPERIEURE DES URSULINES DE TOURS.

La Mere Ursule de sainte Catherine.

Sentimens de foy de quelques Sauvages convertis. Elle declare ensuite les plaisirs de son cœur dans l'exercice de sa vocation: Que pour y travailler avec fruit il faut avoir un esprit nouveau: Et de quelle maniere Dieu purifie les ames qu'il y appelle.

MA tres Reverende & tres-honorée Mere : Je ne sçay ce que je vous dis l'année derniere touchant mes sentimens interieurs & secrets. Puisque vous voulez que je recommence, j'auray de la complaisance à vous les dire. Mais avant que de le faire, il vous faut parler, non de la barbarie de nos Sauvages, car il n'y en a plus dans nôtre nouvelle Eglise; mais on y voit un esprit tout nouveau qui porte je ne sçay quoy de divin, qui me ravit le cœur, non par une joïe sensible, mais d'une maniere que je ne puis vous exprimer. Nous avons icy des devots & des devotes Sauvages, comme vous en avez de polis en France : il y a cette difference qu'ils ne sont pas si subtils ny si rafinez que quelques-uns des vôtres; mais ils sont dans une candeur d'enfant, qui fait voir que ce sont des ames nouvellement regenerées & lavées dans le Sang de JESUS-CHRIST. Quand j'entens parler le bon Charles Montagnez, Pigarouich, Noel Negabamat & Trigalin, je ne quitterois pas la place pour entendre le premier Predicateur de l'Europe. J'y remarque une confiance en Dieu, une foy, une ardeur qui donne de l'admiration & de la devotion tout ensemble. Ils sont toûjours prests à donner leur vie pour JESUS-CHRIST, quoi-que les Sauvages craignent extrêmement la mort.

Il y a peu de temps que Pigarouich me disoit : Je ne vis pas pour des bétes, comme je vivois autrefois, ny pour des robes; je vis & je suis pour Dieu. Quand je vais à la chasse je luy dis: Grand Capitaine JESUS, détermine de moy; encore que tu arréte les bétes, & qu'elles ne paroissent point devant moy, j'espereray toûjours en toy: Si tu veux que je meure de faim, j'en suis content, détermine de moy, toy qui détermine de tout. Son refuge en ses necessitez étant de s'adresser à nous, si je luy refuse ce qu'il me demande, il me dit avec une grande douceur, voila qui va bien, tu as raison, ne me le donne pas. Il disoit il y a quelques jours au R. Pere le Jeune:

Tu m'as dit qu'en ton païs il faut pour la guerre demander des avis aux Capitaines de guerre, & pour le salut aux Prêtres qui nous tiennent la place de Dieu. J'ay un cas de conscience qui regarde la guerre que je desire proposer au grand Capitaine ; c'est Monsieur nôtre Gouverneur. Le Pere l'y mena, & d'abord il proposa son doute disant : Les Commandemens de Dieu nous disent, qu'il ne faut tuer personne ; si donc je rencontrois un homme qui me voulût tuer, serois-je obligé de me laisser tuer sans me défendre? La réponse fut qu'il se pouvoit défendre. C'est assez, dit-il, il est pourtant assuré que si je rencontre quelqu'un qui me veuille tuer pour la foy, je me laisseray tuer sans me défendre ; Cela seroit-il bon? Monsieur le Gouverneur le satisfit & admira sa foy. Il avoit fait ces questions, parce qu'il avoit ouï dire que ceux de sa nation le vouloient tuer pour la foy, & il ne vouloit pas engager sa conscience sans conseil, ne sçachant pas s'il luy étoit permis de se laisser tuer. Ces bons Neophites me font souvent des harangues qui regardent toûjours les affaires de la foy & de l'amour qu'ils ont pour Dieu. Charles a ébranlé trois Nations & y a mis nôtre sainte foy en si grand credit, qu'elles veulent l'embrasser. Quelques-uns ont une si grande foy que se voïant en danger de mort ; ils disent à Dieu d'un cœur tout rempli de confiance : Tu es le Maître de nos vies, tu nous peus tirer de ce peril, mais determine de nous, toy qui es tout-puissant. Ils sont dans ces rencontres délivrez miraculeusement.

Je ne vous puis dire ce que mon cœur ressent dans la veritable connoissance qu'il a de la bonté de Dieu, sur des ames qui sortent de la Barbarie : La Relation vous en dira quelque chose, mais sans mentir, si elle disoit tout ce qui en est, on ne le croiroit pas. Le petit recit que je vous envoïe de nôtre Seminaire vous donnera tout ensemble de la devotion & du divertissement.

Hé bien, ma tres-chere Mere, aprés ce preliminaire que je viens de faire, que pensez-vous que dise mon cœur de tous ces progrés? Pensez-vous qu'il ne cherisse pas les petits travaux du Canada? Ils me sont si doux, que toutes les douceurs imaginables ne me semblent en comparaison que de l'amertume. Quand j'étudie la langue, & que je voy que cette étude est rude à la nature, particulierement dans les personnes de mon sexe & de ma condition, j'y trouve des douceurs si divines ensuite de ces pensées, qu'elle enleve mon esprit plus que ne font les plus sublimes lectures. Enfin, ma tres-chere Mere, je trouve tout ce qui regarde l'éducation de nos Neophites,

& ce qui les peut faire avancer dans le bien, tout plein de charmes. Si j'ay des croix en Canada, elles n'ont de l'adoucissement que par ce saint exercice. Je n'ay point assez de temps pour y emploïer; car ne croïez pas que la saleté ou la pauvreté de nos Neophites m'en donne du dégoût; au contraire, j'y sens un attrait qui n'est point dans les sens, mais bien dans une certaine region de l'esprit que je ne vous puis bien expliquer.

Pensez-vous, ma tres-aimée Mere, qu'il ne faille pas changer d'état pour entrer dans les veritables sentimens de ces fonctions Apostoliques de nôtre nouvelle Eglise? Il le faut sans doute. Vous m'obligez de vous dire les miens; cela me seroit bien difficile: Mais puisque vous le desirez, je tâcheray de vous en dire une partie, ne m'étant pas possible de dire tout.

Pour bien goûter la vocation du Canada, il faut de necessité mourir à tout; & si l'ame ne s'efforce de le faire, Dieu le fait luy-même, & se rend inexorable à la nature, pour la reduire à cette mort, qui par une espece de necessité l'éleve à une sainteté éminente. Je ne vous puis dire ce qu'il en coûte pour en venir là. Vous me direz peut-être, l'avez-vous experimenté? Ah! ma tres-honorée Mere, Nôtre divin Sauveur y travaille icy fortement sur moy, mais j'ay assez de malice pour détruire son œuvre, au moins pour le retarder beaucoup. Je le dis sans exagerer, cela me fait souffrir des confusions étranges. Il est vray que l'amour d'un si bon Pere ne veut pas toûjours que la nature gemisse sous le poid de ses infidelitez: car il agit quelquefois si puissamment, qu'il luy donne tout d'un coup ce qu'il veut d'elle & aprés quoy elle soûpire. Car enfin, il en faut venir là, & il ne faut pas penser de pouvoir vivre dans cette nouvelle terre de benediction qu'avec un esprit nouveau. De-là vous pouvez juger combien il y a à travailler dans une creature envieillie dans ses fautes habituelles comme je suis. Il en pourroit passer de France de si pures que leur disposition seroit capable des impressions de Dieu: Je les estimerois heureuses d'avoir fait un si grand chemin dans lequel je vous assure que je n'avois pas fait le premier pas quand je suis sortie de nôtre Maison de Tours. Je vous diray dans la confiance que chaque faute que j'y commets ou que j'y ay commise, souffre, ou a souffert son supplice, comme un criminel à qui on prononce la sentence sur chaque crime qu'il a fait. Je me considere en cette maniere, & mon esprit en est si puissamment convaincu qu'il a de tres-grands sujets de se soûmettre au châtiment de cette amoureuſe juſtice, qu'elle trouve ſi large en ſon endroit, que ſon exaction ſe doit plûtôt nommer miſericorde que rigueur. Mon ame voit que ſes fautes ne meritent rien moins que des châtimens publics & exemplaires, & comme il ne me traite pas dans cette rigueur, voilà pourquoy je donne à bon droit à ce châtiment le nom de miſericorde.

Avec tout cela, ma tres-honorée Mere, l'eſprit n'eſt pas ſi obſcurci qu'il ne voye l'excellence de ſa vocation, & qu'il ne s'en juge indigne, ce qui luy eſt une humiliation continuelle. Car bien qu'il experimente dans l'education de nos Neophytes un ſentiment tout divin, cela ne luy ôté point la veüe des choſes que je viens de dire : mais il ſe denuë pour regarder le tout en Dieu, & ne ſe rien approprier que la qualité du plus chetif inſtrument du monde.

Il y a bien des choſes que mon impuiſſance ne vous peut dire ; ſi nous vivons l'année prochaine, j'en auray peut-étre plus de liberté : Cependant je vous ouvre mon cœur le plus qu'il m'eſt poſſible. Je ne ſçay ce que Dieu veut de moy : Je ſuis aſſeurée neanmoins qu'il a voulu nôtre union, & ſa bonté m'en a donné des avant-gouts avant que nous en euſſions des nouvelles de France. Mais je me reſerve à vous parler d'affaires dans mon autre lettre, celle-cy n'étant que pour vous developper les ſecrets de mon cœur, comme à ma tres-chere & tres-intime Mere.

Cette union dont il eſt icy parlé, eſt l'alliance des Religieuſes de Tours, & de celles de Paris, qui étoient de deux differentes Congregations.

De Quebec le 15. de Septembre 1641.

LETTRE XXII.
A UNE DE SES SOEURS.

Elle l'exorthe à mener une vie parfaite, & ſe conſole avec elle de ce que ſon Fils a fait Profeſſion dans l'Ordre de ſaint Benoiſt. Progrez de la Foy dans le Canada. Ferveur des nouveaux convertis.

MA tres-chere & bien-aimée Sœur. La paix & l'amour de JESUS ſoient vôtre partage pour l'Eternité. J'ay reçu vos deux lettres par les mains du R. P. le Jeûne qui m'a aſſurée vous avoir rendu viſite, ce qui m'a beaucoup conſolée d'apprendre de vive voix des nouvelles de ceux que je cheris le plus. Je me réjoüis des graces & des faveurs que Dieu vous depart ſi liberalement, & encore plus des bonnes reſolutions que ſa bonté vous fait prendre de le servir le plus parfaitement qu'il vous sera possible le reste de vos jours. Je m'assure que vous vous trouverez bien de vous assujetir à un si bon Maistre, auquel servir c'est regner. Vous avez à present un grand avantage pour executer un si genereux dessein, car vôtre cœur n'étant plus partagé, comme il étoit durant les liens de vôtre mariage, vous étes dans la liberté des enfans de Dieu, qui n'ont plus d'amour que pour leur Pere. Portez vos enfans à vous imiter : Aimez-les plus pour le Ciel que pour la Terre, & faites en sorte qu'ils ne connoissent le monde que par necessité. Je sçay bien, ma chere sœur, que vous faites beaucoup mieux que je ne vous conseille, mais mon cœur ne se peut empêcher de vous dire ce que je voudrois faire, si j'étois en vôtre place.

Ce m'a été un surcroist de joye d'apprendre que mon fils a fait Profession dans l'Ordre de S. Benoist. C'est une grace que j'attendois depuis long-temps de la divine bonté, laquelle enfin a exaucé mes vœux par l'excez de ses grandes misericordes. Qu'elle en soit eternellement benie des Anges & des Saints. Il m'a écrit la maniere dont elle s'est servie pour l'attirer à son service, elle est toute extraordinaire; & maintenant il est en état de reconnoître devant Dieu, les bontez que vous avez eües pour luy.

C'est assez parler de vôtre France; il faut parler de la nôtre où la bonté divine veut être servie plus que jamais par de nouveaux cœurs qu'elle se gagne tous les jours. Ce sont nos chers Neophites qui sans mentir font honte aux Chrétiens de l'ancienne France, nez & nourris dans le Christianisme. Le Diable est si jaloux qu'il fait tout son possible pour les détourner de leurs bonnes resolutions, mais en vain : Car tant s'en faut qu'ils retournent en arriere, qu'au contraire ils sont si affermis dans nôtre sainte Foy, & remplis d'un si grand zele, qu'ils préchent publiquement aux autres, ce qu'ils ont appris de nos mysteres & des maximes de l'Evangile. La consolation que nous en avons nous ôte le sentiment de nos petits travaux, & nous les fait cherir plus que je ne vous le sçaurois dire.

Pour mes dispositions particulieres, je suis dans une parfaite santé graces à nôtre bon Dieu qui me la donne. Les croix du Canada sont frequentes, mais elles sont toutes aimables, & quoy-qu'il n'y ait icy aucune satisfaction pour les sens, l'esprit neanmoins y vit plus content que s'il possedoit tous les tresors de l'Europe. Ne laissez pas de prier toûjours pour moy, & de communier quelquefois à mon intention, afin que je sois bien fidele à Dieu dans les travaux que sa bonté permet de m'arriver dans sa nouvelle Eglise. Adieu, ma chere sœur, je vous aime plus que moy-même, & seray eternellement, Vôtre.

De Quebec le 28. Aoust 1642.

LETTRE XXIII.
A SON FILS.

Elle luy témoigne sa joye, de la grace que Dieu luy a faite de faire Profession dans l'Ordre de saint Benoist, & luy donne plusieurs instructions remarquables pour la vie spirituelle.

MOn tres-cher Fils: La paix & l'amour de Jesus. Vous vous plaignez que vous n'avez pas reçu les amples lettres que je vous écrivois l'an passé. Mille lieües de mer & plus sont sujettes aux hazards, & tous les ans ce qu'on nous apporte, & ce qui repasse en France court la même risque. Je faisois réponse à tous les points de la vôtre, & puisque vous le voulez, & qu'il ne m'est pas possible de vous rien refuser, j'en feray une petite recapitulation. Mais afin que vous ne perdiez pas tout je vous en ay déja écrit une partie par le premier vaisseau qui doit arriver en France un mois devant les autres, s'il arrive à bon port. *Cette lettre a été perdüe sur mer.*

Vous pouvez croire qu'aprenant que vous êtes tout à Dieu par les saints vœux de la Religion, mon cœur a reçu la plus grande consolation que d'aucune nouvelle que j'aye apprise en ma vie. La misericorde infinie de Dieu m'a fait cette grace en vous la faisant. Je vous avois donné à luy avant que vous fussiez né. Estant au monde mon cœur soûpiroit sans cesse aprés luy, afin qu'il plût à sa bonté de vous accepter. A peine aviez-vous atteint l'âge de treize ans qu'il me promit qu'il auroit soin de vous, ce qui donna à mon cœur un repos que je ne vous puis dire. Lorsque vous fûtes un peu plus grand & qu'on me disoit que vôtre vie étoit un peu trop libre, j'entray à vôtre sujet dans des croix qui me faisoient recourir sans cesse à Dieu, que je sçavois pourtant bien ne vous devoir pas manquer; mais vous pouviez par vos manquemens renverser ses desseins, ou plûtôt moy en être la cause. Ce fût alors que je luy donnay pour garant de vôtre ame la sainte Vierge & saint Joseph, par lesquels je vous offrois chaque jour à sa divine Majesté. Pensez-vous, mon tres cher Fils, que je ne visse pas bien que lors que je vous parlois de Dieu, des biens de la Religion, & du bonheur de ceux qui le servent, vôtre cœur étoit fermé à mes paroles? Je le voyois, & c'étoit là le plus grand sujet de mes croix; car il me sembloit qu'à châque pas vous alliez tomber dans le precipice: Mais j'avois toûjours dans le cœur un instinct qui me disoit que Dieu avoit une grace à vous faire pour vous appeller au temps & en la maniere qu'il m'avoit appellée pour le servir d'une maniere toute particuliere. Et en effet je la vois à peu prés décrite en ce que vous me mandez qui vous arriva. Remarquez bien cela, mon tres cher Fils, si vous me survivez vous en sçaurez davantage, puisque vous voulez que je vous donne mes papiers, si l'obeïssance le permet en ce temps là, je le veux afin que vous connoissiez les excez de la bonté divine sur moy, aussi-bien que sur vous.

Ces papiers sont les memoires qui ont servi à composer sa vie.

Elle répond par articles à quelques questions qu'il luy avoit faites.

C'est un excez de l'amour de nôtre divin Maître de brûler nos cœurs sans les consumer. C'est neanmoins un effet de nôtre misere de ce que son operation n'a pas tout son effet. L'agent ne manque pas de son côté, mais nôtre froideur s'oppose aux touches divines, & empéche l'ame d'arriver à ce parfait aneantissement qui surpasse toute purification imaginable. Je n'ay pas cessé, mon tres-cher Fils, de prier pour vous, & je ne manque point de vous offrir sur l'Autel sacré du cœur tres-aimable de JESUS à son Pere eternel. Mais quoy, me dites-vous, je suis sacrifié sur le cœur qui met l'incendie par tout, & je ne brûle pas? Pensez-vous que nous sentions toûjours le feu qui nous brûle, je parle de ce feu divin; nous ne serions jamais humbles, si nous ne sentions nos foiblesses, & il est bon que l'amour nous rende son feu insensible afin que nous brûlions plus purement.

C'est encore un excez de nôtre misere d'avoir en nous le Saint des Saints, & n'être pas saint dés la premiere fois qu'on le touche, ou qu'on le reçoit. O mon tres-cher Fils qu'il y a loin de luy à nous, quoy-qu'il soit en nous & uni à nous, l'ayant reçu au tres-saint Sacrement. Si nous voulions une bonne fois suivre & imiter nôtre vie & voye exemplaire, nous deviendrions saints dés la premiere communion. Mais quoy! bien que nous ayons des momens de bonnes dispositions que ce celeste Epoux agrée, qui sont celles que l'Eglise ordonne pour communier dignement, & qui produisent en nous des effets de sanctification; nous sommes si foibles & si chetifs, que nous reprenons ce que nous luy avions donné, nôtre miserable amour propre ne pouvant souffrir un aneantissement aussi entier que le veut

celuy

celuy qui ne veut que des ames qui lui reſſemblent. Remarquez bien ce point, nôtre propre amour nous rend eſclaves & nous reduit à rien; car eſt-ce être quelque choſe que de ſortir du tout pour être à nous-mêmes, qui ne ſommes qu'un pur rien? Ne cherchez donc point d'autre cauſe de ce que nous ne ſommes pas ſaints dés la premiere communion que nous faiſons. La meditation de ce grand ſilence où Dieu vous a appellé, vous fera voir plus clair que moy dans cette matiere. Et de plus, vous avez tant de Saints parmy vous conſommez au ſervice du grand Maiſtre, qu'avec leurs avis & leurs exemples, vous deviendrez ſaint ſi vous voulez.

Vous dites que vous deſireriez dire un jour la Meſſe dans les terres des Infideles. Si Dieu vous faiſoit cet honneur, j'en aurois la joye que vous pouvez juger. O que je ſerois heureuſe ſi un jour on me venoit dire que mon Fils fût une victime immolée à Dieu! Jamais ſainte Simphoroſe ne fut ſi contente que je le ſerois. Voila juſqu'où je vous aime, que vous ſoyez digne de repandre vôtre ſang pour JESUS-CHRIST. Je benis ſa bonté des deſirs qu'il vous donne; mais prenez garde de ne vous pas trop embarraſſer l'eſprit dans des raiſonnemens ſuperflus, qui vous pourroient cauſer une continuelle perte de temps : & il arriveroit que vous ne vous en déferiez pas facilement; parce que la paſſion étant émuë par des deſirs trop impetueux, offuſque la lumiere de l'eſprit, enſorte qu'il eſt difficile de bien juger d'une vocation, laquelle ſe fait connoître plus parfaitement par une confiance douce & amoureuſe, & par une longue perſeverance qui n'ôte point la paix du cœur, que par un bouillon ardent, & par une agitation continuelle qui n'eſt que dans les ſens. Il me paroît que dés mon enfance Dieu me diſpoſoit à la grace que je poſſede à preſent; car j'avois plus l'eſprit dans les terres étrangeres pour y conſiderer en eſprit les genereuſes actions de ceux qui y travailloient & enduroient pour JESUS-CHRIST, qu'au lieu où j'habitois. Mon cœur ſe ſentoit uni aux ames Apoſtoliques d'une maniere toute extraordinaire: Il me prenoit quelquefois de ſaillies ſi fortes, que ſi les reſpects humains ne m'euſſent retenuë, j'aurois couru aprés ceux que je voyois portez avec zele au ſalut des ames. Je ne ſçavois pas alors pourquoy j'avois tous ces mouvemens, car je n'avois ni l'experience ni l'eſprit pour les reconnoître, auſſi n'étoit-il pas temps: car celuy qui diſpoſe les choſes ſuavement, vouloit que je paſſaſſe par divers états avant que de manifeſter ſa volonté à la plus indigne de ſes creatures. Il s'eſt paſſé

F

bien des choses dans les distances des temps; vous les sçaurez un jour, mon tres-cher Fils, je vous ay seulement dit ici en passant pour vôtre consolation & pour vôtre instruction, ce qui se passoit en moy dans mon enfance.

Quant aux pensées que vous me proposez; croyez-moy, ne vous portez à rien qu'à suivre Dieu ; je veux dire que vous vous abandonniez à sa conduite avec une douce confiance, & que vous attendiez dans la paix du cœur ce que ses desseins auront projetté pour vous. Aprés cela ne vous mettez point en peine, il vous conduira par la main, car c'est ainsi qu'il se comporte envers les ames qui cherchent à le contenter, & non pas à se satisfaire elles mêmes. O qu'il est doux de suivre Dieu! Je ne vous dis pas cecy afin que vous étouffiez son esprit, mais afin que vous le serviez dans une plus grande pureté, & que vous ne respiriez que dans l'accomplissement des desseins qu'il a sur vous pour sa gloire & pour la sanctification de vôtre ame. L'obeïssance exacte à vos Superieurs sera la pierre de touche qui vous fera connoître si vous étes dans cette disposition.

Ah, mon cher Fils, que cette dependance des desseins de Dieu sur vous est importante! C'est le secret pour devenir grand saint & se rendre capable de profiter aux autres. Je suis ravie de voir ici des Saints (c'est ainsi que j'appelle les ouvriers de l'Evangile) dans un denuement épouventable; & vrayment cette parole de l'Apôtre leur peut bien être appliquée : *Vous étes morts & vôtre vie est cachée avec* JESUS-CHRIST *en Dieu.* Je n'ay point de termes pour dire ce que j'en connois. Meditez cette sentence & pensez qu'il y a bien loin avant que d'être semblable à nôtre divin Maître. Ce que la creature ne peut d'elle-même, Dieu le fait ici d'une façon qu'on n'auroit jamais pensé. Ne croyez pas que quand vous me demandez ce que j'endure & que je n'en omette rien, je vous parle de la disette des choses temporelles, de la pauvreté du vivre, de la privation de toutes les choses qui peuvent consoler les sens, des peines qui les peuvent affliger, des contradictions, des adversitez & de choses semblables ; non, tout cela est doux & l'on n'y pense pas, quoyqu'il soit sans fin : ce sont des roses où l'on se trouve trop bien, & je vous assure que la joye que j'y ressens m'a souvent mise en scrupule.

Voila que l'on me vient de dire que le vaisseau qui apportoit la plus grande partie de nos vivres, & toutes les necessitez tant de nôtre Communauté que de nos Seminaristes, est perdu ; ce qui appartient aux Reverends Peres & aux Meres de l'Hôpital y étoit aussi ; avec tout cela nous sommes dans un aussi grand repos que si tout cela ne nous touchoit point, quoique cette perte nous jette dans une extréme disette. Mais beni soit nôtre divin Maistre, qu'à jamais il soit infiniment beni : Il nourrit les oyseaux du Ciel, & les animaux de la terre, nous laisseroit-il mourir? Ce ne sont donc pas ces choses là qui font souffrir, mais c'est une certaine conduite de Dieu sur l'ame qui est plus penible à la nature que les tortures & les gesnes. Et lorsque je vous dis que les ouvriers de l'Evangile sont morts & que leur vie est cachée en Dieu, ils ont passé par cette conduite, se joignant même à l'ouvrier, & se rendant avec luy inexorables à eux-mémes pour faire mourir toute vive cette nature, qui est si nuisible aux parfaits imitateurs de JESUS-CHRIST.

Il me semble que je vous voy dans l'impatience de sçavoir si j'ay tant souffert. Ouy, mon cœur ne vous peut rien celer, & je ne suis pas encore au bout, aussi ne suis-je pas encore arrivée à la perfection de ceux dont je vous parle : mais obtenez-moy la grace d'y pouvoir arriver, ce sera une recompense de ce que j'ay enduré pour vous. Car la crainte que j'avois que vous ne tombassiez dans les precipices que vous couriez dans le monde me fit faire un accord avec Dieu, que je portasse en cette vie la peine duë à vos pechez, & qu'il ne vous châtiât pas par la privation du bien qu'il m'avoit fait esperer pour vous. Ensuite de cette convention vous ne sçauriez croire combien grandes sont les croix que j'ay souffertes à ce sujet. Et même sur le point que vous alliez faire vôtre Profession, je fus une fois contrainte de sortir de table & de me retirer pour vous offrir à Dieu. Ce fut alors que les croix que je souffrois pour vous prirent fin ainsi que je l'ay remarqué, comparant vos lettres avec ce qui m'étoit arrivé. Je vous dis cecy pour vous faire voir combien Dieu vous a aimé, vous tirant à soy par des voyes toutes pleines de sa bonté, & afin que toute vôtre vie se consume à luy en rendre de continuelles actions de grace : pour moy c'est mon occupation quoique je le fasse tres imparfaitement.

Cette sorte de croix, dont je vous parle, est suivie des traverses que nous souffrons pour le Royaume de JESUS-CHRIST, auquel les Demons s'opposent furieusement. Il est vray, & je vous le dis dans mes autres lettres, que nous avons de grandes consolations par les conversions qui se font, mais la persecution de nos nouveaux Chrétiens, & les revolutions continuelles qui arrivent à ce sujet, nous font souffrir & ressentir ce que c'est que d'avoir épousé les interêts du Fils de Dieu.

F ij

Je m'étens beaucoup, mais il faut que je le fasse puisque vous le voulez.

Vous me parlez de vôtre solitude ; il est vray que la retraite est douce & qu'on ne traite jamais mieux avec Dieu que dans le silence : C'est ce qui me console de ce que sa bonté vous a appellé à un Ordre saint où cette vertu regne en sa perfection, & où vous pouvez faire pour vous & pour autruy plus que vous ne feriez de paroles. La vie mixte a son tracas, mais elle est animée de l'esprit de celuy qui l'ordonne. Je ne me trouve jamais mieux en Dieu que lorsque je quitte mon repos pour son amour, afin de parler à quelque bon Sauvage & de luy apprendre à faire quelque acte de Chrétien : je prens plaisir d'en faire devant luy, car nos Sauvages sont si simples que je leur dirois tout ce que j'ay dans le cœur. Je vous dis cela pour vous faire voir que la vie mixte de cette qualité me donne une vigueur plus grande que je ne vous puis dire. Aussi est-ce ma vocation que je dois aimer par dessus toute autre : & si je puis avoir le bien de n'être plus Superieure, & de me voir delivrée de l'inspection que je suis obligée d'avoir sur un Monastere que nous faisons bâtir, je seray ravie de n'être plus que pour nos Neophites : C'est peut-être mon amour propre qui me fait parler, mais sans avoir égard à mes inclinations, je desire que la volonté de Dieu soit faite.

Pour vous vôtre office est de recevoir les Hôtes, & d'être en lieu de faire la charité. Quand on aime trop sa cellule, il est bon d'en être un peu privé pour un temps.

Vous me ferez plaisir de me mander le progrez de vôtre saint Ordre que j'aime & honore uniquement : je sçay les grands services qu'il a autres fois rendus à l'Eglise, & j'espere qu'il reviendra à sa premiere splendeur. Les grands progrez que nous voyons de son rétablissement en sont de grands presages : de nôtre bout du monde je l'offre à Dieu, quoyque je sois tres pauvre & indigne d'être écoûtée, mais mon cœur s'y sent porté & je ne le puis retenir.

Je me réjouis de ce que vôtre Superieur vous exerce à la mortification, c'est une marque qu'il vous aime & qu'il vous veut du bien : laissez faire Dieu & vos Superieurs, & croyez que sa bonté vous mettra où il vous veut pour sa gloire & pour vôtre sanctification. Vous m'obligeriez de m'envoyer un de vos sermons par écrit. N'ay-je pas droit d'exiger cela de vous, puisque vous pouvez juger que j'auray une sensible consolation de voir au moins ce que je ne puis entendre? Si Dieu vous veut dans le ministere de la Predication, il vous donnera les talens necessaires : quoyqu'il en soit vous étes à luy, je suis contente, vivons & mourons dans son saint service, mon tres-cher Fils.

Vous me demandez si nous nous verrons encore en ce monde? je ne le sçay pas ; mais Dieu est si bon que si son nom en doit étre glorifié, que ce soit pour le bien de vôtre ame & de la mienne, il fera que cela soit ; laissons-le faire, je ne le voudrois pas moins que vous, mais je ne veux rien vouloir qu'en luy & pour luy ; perdons nos volontez pour son amour. Je vous voy tous les jours en luy, & lors que je suis à Matines le soir, je pense que vous y étes aussi, car nous sommes au chœur jusqu'à huit heures & demie, ou environ, & comme vous avez le jour cinq heures plûtost que nous, il semble que nous nous trouvons ensemble à chanter les loüanges de Dieu. Vous me réjoüissez de ce que vous aimez l'humilité : en effet vous en aviez bien besoin aussi bien que moy, car le monde nous en avoit bien fait à croire: conservez toûjours l'amour de cette precieuse vertu, qui est le fondement solide, sans lequel tout l'edifice de la perfection que vous voulez élever en vôtre ame seroit ruineux & de peu de durée. Enfin demeurez dans la consolation que vous avez d'être serviteur de Dieu & que je suis sa servante, qui sont les plus nobles de toutes les qualitez, & celles que nous devons le plus aimer. Demeurons en JESUS, & voyons-nous en luy.

De Quebec le 1. Septembre 1643.

LETTRE XXIV.
A SES NEVEUS EN COMMUN.

Elle les exhorte à la pieté & à étre obeïssans à leurs Parens. Et leur met devant les yeux la grace de leur vocation à la Foy.

MEs tres-chers enfans. Je vous souhaite toutes les benedictions du Ciel. J'ay reçû toutes vos lettres, avec une tres sensible consolation d'apprendre de vos nouvelles. Continuez de le faire, vous ne me sçauriez davantage obliger que de me dire vos dispositions & vos desseins, car vos interests sont les miens, puisque je vous aime au delà de ce que je vous puis dire. Dieu vous benira si vous continuez à le servir comme vous me dites que vous le faites. Rendez l'obeïssance à vôtre Pere & à vôtre Mere, qui ont plus de desir de vous voir riches des biens du Ciel, qui sont la grace de Dieu & les vertus Chrétiennes, que de ceux de la terre qui ne sont qu'une fumée passagere. Je vous presente tous les jours à Dieu comme autant de victimes que je desire étre consacrées à sa divine Majesté. Faites-le même à mon égard, mes tres-chers enfans, que j'ayme & embrasse de la plus tendre affection de mon cœur. Priez aussi pour les Sauvages afin qu'ils se convertissent tous, & qu'ils croyent en ce grand Dieu auquel vous croyez. Vous étes heureux, mes enfans, d'étre nés de Parens Chrétiens; c'est dequoy vous devez rendre graces à Dieu tous les jours de vôtre vie ; car vous n'avez pas merité cette grace non plus que ces pauvres Barbares : Il vous l'a faite par sa pure misericorde. Remerciez-le aussi de la grace & de l'honneur qu'il me fait de le servir en ce bout du monde & d'aider à instruire quelques ames pour le Ciel. Adieu, mes chers enfans, je suis toute à vous & toute vôtre.

De Quebec le 11. Septembre 1643.

LETTRE XXV.
A SA NIECE.

Elle la console sur la mort de sa Mere. Elle prend delà occasion de l'exhorter à vivre chrétiennement, & luy donne à cet effet des conseils salutaires.

MA tres-chere & bien aimée Fille. La paix & l'amour de Jesus soient l'unique joye de vôtre cœur. Je veus croire que la grande affliction que vous avez de la perte de vôtre bonne Mere arrivée par un accident si funeste, est la cause que j'ay été privée cette année de vos lettres. Je ne laisse pas de vous écrire pour vous témoigner que je compatis beaucoup à vôtre perte & aux angoisses que vous avez souffertes, & que vous souffrez encore ensuite de ce coup terrible. Voila, ma chere Fille, comme vont les affaires du monde. Considerez bien cette verité ; vôtre bonne Mere aprés en avoir bien souffert, enfin la voila morte, & morte d'une deplorable façon. Vous en avez de la douleur, c'est un juste devoir, puisque vous luy devez plus qu'à aucune autre creature. Je l'ay quasi veu mourir vous mettant au monde. Depuis ce temps là il sembloit qu'aprés Dieu son plus tendre amour étoit pour vous ; vous en avez veu l'experience & ressenti les effets. Tout cela étoit bien capable de gagner vôtre amour: mais aussi tout cela étant passé il est bien juste que vôtre amour se tourne en douleur. Mais enfin tout ce qui vous est arrivé & à elle, n'est point arrivé par hazard; Dieu l'a permis pour vôtre sanctification, & afin de vous sauver par des voyes extraordiaires que vous ne recherchiez pas. Il importe beaucoup d'ouvrir les yeux à cette providence: la vanité aveugle beaucoup de filles de vôtre âge, lesquelles pour s'y laisser trop emporter, se privent elles-mêmes par leur faute, des graces que la divine bonté leur vouloit faire, & qu'elle fait ensuite à d'autres à leur exclusion. Plusieurs personnes de qualité m'ont écrit de France à vôtre sujet, & m'ont appris le soin que la divine providence a pris de vous, inspirant à Monsieur N. de prendre la conduite de vos affaires, & à Madame sa Femme de vous faire l'honneur de vous tenir auprés d'elle comme l'une de ses filles. Sans mentir, ma chere fille, vous étes bien obligée à Dieu de vous avoir donné un si puissant appuy; je me donne l'honneur de leur écrire pour les remercier de cette faveur, dont je me sens aussi obligée que s'ils me l'avoient faite, puisque je vous regarde & que je vous aime plus que moy-même. Au reste j'ay fait dire beaucoup de Messes, & fait faire beaucoup de communions pour le repos de l'ame de vôtre bonne Mere; encore à present je ne cesse point de l'offrir à Dieu; & je voudrois avoir assez de merites pour acroître sa gloire dans le Ciel. Rétenez ce que vous avez remarqué de vertus en elle durant sa vie, afin de l'imiter. Elle a tant fait dire de Messes, elle a tant paré d'Autels, elle a tant fait d'aumônes & tant delivré de prisonniers, elle a tant revêtu de miserables reduits à la nudité; & enfin elle a tant fait d'œuvres de misericorde & de charité, que cela est admirable: j'en suis témoin, car elle se servoit de moy, afin que tout cela se fit plus secretement. J'estime que toutes ces bonnes œuvres ont plaidé pour elle au jugement de Dieu & qu'à vôtre égard ses vertus vous serviront d'exemple toute vôtre vie si vous demeurez dans le siecle. Mais si vous choisissez le meilleur party, qui est Dieu, vous donnerez tout tout à la fois, puis que le present qu'on fait de soy-même est preferable à tout. Suivez en cela l'inspiration de Dieu, & les conseils d'un sage Directeur. Si vous étiez proche de moy, ma chere fille, en vous consolant je me consolerois aussi, mais puisque cela ne se peut, consolez-vous avec mes amis, mettez-vous en ma place, & visitez souvent comme je ferois moy-même la Reverende Mere Françoise de saint

Bernard Superieure de nôtre maison de Tours qui est ma plus chere & plus parfaite amie. Enfin je vous donne tous les avis que je croy vous étre utiles comme à ma tres-chere fille, que je presente sans cesse à nôtre Seigneur, afin qu'il vous possede parfaitement, & qu'il vous donne la lumiere necessaire pour connoître l'état où il veut que vous le serviez, & que vous fassiez vôtre salut. Remerciez-le de la grace qu'il me fait de le servir en cette Eglise naissante où il se gagne un grand nombre d'ames pour remplir la place des Anges Apostats qui ne l'ont pas voulu aimer & servir. Je vous embrasse en JESUS & suis.

De Quebec le 14. Septembre 1643.

LETTRE XXVI.

A UNE SUPERIEURE DES URSULINES DE DIJON.

Elle la remercie d'une aumône qu'elle avoit faite au Seminaire.

MA Reverende & tres-honorée Mere. Salut tres-humble dans les sacrées playes de nôtre cher Sauveur. Vous étes trop bonne de vouloir jetter les yeux sur nôtre petit Seminaire & d'y envoyer vos liberalitez. Nous les avons reçuës par le moyen de nos Reverendes Meres de Paris. Je vous en rends mes tres-humbles remercimens, ma tres-honorée Mere, vous assurant que nous n'en demeurerons pas ingrates ni méconnoissantes, non plus que nos Neophites, desquelles vous avez tant de compassion, puisque leurs vœux & les nôtres sont continuellement à Dieu pour nos Bienfaiteurs. Ces bonnes filles continüent à bien faire & à se rendre flexibles à la grace. Leurs bons sentimens nous touchent si fort, que quand nous ne verrions que cela en cette terre de benediction, nous nous tiendrions plusque tres recompensées de nos petits travaux. Mais de plus nous voyons des graces surabondantes sur ceux qui sont continuellement à nôtre grille, & en general sur tout le païs, où Dieu amene des Sauvages de tous côtez, pour les faire enrôller au nombre de ses enfans. La Relation qui vous en fera le detail vous fera verser des larmes de joye, & redoubler vos ferveurs pour l'Eglise de JESUS-CHRIST. Je vous supplie d'y particulariser nôtre petit Seminaire qui vous en sera tres-obligé. Mes Sœurs vous supplient d'agreer leur humble salut que je presente avec le mien à vôtre sainte Communauté.

DE LA M. MARIE DE L'INCARNATION. 49
nauté. Comme je suis la plus pauvre du monde, je vous demande l'aumône en particulier devant nôtre bon JESUS, dans le sein duquel je suis.

De Quebec le 22. Septembre 1643.

LETTRE XXVII.

A SA PREMIERE SUPERIEURE DES URSULINES DE TOURS. A la Mere Françoise de saint Bernard.

Elle luy témoigne sa joye de la vocation de sa Niece à la Religion : Puis elle luy parle de ses souffrances, & comme par une sainte metamorphose elle semble être toute convertie en croix. Elle sort de la charge de Superieure.

MA tres Reverende & tres-honorée Mere. Vôtre sainte benediction. Vôtre souhait a été accompli. Nous avons reçu vôtre lettre des premieres, & la premiere chose que j'y ay veüe en l'ouvrant, est que la divine bonté a jetté les yeux sur ma chere Niece, mais plûtôt sur ma chere fille, puisque je l'ay toûjours portée dans mon cœur. Je ressentis une si grande joye, que je fis une grande pose sans pouvoir passer outre. O que j'ay beni de bon cœur cette infinie misericorde sur cette ame, sur tout lors que j'ay consideré cette sage conduite, les moyens & les inventions dont elle s'est servie pour se gagner un cœur qui luy sembloit être si contraire ! Je ne vous puis dire ce que j'en pense, ma tres-bonne & tres-chere Mere, tout ce que vous m'en dites me ravit. J'ay veu ses écrits que je cheris beaucoup & que je garde comme les premices de l'esprit de grace qui est dans cette ame ; si elle est fidelle, j'attens bien d'autres choses d'un si bon fondement. O qu'il est important de bien commencer & de ne pas bâtir l'edifice de la vie spirituelle sur le sable ! Je connois une personne qui ne s'étant amusée qu'à de hautes pensées, & n'ayant point travaillé à la mortification des passions & de l'amour propre, est aussi éloignée du terme, qu'elle pensoit en être proche ; cela m'épouvante. Vous m'obligerez donc infiniment d'exercer ma chere Fille dans la mortification, & de l'aider à profiter du trait où Dieu l'appelle. Ne craignez point, au nom de Dieu, de faire mourir ce qui a trop de vie en elle, puisque cette mort fera vivre doublement son ame.

Je viens de quitter ma lettre, pour aller chanter le *Te*

Deum, pour l'heureuse arrivée du R. P. Lallemant Superieur des Missions: recommençons donc, ma tres bonne & tres-chere Mere, à parler de vôtre Novice. Je m'attendois toûjours à la grace de cette conversion; mais comme je ne m'arreste pas beaucoup à mes sentimens, ceux que j'avois, n'étoient pas capables de m'ôter la defiance que j'ay de la nature, qui tire avantage de tout pour entretenir sa corruption. J'ay une consolation, que je ne puis exprimer, de ce qu'elle s'assujetit si genereusement aux observances de la regle; c'est à cette heure mon affaire de demander à Dieu sa perseverance dans le chemin où il l'a mise.

 Quant à vous, ma tres-honorée Mere, beni soit nôtre bon JESUS de vous faire une fille de la croix, mais dans un brisement volontaire & genereux. Quand je pense à vos souffrances, je ressens une double tendresse pour vôtre chere personne, parce que j'y voy vôtre vraye & assurée sanctification. Celles que vous ne me dites pas sont encore plus grandes que celles que vous me dites, mon intime Mere, & vous n'êtes pas encore à bout. Permettez que je vous ouvre mon cœur de même que vous m'ouvrez le vôtre: Je suis la compagne de vos croix, ma vie en est toute tissuë; mais je le dis à ma confusion, je ne les porte ni si bien ni si courageusement que vous. Toutesfois nôtre tres-aimable Époux me les fait aimer, en sorte que sans elles je ne pourrois vivre, parceque j'y trouve une manne secrete plus delicieuse que celle du desert de Sina, laquelle m'est une tres solide vie, qui me semble emanée de la croix & des travaux de JESUS-CHRIST. Ouy j'ay des humiliations, des mépris, & enfin des faisseaux de croix qui me sont semblale aux croix mêmes, en sorte que je ne voy point d'autres qualitez en moy que celles de la croix. Si j'étois si pure que je pusse dire JESUS-CHRIST est ma vie, & ma vie est JESUS-CHRIT, & que luy étant conforme en sa vie, je pusse en dire de même de sa mort, il me semble que je dirois hardiment : mon JESUS est crucifié, & je le suis ave luy; tant les croix me sont familieres. Ce n'est pas peu entreprendre que de faire un établissement dans un bout du monde, quoyque de nôtre affaire Dieu en fasse la sienne, & que dans mes croix je voye les choses faites. Cela neanmoins se fait d'une certaine maniere, qu'il est evident que c'est un fruit de la croix, qui n'est point du goût des autres succez, mais on goûte les fruits de la croix sans sortir de la croix. Enfin l'on n'est que croix : parce que la substance que fait ce fruit de la croix, fait une nature de croix quant au corps & quant à l'ame. Il ne faut point être malade pour cela: mon corps engraisse, & mon ame y trouve son en-bon-point. Mais je me jette dans un labirinthe d'où je ne me tirerois pas; c'est assez en dire à ma bonne Mere, pour luy faire voir qu'elle a une fille de croix comme sa Mere l'est.

Nous avons fait nôtre election après laquelle je soûpirois il y avoit long-temps. Nôtre Seigneur nous a fait de grandes graces en cette action, comme il fait en toutes celles d'importance que nous avons: car il semble que Dieu prenne nos cœurs pour n'en faire qu'un, afin de les mettre où il veut; cela est ravissant & nos Peres en sont consolez jusqu'à verser des larmes. Cela est d'autant plus à remarquer que nous sommes de diverses Congregations, mais quelques differentes que nous ayons été dans nôtre origine, nous ne pouvons plus voir ni vouloir qu'une même chose. Nous avons élu ma Reverende Mere de Saint Athanase qui est une excellente fille de la Congregation de Paris: elle s'est toûjours parfaitement bien comportée, & c'est un esprit d'union qui mourroit plûtôt que de rien faire qui la puisse troubler. Encore que je ne sois plus Superieure je n'en ay pas moins le soin de nos affaires; il me semble que la voix de Dieu me poursuit, & qu'elle me dit: Dieu veut que tu luy fasses une maison. Cette voix est capable de me faire franchir tout obstacle, & de me faire oublier moy-même & mon propre repos.

La Mere Marie de saint Joseph est toûjours elle même, & elle croît visiblement en vertu. Elle a le soin des enfans où elle exerce son zele d'un maniere tres édifiante. Sçavez-vous que si l'on pouvoit briguer une charge, ce seroit celle-la; car il n'y a rien de si honorable en Canada que d'avoir des Neophites à instruire. Si cette chere Mere eût été éluë Superieure, comme on l'en avoit menacée, je croy qu'elle fût morte de déplaisir, de se voir privée d'un troupeau de Sauvagesses, qu'elle aime beaucoup mieux conduire que des Religieuses. Je vous remercie de vôtre beau dais: il pare merveilleusement nôtre Chapelle, & ce sera un monument perpetuel qui parlera pour vous à celuy à qui vous en avez fait present; car en me le donnant je sçay que vôtre intention a esté de le donner à celuy que nous adorons sur le saint Autel.

De *Quebec le 3. d'Octobre 1645.*

LETTRE XXVIII.
A SON FILS.

Elle luy témoigne encore sa joye de ce que Dieu l'a appellé dans l'Ordre de saint Benoist, & de ce que Dieu appelle encore à l'état Religieux la plus part de ses Parens.

MOn tres-cher & bien-aimé Fils. Beni soit nôtre bon JESUS de nous avoir rendu heureusement les vaisseaux, nos Reverends Peres, nos deux cheres Sœurs, & enfin tout ce qui nous étoit envoyé de secours de l'ancienne France. J'ay aussi reçu vos lettres, & ce que vous m'avez envoyé. Sur tout vous m'avez extrémement obligée de satisfaire à mon desir, qui n'étoit que pour avoir les connoissances des grandes obligations que j'ay à Dieu de vous avoir si hautement partagé dans la voye des Saints. Qu'il en soit eternellement beni des Anges & des bien-heureux : Pour moy ce me sera un de mes plus continuels exercices aux pieds de Sa divine Majesté, de chanter & de loüer ses misericordes.

Ce n'est icy qu'un petit mot par le premier vaisseau; je reserve à vous écrire amplement par l'Amirale, comme étant la voye la plus sure. Cependant que rendrons nous à nôtre Epoux, mon tres-cher Fils, de ce qu'il nous veut tout pour luy ? Il a aussi appellé ma Niece par une voye toute extraordinaire. Nos Sœurs qui sont venües de France cette année, m'ont dit des choses admirables de la generosité de cet enfant pour se tirer des mains de son ravisseur. Plusieurs personnes de qualité m'écrivent la même chose. Mais elle en a encore besoin d'une plus grande pour se surmonter elle-même. Sa nature souffre des convulsions étranges pour embrasser la vie de la Communauté : elle le veut ou du moins elle le desire : Elle fait des vœux, & elle en fait faire de continuels pour gagner le cœur de Dieu. Joignons-nous à elle & demandons sa perseverance ; car si une fois elle embrasse la solide vertu, elle est pour faire quelque chose de bon, ses qualitez étant excellentes du côté de la nature. Elle voudroit être avec moy : c'est ce que je ne desire point pour son bien. Il faut une autre vocation que celle de l'inclination de la nature & du sang, & il est necessaire qu'elle se mortifie cinq ou six ans, avant que l'on puisse porter un bon jugement sur son desir, à moins

DE LA M. MARIE DE L'INCARNATION.

que ses Superieurs, comme plus éclairez de la lumiere du Ciel, n'en fassent un autre. J'espere vous entretenir plus au long sur cette matiere.

Un de nos proches Parens a encore été touché de Dieu, & s'est converti à son service. C'est le Fils de mon Cousin N. C'estoit un determiné, coureur de nuit, addonné à tout mal, & qui donnoit la mort au cœur de ses parens. Ils le meritoient en quelque façon, car comme il étoit unique, ils luy avoient tout souffert en sa jeunesse. Remarquez neanmoins qu'ils l'avoient voüé à Dieu avant qu'il vint au monde, parceque ne pouvant avoir d'enfans, ils l'avoient obtenu de Dieu par les merites de S. François de Paule. Etant venu à l'âge de vingt ans aprés des debauchez jusqu'à oublier Dieu, l'Eglise & les Sacremens desquels il n'approchoit point, la divine bonté la tellement touché qu'elle luy a emporté le cœur, malgré toutes ses resistances, & sans sçavoir qu'il eût été voüé à saint François de Paule, il s'est allé rendre Minime, où l'on me mande qu'il est fervent à merveille. Ainsi Dieu appelle la plus part de nos Parens & Alliez: qu'il en soit loüé eternellement, & ne manquons pas de luy en rendre nos actions de graces.

Quant à ce qui vous regarde; à cette heure que je sçay les temps de vos exercices reguliers, je vous accompagneray par tout pour glorifier nôtre divin Maître avec vous. Vous ne manquez pas d'occupation de corps ni d'esprit; tout cela étant animé d'un esprit interieur, c'est assez pour devenir saint. O mon Fils, soyez un digne imitateur de ceux qui vous ont devancé, & ne craignez point de consumer ni d'user vôtre vie au service de celuy qui a prodigué la sienne pour vous. Et de plus vous avez tant de grands hommes qui vous aident au chemin du Ciel par leurs exemples & par leurs conseils, que je ne puis dire la joye que j'en ay dans le cœur; non plus que celle que je ressens quand je pense à la misericorde que Dieu me fait, de participer à tous les biens qui se font dans un si saint Ordre, puisque les Peres & les Meres de vos Religieux ont par Statut les mêmes graces, que s'ils avoient des lettres d'association. C'est un remede que la bonté divine a apporté à mes grandes necessitez; & pour vous dire tout, j'en ressens les effets. Aimons & servons nôtre Maître, nôtre exemplaire & nôtre tout. Je vous voy en luy, cherchez-y moy, & nous nous y trouverons ensemble pour luy rendre nos obeïssances, en attendant que nous le voyons à découvert pour en joüir d'une façon plus épurée que n'est celle de cette vie.

De Quebec le 2. Aoust 1644.

LETTRE XXIX.

A UNE SUPERIEURE DES URSULINES DE DIJON.

Elles lient une association de biens spirituels entre leurs Communautez. Progrez de la foy nonobstant la persecution des Hiroquois.

MA Reverende & tres-honorée Mere la paix & l'amour de JESUS pour mon tres-humble & tres affectionné salut. Ce nous sera trop de consolation d'entrer avec vous dans une sainte association des biens spirituels. Ouy ma Reverende Mere, ne soyons qu'unes dans l'amour de Dieu pour travailler ensemble à l'amplification du Royaume de JESUS-CHRIST lequel est plus traversé que jamais par les Hiroquois Nation feroce & barbare. Ils ont encore pris un de nos Reverends Peres, qu'ils ont brûlé à petit feu, à ce qu'on nous a dit, & à qui ils ont coupé toute la chair, ils en ont fait autant à deux autres François, sans parler de trois autres qu'ils ont tüez sur la place avec plusieurs Sauvages Chrétiens & non Chrétiens de l'un & de l'autre sexe. Nous ne sommes pourtant pas encore bien assurez de cette nouvelle. Mais quoy qu'il en soit, nonobstant cette persecution la foy ne prend que de plus profondes racines dans les cœurs de nos Neophites, qui se soucient peu de la vie pourveu qu'ils possedent JESUS-CHRIST. Nos Seminaristes font tres-bien, & elles chantent continuellement des saluts pour leurs Bienfaiteurs. Vous étes du nombre, ma tres-honorée Mere, & je vous rends graces de tout mon cœur de tout ce qu'il vous a plû nous envoyer pour elles & pour ceux qui sont presque continuellement à nôtre grille. Il y a fallu faire cet hyver une instruction continuelle, & accompagner cette nourriture de l'ame d'un aliment corporel. L'on a decouvert de grandes Nations, où trois de nos Peres vont prêcher nôtre sainte Foy. Je vous supplie de prier pour eux, ma chere Mere, puisque nous sommes associez tout cela vous regarde comme nous. Avec vôtre permission je saluë toutes mes Meres vos saintes Filles que j'embrasse un million de fois dans le cœur de nôtre bon JESUS.

De Quebec le 7. d'Aoust 1644.

DE LA M. MARIE DE L'INCARNATION.

LETTRE XXX.

A UN DE SES PARENS.

Qui luy avoit donné avis de la retraite de sa Niece dans la Religion. Elle l'exhorte d'embrasser le même party.

Monsieur. La paix & l'amour de JESUS pour mon tres-humble & tres-affectionné salut. J'ay reçu les trois vôtres que je n'ay pû lire sans repandre des larmes de joye, y voyant de si puissans effets de la misericorde de Dieu sur ma chere Niece. Je ne puis cesser d'admirer cette providence ni les admirables inventions dont elle se sert pour attirer les ames, & leur faire faire un entier divorce avec le monde. Elle m'a écrit quatre lettres toutes pleines de reconnoissance pour les secours qu'elle a reçus de vous; elle m'a fait aussi le recit d'une partie de ses avantures : mais sur tout elle s'étend sur les grands desirs qu'elle a d'être bonne Religieuse. Elle a de bonnes qualitez pour cela, mais il luy en coûtera de bonnes mortifications, à cause de la grande habitude qu'elle a de faire sa propre volonté : Car encore que ce ne soit qu'en des choses indifferentes ; ces choses neanmoins étant du monde où la nature se porte facilement, cette inclination se tourne bientôt en nature, c'est à dire, en une habitude qui ne se perd pas en un jour à moins d'une grace fort extraordinaire. Elle a pour Maîtresse des Novices ma Reverende Mere Françoise de S. Bernard, ce qui me donne une joye toute particuliere à cause de sa grande experience & de sa singuliere vertu. C'est elle aussi qui m'a reçuë en Religion, & elle m'a tant fait de biens, que je puis bien la reconnoître pour ma veritable Mere. On m'a dit que pour m'obliger elle avoit accepté cette charge, afin d'avoir elle-même le soin de cette enfant, laquelle certes doit appartenir à Dieu par beaucoup de titres. Elle n'est venuë au monde qu'après un grand nombre de vœux, de prieres & de bonnes œuvres pratiquées pour la demander à Dieu. Elle a aussi été offerte à la sainte Vierge, qui possible la veut donner pour Epouse à son Fils après l'avoir retirée des tromperies du monde qui la luy vouloient ravir. Pour vous, si vous étiez tel que je vous souhaite, vous possederiez le vray degagement que vous desirez, & par ce moyen vous seriez plus particulierement à Dieu.

Ses vœux ont été exaucez.

C'est ce que je luy demande pour vous avec d'autant plus d'instance, que je vous voy en des dispositions toutes propres à ce dessein ? Puisque vous vous étes retiré de toutes les affaires du monde, qui ne sont que des épines propres à étouffer l'esprit de Dieu dans les ames qui s'y portent avec empressement, quelle douceur ne seroit-ce pas pour vous, aprés tant d'afflictions que sa Providence a permis vous arriver ? Car ce ne sont pas des choses arrivées par hazard, ce sont des moyens qu'elle vous a envoyez par une douce severité, afin de vous détacher de tout, & de vous attacher à luy seul. En quelque état que vous soyez, je vous supplie de vous souvenir de moy devant Dieu, puisque je n'ay point de plus grand contentement que d'étre, & de me dire en luy, Vôtre.

De Quebec le 16. d'Aoust 1644.

LETTRE XXXI.

A SON FILS.

Elle luy donne des avis importans pour s'avancer dans la voye de la perfection. Eloge de l'Ordre & de la Regle de saint Benoist. Elle parle encore de son établissement en Canada, & de l'union des Religieuses des deux Congregations.

MOn tres-cher Fils. La vie & l'amour de Jesus soit à jamais vôtre force & vôtre tout. Si vous avez eu de la joye en recevant mes lettres, ne doutez pas que je n'en aye eu une semblable à la lecture des vôtres. J'y ay veu les providences, les amours, & les misericordes de Dieu sur vous, pour lesquelles je le loüeray eternellement. Ouy, mon Fils, Dieu veut que vous l'aimiez ; commencez-donc à l'aimer, & croyez aujourd'huy qu'hier vous ne l'aimiez pas veritablement ; puisque les degrez du saint amour sont de cette qualité ; qu'on ne voit de parfait que ce qui est devant soy, & que l'on estime defectueux tout ce qui est passé. Prenez-y bien garde, & vous remarquerez que cela est vray, & en même temps que c'est une des plus importantes veritez de la vie spirituelle. Vous marchez sur les vestiges des Saints qui vous ont devancé, & habitez les Cellules qu'ils ont sanctifiées par leurs vertus ; courez sans relâche aprés eux, jusqu'à ce que vous soyez arrivé au Roy des saints qui vous veut plus pour luy que vous ne le voulez pour vous. Les

Saints

DE LA M. MARIE DE L'INCARNATION.

Saints ne font saints que par cette inclination, &, s'il faut ainsi parler, par cette sainte opiniatreté qui leur a fait oublier toutes choses par un mépris volontaire, afin de s'attacher à ce divin prototype & vraye cause exemplaire de ses enfans. J'ay eu quelquefois le defir de sçavoir si vôtre cœur est touché de cette douce émotion, & en quel degré Dieu vous met : Car il faut quitter tout autre mouvement volontaire & suivre uniquement les pantes de la grace pour arriver à ce commerce avec nôtre souverain bien. Je demeure pourtant volontiers dans mon ignorance, & me contente de luy demander pour vous cette faveur, comme celle que je trouve d'un tres-grand poids pour la perfection.

Vous me demandez comment il est possible d'avoir le corps si prés de Dieu, & l'esprit si éloigné de luy ? Cette misere est grande en effet, & c'est pour l'ordinaire un effet de nos infidelitez. Le vray moyen de nous en retirer, est cette douce & volontaire servitude de cœur avec une attache sans remise aux volontez de nôtre Maître. Cette servitude attire aprés soy tout l'esprit par une douce & amoureuse violence qui captive bien les sens ; mais qui ne les tüe pas, & qui même les nourrit quelquefois de ses biens. Vous ajoûtez : comment se peut-il faire que l'esprit étant une fois uni à Dieu qui le remplit de tant de douceurs, s'en retire si facilement ? Cela n'est que trop facile à ce miserable amour que nous avons pour nous-mêmes. On dit que depuis qu'un cœur est navré, il aime par tout : cela est vray quand il conserve ses playes, & qu'il demeure sensible aux coups des inspirations divines: mais quand il les referme par ses miserables medicamens, c'est ainsi que j'appelle les raisons de l'amour propre, il change de vie & n'a plus de mouvement que pour luy-méme. C'est cette miserable vie de nous-mémes, c'est à dire de nôtre propre amour, qui emporte aprés soy tout l'esprit, & qui le retire de l'union avec Dieu. Et en fin delà naissent les violences qu'il nous faut faire, lorsque par la synderese qui nous picque, nous sommes pressez de retourner à celuy d'où nous nous sommes separez ; car comme nous avons repris la vie de la nature, il faut encore une fois remourir à la nature pour y arriver.

Vous voulez que je demande pour vous à Nôtre-Seigneur le don d'oraison. Je luy demande pour vous celuy de l'humilité & de la vraye abnegation de vous-même, sans laquelle il n'y a point de vraye oraison, ny de vray esprit interieur. L'oraison & l'humble ab-

H

negation doivent aller de même pas, autrement toutes nos devotions sont suspectes. Et c'est la leçon que nous enseigne nôtre divin Maître & caüse exemplaire, pour posseder entierement son esprit, comme nous disions tantôt. Outre cet esprit syndiquant qui nous suit par tout, & qui nous dicte plus mille fois que nous n'en faisons: vous avez d'excellents Maîtres avec vous capables d'éclaircir tous vos doutes, en sorte que ce me seroit une presomption de vous en dire davantage.

J'ay lû & relû ce qui parle de vôtre saint Ordre, & je ne vous puis dire la consolation que je ressens en mon ame de ce que Dieu vous y a appellé. Vous m'en demandez mon sentiment. Je vous dis que tout le precis de la perfection y est enclos, & qu'il n'y a aucun Ordre en l'Eglise qui n'ait emprunté de saint Benoist & de ses enfans, ce qu'il a de plus saint & de plus parfait. Je remarque même que cette nouvelle reforme où Dieu vous a apellé a renfermé tout le suc de ce premier esprit. Vous ne serez donc point excusable aprés la grace que Dieu vous a faite, si vous avez du cœur pour d'autre chose que pour luy. Donnez-vous donc tout à luy, & rendez-vous capable par vos soûmissions de recevoir son esprit principal, qui est assurément celuy de vôtre Ordre & de vôtre Congregation; si elle passe par le creuset des afflictions & des persecutions, elle n'en sera que plus éclatante. Donnez-moy toûjours la consolation de me dire ce qui luy sera arrivé de nouveau, tant dans son progrés, que dans ses combats; car je prends tant de part à ses interests qu'il me semble que je luy suis incorporée. Je fais à present mes Lectures Spirituelles dans vos Regles, & dans le livre de vos Exercices spirituels, où je vois bien que ceux qui ont fait nos Constitutions & Reglemens en ont beaucoup tiré. Benissons Dieu de tout, & servons-nous des tresors qu'il nous départ par ses Saints, afin de devenir Saints.

J'offre à Nôtre Seigneur vostre infirmité, afin qu'elle ne vous empêche point de luy rendre les services qu'il demande de vous; car quant à la souffrance, c'est un present que sa Majesté vous fait, & qui vous doit estre precieux. Pour moy je n'ay aucune infirmité corporelle, sinon que je sens de fois à autres un petit mal de tête qui est un reste de la grande assiduité que j'ay euë autrefois aux ouvrages, mais cela n'est pas considerable. En échange il me faut souvent passer par des épines bien picquantes dans les affaires dont sa providence m'a chargée, & qui regardent l'execution de ma vocation au Canada; mais enfin j'y trouve mon repos. Vous desirez sçavoir si nôtre Communauté est grande. Non, elle est petite, n'étant encore que de huit Religieuses de Chœur & d'une Converse. Mais pourtant c'est beaucoup ; car il est question d'y unir des sujets de deux Congregations differentes, où la multitude des personnes ne feroit que causer des diversitez de sentimens. C'est pourquoy avant que de multiplier, il faut tâcher d'affermir cette union qui est faite, & graces à Dieu, signée de nos deux Congregations de France, & de nous, par une voye de grace toute extraordinaire. Cette grande paix & union où nous vivons a déja touché plusieurs personnes de grande pieté en France, & leur a donné sujet d'esperer l'union generale de toutes les Ursulines du Royaume où elles sont divisées en diverses Congregations, sous une même Regle, & dans les mêmes fonctions. C'est une petite semence jettée dans le Canada, & qui pourra porter du fruit dans la France en son temps. Comme l'on m'en écrit icy de toutes parts, je tâche dans mes réponses de glisser quelques petits mots de ce grand bien, à ceux que je croy y pouvoir contribuer quelque chose. Nous attendons à la prochaine flotte la Bulle de Rome pour la confirmation de nôtre union : Nous avons déja celles de nos deux Congregations, mais il nous en faut une particuliere pour ce païs, à cause que nous y avons des Reglemens particuliers, le climat, le vivre, & les autres circonstances ne pouvans pas s'accommoder avec ceux que nous gardions en France. Voila, mon tres-cher fils, mes deux grandes affaires depuis que je suis en Canada ; nôtre établissement actuel, & nôtre union. Car pour l'étude de la langue, & en ce qui regarde l'instruction de nos Sauvages, comme aussi à enseigner à mes Sœurs ce que j'en ay pû apprendre avec la grace de Nôtre-Seigneur, cela m'a esté si delectable, que j'ay plutost peché en l'aimant trop, qu'envisagé s'il y avoit de la peine. Voila l'état de nos petites affaires, mon tres-cher fils ; une autre fois je vous en diray davantage.

Dieu ayant appellé ma niéce à l'état de la sainte Religion, elle m'a mandé & m'a fait dire par nos Sœurs qui sont arrivées icy, qu'elle a dessein de me venir trouver. Ne luy en mandez rien neanmoins de crainte que nos Meres ne croyent que je la veille attirer. Si elle vous en écrit, répondez-luy selon que Nôtre-Seigneur vous inspirera, sans luy parler de moy. La vocation au Canada ne se doit pas regarder dans une affection naturelle, non plus que dans de trop grands empressemens de ferveur, mais bien dans une vraye & solide perseverance ; autrement les sujets qui y passeroient n'y auroient jamais de satisfaction, & n'y trouvant pas ce qu'ils avoient esperé, reprendroient bientôt le chemin de la France, ce qui seroit fâcheux pour des filles. C'est pourquoy je craindrois que celle-cy ne se laissât prendre à quelque affection naturelle, car elle m'aime comme sa Mere. On m'a dit qu'au fort de ses afflictions, elle m'appelloit comme si j'eusse été auprés d'elle: & neanmoins elle seroit bien trompée si elle étoit avec moy, car je la mortifierois plus qu'aucune autre, quoy que je n'aye pas l'esprit de mortification. Il est temps que je finisse; Nous prions toutes pour vous; priez aussi pour nous, & plus particulierement pour moy qui suis, vôtre.

De Quebec le 30. Aoust 1644.

LETTRE XXXII.

A UNE DE SES PARENTES URSULINE DE TOURS.

Elle se plaint en quelque façon de ce qu'elle n'a pas passé en Canada, l'occasion s'en étant presentée: & luy dit qu'elle peut gagner autant d'ames dans sa cellule par ses prieres, que dans la Mission par son travail. L'avantage des croix & des afflictions interieures.

MA tres-chere Mere & bien-aimée Cousine. L'amour & la vie de JESUS pour mon tres-affectionné salut. La vôtre m'a d'autant plus consolée qu'elle m'a appris des nouvelles qui sont toutes à la gloire de Dieu. J'ay beni sa divine misericorde d'avoir appellé vôtre neveu à son service quasi au même temps qu'il y a appellé ma niéce. Je ne vous puis exprimer la joye que mon cœur en a receuë aprés les hazards que l'un & l'autre ont courus. S'ils retournent dans le siecle s'en est fait: mais je voy qu'ils ont tant de secours & tant de bons conseils que j'ay sujet d'esperer, que Dieu leur donnera la perseverance.

Pour vous, vous êtes toûjours Canadoise: pourquoy donc n'avez vous pas pris une des places qui se presentoit? Car comme nous n'avions demandé aucune en particulier, je croy que toutes celles qui avoient du desir de venir, se sont offertes, & qu'ensuite on a fait le choix de celles qui avoient des dispositions plus presentes à cette Mission: cependant je ne voy point qu'on ait parlé de vous. Je me persuade facilement que vous êtes tombée dans quelque infirmité, & si cela est, vous ne perdrez pas le fruit ny le merite de vôtre vocation, puisque ce n'est pas

DE LA M. MARIE DE L'INCARNATION. 81

la volonté qui vous manque. Mais puisque Dieu a permis que les choses soient allées de la sorte, de vôtre cellule gagnez des ames à Dieu par vos prieres : vous en pouvez plus convertir par ce moyen, que nous par nos travaux, & de la sorte vous nous surpasserez de beaucoup.

Pour ce qui est de vos dispositions particulieres, les croix & les derelictions interieures ne sont pas desavantageuses ; au contraire elles nous font ressembler à Jesus-Christ. Il ne faut attendre en cette vie que des changemens & vicissitudes continuelles. Lorsque nous serons avec le Dieu de la paix dégagées des miseres de la vie presente, la nôtre ne sera plus troublée, & jusques là il faut se resoudre à tous les evenemens de sa providence. Courrons donc à cette divine patrie, & ne nous donnons point de treve que nous n'y soyons arrivées: or nous avancerons beaucoup si nous ne nous écartons point des dispositions de ses divines volontez sur nous. Voila mes pensées & mes sentimens à vôtre égard, ma tres-chere Mere. Aimons nous en ce divin objet, dans lequel je seray toûjours avec plaisir, vôtre.

De Quebec le 3. Septembre 1644.

LETTRE XXXIII.

A UNE SUPERIEURE DES URSULINES DE TOURS.

Elle luy donne avis de l'arrivée de deux de ses Religieuses à Quebec, & luy recommande sa Niéce qui s'étoit renduë Religieuse en son Monastere.

MA tres-chere Mere. La paix & l'amour de Jesus. Ce m'a été une singuliere joye d'apprendre que la divine bonté continuë de vous faire ses faveurs. Je l'en ay remercié de tout mon cœur, & la prie de vous faire toûjours de nouvelles graces pour les employer à son service par tout où elle vous voudra, soit en Canada, soit en France. Nous avons reçu avec une joye que je ne vous puis exprimer vos deux Filles nos deux cheres Sœurs. Les choses qu'on a long temps desirées sont d'une admirable suavité quand on les possede, ainsi je vous laisse à juger combien leur arrivée nous a été douce aprés les avoir tant attenduës. De leur part elles sont contentes au dernier point de se voir au port desiré, où elles ont été reçuës de tous avec des applaudissemens de joye tout extraordinai-

H iij

res. Dieu en soit éternellement beni, c'est pour sa gloire qu'elles sont venuës en cette extremité du monde.

L'entrée de ma chere niece en la maison de Dieu, m'a tellement consolée que je ne vous le puis exprimer. Vôtre sainte Communauté m'a infiniment obligée de l'honneur qu'elle luy a fait de la recevoir. Vous y avez contribué, ma chere Mere, je vous en remercie de tout mon cœur, & vous supplie de me continuer en elle vôtre charitable affection. Je vous supplie d'être assurée de la mienne aux pieds de Nôtre-Seigneur dans lequel je tiendray toûjours à benediction d'être, & de me dire, vôtre.

De Quebec le 3. Septembre 1644.

LETTRE XXXIV.
A UNE SUPERIEURE DE S. DENYS EN FRANCE.

Qui l'avoit priée d'estre sa mediatrice auprés de Dieu, mais elle prend la qualité de servante. Abondance de graces que Dieu verse dans le Canada. Qualitez que doivent avoir celles qui y sont appellées.

> A la Mere Marie de l'Incarnation, Superieure du Monastere de S. Denys en Frãce.

MA tres-Reverende, & tres-honorée Mere. Salut tres-humble dans le sacré cœur de nôtre bon JESUS. C'est luy qui me procure des amis qui le puissent prier pour moy qui en ay des besoins extremes. Vous estes trop humble, ma chere Mere, de vouloir chercher en moy une mediatrice auprés de Dieu, puisque je n'ay ny force ny vertu pour cela, mais bien pour estre vôtre petite servante aux pieds de JESUS-CHRIST. Pour ce titre je le cheriray, & je vous assure que je tâcheray de vous y rendre le plus fidele service qu'il me sera possible, & que vos interests y seront les miens. Pour le pact dont

> Ce pact est une communication de prieres & de merites.

vous me parlez, il est fait; mais sçachez, ma toute chere Mere, que si vous en ressentez les effets, il les faudra attribuer à vôtre sainte intention, & non à mes demandes. Pour moy, j'ay besoin d'une plus grande force d'esprit & d'une vertu plus pure que je n'ay pas pour estre une digne Missionnaire de JESUS-CHRIST. Il est peut-estre vray que les graces de Dieu se communiquent plus abondamment en Canada qu'en France, parce qu'il y a moins d'objets & de sujets capables de prendre le cœur. Mais helas! ma tres-bonne Mere, je suis tout l'objet & tout le mal de moy-méme. Il n'en est pas ainsi de tous les autres; j'y voy des ames si épurées de tout, qu'il semble qu'elles ne soient plus de la terre, Dieu les conduisant dans un dénuëment si grand, qu'il semble qu'elles ne tiennent plus qu'à Dieu. Il opere en elles ce dégagement d'une maniere si admirable, qu'elles ne connoissent plus rien que leur neant dans cet unique Tout. Le bon Pere le Jeune que vous avez veu est de ceuxlà, & je ne m'étonne pas que vous en ayez eû la satisfaction que vous dites, puisque selon la parole de nôtre Maître, la langue rend témoignage des sentimens du cœur. Il m'a parlé de vous & de vôtre sainte famille, de laquelle il est tres-satisfait : sur tout il m'a parlé de vôtre bonne Religieuse, de laquelle aussi vous m'écrivez. Nous vous avons une tres-grande obligation de nous aimer jusqu'à ce point de nous la vouloir donner ; mais pour le present nous avons quelques raisons pour lesquelles nous ne pouvons faire passer des filles cette année. Nos Meres d'Angers nous ont fait la même demande, je leur fais aussi la même réponse. Permettez, s'il vous plaît, que je vous dise en amie & en confiance, que les vocations de cette importance meritent d'être bien éprouvées : faites donc en sorte que ce delay luy soit utile, & servez-vous-en à cet effet, quoy que ce ne soit pas le sujet pourquoy on la retarde, car nous la recevrions de vôtre main dans la confiance que nous avons en vôtre prudence, laquelle ne voudroit pas exposer une de ses Filles, si elle n'avoit les qualitez requises, tant de corps que d'esprit. Pour le corps, il est necessaire qu'elle soit jeune, pour pouvoir facilement apprendre les Langues ; qu'elle soit forte, pour supporter les fatigues de la Mission ; qu'elle soit saine & nullement délicate, afin de s'accommoder au vivre qui est fort grossier en ce païs. Et quant à l'esprit, pourveu qu'elle soit docile, soûmise, & de bonne volonté pour s'accommoder à nôtre union, cela suffit. J'ay eu un mouvement secret de vous dire tout cela, ma tres-chere Mere, car vous m'ouvrez si fort vôtre cœur que je ne vous puis cacher le mien. Je vous supplie donc d'exhorter cette bonne Fille à la patience & à la perseverance : & c'est en cela même que l'on connoîtra sa vocation. Cependant je la saluë & l'embrasse de tout mon cœur. Mais à ce que j'aprens vous êtes aussi Canadoise : demeurons dans cette union de cœurs ; & puisque vous ne sçavez pas ce que Dieu fera de vous, gagnez-luy des ames, en attendant l'accomplissement de ses divines volontez, & pendant que je fais icy mille fautes à son saint service. Je saluë vôtre sainte Communauté que j'honore beaucoup, & j'ose me recommander à ses saintes prieres. Toutes mes

Sœurs font le même, & vous saluënt tres-particulierement. Pour moy, ce m'est une singuliere joye de me pouvoir dire.

De Quebec le 9. Septembre 1644.

LETTRE XXXV.
A SON FILS.

Elle luy fait l'éloge d'un Gentil-homme, qui sous l'apparence d'un Courtisan menoit une vie fort interieure. Le grand nombre de Lettres qu'elle écrivoit.

MOn tres-cher Fils. Il ne m'est pas possible de laisser passer aucune occasion sans me donner la satisfaction de vous écrire. En voicy une d'un honnête Gentil-homme, Lieutenant de Monsieur le Gouverneur de la Nouvelle France, & qui est l'un de nos meilleurs amis. Il m'a promis de vous voir, car il tâche de m'obliger en tout ce qu'il peut. Vous le prendrez pour un Courtisan, mais sçachez que c'est un homme d'une grande oraison, & d'une vertu bien épurée. Sa maison qui est proche de la nôtre est reglée comme une maison Religieuse. Ses deux filles sont nos Pensionnaires: ce sont deux jeunes Damoiselles qui ont sucé la vertu avec le lait de leur bonne Mere, qui est une ame des plus pures que j'aye jamais connuës. Je vous dis tout cecy, Mon tres-cher Fils, afin que vous honoriez Monsieur de Repantigny, c'est ainsi qu'il se nomme, & pour vous faire voir qu'il y a de bonnes ames en Canada. Il passe en France pour les affaires du païs, & de la colonie Françoise. Comme c'est de luy que nous prenons conseil en la pluspart de nos affaires, il a eu en une certaine rencontre la permission d'entrer en nôtre Maison : il vous dira ce qu'il en a veu, si vous le desirez ; comme aussi des nouvelles de tout ce païs. Mon tres-bon & tres-cher Fils, voila qu'on va lever l'ancre, ce qui fait que je ne vous puis dilater mon cœur selon mon souhait, outre que je suis extrémement fatiguée du grand nombre de Lettres que j'ay écrites, qui montent comme je croy au nombre de plus de deux cens : & il faut faire tout cela sans préjudice de nos observances regulieres. Je vous ay déja écrit quatre autres lettres: celle-cy n'est que pour vous renouveller mon affection, & les grands desirs que j'ay de vôtre sainteté. Je lis avec bien de l'attention la Regle de vôtre saint Patriarche. Je ne vous puis dire les consolations que j'en reçoy, ny

la

la joye que j'ay de vous avoir appellé dans une voye si sainte. Ne vous lassez point de prier pour moy, ny de me recommander aux prieres de vos Reverends Peres; je les tiens pour miens, puisque ce sont les vôtres.

De Quebec le 15. Septembre 1644.

LETTRE XXXVI.

A UNE RELIGIEUSE URSELINE DE TOURS, qui avoit esté sa premiere Superieure.

A la Mere Françoise de saint Bernard.

Ce que c'est que la parfaite pureté de l'ame, & de quelle maniere Dieu l'y a élevée.

MA tres-Reverende, tres-honorée, & tres-aimée Mere. Mon cœur ressent tant de tendresses pour celle que je reconnois pour ma veritable Mere, que je ne les puis exprimer. Ouy, je vous ay si presente à mon esprit, qu'il me semble que je suis encore à Tours, & que vous me venez surprendre dans nôtre petite cellule, où vôtre affection pour moy vous faisoit me donner la satisfaction que je cherissois le plus. Vous me dites que vos visites à Quebec sont frequentes; les miennes ne le sont pas moins à Tours. Ce sont nos bons Anges qui font cela; parlons-nous donc par leurs intelligences, ou plûtôt par nôtre tout aimable époux, qui sçait que nôtre amour est en luy, de luy, & pour luy. Ma plus que tres-bonne Mere, il traite si amoureusement mon ame, que je ne puis m'empécher de vous le dire dés l'abord. Son amour tient à mon égard des voyes semblables à celles que vous avez veuës & sceuës, car mon cœur ne vous pouvoit rien celer. Aujourd'huy je connois bien plus clairement que je ne faisois en ce temps-là, pourquoy il me faisoit passer par tant de differentes voyes. O ma chere Mere, qu'il y a loin de nous à la pureté de Dieu, & que la purgation d'une ame qu'il veut toute pour luy & qu'il veut élever à une haute pureté est une grande affaire! Je voy ma vie interieure passée dans des impuretez presque infinies: la presente est comme perduë, & je ne la connois pas: elle ressent neanmoins des effets & des avant-goûts de cette haute pureté où elle tend, & où elle ne peut atteindre. Ce ne sont pas des desirs ny des élans, ny de certains actes qui font quasi croire que l'on possede son Bien: Non, c'est une vacuité de toutes choses, qui fait que Dieu demeure seul en l'ame, & l'ame dans un dénuement

I

qui ne se peut exprimer. Cette operation augmentant, ce qui est passé, pour saint qu'il paroisse, n'est qu'une disposition à ce qui est present. Si vous sçaviez, ma tres-honorée Mere, l'état où j'ay été prés de trois ans de suite depuis que je vous ay quittée, vôtre esprit en fremiroit. Imaginez-vous les pauvres les plus miserables, les plus ignorans, les plus abandonnez, les plus méprisez de tout le monde, & qui ont d'eux-mêmes ce même sentiment; j'étois comme cela, & je me voyois vraiment & actuellement si ignorante, que le peu de raison que je pensois avoir ne me servoit que pour me faire taire. Lors que mes Sœurs parloient, je les écoutois en silence & avec admiration, & je me confessois moy-même sans esprit. Je ne laissois pas de faire toutes mes affaires, comme si cela n'eût point été, quoy que dans tout ce temps j'en eusse de tres-épineuses. Dieu me faisoit la grace de venir à bout de tout, & je ne sçay comment, car tout ce que je faisois m'étoit desagreable & insipide, & me paroissoit de la qualité de mon esprit. Quelquefois je me trouvois comme ces pauvres orgueilleux, lesquels bien qu'ils ayent l'experience qu'ils sont pauvres, ne laissent pas de penser qu'ils sont quelque chose, & de vouloir que les autres le pensent comme eux: Tout ce qu'on leur dit leur déplaît, & ils font toujours mauvaise mine. Enfin, ma chere Mere, il n'y a misere que je n'aye experimentée, & je n'avois aucune facilité qu'à l'étude & à l'instruction de nos Neophites; encore Dieu ne vouloit pas que j'y eusse de la satisfaction, car j'y ay eu mille & mille mortifications, non du côté de Dieu, parce qu'il m'y aidoit extraordinairement, mais de la part des creatures à qui il donnoit le mouvement, & dont il se servoit pour m'affliger. Ce n'est pas que de temps en temps sa bonté ne me fit experimenter de grands effets de son amour, mais cela n'empêchoit pas que je ne retournasse à mon état de pauvreté & de misere.

Tout cela ne m'a pas peu servy pour connoître le neant de la creature, qui se void bien mieux dans l'experience de ses propres miseres, que dans les veuës speculatives de l'Oraison pour élevée qu'elle soit. A present Dieu m'assiste puissamment en diverses rencontres qui auroient été capables d'étonner un esprit. Il m'a donné un si grand courage que je ne me connois plus. Vous voyez, ma tres-bonne Mere, comme je vous parle avec simplicité comme à ma veritable mere; si vôtre cœur m'a devancé, le mien vous va trouver pour s'ouvrir à vous, & vous faire voir ce qu'il y a de plus caché. Voulez-vous bien, ma tres-chere Mere, que je vous dise que j'ay été extrémement consolée d'apprendre la maniere avec laquelle Dieu vous traite. Je connois une personne qu'il traite de même ; peut-être le verrez-vous, car il est passé en France : cette conduite l'a entierement metamorphosé : car il est devenu tout simple, tout dénué, tout cordial, en un mot, il ne tient à rien dans le monde. C'est là, selon mon petit jugement, une récompense que nôtre cher époux veut donner aux ames qui l'ont servy au regard du prochain ; service qui tire aprés soy de grandes fatigues, & où l'on est presque toujours hors de soy, en sorte que l'on y goûte plus de croix & d'amertumes que l'on n'y ressent de consolations. Je n'en ay pas une longue experience, ma tres-bonne Mere, c'est vous qui en pouvez parler comme sçavante, & qui goûtez maintenant les fruits de vos travaux, en attendant ceux qui ne finiront jamais, & qui ne se trouvent que dans le sein de nôtre tres-aimable Epoux. Vous m'obligez infiniment de m'honorer d'une si grande familiarité. Cela montre que vous êtes toujours la même pour moy, & m'oblige d'être aussi toujours la même pour vous.

De Quebec le 27. Septembre 1644.

LETTRE XXXVII.
A UNE DE SES SOEURS.

A qui elle donne des avis pour vivre saintement dans son état de viduité.

MA tres-chere & tres-bonne Sœur. Nôtre bon JESUS soit à jamais l'objet de vôtre amour. C'est avec la plus tendre affection de mon cœur que je cheris le vôtre, & plus étroitement que jamais, puisque vous voulez être toute à Dieu. Vous me demandez des avis spirituels pour mener une vie parfaite dans l'état d'une veritable veuve qui ne veut plus avoir d'amour que pour JESUS-CHRIST : Et sur tout vous me demandez comme j'ay fait quand Dieu a permis que je l'aye été. O mon Dieu ! je serois bien empêchée de vous le dire, car ma vie a été un tissu d'imperfections & d'infidelitez. Mais du côté de la grace je vous avouërai que Dieu me faisoit riche & qu'il me donnoit tout, en sorte que si j'eusse été bien obeïssante à ses mouvemens, je serois à present une grande Sainte. Puisque vous le voulez sçavoir, ce que je tâchois de faire, c'étoit de vuider mon cœur de l'amour des choses vaines de ce monde : je ne m'y arrétois jamais volontairement, & ainsi mon cœur se vuidoit de tout, & n'avoit point de peine de se donner tout à Dieu, ni de mépriser tout le reste pour son amour.

Ne faites-vous point quelque peu d'oraison mentale ? Cela vous serviroit beaucoup, même pour la conduite de vôtre famille & de vos affaires domestiques : Car plus on s'approche de Dieu, plus on voit clair dans les affaires temporelles, & à la faveur de ce flambeau on les fait beaucoup plus parfaitement. On apprend à faire ses actions en la presence de Dieu, & pour son amour : On n'a garde de l'offenser quand on le voit present : On s'accoûtume à faire des oraisons jaculatoires qui enflamment le cœur, & attirent Dieu dans l'ame ; ainsi de terrestre on devient spirituel, en sorte qu'au milieu du tracas des affaires du monde, on est dans un petit paradis où Dieu prend ses plaisirs avec l'ame, & l'ame avec Dieu.

Dans les occupations neanmoins que je sçay que cause vôtre negoce, Dieu ne demande pas de vous que vous fassiez de longues oraisons, mais de courtes, & qui soient ferventes. Je me souviens que nôtre défunte mere, lors qu'elle étoit seule dans son trafic, prenoit avantage de ce loisir pour faire des oraisons jaculatoires tres-affectives. Je l'entendois dans ces momens parler à nôtre Seigneur de ses enfans, & de toutes ses petites necessitez. Vous n'y avez peut-être pas pris garde comme moy, mais vous ne croiriez pas combien cela a fait d'impression dans mon esprit. Je vous dis cecy, ma chere Sœur, afin que vous l'imitiez ; car c'est un exemple domestique dont nous devons faire plus d'état que de tout autre, & j'estime que c'est ce que nôtre bon Dieu demande de vous.

J'ay une singuliere joye de ce que vous êtes dans le dessein de demeurer comme vous êtes, le reste de vos jours : je m'assure que vous y possedez la parfaite paix du cœur, puisqu'il n'est plus partagé, & que Dieu seul en est le maître & le possesseur. Mais dans cet état, il est sur tout necessaire que vous ayez un Directeur à qui vous declariez les mouvemens & les dispositions de vôtre ame. Choisissez-en un qui soit sage & prudent ; & quand vous en aurez un qui ait ces qualitez, ne luy celant rien, il vous conduira dans la voye du Ciel, si vous suivez ses avis. Je m'en vais quitter la charge de Superieure, & en même temps beaucoup de tracas où cet employ m'engage : aprés quoy je tâcherai de pratiquer les avis que je vous donne, sur tout de m'offrir en continuelle hostie au Pere Eternel sur le cœur de son bien-aimé Fils. Je veux que ce soit là ma principale affaire interieure, car pour l'exterieur je suis toute à l'obeïssance. Donnons-nous donc tout de bon à celui qui se donne tout à nous. Ah qu'il fait bon n'être plus à soy, mais à celui qui est toute chose & en toutes choses! Je ne sçay ce qui m'emporte aujourd'huy, mais insensiblement je sors de moy-même & vous dis tout ce que j'ay dans le cœur.

 Faites autant de lecture spirituelle que le temps vous le pourra permettre, & priez vôtre Pere Directeur de vous indiquer les livres qui vous seront propres. Je croi que la tres-sainte Mere de Dieu & son tres-aimable Epoux saint Joseph sont vos Patrons: Ce sont aussi les miens. Aimons-les, honorons-les, servons-les de tout nôtre cœur, & ils nous conduiront dans le Ciel.

De Quebec le 3. Septembre 1645.

LETTRE XXXVIII.
A UNE SUPERIEURE DES URSULINES DE DIJON.

Elle luy parle du bonheur de la paix avec les Hiroquois: De la concorde qui regnoit en la communauté de Quebec: Et de l'union qu'elle desiroit être entre les Monasteres des Ursulines de France.

MA Reverende & tres-honorée Mere. Salut tres-humble dans le cœur de nôtre divin Maître, qui par sa bonté nous a donné la paix que nous souhaitions avec les Hiroquois pour le bien de son Eglise. L'on peut maintenant porter sans crainte la lumiere de l'Evangile dans toutes les Nations de nôtre Amerique, qui est un bien infini tant pour le spirituel que pour le temporel: car avant cela nos Peres, aussi-bien que nos François & nos Sauvages étoient si resserrez qu'à peine pouvoient-ils sortir cent pas des habitations sans être en danger d'être pris. Comme vous aimez la gloire de Dieu, j'estime que vous lui rendrez graces d'un si grand bien-fait.

 Je souhaiterois que l'union fût aussi forte dans toutes les Maisons de nôtre Ordre, qu'elle l'est dans nôtre petite Maison de Quebec. Cela s'est encore remarqué par la misericorde de Dieu, dans l'élection que nous venons de faire d'une Superieure. Nous sommes neuf Religieuses de quatre Maisons differentes, & neanmoins nous avons été si unies dans nos pensées, que ceux qui ont assisté & presidé à nôtre élection, ont dit hautement que Dieu regnoit parmi nous. Nous avons élû ma Reverende Mere de Saint Athanase, qui est du grand Convent des Ursulines de Paris. C'est une tres-digne & vertueuse Religieuse, qui passa en Canada la seconde année de nôtre établissement : remerciez s'il vous plaît nôtre Seigneur de nous l'avoir donnée : Elle se donne l'honneur de vous écrire pour vous remercier de vos charitables soins, & moy je vous en rend graces de tout mon cœur.

Je suis de vôtre côté, ma tres-honorée Mere, que l'union de nos Maisons seroit bien necessaire pour le progrés spirituel & temporel de nôtre Ordre : Mais cette affaire est entre les mains de Dieu : les hommes ont de la peine à y travailler car ils n'y voyent goutte ; ils pensent que les filles sont trop attachées à leurs maximes pour les vouloir quitter, afin d'en prendre d'autres : C'est là le point qu'on apprehende le plus. Unissons-nous à nôtre souverain & unique Maître, qui fera ce miracle quand il luy plaira, comme il a fait celuy que nous voyons, de rendre les Hiroquois des agneaux de loups ravissans qu'ils étoient auparavant. Ainsi ne desesperons pas, ma treschere Mere ; nous luy appartenons, & nos affaires sont les siennes. Je vous supplie de nous conserver vôtre sainte & charitable affection, & soyez persuadée que je prie tous les jours pour vous, m'y sentant portée par une inclination particuliere, & par l'affection sincere avec laquelle je suis.

De Quebec le 14. Septembre 1645.

LETTRE XXXIX.
A SON FILS.

Elle témoigne son desir que toutes les Congregations d'Ursulines de France s'unissent en une, comme celles de Tours & de Paris se sont unies en Canada. De quelle maniere il se faut comporter dans les vocations de Dieu. Et comment il se faut perdre en Dieu quand on ne peut imiter sa perfection.

MOn tres-cher & tres-aimé Fils. L'amour & la vie de JESUS soient vôtre sanctification & vôtre salut. J'ay receu vos deux lettres avec vôtre charitable present que j'agrée avec affection & devotion, comme ont fait ceux à qui j'en ay fait part. Lors que je veux donner un peu de relâche à mon esprit, je me recrée à voir le triomphe de la sainte Vierge, & les Saints qui l'ont chanté. Mais voicy pour répondre à vôtre premiere.

Vous m'avez beaucoup obligé de l'éclaircissement que vous m'avez donné touchant les affaires de vôtre Ordre, & sur tout de la desunion de vôtre Congregation de S. Maur d'avec celle de Cluny. J'aurois eu de la peine à ce sujet, parce qu'on m'en avoit écrit de France à demi-mot. Je comprend à present l'affaire & son importance, & je suis bien consolée de la resolution que vous avez prise de demeurer dans la Congregation de saint Maur, puisque c'est dans celle là que Dieu vous a appellé pour être tout à luy, & pour vous conduire au Ciel.

Vous avez raison en ce que vous me dites, touchant l'union de nos Congregations de France. Si elle se fait, il faut que ce soit par le consentement & par le moyen de tous les Evêques dans les Dioceses desquels il y a des Monasteres; car nous leur sommes sujetes. Et ce qui est fâcheux, comme il leur est libre de faire des Constitutions & des Coûtumiers, ils le font de telle sorte que même dans une seule Congregation plusieurs different en Coûtumes. Ajoûtez à cela que chaque Congregation a ses Constitutions premieres & fondamentales, & par tous les changemens que font les Evêques, tout cela s'altere & se bouleverse. Aujourd'hui les choses sont tellement dissipées, que pour y mettre l'unité, il faudroit cette union de Prelats avec le consentement du saint Siege, & une Constitution approuvée de sa Sainteté. J'ay reçu une lettre de France, par laquelle on me dit qu'en l'Assemblée generale des Prelats qui se devoit faire à Paris au mois de May dernier, on devoit parler de cette affaire: Je ne sçay ce qui en a été, je la mets entre les mains de Dieu. La Congregation de Paris & la nôtre sont les plus considerables, & aussi les plus semblables: Je ne doute pas neanmoins qu'elles n'eussent bien des difficultez à resoudre, à cause du grand nombre de Maisons dont elles sont composées, & des differens Dioceses où elles sont situées.

Pour l'union que nous avons faite en Canada, il n'en est pas de même; Ce sont nos Prelats & nos Superieurs qui nous y envoyant, sçavoient bien qu'encore que nous n'eussions été que d'une seule Maison, il nous faloit beaucoup changer de nos Coûtumes, qu'il ne nous eût pas été possible de garder dans un païs tout different du nôtre, & avec des gens tout contraires en mœurs, en naturel, en coûtumes, à ceux avec lesquels nous avons été élevées. Ainsi il est plus doux de quitter ses premieres façons d'agir par necessité, que si on le faisoit par force ou par un amiable accommodement. Il est vrai qu'il s'y est trouvé une difficulté importante qu'il a falu accommoder par un commun accord. Les Meres de la Congregation de Paris font un quatriéme vœu solemnel, qui est d'instruire les Filles : Nous ne le faisons pas dans nôtre Congregation de Tours, mais seulement le Pape nous y oblige par nôtre Bulle aprés dix ans de Religion, ou bien à l'âge de vingt-cinq ans. Pour accommoder tout cecy, nous prenons ce vœu, sans neanmoins nous obliger à le faire solemnel, si nous ne voulons, & pour le temps seulement que nous serons en Canada. Car qui peut penetrer dans les évenemens de la Providence? Il peut arriver des renversemens qui nous obligeront à retourner en France, quoy que, graces à nôtre Seigneur, je n'y voye aucune disposition. Et afin de faire quelque compensation d'accommodement, les Meres de la Congregation de Paris ont pris nôtre habit, qui differoit assez du leur, aux mêmes conditions que nous avons pris le vœu. Voila les difficultez les plus considerables de nôtre union, lesquelles neanmoins se sont terminées avec beaucoup de paix.

Mais qui vous peut avoir dit que j'ay eu de la peine en nôtre établissement ? Ouï, j'y en ai eu, & sans l'avoir experimenté, il seroit difficile de croire combien il se rencontre de difficultez dans un établissement qui se fait en un païs nouveau & tout barbare, éloigné de la France & de tout secours, & dans un abandonnement si pur à la divine Providence qu'il ne le peut être davantage. Avec cela on dépend si absoluëment de la France, que sans son secours on ne sçauroit rien faire. Ajoûtez à cela que quelque pressées & importantes que soient les affaires, il faut attendre un an pour en avoir la resolution ; & si on ne les peut faire dans le temps que les vaisseaux sont en France, il en faut attendre deux. Les navires sont-ils repartis, ceux à qui l'on commet les affaires pensent à celles qui leur sont propres ; ainsi on ne peut presque jamais avoir de resolution nette d'aucune affaire. De plus, on ne conçoit pas la plufpart de nos intentions ; ce qui fait que souvent les choses reüssissent tout autrement que nous ne le voulons. C'est ce qui oblige nos Reverends Peres d'envoyer quelquefois un des leurs pour leurs propres affaires, comme il y va des députez pour les affaires du païs. Je ne parle point d'un nombre innombrable de difficultez tres-épineuses, tant generales que particulieres, que le païs nous fait naître presque continuellement. Pour vous dire tout en un mot : la nature n'a nulle prise sur quoy elle se puisse appuyer, ni aucunes pretentions qui la puisse flater ou satisfaire. Il faut que je vous avouë que j'ay tant
souffert

DE LA M. MARIE DE L'INCARNATION.

souffert de croix, qu'à moins d'une grace de Dieu fort extraordinaire, j'eusse succombé sous leur pesanteur. Mais aprés tout, la divine bonté a toujours fait reüssir nos petites affaires, soit spirituelles, soit temporelles, celles-la méme qui selon les apparences humaines devoient demeurer imparfaites.

Nous sommes pourtant en peine de nôtre Bulle d'union que nous ne sçaurions avoir de Rome, le Pape ne la voulant point donner qu'il n'y ait ici un Evéque pour la recevoir. Nous tentons encore un autre expedient dans la pensée que le Pape d'aujourd'huy pourra être plus doux que son Predecesseur. J'écris à ce dessein à des personnes puissantes pour les prier de travailler à cette expedition comme nous étant necessaire : Car si vous eussiez eu une Bulle de Rome confirmative de l'union de vôtre Congregation de saint Maur avec celle de Cluni, les Peres de celle-cy ne l'eussent pas si facilement rompuë. Je ne voy pas neanmoins ce qui pourroit troubler la nôtre en ce bout du monde, sinon mes pechez. Nous y experimentons une forte grace qui nous lie puissamment à nôtre Seigneur, & entre-nous, en voicy une marque. Nous avons fait cette année l'election d'une Superieure, car il y avoit six ans que j'étois dans la charge, & nos Regles ne nous permettent pas d'y être davantage sans une interruption. Or nous avons élu une des Meres de Paris qui est une sage & vertueuse fille, pour témoigner que nous ne faisons plus de distinction des Congregations : & d'ailleurs, nous avons estimé, qu'en usant ainsi nôtre union en seroit plus forte & mieux cimentée. Neanmoins vôtre union ayant été rompuë faute de Bulle, cela me donne toujours à penser, & m'oblige à faire de puissans efforts pour obtenir de Rome ce qui nous manque pour assurer la nôtre. J'espere cette grace de Nôtre Seigneur : Car il y a eu tant de circonstances extraordinaires dans nos vocations & dans nôtre Mission au Canada, que j'aurois toutes les peines possibles avant que de me pouvoir persuader que sa divine Majesté laissât l'ouvrage imparfait. Toutes nos peines & nos croix ne me font point perdre cœur : j'attens encore plus que je ne dis, quand méme je verrois un entier renversement, dans la grande experience que j'ay des divines misericordes sur moy : Si vous le sçaviez, mon tres cher Fils, vôtre cœur fondroit d'amour auprés de mon bienfaiteur. Mais c'est assez sur cette matiere, il faut répondre à vôtre autre lettre.

Si ce que je vous écris vous touche, c'est que nôtre bon Dieu couvre le defaut de mes paroles. Il est pourtant vray que c'est mon cœur

K

qui vous parle. Si mes petits travaux plaisent à Dieu, ils sont à vous comme à moy; & si vous m'accompagnez dans mes petites fonctions, je vous accompagne dans les vôtres. Le cœur sacré de mon Jesus tient le milieu entre le vôtre & le mien, & son divin esprit est le lien de nôtre petit commerce : Car c'est avec luy que je traitte de tout ce qui vous touche, & de tout ce qui me regarde. Je ne fais qu'une seule affaire des vôtres & des miennes, ou pour mieux dire, je n'en fais qu'une seule hostie pour étre consumée dans le feu qui brûle sur ce divin autel.

Non je n'ay point de peine à croire que Dieu ne vous donne du zele & de l'affection pour le salut des ames; quoyque cette vocation soit generale, neanmoins, si je suis capable de vous dire mes pensées, je ne vous conseille pas de la rebuter. Je ne connoissois point le Canada, & quand j'entendois proferer ce mot, je croyois qu'il n'étoit inventé que pour faire peur aux enfans: C'est pourquoi ce n'est pas le lieu seulement qui rend meilleure une vocation: Dieu commence souvent par la generale, puis il arrête le cœur dans le lieu où il l'appelle, soit pour y être actuellement, soit pour se faire prier pour les ames de ce lieu là, ou pour leur faire du bien en d'autres manieres. Ma vocation a été de la sorte, & il y en a beaucoup d'autres de même. J'ay été plusieurs années sans sçavoir où arrêter mon esprit; voila la vocation generale: Puis tres-evidemment Dieu me fit connoître que c'estoit en Canada qu'il se vouloit servir de moy: Et enfin il en a fait l'execution d'une façon toute merveilleuse, sans que j'y aye rien fait de ma part que d'acquiescer à ses divines volontez. Souvent je rejettois les mouvemens que Dieu me donnoit à cause de la grande disproportion que je voyois de ma condition à celle qui m'étoit proposée interieurement; mais une reprehension aussi interieure me redressoit aussitôt pour me faire suivre Dieu dans le temps de son ordonnance que j'attendois avec tranquilité m'abandonnant à ses divines volontez.

Le R. Pere Poncet est parti pour aller catechizer les Nepisiriniens qui sont à trois cens lieües d'ici, & peut-être ira-t'il plus loin. Nous n'avons pas plus souvent de ses lettres que des vôtres, en sorte que vous n'en pourrez recevoir de luy que dans deux ans. C'est un excellent Missionnaire aussi-bien que le R. Pere Brissani qui est avec luy. Ce bon Pere a jetté une bonne semence dans vôtre ame, vous inspirant l'amour du martyre. O mon cher Fils que je serois consolée si on me venoit dire que vous eussiez perdu la vie pour

DE LA M. MARIE DE L'INCARNATION.

Jesus-Christ. Si je me trouvois dans l'occasion où l'on vous fit cette insigne faveur, nôtre divin Epoux me donne assez de courage pour vous repousser dans le feu ou sous la hache, au cas que vous voulussiez esquiver par la foiblesse humaine, car je sçay bien que je vous obligerois infiniment de vous rendre ce bon office.

Mais que ferez vous dans l'impuissance où vous étes, de suivre Dieu & d'imiter sa perfection. Pour moy quand je me voy dans cette impuissance, je tâche de me perdre en luy : je fais mon possible pour m'oublier moy-méme afin de ne voir que luy, & si mon cœur en a le pouvoir, il traitte avec luy familierement. Pour vous parler ingenuement, ma vie est d'entretenir continuellement ce commerce. J'aime tant l'union du cœur & de la volonté avec Dieu dans l'amour du même Dieu, que c'est la cause des demandes que je vous fais. Car je ne puis comprendre comment une lumiere peut demeurer un moment dans l'esprit sans que la volonté soit captivée. N'est-il pas vray que Dieu est un objet si aimable, si doux & si ravissant qu'il luy faut ceder sans remise au moment qu'il paroît ? Il en est de même de ses vertus & de ses œuvres divines. C'est par un excez de sa bonté qu'il se manifeste à nous, & il semble qu'il se sente obligé quand nous nous jettons entre ses bras pour le caresser amoureusement. C'est pour ce sujet qu'encore qu'il soit tout & que nous ne soïons rien, nous en serons plus aisément perdus. Mon bon Fils, rencontrons-nous en cette perte ; je veux dire dans cet abysme infini, où toutes nos miseres seront aneanties, car la charité couvre tout. Je suis beaucoup plus imparfaite que vous, mais pourquoy tant hesiter à nous perdre en celuy qui nous veut nettoyer, & qui le fera si nous nous perdons en luy par une amoureuse & hardie confiance. Les petits font de petits presens ; mais un Dieu divinise ses enfans, & leur donne des qualitez conformes à cette haute dignité. C'est pour cela que je me plais plus à l'aimer & à le caresser, qu'à me tant arrester à considerer mes bassesses & mes indignitez.

Je me sens infiniment obligée à tous mes Reverends Peres qui me font l'honneur & la charité de se ressouvenir de moy. Assurez-les que je prie pour eux de tres bon cœur, & que je leur donne part à mes petits travaux. Je les regarde tous comme mes bons Peres, & ils le sont en effet, puisqu'ils sont les vôtres. J'ay un tel amour pour vôtre sainte Congregation, qu'il me semble que je suis un de ses membres. Il me seroit inutile de vous dire, que vous priyez pour moy, car je sçay que vous le faites.

De Quebec le 3. Oct.bre 1645.

LETTRE XL.

A UNE DE SES PARENTES URSULINE DE TOURS.

Comment il se faut comporter quand on pert son Directeur. La maniere de connoitre, & de surmonter les inclinations de l'amour propre.

MA tres-chere Mere. La paix & l'amour de JESUS. Jay reçu la vôtre, qui m'a donné un grand sujet de benir Dieu pour les graces & faveurs qu'il vous fait. Je trouve bon que le R. P. Recteur des Jesuites vous ait dit ce que je croy que Dieu veut de vous. Vôtre Directeur ordinaire neanmoins étant de retour, je ne doute point que vous n'ayez repris sa direction, & que vous n'en ayez reçu de grandes assistances aussi bien que tout le reste de la Communauté, car c'est un homme rempli de l'esprit de Dieu, & qui tache de l'inspirer à tous ceux qui le communiquent. Mais je viens d'apprendre qu'il vous a quittées une seconde fois, pour aller à Paris: c'est dans ces rencontres que l'on pratique un haut denuëment, parce que l'on pert exterieurement & en apparence un grand secours spirituel. Je dis exterieurement; car pour la conduite interieure, si une ame religieuse se sçait connoître, elle avouëra par sa propre experience, pourveu qu'elle soit fidelle à la grace & aux douces & frequentes semonces de nôtre Seigneur, qu'elle se peut passer de beaucoup d'appuis & que ce ne sont pas les creatures qui lui donnent la vigueur interieure. Il est vray qu'elles soûtiennent quelquefois les sens par quelque paix que l'on en reçoit; mais cette paix n'est pas de la qualité de celle que Dieu donne dans le fond de l'ame: celle là passe bien-tôt par l'absence de la creature qui la cause; mais celle qui vient de Dieu demeure solidement dans l'ame comme Dieu même. Ce n'est pas qu'il n'y ait quelquefois des necessitez qui obligent à chercher du secours auprés des personnes sages & éclairées; & dans ces rencontres Dieu veut qu'on en cherche, & qu'on le trouve par la creature. Je croy, mon intime Mere, que vous en usez de la sorte, car il me semble que je vous connois assez pour n'avoir point d'autres sentimens.

Prenez donc bon courage & suivez Dieu en vous quittant vous-même: car nous avons un certain nous-même dans nous-même, lequel est plus prejudiciable à la perfection, que toute autre chose. Vous le connoîtrez en étudiant tous les mouvemens, tant de voſtre interieur que de voſtre exterieur; c'eſt là le vray ſecret, car depuis qu'une ame a acquis cette connoiſſance, & que ſon eſprit en eſt convaincu, elle quitte bien-tôt ce ſoy-même pour mettre Dieu en ſa place. Alors la pureté de cœur l'emporte par deſſus toutes les ſoüillures qui la tenoient auparavant embaraſſée en mille choſes de neant. Voilà mes penſées à vôtre égard; ce que je vous pourrois dire davantage ſeroit ſuperflu; mais ce ne me ſera pas une choſe inutile de me recommander à vos prieres. Je ſuis toute à vous dans le cœur de JESUS; oui ſans reſerve je ſuis vôtre.

De Quebec le 14. d'Octobre 1645.

LETTRE XLI.

A UNE DAME DE SES AMIES.

L'importance qu'il y a d'eſtre fidelle aux mouvemens de la grace. Qu'il faut mediter ſur les myſteres de la vie & de la mort de Nôtre Seigneur, & comment il ſe faut comporter, dans les douceurs & dans les araditez qui arrivent dans l'Oraiſon. Puiſſance de l'eſprit du Chriſtianiſme.

MA tres-intime & tres-affectionnée Sœur. La paix de nôtre tout aimable JESUS pour mon tres-affectionné ſalut. Benie ſoit cette bonté immenſe qui a ſi bien ſceu gagner vôtre cœur pour en faire le receptacle de ſon divin amour: Les vôtres que j'ay reçuës avec conſolation me le font paroître évidemment, outre que je ſens dans mon cœur quelque choſe qui me ſignifie cette verité. Soyez fidelle, ma tres-aimée Sœur, aux divins mouvemens de la grace, & tenez pour precieux tous les momens auſquels ils vous feront reſſouvenir de celuy que vous voulez eternellement aimer. A proportion que vous luy aurez rendu vos fidelitez & vos obeïſſances, il fera en vous des retours qui vous attacheront inviolablement à luy, & vous conduiront à une perfection toute particuliere.

Vous faites bien de mediter ſur les Myſteres de la vie & de la mort de Nôtre Seigneur; car il n'y a pas moyen de s'approcher du Pere ſans paſſer par la porte qui y conduit, qui eſt ſon tres-adorable Fils. Sur tout, ma tres-chere Sœur, preparez toûjours vôtre eſprit pour l'Oraiſon, par un ſujet que vous prendrez pour mediter. Mais remarquez auſſi que quand vôtre cœur ſera touché & qu'il ſe ſentira porté à parler à Dieu, à l'aimer, & à traiter avec luy, envisagez doucement, & avec un amoureux respect ce que sa divine Majesté voudra de vous; & au lieu de mediter ne pensez plus qu'à luy obeïr. Sur tout quelque arridité ou tentation que vous ayez, ne quittez jamais l'Oraison & n'en abbregez point le temps qui vous est prescrit. Vous vous trouverez, & peut-être assez souvent, en cet état, Dieu le permettant ainsi pour éprouver vôtre fidelité. Soyez luy donc fidelle, & soyez persuadée que sa divine Majesté se laisse trouver à ceux qui perseverent.

Je vous remercie de vôtre present: je l'ay reçeu avec la même affection & le même cœur que vous me l'avez envoyé. Vos toiles seront employées selon vôtre intention, & vos livres serviront à faire comprendre les mysteres de la Foy à nos Sauvages. A cette occasion, je vous diray quelque chose de nôtre nouvelle Eglise. L'on a découvert de nouvelles Terres & de nouveaux Peuples, où l'on va porter la lumiere de l'Evangile. Ces nouvelles découvertes donnent de grandes esperances pour le progrez du Christianisme. Il y a de nos Peres qui se sont hazardez d'y passer seuls, quoy qu'aucun François n'y ait encore été. L'un d'eux me vint ces jours passez témoigner la joye qu'il avoit de s'exposer seul dans un lieu où il seroit abandonné de tous les secours humains, & en suite il partit avec autant d'allegresse que s'il fût allé dans le Paradis. Nos nouveaux Convertis nous ont donné cette année toute la satisfaction possible. Il faut avoüer que l'esprit du Christianisme est autant admirable qu'adorable, & il est aisé de voir qu'il est emané du sang de JESUS-CHRIST, puisqu'il produit en des peuples barbares des effets tels que nous en voyons en d'aucuns, qui étant touchez de cet esprit sont changez en d'autres hommes tout nouveaux. Il y en a qui ne peuvent vivre que dans la priere, leurs cœurs parlent continuellement à Dieu, & dans la conversation ils sont simples comme des enfans. Si vous aviez veu la difference qu'il y a entre ceux qui ne veulent pas croire & ceux qui croyent, vous fondriez en larmes de douleur & de compassion pour ceux qui sont si miserablement retenus dans l'esclavage du Diable; & de joye & consolation pour ceux que vous jugeriez, à les voir seulement qu'ils sont tout possedez de Dieu. Non que tous soient touchez de la sorte, car nous en voyons icy comme vous en voyez en France de fervens & de tiedes. Le cœur humain est une forte piece, Dieu le prend quand on le luy offre de bon cœur, mais il ne force personne.

Pour ce qui me regarde, ma chere Sœur, ceux qui vous ont dit

DE LA M. MARIE DE L'INCARNATION.

que je vous aime, ne se sont pas trompez : car vous êtes si proche de mon cœur, qu'il me semble que vous & moy ne soyons qu'une même personne. En effet soions toutes deux une même chose en Jesus.

De Quebec le 7. Octobre 1646.

LETTRE XLII.

A SON FILS.

Elle luy parle de quelques changemens notables arrivez dans la Congregation de saint Maur : De la necessité d'une Bulle de Rome pour confirmer l'union des Ursulines faite en Canada : Et de quelle maniere il faut entretenir une humble familiarité avec Dieu.

MOn tres-cher & bien aimé Fils. Je vous ay écrit les nouvelles de ce que Dieu opere en ce païs, avant que j'eusse reçu aucune de vos lettres ; car les vaisseaux sont arrivez tard lorsqu'on les croyoit perdus, & qu'on commençoit déja à ressentir la famine. J'ay donc enfin reçu vos lettres avec une consolation singuliere, & j'y ay trouvé un grand sujet de benir Dieu pour le zele qu'il vous donne pour le salut des ames infideles. Cela me fait croire que vous vous souvenez d'elles auprés de sa bonté source vive du secours que nous attendons pour la reduction de tous ces peuples. Continuez à les offrir à sa divine Majesté, & vous luy en gagnerez peût-être plus sur vôtre Oratoire, que si vous êtiez actuellement employé à les convertir.

Vous m'avez fort obligée de me dire le succez des affaires de vôtre Congregation. Dieu soit eternellement beni de vous avoir donné la paix. Je croy que ces pauvres Peres qui ont causé un si grand remuement voudroient être à recommencer, mais ils ont ce qui arrive ordinairement à ceux qui voulant entreprendre au dessus de leurs forces, tombent dans les filets où ils vouloient prendre les autres. Je vous estime hureux d'être comme vous êtes : mais quand sera-ce que les puissances du siecle ne se méleront que de ce qui les concerne, & qu'elles laisseront les serviteurs de Dieu en paix ? C'est ce qui a fortifié ce parti pour le rendre la foiblesse même, & le mettre dans la confusion où il se trouve. Il me tardoit que je n'en apprenois l'issuë, laquelle à present que je la sçay me comble de joye de ce que vôtre Congregation fleurit aprés cette persecution : Ce sont les fruits de la croix qui sans doute a été grande.

Quant à nos affaires, nous ne nous hâtons pas pour nos Constitutions; mais il y a de certaines circonstances necessaires à nôtre union que nous avons envoyées à Rome pour être inserées dans la Bulle que nous demandons à sa Sainteté. Sans les troubles de l'Italie & de la France, nous avons sujet de croire que nous l'eussions eüe cette année, la Reine ayant regardé de bon œil la lettre que nous luy écrivimes l'année derniere à ce sujet: Car sa Majesté nous a fait réponse par Madame la Comtesse de Brienne, qu'elle prendroit un soin particulier de ce qui nous touche dans le temps de la paix, mais que l'on ne peut pour le present parler à Rome d'aucune affaire particuliere. Pour ce qui regarde l'affermissement de nos Constitutions, il nous est difficile; car comme nous sommes soûmises à la direction des Evéques, ils changent quand & comme il leur plaist, à moins qu'elles ne soient affermies par l'authorité du saint Siege, sans quoy ils font des coûtumiers qui mettent toute une autre face dans les Communautez. L'on parle de nous donner un Evéque en Canada; je ne sçay si vous sçavez de quelle maniere cela s'est passé en France. L'année derniere, Monsieur Gauffre personnage d'une eminente pieté, donna par aumône une somme de trente mille livres pour fonder l'Evêché. Ceux entre les mains de qui il mit cette somme crurent qu'il n'y avoit personne plus capable de cette dignité que luy. Ils en firent la proposition au Conseil Ecclesiastique du Roy, où Monsieur le Cardinal Mazarin qui en étoit le chef, dit qu'il ne falloit rien conclure sur ce point, sans sçavoir si les Reverends Peres Jesuites l'auroient agreable. Le R. Pere George de la Haie, & deux autres de la Compagnie furent appellez, & témoignerent que Monsieur Gauffre leur seroit tres-agreable. Ce grand serviteur de Dieu ne se doutoit de rien, car c'estoit un homme extraordinairement humble, aussi ne voulut-il jamais consentir à la proposition qui luy en fut faite, qu'aprés une retraite pour se preparer à conoître la volonté de Dieu, & pour demander l'avis de son Directeur. Dans le temps de cette preparation il fut saisi d'une apoplexie qui l'emporta en trois jours; ainsi la volonté de Dieu fut connuë & le dessein rompu. Pour moy, mon sentiment est que Dieu ne veut pas encore d'Evéque en Canada, le païs n'étant pas encore assez fait: & nos Reverends Peres y ayant planté le Christianisme, il semble qu'il y a de la necessité qu'ils le cultivent encore quelque temps, sans qu'il y ait personne qui puisse être contraire à leurs desseins.

Mais

Mais dites-vous vray, mon tres-cher Fils? Il me semble que vous ne me dites pas tout ce que vous avez dans le cœur. Hé, pourquoy ne vous familiarisez vous pas avec un Dieu si bon & si amoureux. Je vous avoüeray que le regardant comme Juge redoutable, il nous faut cacher au fonds des abysmes, & même jusques sous les pieds de Lucifer: Si on le considere comme Pere, il demande nos respects & nos obeïssances: Mais il est nôtre Epoux, & en cette qualité, comme dit saint Bernard, il demande de nous un retour reciproque, un retour d'amour. Et de plus nôtre cœur nous dicte cette leçon d'amour, qu'il nous faut tout convertir en celuy qui n'est qu'amour. O que cette leçon est aimable! Elle tient ses Diciples en un colloque perpetuel: si par la foiblesse humaine, ou par la necessité des affaires, ils tombent dans quelque égarement, le cœur attent avec une douce tranquillité la veuë de son objet, pour recommencer avec plus de fermeté ses entretiens avec son bien-aimé. Car le moyen de pouvoir vivre si long-temps en ce monde sans la veuë & la joüissance parfaite de nôtre unique bien? Si sa bonté ne se laissoit posseder à l'ame, & si elle ne luy permettoit un amoureux accez auprés d'elle, je vous diray dans mon sentiment que la vie seroit une mort. Prenons donc courage pour nous approcher avec confiance de celuy qui est le plus beau de tous les enfans des hommes. C'est là un passage du Prophete, bien capable de me toucher le cœur, & de me beaucoup occuper l'esprit pour les grands secrets que je comprens dans la double beauté du sacré Verbe incarné, mon tres-cher & tout unique bien. Si j'avois vôtre oreille, je vous en dirois davantage comme à mon tres-cher Fils, à qui je ne voudrois rien cacher des dispositions de mon cœur, non plus que des graces de Dieu sur moy, ni de mes infidelitez en son endroit.

J'ay eu l'année derniere une grande maladie qui m'a pensé emporter, car comme, graces à nôtre Seigneur, je ne suis point infirme, je n'ay pas grande experience des maladies. Je me disposé neanmoins pour mourir, parce que mon mal qui étoit une colique nephretique accompagnée d'une grosse fievre, étoit tres-violent & dangereux. Pour le present, je me porte mieux que jamais, & je suis preste d'aller en tous les endroits du monde où l'obeïssance me voudra envoyer.

Je suis extremement consolée de vous voir si pauvre. Hé, ne sommes nous pas assez riches de posseder JESUS? Je ne veux donc pas que vous vous mettiez en peine de me rien envoyer. Si vous êtes un homme de desirs, comme Daniel, ouvrez la bouche de vôtre cœur, & nôtre tres-aimable JESUS la remplira. Je ne vous prie point de prier pour moy; vous y avez trop d'affection: Faites-donc en sorte auprés de Dieu que je sois fidele à ses inspirations, & qu'il aneantisse en moy tout ce qui luy est desagreable.

De Quebec le 11. Octobre 1646.

LETTRE XLIII.

A UNE DE SES NIECES RELIGIEUSE.

Elle luy donne des avis pour se perfectionner dans la vie spirituelle; & luy enseigne de quelle maniere il se faut comporter en l'élection d'une Superieure.

MA tres-chere & bien-aimée fille. La paix & l'amour de JESUS soient vôtre part & vôtre heritage eternel. Beni soit cet objet suraimable de nos cœurs, qui veut purifier vôtre ame avec tant de misericorde. Pensez-vous que je dise vray, ma chere fille? Oui assurement, les souffrances par lesquelles vous avez passé, sont les marques du bien qu'il vous veut. Il me semble que cy-devant je vous avois parlé comme si vous eussiez dû entrer en cet état. Sçachez donc encore une fois que toutes les ames à qui Dieu veut faire de grands biens sont conduites par ce chemin. Premierement il vous a appellée par un grand attrait interieur, & il vous a donné ensuite de fortes impressions & des desirs ardens d'entrer dans la parfaite imitation de son fils, vous donnant l'experience de ce que ce même fils a dit autrefois: *Nul ne vient à moy si mon Pere ne le tire.* Il vous a donc *tirée dans la solitude où il vous a parlé au cœur*, par les saints mouvemens qu'il vous a donnez dans vôtre enfance spirituelle, où neanmoins quelque vertu qu'on ait, l'on commet beacoup d'imperfections, comme de presomption, d'amour de propre excellence, de gloutonnie & d'avarice spirituelle: On boit tous ces défauts comme de l'eau & sans qu'on s'en apperçoive, parceque l'envyrement interieur offusque de telle sorte qu'on ne voit rien de mauvais: Un certain mélange des operations de Dieu & des sentimens de la nature éblouit & fait tout voir le plus parfait du monde au jugement de la raison imparfaite; & au fonds quoique tout cela ne soit pas coupable, n'étant pas voulu ni recherché; ce sont neanmoins de tres-grandes impuretez en matiere de choses spirituelles, & des imperfections qui rendent l'ame foible quand il faut operer de grands actes interieurs dans la pureté de la foy, puis qu'elle est embarrassée dans les sens. Si l'ame demeuroit toujours en cet état, elle ne feroit pas un grand chemin dans la voye de l'esprit; Mais Dieu qui vous veut plus parfaite que vous n'étes, vous a prevenuë par un excez de sa bonté pour vous y faire avancer. Vous eussiez été trop foible pour souffrir une si grande soustraction de sa grace sensible, s'il ne vous eût donné ce qu'il vous donna lorsque vous étiez devant le saint Sacrement. C'étoit pour vous fortifier dans le combat qui est un commencemnt de purgation de la partie sensitive de l'ame, pour laquelle il ne vous faut point décourager: car ne pensez pas que pour étre rentrée dans vôtre paix ordinaire, tout l'orage soit passé; non, attendez vous à davantage, si Dieu vous aime, comme je le croy de sa bonté. Or vous connoîtrez si vous faites du progrez, & si la purgation a son effet par degré; si vous étes bien fidelle, patiente, douce & paisible; si vous étes obeïssante à l'operation de celuy qui vous purifie; si vous étes exacte à l'observance de vos Regles; sur tout si vous étes bien humble dans le temps de la souffrance & du delaissement: J'ajoûteray encore, si vous évitez les amitiez particulieres, & les intrigues ou les personnes du Cloître, sur tout celles de nôtre sexe sont sujettes; enfin si vous fortifiez vôtre ame contre une certaine humeur plaintive, & contre de certaines tendresses sur soy-méme que l'on a dans les peines que l'on ressent. Car dans ce temps là le Diable ne dort pas; il tâche lorsque l'ame est dans l'impuissance d'agir, de donner mille addresses à la partie inferieure qu'il luy represente comme des choses bonnes, justes & permises, & sur tout qu'il faut s'intriguer pour passer pour personne de mise & d'esprit. Les ames foibles se perdent quelquefois la dedans, & souvent elles s'écartent du chemin que la grace leur traçoit: Et c'est de là que plusieurs reculent, ou ne font aucun progrez dans la vie spirituelle aprés plusieurs années de conversion, & ainsi ils perdent la grande & avantageuse part que Dieu leur vouloit donner dans ses bonnes graces & dans son amour. Si donc vous étes courageuse dans les temps de purgation semblables à celuy-cy que vous me marquez, vous ferez ce que Dieu veut de vous, car son dessein en ces rencontres n'est que de vous rendre plus capable de ses faveurs & des impressions saintes, qui conduisent l'ame à grands pas à la perfection, à laquelle les ames lâches ne pourront jamais arriver. Voila pour le temps de l'affliction.

Quant à celuy de la bonace, ce que vous avez à faire est de ne vous appuyer jamais non pas même un seul moment sur vos propres forces ; au contraire defiez vous continuellement de vous-même : car il y a des Demons qui travaillent puissamment en ce temps auquel on croit estre plus en assurance, à gagner quelque chose sur l'ame quand ce ne seroit qu'un soûpir ou coup d'œil en sa faveur, c'est à dire, par amour popre, ou par un motif humain. Une Ame qui aime Jesus doit toujours avoir un œil pointé sur luy, & un autre sur elle-même & sur sa propre bassesse. C'est à dire que nôtre union avec Dieu, si elle est veritable, bien loin de nous fermer les yeux à nos bassesses, elle nous les ouvre au contraire à mesure que nous approchons de cette incomprehensible pureté, pour nous faire voir clair dans nos foiblesses & infirmitez : & c'est par ce moyen que nous devenons abjets à nous-même, & humbles à nos yeux.

Tout ce que je viens de dire regarde vos dispositions presentes, aprés quoy ne pensez pas que tout soit fait. Si Dieu vous aime vous passerez par des changemens d'états spirituels, dans lesquels vous croirez que tout est perdu pour vous : mais en quelque état que vous soiez, souvenez vous toujours que l'intention de Dieu est de vous y santifier. Je ne doute point que le R. Pere Salin & vôtre Superieure, ne vous ayent donné dans les rencontres les avis necessaires pour vous y fortifier : car les instructions que l'on reçoit dans les commencemens doivent tendre à deux fins ; la premiere, à nous instruire & former en la vie spirituelle ; & l'autre à nous y affermir par de bons principes, & par des maximes saintes fondées sur la vie & sur les exemples de Jesus-Christ nôtre adorable Maître & divine cause exemplaire. Et vous remarquerez que quand ces maximes sont conformes à nôtre condition, elles ne doivent pas estre variables, mais constantes & fermes jusqu'au dernier soûpir, n'y aiant aucun moment en nôtre vie, où nous puissions nous exemter d'obeir à nôtre Dieu, & de l'imiter. Si donc l'on vous a étabie sur ces principes, comme je le presume de la bonne conduite des Reverends Peres de la Compagnie, & de celle de ma Reverende Mere Fançoise de saint Bernard, & aussi comme je l'ay remarqué dans vos lettres & dans vos écrits, roulez continuellement sur ces maximes, faites-y vos examens particuliers pour decouvrir les imperfections que vous y commettez, pour voir aussi si vous y faites quelque progrez. Prenez garde sur tout à une chose qui est d'une tres

DE LA M. MARIE DE L'INCARNATION. 85
grande importance pour l'avancement spirituel d'une ame ; sçavoir qu'il ne faut pas entreprendre tout à la fois la pratique de toutes les vertus & de toutes les maximes que l'on a en veuë ; ce seroit une entreprise inutile, dont la foiblesse humaine ne vous permettroit pas de venir à bout : Vous en auriez la speculation, mais vous n'en auriez pas la pratique parfaite. Ce n'est pas qu'il ne se rencontre des occasions où il faut ramasser toutes ses forces & mettre en pratique cette generalité de vertus & de maximes, mais cela n'est pas ordinaire. Faites donc le choix des imperfections qui vous nuisent le plus & où vous tombez le plus souvent, & prenez en suite les maximes contraires & propres pour les combattre. Mettez un mois à l'une, huit jours à l'autre, selon vôtre necessité. Quand vous vous serez bien affermie dans une maxime, passez à la pratique des autres sans resister, & sans avoir pitié de la nature corrompuë qui ne laissera pas de se plaindre, & de crier quelquefois pour vous jetter en des tendresses sur vous-même ; mais n'écoutez point ses plaintes ny ses cris, si ce n'est que ceux qui vous gouvernent y remarquent de l'indiscretion ou de l'excés. Si vous faites ainsi, ma chere fille, vous arriverez au degré de perfection où Dieu vous veut, & où vôtre condition de Religieuse vous oblige de tendre.

Vôtre Directeur vous a mise dans un bon train, ne vous mettez donc point en peine d'en chercher un autre ; profitez de ce qu'il vous a appris, & suivez la conduite de celle que Dieu vous donnera pour Superieure conformement à ce que la regle ordonne. Je me suis toûjours bien trouvée de regarder mes Superieurs comme me tenant la place de Dieu. Mais il y a un certain orgueil secret qui s'insinuë dans les filles, si elles n'y prennent garde, qui les porte à un dégoût de l'ordre que Dieu a étably pour leur conduite ; Elles s'imaginent que la conduite du dedans n'est pas solide, & qu'il en faut chercher une autre, & ainsi ce vice secret les porte insensiblement dans le mépris de ceux de qui elles doivent attendre les ordres de Dieu sur elles, & qui les meneroient bien-tôt dans l'esprit de leur Ordre & de leurs regles d'où elles s'éloignent par cet égarement, qui est un mal-heur qu'on ne peut assez déplorer. Cela n'empesche pas que de temps en temps, & en de certaines necessitez inévitables selon que la regle le permet, on ne puisse demander quelques bons avis & l'éclaircissement de quelques doutes aux Confesseurs que l'on aura élu extraordinairement, ou à quelque autre personne de merite ; en sorte pourtant que la fidelité à vôtre Superieure, & à vôtre Dire-

L iij

cteur ordinaire l'emporte pardessus tout autre.

Pour ce qui est des graces particulieres dont vous me parlez, appuiez vous sur le plus essentiel & le plus solide, & vous verrez qu'elles ne vous sont données, que pour vôtre santification, & pour la pratique des vertus que vous ne devez jamais regarder comme eloignée, car ce ne seroit qu'un amusement; mais il vous en faut pratiquer les actes selon les occasions presentes. Par exemple, s'il s'agit de vôtre vocation au Canada, faites en France ce que vous feriez icy : si vous estes en classe, faites aux filles Françoises ce que vous feriez aux filles Sauvages du Canada, offrant à Dieu vos actions dans cette intention. Vous ferez le même des autres vertus, & par ce moyen tout vous profitera, & les vertus que vous n'auriez qu'en speculation, seront reduites en actes. Vous remarquerez icy qu'il y a une certaine anxieté de desirs qui trouble l'ame; il s'en faut garder autant qu'il se pourra, pour conserver la paix du cœur qui est la demeure du saint Esprit. Ne vous inquietez donc pas pour vôtre vocation au Canada : Si elle est de Dieu, elle se perfectionnera, & sa bonté la conduira à son execution dans le temps de son ordonnance pour sa gloire, pour vôtre bien & pour nôtre consolation. Cependant je suis tous les jours avec vous en esprit, & je tâche de faire pour vous ce que demande la divine Majesté, & ce que vous desirez de moy.

Les deux imperfections que vous me témoignez étre en vous, & que vous dites étre vôtre foible, ne seront jamais corrigées en perfection qu'à mesure que vous deviendrez spirituelle. L'une & l'autre étant fondées dans vôtre naturel vous en aurez plus de peine, & aussi plus de vertu en travaillant à la mortification. On vous a dit la verité, que vous avez en cela quelque chose de moy : car j'ay été la plus complaisante du monde en ma jeunesse, & j'ay eû & j'ay encore cette vivacité naturelle en mes actions; tout cela se tourne en bien lors qu'on s'accoûtume à faire ses actions avec presence d'esprit, c'est à dire, si vous veillez en sorte que si vous étes complaisante, vos complaisances soient à Jesus par des colloques amoureux selon l'esprit de grace qu'il vous donne. Et pour le regard des creatures n'ayez jamais de la complaisance que dans l'ordre de la charité; car quand il est question d'amusemens ou d'imperfections, n'en ayez jamais pour personne : Il faut en ces occasions passer par dessus tous les respects humains; vous n'en serez pas tant aimée de quelques unes, mais vous en serez plus cherie de Dieu, & plus estimée des plus sages

DE LA M. MARIE DE L'INCARNATION. 87

& des plus saintes. Ce n'est pas qu'il faille rechercher l'estime, mais elle suit naturellement la grace & la vertu. Vous me dites que l'amour de cette vaine estime se veut nourrir en vous : helas ! ma chere fille, une bonne reflexion sur vous-même vous convaincra tout aussi-tôt l'esprit, que l'estime qu'on a de soy-même, & le desir qu'on a d'estre estimé des autres est la plus grande sottise du monde : les miseres que chacun experimente en soy-même en sont des preuves convaincantes.

Je n'ay point reçu cette lettre dont vous & ma chere Mere Clere me parlez, je n'aurois pas manqué d'y répondre. On m'a donné de si bonnes preuves de la vertu de cette chere fille, que je suis d'avis que vous continuyez vôtre conversation avec elle, puisqu'elle vous porte à la vertu, & qu'elle ne tend qu'à Dieu. L'amitié qui tend à ces fins est toujours bonne, toutes les autres sont mauvaises, & il les faut éviter. Elle me prie de répondre à quelques propositions qu'elle me fait ; je le fais avec la sincerité & le mouvement interieur qui m'y porte. Je ne sçay pourtant de quelle maniere elle prendra ma réponse : Mais il faut que je vous avoüe que je ne puis trahir ni flatter personne en matiere de vertu, & qu'alors la sincerité est ma guide. Tâchez donc de courir à qui mieux mieux dans la carriere de la vertu où la couronne est donnée aux vainqueurs.

J'ay encore un avis à vous donner touchant vos elections dont je sçay que le temps approche. Car comme vous y devez avoir voix, & que c'est une affaire dont vous n'avez point encore d'experience, je suis bien aise de vous dire de quelle maniere vous devez vous y comporter pour éviter les engagemens de conscience & les scrupules qui arrivent ensuite, lorsqu'on n'y prend pas nôtre Seigneur pour guide. Voicy donc ce que vous ferez, ma chere fille ; Preparez-vous trois mois auparavant & durant ce temps là vuidez vous de tous desirs & de toutes inclinations naturelles envers qui que ce soit : Ne prenez les sentimens d'aucune autre : ne vous intriguez avec qui que ce soit pour parler de l'election : N'en dites pas non plus vos sentimens ny vos pensées à personne : Tous les jours presentez à nô-Seigneur celle qu'il a en son dessein pour tenir sa place en la Communauté, pour y gouverner ses Epouses : Demandez-luy son saint Esprit afin qu'il vous donne la lumiere pour la connoître, & que vous en fassiez le choix : Ne prenez vos conclusions que le matin à la Messe qui se dit du saint Esprit : Si vous faites de la sorte je vous assure que vous élirez celle que Dieu veut.

LETTRES SPIRITUELLES

Vous voyez, ma chere fille, par tout ce que je vous viens de dire, que je vous veux dans la pratique d'une vraye & solide vertu: Car si vous y travaillez les benedictions du Ciel viendront en abondance dans vôtre ame. Il est question de devenir sainte, & partant il faut marcher d'un bon pas dans la voye de la sainteté. Et ne vous excusez pas sur vôtre jeunesse, car si vous étes jeune d'âge, il faut être ancienne de sens.

Prenez patience dans les occasions qui vous tirent de la solitude par obeïssance ou par necessité: Si vous étiez en Canada vous auriez peut-être encore moins de retraite. C'est pourquoy faites en vôtre ame, comme sainte Catherine de Sienne, une solitude interieure, que vous puissiez garder par tout, & tâchez d'y vivre de la vie de Dieu. On le trouve là pour l'ordinaire plus parfaitement & plus purement que dans la solitude corporelle: car sa bonté benit l'ame obeïssante, & ajoûte à la grace de l'obeïssance celle de l'union.

De Quebec, Octobre 1646.

LETTRE XLIV.

A UNE DAME DE SES AMIES.

L'importance qu'il y a de faire choix d'un bon Directeur & de suivre sa direction avec simplicité. Dieu veut être quelquefois importuné pour accorder ce qu'on luy demande. Les grands biens qui accompagnent la paix du cœur.

MA tres-chere & bien-aimée sœur. La paix & l'amour de Jesus pour mon tres-affectionné salut. J'ay reçu toutes vos lettres qui m'ont donné un ample sujet de benir la bonté divine des graces & faveurs qu'elle repand dans vôtre ame. Oüi, ma tres intime sœur, je suis fort satisfaite du procedé que vous avez tenu dans le choix que vous avez fait d'un Directeur. C'est agir dans le dessein de Dieu de recourir à sa bonté, & d'implorer ses lumieres en toutes choses, mais principalement dans une affaire aussi importante qu'est celle là, & où il s'agit de nôtre salut, qui est nôtre principale affaire. Ce que j'ay maintenant à vous conseiller, c'est que vous luy soyez parfaitement obeïssante puisqu'il vous tient la place de Dieu, & qu'il ne vous commandera rien que pour vôtre salut &

pour

pour vôtre perfection, car hors ces deux motifs nous ne devons obeïssance à personne. Ouvrez-luy vôtre cœur avec une simplicité & une candeur d'enfant: & puisque vous prenez de luy vos sujets d'Oraison pour chaque semaine, recevez ses paroles en vôtre cœur comme une semence du Ciel qui y doit produire des fruits de grace & de sainteté. Vous laissant conduire avec cette candeur vous éviterez mille tromperies du Diable, qui est sans cesse au guet pour surprendre les ames simples, leur faisant prendre le faux pour le vray, & leur faisant croire que ce qui est vray est faux. Sur toutes choses prenez garde de devenir scrupuleuse: vous éviterez ce piege en faisant ce que je vous viens de dire, sçavoir ayant toujours une ame bien ouverte à vôtre Directeur. Je suis bien aise que luy & moy soyons tombez dans un même sentiment touchant la façon que vous devez tenir dans vos meditations: Mais pour les mouvemens interieurs que Dieu vous donnera, n'en faites aucun discernement; faites-en seulement l'examen avec simplicité pour en rendre raison à vôtre Directeur; sans autre dessein que d'apprendre de luy ce que vous devez faire ou éviter pour suivre la volonté de Dieu. Priez-le aussi de vous enseigner comme vous luy devez exprimer vos mouvemens interieurs, afin que vous ne vous trompiez point dans les pensées qui vous pourroient faire croire qu'ils sont autres qu'ils ne sont.

Ne vous étonnez point si Dieu ne vous donne pas ce que vous luy demandez pour vôtre fille, si tôt que vous l'en avez prié. Quand il ne vous le donneroit de dix ans vous devrez-être satisfaite. Il veut quelquefois être importuné, & il prend son plaisir à cela. Je ne laisseray pas de demander à sa bonté qu'il nous donne cette ame pour les desseins qu'elle a de sa sanctification. Prenez donc courage, ma chere fille, & que les foiblesses d'un enfant ne vous fassent point perdre la paix du cœur qui est un tresor inestimable. Dieu cherit infiniment les ames tranquilles & pacifiques, & il se plaît de parler à leur cœur, ce qui est en cette vie une beatitude anticipée: car on y traitte avec une sainte liberté avec son souverain bien par de saintes aspirations & par de doux colloques. Vous en ferez l'experience si vous conservez cette paix du cœur, avec la grace neanmoins de ce divin Sauveur qui vous attire si amoureusement à le suivre dans une vie sublime & dans un état particulier où vôtre cœur étant degagé du tracas du monde ne peut plus être partagé. Souvenez-vous de moy en vos communions & dans vos entretiens avec ce tres-adorable Seigneur & Maître, auquel je vous

M

prie de demander que je sois parfaitement à luy, comme je suis parfaitement en luy, Vôtre.

De Quebec le 27. Aoust 1647.

LETTRE XLV.

A LA MESME.

Elle l'exhorte de travailler à sa perfection, & luy donne quelques moyens pour y parvenir.

MA tres-chere & tres-aimée Sœur. La paix & l'amour de JESUS soient vôtre force & vôtre appuy. Pour satisfaire à l'affection que j'ay pour vôtre avancement spirituel, je me donne la consolation d'écrire à vôtre bon & charitable Pere. Je vous recommande à luy de tout mon possible, & le remercie des assistances qu'il rend à vôtre ame. Je croy que de vôtre part vous luy rendez les soûmissions convenables à une personne de son rang & qui vous tient la place de Dieu sur la terre. Je vous en conjure, ma chere Sœur & ma tres-intime fille, que je porte dans mon cœur pour le grand amour que je porte à vôtre ame, & le grand desir que j'ay de vous voir courir à la sainteté d'un bon & solide pas. Je vous estime la plus heureuse du monde d'être dans un état de liberté, qui vous donne tous les moyens de vaquer à Dieu. Marchez donc avec courage dans la voye de la vertu que sa bonté vous a fait trouver; Car vous n'y seriez pas sans sa vocation, & vous n'y persevereriez pas sans sa grace. La lumiere vous est encore necessaire pour vous conduire sans erreur dans un chemin si difficile: Vous la devez encore attendre du Pere des lumieres, mais c'est par vôtre Directeur qu'il vous la donnera. Je vous exhorte donc encore une fois de luy obeïr entierement comme à Dieu, puisque c'est luy qui vous parle de sa part. Offrez-moy à JESUS, à qui je vous offre aussi de tout mon cœur, & dans lequel je suis, Vôtre.

De Quebec le 12. Octobre 1647.

LETTRE XLVI.

A UNE RELIGIEUSE URSULINE DE TOURS.

A la Mere Marie de saint Joseph.

Elle la console dans son affliction, & luy apprend que la pratique des vertus est inutile sans la perseverance finale.

MA tres-chere & tres-aimée Mere, la paix de nôtre tout aimable JESUS. C'est une de mes plus cheres consolations d'apprendre que sa divine bonté vous continüe la grace de sa protection. C'est luy qui humilie & qui vivifie, qui abbat & qui releve quand il luy plaît les ames les plus affligées. N'est-ce pas un grand bonheur d'appartenir à un Epoux si bon & si puissant ? Mais, ma tres-aimable Mere, je m'assure que vos fidelitez en son endroit sont sinceres aprés tant de faveurs receuës de sa bonté. Je l'en remercie de tout mon cœur, & luy demande pour vous la perseverance finale sans laquelle les plus belles vertus seront comptées pour rien au jour de la retribution. Je me rejoüis de celle de vôtre bonne Tante dans le Noviciat. Je vous supplie de luy presenter mon tres-humble salut, comme aussi à ma chere sœur de Vangaudet dont j'ay oublié le nom de Religion. Joignez-vous toutes ensemble, je vous en prie, pour m'offrir à nôtre commun Epoux dans lequel je suis de tout mon cœur, Vôtre.

De Quebec le 13. Septembre 1644.

LETTRE XLVII.

A UNE DE SES PARENTES URSULINE A TOURS.

De l'utilité des croix spirituelles & des delaissemens interieurs, & des avantages qu'il y a de découvrir son cœur avec confiance à ses Superieurs.

MA tres-chere Mere, la paix & l'amour de JESUS pour mon tres-intime salut. Les croix & les delaissemens nous font des biens nompareils, sur tout quand nous y experimentons nos foiblesses : car elles nous font devenir humbles ; & si nous sommes delaissez des creatures, mêmes de celles en qui nous trouvions nôtre plus ferme & plus ordinaire appuy, ce delaissement nous oblige par une heureuse necessité de ne nous plus appuier que sur Dieu seul. Mais vous dites qu'il vous semble que Dieu vous ait delaissée aussi-bien que les creatures. Ne vous trompez pas en cela, car encore que vous n'ayez nul sentiment de sa presence, ny de paix interieure, ny d'acquiescement à vos peines, il ne laisse pas d'être avec vous, de vous assister & de vous soûtenir, autrement vous ne subsisteriez jamais. Il est vray que nous devons prendre garde à une chose qui est tres importante aux personnes spirituelles, sçavoir que bien souvent nous nous causons nous-mêmes nos croix & nos delaissemens, ce qui arrive lorsque l'imagination se representant quelque chose qui luy deplaît, l'entendement raisonne en suite là dessus, & enfin ces deux puissances s'excitent, quelquefois si fortement à cause que l'on s'est trop arrété à cette premiere operation imparfaite, qu'on ne s'en peut tirer que par un effort de la grace & avec une forte cooperation de nôtre part. Car ce n'est pas peu d'avoir les passions emuës, & quand elles le sont une fois, il n'est pas facile de les calmer. Au reste, c'est par l'Oraison perseverante jointe à la mortification interieure que l'on acquiert cette paix tant souhaitable qui fait porter avec egalité d'esprit toutes sortes d'evenemens, qui nous fait vivre au dessus de nous-mêmes, & qui fait que nous nous trouvons en Dieu comme des enfans dans le sein de leur Pere bien-aimé.

Je suis fort consolée de l'election que vous avez faite; vous avez toutes les assurances possibles que Dieu y a presidé, & parconsequent que sa divine Majesté en benira le succez. Je connois ma tres-chere Mere de la Nativité que vous avez élûë: je sçay qu'elle est tres-sage & tres vertueuse, & qu'elle a des talens tres-particuliers pour la conduite d'une maison comme la vôtre. Mais ce qui me console pour vôtre particulier, c'est ce que vous me dites que vous avez de la confiance en elle, car il ne se peut faire que cette ouverture de cœur sincere & filiale n'attire les benedictions de Dieu dans vôtre ame: comme au contraire, je ne feray jamais d'état d'une Religieuse qui se ferme à sa Superieure, & qui ne garde pas les ordres que la divine Majesté a établis pour sa conduite. Conservez donc ces ouvertures de cœur si necessaires aux ames qui veulent vaincre leurs ennemis, & faire du progez dans la voye de la sainteté. J'ay veu que vous aviez de la facilité à cela, je croy que vous l'avez encore. J'en rends graces pour vous à la divine bonté comme d'une faveur singuliere qu'elle vous fait.

DE LA M. MARIE DE L'INCARNATION. 93

Mais enfin vous me dites que vôtre Directeur vous a quittée. Puisqu'il est ainsi, il faut demander secours avec humilité, & je ne doute point que vôtre Reverende Mere ne vous fasse voir volontiers quelqu'un des Peres de la Compagnie, à qui je vous conseille de vous adresser comme à des personnes à qui Dieu donne des talens particuliers pour la conduite des ames. Ma tres-chere Mere, obligez-moy de m'assister de vos prieres, & obtenez que je sois selon le cœur de Dieu; c'est aussi ce que je luy demande pour vous.

De Quebec le 14. Septembre 1647.

LETTRE XLVIII.

A UNE SUPERIEURE DES URSULINES DE DIJON.

Elle luy mande le progrez de la foy, nonobstant l'hostilité des Hiroquois: & la remercie d'une aumône que sa Communauté auroit faite au Seminaire.

MA Reverende Mere. Ce m'est chaque année une nouvelle consolation, d'apprendre la sainte ferveur qui se nourrit en vôtre communauté pour cette Eglise. C'est ce qui la soutient & la fortifie contre ses ennemis. Quoi que les perfides Hiroquis aient rompu le traitté de paix qu'ils avoient fait avec les peuples de ces contrées & qu'en suite ils aient fait mourir le Reverend Pere Jogüe, son compagnon & quatre-vingt tant Chêtiens que Catechumenes d'une mort tres-cruelle: neanmoins trois autres Nations se sont rangées sous le sacré joug de JESUS-CHRIST, & d'autres encore sont disposées de s'y rendre. L'on a baptisé bien six cens personnes; c'est de quoi consoler les ames saintes qui se joignent avec nous dans la cause du Fils de Dieu. Nôtre Reverende Mere vous en écrit plus au long. Nous prions Dieu pour la guerison de vôtre bonne sœur à laquelle je souhaitte une bonne santé si c'est pour la gloire de sa divine Majesté. Nous ne sçavons pas pourquoy elle à permis ce vœu, elle le fera connoître en son temps. J'admire les ferveurs de toutes nos cheres Meres: je croy que Dieu a sur elles des desseins particuliers qu'il sçaura faire reussir en leur temps: je les offre avec vous à sa bonté. Je vous remercie aussi, ma tres-honorée Mere de vos grandes charitez en nôtre endroit, nous tâcherons avec nos cheres Seminaristes de les reconnoître par nos petites prieres. Je vous demande le secours des vôtres, en particulier & suis aux pieds de JESUS en toute humilité, Vôtre.

De Quebec le 14. Septembre 1647.

LETTRE XLIX.

A SON FILS.

Elle répond aux plaintes qu'il luy avoit faites de ce qu'après l'avoir abbandonné si jeune, elle luy refusoit ses papiers qui contenoient les memoires de sa vie. Elle luy promet de ne luy rien celer cy-après de ses dispositions interieures, ce qu'elle commence de faire disant comme Dieu la conduit par la voye d'une privauté interieure avec sa divine Majesté.

MOn tres-cher & bien-aimé Fils, la paix de nôtre tres-aimable & tres-adorable JESUS. J'ay reçu la vôtre & tout ce qui étoit dans vôtre pacquet lorsque je ne l'attendois plus. Il me restoit neanmoins quelque peu d'esperance dans la pensée que vous auriez pris la voye de nos Reverendes Meres de Paris, comme la plus sure; & je ne me suis pas trompée, puisqu'en recevant leurs lettres, j'ay reçu tout ce que vous m'avez envoyé. Mais j'ay à m'entretenir d'autres choses avec vous, mon tres-cher Fils. Quoy, vous me faites des reproches d'affection que je ne puis souffrir sans une repartie qui y corresponde : Car je suis encore en vie, puisque Dieu le veut. En effet vous avez sujet en quelque façon de vous plaindre de moy de ce que je vous ay quitté : Et moy je me plaindrois volontiers, s'il m'étoit permis de celuy qui est venu apporter un glaive sur la terre qui y fait de si étranges divisions. Il est vray qu'encore que vous fussiez la seule chose qui me restoit au monde où mon cœur fût attaché, il vouloit neanmoins nous separer lorsque vous étiez encore à la mamelle, & pour vous retenir j'ay combatu prés de douze ans, encore en a-t-il fallu partager quasi la moitié. Enfin il a fallu ceder à la force de l'amour divin & souffrir ce coup de division plus sensible que je ne vous le puis dire; mais cela n'a pas empêché que je ne me sois estimée une infinité de fois la plus cruelle de toutes les meres. Je vous en demande pardon, mon tres-cher Fils, car je suis cause que vous avez souffert beaucoup d'affliction. Mais consolons-nous en ce que la vie est courte, & que nous aurons par la misericorde de celuy qui nous a ainſi ſeparez en ce monde, une éternité entiere pour nous voir & pour nous conjoüir en luy.

Quant à mes papiers, qui ſont-ils? Je n'en ay que peu, mon tres-cher Fils: car je ne m'arreſte pas à écrire des matieres que vous penſez. Il eſt vray qu'étant malade à l'extremité j'avois donné le peu que j'en avois à la Mere Marie de ſaint Joſeph pour les faire brûler, mais elle me dit qu'elle vous les envoiroit; ainſi ils fuſſent toujours tombez entre vos mains quand vous n'euſſiez pas témoigné les deſirer. Mais puiſqu'ainſi eſt que mes écrits vous conſolent, & que vous les voulez, quand je n'aurois qu'un cahier j'écriray deſſus qu'il vous doit être envoyé, ſi je meurs ſans parler & ſans avoir connoiſſance de ma mort.

Vous deſirez ſçavoir la conduite de Dieu ſur moy. J'aurois de la ſatisfaction à vous la dire, afin de vous donner ſujet de benir cette bonté ineffable qui nous a ſi amoureuſement appellez à ſon ſervice. Mais vous ſçavez qu'il y a tant de danger que les lettres ne tombent en d'autres mains, que la crainte que cela n'arrive me retient. Je vous aſſure neanmoins que cy-après je ne vous celeray rien de mon état preſent: au moins vous en parleray-je ſi clairement que vous le pourrez connoître. A dire vray, il me ſemble que je dois cela à un fils qui s'eſt conſacré au ſervice de mon divin maître, & avec lequel je me ſens avoir un même eſprit. Voicy un papier qui vous fera voir la diſpoſition où j'étois quand je relevé de maladie il y a prés de deux ans. Ce n'eſt pas que je m'arrête à écrire mes diſpoſitions, s'il n'y a de la neceſſité: mais en cette occaſion une ſentence de l'Eſcriture ſainte, m'attira ſi fort l'eſprit, que ma foibleſſe ne pouvant ſupporter cet excez, je fus contrainte de me ſoulager par ma plume en écrivant ce peu de mots, qui vous feront connoître la voye par où cette infinie bonté me conduit. Cette voye n'eſt autre que ſon amoureuſe familiarité & une privauté intime avec une lumiere intellectuelle, qui m'emporte dans cette privauté, ſans pouvoir appliquer mon eſprit à d'autre occupation interieure qu'à celle où cette lumiere me porte. Les ſujets les plus ordinaires de cette privauté ſont les attributs divins, les veritez de l'Eſcriture ſainte tant de l'ancien que du nouveau Teſtament, particulierement celles qui regardent les maximes du Fils de Dieu, ſon ſouverain Domaine, & l'amplification de ſon Royaume par la converſion des ames; de telle ſorte que cet attrait m'emporte par tout, tant dans mes actions interieures que dans les extérieures. Quand je dis que je ne me puis appliquer à d'autre occupation, j'entens pour m'y arrêter; car ôté les occupations qui tiennent tout mon esprit, c'est à dire, où ma liberté m'est ôtée par la liaison où la tient cette suradorable bonté de mon divin Epoux, je luy dis tout ce que je veux selon les occurrences, même dans mes exercices corporels, & dans le tracas des affaires temporelles; car il m'honore de sa presence continuelle & familiere. Vous n'aviez qu'un an ce me semble quand il commença de m'attirer à cette façon d'Oraison, laquelle neanmoins a eu divers états où il m'est arrivé des choses differentes & particulieres selon les desseins que sa bonté a eus sur moy tous pleins d'amour & de misericorde, eu égard à mes tres-grandes vilitez, bassesses, rusticitez & infidelitez insuportables à tout autre qu'à une bonté infinie, de laquelle j'ay arrêté le cours un nombre innombrable de fois; ce qui a beaucoup empéché mon avancement dans la sainteté de laquelle sans mentir je n'ay pas un vestige. C'est ce que je vous conjure de recommander à nôtre Seigneur, car sans ce point je seray comme la cymbale qui tinte, mais qui n'a qu'un son passager : & je crains beaucoup de détruire les desseins que Dieu a sur moy & de dissiper les graces qu'il me donne pour les accomplir.

Depuis ma maladie, ma disposition interieure a été dans un degagement tres-particulier de toutes choses, en sorte que tout ce qui est exterieur m'est matiere de croix. Elles ne me donnent neanmoins aucunes inquietudes, mais je les souffre par acquiescement aux ordres de Dieu qui m'a mise sous l'obeïssance dans laquelle rien ne me peut arriver que de sa part. Je sens quelque chose en moy qui me donne une pante continuelle pour suivre & embrasser ce que je connoîtray être le plus à la gloire de Dieu, & ce qui me paroîtra le plus parfait dans les maximes de l'Evangile qui sont conformes à mon état, le tout sous la direction de mon Superieur. J'y fais des fautes sans fin, ce qui m'humilie à un point que je ne puis dire.

Il y a prés de trois ans que je pense continuellement à la mort, & cependant je ne veux & ne puis vouloir ni vie ni mort, mais seulement celuy qui est le Maître de la vie & de la mort, au jugement adorable duquel je me soûmets pour faire tout ce qu'il a ordonné de moy de toute eternité. Ces sentimens donnent à mon ame & à mon cœur une paix substancielle & une nourriture spirituelle qui me fait subsister & porter avec égalité d'esprit les evenemens des

choses

DE LA M. MARIE DE L'INCARNATION. 97

choses tant generales que particulieres qui arrivent, soit aux autres soit à moy, dans ce bout du monde, où l'on trouve abondamment des occasions de pratiquer la patience & d'autres vertus que je ne connois pas.

Au reste ne vous rejoüissez pas, ainsi que vous dites, d'avoir une mere qui sert Dieu avec pureté & fidelité; mais aprés avoir rendu grace à cette bonté ineffable des faveurs dont elle me comble, demandez-luy pardon de mes infidelitez & impuretez spirituelles; & je vous prie de n'y pas manquer, non plus que de luy demander pour moy les vertus contraires. Voicy donc ce papier dont j'ay parlé; je le copie, parce qu'il n'est qu'en un brouillon écrit sans dessein & seulement pour soulager une tête foible. Sur ces paroles du Prophete: *Speciosus forma præ filiis hominum*, une lumiere me remplissant l'esprit de la double beauté du Fils de Dieu, il fallut que mon cœur se soulageât par ma plume, mais sans reflexion, car l'esprit ne me le permettoit pas. Comme c'étoit à la seconde Personne de la sainte Trinité que mon ame avoit accez, aussi étoit-ce à elle que s'adressoient mes aspirations suivant les veuës de l'esprit. Tout est ineffable dans son fond, mais voicy ce qui s'en peut exprimer. Vous étes le plus beau de tous les enfans des hommes, ô mon bien-aimé! vous étes beau, mon cher amour, & en vôtre double beauté divine & humaine. &c.

Ces aspirations sont rapportées en sa vie l. 3. ch. 13. dans les additions.

C'est assez de ces matieres, mon tres-cher Fils, pour cette année. Je suis si enfoncée dans le tracas des affaires exterieures, que je ne vous écris qu'à de petits momens que je dérobe. Avec tout cela je dois réponse comme je croy à plus de six vingts lettres, outre les expeditions des écritures de la Communauté pour la France. Voila comme il faut passer cette vie en attendant l'Eternité qui ne passe point. Vous m'avez consolée de me faire sçavoir l'état de vôtre sainte Congregation & l'heureux succez de ses affaires. Pour vous à la bonne heure, ne soyez connu que de Dieu seul; demeurez écarté de toute conversation, sinon de celles où vous verrez que Dieu sera glorifié: hors de là demeurez caché dans nôtre tres-adorable JESUS, nôtre unique bien, nôtre vie & nôtre tout.

De Quebec   1647.

LETTRE L.
AU MESME.

Elle luy temoigne que Dieu le veut conduire, & elle aussi, par la voye de la privation & des maximes de l'Evangile.

Mon tres-cher & bien-aimé Fils. Ce mot que je vous écris par un vaisseau qui va partir & qui devance les autres de quelque temps, vous assurera que j'ay reçu vôtre paquet & toutes vos lettres avec la consolation que vous pouvez croire. Par mes autres lettres je vous donne toute la satisfaction que vous desirez de moy, afin que vous ne me fassiez plus des plaintes d'affection que la tendresse que j'ay pour vous ne peut souffrir. Il y a long-temps mon tres-cher fils que je me suis resoluë aux desseins que la divine bonté a sur vous & sur moy, lesquels sont dans des privations de ne nous voir & familiariser en cette vie qu'en la maniere que nôtre divin Sauveur l'ordonne dans l'Evangile, sçavoir en nous perdant nous-mêmes; car si nous perdons nôtre ame comme il faut, nous la trouverons un jour dans les delices de celuy qui nous a fait entrer si amoureusement dans l'exercice de ses maximes. Nous aurons alors l'Eternité pour nous voir & pour nous entretenir. C'est à quoy mon ame soûpire; & je voy incessamment cette derniere heure qui me degagera de tout ce qui me separe de nôtre souverain bien dont on ne peut joüir parfaitement & à son aise en cette vie.

Pour ce qui est de ma santé elle est assez bonne, graces à Nôtre Seigneur, & je souhaitterois que vous eussiez la voix aussi forte & aussi libre que moy pour pouvoir exprimer au dehors les lumieres que Dieu vous donne. J'ay été consolée d'apprendre qu'il a beni vos études & qu'il y a joint la pieté. Je n'oserois plus vous demander si Dieu vous a honnoré de l'Ordre du Sacerdoce, ce sera vous qui me l'annoncerez. Cependant vivons dans le denuement propre à nôtre condition, & ne desirons rien que dans les divines volontez de Nôtre tout aimable Sauveur; c'est le plus parfait pour nous. Ce petit mot n'est que pour vous donner par avance un peu de consolation, si tant est que nos lettres vous consolent. Mais plûtôt consolons nous en celuy qui est *le Pere des misericordes, & le Dieu de toute consolation.*

De Quebec le 18. Septembre 1647.

LETTRE LI.

AU MESME.

Deux points principaux de la vie de l'esprit : Quelques maximes qu'elle s'est obligée par vœu de pratiquer pour vaincre quelques restes d'imperfection : Que la perfection ne consiste point dans la speculation des vertus, mais dans la pratique. Elle luy promet d'écrire les dispositions de son interieur, &c.

Dans cette lettre elle parle des dispositions de son interieur en tierce personne & en termes couvers.

MOn tres-cher & bien aimé Fils. Je vous saluë dans le cœur de nôtre tres-adorable & tres-aimable JESUS. J'ay reçû la vôtre avec une entiere joye, y apprenant que la divine bonté a commencé de vous donner entrée dans les Ordres sacrés par le moyen desquels vous luy pourrez rendre de plus agreables services. Je vous remercie de la part que vous m'y faites esperer, lorsque vous serez si heureux que d'étre admis au dernier & plus sacro-saint de tous les Ordres. Benissons cependant cette douce & aimable Providence, qui par des voyes si secretes à nos conceptions nous a choisis pour son service & pour y consumer tous les momens de nôtre vie. Ah! qu'il est bon de ne souhaitter que cette sainte consommation, & de n'avoir de la pente qu'à la gloire de celuy qui seul est digne d'étre! Mon Fils, lorsqu'on a cette inclination on ne tient à gueres de choses en cette vie. Il y a seulement deux choses où l'ame trouve son compte en attendant qu'elle ait le bon-heur de se voir detachée de cette vie mortelle. La premiere est la pratique des maximes de l'Evangile, ou du moins un effort continuel pour les pratiquer. L'autre est la douce familiarité avec Dieu, qui par ses divines touches permet à l'ame de l'entretenir, & s'il faut ainsi parler, de s'égayer avec luy, quoy qu'elle ne se voie que poudre & cendre en la presence de sa divine Majesté. Sans ces deux secours, je ne puis comprendre comme l'on peut vivre en ce monde parmi les épines & les tracas qui ne tendent qu'à étouffer l'esprit interieur : car enfin la nature y trouve bien souvent son interest & ne s'y attache que trop. C'est delà que plusieurs retournent en arriere, & que si peu perseverent dans la premiere ferveur de leur vocation ; car pour y demeurer il est besoin d'une continuelle mort de soy-méme qui est cet aneantissement & consommation dont je vous parle, pour lequel il faut avoir un grand courage & une generosité sans relâche. Mais aussi agissant de la sorte avec le secours de nôtre divin JESUS, l'ame se trouve enfin degagée de ses liens, en suite de quoy elle court & vole au dessus des sens & de l'amour propre. Ce n'est pas qu'elle ne ressente encore quelquefois des attaques de la nature corrompuë, mais la force que Dieu luy donne surmonte tout ; elle opere avec facilité & même avec plaisir, en sorte qu'elle experimente la verité des paroles de nôtre tres-adorable Seigneur : *mon joug est doux & mon fardeau est leger.* Cette force même s'augmente dans l'exercice des deux points que je vous viens de marquer. Mais ne pensez pas qu'il faille regarder les maximes de l'Evangile, & ce qui est de plus grande perfection dans une speculation de vertus qui ne sont pas conformes à nôtre condition ni à nôtre vocation interieure, mais en de certains points où il faut s'attacher fortement selon nôtre état present. De ce que je vous écrivis l'année derniere vous pouvez juger pourquoi je vous fais ce discours. Or voici les maximes où je m'exerce apresent, même par obligation de vœu.

I. Etant accusée d'avoir fait quelque faute, ne s'en point excuser, encore qu'on soit innocente ; & n'accuser point ceux qui les auroient faites pour se decharger, si ce n'est qu'il y aille de la gloire de Dieu, au jugement de qui il appartient.

II. Veiller sur son esprit & sur son cœur pour ne se point laisser surprendre à dire des paroles plaintives & exagerantes lorsqu'on pense être, ou qu'on est en effet offensé, choqué, rebuté & humilié, soit de paroles, soit par des actions.

III. Ne rien dire à sa loüange ; ny ravaller autruy tacitement ou apparemment lorsqu'il est loüé de quelqu'un, ou qu'il est question selon l'ordre de la charité de le loüer & d'en dire du bien.

IV. Fuir l'emulation & la jalousie des biens & des satisfactions d'autruy, soit interieures soit exterieures ; mais plûtôt s'en réjoüir, & s'estimer indigne d'en posseder autant.

V. S'exercer à une pieuse & charitable affection envers ceux pour qui l'on a de l'antipathie naturelle : prendre innocemment leurs actions, & juger de leurs intentions selon l'ordre de la charité.

VI. S'exercer à un esprit de patience envers le prochain, selon les maximes prescrites dans l'Evangile.

VII. Travailler au retranchement des tendresses sur soy-même, & des reflexions superfluës sur ce qui pourroit donner de la peine.

VIII. Travailler tout de bon à la douceur interieure & exteri eure & à la manſuetude & humilité de cœur conformement à l'Evangile.

IX. Ne prendre pas de l'ombrage volontairement, ny de la defiance pour de petites apparences, & ne point s'en laiſſer aller à l'inquietude.

X. Souffrir avec amour & douceur les douleurs du corps & les afflictions de l'eſprit; les humiliations & les mortifications de la part de Dieu & du prochain.

XI. Mortifier certains petits appetits, inclinations & pentes naturelles en tout ce qui ſe pourra, ſans faire tort au ſpirituel & corporel.

XII. Obeïr avec fidelité aux mouvemens & inſpirations de Dieu, & en tout ce que deſſus ſuivre l'obeïſſance & la direction du Pere ſpirituel.

Quand je vous dis qu'il ne ſe faut pas attacher à une ſuite de vertus ſpeculatives, c'eſt que comme il y a divers degrez & états dans la vie ſpirituelle, il y en a un entre les autres où l'entendement a plus de part que la volonté; & ſi l'ame n'eſt fidele & genereuſe, elle ne ſe peine gueres à faire des reflexions ſur la pratique des vertus ſolides; ce qui fait qu'elle bronche ſouvent & qu'elle donne ſujet de croire qu'elle n'a pas de mortification. Au lieu que dans l'état où l'entendement & la volonté agiſſent de concert, l'ame travaille & avance beaucoup, ſans ſe peiner toutefois, dans la pureté de cœur, dans la pratique des vertus, & dans la droiture ſur ſes actions. Mais en ſuite il y a encore un autre état qui la met dans une eſpece de neceſſité de la fidelle pratique de l'imitation de JESUS-CHRIST, & cette neceſſité eſt dans une paix interieure qui ne ſe peut exprimer. Car il n'eſt plus icy queſtion d'un certain bandement de tête qu'on a lors qu'on commence, ny d'une certaine ferveur qu'on experimente dans les ſens, & qui fait qu'on s'examine avec tâche & par certains actes. Mais l'ame dans ſa paix voit tout d'un coup en ſon JESUS les vertus divines qu'il a pratiquées; elle les voit, dis-je, dans un attrait tres-doux qui la porte à ſuivre dans ſes actes ſon divin Prototype: & enfin elle ne peut & ne veut être qu'un continuel holocauſte à la gloire de Dieu, en l'honneur de celuy de JESUS depuis le moment de ſon incarnation juſqu'à la mort de la croix.

Elle a donc deux choſes en cette imitation, ſçavoir la pratique exterieure des maximes de l'Evangile & la familiarité interieure par rapport à la vie interieure de JESUS. Je n'auroi jamais cru, mon très-cher fils que la vie la plus sublime consiste en cela, si je n'en étois assurée par une voye que je ne puis écrire sur ce papier: car dans l'apparence il y a des temps d'extase & de ravissement qui sembleroient être quelque chose de plus sublime; mais non, Nostre JESUS, sa sainte Mere, & les saints Apôtres nous sont des témoins fideles du contraire. Quoique toutes ces choses soient bonnes & saintes quand elles proviennent de l'esprit de Dieu, ce n'est rien en comparaison des susdites vertus ny des dispositions interieures de grace dont j'ay parlé, & qui sont toute ma vie, ma force & mon soûtien.

<small>Ce sont ses dispositions interieures.</small>

Je vous écriray ce que vous me demandez. Mais pourquoi ne m'avez vous pas dit, quelle est cette autre chose, que vous desirez de moy? si elle m'eût été possible je ne vous l'aurois pas refusée. De vous envoyer à present celle que vous me marquez, j'y aurois un peu de peine: outre qu'il ne me seroit pas possible de le faire avant le depart des vaisseaux; qui n'étant pas encore tous arrivez, ceux qui le sont se disposent à leur retour, parce qu'ils penserent perir l'année derniere, étant partis trop tard. Enfin si Dieu le veut je vous envoiray quelque jour ce que vous me demandez, ou d'autres le feront pour moy, & j'écriray après la presse de mes affaires d'obligation, ce que vous desirez, afin que la chose soit en état de vous être envoyée quand la divine Providence l'ordonnera.

Tout ce que je vous ay dit cy-dessus est une suitte de ce que j'écrivis l'année derniere. Je suis consolée à un point que je ne vous puis dire de vous voir en des dispositions si religieuses, & je suis de vôtre sentiment que nos entretiens doivent tendre à la fin où nous aspirons. Je vous avouë que je n'ay point de consolation solide en cette vie que dans la pente qui me fait soûpirer après cette bien-heureuse fin. Obtenez moy de Dieu que je prenne les vrais moyens qui y conduisent, que je ne m'y egare point, & que je ne me cherche point moy-méme au lieu de chercher celuy dont l'imitation est nôtre veritable moyen. Il n'y a rien que nous devions tant apprehender que les devotions écartées, & qui ne sont pas fondées sur les maximes & sur la vie de JESUS-CHRIST: pour l'ordinaire la fin en est funeste. L'on m'en écrit de France des exemples épouventables arivez à quelques personnes religieuses qui ne sont pas loin de vous; vous le pouvez sçavoir mieux que moy.

<small>Aux Religieuses de Louviers.</small>

Je ne doute point que vous ne me vouliez assez de bien pour me desirer une mort aussi heureuse que celle du Pere Jogues. Mais helas! je suis bien eloignée de la meriter. Il me semble que ce me seroit la plus grande consolation qu'on se puisse imaginer ; mais j'ay tout sujet de me defier de moy-méme, & de craindre que je ne tournasse le dos aux souffrances, au lieu que ce saint Martyr les a embrassées en vray Disciple de Jesus-Christ.

Vous m'avez beaucoup obligée de me mander le progrez de vôtre Congregation, car outre la part que je prens à ses biens & à ses maux, à cause de ce que je luy suis & de ce qu'elle m'est en vôtre consideration, cela me sert d'instruction pour nos propres affaires. Il faut que vous sçachiez que quelque faveur que nous aions pu avoir du côté de la Cour, on ne nous a point voulu donner nos Bulles à Rome qu'il n'y ait icy un Evesque. Ce refus nous a obligé à prendre d'autres mesures & de consulter les Docteurs sur les Bulles de nos Congregations. Ils les ont trouvé bonnes, & ont jugé qu'elles se pouvoient legitimement étendre jusques icy avec les assurances & les approbations des Prelats qui nous y ont envoyées. Ainsi sans autres nouvelles Bulles de Rome, nous pouvons recevoir des Novices, faire des Professes, & accomplir toutes les fonctions de nôtre Institut de la méme maniere que si nous étions en France. Nous sommes déja dans l'exercice de cette resolution, car nous aurons avec le secours de la grace deux Professes le jour de la Presentation de la sainte Vierge.

Quant aux doctrines qui font aujourd'huy tant de bruit en France, je n'ay garde de me méler d'en parler, & encore moins d'écrire en aucune maniere ny mes sentimens ny ceux de qui que ce soit touchant l'affaire de Monsieur Arnauld. Une personne de France qui y est fort engagée, m'en ayant écrit, je ne luy ay point répondu afin de ne luy point donner sujet de m'en écrire à l'avenir. Vous m'avez obligée de l'avis que vous m'avez donné sur ce sujet ; je m'en serviray pour mon particulier.

Je me réjouis de ce que vous étes à la fin de vos études. Il est vray que le grand temps qu'on y employe & les diverses matieres qu'il y faut traitter sont capables de soustraire la douceur de l'esprit interieur. Ces dernieres neanmoins qui vous occupent n'étant que de choses saintes, elles ne peuvent vous remplir que de bons sentimens.

Je m'assure que cette solitude que vous souhaitez vous sera douce aprés tant de speculations. Quand vous y serez, joignons nous ensemble pour chanter interieurement les misericordes & les bontez divines. Vous esperez d'y trouver ce double esprit interieur, où vous aspirez ; je m'assure que si vous ne l'avez déja, nôtre Seigneur vous en fera un present : C'est ce que je luy demanderay chaque jour pour sa plus grande gloire, & pour la santification de vostre ame. Ne laissez point abattre vôtre cœur, mais par une amoureuse confiance attendez cette grace de sa bonté. Mais plûtôt unissons nous d'esprit pour la demander à Dieu l'un pour l'autre ; encore que je sois la plus indigne & la plus abjete creature du monde, je l'attends de celuy qui ne refuse rien à ceux qui s'abandonnent à sa conduite.

Je suis bien consolée de la resignation où je vous voy pour vôtre mal de gorge. Les voyes de Dieu sont secretes, il sçait celles par où il veut conduire nôtre vie. Peut-étre vous veut-il santifier dans la solitude ; ce n'est pas la predication qui santifie le Predicateur : un bon acte de vertu, comme d'humilité, de charité, de patience est quelquefois plus agreable à Dieu. L'un & l'autre neanmoins peuvent compatir, & s'il vous les donne, je l'en beniray avec vous & luy demanderay qu'il vous fasse la grace d'en faire un bon usage, afin qu'un jour vous puissiez comparoître en sa presence avec des œuvres pleines. Demandez-luy aussi pour moy la grace de correspondence & de fidelité. Je finis ; vivons en JESUS.

De Quebec le 7. Septembre 1648.

LETTRE LII.

A la Mere Gillete Rolland.

A UNE RELIGIEUSE DE LA VISITATION.

Elle luy parle d'une victoire gagnée sur les Hiroquois par le secours du R. Pere Jognes, & de la conduite extraordinaire de Dieu sur tout le Canada, à laquelle il se faut soûmettre à l'aveugle.

MA tres-chere Mere. La vie de JESUS soit la sanctification de la vôtre pour l'eternité. C'est avec amour & avec une entiere affection que j'ay reçu vôtre lettre & vôtre charitable present, pour lequel je vous prie d'agreer mes tres-humbles remercimens. Vous me dites que ma Reverende Mere vôtre digne Superieure m'a écrit : je n'ay pas reçu sa lettre non plus que beaucoup d'autres, je ne laisse pas de luy écrire un mot pour luy témoigner ma reconnoissance.

N'est-il pas vray que nous avons un Martyr dans le Ciel & un puissant avocat auprés de Dieu ? Nous avons déja ressenti les effets de sa protection en diverses occasions, sur tout cette année que la flotte

DE LA M. MARIE DE L'INCARNATION.

flotte des Hurons conduite par le R. Pere Briſſani, étant arrivée devant une de nos habitations de François proche de laquelle un grand nombre d'Hiroquois s'étoient cachez à deſſein de ſurprendre les François & les Hurons, & de les enveloper dans un méme carnage, l'on a veu un ſecours du Ciel dautant plus admirable qu'il a été impreveu & inopiné. Car le Pere qui ne ſçavoit rien des embûches des ennemis fit deſcendre à terre tous les Hurons, & par un mouvement ſecret, les fit ranger en bataille comme pour ſe battre. Quand ils furent en état, quoi qu'il ne vit perſonne, il ſe mit à crier & commanda à ſes gens de crier comme luy, ſelon la coûtume des guerriers de ces Nations; au méme temps cette armée Hiroquoiſe parût, & ſans dire mot fit ſa déchage ſur eux. Mais étant animez par les exhortations de ce brave Pere, ils ſe ruërent ſi vigoureuſement ſur les ennemis, qu'ils les mirent en fuite, en tuèrent un grand nombre, emmenerent dix-ſept priſonniers, & enleverent tout leur butin. Sans ce bon inſtinct que Dieu donna au bon Pere, les Hurons étoient détruits, & la traitte de cette année perduë. L'on attribuë cette grace, ainſi que beaucoup d'autres, aux prieres & aux merites de nôtre ſaint Martyr. Mais venons à ce que vous me propoſez.

Vous me parlez d'une vie cachée; qu'en diray-je, ma tres-chere & bien-aimée Sœur, puiſqu'elle eſt cachée, & qu'il eſt tres-difficile de parler de ce qui ne paroît pas? Dans ce païs & dans l'air de cette nouvelle Egliſe, on voit regner un eſprit, qui ne dit rien qu'obſcurité. Tous les evenemens qui nous arrivent ſont des ſecrets cachez dans la divine providence, laquelle ſe plaît d'y aveugler tout le monde de quelque condition & qualité qu'il ſoit. J'ay veu & conſulté là deſſus pluſieurs perſonnes, qui toutes m'ont dit: Je ne voy goutte en toutes mes affaires, & neanmoins nonobſtant mon aveuglement, elles ſe font ſans que je puiſſe dire comment. Cela s'entend de l'établiſſement du païs en general, & de l'état des familles en particulier. Il en eſt de méme du ſpirituel: Car je voy que ceux & celles que l'on croyoit avoir quelques perfections lorſqu'ils étoient en France, ſont à leurs yeux & à ceux d'autruy tres-imparfaits, ce qui leur cauſe une eſpece de martyre. Plus ils travaillent, plus ils decouvrent d'imperfections en eux-mémes. Et la raiſon eſt que l'eſprit de la nouvelle Egliſe a une ſi grande pureté, que l'imperfection pour petite qu'elle ſoit luy eſt incompatible; enſuite de quoy il faut ſe laiſſer purifier en mourant ſans ceſſe à ſoy-méme. Je me repreſente ce Chriſtianiſme

Elle parle de ſes diſpoſitions interieures.

primitif comme un purgatoire dans lequel à mesure que ces ames cheries de Dieu se purifient, elles participent aux communications de sa divine Majesté. Il en est dis-je ici de même. Cet esprit secret, qui n'est autre que l'esprit de JESUS-CHRIST, & de l'Evangile, donne à l'ame purifiée une certaine participation de soy-même, qui l'établit dans une vie interieure qui l'approche de sa ressemblance. Demandez-moy ce que c'est que cette vie, je ne le puis dire, sinon que l'ame n'aime & ne peut goûter que l'imitation de JESUS-CHRIST en sa vie interieure & cachée. Elle se trouve toujours petite à ses yeux & defectueuse en ses actions, se comparant à la pureté & à la sainteté de nôtre divine cause exemplaire. La distance des lieux & le danger que les lettres ne soient interceptées, ne me permet pas d'en dire davantage à ma tres-chere Sœur; & même ce que je viens de dire est seulement pour luy obeïr, ne m'étant pas possible de luy rien refuser. En attendant que nous nous voyons en l'autre vie qui vous fera voir clair dans mes pauvretez, je vous prie de vous contenter de cela, & cependant de prier pour moy qui suis toute en JESUS, Vôtre.

De Quebec le 10. Octobre 1648.

LETTRE LIII.

A la Mere Ursule. A UNE RELIGIEUSE URSULINE DE TOURS.

Elle luy témoigne sa joye de ce que plusieurs personnes tant Religieuses que Seculieres s'interessent pour la conversion des ames du Canada. Zele de la Mere Marie de saint Joseph pour la perfection. Le sien pour le salut des ames.

MA Reverende & tres-chere Mere. Vous avez apris par ma premiere lettre de quel air nous vivons dans vôtre petit Seminaire de Quebec. Je vous en ay écrit amplement, c'est pourquoy je n'useray point de redites. J'ay écrit les noms des nations pour lesquelles vous voulez consacrer vos vœux, vos prieres, & vos bonnes œuvres. Vous étes ravissante en ce point, & meritez sans doute d'être la mediatrice de l'amplification de la gloire du Fils de Dieu. Procurez-la donc en ce point plus que jamais, mon intime Mere; Nôtre JESUS ne le merite-t'il pas? Je me donne l'honneur d'écrire à Monsieur le Theologal qui est animé d'un semblable zele,

DE LA M. MARIE DE L'INCARNATION. 107
& je le prie de cherir l'Eglise de ce divin Sauveur. Je suis consolée à un point que je ne vous puis dire de voir que tant de saintes ames s'unissent pour un sujet si glorieux & si legitime. Pour vous ma chere Mere, puisque vous étes Ursuline vous ferez une chose qui est attachée à vôtre vocation. Il y a aussi une bonne Mere Carmelite qui a assemblé un grand nombre de personnes pour le même dessein que vous entreprenez. J'espere que nous verrons un jour dans le Ciel, une grande troupe d'ames gagnées à Dieu par vos prieres, & qui le beniront eternellement. Faisons donc à qui mieux mieux, ma tres-chere Mere; Je croy que vous me devancez déja beaucoup; je n'en ay point de jalousie, il n'importe pourveu que Dieu soit glorifié.

La Mere Marie de saint Joseph est plus infirme que jamais: Si Dieu ne fait un miracle en sa personne, elle ne peut vivre long temps, & il luy faut garder l'infirmerie qu'elle abhorre comme une chose affreuse, & comme un lieu contraire à la mortification de l'état religieux. En quelque état qu'elle soit je luy rendray tous les services possibles. Si elle meurt nous ferons une perte irreparable pour la bonté du sujet: mais elle est si humble qu'elle se croit la plus inutile & la plus miserable du monde. Mon sentiment est, que c'est un fruit mur, & que Dieu la dispose à la mort, car elle fait des progrez en la perfection qui ne sont pas ordinaires. La volonté de Dieu soit eternellement faite sur elle & sur moy.

Je ne sçay pourquoy vous avez eu tant de fraieur des Hiroquois à nôtre occasion. S'ils venoient jusqu'à nous, il faudroit que tout le païs fut perdu, mais il se fait merveilleusement, & se met en état de se défendre. Que seroit-ce si nous n'avions une entiere confiance en nôtre JESUS? Nous aurions toujours le cœur abattu. Nous avons au Ciel nôtre saint Martyr qui prie pour nous, & nous en ressentons les effets par tant de perils échappez, & par tant de conversions que nous voyons depuis son martyre. Pour moy, je vous le dis franchement, je n'ay peur de rien, & quoy que je sois la plus miserable du monde, je suis préte & me sens dans la disposition d'aller aux extremitez de la terre, quelques barbares qu'elles soient, si l'on m'y veut envoyer: Mais je ne suis pas digne de si grandes choses. Je vous écris la nuit, enfermée dans nôtre chambre comme dans un coffre, à cause du froid, qui neanmoins ne me put nuire à vôtre égard, mon cœur ayant toujours de l'ardeur pour le vôtre dans lequel je sçay que JESUS habite: soyez-moy donc aussi toujours ce que vous m'étes en celuy de ce divin Sauveur.

Le R. P. Jacques

De Quebec le 18. d'Octobre 1648.

O ij

LETTRE LIV.

A UNE DAME DE SES AMIES.

Elle luy conseille de s'affectionner à l'Oraison du cœur plus qu'à celle de l'esprit : De quelle maniere elle doit faire ses actions, rendre hommage à JESUS-CHRIST, *& offrir au Pere Eternel des sacrifices mystiques.*

Voicy un mot qui n'est que pour vous puisque vous le desirez de moy. Parlons-donc, ma tres-chere fille, de nôtre tres-aimable JESUS, & des moyens de nous unir inseparablement à celuy à qui vous voulez étre sans reserve ; car je sçay que vous luy avez voüé vôtre cœur & vos affections. Arriere-donc tout autre amour que celuy du tres-aimable JESUS.

Je suis tres-aise que vous vous addonniez à l'Oraison mentale, mais plus cordiale qu'autrement ; car je pense que c'est là la disposition de vôtre ame, & celle que Dieu demande de vous. Je veux dire que vous n'employiez pas de si longs espaces de temps à discourir & à mediter, mais qu'y ayant employé un espace raisonnable, vous entriez en vôtre cœur, & que vous parliez amoureusement à nôtre bon JESUS sur les choses que vous avez considerées, ou sur celles qu'il vous fera affectionner pour lors. Je vous dis cecy afin que vous vous accoûtumiez à parler à Dieu & à imiter les Anges & les Saints, qui transportez des beautez de cette divine majesté & de ses infinis bienfaits luy chantent un cantique qui n'a point de fin : Or vous les imiterez en parlant & chantant en vôtre cœur. Je vous avoüe, ma chere fille, que j'ay trouvé un grand tresor en faisant comme je vous dis : Car au commencement que Dieu me fit l'honneur de m'appeller & de me toucher le cœur de son amour, je luy parlois sans cesse ; & c'est ce qui me fit vous conseiller l'an passé de vous accoûtumer à faire des Oraisons jaculatoires : & je vous le dis encore, il faut que cette pratique soit la vie de vôtre ame, & que vous fassiez ici bas ce que par la misericorde de Dieu vous ferez dans l'Eternité si vous luy étes fidelle.

Afin de vous rendre digne de cette pratique, il faut que vous ayez une grande pureté de cœur, laquelle consiste à ne vous point arréter à aucunes pensées oisives, à n'avoir point de convoitise des choses de la terre, à mortifier vos passions, à étouffer les sentimens de l'amour propre, comme sont le point d'honneur, les petites vanitez, les jactances, & autres semblables défauts qui sont les ennemis de la vraye pureté & de la demeure de Dieu. Cela ne vous empéchera pas de penser aux petites affaires de vôtre maison; mais il les faut faire sans empressement. Representez-vous que JESUS vous voit, & qu'il faisoit les actions de sa vie voyagere bien d'une autre façon que vous ne faites les vôtres. Cependant il veut que vous l'imitiez. Dites-luy donc amoureusement: Mon cher JESUS, je fais cela pour vôtre amour, ô que je suis éloignée de vôtre pureté? Vous étes ma vie exemplaire, & cependant je ne vous imite pas en la pureté ni en la perfection que vous voulez de moy. Je m'en accuse, mon cher JESUS. D'autres fois dites-luy: mon bon JESUS, par la sainteté de vos actions, sanctifiez les miennes: je veux absolument qu'elles dépendent de vous & qu'elles soient pour vous, ô mon JESUS.

Accoûtumez-vous aussi à aimer la beauté du Fils de Dieu, & à luy faire un hommage perpetuel: car puisque vous luy avez voüé vôtre cœur, il faut qu'il ait été touché de sa beauté divine: Dites-luy donc souvent ce Verset du Pseaume *Eructavit. Speciosus forma præ filiis hominum, &c.* Je vous exhorte d'avoir un Psautier françois & latin; vous y trouverez des repas spirituels qui rassasieront vôtre ame, mais d'une satieté sans degoût & qui rend continuellement les ames pleines de bons sentimens de Dieu.

Il faut aussi que vous aimiez les sacrifices. Mais sur quel autel les immolerez vous? Prenez avec un tres-grand respect le cœur du Fils de Dieu, & aprés que vous l'aurez presenté à son Pere, offrez sur ce divin & tres-sacré cœur comme sur un autel toutes vos victimes, qui sont vos intentions, vos affections, vos desirs, vos actions, vos amis: offrez-y moy avec tout le reste, ma chere fille, car je vous y offre aussi chaque jour. En voila assez pour cette année; je voudrois vous pouvoir loger dans le cœur de Dieu. Vous y logerez par l'humilité, car il est le Pere des petits & des humbles, & il porte ses enfans dans son cœur.

LETTRE LV.

A UNE DAME DE SES AMIES.

A laquelle elle conseille de se rendre souple & obeïssante à l'esprit de Dieu dans l'Oraison, moyennant l'approbation de son Directeur: Et elle luy dit que la pratique des vertus solides, l'imitation de Nostre Seigneur, & l'usage de la presence de Dieu sont des marques d'une bonne Oraison.

Les tendresses & les affections que je ressens pour vous sont si grandes que je ne les puis exprimer. J'ay rendu un million de loüanges à nôtre adorable Seigneur de tant de graces & de faveurs qu'il verse dans vôtre ame. N'avoüerez vous pas maintenant que les approches d'un si bon Dieu sont des mets tres-delicieux qui remplissent & contentent le cœur? Car j'ay veu par vos lettres, & par vos écrits vôtre maniere de traitter avec sa divine Majesté, & combien elle vous aime de souffrir que vous agissiez avec elle avec tant de familiarité. Je vous diray donc mes pensées sur ce sujet puisque vous le desirez, sans pretendre neanmoins que vous y ayez aucune deference, au prejudice de ce que vous devez à vôtre Directeur dont j'honore singulierement la vertu & la capacité, & à la conduite duquel je voudrois me soûmettre moy-même.

Je suis tres-satisfaite de cette façon d'Oraison, & je vous conseille d'en continüer la pratique tandis que Nôtre Seigneur vous conduira par ce chemin, quand même ce seroit toute vôtre vie: D'autant que les ames qui se donnent tout de bon à Dieu par la vie interieure, luy doivent rendre une entiere & parfaite obeïssance dans un esprit de foy, c'est à dire, sans avoir de l'attache aux goûts & aux sentimens, ni à ce que leur raison pourroit faire estimer le meilleur. Elles se doivent laisser conduire par un abandon total d'elles-mémes à ce souverain esprit qui seul fait les saints selon sa tres-adorable volonté. Je ne veux pas dire qu'il vous faille attendre qu'il vous enseigne par luy-même ce que vous aurez à faire; mais que sur le recit fidele que vous ferez à vôtre Directeur de l'attrait de cet esprit saint, vous fassiez tout ce qu'il vous dira, soit pour l'Oraison, soit pour la pratique de la vertu: Car vous devez l'écouter & luy obeïr, comme si Dieu, dont il vous tient la place, vous parloit immediatement.

DE LA M. MARIE DE L'INCARNATION.

J'ay remarqué dans vos meditations que Dieu vous donne des mouvemens pour la pratique des vertus conformes aux sujets que vous meditez, qui sont les vertus de l'Evangile qui tendent à l'imitation de nôtre tres-adorable Seigneur. C'est ce qui me fait dire que vôtre Oraison est bonne puis qu'elle vous donne une pante à une vie sainte & parfaite. Elle est dis-je bonne en tant qu'Oraison speculative & affective ; mais elle ne sera qu'une devotion en l'air & dans l'imagination, si elle ne se termine à l'actuelle pratique des vertus que vous avez veües & goûtées dans vôtre Oraison. Sçachez donc, ma tres-aimée fille, que vous avez une grande tâche à faire, & par consequent que vous n'avez ni temps ni moment à perdre, puisqu'il est question d'imiter JESUS, & JESUS crucifié.

Je suppose que vous vous exercez à la pratique de la presence de Dieu hors le temps de vos Oraisons : C'est de quoy vous ne me parlez point. Si donc vous vous y exercez, je croy que ce n'est qu'une suite de vos Oraisons; car cela se suit d'ordinaire : Or s'il est ainsi, il vous est aisé de diriger vos actions & vos pratiques conformement aux bons sentimens & aux saintes resolutions de vôtre Oraison, & ce sera là une vraye devotion.

Vôtre Pere spirituel a sagement fait de regler vos Oraisons vocales : la trop grande quantité étouffe l'esprit de la devtion ; mais aussi de n'en point dire, ou d'en dire fort peu, cela le ralentit. J'estime que vous en avez suffisamment pour vous soûtenir : Vous avez en suite les lectures saintes, les predications, les entretiens particuliers avec les personnes devotes, tout cela est saint, & entretient dans le cœur l'ardeur de la devotion.

Soyez-donc courageuse, & ne vous laissez point abattre aux difficultez qui se pourront presenter. La couronne ne se donne pas à ceux qui commencent, mais à ceux qui perseverent. Vous étes encore dans l'enfance, ou dans l'adolescence de la vie spirituelle en laquelle Dieu vous nourrit de consolations & de goûts sensibles : Le temps de probation viendra, je veux dire, le temps de combat, auquel il vous faudra donner des preuves de vôtre fidelité à celuy qui vous fait tant de misericordes. Soyez-donc fidelle, ma chere fille, & affermissez-vous par la confiance en celuy qui ne vous abandonera jamais, si vous ne l'abandonnez la premiere. J'attends autre chose de vôtre bon cœur, m'osant promettre que l'année prochaine je verray l'effet de mon esperance, qui attend que vous aurez fait une grande course dans les voyes de Dieu. Cependant je suis toute à vous en celuy qui est tout nôtre. N'est-ce pas une chose bien aimable, que nous vivions & soyons en celuy pour lequel nous nous aimons? Continuons ce saint commerce & regardons-nous en luy.

LETTRE LVI.

A UNE DE SES SOEURS.

Elle luy dit que dans les peines spirituelles il faut recourir au Pere spirituel pour conserver la paix de l'ame: Qu'il faut faire les mortifications exterieures avec la même dependence: mais qu'il est permis de pratiquer en tout temps celles de l'interieur.

MA tres-chere & bien-aimée Sœur. La paix & l'amour de Jesus soient nôtre eternelle sanctification: J'ay reçu vos lettres avec consolation, & je croy que vous avez déja reçu mes premieres reponses: mais voicy celle qui répondra à vos petites affaires spirituelles. Je benis Dieu de tout mon cœur de vous avoir donné un Directeur si saint, & si capable de vous conduire dans les voyes de Dieu. Je luy ay des obligations infinies pour les grandes assistances que j'ay reçuës de luy. Il m'a élevée dans la vie spirituelle, il m'a mise en la sainte Religion, il a pris le soin de mon Fils dans ses plus grandes necessitez, enfin c'est la personne du monde à qui j'ay le plus d'obligation: Et maintenant je mets encore au nombre de ses graces celle qu'il vous fait. Mais l'on m'apprend qu'il est destiné à un employ qui vous le ravira bien-tôt. Ne laissez pas d'estimer beaucoup ce peu de temps que vous avez été sous sa conduite, car si vous sçavez conserver les bons avis qu'il vous a donnez, ce vous sera une leçon pour toute vôtre vie. Je suis bien consolée que vôtre esprit ait pris le calme, & qu'il se soit debroüillé des choses qui l'embarrassoient. Vous devez bien retenir les remedes qu'il vous a donnez afin de vous en servir en semblables rencontres, car le Diable ennemi de la paix pesche, comme l'on dit, en eau trouble, & jamais il ne dort afin de faire perdre à l'ame ce riche tresor de la paix, parce qu'il sçait que c'est là que Dieu fait sa demeure. C'est pourquoy, ma tres-aimée Sœur, soit en vos scrupules, soit en vos troubles, soit en vos abandonnemens interieurs, recourez promptement à vôtre Directeur avec une ferme resolution de croire & de faire tout ce qu'il vous dira: *Les obeïssans chantent les victoires*,

&

DE LA M. MARIE DE L'INCARNATION.

& Dieu benira vôtre obeïssance par de signalées faveurs.

Je suis tres-aise que le Reverend Pere Dom Raimond ait approuvé la maniere avec laquelle vous vous entretenez avec Dieu & la dependance que vous voulez avoir de sa grace dans l'état de vie qu'il demandera de vous. Continuez-donc à vous perfectionner dans le chemin de la vertu & de la sainteté; & ne vous relachez jamais dans vos oraisons, sur tout dans l'oraison mentale, dans les oraisons jaculatoires, & dans les aspirations de vôtre cœur à Dieu. Sa bonté vous conduit par là, il faut suivre ce chemin dans lequel si vous étes fidele, il demeurera en vôtre ame & y prendra ses complaisances pour jamais; car il ne quitte jamais ceux qui le traittent d'amy, & qui le preferent à toutes choses & à eux-mêmes.

Vous faites sagement de n'entreprendre aucune mortification exterieure sans conseil: Car pour les interieures qui tendent à la santification de l'ame par la mort des passions & des appetits sensuels, autant qu'ils peuvent mourir, non seulement elles vous sont permises en tout temps, mais si vous voulez entierement plaire à nôtre divin JESUS, vous y étes obligée en revanche des faveurs qu'il vous fait. Je dis en revanche, parce que ces sortes de fidelitez sont des retours d'amour & de correspondance à sa grace & à son amour. Les personnes qui craignent Dieu dans le monde, se gardent du peché mortel & observent les Commandemens de Dieu & de l'Eglise, mais celles qui font état de vivre religieusement, ne demeurent pas dans les bornes de cette obligation; elles s'efforcent avec sa grace d'éviter le peché veniel & l'imperfection, & elles courent à grands pas à ce qui est le plus parfait & à la plus grande gloire de celuy qu'elles ont choisi pour leur Epoux & pour leur tout. Je vous dis tout cela, ma tres-chere Sœur pour le desir que j'ay de vôtre perfection, & parce que vous m'étes chere comme moy-même; pour cette raison je voudrois vous pouvoir placer dans le cœur de nôtre tres-aimable JESUS: C'est dans ce sacré santuaire que je vous visite & que je vous vois chaque jour: visitez-y moy de vôtre part, je vous en conjure, afin que nous puissions nous conjoüir de ce qu'il est si plein d'amour que de souffrir que nous en approchions. Je vous suis toute en luy plus que jamais; plus, dis-je, dans cette liaison d'esprit, que dans celle de la nature, qui fait que je suis vôtre tres-affectionnée Sœur.

De Quebec 11. Octobre 1649.

LETTRE LVII.

A SON FILS.

Elle répond à quelques difficultez qu'il avoit sur ses lettres precedentes, & à quelques questions qu'il luy avoit faites sur des matieres spirituelles.

MOn tres-cher Fils. Lorsque j'ay reçu la vôtre deux vaisseaux étoient déja partis, & ceux qui restoient étoient sur le point de faire voile. J'étois pourtant prête de vous écrire pour me consoler moy-méme n'ayant reçu aucune consolation de vôtre part. Mais la vôtre me donne matiere de le faire bien plus amplement que je ne me l'étois proposé. Si je ne vous puis répondre en tout ce que vous desirez de moy, à cause du prompt depart des vaisseaux je le feray par avance à mon loisir pour l'année prochaine. Commençons-donc, mon tres-cher Fils.

Ne vous étonnez-pas s'il se trouve des ames telles que vous me les decrivez, retenües & stupides lorsqu'on les veut jetter sur quelques discours de Dieu. Je ne sçay pas ce que vous en avez pû experimenter, mais il est vray qu'il y a des dispositions durant lesquelles il n'est pas possible de dire ce que l'on ressent dans l'interieur, non pas méme en termes generaux. En voicy deux raisons dont je vous puis parler affirmativement. La premiere est que la disposition ou état spirituel où l'on est, n'est plus dans le sensible ni dans cette chaleur qui échauffe le cœur & le rend prompt à declarer ce qu'il ressent: ce qui fait que ceux qui ont déja fait quelque progrez dans la vie spirituelle & qui ont de nouvelles & frequentes lumieres se trouvent heureux de rencontrer quelqu'un en qui ils puissent répendre ce qu'ils estiment ne pouvoir contenir en eux-mémes. Leur sens peine, parce qu'il n'est pas encore spiritualisé, & quelquefois leur abondance est si grande que s'ils n'evaporoient par la parole ou par des soûpirs la ferveur de leur esprit, ils mourroient sur le champ, la nature n'en pouvant supporter la violence. Je connois une personne que vous connoissez bien aussi, qui a autrefois été contrainte de chercher des lieux écartez pour crier à son aise de crainte d'étouffer. Cela se fait sans reflexion & sans dessein par un transport d'esprit dont la nature n'est pas capable. Hors ce transport ces

C'est elle méme.

personnes là sont eloquentes à parler de Dieu dans les rencontres, mais dans le transport si elles parloient à quelqu'un de la chose qui les occupe, cela seroit capable de leur aliener le sens.

La seconde raison est qu'il se trouve des dispositions interieures si simples & spirituelles que l'on n'en peut parler, & on ne peut trouver des termes assez significatifs pour se faire entendre. L'onction interieure que l'on possede ou dont l'on est possedé, est si sublime que tout ce que l'on voudroit dire de celuy de qui on veut parler, paroît bas & indigne de luy. Delà vient qu'on se sent impuissant d'en parler. On se plaît à entendre ceux qui en parlent, & cependant sans dire mot on joüit dans l'interieur de ses embrassemens & de sa conversation familiaire. C'est encore une troisiéme raison qui me vient de cette impuissance, parceque l'occupation interieure retenant l'esprit ne luy permet pas de s'entretenir exterieurement. Il y a bien d'autres raisons; mais outre mon incapacité, je suis dans un tracas d'affaires qui ne me permet pas de m'étendre. Je suis en danger de passer la nuit à vous répondre en paix ce peu que j'ay à vous dire. Mais que ne voudrois-je pas faire pour vous ? Non que je voulusse entreprendre de vous donner des instructions ; mon sexe & mon ignorance, eu égard à vôtre condition, ne me le permettent pas; mais je me sens dans l'impuissance de vous rien refuser. Je suis simplement cette pante entrant dans vôtre inclination pour l'amour de Dieu qui me lie à vous, outre ce qu'il y a mis par la nature, d'une façon qu'il me seroit difficile de vous exprimer.

Faites que ce commerce spirituel prevale à ce qui luy est inferieur: vivons unanimement dans le sacré cœur de JESUS pour y concevoir ce que produit dans une ame la fidelle pratique des maximes que vous sçavez. Sçachez qu'elles portent suavement dans l'état que vous dites vous étre inconnu. Je vous y répondray en son lieu.

Il est vray que les ferveurs immoderées font l'effet que vous dites, mais lorsque nôtre Seigneur donne un talent pour cela, ce qu'il fait d'ordinaire pour un temps, l'esprit emporte le dessus & fait suivre la nature aprés soy: je veux dire, qu'il ne se passe rien qui ne soit dans la conduite du saint esprit. Cette conduite ôte toute impetuosité pour se regler au gré de celuy qui donne le mouvement, & l'ame qui se laisse ainsi conduire à un si puissant Maître, demeure par état dans une paix & tranquillité que l'on peut bien sentir & experimenter, mais qu'il est difficile d'exprimer. Il y a des ames que Dieu appelle doucement sans des attraits aussi puissans que ceux là, mais les unes & les autres sont menées par un même esprit : elles n'affectent en cet état aucune imperfection volontaire, & si elles en commettent, ce sont des surprises & des effets de la fragilité humaine dont on ne se peut faire quitte qu'avec la vie : Car comme on ne demeure pas toujours dans un même état, chacun a ses foiblesses qu'il ne découvre qu'à mesure que Dieu luy communique sa lumiere : & il ne la communique que par degrez, si ce n'est que par une voye extraordinaire, & par un don de sapience tout particulier, il ne découvre ses secrets à l'ame en un instant pour la mettre dans un amour actuel & dans un état de lumiere & de chaleur tout ensemble. Mais aprés tout c'est une verité, qu'encore qu'en cet état extraordinaire de lumiere, on découvre les plus petits atomes d'imperfection tout d'un coup & sans reflechir, on voit neanmoins qu'il y a toujours à détruire en nous un certain nous-même qui est né avec nous & sans lequel nous serions déja bien-heureux en cette vie. On tombe, on se releve : c'est comme si vous disiez, qu'il s'éleve de petites nuées sur le Soleil qui font de demi-ombres, qui passent & repassent viste. En tombant on se releve, & lors même que l'on tombe on parle & on traitte avec Dieu de ce miserable nous-même, qui nous fait faire ce que nous ne voulons pas, en la maniere, comme je croy que dit saint Paul : *je fais le mal que je ne veux pas faire.* Mais suivons l'ordre de vôtre lettre.

<small>C'est à dire dire un amour de nous-même.</small>

Il est vray que l'ame trouve en ce monde les habitations que vous dites. Vous décrivez la premiere : Ce nous-même dont nous avons parlé, répond à la seconde : mais pourveu que nous ne l'aimions point & que nous ne suivions point volontairement son inclination, il ne nous peut nuire. Si même nous sommes fidelles à Dieu il nous en fera voir peu à peu les difformitez & les laideurs qui nous en donneront de l'aversion. Il est vray que la nature cache en soy des ressorts inconcevables : mais on les découvre à mesure que l'on avance dans les voyes de Dieu & que l'on passe par les differens états de la vie spirituelle, comme nous disions cy-dessus. C'est un effet de la bonté de Dieu de nous les cacher de la sorte ; car si nous les voyions tout à la fois, nôtre foiblesse ne les pourroit supporter sans un abatement de cœur pour la pratique de la vertu ; au lieu que les voyant peu à peu & successivement, la nature en est moins effrayée. Il faut tâcher de faire le bien quand on le connoît, & d'étouffer les inclinations de ce miserable nous-même quand on les découvre, &

DE LA M. MARIE DE L'INCARNATION.

perseverant avec fidelité dans cet exercice, on arrivera au Royaume de la paix & à la veritable tranquillité interieure, où l'on goûte & savoure Dieu, où l'on meurt vrayment au monde & à soy-meme, & où la nature aprés avoir été mortifiée, ne resuscite plus à sa premiere vie. Là l'intention pure & droite servira de rempart à la corruption & aux attachemens où la nature se pourroit porter; on y trouve toutes les finesses de l'amour propre, & l'on y distingue facilement le vray d'avec le faux.

Ouy mon tres-cher Fils, j'aime les maximes que vous sçavez, parce qu'elles portent à la pureté de l'esprit Jesus-Christ. Il ne me seroit pas possible, quoyque je sois une foible & imbecille creature, de goûter une devotion en l'air, & qui n'auroit du fondement que dans l'imagination. Nôtre divin Sauveur & Maître s'est fait nôtre cause exemplaire, & afin que nous le puissions plus facilement imiter, il a pris un corps & une nature comme les nôtres. Ainsi en quelque état que nous soions, nous le pouvons suivre avec sa grace qui nous decouvre suavement ce que nous devons retrancher: car la pureté de son esprit nous fait voir l'impureté du nôtre & tout ensemble les difformitez de nos operations interieures & exterieures. L'on trouve donc toujours à pratiquer ces maximes saintes, non avec effort ou contention d'esprit, mais par une douce attention à celuy qui occupe l'ame, & qui donne vocation & regard à ces aimables loix. Voila la devotion qui me soûtient sans laquelle je croirois bâtir sur le sable mouvant. Dieu est pureté & il veut des ames qui luy ressemblent en tâchant d'imiter son adorable Fils par la pratique de ses divines maximes. Et comme je viens de dire tout se fait doucement, car si le naturel n'est turbulant & inquiet, elles ne sont pas penibles; parce que depuis qu'une ame veut une chose, si elle est courageuse, c'est demi fait; Dieu y donne son concours, puis la vocation savoureuse, & enfin la paix & le repos de l'esprit. Quand il est question d'y travailler par des actes preveus, resolus & reflechis, pour prendre un chemin bien court, il me semble que le retranchement des reflexions sur les choses qui sont capables de donner de la peine, est absolument necessaire, dautant que l'imagination étant frappée, l'esprit, si l'on n'y prend garde, est aussi-tôt ému; aprés quoy il n'y a plus de paix n'y de tranquillité. Pour vous dire vray, depuis trente ans que Dieu m'a fait la grace de m'attirer à une vie plus interieure, je n'ay point trouvé de moyen plus puissant pour y faire de grands progrez, que ce retranchement universel de reflexion sur les difficultez qui se rencontrent, & sur tout ce qui ne tend point à Dieu, ou à la pratique de la vertu.

Il ne vous faut pas étonner de cette grande activité d'entendement. Je croy que les personnes d'étude y sont sujettes à cause des matieres qu'elles ont à traitter, si ce n'est qu'elles ayent la volonté entierement gagnée à Dieu car alors la volonté est la maîtresse, & quand elle veut elle attire par sa force l'entendement aprés soy. Je me suis autrefois trouvée en cette peine, lors qu'ayant à enseigner les mysteres de la Foy à des personnes déja avancées dans la vie spirituelle ; je jettois seulement la veüe sur ce qu'en dit le petit Catechisme du Concile, & tout aussi-tôt mon esprit en possedoit les veritez. Je me trouvois ensuite dans une telle activité d'entendement & dans un discours si suivi, qu'il ne se peut rien davantage. Mais comme ce n'estoit pas là mon centre ordinaire, la volonté par un seul acte imposoit silence à l'entendement pour le faire joüir avec elle par une contemplation simple & amoureuse des fruits qui sont cachez dans les mysteres. De la sorte les trois puissances de l'ame demeuroient dans leur centre, ou sans distinction d'operation, & comme si elles n'eussent été qu'une seule puissance, elles connoissoient, aimoient & étoient à leur Dieu Etre pur & simple. Quand, dis-je, la volonté est gagnée à Dieu, & qu'elle ne se detourne point volontairement de l'attrait où la divine Majesté l'appelle, qui est pour l'ordinaire l'amour actuel & l'entretien familier, l'entendement ne luy peut nuire, car elle est la Maîtresse, & elle luy commande comme elle veut par une certaine force interieure qui vient d'une puissance secrete qui la meut. Et remarquez que cette puissance tend toujours à ce que Dieu seul soit le Maître par tout.

Vous observerez encore que dans le cours ordinaire il y a des personnes qui ont l'entendement si volage & naturellement si facile à courir çà & là, que l'Oraison se passe sans qu'ils donnent rien à la volonté ; C'est un vice de nature, où il n'y a que l'humilité & la patience à pratiquer, parceque s'en affliger, ce seroit jetter le trouble dans l'imagination qui feroit un double ravage. Par la pratique de la vertu l'on gagne ce que l'on croit avoir perdu ; une bonne & perseverante volonté gagne le cœur de Dieu, qui donne ensuite ce qu'on n'a pû acquerir par son travail.

Vous dites vray qu'il y a des états d'union d'entendement & de volonté, & que ces états sont passagers. Ce sont, ce me semble, des essais ou des épreuves que Dieu veut faire d'un ame pour l'amorcer

& la gagner à luy. Si elle luy est fidele en ces rencontres, elle avancera plus avant dans la voye de Dieu. Il semble que les promesses qu'on luy fait en cet état dans l'Oraison, sont comme des contracts qui doivent être gardez inviolablement, autant que la foiblesse humaine le peut permettre avec le secours de la grace. Encore qu'on ne s'en apperçoive pas, on ne laisse pas d'avancer; Mais Dieu, qui sçait que l'ame est encore foible, luy cache son progrez & la grace même qu'il luy donne, parceque n'ayant pas encore l'esprit assez convaincu de son neant & de son impuissance au bien, elle s'attribueroit ce qui est dû à son Bienfaiteur.

Ce que j'appelle union d'entendement, c'est lorsque cette puissance est immediatement occupée de Dieu par une notion speciale ou generale. Cette notion est pourtant amoureuse, & elle emporte avec soy toute l'ame : Mais, c'est l'entendement qui arrête la volonté pour aimer, sans même qu'elle connoisse qu'elle fasse des actes. C'est une infusion de graces qui ne se peut exprimer. Tout ce que j'en puis dire, c'est que l'ame ne veut rien pour elle-même, mais tout pour Dieu, de qui elle reçoit des effets d'une bonté immense.

L'union d'entendement & de volonté est un attrait de Dieu, qui produit tout ensemble un effet de lumiere & d'amour, ce qui met l'ame en des privautez avec Dieu qui sont inexplicables ; ce qui opere en l'ame des effets tres precieux, sur tout une facilité continuelle à traitter familierement avec sa divine Majesté en quelques affaires qui se puissent rencontrer ; & un état de paix actuelle qui est à l'ame une refection savoureuse où les sens n'ont point de part. Le cœur n'est jamais dans l'abbatement ; il est toujours vigoureux quand il faut traitter avec Dieu : & lorsque dans la conversation qu'il est obligé d'avoir avec les creatures, il est interrompu, son inaction est un repos & une simple attention à celuy de qui il se sent possedé, sans que cette attention empeche le commerce du dehors, pourveu qu'il soit dans l'ordre de l'obeïssance ou de la charité.

Mais, mon tres-cher Fils, en verité je vous admire des remarques que vous faites sur ce que je vous écris. Soyez persuadé que je ne m'arreté jamais à faire toutes ces distinctions. Voici pourtant quelques mots pour répondre à ce troisiéme dégré que vous dites.

C'est qu'ensuite de cette privauté dont je viens de parler, l'ame ne pourroit pas s'assujetir, non pas même dans un temps libre, à reflechir sur diverses matieres, tant spirituelles puissent elles être? Elle n'y peut penser que par un simple regard. La volonté est toujours dans l'amour actuel avec une liberté entiere de parler, quoique ce parler ne se fasse point par un long discours, mais par une aspiration simple & continuë. L'ame a un langage court, mais qui la nourrit merveilleusement, comme si elle disoit : mon Dieu, vous soiez beni. Ce mot, Dieu, dit plus en l'ame qu'on ne peut exprimer. O ma vie, O mon tout, O mon amour! à mesure que la respiration naturelle se fait, cette aspiration surnaturelle continuë : Et lorsque par l'ordre de la charité, ou par l'obligation de quelque emploi il faut interrompre ce langage, le cœur ne cesse point d'être attentif à son objet.

Mais le present le plus precieux en tout, est l'esprit du sacré Verbe incarné, quand il le donne d'une façon sublime, comme il le donne à quelques ames que je connois de cette nouvelle Eglise, & comme il l'a donné a nos saints Martyrs les Reverends Peres de Brebeuf, Daniel, Jogues & l'Allemant, qui ont fait paroître par leurs genereux courages combien leur cœur étoit rempli de cet esprit & de l'amour de la croix de leur bon Maître. C'est cet esprit qui fait courir par mer & par terre les ouvriers de l'Evangile & qui les fait des Martyrs vivans avant que le fer & le feu les consume. Les travaux inconcevables qu'il leur faut endurer sont des miracles plus grands que de resusciter les morts.

Pour venir au particulier, je vous dis que c'est un present parce qu'il ne s'acquiert pas dans une meditation : Il peut neanmoins arriver que Dieu le donne à une ame qui aura été fidele en quelque occasion de consequence pour sa gloire, & même en une petite faite avec un parfait amour de Dieu & une entiere haine de soy-même : Mais pour l'ordinaire il le donne aprés beaucoup de sueurs dans son service, & de fidelitez à sa grace. Ce don est une intelligence de l'esprit de l'Evangile & de ce qu'a dit, fait & souffert nôtre adorable Seigneur & Maître, avec un amour dans la volonté conforme à cette intelligence. Concevez un point de la vie cachée du Fils de Dieu, cela contient une sainteté que les plus hauts Seraphins adorent, & ils reconnoissent qu'ils ne sont que des atomes & des neants en comparaison des sublimes occupations interieures de ce divin Sauveur. Considerez encore les trois années de sa conversation avec les hommes, ses entretiens particuliers, ses predications, ses souffrances, sa passion, sa mort; vous direz que ces trois années

ont

DE LA M. MARIE DE L'INCARNATION.

ont porté ce qu'il y a de plus divin; il nous a donné où acquis tous les biens de la grace & de la gloire. Par la distinction des états de cet adorable Maître, nous connoissons la difference des nôtres avec quelque proportion, car à Dieu ne plaise que nous fassions de la comparaison entre luy & nous. Dans cet aveu la compagnie familiaire que l'on a avec Dieu, surpasse ce que j'en ay dit cy-dessus, & donne une generosité bien d'une autre trempe que la premiere. Cet excellent sermon de la montagne: *Bien-heureux sont les pauvres d'esprit, &c.* & celuy de la Cene sont la force & le bastion des ames à qui Dieu fait ce present. Ne vous imaginez pas qu'en cette occupation il se passe rien dans l'imagination ou dans le corps; Non, le tout est dans la substance de l'esprit par une infusion de grace purement spirituelle. En cet état, on ne pratique pas seulement les maximes que vous sçavez, on se sent encore poussé à la pratique de toutes celles de l'Evangile, qui sont conformes à l'état où nous sommes appellez, & aux emplois où l'obeïssance nous engage. L'ame fait plus de chemin en un jour dans cette disposition, qu'elle ne feroit en tout autre dans un mois. Cette approche amoureuse du sacré verbe incarné porte dans l'ame une onction qui ne se peut exprimer, & dans les actions une sincerité, droiture, franchise, simplicité, fuite de toutes obliquitez; elle imprime dans le cœur l'amour de la croix & de ceux de qui l'on est persecuté: Elle fait sentir & experimenter l'effet des huit beatitudes d'une maniere que Dieu sçait & que je ne puis dire.

Tous ces heureux effets & beaucoup d'autres que je ne dis pas, viennent de l'onction & de l'attrait continuel, avec lequel l'esprit de JESUS emporte l'ame. Cet esprit persuade, convainc, & attire si doucement, qu'il n'est pas possible de luy rien refuser, & de plus il agit dans l'ame comme dans une maison qui luy appartient entierement. Cette douce persuasion est son langage, & la réponse de l'ame est de se laisser emporter en cedant amoureusement. Ce sont de mutuels regards & des intelligences si pures que nos paroles sont trop basses pour les enoncer. L'ame sans faire peine à la nature, qu'elle attire facilement aprés soy, se voit tranquille dans les choses les plus penibles & difficiles. Quand même la nature par foiblesse & infirmité, seroit surprise par quelque tort ou injure qu'on luy fait, l'ame s'en apperçoit aussi-tôt, & la nature n'a plus de force: La paix & l'onction interieure fait même qu'on aime ceux qui ont fait l'injure. Il en est de même de tout le reste.

Q

L'ame est humblement courageuse & sans respect humain dans les occasions où il y va de la justice & de l'équité, neanmoins avec une soumission entiere de jugement à ceux qui la dirigent.

Dans cet état l'ame ne commet plus d'indiscretions, parcequ'elle est unie à Dieu d'une façon qui la rend libre : Elle voit clair en toutes ses operations, n'étant plus dans des transports de desir & d'amour comme elle a été autrefois. C'est ici la liberté des enfans de Dieu qui les introduit dans sa familiarité sainte par la confiance & par le libre accez qu'il luy donne. Dans les états passez elle étoit dans un ennyvrement & transport qui la faisoit oublier elle-méme ; mais ici elle est à son bien-aimé, & son bien-aimé est à elle avec une communauté d'interests & de biens, si j'ose ainsi parler. Cela fait qu'elle s'expose à tout pour sa gloire, & que nonobstant toutes les croix qui se rencontrent, elle pratique suavement la loy du parfait aneantissement, pour n'étre plus, & afin qu'il soit tout & l'unique glorifié. Ce n'est pas qu'il se trouve des occasions où les croix se rendent plus sensibles & qu'il ne s'y commette méme des imperfections : mais cela passe viste ; l'ame s'humilie & fait facilement sa paix par l'agréement de son humiliation : Car remarquez que plus l'ame s'approche de Dieu plus elle connoit son neant, & quoy qu'elle soit élevée à un tres-haut degré d'amour, elle ne laisse pas de s'abaisser à un tres profond degré d'humilité, ces deux dispositions s'accordent parfaitement ensemble, ce qui me fait connoitre la verité de cette parole de nôtre Seigneur, que *celuy qui s'humilie sera élevé*.

Il me semble que tout ce que je viens de dire répond suffisamment à vos questions, quoique j'écrive avec une grande precipitation, & que le tout soit mal arrangé : suppléez, je vous prie, à mon défaut, car je suis une pauvre creature chargée d'affaires tant pour la France que pour cette Maison. Trois mois durant ceux qui ont des expeditions à faire pour la France, n'ont point de repos, & comme je suis chargée de tout le temporel de cette famille, qu'il me faut faire venir de France toutes nos necessitez, qu'il m'en faut faire le payement par billets, n'y ayant pas d'argent en ce païs, qu'il me faut traitter avec des Mattelots pour retirer nos denrées, & enfin qu'il me faut prendre mille soins & faire mille choses qu'il seroit inutile de vous dire, il ne se peut faire que tous les momens de mon temps ne soient remplis de quelque occupation, en sorte que je ne vous puis répondre avec tout le loisir que je desire. Ne laissez pas pourtant de m'écrire à l'ordinaire, mais envoyez vos lettres de bonne heure, afin que je puisse prendre mon temps pour y satisfaire.

Vous m'avez beaucoup consolée de me dire vos dispositions : Prenez bon courage : Ayez une sainte opiniatreté à vous tenir proche de Dieu en la façon qu'il vous attire : Liez-vous à sa bonté dans cet état de tranquillité & de repos : Gardez vos regles avec humilité : Soyez soûmis en simplicité à vos Superieurs. Que la science ne vous enfle point le cœur : Ne sçachez rien pour vous, mais pour Dieu : En préchant les autres préchez-vous vous-méme par une sainte intention de faire ce que vous enseignez. Si vous faites cela vous verrez ce que Dieu operera en vôtre ame. Vous me demandez si je vous presente à sa divine majesté en mes Oraisons ? Oüi, je le fais & de bon cœur, car je voudrois vous voir à luy en la façon qu'il desire. Vous m'étes trop cher en son adorable presence pour vous y oublier, je croy aussi que vous ne m'y oubliez pas de vôtre part : C'est pourquoy je vous prie de luy demander que je luy sois plus fidele que je ne l'ay été jusqu'à present, de crainte que mes infidelitez n'empechent l'effet de ses desseins sur moy, à qui sa bonté a déja fait tant de misericordes.

Pour nos affaires, vous m'obligerez beaucoup de m'en parler comme vous faites. Nous n'avons point encore d'Evéque, à cause, comme je croy des troubles de France. On ne laisse pas neanmoins de travailler encore à Rome pour nôtre Bulle. Cependant le R. Peré Superieur de la Mission fait ici toutes les fonctions Ecclesiastiques, comme les Mariages, les Baptémes & autres semblables. Il a des privileges particuliers à nôtre égard, afin que tout ce qu'il fait en matiere de Superiorité soit valable, comme donner le voile, recevoir à profession, faire les visites, en attendant qu'il y ait ici un Evéque qui fasse tout cela. Nous avons pris ici ces precautions depuis que le R. Pere Dom Raimond m'a donné les mémes avis que vous me donnez. Car encore que les Reverends Peres qui travaillent dans les Indes & dans les terres éloignées pour y établir la Foy & l'Evangile de JESUS-CHRIST ayent de semblables privileges, ceux neanmoins qui sont ici en Mission ne s'en vouloient pas servir. Voila où nous en sommes pour le present ; l'an prochain si nous sommes en vie, je vous manderay ce que nous aurons fait à Rome. Mais pourquoi n'avez vous pû obtenir des Bulles pour l'union de vôtre Congregation à celle de Cluny ? je vous prie de m'en dire un mot, car l'exemple de ce qui vous est arrivé m'a bien fait penser à nos affaires. Monsieur de la Rochelle Oncle de la Mere de saint Joseph, luy a mandé qu'il est nôtre Evéque, parceque selon le droit les terres nouvellement converties appartiennent à l'Evéque le plus proche. On nous a dit qu'on l'a voulu charger à Rome de cette Eglise naissante dans l'erection de son nouvel Eveché, mais qu'il ne l'a pas voulu accepter de crainte qu'on ne l'obligeât à la visite: le temps nous apprendra ce que Dieu en a ordonné dans son éternité.

De Quebec le 22. Octobre 1649.

LETTRE LVIII.
AU MESME.

Qu'il se glisse quelquefois des abus parmy les personnes spirituelles : Combien le don de perseverance est precieux : Que tous les tresors de la grace & de la sainteté decoulent du costé de JESUS-CHRIST.

MOn tres-cher Fils, voici un petit moment qui me reste. Je m'en vais vous le donner pour l'occasion d'un honéte jeune homme qui s'en va en France & qui est frere d'un de nos domestiques qui s'en retourne aussi avec luy. Vous me dites que vous n'avez veu personne qui m'ait parlé depuis que je suis en ce païs. J'ay fait venir celuy-cy, & j'ay levé mon voile devant luy afin qu'il vous puisse dire qu'il m'a veuë & qu'il m'a parlé. Il est de trois lieuës de Sais où il m'a promis de vous aller voir & de vous dire de mes nouvelles de vive voix. Il vous peut dire les dispositions de nôtre Monastere & comme tout ce païs est fait. Si mes autres lettres n'étoient pas parties je l'en aurois chargé parceque la voye est sure.

Par ma grande lettre je réponds grossierement à la vôtre ne l'ayant peu faire autrement à cause du grand empressement de nos affaires & que les vaisseaux étant arrivez trop tard ils pressent leur retour.

Vous m'avez obligée de me dire des nouvelles des Religieuses de Louviers, sur tout de la petite Mere Françoise. Nous avons ceans une de nos sœurs converses qui a été novice dans une maison qu'elle a fondée & d'où elle est sortie à cause de la vocation qu'elle avoit pour le Canada. Elle nous a fait une si grande estime de cette Mere qu'ayant apris qu'elle avoit été accusée de Magie & de Sortilege, nous en avons été toutes effrayées; & c'est ce qui me donna sujet de vous en demander des nouvelles. Je prie Dieu de mettre au jour la verité: Car c'est une chose horible de voir les abus qui se sont glissez depuis quelques années parmi plusieurs personnes spirituelles. Non que je voulusse avoir du soupçon de celle-cy; mais qu'il y donne son jour, s'il luy plaît, afin que si elle est innocente, son saint nom en soit glorifié & sa servante consolée. Si vous en apprenez quelque chose vous m'en ferez part, car nous devons tirer de l'instruction de tout.

Deux de nos Meres hospitalieres de la maison de Dieppe s'en retournent en France. L'une n'est ici que de l'année derniere, l'autre y est depuis six ans. La premiere a une grande infirmité dont elle ne peut être soulagée en ce païs, & l'autre ne s'y peut accommoder sans y devenir infirme. O que la perseverance est une chose precieuse! priez Dieu qu'il me la donne & à mes cheres sœurs, & qu'il nous envoye plûtôt la mort qu'après avoir mis la main à la charrüe, nous soyons si lâches que de regarder en arriere: C'est à dire qu'après nous être consacrées à son service dans cette nouvelle Eglise arrosée du sang de ses fideles serviteurs nous allions chercher une vie plus douce & plus commode à la nature. La Mere Marie de saint Joseph est toujours infirme mais elle est toujours courageuse. Madame sa Mere, & Messieurs ses parens ont fait tout leur possible pour la faire retourner en France: Nos Meres de Tours n'y ont rien épargné de leur part; mais elle a fait réponse à tous qu'elle aimeroit mieux vivre de la sagamité des Sauvages, & ensuite mourir mille fois, s'il étoit possible, que de faire un coup si lâche contre sa vocation, & contre la fidelité qu'elle doit à Dieu, pour conserver une vie si foible & si fragile. Il est vray qu'il pourroit arriver tels accidens, que non seulement nous, mais encore tous les François seroient obligez de quitter le païs; en ce cas il faudroit baisser la téte pour nous soûmettre aux ordres de la divine Majesté: Mais nous esperons qu'elle n'a pas fait cette nouvelle Eglise pour la détruire: nos ennemis nous menacent, ils sont puissans, mais nôtre Dieu l'est plus qu'eux.

Vivons en nôtre Jesus, mon tres-cher Fils; que les approches de son sacré cœur fassent decouler dans les nôtres la vraye sainteté; car c'est de ce cœur sacré que decoulent tous les tresors de grace & d'amour qui nous font vivre de sa vie & nous animent de son esprit. C'est par luy que nous perseverons dans l'ordre des enfans de

Dieu : Sans luy nous demeurons toujours en nous-mêmes, dans nos lâchetez, & dans des inconstances qui font que nôtre vie est une maladie continuelle & que nous ne touchons pas seulement du bout du doigt la solide vertu. Je vous conjure de demander à ce divin Sauveur une grande fidelité en tout ce qu'il veut de moy, car je veux, ce me semble être toute à luy sans reserve : je luy demande la même grace pour vous. Adieu, mais sans adieu ; visitons-nous en JESUS.

De Quebec le 23. Octobre 1649.

LETTRE LIX.

A UNE RELIGIEUSE BENEDICTINE DU CALVAIRE.

Elle luy parle du martyre des Reverends Peres Iesuites & du desir qu'elle a d'une semblable mort.

MA Reverende & tres-honorée Mere. Je suis extremement consolée de vous pouvoir dire que la disposition de vôtre chere sœur ma Mere de saint Joseph est beaucoup meilleure que l'année derniere, encore qu'elle en ait rendu témoignage elle-même par les lettres qu'elle a écrites à ses amis. Nous n'osions esperer de la voir jamais dans un si bon état. Mais enfin Dieu nous l'a renduë & l'a mise par sa bonté dans une assez bonne disposition pour servir nos pauvres Sauvages. Elle a plusieurs Hurons à instruire, & elle est leur bonne Mere à qui ils ont recours dans leurs necessitez.

Je croy que vous avez déja apris que les calamitez de ces contrées sont grandes aussi-bien que celles de l'ancienne France, qui nous ont fait horreur. La nouvelle que nous en avons apprise nous fait estimer plusque jamais nôtre profession encore qu'il nous dût arriver un semblable sort que celuy qui est échu à trois de nos Reverends Peres qui ont répandu cette année leur sang pour la foy. Pour moy je m'en connois tres-indigne à cause de mes pechez & du peu de fidelité que j'ay à ma vocation. Ma chere Mere nôtre assistante vous décrit cette precieuse mort & les merveilles qui l'ont suivie par le baptême 2700. personnes. Vous connoîtrez par là combien cette Eglise a besoin de secours : Car si nous ne mettions nos esperances en Dieu seul nous dirions qu'elle est à deux doigts de sa perte. L'on n'a encore rien veu de semblable depuis qu'il en a jetté les fondemens : Mais nous avons à faire à un Dieu qui vivifie & mortifie ses enfans comme il luy plaît. Il nous faut encore passer une année pour voir ce qui arrivera des restes de nos pauvres Hurons qui sont çà & là fugitifs dans les fraieurs de leur ruine. L'ennemi nous menace fort de venir ici nous attaquer, nous avons de la peine à croire qu'il le fasse. Ce luy seroit une chose difficile, car il craint extremement les canons des François. Ah! ma chere Mere, ne serions nous pas trop heureuses si nous étions trouvées dignes de souffrir? Nous avons déja passé les dangers de l'eau, nous y avons couru risque de nos vies, pourquoy craindre à present le fer & le feu? Recommandez-nous à celuy qui en est le maître, car nous n'en voulons joüir que dans la dependance de sa volonté. De bon cœur nous luy en offrons en holocauste tous les momemens. Sur tout presentez-luy s'il vous plaît en particulier mes propres necessitez, tandis que je le prieray de vous mettre dans la parfaite santification des Saints.

De Quebec 1649.

LETTRE LX.

A UNE DE SES SOEURS.

Qu'il faut suivre le trait de Dieu dans la vie spirituelle, & qu'il n'y a rien dans le monde qui puisse être comparé aux delices de la grace.

MA tres-chere & bien-aimée Sœur. Salut tres-humble dans le cœur amoureux de nôtre tres-aimable JESUS, Santuaire de tous les tresors de la grace & de la gloire. Que son infinie bonté soit eternellement benie de ce qu'il luy plaît vous continuer les largesses de son intime charité. Ne craignez point de suivre les mouvemens qui vous poussent à luy parler familiairement & amoureusement. Ne seroit-ce pas une grande incivilité à une personne qui seroit appellée par une plus grande & plus qualifiée qu'elle, de ne luy répondre pas? Oüi, ces mouvemens sont la voix de Dieu qui vous appelle; il luy faut donc répondre & luy parler. Cela luy gagne le cœur & captive sa bonté infiniment portée à se communiquer à ses amis : Et si vous ne luy répondiez-pas selon ce qu'il vous dit interieurement, vous en feriez refponfable à fon amour qui n'aime que pour être aimé, & qui veut de nôtre part un retour de correfpondance & de fidelité.

Je vous veux & vous fouhaitte, ma tres-chere Sœur, en cette abyfme d'amour le furaimable & furadorable cœur de JESUS. A la mienne volonté que vous fuffiez toute perduë & confumée dans fes faintes flammes. Qui a-t'il de beau, de bon & de delectable dans le monde qui merite feulement une œillade au prejudice de cet objet divin qui ravit & qui ravira eternellement tous les faints? Jugez vous-même fi une des douceurs qu'il vous donne en l'Oraifon, qui n'eft qu'un petit ecoulement de fa bonté, ne vous dit pas cette verité. Je vous donne à luy avec toute la part que j'ay en vous & que vous m'y donnez, & s'il y a encore quelque chofe aprés cela, je le luy donne, & je m'y donne avec vous pour l'eternité. Demeurons-donc là, ma chere Sœur : Ce divin Sauveur eft nôtre Epoux & nôtre vie, pourquoy courir aprés les ombres de la mort? Il nous en prefervera eternellement fi nous luy fommes fideles.

Il faut que je finiffe pour pourfuivre mes autres réponfes qui font en tres-grand nombre. Je ne vous puis dire combien j'ay d'interruptions. Cette lettre eft courte, & cependant il m'a fallu faire tantôt une ligne tantôt une autre. Lorfque nous ferons dans l'eternité abyfmez en nôtre fouverain bien, nous n'en aurons plus. Adieu pour cette année : Je fuis en luy.

De Quebec le 13. Aouft 1650.

LETTRE LXI.

A SON FILS.

Progrez des Hiroquois fur les François & fur les Sauvages confiderez. Que la veritable paix du cœur eft fondée fur le parfait degagement des creatures. Que c'eft l'humilité qui fait les faints, ce qu'elle prouve par l'exemple des Reverends Peres Jefuites martyrifez par les Hiroquois.

MOn tres-cher & bien-aimé Fils. La vie & l'amour de JESUS foient vôtre vie & vôtre amour pour l'eternité. C'eft un grand témoignage de vôtre affection pour moy, de me fouhaitter le même partage qu'à nos Reverends Peres. Mais helas! je fuis
indigne

indigne d'un tel honneur & d'une si haute grace quoi qu'elle paroisse fort proche de nous. Car depuis celle que je vous ay écrite où je vous ay dit quelque chose de la grande & extraordinaire persecution des Hiroquois, il y a eu encore un grand choq entre les François & ces Barbares dans une rencontre qui s'est faite proche les trois Rivieres lorsqu'on alloit chercher les neuf François que les autres avoient pris & emmenez. Aujourd'huy ils sont en dessein d'enlever les trois Rivieres, & vous remarquerez qu'ils ont avec eux plusieurs Hollandois qui les aident: on en a reconnu un dans le combat, & un Huron qui s'est sauvé nous en a encore assuré. Quand ils auront pris les trois Rivieres ils sont resolus, à ce qu'on nous a dit, de venir nous attaquer. Or bien qu'en apparence il n'y ait pas tant de sujet de craindre dans nos maisons qui sont fortes, ce qui est neanmoins arrivé dans tous les bourgs des Hurons qui ont été ruinez par le feu & par les armes (car certes ils sont puissans) doit faire apprehender aux François un semblable accident, s'il ne nous vient un prompt secours. C'est le sentiment des plus sages & experimentez, comme le sont les Reverends Peres qui sont descendus des Hurons & qui ont porté le poids de la tyrannie de ces barbares. Ce secours ne nous peut venir que de la France, parce qu'il n'y a pas assez de force en tout le païs pour leur resister. Si donc la France nous manque il faudra en bref ou quitter ou mourir: Mais parceque tous les François qui sont ici au nombre de plus de deux mille ne pourront pas trouver des voyes pour se retirer, ils seront contraints de perir ou de misere ou par la cruauté de leurs ennemis. Et de plus quitter des biens qu'ils ont acquis en ce païs, pour se voir dépoüillez de toutes commoditez en France, cela leur fera plûtôt choisir la mort en ce païs que la misere dans un autre. Pour nous-autres, nous avons d'autres motifs par la misericorde de Nôtre Seigneur: Ce ne sont point les biens qui nous y retiennent; mais bien le residu de nos bons Chrétiens avec lesquels nous nous estimerions heureuses de mourir un million de fois, s'il étoit possible. Ce sont là nos tresors, nos freres, nos enfans spirituels que nous cherissons plusque nos vies & que tous les biens qui sont sous le Ciel. Rejoüissez-vous donc si nous mourons & si l'on vous porte la nouvelle que nôtre sang & nos cendres sont mélées avec les leurs. Il y a de l'apparence que cela arrivera si les mille Hiroquois qui se sont detachez pour aller à la Nation neutre, viennent rejoindre ceux qui sont à nos portes. Le R. Pere Daran que j'ay chargé de la presente, est un de ceux qui sont venus des Hurons. Il y a souffert tout ce qui se peut souffrir sans mourir, ainsi il vous pourra entretenir à loisir de tout ce qui est arrivé ces dernieres années en cette nouvelle Eglise, & je me promets que vous ferez extrémement edifié de l'entendre. Il va faire un tour en France en attendant qu'on le rappelle au cas que les affaires du païs se raccommodent, car il y est extremement regretté. Je le regrette comme les autres, mais soulagez mes regrets en le recevant comme il le merite. D'autres comme les Reverends Peres Ragueneau & Pijar vont aussi en France pour demander du secours à Sa Majesté. Le premier y prend plus d'interest, parce qu'il est le Superieur de la Mission des Hurons. C'est un des grands personnages & des plus zelez Missionnaires de la nouvelle France, mais je l'estime plus pour sa grande sainteté que pour tous ses grands talens naturels & pour toutes ses graces gratuites. Nous esperons de le revoir l'année prochaine.

Lorsque j'achevois de vous parler du R. Pere Ragueneau, on m'est venu avertir qu'il me demandoit, pour me dire Adieu. Il m'a promis de vous voir & à cet effet il a pris vôtre nom par écrit. C'est un des meilleurs amis de nôtre Seminaire, & qui a une grande connoissance des graces que la divine bonté y repand. Il m'a encore assurée dans l'experience qu'il a de la fureur & de la force des Hiroquois que si nous n'avons un prompt secours du côté de la France, ou qu'il plaise à Dieu de secourir le païs extraordinairement, tout est perdu : Ce n'est point une exageration, je vous dis le méme selon mes petites connoissances.

Vous voyez par là qu'en attendant le secours, nous sommes en la pure providence de Dieu. Pour mon particulier, mon tres-cher Fils, je m'y trouve si bien, & mon esprit & mon cœur y sont si contens, qu'ils ne le peuvent être davantage. S'il arrive qu'on vous porte l'année prochaine les nouvelles de ma mort, benissez-en Dieu, & offrez-luy pour moy le saint sacrifice de la Messe : Procurez-moy encore les suffrages de vôtre sainte Congregation qui m'a toujours été tres-chere : Si Dieu m'appelle à soy, & qu'il luy plaise me faire misericorde elle me le fera encore davantage, & moy plus en état de supplier la divine Majesté d'augmenter sur elle ses saintes benedictions.

Je suis extremement consolée de ce que Dieu vous detache des creatures, & de l'amour ou pretention de l'amour que vous pourriez

DE LA M. MARIE DE L'INCARNATION.

attendre d'elles. Ah! mon Fils, le royaume de la paix est dans un cœur ainsi denué de toutes choses, & qui par une sainte haine de soy-méme se plaît à detruire les restes de la nature corrompuë, dont les plus saints ont jusqu'à la mort des attaques qui font le vray motif de leur humiliation. Depuis qu'une ame entre en cette verité, & qu'elle en est convaincuë par sa propre experience, elle s'humilie, non seulement devant Dieu en ses operations interieures & exterieures où elle decouvre toujours de nouvelles fautes ; mais encore devant les creatures prenant plaisir de s'accuser en public de ses defauts, d'en subir la penitence & d'en porter toute la confusion. Elle ne rejette point la faute sur le tiers & sur le quart, bien que quelqu'un y ait pu concourir ; elle s'attribuë le tout, & aprés cela elle est convaincuë qu'elle est encore plus remplie de malice qu'elle n'en dit & qu'elle n'en connoît, & que les autres n'en decouvrent. D'où elle est persuadée qu'elle est seule digne du châtiment tant de la part de Dieu, par la privation de ses plus grandes faveurs, que du côté des creatures, qui prenant les interests du Createur, nous corrigent chacune en sa maniere. Il y a bien d'autres dependances de l'humilité dont les actes tirent leur source de leurs contraires. Le glorieux Pere saint Benoist en parle aussi eminemment, comme je croy, qu'il l'a pratiquée. C'est vôtre Patron & vôtre Pere qui attirera sur vous l'influence de cet esprit qui se goûte mieux dans l'interieur qu'on n'en peut parler exterieurement. Demandez luy qu'il obtienne cette haute vertu pour moy, car c'est elle qui fait les saints, comme on l'a encore remarqué dans les cinq serviteurs de Dieu qui ont été martyrisez, en ces quartiers, car ils étoient si humbles avant leur martyre qu'ils donnoient de l'étonnement à ceux qui avoient le bonheur de vivre en leur compagnie. Il me faudroit écrire une trop grande lettre si j'en voulois dire toutes les particularitez, mais le temps ne me permet pas de m'étendre.

Elle parle ici de son état present.

J'ay répondu par une autre lettre aux moyens que vous me proposez d'élever quelques Sauvages afin qu'ils puissent gagner leurs compatriotes à la foy. Outre ce que je vous en écris entretenez-en le R. P. Daran, il vous dira qu'encore que le païs se rétablisse, il faudra toujours dependre de l'Europe pour avoir des ouvriers de l'Evangile, le naturel des Sauvages Ameriquains, méme des plus saints & spirituels, n'étant nullement propre aux fonctions Ecclesiastiques, mais seulement a étre enseignez & conduits doucement dans la voye du Ciel ; ce qui fait soupçonner dans ce renversement d'affaires que

R ij

peut-être Dieu ne veut ici qu'une Eglise passagere.

Il est vray que le R. P. de Brebeuf avoit reçu le sacré present dont je vous ay parlé. Le R. P. Garnier l'un de ceux qui ont remporté la couronne cette année l'avoit eminemment. Jamais, mon tres-cher Fils, vous ne connoîtrez cela par l'étude ni par la force de la speculation, mais dans l'humble oraison & dans la soumission de l'ame aux pieds du Crucifix. Cet adorable Verbe incarné & crucifié est la source vive de cet esprit; c'est luy qui le donne en partage aux ames choisies & qui luy sont les plus cheres, afin qu'elles suivent & qu'elles enseignent ses divines maximes, & que par cette pratique elles se consomment jusqu'au bout dans son imitation. Cet esprit saint, cette union, dis-je, dont je vous parle, n'est pas celle de la gloire, elle en est seulement un avant-goût. Et ne pensez-pas qu'elle rende toujours les travaux faciles, puis qu'elle ne redonde pas toujours dans les sens: Mais elle donne dans le fonds de l'ame une force invincible pour les supporter quelques pesans & penibles qu'ils soient. Il faudroit un gros livre pour décrire la vie de ce Reverend Pere animé de cet esprit saint. Il étoit eminemment humble, doux, obeïssant & rempli de vertus, acquises par un grand travail. On avoit du plaisir à voir la suite de ses vertus dans la pratique. Il étoit dans un continuel colloque & devis familier avec Dieu. Estant percé de coups on le vit encore dans l'exercice de la charité, faisant un effort pour se traîner vers une pauvre femme qui ayant reçu plusieurs coups de hache étoit aux abois & avoit besoin de secours pour bien mourir.

Le R. Pere Chabanel un de ceux qui ont été massacrez cette année avoit naturellement une si grande aversion de vivre dans les cabanes des Sauvages qu'elle ne le pouvoit être davantage: pour ce sujet on l'en avoit voulu souvent exempter afin de l'envoyer aux autres missions où il n'eût pas été engagé à cette sorte de vie. Mais par une generosité extraordinaire & porté de l'esprit dont nous parlons, il fit vœu d'y perseverer & d'y mourir s'il plaisoit à Dieu de luy faire cette misericorde. Son Superieur neanmoins ayant sçeu qu'il étoit extremement fatigué des travaux de sa Mission, le rappella, & ce fut en ce voyage qu'il fut pris & massacré, sans qu'on ait pu sçavoir par quels ennemis, ni ce qu'ils ont fait de son corps: quoy qu'il en soit, il est mort dans l'acte de son obeïssance.

Les autres Reverends Peres qui se sont retirez ici des Missions éloignées ont si epouventablement souffert qu'il n'y a point de langue humaine qui le puisse exprimer. Je n'exagere point, & si la grande humilité du R. Pere Daran ne le cache point demandez-luy quelques particularitez de ses souffrances; car son experience l'a rendu sçavant. Je vous donne ces exemples pour vous convaincre que nôtre union n'est jamais plus eminente que dans les travaux soufferts à l'imitation & pour l'amour de JESUS-CHRIST, qui étoit dans le temps de ses souffrances & sur tout au point de sa mort, dans le plus haut degré d'union & d'amour pour les hommes avec Dieu son Pere. L'union douce & amoureuse est déja la beatitude commencée dans une chair mortelle, & son merite est dans les actes de la charité envers Dieu & le prochain, & des autres vertus Theologales. Mais dans l'union dont je parle, qui est pourtant une suite de celle-là, il s'agit de donner sa vie dans une consommation de travaux qui portent à la ressemblance de JESUS-CHRIST. Ah! certes il faut donner le prix à celle-cy, & attendre à l'autre vie à connoître son merite & son excellence, car à present nos discours sont trop bas pour en pouvoir parler comme il faut.

Je benis Dieu du desir qu'il vous donne de souffrir le martyre. Vous êtes encore jeune, mon bon Fils, & si vous voulez être fidele à la grace, vous en souffrirez un bien long, encore que vous demeuriez enfermé dans vôtre solitude. Ce desir vous doit être un puissant aiguillon pour mener une vie penitente, mortifiée, reguliere: C'est le martyre que vous avez à souffrir & que Dieu demande de vous; en attendant peut-être quelque occasion que sa divine Majesté vous garde & que vous n'attendez ni ne prevoyez pas. Cependant il faut que vous vous munissiez des vertus necessaires à une si haute grace; & encore aprés toutes vos bonnes dispositions, vous devrez vous en estimer indigne.

Je suis de vôtre sentiment, que le defaut d'argent pourra bien empêcher l'expedition de nôtre Bulle à Rome. Je voy d'ailleurs que les affaires du païs tiendront bien les choses en suspens: Car il y a trois choses que l'on doit fort considerer dans la conjoncture des affaires. La premiere que ni nous ni tout le Canada ne pourrons subsister encore deux ans sans secours. La deuxiéme que si ce secours manque, il nous faut ou mourir ou retourner en France, selon le sentiment des mieux sensez. Je croy neanmoins que si l'Ennemy a la guerre avec la Nation neutre & à Andastæ, ce sera une diversion d'armes qui nous fera subsister un peu davantage: Mais s'il poursuit ses conquestes & ses victoires, il n'y a plus rien à faire ici pour les François: Le commerce ne pourra pas s'y exercer; le commerce ne s'y exerçant plus, il n'y viendra plus de navires ; les navires n'y venant plus, toutes les choses necessaires à la vie nous manqueront, comme les etoffes, le linge, la plus grande partie des vivres, comme les lards & les farines dont la garnison & les Maisons religieuses ne se peuvent passer. Ce n'est pas qu'on ne travaille beaucoup & qu'on ne fasse des nourritures ; mais le païs ne donne pas encore ce qu'il faut pour s'entretenir. La troisiéme chose qui retarde nos affaires, est que si le commerce manque par la continuation de la guerre, les Sauvages qui ne s'arrétent ici que pour trafiquer, se dissiperont dans les bois, ainsi nous n'aurons plus que faire de Bulle n'y ayant plus rien à faire pour nous qui ne sommes ici que pour les attirer à la foy, & pour les gagner à Dieu. Vous pouvez juger de là qu'un Evéque ne viendra point ici dans un temps si plein de calamité ; outre que l'Eglise n'y ayant été que passagere il n'y a que faire de Pasteur : je parle dans la supposition que Dieu permît l'extremité que l'on apprehende.

Cette nouvelle Eglise étant dans un peril si manifeste faites-moy la charité de faire quelque devotion devant l'image de la tres-sainte Vierge afin qu'il luy plaise de la prendre en sa protection. Priez-la aussi pour moy & pour nôtre election que nous allons faire la semaine de la Pentecôte. Ce peril & ces craintes ne diminuent pourtant rien du culte que les Chrétiens tant François que Sauvages ont coûtume de rendre à Dieu. Vous eussiez eu une devotion sensible de voir la Procession qui se fit à Quebec le jour de l'Assomption de cette Mere de bonté. Deux Peres de la Compagnie porterent son image de relief sur un brancart bien orné, aux trois Maisons religieuses qui étoient destinées pour les stations. Comme les lieux sont assez éloignez les uns des autres, deux autres Peres étoient preparez pour leur succeder & les soulager en cette sainte charge. Outre le gros des François, il y avoit environ six cens Sauvages qui marchoient en ordre. La devotion de ces bons Neophites étoit si grande qu'elle tiroit les larmes des yeux de ceux qui les regardoient. J'eus la curiosité de les regarder d'un lieu où je ne pouvois être veüe, & je vous assure que je n'ay point veu en France de procession où il y eût tant d'ordre & en apparence tant de devotion. Pour ce qui est des Sauvages, cela m'est toujours nouveau, car la pensée de ce qu'ils ont été avant que de connoître Dieu, & de ce qu'ils sont à present qu'ils le connoissent, me touche à un point que je ne puis dire. De là vous pouvez juger combien je souffre de voir la tyrannie que les

DE LA M. MARIE DE L'INCARNATION.

barbares Hiroquois exercent en leur endroit. Ah ! mon tres-cher Fils, que je serois heureuse, que je serois contente si toute cette persecution se terminoit en moy ! Presentez encore ce mien desir à la sainte Vierge à laquelle de bon cœur je presente le vôtre.

J'ay déja écrit cette lettre à diverses reprises, & dans ces intervalles il vient toujours quelques nouvelles. Le Captif qui s'est sauvé des Hiroquois rapporte que les guerriers des Andoyesterouons & ceux de la Nation neutre ont pris deux cens Hiroquois prisonniers. Si cela est vray, on les traittera d'une terrible façon, & ce sera autant de charge pour nous. Ce Captif sera bien encore quinze jours avant que d'avoir dit tout ce qu'il sçait : Car c'est la coûtume des Sauvages de ne dire ce qu'ils sçavent que peu à peu & à divers jours ; ce qui fait impatienter nos François qui ont l'esprit vif & voudroient sçavoir les choses tout d'un coup, sur tout quand il s'agit d'affaires de consequence & rapportées par un seul messager.

Depuis ce que dessus, il s'est encore sauvé deux Hurons de la captivité des Hiroquois. Ils sont tous deux bons Chrétiens en leur cœur, & catechumenes en effet. Le desir du saint baptême leur a fait faire des efforts tres violens, par de grandes courses dans les bois, & sans aucune provision. Ils ont rapporté que nos dix Algonguins de Sillery qui furent pris au mois de Juin dernier ont été brûlez tous vifs avec de tres-grands sentimens de Foy & de Religion. L'un deux pour l'amour duquel je vous écris cet article, s'est particulierement signalé par son zele & par sa ferveur. Il étoit âgé de vingt-deux ans ou environ, & c'étoit mon fils spirituel qui m'aimoit autant ou plus que sa Mere. Il a été trois jours & trois nuits dans des tourmens tres-horribles en derision de la foy qu'il a confessée hautement jusques au dernier soupir. Ces barbares luy disoient en se mocquant : Où est ton Dieu ? il ne t'aide point. Puis ils recommençoient à le tourmenter, & aussi à se mocquer disant : prie ton Dieu pour voir s'il t'aidera. Cependant ce courageux serviteur de Dieu redoubloit ses prieres & ses loüanges à celuy pour l'amour duquel il souffroit, car naturellement il chantoit fort bien, & cela faisoit enrager ces barbares. Il se nommoit Joseph & avoit été élevé en la foy par le R. Pere le Jeune, quasi dés son enfance. A vôtre avis, n'ay-je pas là un bon Fils ? C'est plûtôt mon Pere & mon Avocat auprés de Dieu. Je suis ravie pour l'amour que je luy portois de la haute grace qu'il a reçüe en perseverant avec tant de generosité. C'étoit un jeune homme parfaitement bien fait & extrêmement modeste, mais je ne le loüe que de sa fidelité. Si l'on m'en venoit dire autant de vous, mon tres-cher Fils, ah! qui pourroit dire la joye que j'en recevrois? Mais ces signalées faveurs ne sont pas du ressort de nôtre election, elles sont dans les tresors de Dieu qui les communique aux ames choisies. Il me falloit clore cette lettre par ce dernier souhait, qui est un des plus grands témoignages de mon affection pour la personne du monde qui m'est la plus chere.

De Quebec le 30. Aoust 1650.

LETTRE LXII.
AU MESME.
Elle parle de la rüine & du rétablissement de son Monastere.

MOn tres-cher Fils. JESUS soit nôtre tout pour l'eternité. Un petit navire arrivé en ces quartiers, nous a apporté des lettres de nos Meres de Tours, par le moyen desquelles j'ay apris de vos nouvelles. Il s'en retourne sans qu'aucun autre ait paru, & cependant nous voila au treziéme de Septembre. Je ne veux pas le laisser partir sans vous rendre des témoignages de ma sincere affection, & pour vous prevenir touchant ce que vous pourriez apprendre à nôtre égard, aimant mieux que vous le sçachiez de moy que d'aucun autre.

Nous ne sommes pas mortes de la main des Hiroquois, mais nous avons passé par le feu dans un accident inopiné qui arriva à nôtre Monastere le trentiéme de Decembre dernier, & qui l'a reduit en cendre avec tous nos biens temporels, nos personnes seules ayant été sauvées de cet horible incendie par une providence de Dieu toute particuliere. Je sortis la derniere ayant le feu au dessus & au dessous de moy & un autre qui me suivoit. Je me sauvé par les grilles qu'une ou deux de nos Sœurs avoient rompuës parce qu'elles n'étoient que de bois, & si je n'eusse trouvé cette issuë il m'eût fallu sortir par une fenêtre qui étoit encore libre, mais qui étoit au troisiéme étage, ainsi que fit une pauvre Huronne qui se jetta sur de la nege glacée dont elle fut fort blessée. Je fus en suitte trouver mes pauvres Sœurs sur la nege où elles étoient presque nuës. Je ne vous raporte point icy toutes les particularitez de cet accident, je ne vous écris qu'en abbregé. Nos amis nous ont assistées d'habits, de vivres &

Le recit de cet accident est rapporté dans la seconde partie.

d'autres

d'autres necessitez. Ils nous ont même prêté de l'argent pour rebâtir nôtre Monastere qu'il a fallu reprendre dés les fondemens. Il a 108. pieds de long & 28 de large. Les parloirs ont 30 pieds de long & 24 de large. Je vous laisse à juger si nous n'avons pas eu un rude coup : nôtre perte est de prés de soixante mille livres, que la Providence de Dieu nous avoit donnés : Elle nous les a aussi ôtées. C'est d'elle encore que nous les attendons, car les détes que nous avons contractées pour ce bâtiment surpassent nostre fondation. Vous direz peut-être, ainsi que plusieurs de nos amis, que nous eussions mieux fait de repasser en France que de nous mettre en des frais si grands & si hazardeux, tout étant icy incertain par les incursions des Hiroquois. Cette affaire a été consultée des premiers du païs, qui nous ont fait voir en cette rencontre la bonté de leurs cœurs, & le soin avec lequel ils nous protegent. La conclusion a été que nous ne quitterions point; mais que nous nous mettrions en état de rendre à Dieu les services convenables à nôtre vocation, qui par sa misericorde est plus forte que jamais. Car il faut que je vous dise, mon tres-cher Fils, à la gloire de sa Majesté que nous avons reçu un si grand renfort de graces & de courage, que plus nous avons été dépouillées des biens temporels, plus la grace a été abondante en nous. Ce n'est icy qu'un petit mot en passant, je vous diray par une autre voye les dispositions secretes de mon cœur.

La resolution de nous relever étant prise, on me chargea de la conduite & de l'œconomie de ce bâtiment, où j'ay eu bien des peines & des fatigues dans les difficultez qui se rencontrent dans ce païs couvert de neges jusques en May, & dans la disposition des materiaux & des autres choses necessaires à un edifice comme le nôtre. Nos elections en suite ont été faites; voiez combien de fardeaux à des épaules si foibles, dans un païs si pauvre & parmi les incommoditez d'un accident comme le nôtre. Ne pensez pas pourtant, mon trescher Fils, que tout cela m'abatte le cœur ; non lorsque j'ay commencé icy nôtre établissement, c'a été sur l'appuy de la divine Providence. Nôtre fondation nous donnoit seulement dequoy vivre, le reste, pour nous bâtir & pour aider nos pauvres Sauvages, cette aimable Providence nous l'avoit donné ; sa main n'est pas racourcie, & si elle l'a retirée pour un temps, elle la peut encore étendre pour nous combler de ses bien-faits. J'espere qu'elle me fortifiera dans les travaux qu'elle voudra que j'entreprenne pour sa gloire; car de moy, je vous assure que je suis une tres-imbecille creature, & c'est

S

en cela que reluira davantage la magnificence de sa gloire.

Nôtre bâtiment est déja au carré de la muraille, l'on monte les cheminées, & dans huit jours on levera la charpente. Si les vaisseaux étoient arrivez de France nous pourrions faire un effort empruntant des ouvriers de nos amis qui en amenent de France, & cela étant nous y pourrions loger dans quatre ou six mois, mais sans ce secours nous n'y pourrons loger que l'année prochaine vers cette saison. C'est une chose étonnante combien les artisans & les manœuvres sont chers ici, nous en avons à quarante cinq & à cinquante cinq sols par jour. Les manœuvres ont trente sols par jour avec leur nourriture. Nôtre accident étant arrivé inopinement nous étions depourveuës de tous ces gens là, c'est ce qui fait qu'ils nous coûtent cher; Car dans la necessité nous en faisons venir de France à un prix plus raisonnable: on les loüe pour trois ans, & de la sorte ils trouvent leur compte & nous aussi. Maintenant il y a des jours ausquels nous avons pour trente livres de journées d'hommes, sans parler de ceux qui travaillent à la toise ou à la tâche. Quatre bœufs qui font nôtre labour, trainent les materiaux de bois & de sable, nous tirons la pierre sur le lieu, voila comme les affaires se manient en ce païs.

Cependant nous logeons dans une petite maison qui est à un bout de nôtre Clôture de trente pieds de longeur & de vingt de largeur: Elle nous sert d'Eglise, de parloir, de logement, de refectoir, d'offices & de toute autre commodité, excepté la classe que nous faisons dans une cabane d'écorce. Avant nôtre incendie nous la loüions, mais aujourd'huy nous sommes trop heureuses d'y loger. Elle nous est commode en ce que nous pouvons veiller à nos bâtimens sans sortir de nôtre Clôture. Priez Dieu pour moy, mon tres-cher Fils, qu'il me fortifie & me rende digne de le servir au dépens de ma vie & de mon honneur: c'est de là que je tire ma gloire, de laquelle même je luy fais de tout mon cœur un nouveau sacrifice. Je suis.

Aprés avoir fini ma lettre, il faut que je vous dise encore qu'il semble que nôtre bon Dieu veuille triompher de nous en nous reduisant à l'extremité. Croiriez-vous que pour quarante à cinquante personnes que nous sommes y compris nos ouvriers nous n'avons plus que pour trois fournées de pain, & nous n'avons nulles nouvelles des vaisseaux qui apportent le rafraichissement à ce païs? Je ne puis faire autrement que de me réjouir dans tout ce qu'il plaira à cette bonté paternelle de faire. Qu'elle en soit benie eternellement.

De Quebec le 13. Septembre 1651.

LETTRE LXIII.

AU MESME.

Elle rapporte les dispositions de son interieur touchant l'embrasement de son Monastere, & quelques raports faits contre elle & contre ses Religieuses. Elle est remise en charge pour la troisiême fois.

MOn tres-cher Fils. L'amour & la vie de JESUS soient nôtre vie & nôtre amour pour l'eternité. Vous m'obligez infiniment des bons avis que vous me donnez & des souhaits que vous faites pour moy. Vous avez veu par mes autres lettres que je n'ay pas été assez heureuse que de mourir par le feu des Hiroquois, mais qu'il s'en a peu fallu que mes Sœurs & moy n'ayons été consumées par celuy de la Providence. Je ne vous ay pas voulu dire ouvertement ce qui se passa en mon interieur dans les momens de cette affliction; je l'ay reservé à celle-cy. Il faut donc que vous sçachiez qu'après qu'humainement j'eus fait tout ce qui se pouvoit faire pour obvier à la perte totale de nôtre Monastere, soit pour appeller du secours, soit pour travailler avec les autres, je retourné en nôtre chambre pour sauver ce qui étoit de plus important aux affaires de nôtre Communauté voyant qu'il n'y avoit point de remede au reste. Dans toutes les courses que je fis, j'avois une si grande liberté d'esprit & une veuë aussi presente à tout ce que je faisois que s'il ne nous fût rien arrivé. Il me sembloit que j'avois une voix en moy-même qui me disoit ce que je devois jetter par nôtre fenestre, & ce que je devois laisser perir par le feu. Je vis en un moment le neant de toutes les choses de la terre, & Dieu me donna une grace de denuement si grande que je n'en puis exprimer l'effet ni de parole ni par écrit. Je voulus jetter nôtre Crucifix qui étoit sur nôtre table, mais je me sentis retenuë comme si l'on m'eût suggeré que cela étoit contre le respect, & qu'il importoit peu qu'il fut brûlé. Il en fut de même de tout le reste, car je laissé mes papiers & tout ce qui servoit à mon usage particulier. Ces papiers étoient ceux que vous m'aviez demandé, & que j'avois écrits depuis peu par obeïssance. Sans cet accident mon dessein étoit de vous les envoyer parceque je m'étois engagée de vous donner cette satisfaction, mais à condition que vous les eussiez fait brûler aprés en avoir fait la

S ij

lecture. La pensée me vint de les jetter par la fenestre, mais la crainte que j'eûs qu'ils ne tombassent entre les mains de quelqu'un me les fit abandonner volontairement au feu. Et en effet cela se fit par une providence de Dieu particuliere, parceque le peu que j'avois jetté fut resserré par une honéte Damoiselle qui a des enfans qui ne se fussent pas oubliez d'y jetter la veuë. Aprés toutes ces reflexions, je mis encore la main dessus comme par hazard, & je me sentis portée interieurement à les laisser. Je les laissé donc pour obeïr à l'esprit de Dieu qui me conduisoit, car je vous assure que je ne voudrois pas pour quoy que ce fût qu'on les eût vûs: car c'étoit toute la conduite de Dieu sur moy depuis que je me connois. J'avois differé plus de cinq ans à rendre cette obeïssance. J'y avois tant de repugnance qu'il ma fallu reiterer par trois fois le commandement. J'y obeïs enfin, mais à present c'en est fait, mon tres-cher Fils, il n'y faut plus penser.

Lorsque je me fus ranger avec mes sœurs que je trouvé sur la neige, ma paix interieure & les agréemens aux desseins de Dieu sur nous firent de grandes operations dans mon cœur. C'étoit un concours de plaisirs correspondans au bon plaisir de Dieu dans un excez que je ne puis exprimer. Je voyois que tous les tracas & les suites de cet accident alloient tomber sur mes épaules & qu'il me falloit disposer au travail plus que jamais. Tout moy-méme étoit dans l'agréement de tous les travaux qui me pourroient arriver, & Dieu me donna une si forte vocation pour cela, que les peines qui se sont rencontrées depuis dans les occasions continuelles m'ont été douces & legeres. Il me sembloit voler lorsque le travail étoit le plus penible par le concours de la grace qui me possedoit. J'ay été mise dans la charge de Superieure le 12. de Juin dernier, ce qui a encore augmenté mes soins. Voila le gros de mes dispositions interieures: Si le temps me le permettoit, je vous en parlerois plus en détail & répondrois de point en point à la vôtre, mais les vaisseaux vont partir quasi au méme temps qu'ils sont arrivez.

Nôtre incendie ne m'a pas été plus penible à supporter, que je vous le viens de dire. Mais il faut que je vous avouë qu'on m'a mandé de France des choses qui m'ont déplu. Dieu n'a point été offensé dans l'embrasement de nôtre monastere, mais plûtôt ses volontez ont été accomplies & agréées, comme je croy, de nôtre part; mais il est à craindre qu'il ne l'ait été dans les nouvelles qu'on m'a écrites puisqu'elles sont contre la verité, & qu'elles ont pû donner quelque atteinte à la charité. L'on a été dire à nos Meres de Tours que lorsque nous passâmes par Dieppe pour venir en Canada, nous fimes un nouveau contract avec les Meres de la Congregation de Paris où il y avoit des clauses prejudiciables à nôtre Congregation de Tours. Ce bruit s'est répandu dans toute la Communauté en sorte que toutes celles qui m'ont écrit ne se sont pas oubliées de m'en parler, & quelques-unes avec ressentiment. Elles m'écrivent mê-me les termes de ce pretendu contract & disent que c'est moy qui me suis laissée tromper & qu'on a abusé de ma facilité. Je me doute bien qui est la personne qui leur a fait ce rapport qui n'a ni veri-té ni fondement: Car ni Madame nôtre fondatrice ni moy n'en avons jamais eu seulement la pensée, & nous n'avons jamais fait en France d'autre traitté que celuy que nos Meres ont veu & approu-vé. Cependant vous ne sçauriez croire le mauvais effet que cela a causé dans l'esprit de quelques-unes. Je vous viens de dire qu'elles ont consenti au traitté & à toutes ses clauses, quoi qu'il y en eût une qui me deplût extremement: mais comme l'on ne fait pas tout ce que l'on veut de l'esprit des Fondateurs, j'y donné les mains com-me les autres, & vis bien qu'il falloit attendre l'occasion pour y ap-porter remede: Car le vouloir faire hors de temps outre qu'il y eût eu de la violence, nous eussions tout gâté. Cela ne se put faire que l'an passé, que Madame nôtre fondatrice ayant veu à l'œil par la defaite des Hurons, que son dessein se pouvoit aneantir si elle ne faisoit un nouveau contract, trouva bon que l'on en fit un, par lequel il nous fût permis, en cas que les affaires de Canada fussent entiere-ment desesperées, d'employer sa fondation à nous faire une Maison en France; ou pour mieux dire, que le fonds qu'elle nous a donné, nous suivroit en quelque endroit que nous nous établissions de la nouvelle ou de l'ancienne France. Enfin cela s'est fait avec autant de solidité qu'il se peut. Le R. Pere l'Allement passant par Tours a assuré nos Meres de tout cela, & cependant l'impression qu'elles ont prise de ce faux rapport est si forte qu'elles n'en peuvent revenir. Au reste cela n'em-peche pas qu'elles ne conservent pour nous des cœurs tous pleins de charité, & qu'elles ne nous conjurent de la maniere la plus forte de repasser en France & de retourner en nôtre maison, nous assurant que nous y serons toutes reçuës à bras ouverts. La peur qu'elles ont pour nos personnes n'est pas croyable, elles nous prient de ne pas attendre l'extremité & de prevenir le dernier peril.

Ce qui m'a le plus deplû dans ces rapports, est qu'on y offense *Le sujet de ces rapports est*

que l'on difoit les Reverends Peres de la Compagnie qu'on dit y avoir recherché
que les RR. leurs interefts, ce qui eft, fauf refpect, une tres-grande fauffeté.
PP. Jefuites Vous avez veu par mon autre lettre les grandes affiftances qu'ils nous
avoient fait font : tous ceux qui font dans la neceffité en reçoivent de même:
en forte que Petits & grands, & tous generalement ont recours à eux dans les
la fondation accidens de mifere qui leur arrivent. On a rapporté au R. Pere l'Al-
des Urfulines lement les fentimens de nos Meres, lors qu'il a paffé par Tours: On
demeurât unie luy a dit même qui font ceux qui ont caufé le trouble, mais fa mo-
à leur maifon deftie me les a teu. Il m'a feulement dit qu'il les a vifitées, & qu'il
au cas qu'elles les a éclaircies fur quelque creance mal fondée qu'elles avoient. Il
fuffent obli- m'a dit enfin qu'il eft fatisfait au dernier point de cette Communau-
gées de retour- té & ce n'eft pas par diffimulation, car vous fcaurez que c'eft un
ner en France. homme qui cherit tendrement ceux qui l'offenfent.

Vous voyez mon infirmité, mon tres-cher Fils. Car de voir qu'on offenfe fans raifon & à nôtre occafion des perfonnes qui nous font des charitez dans l'excez, tant pour le fpirituel que pour le temporel, cela me donne du mecontentement, & dans ces rencontres il me faut pratiquer la vertu. Dieu neanmoins me fait cette grace que rien ne demeure dans mon cœur quand on m'a offencée ou quelqu'un à caufe de moy ou de nous. Le fentiment que j'ay dabord eft que nous devrions tous vivre avec plus d'integrité & de fimplicité. Si nous étions plus proche l'un de l'autre, nous aurions plus de communication fur ces matieres de vertu, pour lefquelles j'ay plus d'amour que de pratique. Mais puis qu'il nous fepare, voyons-nous & parlons-nous en luy, comme c'eft en luy que je fuis.

De Quebec 1651.

LETTRE LXIV.

A SA NIECE RELIGIEUSE.

Elle s'excufe de repaffer en France après l'embrafement de fon Monaftere. Elle fe plaint modeftement de quelques faux rapports faits contre fa Communauté, & les excufe même charitablement.

MA tres-chere & bien aimée fille. L'amour & la vie de JESUS foient nôtre vie & nôtre amour. Le R. P. Hierome l'Allement m'a dit de vos nouvelles à fon arrivée. Ce m'eft une grande confolation d'apprendre qu'elles font bonnes & telles que

DE LA M. MARIE DE L'INCARNATION.

je les desire. Vous avez bien fait de luy ouvrir vôtre cœur & de luy parler candidement ; c'est ainsi qu'il faut agir avec les personnes de ce merite. Nous n'osions plus attendre les navires lors qu'ils sont arrivez, & l'on craint beaucoup leur retour à cause qu'ils partent dans une saison avancée & en danger d'être brisez parmi les glaces. Dans le peu de temps qu'ils restent ici il ne m'est pas possible d'écrire à tous ceux à qui je suis obligée de faire réponse, en sorte que je seray obligée d'en remettre, comme je croy, plus de six-vingts à l'année prochaine, à mon grand deplaisir : Mais il me faut souffrir cette mortification, puisque Dieu qui est le Maître des temps & des momens de nôtre vie le veut ainsi. Obligez-moy d'en assûrer mes cheres Meres, & de leur témoigner par avance les ressentimens de mon cœur. Je leur ay une singuliere obligation de la bonté qu'elles ont de me convier de repasser en France, & de l'assurance qu'elles me donnent de m'y recevoir avec mes Sœurs de cœur & d'affection. Vous me faites la même priere ; mon fils me la fait aussi : enfin vous avez tous plus de charité pour moy que je ne merite : je prie nôtre Seigneur de vouloir être vôtre recompense. Je croy que le R. P. l'Allement vous a un peu rassurée dans les craintes que vous avez à nôtre occasion : Car c'est une chose admirable de voir de quelle maniere Dieu gouverne ce païs : lorsque l'on y croit tout perdu, il meut de cetains ressorts cachez aux yeux du monde, par le moyen desquels il rétablit, ou modere toutes choses. Nous avons veu cela encore cette année par le grand nombre des personnes qui s'y sont venu établir outre ceux que nous attendons l'année prochaine.

Je ne puis vous dissimuler que j'ay été un peu surprise de certains points que nos cheres Meres touchent dans leurs lettres sur le contract de nôtre fondation. Je ne sçay qui leur a fait de tels rapports, mais je vous en assure qu'ils n'ont nul fondement de verité. On dit entr'autres choses que j'ay fait faire à Dieppe un certain contract qui casse celuy que nous avions fait à Paris. Cela n'est point vray, je vous en assure. L'on parle encore des Reverends Peres sans respect & contre la verité, & c'est particulierement cela qui nous afflige nous quatre qui sommes de Tours ; Car, graces à nôtre Seigneur, les autres ignorent ce qui se passe, quoique les Reverends Peres le sçachent, mais ils ont tant de vertu & de discretion qu'ils ne leur en ont pas dit une seule parole, au contraire ils ont redoublé leurs charitez envers nous. Ils sçavent même qui c'est qui a fait ces rapports à nos Meres, & ils le diſſimulent: Enfin comme les bons prennent toutes choſes du bon biais, ils excuſent tout le monde & diſent que l'on s'eſt mépris ou qu'il y a quelque mauvaiſe entente.

Ma chere Mere Claire ſe plaint que je vous traite, vous & elle comme deux enfans. C'eſt peut-être parce que je ne vous parle point de ces affaires exterieures. Je vous aſſure, ma chere fille, que tout cela eſt ſi bas, que je n'en parle & n'en écris jamais que par neceſſité, & toujours avec violence. D'ailleurs quand j'y aurois de l'inclination, je vous voy ſi bien occupées que je ferois ſcrupule de vous entretenir de matieres qui vous pourroient diſtraire. Il eſt bon neanmoins de parler quelquefois de ces matieres, quand il y va de la gloire de Dieu, mais ôté ce motif, tout n'eſt que fatras & ſujet à mille inconveniens. Conſiderez je vous prie, les effets de ce rapport qui a été fait à nos Meres. Je veux croire qu'il a été fait innocemment & à bonne fin; & neanmoins voyez comme il a été pris au criminel, & comme il a troublé les cœurs de quelques perſonnes; & Dieu veuille qu'il n'ait point fait dire des paroles contre la charité. Tout cela m'eſt une leçon qui m'apprend que l'on ne peut trop aimer la pureté de cœur, la retraite, le ſilence interieur & exterieur. Aſſurez-donc ma chere Mere Claire que je l'aime & cheris tendrement auſſi-bien que vous, mais c'eſt d'un amour qui vous voudroit toutes deux dans une eminente ſainteté.

Je vous ſuis bien obligée de vôtre charité que j'ay reçuë dans un temps de grande neceſſité; je vous en remercie de tout mon cœur. Vous me preſſez de vous dire mes beſoins afin d'y pourvoir. Je vous parle avec ſimplicité: je ferois bien empêchée de vous les dire. Il eſt vray qu'ayant tout perdu, nous avons beſoin de tout, & pourtant il me ſemble que je n'ay beſoin de rien. Je croy que c'eſt le repos d'eſprit que j'experimente qui me rend aveugle à mes propres neceſſitez, quoique je voye bien clair en celles du commun. Il faut avouër, ma chere fille, que la croix eſt une choſe charmante, quand il plaît à nôtre divin Sauveur l'accompagner de la paix du cœur. Priez ſa bonté qu'elle me la continuë dans la charge qu'il m'a donnée, & que je luy ſois bien fidele en tout ce qu'il veut de moy.

Je croy que nous ne pourrons habiter nôtre nouveau bâtiment qu'à la fin de Mars de l'année prochaine. Nous avons toutes les peines du monde à l'achever à cauſe du froid qui eſt déja aſſez grand. Recommandez à Dieu cette nouvelle habitation de crainte que mes pechez n'y cauſent un ſecond incendie pire que le premier. Conſolez nos amis dans les apprehensions qu'on me mande qu'ils ont à nôtre sujet. Assurez-les que la pauvreté où nos pertes nous ont reduites, ne nous fait point perdre cœur, quoi qu'elle attire bien des incommoditez après elle. Mais quoi ne sommes-nous pas heureuses de nous voir dans une veritable occasion d'experimenter ce que c'est que la pauvreté, qui est une vertu si propre à nôtre profession? Jamais mon cœur n'a experimenté une paix interieure plus profonde ni plus solide que celle qu'il goûte à present. Mon Dieu! Que le denuement interieur & exterieur de toutes choses est une chose aimable! Qu'un cœur debarrassé est heureux! Je vous assure que je ne changerois pas ma condition presente à celles qu'on estime dans l'Europe les plus avantageuses. Quant aux Hiroquois, je n'ay point du tout de peur d'eux, & je ne voy pas que nous en devions avoir, quoi qu'ils ayent encore defait cette année la Nation Neutre, beaucoup plus nombreuse que n'étoit celle des Hurons. Leurs victoires leur enflent le cœur; la confiance en Dieu, en humiliant les nôtres, les fortifie & les met en assurance, & c'est là le fondement de nôtre paix.

De Quebec le 23. Octobre 1651.

LETTRE LXV.

A UNE RELIGIEUSE URSULINE DE TOURS.

La M. Françoise de S. Germain.

Elle la console sur la mort de la Mere Marie de Saint Joseph sa Sœur.

MA Reverende & tres-chere Mere. Je croy que vous avez déja apris par une lettre que j'ay écrite à nos cheres Meres ce que je vous veux dire en celle-cy, à mon grand regret, car je n'aime gueres à mander des nouvelles affligeantes. Mais puisque nôtre bon Dieu le veut, j'espere que vôtre vertu & vôtre bon cœur me feront la grace de me supporter. Il est donc vray, ma tres-chere Mere, que nôtre divin Seigneur & Maître a appellé à soy ma chere Mere Marie de saint Joseph, vôtre bonne Sœur & ma chere compagne. Ce fut le quatriéme jour d'Avril dernier après une maladie de six mois, pendant laquelle elle se levoit & agissoit le plus qu'elle pouvoit, son courage & sa ferveur luy faisant devorer les douleurs de sa maladie & les peines de son travail. Mais elle se sentit frapée à mort le jour de la Purification de la sainte Vierge, & dés lors elle me dit positivement qu'elle en mourroit. Son mal fut un debordement de bile extraordinaire, son foye ne faisant plus autre chose. Cette humeur maligne se répandit par tout le corps & plus abondamment sur son poulmon ulceré & sur les autres parties pectorales où elle causoit des douleurs à qui l'on pourroit donner le nom de Martyre. Elle toussoit sans répi, ce qui luy faisoit jetter beaucoup de sang avec son poulmon. Elle fut saisie ensuite de l'hydropisie qui prevalut de telle sorte qu'on fut obligé de luy faire des incisions aux jambes pour attirer les eaux qui commençoient à l'etouffer. La gangrene se mit dans ses playes, parceque les parties vitales étoient si affoiblies qu'elles ne pouvoient secourir celles d'en bas. L'on y mit pourtant un appareil proportionné à la delicatesse de sa constitution, mais on fut obligé de l'ôter, parce qu'elle eût expiré dans la rigueur du remede, quoi qu'il n'eût que le quart de la force qu'il devoit avoir. Avec tout cela son asme & sa palpitation ordinaire, accompagnée d'une tres grosse fievre, ne la quittoit point. L'on fit tout ce que l'on put pour la sauver : Mais comme c'étoit un fruit mur pour le Ciel, les hommes n'ont pû empécher que nôtre Seigneur ne le cueillît, & qu'il n'appellât à soy sa chere Épouse. Ses plus grandes douleurs furent la semaine Sainte, ce qui luy donna une joye sensible de voir que nôtre Seigneur la faisoit digne de l'accompagner à la Croix, & de participer à ses souffrances. Je ne vous exagereray point, ma tres-chere Mere, quand je vous diray que vôtre bonne Sœur nous a laissé en mourant des exemples d'une tres-rare vertu, & l'impression d'une tres-haute sainteté. Elle l'a dis je laissé, non seulement à nous qui avons vécu avec elle, mais encore à tout le païs, qui étoit parfumé de l'odeur de sa vertu, & qui a extremement regreté sa perte. La connoissance que nous avons qu'elle est morte de la mort des Saints, & la confiance que nous avons qu'elle joüit de la gloire des Bien-heureux, a moderé nôtre affliction, & nous console de l'avoir si heureusement perduë, puisque nous la trouvons en celuy qu'elle a si parfaitement aimé durant sa vie, & qui doit être nôtre compagnie & nôtre tout : Ainsi nous serons avec elle étant avec luy, & nous nous conjoüirons ensemble d'appartenir à un Maître si liberal, qui a donné à son Epouse ce que nous attendons de sa magnificence & de sa bonté si nous correspondons à ses graces comme elle y a correspondu.

J'avois promis à cette chere Mere, d'écrire en son nom à ses proches, comme elle m'en avoit tres instamment priée; non qu'elle eût de l'attache ou du regret pour eux en mourant; car c'étoit l'ame la plus détachée de la chair & du sang, que j'aye connuë, sans toutefois manquer à un seul point de l'amour qu'elle avoit selon Dieu pour messieurs ses Parens: Mais pour les assurer du contentement qu'elle avoit de mourir pauvre Religieuse de la Mission des Ursulines de Canada. Ah! me disoit elle, que je suis contente, Dieu me donne dans ma pauvreté & dans l'éloignement de mes Parens le centuple du peu que j'ay quitté pour son amour. Elle goûtoit cette verité des promesses de nôtre Seigneur avec un plaisir qui luy étoit comme un avant-goût de la beatitude celeste, en sorte qu'elle me repetoit: Mais je vous en prie ne manquez-pas de le faire sçavoir à nos Meres de Tours & à mes Parens. C'est, ma tres-chere Mere, à quoy j'ay tâché de satisfaire. Vous avez eu peut-être quelque crainte qu'elle ne manquât de quelque soulagement dans le cours de sa maladie: Mais, je vous diray, pour vôtre consolation, qu'elle n'a manqué de rien ni pour le corps ni pour le spirituel, non plus que si elle eût été auprés de vous. Ses maladies ne nous ont point été onereuses, sinon dans la compassion que nous avions de la voir tant souffrir: Car pour le service rien ne nous a coûté. Plusieurs nuits se passoient doucement auprés d'elle: Car dés le premier jour il la fallut veiller, en quoy Dieu a tellement beni nos petits travaux, que nulle de nous n'a été ni malade ni incommodée, ce qui ne s'est pû faire sans une grace particuliere, car nous le devions être toutes, couchant toutes dans une même chambre.

Enfin, ma tres chere Mere, vôtre bonne Sœur m'avoit été donnée pour compagne: J'avois promis à Monsieur vôtre Pere & à Madame vôtre Mere de ne la point quitter jusqu'à ce que la mort ou l'obeïssance nous separât, & que je la servirois de tout mon possible: J'avois fait la même promesse à nos Reverendes Meres lors qu'elles me firent l'honneur de me la donner; j'ay tâché de garder fidelement ma promesse à leur consideration, mais incomparablement plus parceque nôtre Seigneur nous avoit unies ensemble d'un lien de charité que la mort n'a pû dissoudre. Car je vous puis assurer que vôtre chere Sœur ne m'est point absente, & que je suis plus avec elle en esprit, maintenant qu'elle est avec Dieu, que je n'y étois de corps durant sa vie. Et certes je le dois, puisque j'ay en sa personne une puissante avocate auprés de Dieu, & qu'elle me rend des assistances encore plus efficaces que n'étoient les conseils & les

T ij

secours qu'elle me donnoit quoi qu'ils fussent grands & solides.

Ce recit qui contient l'histoire entiere de cette Religieuse, est rapporté dans la seconde partie.

Pour la consolation de nos cheres Meres & pour la vôtre particuliere, j'envoye un recit de la conduite de Dieu sur nôtre chere défunte. Je devois cela à sa memoire & à vôtre affection. Il ne m'a pas été possible à cause de l'empressement de nos affaires d'en faire plus d'une copie, encore ay-je eu bien de la peine d'en venir à bout. Cet écrit quoique succinct vous donnera tous les eclaircissemens que vous pourrez desirer à son occasion; & soyez persuadée, ma chere Mere, qu'en tout ce que j'ay dit, je n'ay usé d'aucune exageration, mais plûtôt que j'ay agi dans la verité & dans la simplicité. Consolez-vous donc, ma tres-chere Mere, & aimez cette petite famille qui a tant aimé vôtre chere Sœur & qui garde encore ses os avec amour & respect. Donnez-moy sa place en vôtre cœur, & aimez-moy en Dieu comme vôtre sœur propre, puisque je la suis par un autre titre, sçavoir en nôtre Seigneur, auprés duquel je desire vous servir toute ma vie.

De Quebec le 18. Septembre 1652.

LETTRE LXVI.

A UNE DE SES SOEURS.

Elle l'exhorte à l'amour du Verbe incarné & luy apprend que les visites de Dieu, quoique affligeantes, sont des caresses qui nous doivent detacher des creatures.

MA tres-chere & bien-aimée Sœur. La paix de nôtre bon Jesus. J'ay reçu depuis quelques jours vôtre chere lettre qui m'a donné la consolation que vous pouvez juger. Je divise la réponse en deux, afin de multiplier le plaisir que j'ay à vous entretenir. Je suis consolée de vôtre perseverance dans la pieté; car, ma chere Sœur, je n'auray jamais de repos dans les desirs que j'ay pour vous, que je ne vous voye toute consommée dans l'amour du sacré Verbe incarné. Nôtre chere Mere Marie de saint Joseph, ma fidele compagne du Canada, qui est morte ici depuis peu, s'est bien trouvée de ses approches continuelles à ce divin Sauveur, qui par sa bonté tres-aimable l'avoit élevée jusqu'aux douceurs & aux delices de son cœur. Aussi recevoit-elle de là, des influences de grace & d'amour dignes de la magnificence d'un Dieu riche en misericorde.

Je ne vous parle point ici de la mort de cette grande servante de Dieu; je vous dis seulement ce mot en passant pour vous encourager en la pratique des vrayes & solides vertus, & sur tout au sacré commerce de l'amour avec nôtre bon JESUS. Ah, ma chere Sœur, qu'il fait bon l'aimer & s'appuyer entierement sur les soins de sa paternelle providence! sans cet appuy où en serois-je maintenant parmi les épreuves de sa divine justice sur nous? Mais, que dis-je, parmi les épreuves? disons mieux, parmi ses caresses, puisque ses visites sur ses enfans, en quelque sens qu'on les puisse regarder, sont des effets de son amour. Il ne les envoye que pour produire en eux une soumission plus parfaite à ses ordres, une dependance plus entiere de son aimable providence, une pureté de cœur plus dégagée, un denuement des creatures plus parfait, & une pauvreté d'esprit qui rend l'ame plus libre, & qui fait qu'elle n'a plus de vie que pour luy. Aprés cela, ma chere Sœur qui aimeroit cette vie? Certes je ne sçay pas comment on la peut aimer ni aucune chose de la terre. Soyons-donc dans le monde comme si nous n'y étions pas, voyons les choses de la terre comme si nous ne les voyions pas, usons des creatures pour les necessitez de nôtre vie, comme si nous n'en usions pas, & enfin qu'aucune chose d'ici bas ne soit capable de nous détourner de nôtre unique & souverain bien.

Vous me consolez de me dire tant de bien de mon Fils & de ma Niece, croyant que vous me dites la verité. Nous avons de grandes obligations à nôtre Seigneur d'avoir appellé à son service ces deux personnes qui nous sont si cheres & de nous avoir aussi appellées vous & moy, quoi qu'en differentes conditions, pour le suivre dans la vie de l'esprit, qui est la voye de l'oraison jointe aux bonnes œuvres, & qui approche plus des maximes de JESUS-CHRIST. Benissons à jamais son infinie bonté de tant & tant de misericordes.

De Quebec le 26. Septembre 1652.

LETTRE LXVII.
A LA MEME.

Elle luy prouve par son experience que les disgraces de cette vie sont des effets de la justice de Dieu, mais qui se terminent en bonté, nous détachant des creatures.

MA tres-chere & bien-aimée Sœur. La paix & l'amour de nôtre bon JESUS. Je vous suis infiniment obligée de la compassion & de la tendresse avec laquelle vous avez reçu les nouvelles de nôtre embrasement. Voila, ma chere Sœur, comme vont les choses de ce monde. Ce ne sont que de petites vapeurs que la justice divine dissipe par la force de son bras quand & comment il luy plaît.

Il nous a privées, comme il fit Job, de tout ce que sa bonté nous avoit donné, & nous a reduites par ce revers de sa providence, sinon sur le fumier, au moins sur la nege: Il nous avoit tout donné il nous a tout ôté; que son saint nom soit beni. Mais il commence à nous traitter comme il fit Job, nous relevant plus magnifiquement qu'il ne nous avoit élevées: Car nos bâtimens sont avancez, & nous commençons à les habiter.

Aprés ce coup il nous en donne encore d'autres. Les Hiroquois sont pires que jamais & font plus de dégât parmi les François qu'ils n'en avoient encore fait. Ils ont massacré le R. Pere Buteux avec une partie des Attikamek, qui sont à deux ou trois journées des trois Rivieres.

Ils ont encore tué le Gouverneur du fort de cette habitation, avec une partie des habitans qui s'étoient temerairement engagez dans les bois pour les combattre; Ce qui a tellement effrayé les habitans de nôtre habitation qu'ils s'imaginent que cet ennemi est toujours à leurs portes.

Nous avons encore souffert cette année une perte considerable par le debris du premier vaisseau qui est venu faire naufrage au port où il a échoüé sur une roche. Toutes nos farines ont trempé dans l'eau salée ainsi que tous nos autres rafraichissemens: Car encore qu'on ait sauvé une bonne parie des marchandises, neanmoins les eaux de la mer les couvrant toutes à chaque marée, elles ont

DE LA M. MARIE DE L'INCARNATION.

entierement diminué leur force & leur prix.

En tout cela, ma chere Sœur, n'y a t'il pas plaisir de voir les volontez de Dieu accomplies? Ce que j'ay appellé effets de sa justice, peuvent mieux être appellez des effets de sa bonté, puis qu'ils nous apprennent qu'il ne se faut attacher à rien dans ce monde. Dieu seul qui ne change point, est mon unique consolation dans nos pertes, & comme son eternité ne finira jamais, c'est aussi la seule chose à laquelle nous nous devons attacher.

Je viens de vous parler de nos disgraces, mais, ma tres-chere Sœur, quand j'ay appris les troubles & guerres de la France, j'ay ressenti dans mon ame une douleur qui m'a fait oublier toutes les croix que nous souffrons en ce bout du monde, en sorte que je n'ay plus d'occupation en mon esprit que de ce qui se passe en vos quartiers. O mon Dieu, que d'abominations! que de pechez! que d'injures à Dieu & d'injustice aux hommes, pour des choses de neant, caduques & perissables! On nous a fait voir les choses en tel état, que nous craignons que la famine ne soit en France, & que de là elle ne passe ici, puisque, s'il est ainsi, il y a sujet de craindre qu'on ne nous envoye rien l'année prochaine, ce qui mettroit le païs dans un pitoyable état. Ce n'est pas qu'on y mourût de faim, parce qu'il y a du Bled raisonnablement, mais, il y a tant d'autres choses necessaires à la vie, que si on laissoit le païs seulement une année sans secours, il seroit tout à fait bas sur tout par la disete du vêtement. Mais laissons encore cela au cours de la divine providence nôtre bonne Mere, qui sera sans doute nôtre suffisance en nos besoins.

Je vous remercie de vôtre charité, que j'ay reçûe avec le même cœur & affection que vous me l'avez envoyée. Ajoûtez-y encore le secours de vos prieres, afin qu'il plaise à Dieu me donner une vraye & solide conversion. Pour moy je suis toute à vous auprés de luy & vous embrasse dans son cœur amoureux.

De Quebec le 26. Septembre 1652.

LETTRE LXVIII.
A UNE URSULINE DE TOURS.
Eloge de la Mere Marie de saint Joseph.

MA tres-chere & tres intime Mere. Ce me fut l'année derniere un déplaisir sensible de me voir dans l'impuissance de vous écrire. Sans ce dernier vaisseau qui me donne une occasion favorable de le faire, il en auroit été de méme cette année. Je n'ay jamais tant veillé que depuis quatre mois : parceque la necessité de nos affaires & de nôtre rétablissement, ne m'a laissé de libre que le temps de la nuit pour faire mes depéches. Quand je n'écris pas à mes cheres Meres, elles peuvent bien croire que c'est par impuissance, & que cette impuissance me prive de la consolation que j'ay de m'entretenir avec elles. Croyez-le donc, mon intime Mere, je vous en supplie.

Vous apprendrez cette année que nôtre Seigneur a appellé à soy nôtre tres-chere Mere Marie de saint Joseph. Vous l'appelliez vôtre Ange je la puis bien appeller le mien, puis qu'elle a été la fidele compagne de mes voyages & de mes petits travaux : Ainsi je vous laisse à penser si ce ne m'est une affliction bien sensible. C'en est une, je vous en assure ; & il n'y a que la pensée du bonheur qu'elle possede, qui me puisse consoler en cette perte. Cette pensée fondée sur les amabilitez de nôtre divin JESUS en son endroit, a je ne sçay quoi de si assuré, que je me sens plus consolée de l'avoir si heureusement perduë, que je n'ay été affligée de son absence. Elle a vécu en sainte, & elle est morte en sainte. Je l'invoque tous les jours ; d'autres le font aussi-bien que moy avec devotion, & aussi avec fruit: En un mot, sa memoire est ici en benediction. J'écris à nos Meres la conduite de Dieu sur elle, ses vertus, sa maladie, sa mort, & quelques circonstances remarquables qui l'ont suivie. Ce n'est qu'un petit abbregé fait à la hâte & avec precipitation, aussi est-il sans ordre &, je m'attens bien qu'on y remarquera plus d'affection que de conduite, mon cœur s'étant seulement porté à produire à nos cheres Meres ses veritables sentimens au sujet d'une personne qui leur étoit si chere, & qu'elles avoient donné de si bonne grace à la Mission de Canada. Je m'assure que quand vous sçaurez l'étroite liaison de cette ame sainte avec

le

le sacré Verbe incarné, vous pleurerez de joye. Je vous prie de me mander ce qui en sera; comme aussi de demander à ce divin Sauveur, qui luy a donné la grace d'une si abondante sanctification, qu'il m'en donne une semblable. Enfin vôtre Ange & le mien m'a devancé en vertu & en tout : Elle a couru à grands pas dans les voyes de Dieu, & y a porté sa croix avec ferveur, tandis que je porte la mienne, ou plûtôt tandis que je la traîne à pas de plomb. Dieu veuille au moins que je la porte dans le dessein de celuy qui y est mort, je suis contente, il me donnera des ailes quand il luy plaira.

Nous avons aussi pensé perdre la Mere Anne de Nôtre-Dame; mais elle est à present en meilleur état qu'elle n'a été depuis sept mois que dure sa maladie. Comme c'est une fille propre à tout, sa maladie ne nous a pas peu incommodées : Mais la volonté de Dieu est preferable à tout, & nous sommes contentes d'en porter les effets. Je suis en luy & en son amour, Vôtre.

De Quebec le 24. Octobre 1652.

LETTRE LXIX.

A SON FILS.

Elle dit avec certitude que Dieu a voulu le rétablissement de son Monastere, quelque raison qu'il y eût du contraire. Troubles de France, dans lequel les Soldats François ont été plus à craindre en quelque façon que les Hiroquois. Raisons pourquoy il n'étoit pas expedient pour un temps d'appeller des Religieuses de France. L'Archevéque de Roüen se declare ordinaire de Canada, & en fait les fonctions.

MOn tres-cher Fils. Voicy la réponse à la vôtre du 13. d'Avril, car touchant les affaires generales du païs & les particulieres de nôtre Communauté, je vous ay amplement écrit par trois autres lettres que vous avez receuës, ou que vous recevrez de moy cette année. Cette quatriéme est pour vous parler confidemment, & pour vous dire en premier lieu que j'ay été affligée de ce que la lettre que je vous écrivis l'année derniere vous a fait de la peine, vous donnant sujet de croire que c'étoit de vous que je voulois parler en tierce personne. Mais pourquoy de vous? je n'avois garde de le dire, puisque je n'en avois pas la pensée; & cette pensée n'avoit garde de me venir puisque je sçay assurement que cela n'est pas. Je vous parlois de certains reproches que nos Meres de Tours m'avoient faits assez mal à propos, quoy qu'assez innocemment; & je touchois en tierce personne celuy qui en avoit été l'auteur, ne le voulant pas nommer pour le respect que je luy porte, & pour les obligations que je luy ay. Croiez donc mon tres-cher Fils, que tout ce que vous m'écrivez m'est d'autant plus agreable que je n'y reconnois que de la verité & de la solidité.

Je trouve tout ce que vous me dites touchant nôtre demeure en ce païs, ou nôtre retraite en France, dans le veritable raisonnement que la prudence peut produire. J'ay les mêmes sentimens que vous; mais l'execution s'accorde rarement avec nos pensées comme le remarquent ceux qui ont connoissance de la conduite de Dieu sur ces contrées, où il semble que sa Providence se joüe de toute la prudence humaine. Je suis aussi certaine que sa divine Majesté a voulu nôtre rétablissement, & que la vocation que j'ay euë d'y travailler est venuë d'elle, que je suis assurée de mourir un jour. Nonobstant cette certitude & les dépenses que nous avons faites, nous ignorons ce que le païs deviendra. Il y a pourtant plus d'apparence qu'il subsistera qu'autrement, & je me sens aussi forte en ma vocation que jamais, disposée pourtant à nôtre retraite en France, toutefois & quantes qu'il plaira à Dieu me la signifier par ceux qui me tiennent sa place sur la terre. Madame nôtre Fondatrice est aussi dans la même disposition quant à sa vocation, mais non pas pour son retour en France, Dieu ne luy ayant pas encore donné cette grace de denuement; au contraire, elle a de si forts mouvemens de nous bâtir une Eglise, que les insultes des Hiroquois n'empechent pas qu'elle ne fasse amasser des materiaux pour ce dessein. On la persuade fortement de n'y pas penser, mais, elle dit, que son plus grand desir est de faire une maison au bon Dieu; ce sont ses termes, & qu'en suite elle luy edifiera des temples vivans: Elle veut dire, qu'elle fera ramasser quelques pauvres filles françoises écartées, afin de les faire élever dans la pieté, & de leur donner une bonne education qu'elles ne peuvent avoir dans leur éloignement. Elle n'a point eu d'inspiration de nous aider dans nos bâtimens; tout son cœur se porte à son Eglise, qu'elle fera faite peu à peu de son revenu qui est assez modique. Monsieur de Bernieres luy a envoyé cette année cinq poinçons de farine qui vallent ici cinq

DE LA M. MARIE DE L'INCARNATION. 155

cens liures. Il nous a aussi envoyé une horologe, avec cent livres pour nos pauvres Hurons. Que direz-vous à tout cela ? Pour moy toute ma pante interieure est de me laisser conduire à une si aimable providence, & d'agréer tous les evenemens que sa conduite fera naître de moment en moment sur moy.

Je parlois encore ce matin à deux personnes tres-experimentées dans les affaires du païs, touchant deux filles que nous voulons faire venir de France pour les faire converses. Ils n'y trouvent nulle difficulté; pour moy j'y en trouve beaucoup : Premierement à cause des dangers de la mer, secondement à cause des troubles du Royaume, & enfin à cause de la société ou conjonction des personnes. C'est pour cela que nous n'avons point encore pris de resolution. Pour l'hostilité des Hiroquois, ce n'est pas ce qui nous retient : Il y en a qui regardent ce païs comme perdu, mais je n'y voy pas tant de sujet d'apprehender pour nous, comme l'on me mande de France que les personnes de nôtre sexe & condition, en ont, d'apprehender les Soldats françois. Ce que l'on m'en mande me fait fremir. Les Hiroquois sont bien barbares, mais assurement ils ne font pas aux personnes de nôtre sexe les ignominies qu'on me mande que les François ont faites. Ceux qui ont habité parmi eux m'ont assuré qu'ils n'usent point de violence, & qu'ils laissent libres celles qui ne leur veulent pas acquiescer. Je ne voudrois pourtant pas m'y fier, parceque ce sont des barbares & des infideles : Nous nous ferions plûtôt tüer que de nous laisser emmener, car c'est en cette sorte de rebellion qu'ils tuent, mais, graces à nôtre Seigneur, nous n'en sommes pas là : Si nous avions connoissance des approches de cet ennemi, nous ne l'attendrions pas, & vous nous reveriez dés cette année. Si je voyois seulement sept ou huit familles françoises retourner en France, je croirois commettre une temerité de rester; & quand bien même j'aurois eu une revelation qu'il n'y auroit rien à craindre, je tiendrois mes visions pour suspectes, afin de nous attacher mes sœurs & moy au plus sûr & apparent. Les Meres hospitalieres sont dans la même resolution. Mais, pour vous parler avec simplicité, la difficulté qu'il y a d'avoir les necessitez de la vie & du vétement fera plûtôt quitter, si l'on quitte, que les Hiroquois ; quoi qu'à dire la verité, ils en seront toujours la cause fonciere, puisque leurs courses & la terreur qu'ils jettent par tout, arrête le commerce de beaucoup de particuliers. C'est pour cela que nous défrichons le plus que nous pouvons. Le pain d'Ici a meilleur goût que celuy de France, mais, il n'est pas du tout si blanc ni si nourrissant pour les gens de travail. Les legumes y sont aussi meilleures & en aussi grande abondance. Voila, mon tres-cher Fils, où nous en sommes, au regard des Hiroquois.

J'entre fort dans vos sentimens touchant la necessité de pourvoir pour l'avenir à l'observance de nos regles. Pour le present, je le dis à ma confusion ; je ne voy pas en moy une seule vertu capable d'edifier mes Sœurs. Je ne puis répondre de l'avenir, mais, à ce que je puis voir de celles qui sont passées de France, je m'assurerois de la plus grande partie comme de moy-méme : Et quand méme elles y voudroient repasser, ce qu'elles sont bien éloignées de faire, celles du païs que nous avons fait Professes, ayant été élevées dans nos regles & n'ayant jamais goûté d'autre esprit, seroient capables de le maintenir : C'est pour cela que nous ne nous pressons pas d'en demander. De plus la playe que la main de Dieu nous a faite est encore trop recente, & nous en ressentons trop l'icommodité. Nous craignons encore qu'on ne nous envoye des sujets qui ne nous soient pas propres, & qui ayent de la peine à s'accommoder au vivre, à l'air, aux personnes. Mais, ce que nous apprehendons davantage, est qu'elles ne soient pas dociles, & qu'elles n'ayent pas une bonne vocation : car comme elles apportent un esprit different du nôtre, si elles n'ont de la soumission & de la docilité, elles auront de la peine à s'accommoder, & nous peut-être à les souffrir. Cette contrarieté d'esprit a déja fait repasser deux hospitalieres, & cet exemple que nous avons devant les yeux fait le sujet de ma crainte. Car quelle apparence de faire faire mille ou douze cens lieües à des personnes de nôtre sexe & de nôtre condition, parmi les dangers de la mer & des ennemis, pour les renvoyer sur leurs pas. J'aurois de la peine à me resoudre à cela, à moins d'une necessité absoluë, comme si une fille étoit si arrétée à s'en vouloir retourner qu'on ne la pût retenir qu'avec violence & peut-être au prejudice de son salut. J'avois un grand desir de faire venir ma Niece de l'Incarnation qu'on m'a mandé plusieurs fois être sage & vertueuse, & avoir une grande vocation ; j'eusse méme pris plaisir à la dresser en toutes nos fonctions, & en tout ce qui regarde le païs. Mais la crainte que j'ay euë qu'elle ne fût pas contente, & de l'exposer au hazard d'un retour, m'a retenuë. Deplus j'ay de l'âge, & en mourant je la laisserois dans une solitude qui luy seroit peut-être onereuse. Et enfin les empechemens que les Hiroquois aportent au christianisme, ne nous permettant pas d'avoir comme auparavant des filles sauvages, ce luy seroit une peine bien grande de se voir privée de la fin pour laquelle elle seroit venuë : Car à vous dire la verité, ce point est extremement penible & abattant. Comment une jeune fille aura-t'elle le cœur d'apprendre des langues tres-difficiles, se voyant privée des sujets sur lesquels, elle esperoit les exercer ? Si ces hostilitez devoient durer peu de temps, l'esprit feroit un effort pour vaincre cette repugnance ; mais la mort viendra peut-être avant la paix.

Voila ce qui m'a arrêtée pour ma Niece, nonobstant le desir que j'avois de luy satisfaire, & la consolation que j'en pouvois esperer : car étant éloignée de vous & hors des occasions de vous voir, elle m'eût été un autre vous-méme, puisque vous étes les deux personnes pour lesquelles mon esprit fait le plus souvent des voyages en France ; mais plûtôt dans le cœur de nôtre aimable JESUS, où je vous visite l'un & l'autre dans les souhaits que j'y fais de vôtre santification, & de la parfaite consommation de tout vous-méme : Mais je fais un sacrifice de cette satisfaction à mon divin JESUS, abandonnant le tout à sa conduite pour le temps & pour l'eternité. Il sçait ce qu'il veut faire de nous, prenons plaisir à le laisser faire, & si nous luy sommes fideles, nôtre reünion sera d'autant plus parfaite dans le Ciel, que nous aurons rompu nos liens en ce monde pour obeïr aux maximes de son Evangile. Mais revenons à nôtre propos.

Nous ne nous pressons donc pas de demander des sœurs de Chœur en France, & nous croyons qu'il faut un peu differer, afin de prendre des mesures si justes que nous & elles n'ayons pas sujet d'être mécontentes. Nonobstant neanmoins toutes les raisons que j'ay apportées nous ne nous pourrons dispenser de demander deux sœurs converses, & peut-être dés cette année.

Je ne sçay si je vous ay dit ailleurs que comme il n'y a point icy d'Evéque, celuy de Roüen s'est déclaré qu'il nous en tenoit la place. Et pour se mettre en possession, il a ordonné pour son grand-Vicaire le R. Pere Superieur des Missions, lequel d'ailleurs étant le principal Ecclesiastique du païs, nous nous reposons sur son authorité pour la validité de nos professions aprés la consultation qui en a été faite en Sorbonne signée de six Docteurs.

Quant à ce qui vous touche n'attribuez point à un defaut d'affection si je ne vous ay pas envoyé les papiers que vous m'aviez demandez; je ne les gardois que pour cela, car autrement je les eusse fait brûler aprés avoir satisfait à mon Superieur qui m'avoit commandé de les écrire, & qui me les avoit remis entre les mains : mais comme je vous le mandé l'année derniere, un autre feu les a consumez. Neanmoins, puisque vous le voulez, si je puis derober quelques momens à mes occupations qui sont assez continuelles, j'écriray ce que ma memoire & mon affection me pourront fournir, afin de vous l'envoyer l'année prochaine.

Voila, mon tres-cher Fils comme la vie se passe; si nôtre bon Dieu n'y suppleoit par l'infusion de ses graces actuelles, qui pourroit subsister? Je vous confesse que je n'ay point de quoy me plaindre, mais plutôt que j'ay sujet de chanter ses misericordes. Je vous assure qu'il me faut un courage plus que d'homme pour porter les Croix qui naissent à monceaux tant dans nos affaires particulieres, que dans les generales du païs, où tout est plein d'épines, parmi lesquelles il faut marcher dans l'obscurité, où les plus clair-voians sont aveugles, & où tout est incertain. Avec tout cela mon esprit & mon cœur sont dans le calme, & ils attendent de moment en moment les ordres & les evenemens de la Providence, afin de s'y soûmettre. Toute l'obscurité qui se rencontre me fait voir plus clair que jamais dans ma vocation, & me decouvre des lumieres qui m'étoient obscures & inconnuës lorsque Dieu me les donnoit avant que je vinsse en Canada. Je vous en parleray dans les écrits que je vous promets, afin de vous faire connoître & admirer la conduite de la divine bonté sur moy, & comme elle a voulu que je luy obeisse sans raisonnement humain, me perdant dans ses voies d'une maniere que je ne puis exprimer. Nôtre chere Mere de saint Joseph étant au lit de la mort, me predit que j'aurois bien des croix à supporter; je les attend, mon tres-cher Fils, & les embrasse à mesure qu'elles se presentent; & aprés tout nôtre cher Sauveur me fait experimenter que son joug est doux & son fardeau leger. Qu'il en soit beny eternellement, d'avoir tant d'égard à mes foiblesses qu'il ait voulu goûter toute l'amertume de la croix pour ne m'en laisser que la douceur.

Quand je vous parle de nôtre pauvreté, ne croyez pas que je vous demande rien sinon des prieres que j'estime pour moy de veritables richesses. Je laisse tout le reste à la conduite de la divine Providence qui est surabondamment riche pour survenir à nos besoins. Je vous assure qu'elle ne nous a encore laissé manquer parmi toutes nos pertes du necessaire à la vie, non plus que du vêtement, & qu'elle a paternellement pourveu à tout. Et même dans la longue maladie de la bonne Mere de saint Joseph, cette providence nous a tellement aidées, qu'elle n'eût pu être mieux secourüe en France au milieu de ses Parens, ôté l'incommodité du logement. Je vous ay déja parlé de sa mort, je n'en dis rien ici davantage. Je pers à cette privation, mais, je me console de ce que Dieu la possede, car sans cela la perte d'un si digne sujet me seroit extremement sensible. Mais enfin Dieu soit beni de tout; Il est mon tout & ma vie en quelque part que je puisse être.

De Quebec 1652.

LETTRE LXX.

A UNE DE SES SOEURS.

Aprés luy avoir montré que connoître & aimer JESUS-CHRIST, *c'est la veritable science des saints, elle l'exhorte à demander en son nom la conversion des Sauvages infideles.*

MA tres-chere & tres-aimée Sœur. L'amour & la vie de Jesus soit vôtre vie pour l'éternité. Pourquoi, ma tres-intime, ne vous souhaitterois-je pas toutes sortes de biens dans la grace & dans la gloire, puisque vous voulez être toute de corps & d'esprit au suradorable Verbe incarné? Soyez ignorante tant qu'il vous plaira des choses de la terre, pourveu que vous le sçachiez & que vous le connoissiez vray Fils de Dieu, le Maître & Souverain amateur des ames, vous êtes sçavante de la science des Saints. Mon Dieu! ma tres-chere Sœur, pourrois-je vous avoir jamais dit un mot qui vous eût porté à faire un veritable & pur acte d'amour envers ce divin Sauveur? ce me seroit une tres-grande joye de vous avoir inspiré quelque chose qui pût tourner à sa gloire. Qu'à la bonne heure soit que vous preniez vos repas spirituels dans sa sainte parole, le saint Esprit y residant c'est ce qui enflamme les cœurs, & les consume peu à peu jusqu'à ce qu'ils soient au point où il les desire, pour en faire des sujets dignes d'habiter cette Cité sainte & si bien munie dont vous me parlez, sçavoir le sacré cœur de Jesus. Quand on est parvenu à cet aimable séjour on se repaît, & on se plaît en celuy qui se repaît, & qui se plaît parmi les lys. Il s'y fait des repas mutuels de l'ame & de Jesus, de Jesus & de l'ame, qui donnent une vie qui fait perdre à la creature la vie sensuelle qu'elle avoit par l'attachement aux choses du monde. Lorsque vous y serez arrivée par la misericorde de nôtre tres-aimable JESUS, ayez compassion des ames qui ne le connoissent pas, qui ne le loüent pas, qui ne l'aiment pas. Ah, qu'il y en a dans cette Amerique de cette miserable condition! Et ce qui est plus deplorable, qu'il y en a dans le Christianisme, qui aveuglez par le peché sont encore plus coupables que ces premiers! Faisons nôtre possible pour tirer les uns & les autres de ce grand precipice où ils seront perdus sans resource, si nous ne gagnons le cœur de Dieu, afin qu'il luy plaise de leur donner des graces efficaces pour gagner les leurs. Prenez en main la cause de JESUS-CHRIST, & ne donnez point de treve au Pere eternel qu'il ne vous ait accordé un bon nombre de ces pauvres ames detachées du Roiaume de son Fils. Demandez-lés luy par ces propres paroles, & par les promesses qu'il luy a faites disant : *demandez m'y, & je vous donneray toutes les Nations pour heritage* : Il les luy a demandées, son sang a crié bien haut, & cependant l'affaire n'est pas encore en son point. Demandez donc pour JESUS ; mais, demandez aussi par JESUS, afin qu'il vienne posseder ce qui luy appartient. Il ne se faut point lasser dans une affaire si importante, il faut toujours crier & importuner le Ciel jusqu'à ce que l'on en soit venu à bout. Mais en offrant à Dieu ces ames qui languissent sous la servitude des demons, n'oubliez pas la mienne qui étant redevable à Dieu de tant de graces, est neanmoins si lâche à son service. Priez enfin pour nôtre petite Communauté, & obtenez de Dieu que l'esprit de JESUS la possede entierement. Adieu, ma chere Sœur : je suis toute à vous ; vivons & mourons aux pieds de JESUS.

De *Quebec le* 30. *Aoust* 1673.

LETTRE LXXI.

A SA PREMIERE SUPERIEURE DE TOURS.

De quelques guerisons miraculeuses arrivées par l'invocation de la Mere Marie de saint Ioseph. Elle témoigne combien la persecution de l'Eglise luy a été sensible, & qu'elle l'a portée neanmoins avec paix & tranquillité. Son zele pour le salut des ames.

La M. Françoise de saint Bernard.

MA tres-Reverende & tres-honorée Mere. J'ay reçu toutes vos lettres qui m'ont apporté la consolation que j'attendois de vôtre bonté & pieuse affection au regard de nôtre chere défunte vôtre bonne fille. Plus je pense à elle, plus je l'aime, & le ressouvenir que j'en ay, m'est aussi doux qu'il étoit au moment que je l'ay perduë. L'on m'écrit à son sujet de divers endroits de la France d'une maniere qui fait voir l'amour & la devotion que l'on a conçuë pour elle. C'est un effet de nos lettres & du recit de sa vie, que le R. Pere le Jeune a fait dans la Relation. Ses vertus ont fait une telle impression dans les esprits & dans les cœurs, qu'il semble, que l'onction du saint Esprit se soit répanduë en tout ce que l'on a écrit, pour embaumer les ames qui ont de l'amour pour la sainteté. On nous demande quelque chose qui ait servi à son usage, & l'on nous prie de faire des neuvaines à son tombeau. Une personne de qualité me mande qu'un Religieux sçavant & de vertu, qui luy est intime amy, luy a dit, qu'ayant par tout le corps des douleurs si aigües, qu'elles luy eussent donné la mort si elles eussent continué, il invoqua la Mere de saint Joseph, & que sur l'heure il sentit un notable soulagement; ce qu'il attribua aux merites & à l'intercession de cette chere Mere. Une autre personne de qualité m'a assuré qu'elle avoit reçu une semblable faveur dans une extremité de mal dont elle étoit attaquée depuis plusieurs jours. Ce que vous me mandez de ma sœur Isabelle Pavy, est considerable & m'a fort consolée. Dieu soit beni de ses misericordes.

J'ay eu une joye toute particuliere de ce que le recit que je vous ay fait de cette chere compagne vous a été agreable. Il ne faut point dire que j'aye eu de la peine à cela à cause de l'embarras de nos affaires. Sçachez, ma tres-bonne Mere, que ni les veilles, ni le temps, ni le travail ne m'ont jamais rien coûté à son égard: Outre son mérite particulier, vous me l'aviez donnée comme ce que vous aviez de plus cher. Ah, mon intime Mere, qu'il se trouve peu de sujets semblables à cette chere Fille! Ce sont des Phenix, & à peine un siecle en peut-il produire un. Vous me faites esperer son tableau! Cela nous la remettra devant les yeux, & donnera de la consolation à celles qui l'ont veuë, & de la veneration à celles qui viendront aprés nous.

Quand est-ce que j'arriveray, ma tres-chere Mere, au port où a surgi ma fidele compagne? Quelle voye pourray-je tenir pour y arriver? Si je suis fidele à Dieu, je croy que ce sera celle de la Croix; non pas de petites croix, car je serois proche du terme il y a long temps, puisque j'en porte quantité de cette nature, depuis plusieurs années. Elles ont bien grossi depuis un an, que j'ay veu les affaires de ce païs dans un état si deplorable qu'on les croyoit à leur dernier periode. L'on projettoit déja de tout quitter, & de faire venir des vaisseaux de France pour sauver ceux qui ne seroient pas tombez en la puissance de nos ennemis. Si vous me demandez où étoit le point de ma croix, je vous diray que c'étoit dans la perte generale de l'Eglise, & de tant d'ames que je voyois qui alloient demeurer dans leur aveuglement. J'ay souffert à ce sujet un martyre interieur: Car je me suis donnée à Dieu pour victime, afin de porter seule les peines & les tourmens qu'il plairoit à sa justice d'exiger de moy & sur moy pour apaiser sa colere. Je n'ay pas été digne d'étre exaucée dans toute l'étenduë de mes desirs & de mes inclinations interieures. Nôtre tres-cher Pere Poncet a été plus heureux que moy, parce qu'en suite d'une offrande semblable qu'il avoit fait publiquement de luy-méme en prechant, il fut aussi-tôt exaucé; car allant faire un acte de charité à une pauvre veuve, il fut pris & emmené par les Hiroquois. Peut-être sera-t'il de luy comme d'un autre Isaac, & que sa volonté d'étre immolé sera acceptée pour l'effect par celuy qui connoît le fond & la sincerité des cœurs de ceux qui luy font de semblables offrandes. Nous en attendons l'issuë; car dés qu'il a été entre les mains des ces ennemis barbares, ils ont par des voyes toutes contraires à leur ferocité ordinaire demandé la paix & l'amitié des François. On leur a accordé cessation d'armes en ramenant nôtre chere victime. Voila l'état present de nos affaires aprés deux ou trois miracles que Dieu a fait en faveur de ce païs, lors qu'on le tenoit comme desesperé. Ah, mon intime Mere, que ne suis-je digne d'étre immolée pour la gloire de ce grand Dieu ? Obtenez-moy cette infigne grace en la maniere qui fera la plus agreable à fa divine Majefté : Car je ne veux ni vie, ni mort, ni refpiration que dans fon agréement. O qu'il eft doux, quoi qu'on fouffre des martyres en diverfes manieres, de rouler tous les momens de fa vie dans les volontez d'un fi bon Dieu! Mon cœur vous dit plus que ma plume. Rendez, s'il vous plaît des actions de graces à fa bonté des faveurs qu'elle me fait dans ma vocation. Je vous dis à l'oreille, qu'on fe trompe fouvent en matiere de vocation, & ce que le bien-heureux Monfieur de Geneve dit, eft tres-veritable, que toute infpiration eft penfée, mais que toute penfée n'eft pas infpiration. Je l'ay experimenté dans la fidele correfpondance que nôtre chere défunte a euë à fa grace : car elle m'a raconté que dans les commencemens fon attrait étoit dans de bonnes penfées; mais l'iffuë a bien fait voir que c'étoit un bien infpiré & non feulement penfé. On s'imagine quelquefois qu'un certain feu paffager eft une vocation ; non, mon intime Mere, les evenemens découvrent le contraire. Dans ces feux momentanez on tient plus à foy qu'à l'objet qu'on envifage ; & auffi l'on voit que ce feu étant paffé, les pantes & les inclinations demeurent en leur affiette ordinaire de la nature.

Je vous dis donc que mes croix pour l'intereft de l'Eglife ont été grandes : mais.aprés tout, comme il eft tres-doux & tres-jufte de fuivre les volontez d'un Dieu fi aimable, je regardois nôtre chere maifon de Tours pour y retourner, ou un autre lieu de France pour y fonder un Monaftere, ainfi qu'il eft porté dans le contract de nôtre fondation. Dans l'un & l'autre de ces deux expediens, je n'euffe rien voulu entreprendre fans l'ordre & la direction de mes Superieurs legitimes. C'eft pour répondre à ce que vous demandez que je fais cette petite digreffion. Pour mon particulier, dans toutes ces rencontres mon cœur étoit fi calme & tranquille, que je neuffe pû luy donner un mouvement contraire à fa tranquillité. A prefent on traite de la paix, & l'on parle de faire venir des ouvriers de l'Evangile, pour faire une grande Miffion à Outario, qui eft à dix journées au deffus de Montreal. L'on fait état d'y mener encore des Soldats, & d'y bâtir un fort, afin de s'affurer du lieu, parceque ce pofte étant au milieu de plufieurs grandes nations, ce fera une retraite à ceux qui iront annoncer l'Évangile. Je fçay bien que je n'iray pas, mais l'intereft de la gloire de Dieu dans le gain des ames me confume, dans l'attente que l'affaire foit au point où on la souhaitte. Je n'iray, dis-je, pas, car ce n'en est ni le temps ni ce qui est convenable à ma condition : mais ces Missions nous donneront des filles, quand elles seront établies. Je ne regarde pas le present mais l'avenir, m'estimant heureuse d'étre employée dans le fondement d'un si grand edifice, tant au regard des François que des Sauvages, puisque les ames des uns & des autres ont également coûté au Fils de Dieu. Sans l'education que nous donnons aux filles Françoises qui sont un peu grandes, durant l'espace de six mois ou environ, elles seroient des brutes pires que les Sauvages : C'est pourquoy on nous les donne presque toutes les unes aprés les autres, ce qui est un gain inestimable pour ce païs.

Vous direz, je m'assure, que je ne suis pas sage, d'avoir à l'âge de cinquante trois ans les sentimens que je vous declare. Mais pensez ce qu'il vous plaira ; si l'on me disoit, il faut maintenant partir pour aller aux Indes, ou à la Chine, ou aux Hiroquois, afin d'en apprendre la langue & de travailler à leur conversion, me voila préte, mon intime Mere. Mais je ne suis pas digne de ce bonheur ; Mon cher JESUS m'occupe à d'autres choses : Je roule dans sa volonté, je suis contente, & quelque croix qu'il m'arrive, je ne veux point sortir de ce centre. Voila ma vocation & ma disposition, pour laquelle je vous supplie au nom de nôtre divin Sauveur & Maître, de luy demander que je luy sois fidele, car je n'ay rien de moy que le peché & l'imperfection.

Je croy ce que vous me mandez de nôtre chere Maison de Tours, & je me persuade aisément que la paix & l'union y sont au point que vous le dites. Le chef ayant les qualitez de l'amour & de la charité en eminence ; il ne se peut faire que les membres ne participent à la douceur de ses influences. Je saluë cette chere Communauté, & la conjure de me considerer toujours comme un membre, quoi qu'indigne, d'un corps si precieux. Je me recommande à ses prieres, & la conjure de me faire part de ses merites.

De Quebec 1653.

LETTRE LXXII.

A SON FILS.

Elle le remercie d'un Panegyrique de saint Benoist qu'il luy avoit envoyé, & luy dit ses sentimens sur son election à la superiorité. De quelle maniere elle a entrepris d'écrire les conduites de Dieu sur elle, lesquelles ont depuis servi à écrire sa vie.

MOn tres-cher & bien aimé fils. L'amour & la vie de Jesus soit nôtre vie pour l'eternité. J'ay receu vôtre lettre en date du troisiéme jour d'Avril, & ensemble l'agreable présent qui l'accompagnoit. Vous avez bien sujet de dire que ç'a été pour ma consolation que vous me l'avez envoyé : car en effet j'en ay été tres-consolée, & j'ay rendu à Dieu & à son saint Esprit mes tres-humbles actions de graces de celles qu'il vous communique tant en vôtre particulier pour vôtre santification, que des talens qu'il vous donne pour aider le prochain, soit par l'exercice de la predication, soit par l'œconomie de la charge qu'il vous a mise entre les mains. J'espere que sa divine Majesté ne vous abandonnera jamais, pendant que vous serez un fidele dispensateur de ses biens, car il dit dans l'Evangile à son serviteur fidele : *Venez, mon bon & fidele serviteur, parceque vous avez été fidele en peu de chose, je vous éleveray & constitueray sur beaucoup.*

Mais sçavez-vous bien, mon tres-cher fils, qu'il ne m'a jamais été possible de luy rien demander pour vous que les vertus de l'Evangile, & sur tout que vous fussiez l'un de ses vrais pauvres d'esprit : Il m'a semblé que si vous étiez rempli de cette divine vertu, vous possederiez en elle toutes les autres eminemment; car j'estime que sa vacuité toute sainte est capable de la possession de tous les biens de Dieu envers sa creature. Puisque vous voulez que je vous parle sans reserve, il y a plus de vingt-cinq ans que la divine bonté m'a donné une si forte impression de cette verité à vôtre égard, que je ne pouvois avoir d'autres mouvemens que de vous presenter à elle, luy demandant *avec des gemissemens inenarrables que son divin esprit faisoit sortir de mon cœur,* que cette divine pauvreté d'esprit fût vôtre partage. L'esprit du monde m'étoit pour vous un monstre horrible, & c'est ce qui m'a fait vaincre tant d'oppositions qui se sont formées à vos études ; parceque dans les sentimens que Dieu me donnoit à vôtre égard, je voyois qu'il falloit se servir de ce moyen pour parvenir à ce que je pretendois, & pour vous mettre dans l'état où vous pouviez posseder cette veritable pauvreté d'esprit.

Je rends tres-humbles actions de graces à sa bonté de l'attrait qu'elle vous donne pour la vie mystique. C'est une des dépendances de cette pauvreté d'esprit, laquelle purifiera encore ce qui pourroit être de trop humain dans l'exercice de la predication, que je ne vous conseille pas de quitter, si ce n'est qu'il cause du dommage à vôtre perfection, ou à vôtre santé, ou à l'exercice de vôtre charge. Si donc vous vous adonnez tout à bon à la vie interieure, vos predications avec le temps en seront plus utiles pour le prochain, & Dieu en sera plus glorifié. Celle que vous m'avez envoyée m'a beaucoup plû. Un bon fils donne des loüanges à son pere, & cela luy est bien seant. Si nôtre tres-cher Pere Poncet n'étoit point tombé entre les mains des Hiroquois je luy en donnerois la communication, afin de le consoler dans l'ouvrage de son Ecolier.

Mais venons au point des promesses que je vous ai faites, & dont vous attendez l'effet cette année. J'ay fait ce qui m'a été possible pour vous donner cette satisfaction; je vous diray que l'on n'écrit icy en hiver qu'auprés du feu, & à la veuë de tous ceux qui sont presens : Mais comme il n'est nullement à propos que l'on ait connoissance de cet écrit, j'ay été obligée contre l'inclination de mes desirs d'en differer l'execution jusques au mois de May. Depuis ce temps-là j'ay écrit trois cahiers de seize fueillets chacun *in quarto* dans les heures que j'ay pû dérober à mes occupations ordinaires. J'en étois à ma vocation au Canada au mois d'Aoust que les vaisseaux étant arrivez, il m'a fallu tout quitter pour travailler au plus pressé. Mon dessein étoit de vous les envoyer en attendant le reste, sans la raison que je vous veux dire, qui est que faisant mes exercices spirituels depuis l'Ascension jusqu'à la Pentecôte, dans les reflexions que je faisois sur moy-même, j'eu des veuës fort particulieres touchant les états d'oraison & de grace que la divine Majesté m'a communiquez depuis que j'ay l'usage de raison. Alors sans penser à quoy cela pourroit servir, je pris du papier & en écrivis sur l'heure un *Index* où abbregé, que je mis en mon portefeuille. Dans ce temps-là mon Superieur & Directeur, qui est le R. Pere Lallemant m'avoit dit que je demandasse à Nôtre Seigneur que s'il vouloit quelque chose de

DE LA M. MARIE DE L'INCARNATION. 167
moy avant ma mort qui pût contribuer à sa gloire, il luy plût de me le faire connoître. Aprés avoir fait ma priere par obeïssance, je n'eus que deux veuës; la premiere, de m'offrir en holocauste à la divine Majesté, pour être consumée en la façon qu'il le voudroit ordonner pour tout ce desolé païs: & l'autre, que j'eusse à rediger par écrit la conduite qu'elle avoit tenuë sur moy depuis qu'elle m'avoit appellée à la vie interieure. Pour la premiere j'en parlé sur l'heure à mon R. Pere, en luy parlant de mes autres dispositions presentes; mais pour l'autre j'eus de la confusion de moy-meme, & n'en osé rien dire. Cependant cet *Index* étoit le point de l'affaire, qui me revenoit continuellement en l'esprit, avec un scrupule d'avoir écrit ce que j'avois projeté de vous envoier sans la benediction de l'obeïssance. Il est vray que mon Superieur m'avoit obligée de recrire les mêmes choses que j'avois écrites autrefois & qui avoient été brulées avec nôtre Monastere; mais c'estoit l'intention que j'avois de vous les envoyer, qui me faisoit de la peine pour ne l'avoir pas declarée. Enfin pressée de l'esprit interieur, je fus contrainte de dire ce que j'avois celé, de montrer mon *Index*, & d'avoüer que je m'étois engagée de vous envoier quelques écrits pour vôtre consolation. Je luy dis l'ordre que j'y gardois, qu'il approuva: & il ne se contenta pas de me dire qu'il étoit juste que je vous donnasse cette satisfaction, il me commanda méme de le faire. Je vous envoie cet *Index*, dans lequel vous verrez à peu prés l'ordre que je garde dans l'ouvrage principal que je vous envoiray l'année prochaine, si je ne meurs celle-cy, ou s'il ne m'arrive quelque accident extraordinaire qui m'en empesche, & je tacheray d'en retenir une copie pour suppléer aux risques de la mer.

Dans le dessein donc que j'ay commencé pour vous, je parle de toutes mes avantures, c'est à dire, non seulement de ce qui s'est passé dans l'interieur, mais encore de l'histoire exterieure, sçavoir des états où j'ay passé dans le siecle & dans la Religion, des Providences & conduites de Dieu sur moy, de mes actions, de mes emplois, comme je vous ay elevé, & generalement je fais un sommaire par lequel vous me pourrez entierement connoître, car je parle des choses simplement & comme elles sont. Les matieres que vous verrez dans cet abregé y sont comprises, chacune dans le temps qu'elle est arrivée. Priez Nôtre Seigneur qu'il luy plaise de me donner les lumieres necessaires pour m'acquitter de cette obeïssance à laquelle je ne m'attendois pas. Puisque Dieu le veut j'obeïray en aveugle : je ne fçay pas fes deffeins ; mais puifque je fuis obligée au vœu de plus grande perfection, qui comprend de rechercher en toutes chofes ce que je connoîtray luy devoir apporter ou procurer le plus de gloire, je n'ay point de repartie ni de reflexion à faire fur ce qui m'eft indiqué de la part de celuy qui me tient fa place.

Au refte il y a bien des chofes, & je puis dire que prefque toutes font de cette nature, qu'il me feroit impoffible d'écrire entierement, dautant que dans la conduite interieure que la bonté de Dieu tient fur moy, ce font des graces fi intimes & des impreffions fi fpirituelles par voye d'union avec la divine Majefté dans le fond de l'ame, que cela ne fe peut dire. Et de plus, il y a de certaines communications entre Dieu & l'ame qui feroient incroiables fi on les produifoit au dehors comme elles fe paffent interieurement. Lorfque je prefenté mon *Index* à mon Superieur, & qu'il en eut fait la lecture, il me dit : allez fur le champ m'écrire ces deux chapitres, fçavoir le vingt & deux & le vingt & cinq. J'obeïs fur l'heure & y mis ce qu'il me fut poffible, mais le plus intime n'étoit pas en ma puiffance. C'eft en partie ce qui me donne de la repugnance d'écrire de ces matieres, quoique ce foient mes delices de ne point trouver de fond dans ce grand abyme, & d'être obligée de perdre toute parole en m'y perdant moy-méme. Plus on vieillit, plus on eft incapable d'en écrire, parce que la vie fpirituelle fimplifie l'ame dans un amour confommatif, en forte qu'on ne trouve plus de termes pour en parler.

Il y a vingt ans que je l'aurois fait plus avantageufement & avec plus de facilité, & il y auroit des matieres qui donneroient de grands fujets d'admirer la grande & prodigue liberalité de Dieu à l'endroit d'un ver de terre tel que je fuis : car jay laiffé quelques papiers à ma Reverende Mere Françoife de faint Bernard, qui font mes oraifons des exercices de dix jours que l'obeïffance m'obligea d'écrire : j'avois fait encore quelques autres remarques dans un livret touchant les mêmes matieres. Si j'avois ces écrits ils me ferviroient beaucoup & me rafraichiroient la memoire de beaucoup de chofes qui fe font écoulées de mon efprit. J'ai laiffé deux exemplaires de tout cela, car comme mon Directeur vouloit avoir mes originaux, j'en fis une copie dans un petit livret, pour m'en fervir dans les occafions. Lorfque j'étois fur le point de quitter la France je retiré adroitement les Originaux qui depuis font demeurez avec les copies. J'ay depuis demandé les uns

uns & les autres à cette Reverende Mere, afin qu'on ne vît aucun écrit de ma main dans le monde, mais elle me les a refusez absolument, comme elle me mortifia beaucoup avant mon depart parceque j'avois brûlé quantité d'autres papiers de cette nature.

Ces écrits, dont je viens de parler, regardent seulement la conduite de Dieu sur moy dans la France. Pour le Canada, il me seroit difficile d'écrire toutes les dispositions où je me suis trouvée depuis que Dieu m'y a appellée. J'y ay souffert de grandes croix de la part de Dieu, des creatures, & de moy-méme qui suis là pire de toutes. J'en diray quelque petite chose ; mais il y a bien des raisons qui m'obligent de taire le reste, & je croy que c'est la volonté de Dieu que j'en use de la sorte. Si j'avois vôtre oreille, il n'y a point de secret en mon cœur que je ne vous voulusse confier : Je vous ferois volontiers mes confessions generales & particulieres, Dieu vous ayant marqué de son caractere saint. Vous voyez par là que je n'ay point de reserve à vôtre égard, & qu'il n'y a que la distance des lieux qui empeche nôtre commerce pour les choses de Dieu, car il n'en faut point avoir d'autre dans le temps ni dans l'eternité. Afin donc que cet *Index* demeure secret je l'enferme en cette lettre, laquelle par la qualité des matieres que j'y traite, vous voyez qu'elle doit être particuliere à vous & à moy.

Premier état d'Oraison.

1. Par lequel Dieu fait perdre à l'ame l'affection des choses vaines & des creatures qui la tenoient attachée.

2. Inclination grande à la frequentation des Sacremens, & les grands effets que ces sources de sainteté operoient en elle, particulierement l'esperance & la confiance en Dieu.

3. Elle se sent puissamment attirée par les ceremonies de l'Eglise.

4. Du puissant attrait qu'elle a pour entendre les predications, & les effets que la parole de Dieu operoit en elle.

Second état d'Oraison.

5. Changement d'état par lequel Dieu illumine l'ame, luy faisant voir la diformité de sa vie passée.

6. Puissans effets par une operation & illumination extraordinaire causée par le sang de JESUS-CHRIST.

7. Confession de ses pechez en suite de l'operation precedente.

8. Dieu luy donne le don d'une Oraison actuelle & continuelle,

Abbregé de la vie de la M. Marie de l'Incarnation.

par une liaison à JESUS-CHRIST.

9. Diverses illuminations ensuite de cet esprit d'oraison; plusieurs vertus luy sont aussi données, particulierement la patience, l'humilité, & sur tout un grand amour pour la pauvreté d'esprit.

Troisiéme état d'Oraison.

10. Par lequel Dieu luy donne un esprit de penitence interieure, & exterieure extraordinaire.

11. Des veuës & des motifs qui la portent à cet esprit de penitence.

12. Des occasions que Dieu fait naître pour la faire entrer dans la pratique de l'humilité, de l'abnegation & de la patience.

13. Elle a tant d'amour pour les humiliations, qu'elle craint d'en perdre les occasions.

Quatriéme état d'Oraison.

14. Par lequel Dieu ayant illuminé l'ame, il la dirige par des paroles interieures tirées de l'Ecriture sainte.

15. Profonde veuë de son neant ensuite de ces paroles interieures.

16. D'une maniere de privauté avec Dieu, où l'ame se sent poussée passivement, sans qu'elle puisse agir d'une autre maniere.

Cinquiéme état d'Oraison.

17. Par lequel Dieu applique l'ame à la pratique des maximes & vertus de l'Evangile enseignées par JESUS-CHRIST.

18. En cet état le corps étant dans le monde, l'esprit est dans la religion où se pratiquent ces saintes & divines maximes du Verbe incarné.

19. Le grand tracas du monde n'est pas capable de divertir l'ame de la veuë de son objet spirituel, par lequel elle est portée à de plus grands actes de vertu.

20. Elle souffre un martyre dans le monde, le voyant si contraire à la vie & aux maximes de JESUS-CHRIST.

Sixiéme état d'Oraison.

21. Par lequel Dieu appelle l'ame à un état de pureté interieure extraordinaire, laquelle par sa misericorde il opere en elle.

22. En suite de l'operation precedente les trois personnes de la tres-sainte Trinité se manifestent à elle d'une façon extraordinaire,

& luy donnent diverses veuës des operations de Dieu dans les Anges & dans les ames pures.

23. Diverses connoissances luy sont données sur la distinction des attributs divins.

24. Des dispositions qui sont passivement données à l'ame, pour la mettre dans un état de pureté capable des grandes operations que Dieu veut faire en elle, qui la font languir d'amour & aspirer au divin mariage.

Septiéme état d'Oraison.

25. Par lequel la tres-sainte Trinité se decouvre de nouveau à l'ame d'une maniere plus haute & plus sublime que la premiere; & en cette operation la deuxiéme personne divine la prend pour son Epouse.

26. Le effets que ce divin mariage de l'ame avec la sacrée personne du Verbe opere en elle.

27. En cet état d'Oraison l'esprit est totalement abstrait des choses de la terre, d'où s'ensuit une continuelle extase dans l'amour de la seconde personne divine.

28. Le saint Esprit par une motion continuelle luy fait chanter un épithalame par rapport à celuy du cantique des cantiques.

29. Langueurs amoureuses de l'ame dans lesquelles elle ne vit plus en elle, mais en celuy qui l'a toute absorbée en ses amours.

30. D'une suspension ou operation qui fait agoniser l'ame, la tenant dans un martyre d'amour extreme.

31. Du soulagement qui luy est donné dans cette operation si crucifiante, sans lequel il ne luy seroit pas possible de vivre sur la terre.

32. Nouvelles souffrances & angoisses de l'ame, de se voir encore retenuë dans le monde, puisque le corps ne meurt pas: Et du soulagement que Dieu luy donne à ce sujet.

33. Des moyens dont Dieu se sert pour luy faire quitter le monde & ses parens, afin de l'attirer dans la Religion.

34. Des pieges que le Diable luy dresse pour s'y opposer.

Huitiéme état d'Oraison.

35. Où est compris ce que Dieu opere en l'ame dans ce nouvel état de vie.

36. Troisiéme grace par l'operation de la tres-sainte Trinité, où les trois Personnes divines se communiquent à l'ame d'une maniere

plus sublime qu'auparavant.

37. De l'intelligence que Dieu luy donne de plusieurs passages de l'Ecriture sainte, au sujet du sacré Verbe incarné.

38. Elle souffre de grandes peines interieures; & comme la divine Majesté se sert des Reverends Peres de la Compagnie de Jesus pour l'aider.

Neuviéme état d'Oraison.

39. Qui porte une grace particuliere d'aider spirituellement le prochain.

40. Vocation particuliere pour procurer le salut des ames.

41. Dieu luy manifeste sa volonté, luy revelant qu'il se veut servir d'elle dans la mission de Canada.

42. Les moyens dont Dieu se sert pour venir à l'execution de cette vocation.

43. Desirs qui consument l'ame touchant le salut du prochain : & l'execution de la volonté de Dieu sur ce dessein.

Dixiéme état d'Oraison.

44. Par lequel Dieu fait mourir l'ame à ses desirs, & en ce zele qui sembloit la devorer, voulant triompher d'elle en luy ôtant sa volonté.

45. Elle demeure heureusement captive dans les volontez de Dieu, qui luy fait voir, qu'il veut être le Maître dans l'execution du dessein du Canada.

46. Revelation que Dieu donne à un saint homme touchant la vocation de le servir au salut des ames dans la mission du Canada, ce qui s'accorde avec les operations que la divine Majesté fait en N. à ce sujet.

C'est elle même.

Onziéme état d'Oraison.

47. Par lequel Dieu oblige l'ame de poursuivre l'execution de son dessein.

48. Ce qui se passe en l'ame dans cette poursuite, Dieu executant ce dessein aprés l'examen & l'approbation des Superieurs.

49. Disposition & visite de Dieu, qui fait voir à l'ame ce qu'elle aura à souffrir en Canada; & comme il luy manifeste sa sainte volonté.

50. L'amour avec lequel elle s'abandonne aux dispositions &

DE LA M. MARIE DE L'INCARNATION.

ordnances divines : & l'inclination qu'elle ressent de se consumer pour JESUS-CHRIST, en revanche de ses faveurs.

Douzième état d'Oraison.

51. L'ame experimente ce que Dieu luy avoit fait connoître des abandonnemens qu'elle devoit souffrir en Canada.

52. Diverses contradictions : Dispositions interieures à ce sujet.

53. La nature patit beaucoup, & l'esprit encore plus par la revolte des passions.

54. Elle experimente des tentations tres-rudes & de longue durée.

55. Comme elle se comporte dans ses longues croix avec le prochain, & dans les fonctions du service de Dieu.

56. L'ame patit extremement dans la pensée qu'elle est decheuë de la perfection & de la pratique de la vertu : Ce que Dieu luy inspire à ce sujet.

Treizième état d'Oraison.

57. Dans lequel par une grace speciale que l'ame reçoit par l'entremise de la sainte Vierge, elle est delivrée en un moment de ses crucifiantes dispositions.

58. La grande paix qu'elle possede dans un nouvel amour que le sacré Verbe incarné luy donne pour ses divines maximes.

59. Le grand amour & union de sa volonté en ce que Dieu fait, & permet en elle, hors d'elle, dans les accidens, &c.

60. L'ame ayant connu la volonté de Dieu, qui se veut servir d'elle, l'execute avec amour, & sa divine Majesté luy fournit des graces pour cette execution.

61. Presence & assistance de la sainte Vierge, qui accompagne l'ame dans cette execution, d'une maniere extraordinaire.

62. L'ame se consume de plus en plus dans les amours du sacré Verbe incarné. Divers effets de cet amour consommatif.

63. Les differences qu'il y a de cet état aux precedens, quoi qu'ils semblent avoir quelque ressemblance, au sujet du sacré Verbe incarné.

Honneur, Gloire, & Loüanges au suradorable Verbe incarné.

Il me semble, mon tres-cher Fils, que cet écrit court, mais substanciel vous donnera une suffisante intelligence de l'esprit interieur qui me conduit, en attendant que je vous en puisse donner une plus ample connoissance. Priez le saint Esprit, qu'il luy plaise de me donner la lumiere & la grace de le pouvoir faire, si son saint nom en doit étre glorifié. Il m'a fait de grandes & amples misericordes, ausquelles j'ay été infiniment eloignée de correspondre. C'est pourquoi je croy que sa divine Majesté m'ayant preparé une grande place dans le Ciel, si je luy eusse été fidele, l'aura donnée à quelque ame plus correspondante, & peut-étre à ma chere & fidele compagne, la Mere Marie de saint Joseph. Ma privation est grande, mais elle est moindre que je ne merite. J'aime la justice qui vange les injures de Dieu, & je me glorifieray en cela méme qu'il sera glorifié en ses Saints, méme à mon exclusion. C'est de là que je possede la paix de cœur, qu'il y ait des ames selon son divin plaisir. Qu'il soit beni eternellement.

J'avois donné charge qu'on vous envoiât une copie du recit que j'ay fait à nos Meres, de la vie & de la mort de nôtre chere defunte. On me mande qu'on ne l'a pas encore fait, parceque cet écrit est tombé entre les mains du R. Pere le Jeune. Ce bon Pere en a pris ce qu'il a voulu pour mettre dans la Relation, sans que je l'en eusse prié. Il m'a beaucoup obligée de le faire, mais il m'eût fait un singulier plaisir de ne point faire paroître mon nom. Moy qui ne sçavois rien de tout cela, étant Lectrice au refectoir, je me trouvé justement à commencer par cette histoire. J'en eus de la confusion & la quitté pour la faire lire à une autre. Le souvenir de cette chere Mere m'est precieux, & je ne pense à elle & n'en parle qu'avec tendresse. Dieu nous fasse la grace de l'imiter afin de participer aux biens qu'elle possede.

De Quebec le 26. d'Octobre 1653.

LETTRE LXXIII.

A UNE DAME DE SA CONNOISSANCE.

A qui elle fait voir l'estime qu'elle doit faire de la grace de l'adoption.

JE ne croiois pas pouvoir trouver le loisir de vous écrire ; mais puisqu'il me reste ce petit moment, je ne puis le laisser passer sans me donner cette satisfaction, & vous donner un nouveau témoignage de mon affection, & de celle que j'ay pour vos enfans. Je les presente souvent avec vous à nôtre bon JESUS : Car c'est en luy que je vous voy, & que je me familiarise avec vous. Aimons sans cesse ce divin Sauveur qui nous a tant fait de misericordes que nous soions les enfans de Dieu, & ses freres par la grace. Ah! que luy avons nous fait pour nous avoir choisis à l'exclusion de tant de pauvres Sauvages qui ne le connoissent point? Faisons une estime particuliere de cette grace qui merite infiniment au delà de toutes nos reconnoissances. N'oubliez pas dans vos prieres cette nouvelle Eglise ni les ouvriers de l'Evangile, non plus que nôtre petit Seminaire; afin que tous travaillent au service de Dieu, & que sa bonté multiplie à l'infini le nombre de ses enfans. Je suis toute à vous.

LETTRE LXXIV.

A SON FILS.

Elle luy parle de la relation de sa vie qu'elle luy envoye cette année, & de la maniere avec laquelle elle l'a écrite. Pourquoy Dieu permet que ceux qui gouvernent les ames soient tentez, & que pour leurs tentations ils ne doivent point desister de l'exercice de leur employ.

MOn tres-cher & bien aimé Fils. J'ay mis enfin entre les mains du R. Pere de Lionnes les écrits que je vous ay promis, afin qu'il vous les donne en main propre. Je les mets au hazard d'être perdus à cause des dangers eminens de la mer: mais il y a bien des choses plus importantes que l'on risque cette année. Je vous ay simplement exposé mes sentimens sans ordre ni politesse, mais dans la seule expression de mon esprit & de mon cœur. Si j'avois voulu faire des comparaisons & des discours pour me faire entendre, cela auroit tiré à longueur, & j'aurois etouffé la pureté de l'esprit des choses que j'ay écrites qui ne peuvent souffrir de melange. Je vous dis par la lettre que j'y ay jointe, que si vous y avez des difficultés vous pouvez me les proposer en me marquant les endroits, mais vous ne devez en attendre la reponse que l'année suivante à cause des grandes affaires qui m'occupent dans le temps que les vaisseaux demeurent à nôtre port. Pour *l'Index* que je vous envoyé l'année derniere, je l'ay suivi en sa substance; mais en écrivant, l'esprit qui m'a fait produire mes sentimens m'a souvent obligée d'en changer l'ordre. Je n'ay pas eu le loisir de relire ce que je vous envoye, & beaucoup moins d'en faire une copie. Si neanmoins le

Cette Lettre est à la fin de la Preface de sa Vie.

vaisseau du Pere ne part pas si tôt, il me faudra faire un acte d'obeïssance au Reverend Pere Lalemant qui est d'en faire écrire une copie par ma chere Mere de saint Athanase, qui a été ma Superieure & en qui seule je pourray avoir cette confiance. Cela neanmoins ne laissera pas de me mortifier beaucoup, mais je passeray par dessus, parce que si ces écrits venoient à être perdus, vous pourriez exiger de moy un second travail que je ne serois peut-être pas en état d'entreprendre. Le tout contient environ deux cent pages: Mais si j'eusse pu dire ce que Dieu a fait en mon ame par sa sainte & divine operation, il y en auroit eu bien davantage. Si même j'eusse écrit les choses dans les temps ausquels elles sont arrivées, & lorsqu'elles étoient recentes, cela auroit été encore bien plus loin. Mais absolument parlant il m'auroit été impossible de dire tout ce qui s'est passé dans l'abondance de l'esprit. Les choses symboliques ou qui se peuvent attacher à quelque forme ou sujet qui tient de la matiere, se peuvent étendre; mais Dieu ne ma pas conduite par ces voyes là. Il est saint & magnifique, qu'il soit beni en tout & par tout.

Vous me proposez quelques doutes sur *l'Index* que je vous ay envoyé : vous en trouverez l'éclaircissement dans les cahiers que je vous addresse, & il vous sera facile de distinguer les états d'oraison qui ne font rien au fond substanciel, mais à l'élevation que Dieu fait d'une ame & aux effects que produisent ses impressions.

Le R. Pere le Jeune a bien raison de dire qu'il m'a exercée en la vertu; Ce n'a été que pour mon bien, & je puis assurer que je luy ay de tres-grandes obligations pour tous les soins qu'il a eu de ma perfection: en un mot, c'est un saint homme qui voudroit que tous ceux qu'il conduit fussent saints comme luy. Je mets le substanciel de mes croix, dans les écrits que je vous envoye; mais vous pouvez bien juger, qu'il se trouve un nombre innombrable de croix, tant domestiques qu'étrangeres, qui ne se peuvent dire. J'en ay eu ma bonne part, mais nôtre bon JESUS m'en a donné l'amour, en sorte qu'elles ont toutes produit de bons effets, & sa divine Majesté en a tiré sa gloire : De sorte que si j'ay eu des contradictions, cela est passé, & Dieu m'a donné d'autres sentimens. Je pourray encore en avoir, & j'espere qu'il en sera de même, si je luy suis fidele, car il est bon & plein de misericorde envers une pauvre pecheresse.

Et pourquoi, mon tres-cher Fils, vous effraiez-vous de la croix que vous souffrez, puis qu'elle ne sera que pour vôtre bien & tres-grand

DE LA M. MARIE DE L'INCARNATION.

grand bien ? Pour moy, j'estime qu'elle n'est qu'accidentelle, & que la nouveauté du gouvernement jointe aux dispositions des personnes que vous avez à conduire, l'ont fait naître. Il vous y faut resoudre ; car si vous étes pour le gouvernement, & si vous étes appellé à la veritable vie de l'esprit, vous passerez par diverses épreuves. Il importe beaucoup que vous sentiez des foiblesses, afin qu'en ayant l'experience & les portant en vous méme, vous ayez de la compassion des autres. C'est ici le point de la fidelité que vous devez à Dieu, & où les ames pusillanimes font de lourdes fautes, ne voulant pas passer outre, & choisissant l'état de vie ; qui leur semble les devoir exemter de telles & telles souffrances : Elles quittent celuy où la divine Majesté se vouloit servir d'elles : Elles sortent de ses saintes dispositions ; & cela l'oblige de les laisser dans les mains de leur conseil, puis qu'elles aiment mieux suivre leur route que la sienne. Pourquoy donc vous defiez vous ? Armez-vous de courage & de confiance, vôtre salut est entre les mains d'un tres-bon Pere.

Pour l'autre point, j'en diray comme du premier. Le Diable voit que vous contribuez au salut d'une ame ; il vous attaque à ce sujet, afin de vous faire quitter ce bon œuvre. Il ne le faut pas croire ; c'est son ordinaire de livrer de semblables assauts aux serviteurs de Dieu, pour les empécher d'avancer sa gloire. J'en connois un qui étoit dans des hazards & dans des dangers extremes, au milieu d'une Barbarie, où on luy livroit d'étranges combats : Il en étoit presqu'au mourir, car cela dura plusieurs années : Il en a remporté des victoires sans nombre, sans quitter pourtant les fonctions de son ministere. J'en sçay un autre qui a eu une maladie qu'on estimoit mortelle, pour avoir soûtenu des combats extremes sans cesser de garder la fidelité qu'il devoit à Dieu dans toutes ses circonstances : Je vous laisse à penser combien toutes ces resistances luy ont merité de couronnes. Ne laissez-donc pas pour toutes vos croix le bien commencé ; l'oraison & la mortification seront vôtre force. De mon côté, je feray pour vous auprés de Dieu tout mon possible, afin que sa tres-sainte volonté s'accomplisse en vous.

Pour mon particulier, je suis en assez bonne santé, graces à nôtre Seigneur. Nous avons fait nos élections, où l'on m'a continuée en ma Charge contre mon inclination ; mais il m'a fallu subir le joug. Priez nôtre Seigneur qu'il me fasse la grace de le porter comme il faut, & comme il le desire de moy.

De Quebec le 12. Août 1654.

LETTRE LXXV.

A UNE DAME DE SES AMIES.

Combien il est dangereux de negliger son salut : Et comme par cette negligence, l'ame tombe de precipice en precipice, d'où il est difficile de se relever.

MA tres-chere Sœur. Je vous saluë dans le cœur tout aimable & tout adorable de nôtre bon JESUS, source vive de tous les biens de la grace & de la gloire. J'ay sceu qu'il vous a été un bouquet de myrre, & que de bonne grace vous l'avez porté sur vôtre sein. Pourquoy, ma tres-chere Sœur, me celez-vous les croix que nôtre bon Dieu permet vous arriver? Croiez-vous que je n'aye pas assez de courage ou de volonté pour vous aider à les porter? Je le ferois tres-volontiers pour la grande part que je prens à tout ce qui vous touche. Vous me dites en passant quelque mot de vôtre fille, mais je croy qu'il y a quelque chose de plus ; & quoy que je ne sache rien de bien formel de son procedé, je ne laisse pas de luy écrire sur ce que j'ay apris qu'elle est trop libre, & qu'elle n'a pas la crainte de Dieu. Cela m'étonne veu que vous l'avez si bien élevée, & qu'on m'avoit mandé qu'elle étoit douce & innocente. Ah, ma bonne Sœur, que le menagement de nôtre salut est une grande chose ! depuis qu'une ame vient à le negliger, elle tombe de precipice en precipice, en sorte qu'il luy est difficile de se relever. Il faut pour cela de grands coups de grace & des secours efficaces que Dieu seul peut donner. Je vous assure que la part que je prens à tout ce qui vous touche, m'a rendu cette nouvelle plus sensible qu'aucune autre que j'aye reçuë depuis long temps. Les pertes temporelles me touchent peu, parceque nôtre bon Dieu a assez de pouvoir pour relever la creature ; mais il n'en est pas de même d'une ame qui luy resiste & qui luy lie les mains par sa rebellion. Il faut pourtant prier sans remise, & esperer un coup puissant de sa misericorde, pour cette ame qui refuse de luy rendre la fidelité qu'elle luy doit. Je me lie à vous à cette intention pour faire ce qui me sera possible pour la reduction de ce cœur. Cependant, ma chere Sœur, aimons nôtre divin Epoux pendant que les autres ne l'aiment pas. Cachons-nous dans cette pierre vive, dans cette mafure trouée de toutes parts par fes divines playes, & trouvons nous-y enfemble pour ne vivre plus que de fa vie divine & de fes influences faintes. Tâchons d'y faire amande honorable pour toutes les ames qui negligent leur falut, afin qu'elles foient trouvées dignes de revivre. Redoublez vos vœux & vos prieres pour l'avancement de la converfion des pauvres Hiroquois. L'on va, l'on vient, l'on travaille pour cela ; mais comme ce font des Barbares, l'on n'attend rien que de Dieu.

De Quebec le 13. d'Aouft 1654.

LETTRE LXXVI.

A UNE DE SES SOEURS.

Que chacun doit tendre au Ciel par des moiens conformes à fa condition. Et que les biens de la grace & de la gloire, font les feuls veritables biens.

MA tres-bonne & tres-chere fœur. Jesus & fa fainte Mere foient vôtre unique & entiere confolation. Ce m'en eft toujours une bien grande d'apprendre qu'ils vous protegent & qu'ils donnent la benediction à vos affaires. Il faut tout attendre & tout efperer d'un fi bon Dieu, qui eft le Pere des orphelins & le Protecteur des veuves. Je dis encore qu'il eft le Pere de tous, car fes mifericordes font infinies. Nous l'experimentons en ce bout du monde où la paix continuë depuis un an, ce qui facilite beaucoup les affaires de Dieu au fujet du falut des ames. Les affaires temporeles du pauvre peuple profperent par la liberté du commerce. Nous efperons que cela continuera pour la gloire de Dieu & pour la confolation de fon peuple. C'eft une chofe raviffante de voir la ferveur de nos Chrêtiens Sauvages. Si nous voions en quelque temps d'icy les Hiroquois convertis, comme l'on y travaille puiffament, nôtre joye ne fe pourra exprimer. Ah! ma chere Sœur, que c'eft une grande chofe que le falut des ames qui ont coûté tout le fang du Fils de Dieu! Que la mort feroit douce, endurée pour un fi digne fujet! O plût à Dieu que la mienne y fut toute confumée! Mais je ne merite pas un fi grand honneur.

Vous me confolez de me donner des nouvelles de vos enfans. Je les prefente de bon cœur à nôtre bon Jesus, & le prie de les vouloir remplir, de son saint Esprit pour la conduite de leur vie. Pour vous, ma tres-chere sœur, vous approchez tous les jours aussi-bien que moy de l'eternité. Nos dispositions pour ce passage sont differentes, selon la difference de nos conditions. Nous tendons à une méme fin, à un méme Paradis, à la jouïssance d'un méme Dieu ; nous devons chacune selon nôtre état nous y preparer, & mettre ordre à nos affaires. Vous avez à menager vôtre salut particulier en gouvernant prudamment vôtre famille, en élevant vos enfans dans la crainte de Dieu, & en les pourvoiant d'une telle maniere qu'ils fassent plutôt leur salut que leur fortune : & moy je dois travailler au mien en me consumant au service de Dieu, & m'offrant en holocauste à sa divine Majesté. Prenons donc courage, ma tres-bonne Sœur, pour servir un si bon Maître. J'espere que nous nous verrons un jour dans la celeste partie, pour nous conjoüir de ses grandeurs; & que nous y benirons ensemble ses misericordes, de ce qu'il nous a éleus pour ses enfans. Je vous offre chaque jour à sa divine Majesté, & je ne fais aucune action pour son service à laquelle vous n'aiez part, car mon cœur & mon esprit sont tres unis aux vôtres. Je vous le repete & vous l'inculque encore une fois : faites tout vôtre possible pour donner à vos enfans plus d'estime de la vertu que de tout ce qui est sur la terre : Tout cela passera comme le vent, mais les biens de la vertu suivent jusques dans l'éternité ceux qui les ont aimez. Vous penserez peut-étre que je suis indisposée, puisque je vous parle de la mort : Non ma chere Sœur, je suis graces à nôtre Seigneur, en tres-bonne santé, & y ay été toute l'année ; mais parceque je voudrois étre delivrée de ce corps mortel pour jouïr de Dieu dans une meilleure vie, je parle volontiers de ceque j'aime, & de ceque je souhaitte.

De Quebec le 13. Aoust 1654.

LETTRE LXXVII.
A UNE RELIGIEUSE URSULINE DE CELLE.

Que l'observance reguliere étant bien gardée conserve le temporel d'une Maison: & de la confiance qu'il faut avoir en la divine Providence dans le temps de la pauvreté.

MA Reverende & tres-chere Mere. L'amour & la vie de Jesus soient nôtre vie & nôtre amour, pour le temps & pour l'eternité. Si ce divin Sauveur vous donne de l'amour pour moy, il ne m'en donne pas moins pour vous. C'est une marque qu'il veut que nos cœurs soient unis dans son amour & sainte dilection. De mon côté je le sens & l'experimente, & je tâcheray de conserver cette liaison toute ma vie; je vous le dis sans compliment & sans fiction, mon intime Mere. Vous me consolez beaucoup de m'apprendre que les travaux de ma Reverende Mere de Dampiere & les vôtres prosperent avec benediction. Ah, qu'il fait bon se sacrifier pour le service d'un si bon Dieu! vous verrez à l'heure de la mort de quel prix sont les peines & les mortifications que l'on souffre pour son amour. J'admire qu'en si peu de temps vous ayez tant avancé que de faire recevoir le Coutumier, peu à peu les pratiques se rendent plus solides. Ce seroit un grand avantage que ma chere Mere Prieure fût continuée, & que vous demeurassiez avec elle, car elle me témoigne qu'elle vous a une entiere confiance. Mais est il vray chere Mere, que ce Monastere soit si pauvre & si déchû? Il est bien difficile de reparer ce malheur qu'en recevant des Novices. Je prie Nôtre Seigneur d'y vouloir mettre la main. J'espere que si la Discipline reguliere s'y garde comme il faut, le temps & la patience remettront le temporel en son premier état, & peut-être dans un meilleur & plus florissant: ne perdez donc point courage, ma tres-chere Mere, travaillez pour Dieu & pour cette pauvre Maison.

Pour nous, nous nous relevons peu à peu de nôtre incendie. Nôtre Seigneur nous a tellement favorisées de ses benedictions, que nous sommes aussi-bien logées qu'auparavant. Nous devons à la verité, mais nos détes vont en diminuant, & nous avons à faire à des personnes qui ne nous pressent pas. Maintenant que la paix est faite nous avons beaucoup d'employ en sorte que si quelqu'une de nous venoit à manquer, il nous faudroit par necessité faire venir des Sœurs de France, supposé que la mer fût plus libre, car nous apprehendons plus apresent les Anglois que les Hiroquois.

Quand je vous dis que nous nous relevons peu à peu, ce n'est pas que nous ne manquions de beaucoup de choses, mais cela n'est rien en comparaison de l'extremité où nous nous sommes veuës. Aprés tout la divine Providence est une bonne Mere, quand on s'appuie plus sur elle que sur les forces humaines qui sont toujours foibles & inconstantes: Ainsi, ma chere Mere, consolons nous en elle, & elle aura soin de nous. Nous sommes chargées d'un grand nombre de Filles en nôtre Seminaire sur ce seul appuy. L'on me fait quelquefois des questions sur ce sujet, & on me demande si j'ay fondation pour tout cela: je répond que nous avons celle de la Providence. En effet je m'y sens tres-forte, & elle ne m'a encore jamais manqué. Remerciez la pour moy, mon intime Mere, & n'oubliez jamais de me faire part de vos prieres, & du merite de vos bonnes œuvres.

De Quebec le 5. Septembre 1654.

LETTRE LXXVIII.

A SON FILS.

Sur le même sujet: Et que ceux qui veulent avancer dans la voye de l'esprit, se doivent resoudre à la tentation & aux épreuves.

MOn tres-cher & bien-aimé Fils. La vie & l'amour de Jesus, soient vôtre vie & vôtre amour pour le temps & pour l'eternité. Je vous ay écrit par tous les vaisseaux qui sont partis. Celle-cy n'est qu'un petit abregé des autres, afin que si elles sont perduës vous puissiez avoir de nos nouvelles par ce dernier navire. Je vous envoye les papiers que je vous avois promis & les ay confiez au R. P. de Lionnes pour vous les mettre en main propre. Je vous demande le secret que vous m'avez promis, car je ne veux pas que personne en ait la veuë que vous. Si vous voiez du danger que cela arrive, brûlez-les plûtôt, ou même, afin que mon esprit soit en repos, renvoyez les moy. Vous y trouverez l'eclaircissement de certains points que vous me demandez, si tant est qu'ils arrivent jusqu'à vous.

DE LA M. MARIE DE L'INCARNATION.

Pour ce que vous m'avez proposé & qui vous regarde en particulier, ne vous affligez point, & ne desistez point de faire la charité à cette bonne Dame. C'est la nouveauté de cet employ qui vous cause cette peine ; quand l'experience vous aura rendu plus aguerri, il n'en sera pas de même. Toutefois quand il en seroit de la sorte toute vôtre vie, il ne faudroit pas cesser de faire la charité : le Diable qui a peur qu'on la fasse, fait d'ordinaire ces sortes d'ouvrages pour intimider les ames. Je connois un saint homme qui en est martyr, mais qui ne laisse pas de poursuivre genereusement sa pointe : faites-en de même pour l'amour de Dieu, & pour le salut de cette ame.

Pour vôtre autre affaire qui vous donne tant d'exercice, c'est aussi une tentation en une maniere ; & en une autre, c'est un exercice que Dieu vous donne. Vous trouverez quelque chose de semblable dans mes écrits ; vous y verrez aussi les suites & les succez. Il faut passer, mon tres-cher Fils, par diverses tentations & afflictions pour parvenir à la pureté de corps & d'esprit que Dieu demande de nous : & pour cela il faut avoir un grand courage & étre impitoiable à soy-même, autrement l'on n'avancera point dans cette voye de l'esprit. Tous les Saints ont passé par là pour étre saints. Je ne me mets pas du nombre, car je suis une grande pecheresse ; mais voyez, je vous prie, par ou j'ay passé l'espace de plus de sept ans, & encore auparavant en diverses rencontres. Il n'est pas possible de vivre long-temps dans la vie spirituelle, sans passer par ces épreuves. Je vous renvoye donc au lieu allegué, & de mon côté vous pouvez croire que vos interests me sont tres-chers pour les recommander à nôtre bon JESUS.

Pour ma disposition du corps elle est assez bonne, & je ne me sens pas encore beaucoup des incommoditez de l'âge, sinon que ma veuë s'affoiblit. Pour la soulager j'use de lunettes avec lesquelles je voy aussi clair qu'à l'âge de vingt-cinq ans : elles me soulagent encore d'un mal de téte habituel, qui en est bien diminué. Je suis aussi devenuë un peu replete : les personnes de mon temperament le deviennent en ce païs, où l'on est plus humide qu'en France, quoique l'air y soit tres-subtil. Mais laissons le corps pour la terre, & donnons nôtre esprit à Dieu.

De Quebec le 18. Octobre 1654.

LETTRE LXXIX.

A UNE DAME DE SES AMIES.

Elle la console en ses afflictions, & luy enseigne que la Croix est l'instrument avec lequel Dieu fait les Saints.

MA tres-chere Sœur. JESUS soit nôtre unique Tout pour l'eternité. Il ne se peut faire que je ne m'interesse en tout ce qui vous touche, puisque mon cœur est uni au vôtre d'une façon toute particuliere. Portons donc ensemble vôtre croix en l'unissant à celle de nôtre tres-adorable JESUS, qui en adoucira les amertumes par la douceur de son esprit. Il sçait le moment qu'il a destiné pour convertir cette ame; & c'est une chose assurée qu'il ne la veut pas perdre, si elle-méme ne le veut; mais je ne la croy pas encore dans cet abyme de misere: je la croy plûtôt dans une ignorance grossiere, qui par sa stupidité ne comprend pas l'importance du salut. Dieu permet peut-être la perte de ses biens & les maladies de ses enfans pour luy ouvrir les yeux, & la rendre plus soumise à ses volontez, & plus humble à vôtre égard. Voila ce que nôtre Seigneur vous reservoit pour vôtre santification & pour l'achevement de vôtre couronne. Pour mon particulier, la bonté divine m'a aussi gagnée à luy par la croix; c'est pourquoy je l'estime tres precieuse, comme l'instrument par lequel il fait les Saints. Plaise donc à sa misericorde que nous soions fideles aux adorables desseins qu'elle a sur nous dans le temps de ses visites.

Pour nos nouveaux Chrêtiens, ils sont dans des ferveurs nonpareilles qui sans mentir font honte à ceux qui sont nez dans le Christianisme; demandez leur perseverance à Nôtre Seigneur, comme aussi de ceux qui sont en grand nombre captifs chez les Hiroquois, où nonostbant leur longue captivité, ils se maintiennent tres-bien en la foy qu'on leur a enseignée, qui n'est pas un petit miracle en des hommes que la naissance Sauvage rend naturellement inconstans. Ils auront part à vôtre present dont je vous suis infiniment obligée. Enfin recommençons de nouveau à nous consumer dans l'amour & dans le service de nôtre bon JESUS, qui est nôtre salut eternel. C'est l'unique tresor de ses enfans, que je desire pour vous & pour moy, qui suis aprés vous avoir étroitement embrassée dans son amour. Vôtre

De Quebec le 9. Septembre 1655.

LETTRE LXXX.

A UNE RELIGIEUSE URSULINE MAITRESSE DES NOVICES.

La Mere Angelique de la Valiere.

Elle luy fait paroître son zele pour les Missions, & luy demande le secours de ses prieres & de celles de ses Novices afin qu'il plaise à Dieu de les faire reüssir.

MA Reverende & tres-chere Mere. J'ay reçu une consolation toute particuliere d'apprendre de vos nouvelles par vous-méme. Je n'aurois garde, mon intime Mere, d'attribuer à froideur le silence que vous gardez à mon égard. J'ay trop de preuves de la bonté de vôtre cœur, faites ce qu'il vous plaira, j'auray toujours cette creance, & que vos prieres avec celles de vos bonnes filles sont tres-precieuses devant Dieu pour le Canada, & en particulier pour nôtre Seminaire. Continuez s'il vous plaît, ou plutôt redoublez vôtre ferveur afin qu'il plaise à sa divine bonté de donner sa benediction aux Missions que l'on va commencer aux nations Hiroquoises. Il est sans doute que le diable s'y opposera de tout son possible, comme il a déja fait. Mais celuy pour l'amour duquel nos Reverends Peres se vont exposer est plus fort qu'eux. Il y en a déja un de parti; deux autres partiront cette semaine avec quelques François: & si ces commencemens reussissent, l'on y envoyra un gros de François au printemps prochain. Encore une fois, priez Dieu pour ce grand dessein. Si j'étois petit oiseau, j'y volerois pour y rendre à ma façon mes petits services à nôtre bon JESUS. Vous apprendrez au long toutes les nouvelles du Traité de paix qui se passa Dimanche dernier en presence de plus de cinq cens personnes. Mon intime Mere, obtenez moy de la bonté divine la grace de la perseverance & de la fidelité à ma vocation à son service dans cette nouvelle Eglise, & je luy demanderay pour vous & pour vôtre chere troupe, que j'embrasse de tout mon cœur, la veritable sainteté. C'est dans ce sentiment que je continueray d'étre dans l'amour de nôtre bon JESUS vôtre.

De Quebec le 15. Septembre 1655.

LETTRE LXXXI.

A SON FILS.

De l'excellence du pur amour de Dieu. Que les tentations & les epreuves sont ordonnées pour faire avancer les ames dans la voye de la sainteté, mais que si l'on n'y prend garde, elles sont des occasions de retardement. Tentations de desirer être assuré de son salut; ses inconveniens, ses remedes. Elle témoigne sa douleur de ce que deux de ses Religieuses veulent retourner en France.

MOn tres-cher & bien-aimé Fils. J'ay reçu la lettre que vous me dites être vôtre seconde. Le R. Pere de Lionnes est peut-être le porteur de la premiere que je n'ay pas encore reçuë. Je suis bien aise que les papiers que je vous ay envoyez ne soient point tombez en d'autres mains que les vôtres. Ce ne m'eût pas été une petite mortification s'il en fût arrivé autrement, comme vous l'avez pû remarquer par les precautions que j'ay apportées pour les rendre secrets. Je les avois recommandez bien particulierement à ce R. Pere quoi qu'il ignorât ce que c'étoit: mais enfin Dieu soit beni de ce que le tout a reüssi jusqu'ici selon mon désir.

J'ay apris de quelques-uns de mes amis que vous êtes Prieur aux Blancs-Manteaux à Paris, c'est ce que je ne puis concevoir, puisque vous êtes de l'Ordre de saint Benoist où l'on porte le noir; vous m'éclaircirez de ce mystere, si vous le jugez à propos. Quoi qu'il en soit, ce m'est un tres-grand contentement, que vous serviez nôtre bon Dieu en quelque lieu & en quelque qualité qu'il vous mette.

Si vous avez senti vôtre cœur ému en lisant les grandes misericordes que la bonté divine nous a faites à vous & à moy, j'ay été puissamment consolée dans la creance que vous aurez fait quelque acte de pur amour de Dieu: Car j'estime tant ce pur amour, que je me tiens nonseulement payée de la peine que j'ay euë à les écrire, mais je voudrois encore faire des choses que je ne puis dire, & qui ne sont pas même en mon pouvoir: Parceque le pur amour meriteroit une correspondance infinie; & je suis bornée dans mes operations aussi-bien qu'en moy-même. Demeurons-en là, & benissons celuy qui n'est que charité, & qui est par consequent le pur amour.

J'ay veu & consideré tous les articles de vôtre lettre qui me prepare bien de l'ouvrage qu'il me seroit impossible d'entreprendre maintenant. Pour l'amour de celuy qui nous a tant aimez, il faut que vous preniez patience ; ce me sera un travail pour le Printemps prochain, si Dieu me conserve la vie, auquel temps je répondray à vos articles & interrogations à loisir : il vaut mieux en user de la sorte que de faire plusieurs pieces détachées. Je vous diray seulement ici que j'ay remarqué que vous avez de la peine dans un point qui vous regarde & où vous vous appliquez au sujet de vôtre salut. Je vous demanderois volontiers pourquoi vous demeurez si fort dans la crainte, car je ne doute point que ce ne soit une tentation ou une épreuve que Dieu permet pour vous épurer : Il en fait bien souvent de même aux ames qu'il veut faire avancer dans la vie spirituelle ; mais si elles n'y prennent garde, elles sont retardées par cela même qui leur avoit été donné pour leur avancement, ne se servant pas de cette épreuve selon l'intention de Dieu. Au lieu de s'humilier & de s'abandonner à sa conduite, sans desirer sçavoir curieusement ce qui arrivera d'eux (qui est le point de la tentation) ils perdent le temps en des reflexions vaines & superfluës. Mon tres-cher Fils, Dieu a des bontez immenses sur les ames simples, & qui se confient en luy. Defaites-vous donc de ce desir qui vous jetteroit dans un facheux labirinthe, ce qui ôteroit à vôtre ame la capacité & la simplicité requises pour recevoir les pures impressions de Dieu. Vous remarquerez que les trop grandes reflexions vous nuisent, & que lors qu'un saint Prophete fut nommé l'homme de desirs, il luy fut dit, ouvre la bouche & je la rempliray. Ce remplissement de bouche s'entend de la dilatation de la volonté & non des reflexions de l'entendement. Un autre dit : J'ay ouvert la bouche & j'ay attiré l'esprit. Tout cela, mon tres-cher Fils, regarde la volonté, qui plus elle est simple, plus elle est capable des impressions de l'esprit de Dieu. Formez-vous à cette pratique, je vous en conjure, & croiez que nous avons un Dieu qui a eu jusqu'à present & qui aura encore à l'avenir soin de vous. Faites-donc en sorte de ne pas détruire par vôtre propre operation ce qu'il edifie en vous. Nous en parlerons plus amplement dans l'écrit que j'espere vous envoyer l'année prochaine. Cependant tâchons vous & moy de nous rendre fideles à Dieu, & de profiter de ses grandes & immenses misericordes sur nous. Vous m'obligez infiniment de m'offrir tous les jours au Pere Eternel en luy offrant à la sainte Messe le sacrifice de son Fils ; je vous prie de me continuer cette grace. Vous avez aussi part à tous mes petits biens : disons mieux, à tous les biens que Dieu fait en moy & par moy : Car de moy-même je ne puis rien que la misere & le peché.

Il est vray, mon tres-cher Fils, que c'est de vous & de ma Niece que j'ay voulu parler faisant le recit de mes tentations : Nôtre Seigneur m'a donné pour son salut & pour le vôtre un amour si particulier, que je ne pouvois vivre, vous voyant dans le monde où l'on court tous les jours des risques de se perdre. Il me sembloit donc en ce temps là que j'étois chargée de vôtre salut ; ainsi ne vous étonnez pas si je souffrois vous voyant tous deux marcher dans des voyes qui vous en éloignoient : Nous en dirons davantage une autre fois.

Je suis à present dans l'execution d'une affaire qui m'a cy-devant causé de grandes croix. Ce sont deux de nos sœurs qui veulent retourner en France dans la maison de leur profession ; L'une est de Tours, l'autre est de Ploërmel en Bretagne, toutes deux de diverses Congregations. La premiere a demeuré avec nous plus d'onze ans, & l'autre plus de douze. Il y a prés de cinq ans que je combats ce dessein, & que je les exhorte à se rendre fideles à leur vocation, mais Dieu n'a pas donné assez de grace à mes paroles pour les retenir. Vous pouvez croire que des esprits si peu affermis n'accommodent pas beaucoup une Communauté ; je ne m'expliqué pas davantage, il suffit de vous dire que cette croix est une de celles dont j'ay voulu parler au commencement de ma seconde Superiorité. Ce n'est pas que ce ne soient deux bonnes filles, qui sortent d'avec nous avec paix & douceur, & avec des obediences de leurs Superieures de France fondées sur des infirmitez de corps, qui sont réelles & veritables. Il nous auroit neanmoins été beaucoup plus doux de les voir mourir entre nos bras, à l'exemple de nôtre chere defunte, que de leur voir faire une action qui peut tirer à exemple, & qui aura des suites peu avantageuses à la gloire de Dieu & au bien de nôtre Communauté. Mais enfin Dieu est le Maître de tout, priez-le pour moy qui suis.

De Quebec le 2. d'Octobre 1655.

LETTRE LXXXII.

A UNE JEUNE NOVICE.

Elle luy témoigne sa joye de ce qu'elle se donne à Dieu, & l'exhorte à être fidele à la grace de sa vocation.

MA tres-chere & bien-aimée Fille. Ma niece m'ayant mandé que vous avez la bonté de vous souvenir de moy, je m'en suis ressentie vôtre obligée, & j'ay toujours esperé cela de la fermeté de vôtre affection. Je vous assure ma chere fille que je me souviens aussi de vous dans mon éloignement, & que j'ay toujours conservé l'amour & l'affection tendre que j'avois pour vous lorsque je demeurois à Tours. Cela étant, il ne se peut faire que je ne ressente une consolation tres-grande, apprenant que vous vous êtes donnée à Dieu & qu'il vous a mise dans la voye des Saints. O que vous êtes heureuse de ce qu'il vous a fait cette grande misericorde! je l'en remercie de tout mon cœur, & luy demande que ce soit pour vous y faire marcher en verité & avec fidelité, afin que vous puissiez parvenir au but où vous aspirez. C'est peu à un voiageur d'entrer dans le droit chemin qui le doit conduire à son terme, s'il n'y marche & s'il n'y avance : & il est inutile à une ame d'être appellée dans la voye de la perfection, si elle n'avance de vertu en vertu, & si elle ne fait ses efforts, avec la grace de celuy qui l'y a appellée, pour y marcher à pas de Geant. Demandez luy aussi la même chose pour moy, je vous en conjure, & croyez que je suis en luy. Vôtre.

De Quebec le 2. Octobre 1655.

LETTRE LXXXIII.

A SON FILS.

Après l'avoir blâmé de ce qu'il ne luy écrivoit pas assez souvent, elle luy donne un avis important touchant l'Oraison.

MOn tres-cher Fils. La sainteté & pureté de JESUS soit nôtre santification. J'ay reçu la vôtre unique par laquelle vous me dites que vous m'écrirez par une autre voie. Voila cependant cinq navires arrivez à nôtre port sans que j'en aye reçu d'autres de vôtre part. Il faut que je vous accuse d'un peu de paresse; & que je vous dise qu'encore que je sçache vôtre bonne disposition, & par vous & par d'autres, & que cela me suffise pour le present, vous ne devez pas neanmoins vous contenter de me le faire sçavoir par une seule voie, autrement vous me mettez au hazard de ne point sçavoir de vos nouvelles.

Le R. Pere Hierome Lalemant nôtre bon & charitable Pere repasse en France, tant parcequ'il y est rappellé, que pour accompagner Monsieur de Lozon nôtre Gouverneur qui y retourne aussi. Ce nous est une affliction bien sensible de le perdre, car outre que c'est une perte generale pour tout le païs, nôtre Communauté y pert plus que tout autre. Il a fait nos constitutions, nos reglemens, & generalement, tout ce qui nous est necessaire pour vivre dans une parfaite regularité. Le R. Pere Dom Raimond & luy sont les deux personnes du monde à qui Nôtre Seigneur m'a liée plus particulierement pour la direction de mon ame, & j'ay à celui-cy des obligations infinies pour les grandes assistances qu'il m'a renduës dans mes necessitez. Je vous prie de luy en témoigner de la reconnoissance & de le recevoir selon son merite; car c'est un homme de grande consideration pour sa doctrine, probité & sainteté, sans parler de sa naissance qui est assez connuë dans Paris. Nous nous flattons de l'esperance qu'il reviendra, mais son grand âge y pourra mettre de l'empêchement. Il vous aime & cherit beaucoup, & cette seule raison, sans les autres, vous oblige à luy rendre le reciproque, & pour vous & pour moy.

Je vous remercie de vôtre present, & prie Nôtre Seigneur de vouloir être vôtre recompense; je vous prie de ne vous point mettre en frais pour moy: je sçay la bonté de vôtre cœur, mais je sçay aussi que les personnes religieuses ne font pas tout ce que leur bonté leur suggere à cause de la pauvreté qu'ils ont professée. Si vous étiez d'un Ordre qui eût du commerce dans le monde par la direction ou autrement, je vous prierois de nous procurer des amis; mais comme je sçay que vous vivez dans la retraite, je vous demande seulement que vous nous en procuriez pour le Ciel parmi les Anges & les Saints, de l'assistance desquels nous avons encore plus de besoin que de celle des hommes.

Vous m'avez obligée de me faire sçavoir pourquoi vos Religieux

DE LA M. MARIE DE L'INCARNATION.

étant vêtus de noir vôtre Monastere porte le nom des Blancs-Manteaux. Cette Maison ayant été fondée dans ces commencemens pour les Servites de la sainte Vierge, qui étoient habillez de blanc, il eût été difficile dans l'établissement de vôtre Reforme, d'en changer le nom : ce n'est plus là un mystere pour moy. Pour ce qui nous regarde, je suis bien aise, que vous approuviez maintenant nôtre demeure en Canada: il est vray que c'est un païs de croix pour les serviteurs & pour les servantes de Dieu, mais comme c'est le partage des Saints, nous sommes dautant plus heureux, que nous sommes dans un lieu où l'on en trouve en abondance & avec benediction.

La maniere de l'Oraison dont vous me parlez qui tient l'ame unie à Dieu sans penser à autre chose, est tres bonne quand elle se termine à la solide pratique de la vertu : car bien que dans l'Oraison actuelle on ne reflechisse pas sur telle ou telle vertu, quand neanmoins l'operation est de Dieu, l'oraison porte son effet dans les occasions, Dieu laissant dans l'ame un mouvement ou inclination au bien plus forte que ne fait une Oraison commune. Vous verrez quelque chose de semblable dans l'écrit que je vous envoie, dont le R. Pere Lalemant a bien voulu être le porteur afin de vous le mettre entre les mains.

Cet écrit est son supplement qu'on ne rapporte point icy quoiqu'il soit en forme de lettre, parce qu'il est rapporté par parties en divers endroits de sa vie.

Dans une lettre particuliere je vous mande les nouvelles de ce païs. Pour mon particulier ma santé est bonne, graces à Nôtre Seigneur, je l'employe, après le soin de nôtre Communauté à faire bâtir une petite Eglise que Madame nôtre Fondatrice nous donne, & dont elle a voulu que je prisse la conduite. Ce travail m'occupe assez, parce qu'il faut tout faire par ses mains, nourrir tous les ouvriers, & enfin faire de grands frais, quoy que nos edifices soient pauvres & petits.

L'offrande que vous faites de moy chaque jour au saint Autel m'est tres-precieuse ; j'y trouve mon bon-heur, parce qu'étant offerte au Pere Eternel avec son Fils bien-aimé, j'espere que je ne serai pas rejettée. Prenez courage dans les choses spirituelles, nôtre bon Jesus vous aime.

C'est icy la premiere lettre que j'écris en France. Les navires qui sont cinq en nombre sont arrivez à la fin de May & au commencement de Juin, ce que l'on n'avoit point encore veu ; c'est pourquoy ils partent de bonne heure, & c'est ce qui me presse d'écrire à nos amis, & à vous qui m'étes le plus cher de tous.

De Quebec le 24. Juin 1656.

LETTRE LXXXIV.

AU MESME.

Elle luy témoigne le desir qu'elle a de sa perfection. Dieu se sert des afflictions corporelles pour détacher les ames des creatures. Elle luy parle d'une maladie extreme dont Nôtre Seigneur l'a guerie.

MOn tres-cher Fils, JESUS soit nôtre vie & nôtre tout pour le temps & pour l'eternité. J'ay receu toutes vos lettres, tant celle de l'année derniere, qui s'est trouvée dans le pacquet de nos Meres, que vos dernieres écrites de cette année. Je n'y veux pas répondre à present, cette premiere voye étant trop precipitée. Ce mot est seulement pour vous témoigner la consolation que je reçois chaque année lorsque j'apprens de vos nouvelles, & le desir que vous avez de vous donner & d'être tout à JESUS-CHRIST, & à sa tres-sainte Mere dans les voyes de la veritable sainteté. C'est ce que je demande à Dieu plusieurs fois le jour, particulierement en ce temps, où la zizanie ne se mêle que trop avec le bon grain, & où le mensonge veut passer pour la verité sous un manteau trompeur. Dieu nous envoye plûtôt à vous & à moy la mort la plus desastreuse du monde, que de permettre que nous tombions en ces pieges.

Je ne sçay où celle-cy vous trouvera, c'est pourquoy je l'adresse à ma Niece de l'Incarnation. Cette bonne fille me mande les obligations qu'elle vous a pour les grands soins que vous avez de tout ce qui luy peut servir pour conserver l'œil qu'elle est en danger de perdre. C'est une ame qui tâche d'aller à Dieu, & à qui son infirmité a beaucoup servi pour la détacher des creatures & d'elle-même. Sa bonté sçait bien prendre son temps pour santifier ses élus.

Pour moy il y a déja quelques mois que j'ay quitté la charge, ce qui m'a été d'une consolation toute particuliere, ayant toujours eu plus de pente à obeïr & à être dans la dépendance, qu'à commander. Ce n'est pas ce me semble une vertu en moy, car je me trouve en mon centre, étant, comme je suis, dans la soumission. Je suis neanmoins dans un office bien divertissant dans le Canada, c'est d'avoir le soin du temporel; mais ce qui me donne du repos dans le tracas, c'est que Dieu est par tout, & qu'il n'y a lieu ny affaires qui nous puissent

DE LA M. MARIE DE L'INCARNATION. 193

puissent empêcher de l'aimer actuellement.

Lorsque nous avons receu nos lettres de France j'étois dans une maladie qui m'a mise à deux doigts de la mort. Dans le plus fort de ma fiévre il me vint une crainte touchant l'affaire dont je vous parlai l'an passé, & à laquelle vous me répondez. La peine que j'eus en cette occasion fut tres-grande; parce que je n'étois pas capable de m'en défaire, ny par raison, ny autrement, ayant le cerveau tellement occupé que je ne pouvois faire un acte d'election, quoique mon cœur fût dans un acquiescement à Dieu pour tout ce qu'il luy plairoit faire de vous & de moy. Je luy disois tout par un regard à sa divine bonté dans l'intime de mon ame, où je l'avois toujours present. Il faut avoüer que quand on aime le salut d'une ame, l'on a pour elle un puissant aiguillon dans le cœur. Aimez le salut de la mienne, je vous en conjure, & d'en prendre le soin quand vous êtes au saint autel. L'extremité où je me suis trouvée dans ma maladie, m'a fait concevoir plus que jamais, qu'il faut travailler pour Dieu, & pratiquer fortement la vertu quand on est en santé, sur tout qu'il faut conserver sa conscience nette, & être humble. J'avois par la misericorde de Dieu une aussi grande paix en l'ame, hors le point que je viens de dire qui me faisoit de la peine, que je l'eusse euë ou pu desirer dans un autre temps. Si j'eusse été troublée de scrupule ou autrement, j'eusse été mal, car en deux occasions où j'ay voulu recevoir les sacremens, je ne pûs me confesser, mais seulement me presenter pour recevoir l'absolution generale. Enfin nôtre bon JESUS m'a rendu la santé, en sorte que je suis en état de faire les fonctions regulieres & celles de mon office. Mes autres lettres répondront aux vôtres. En les attendant continuëz de prier pour moy, & efforçons-nous d'aimer nôtre unique bien : C'est la plus importante de nos affaires ; je veux dire, de l'aimer parfaitement, & de la maniere que l'aiment ses vrais amis, dans lesquels il a répandu son saint Esprit. C'est ce que je souhaitte pour vous & pour moy qui suis.

De Quebec le 27. Iuillet 1657.

LETTRE LXXXV.
AU MESME.

L'importance d'une bonne vocation dans les Religieuses qui veulent aller en Canada: Et que la vertu quoiqu'excellente, court risque du naufrage dans les parloirs.

MOn tres-cher Fils. Dans l'une de mes precedentes je vous dis que le Reverend Pere Lalemant va faire un voyage en France; mais je ne me souviens pas si je vous dis que nous l'avons prié de nous amener trois Religieuses professes, deux de chœur & une converse. Nous en demandons une de chœur à nos Meres de Tours où ma Niece se pourra presenter si son œil est bien gueri. Je serois ravie de la voir ici, supposé qu'elle eût une bonne vocation; car à moins de cela elle auroit bien de la peine, & moy encore plus de douleur de la voir souffrir. Celle qui s'en est retournée l'année derniere n'a jamais eu la vocation au Canada, mais seulement un certain feu passager, qui ne dura qu'une partie du chemin, & de là vient qu'elle n'a pas reüssi. Il en est de même de l'autre qui l'a accompagnée dans son retour. Ma Niece a l'esprit solide & le naturel excellent, & l'on dit qu'elle a de la vertu: mais quelque avantage qu'elle puisse avoir, je ne luy conseillerois pas de se hazarder sans vocation: Si elle l'a bonne, & que son œil soit entierement gueri, & qu'elle ne craigne point les hazards de la mer, ce sera un grand bien pour sa perfection. J'ay apris qu'elle est beaucoup cherie des seculiers & même des personnes de qualité qui la visitent souvent. Ces sortes de visites sont un poison mortel à une ame religieuse, sur tout à une jeune fille qui a de l'attrait comme elle. On m'a dit qu'elle est sage & retenuë, mais certes, à moins d'une protection de Dieu bien particuliere, la vertu souffre de grandes bréches dans les occasions du parloir. Ainsi il y a sujet de croire que l'éloignement seroit son bonheur, comme il l'a été à nôtre chere defunte la Mere Marie de saint Joseph. Je dis tout cela, mon tres-cher Fils, afin que vous fassiez la guerre à l'œil, & que vous vous informiez de tout cela, de crainte qu'elle ne fasse un coup à la legere. J'ay mieux aimé vous en écrire qu'à tout autre, parceque je me confie en vous. Je pense qu'il faut que vous en écriviez à cœur ouvert à ma Reverende

DE LA M. MARIE DE L'INCARNATION. 195
Mere Françoise de saint Bernard, la priant de vous dire confidamment ses pensées. Faites-donc cela pour l'amour de Dieu, mon tres-cher Fils, & vous m'obligerez beaucoup; comme aussi de voir souvent le R. Pere Hierôme Lalemant mon bon & veritable Pere en nôtre Seigneur. Nous luy avons mis entre les mains toutes les affaires de nôtre Communauté, comme à nôtre plus veritable ami. Voila que les navires vont partir, Adieu pour cette année.

De Quebec le 2. Septembre 1656.

LETTRE LXXXVI.
AU MESME.

Elle témoigne être satisfaite de sa reponse à ce qu'on luy avoit dit de luy. Combien l'amour propre est opposé à l'esprit de la grace & de la sainteté.

MOn tres-cher & bien-aimé Fils. Voici la derniere lettre que vous recevrez de moy cette année, parce qu'il ne nous reste ici qu'un vaisseau qui leve l'ancre pour partir. Celle-cy n'est qu'une reiteration de celles que je vous ay déja écrites en matiere de mon affection pour vous, ne vous ayant rien mandé que pour l'amour que je porte à vôtre ame. Nous n'avons vous & moy qu'une seule chose à faire, qui est de servir Dieu dans l'état & dans la voye où il nous veut; cela nous est evident. Vous aurez peut-être été mortifié de quelques points de mes lettres, & vous aurez cru que je suis dans l'inquietude au sujet de l'affaire dont il est question. Je vous avouë, & je vous l'ay déja dit, que j'ay eu l'esprit affligé, mais non pas inquieté. Mais vous m'avez donné de l'eclaircissement sur mes doutes dans la lettre que vous m'avez écrite par Monsieur d'Argençon nôtre nouveau Gouverneur, en sorte que je suis satisfaite. N'en parlons donc plus; parlons seulement de nous avancer en la vertu & dans la voye de l'esprit interieur, où l'on goûte Dieu & toutes les veritez divines. Il me semble que je suis encore bien éloignée de la pureté que demande ce fond interieur. J'en découvre quelque chose, mais je ne le tiens pas, parceque je suis encore attachée à une nature foible, fragile, & susceptible des impuretez de la terre. Ah, mon Dieu! Quand seray-je délivrée de ce moy-méme si peu fidele à l'esprit de la grace? Quoique dans mon fond je ne veuille ni vie ni mort, quand je pense neanmoins

Bb ij

à la mort, ou que j'en entens parler, mon cœur s'épanoüit & se dilate, parceque c'est elle qui me doit delivrer de ce moy-méme, qui me nuit plus que toutes les choses du monde. Priez la divine bonté qu'il m'en delivre par les voyes qui luy seroient les plus agreables, & qu'il sçait m'étre les plus propres.

De Quebec le 15. d'Octobre 1657.

LETTRE LXXXVII.

AU MESME.

Dieu dispose les ames à de hauts desseins par la solitude. Tout profite à une ame qui se conserve dans l'union avec Dieu. Etat de ses affaires domestiques & de celles du païs.

MOn tres-cher Fils. JESUS soit nôtre vie & nôtre amour. Voicy la réponse à vôtre lettre du 28. d'Aoust, que j'ay receuë avec deux autres de vôtre part, ausquelles j'espere pareillement répondre avec le temps.

Puisque Dieu vous a mis dans la solitude & qu'il vous en donne de l'amour, c'est une marque qu'il vous veut faire quelque nouvelle grace, & qu'il a dessein de vous fortifier, & de vous fonder afin de pouvoir travailler dans les services qu'il demande de vous. Car c'est la conduite que sa Majesté tient pour l'ordinaire sur ceux dont il se veut servir dans la conduite des ames. J'ay été tres-consolée d'apprendre que vos études n'apportent point d'empêchement au service de Dieu; c'est une marque qu'il demande cela de vous dans vôtre solitude. Je loüe & estime le dessein que vous y avez pris qui ne tend qu'à la sainteté : mais je vous diray un mot sur le point que vous dites qui vous donne de la peine. Le peu d'experience que j'ay m'a fait connoître cette verité, qu'il faut bannir tous les raisonnemens superflus & les reflexions trop frequentes sur ces sortes de matieres, qui pour l'ordinaire sont plutôt des tentations que des choses réelles. Je croy que ce qui vous travaille de temps en temps est de cette nature, & je tire cette conclusion de la consolation que vous ressentez, lorsque dans vos peines vous vous abandonnez à Dieu, & à sa sainte conduite sur vous.

Je suis ravie de l'inclination que Dieu vous donne pour la perfection, vous appelant par état à sa sainte union. Vous étes obligé de

DE LA M. MARIE DE L'INCARNATION. 197
vous mêler de diverses affaires, tant pour le spirituel que pour le temporel, dans lesquelles il ne se peut faire dans la conditon de la foiblesse humaine, qu'on ne contracte un peu de poussiere. Ces sortes de fautes ne sont pas des infidelitez, mais des fragilitez ; qui se guerissent par ce fond d'union avec Dieu dans le cœur & dans l'esprit. Oüi, les actes reïterez dans cette union sanctifient merveilleusement une ame. Et n'estimez pas que les distractions que vos études ou vos affaires vous causent, soint des infidelitez, si ce n'est que vous vous amusiez trop à raisonner sur des matieres curieuses, ou controversées, ou sujetes à la vanité, ou enfin contraires à l'esprit de JESUS-CHRIST. Quand une fois Dieu à fait present à une ame du don de sapience, & de celuy d'entendement, ce qu'il fait ordinairement dans cette sainte union, les distractions ne nuisent point. Je prie sa bonté de vouloir vous departir l'un & l'autre pour sa plus grande gloire, pour vôtre santification, & pour le bien des ames qu'il a soûmises à vôtre conduite. Je ne sçay si vous ne goutez point tellement les douceurs de l'union, que l'action passe en vôtre esprit pour une distraction. L'action emanée des sources dont je viens de parler, est une espece d'Oraison, parce qu'elle vient de Dieu & se termine à Dieu. Ainsi ne vous affligez point dans vos emplois, & ne distinguez point ce qui est le plus parfait, sinon dans l'état où vous étes, & où vous ne vous êtes pas mis de vous même.

Quand on appartient à Dieu, il faut le suivre où il veut ; & il en faut toujours revenir à ce point, de se perdre dans sa sainte volonté. J'estime que c'est ce que l'esprit de Dieu veut dire dans l'Ecriture : *Elle aura nom, ma volonté est en elle.* Pour arriver à cette perte, il faut vivre de foy, car elle dit encore: *mon juste vivra de foy.* Sortez donc des peines qui agitent vôtre esprit, autrement vous tomberiez dans l'inconvenient que vôtre amy vous a marqué, aprés quoy vôtre perfection souffriroit une grande alteration, & le trouble interieur traverseroit les Saintes entreprises que vous avez conçuës pour la gloire de Dieu & pour le service de l'Eglise.

Monsieur de Bernieres me mande, & le R. Pere Lalemant me le confirme, que l'on nous veut envoyer pour Evéque Monsieur l'Abbé de Montigni, qu'on dit étre un grand serviteur de Dieu. Ce seroit un grand bien pour ce païs d'avoir un Superieur permanent, & il est temps que cela soit, pourveu qu'il soit uni pour le zele de la Religion avec les Reverends Peres Jesuites, autrement tout iroit au desavantage de la gloire de Dieu & du salut des ames. Ces personnes qui disent que les Jesuites gênent les consciences en ce païs, se trompent, je vous en assure; car l'on y vit dans une sainte liberté d'esprit. Il est vray qu'eux seuls ont la conduite des ames, mais ils ne gênent personne, & ceux qui cherchent Dieu, & qui veulent vivre selon ses maximes, ont la paix dans le cœur. Il pourroit neanmoins arriver de certains cas où l'on auroit besoin de recourir à d'autres; & c'est pour cela en partie que l'on souhaite icy un Evêque : Dieu nous le donne saint par sa misericorde.

Les Hiroquois ont faussé leur foy & rompu la paix. Ils avoient même conspiré de faire mourir tous les Peres, & tous les François qui étoient avec eux; mais Nôtre Seigneur les a protegez & tirez de leurs mains sans qu'aucun ait eu du mal. Je vous en parleray plus au long dans une autre lettre. Cette rupture jointe aux dangers de la mer, qui sont grands, fait que nous ne demandons aucunes Religieuses de France cette année. Il y a encore une autre raison dont je vous parlé l'année derniere, sçavoir les pertes que nôtre Seigneur a permis nous arriver. L'avant-veille de nos moissons un grand tourbillon accompagné d'un coup de tonnerre écrasa en un moment la grange de nôtre métairie, tua nos bœufs, & écrasa nôtre laboureur, ce qui nous mit en perte de plus de quatre mille livres. Depuis deux jours il nous est encore arrivé un autre accident. Il ne restoit plus en ce lieu-là qu'une petite maison, où nos gens de travail avoient coûtume de se retirer, car pour la grange nous l'avions fait rebâtir dans la court de nôtre Monastere, qui n'est éloigné de nôtre terre que d'un demi quart de lieuë. Sur les huit heures du soir les Hiroquois ont appelé de loin un jeune homme qui y demeuroit seul pour faire paître nos bœufs, à dessein comme l'on croit, de l'emmener vif, comme ils avoient fait un vacher quelques jours auparavant. Ce jeune homme est demeuré si effrayé, qu'il a quitté la maison pour s'aller cacher dans les haliers de la campagne. Etant revenu à soy il nous est venu dire ce qu'il avoit entendu, & aussi-tôt nos gens au nombre de dix sont partis pour aller défendre la place. Mais ils sont arrivez trop tard, parce qu'ils ont trouvé la maison en feu, & nos cinq bœufs disparus. Le lendemain on les a trouvez dans un lieu fort éloigné, où épouvantez du feu, ils s'étoient retirez, ayant traîné avec eux une longue piece de bois où ils étoient attachez. Dieu nous les a conservez, excepté un seul qui s'est trouvé tout percé de coups de coûteau. La maison étoit de peu de valeur, mais la perte des meubles, des armes,

Dans la seconde Partie.

des outils, & de tout l'attirail nous cause une tres-grande incommodité. C'est ainsi que sa bonté nous visite de temps en temps. Elle nous donne & elle nous ôte: qu'elle soit benie dans tous les evenemens de sa Providence.

Ce n'est icy que ma premiere réponse: j'espere vous écrire par tous les vaisseaux; mais j'ay tant d'embarras, mon tres-cher Fils, dans l'œconomie de nos petites affaires temporelles, que je ne puis écrire que par reprises. C'est moy qui aurois grand sujet de dire que je suis distraite sans fin, & que je commets un nombre innombrable d'infidelitez à Dieu, qui par sa bonté ne me rebute pas; mais plutôt il me continuë ses graces & ses misericordes. Pour vous, continuez genereusement à le servir, employant les talens qu'il vous donne selon sa volonté, & de la maniere dont il sera le plus glorifié. Je le prie d'y donner sa benediction, & de mettre sur vôtre langue & dans vôtre cœur les productions de son esprit, afin que sa parole ne soit point liée ny étouffée en vous par des respects trop humains, & que par une sainte hardiesse accompagnée d'une prudence divine, vous puissiez rendre au prochain les secours dont sa grace vous rend capable. Je suis en son saint amour ce que vous sçavez, & en verité je suis. Vôtre.

De Quebec le 24. d'Aoust 1658.

LETTRE LXXXVIII.

A UNE RELIGIEUSE URSULINE.

Le bonheur qu'il y a d'être detaché du monde pour servir Dieu. Que les amitiez sont saintes & salutaires quand on s'aime en JESUS-CHRIST.

MA Reverende & tres-chere Mere. Je ne puis vivre davantage sans vous renouveller l'amour & l'affection que mon cœur a pour le vôtre, que je sçay être tout à nôtre divin Sauveur. C'est ce qui me donne une grande joye, ma tres-chere Mere, & me fait rendre mes actions de graces aux pieds sacrez de nôtre adorable Bienfaiteur, de vous avoir tirée des miseres du monde, où il est peu connu & encore moins aimé. Ne sommes nous pas trop heureuses d'être du nombre de ses Enfans, & en un état où il ne tiendra qu'à nous de devenir des temples cheris & magnifiques où le saint Esprit prendra ses delices ? je luy demande cette grace pour vous, demandez la luy fortement pour moy, je vous en supplie de toute mon affection. Je vous remercie tres-humblement de la sainte union & cordialité que vous avez avec ma niece : ce m'est une consolation tres particuliere de sçavoir qu'elle s'approche des ames qui sont proches de Dieu, & de son adorable Fils nôtre divin Sauveur. En cette sainte Compagnie les liaisons sont santifiantes & remplies de bons effets. Continuez luy s'il vous plaist cette faveur, & à moy par consequent qui vous souhaitte tout ce qu'une ame peut posseder de graces dans la sainte dilection de JESUS. C'est en luy que je suis tres sincerement.

De Quebec le 25. Septembre 1659.

LETTRE LXXXIX.

A SON FILS.

Que c'est une excellente union avec Dieu de faire sa volonté: Qu'il ne faut point abandonner les affaires que Dieu demande de nous, encore qu'il soit difficile de les faire sans contracter quelque impureté.

MOn tres-cher & bien-aimé Fils. Je ne doute point que vos forces corporelles ne diminuent : vôtre grande retraite, le travail de l'étude, le soin des affaires, les austeritez de la regle peuvent en étre la cause ; mais nous ne vivons que pour mourir. Et ne vous mettez pas en peine si un grand recueillement vous fait passer pour melancholique ; l'on a presque toujours dit cela de moy, & c'étoit lorsque mon esprit étoit en de tres-grandes jubilations avec Dieu. C'est que les joyes qui viennent de Dieu, & celles qui naissent des creatures sont bien differentes, & le monde ne voit ordinairement que ce qui est du monde.

N'estimez-pas non plus vôtre vie miserable pour être dans l'embarras des affaires : Les Saints ont souvent passé par d'autres bien plus épineuses. Lors qu'il vous sera utile d'avoir cette presence de Dieu actuelle, fixe, & arrétée qui vous semble incompatible avec tant de soins, il vous la donnera. Vous la possedez en une maniere, en faisant la volonté de Dieu. C'est une haute grace qu'il vous fait dans vôtre foiblesse de ne rien omettre de vos obligations : J'en
rens

rens mes tres-humbles actions de grace à sa bonté. Prenez donc courage & consommez vous au service d'un si bon Maître. La moderation de vos passions n'est pas un moindre present de sa liberalité. Cela rend un homme plus capable d'affaires, & de les conduire selon Dieu avec le prochain. C'est là une marque de sa vocation dans les emplois que l'obeïssance vous impose, & c'est cette vocation qui vous fait aimer la justice & les autres vertus qui se rencontrent dans la poursuite de vos affaires. Mais helas! qui ne contracteroit des impuretés en maniant les affaires de la terre? qui ne souffriroit quelque piqueures en touchant si souvent des épines? C'est là, mon tres-cher Fils, le sujet de ma douleur: car quelque presence de Dieu qu'on puisse avoir, l'on passe par tant de souïlleures qu'il est tres-difficile de n'en être pas taché. Mais c'est une grande misericorde de Dieu de ne les pas aimer, car ce que l'on souffre d'elles en est dautant plus meritoire. Je feray avec le temps une reveuë sur les choses spirituelles dont vous me demandez de l'éclaircissement: le depart precipité du vaisseau ne me permet pas de la faire à present. Excusez moy donc, je vous en prie, puisque je suis resoluë de vous donner avec le temps la satisfaction que vous desirez de moy.

J'ay apris que les brouïlleries, à l'occasion des nouvelles & mauvaises doctrines, continuent en France autant ou plusque jamais. Cela m'afflige étrangement. L'on m'a encore mandé qu'il se debite un livre de morale fort pernicieux où l'on justifie la doctrine des auteurs relâchez. Mon Dieu! est-il possible qu'il se trouve des esprits si peu discrets, que de mettre en lumiere des choses non seulement inutiles, mais encore prejudiciables au salut? je prie la divine bonté d'y mettre la main & de purifier son Eglise que l'on souïlle en tant de manieres. Si j'étois digne de passer par le feu pour expier tous ces desordres, je m'y exposerois de tres-bon cœur. Pour nous, mon tres-cher fils, n'entrons point dans ces partis; detestons la mauvaise morale aussi bien que la fausse speculation, afin de suivre celle qui est la plus conforme à l'esprit de JESUS-CHRIST & de l'Eglise son Epouse. Adieu pour cette année. Je ne me recommande point à vos prieres; je sçay que j'y ay bonne part, & que vous & moy ne sommes qu'un en Dieu.

De Quebec le 11. Octobre 1659.

LETTRE XC.
AU MESME.

Aprés une legere description de l'état du païs, elle parle de son état de victime. Eloge de Monsieur l'Evêque de Petrée, & de Monsieur d'Argençon Gouverneur. Generosité de la Mere de l'Incarnation à se defendre des Hiroquois

MOn tres-cher Fils. J'ay reçu vôtre lettre du 26. Mars, sans avoir veu les autres dont vous me parlez. L'on dit qu'elles ont été broüillées & en suite portées à l'Acadie: Si cela est nous ne les pourrons recevoir que l'année prochaine. Celles de Monsieur le Gouverneur & de nos Reverends Peres, & quasi toutes les autres sont tombées dans la méme fortune. Il me suffit, mon tres-cher fils, que j'aie apris de vous méme vôtre bonne disposition pour en rendre grace à celuy qui vous la donne. Je vous ay déja écrit une lettre bien ample par le premier vaisseau parti au Mois de Juillet, une autre plus courte par le R. P. le Jeune, & une troisiéme par un autre navire, afin de vous ôter l'apprehension que vous pouriez avoir à nôtre sujet, entendant parler des insultes que nous font les Hiroquois. Nôtre bon Dieu nous en a delivrées par sa grande misericorde: ils sont retournez en leur païs, & pendant qu'on traitte avec eux pour l'échange de quelques prisonniers, on prend favorablement le temps pour serrer les moissons; Elles sont déja bien avancées, & les nôtres sont faites; car on ne leve les grains qu'en Septembre, elles vont quelquefois jusques en Octobre, en sorte que la nege surprend les paresseux. Depuis quelques mois les Outasak sont venus avec un grand nombre de canots chargez de castors, ce qui releve nos Marchands de leurs pertes passées, & accommode la plus part des Habitans: car sans le commerce le païs ne vaut rien pour le temporel. Il peut se passer de la France pour le vivre; mais il en depend entierement pour le vétement, pour les outils, pour le vin, pour l'eau de vie, & pour une infinité de petites commoditez, & tout cela ne nous est apporté que par le moïen du trafic.

Aprés ce petit mot de l'état du païs, je répond à la vôtre aprés vous avoir dit que Dieu par sa misericorde me conserve la santé, & que toute nôtre Communauté est dans une paix & dans une union aussi parfaite qu'on la sçauroit souhaitter. Nôtre Reverende Mere de saint

Athanafe a été continuée en fa charge dans l'élection que nous avons faite au mois de Juin dernier. Pour moy j'ay toujours les affaires de la Maifon fur les bras, je les porte par acquiefcement aux ordres de Dieu, car toute ma vie j'ay eu de l'averfion des chofes temporelles, fur tout en ce païs où elles font épineufes au point que je ne vous puis exprimer. Mon cœur neanmoins & mon efprit font en paix dans les tracas de cette vie fi remplie d'épines; & j'y trouve Dieu, qui me foutient par fa bonté & par fa mifericorde, & qui ne me permet pas de vouloir autre chofe que ce qu'il voudra de moy dans le temps & dans l'éternité. Par ce peu de mots, vous voiez, mon tres-cher Fils, ma difpofition prefente, & que je fuis à la bonté divine par l'abandon d'un efprit de facrifice continuel. Je ne fçay fi aiant paffé foixante ans, il durera encore longtemps. Les penfées que le terme de la vie approche, fans que j'y faffe reflexion me donnent de la joye: mais quand je m'en aperçois, je la mortifie pour me tenir en mon efprit de facrifice, & pour attendre ce coup final dans le deffein de Dieu, & non dans la jubilation où mon efprit voudroit s'emporter, fe voiant fur le point d'étre dégagé des liens de cette vie baffe & terreftre, & fi pleine de pieges: car fans parler de ceux du dehors qui font infinis, qui ne refuiroit ceux de la nature, qui plus ils vieilliffent, plus ils font fubtils & à craindre? Priez Dieu, puifqu'il veut que je vive, qu'il me delivre de leur malignité.

Monfeigneur nôtre Prelat eft tel que je vous l'ay mandé par mes precedentes, fçavoir tres-zélé & inflexible. Zelé pour faire obferver tout ce qu'il croit devoir augmenter la gloire de Dieu; & inflexible, pour ne point ceder en ce qui y eft contraire. Je n'ay point encore veu de perfonnes tenir fi ferme que luy en ces deux points. C'eft un autre faint Thomas de Villeneuve pour la charité & pour l'humilité, car il fe donneroit luy-même pour cela. Il ne referve pour fa neceffité que le pire. Il eft infatigable au travail; c'eft bien l'homme du monde le plus auftere & le plus détaché des biens de ce monde. Il donne tout & vit en pauvre, & l'on peut dire avec verité qu'il a l'efprit de pauvreté. Ce ne fera pas luy qui fe fera des amis pour s'avancer & pour accroître fon revenu, il eft mort à tout cela. Peut-étre (fans faire tort à fa conduite) que s'il ne l'étoit pas tant, tout en iroit mieux; car on ne peut rien faire ici fans le fecours du temporel: Mais je me puis tromper, chacun a fa voye pour aller à Dieu. Il pratique cette pauvreté en fa maifon, en fon vivre, en fes meubles, en fes domeftiques; car il n'a qu'un Jardinier, qu'il prête aux pauvres gens, quand ils en ont besoin, & un homme de chambre qui a servi Monsieur de Bernieres. Il ne veut qu'une maison d'emprunt, disant que quand il ne faudroit que cinq sols pour luy en faire une, il ne les voudroit pas donner. En ce qui regarde neanmoins la dignité & l'authorité de sa charge, il n'omet aucune circonstance. Il veut que tout se fasse avec la majesté convenable à l'Eglise autant que le païs le peut permettre. Les Peres luy rendent toutes les assistances possibles, mais il ne laisse pas de demander des Prêtres en France, afin de s'appliquer avec plus d'assiduité aux charges & aux fonctions ecclesiastiques.

Monsieur d'Argençon.

Monsieur le Gouverneur fait de son côté paroître de jour en jour son zele pour la conservation & pour l'accroissement du païs. Il s'applique à rendre la justice à tout le monde. C'est un homme d'une haute vertu & sans reproche. Je vous ay mandé par mes dernieres les soins qu'il a eu pour nôtre conservation, étant venu luy-même plusieurs fois dans nôtre Monastere pour visiter les lieux & les faire fortifier, ordonnant des corps de gardes, afin que nous fussions hors des dangers des Hiroquois, dans le temps de leurs remuemens. En vôtre consideration, j'ay souvent l'honneur de sa visite, outre celles qu'il donne à nôtre Reverende Mere. Il y a toujours à profiter avec luy, car il ne parle que de Dieu & de la vertu, hors la necessité de nos affaires que nous luy communiquons comme à une personne de confiance & remplie de charité. Il assiste à toutes les devotions publiques, étant le premier à donner l'exemple aux François & à nos nouveaux Chrétiens. Nous avons rendu graces à Dieu apprenant qu'il étoit continué en sa charge pour trois ans. La joye a été universelle & publique, & nous souhaitterions qu'il y fut continué par Sa Majesté le reste de ses jours. Si Messieurs de la Compagnie sçavoient son merite, ils s'emploiroient assurement à se procurer ce bien à eux-mêmes & à tout le païs.

Ces lettres sont dans la seconde partie.

Les bonnes Meres hospitalieres qui vinrent l'année derniere s'établir à Mont-Real, ont été à la veille de repasser en France. Leur fondation étoit entre les mains de Monsieur N. receveur des Tailles qui est mort assez mal en ses affaires, & comme sa charge & ses biens ont été saisis, les deniers de ces pauvres filles s'y sont trouvez envelopez, & on les tient comme perdus. Mais Monseigneur nôtre Prelat les a retenuës sur la requeste qui luy a été presentée par les habitans de Mont-Real; car ce sont des filles d'une grande vertu & edification. On nous y demande aussi, mais Monseigneur a ré-

DE LA M. MARIE DE L'INCARNATION.

pondu pour nous, que nous ne pouvions y aller sans une fondation assurée. Vous ne sçauriez croire combien dans les apparences humaines ce païs est peu assuré, & avec ce peu d'assurance l'on y fait par necessité des depenses incroiables. C'est un mal commun & necessaire. Nous nous sommes veuës à la veille que tout étoit perdu: Et en effet cela seroit arrivé, si l'armée des Hiroquois qui venoit ici & qui nous eût trouvez sans defense n'eût rencontré dix-sept François & quelques Sauvages Chrétiens, qu'ils ont pris & menez en leur païs. Je vous en ay mandé l'histoire bien au long dans une autre lettre. A present que leur retour a donné le loisir de se fortifier, l'on n'a pas tant sujet de craindre, sur tout dans nos maisons de pierre, d'où l'on dit qu'ils ne s'approcheront jamais, parce qu'ils croient que ce sont autant de forts. Nonobstant tout cela nous avons fait une bonne provision de poudre & de plomb, & avons emprunté des armes qui sont toujours prêtes en cas d'alarmes. C'est une chose admirable de voir les providences & les conduites de Dieu sur ce païs, qui sont tout à fait au dessus des conceptions humaines. D'un côté, lorsque nous devions être détruits, soixante hommes qui étoient partis pour aller prendre des Hiroquois ont été pris eux-mêmes & immolez pour tout le païs. D'ailleurs les François d'ici & les Algonquins prennent presque tous les avant-coureurs des Hiroquois qui étant exposez au feu découvrent tout le secret de la nation. Enfin Dieu détourne les orages lors qu'ils sont prests de fondre sur nos têtes; & nous sommes si accoûtumés à cette providence, qu'un de nos domestiques que je faisois travailler à nos fortifications, me dit avec une ferveur toute animée de confiance: Ne vous imaginez pas, ma Mere, que Dieu permette que l'ennemi nous surprenne; il envoyera quelque Huron par les prieres de la sainte Vierge, qui nous donnera tous les avis necessaires pour nôtre conservation. La sainte Vierge a coûtume de nous faire cette faveur en toutes occasions, elle le fera encore à l'avenir. Ce discours me toucha fort, & nous en vîmes l'effet dés le jour même ou le lendemain, que deux Hurons qui avoient été pris & qui s'étoient sauvez comme miraculeusement par l'assistance de la sainte Vierge, arriverent & apporterent la nouvelle de la prise de nos François, & que l'ennemi s'étoit retiré en son païs. Cette nouvelle fit cesser la garde dans tous les lieux, excepté dans les forts, & tout le monde commença à respirer, car il y avoit cinq semaines qu'on n'avoit point eu de repos ni de jour ni de nuit, tant pour se fortifier que pour se

En la seconde Partie.

garder. Pour moy je vous assure que j'étois extremement fatiguée; car nous avions vingt-quatre hommes sur lesquels il falloit que je veillasse continuellement pour leur donner tous leurs besoins de guerre & de vivres. Ils étoient divisez en trois corps de garde, & faisoient la ronde toute la nuit par des ponts de communication, qui alloient par tout: ainsi ils nous gardoient fort exactement. Je veillois au dessus de tout cela: Car encore que je fusse enfermée dans nôtre Dortoir, mon oreille neanmoins faisoit le guet toute la nuit de crainte d'alarme, & pour être toujours prête à donner à nos Soldats les munitions necessaires en cas d'attaque. Enfin, nous fûmes heureuses d'être delivrées de ce fardeau, & l'on en chanta le *Te Deum* en toutes les Eglises. Il y a prés de cinq mois qu'il se fait tous les jours un salut solemnel où le S. Sacrement est exposé, afin qu'il plaise à Dieu de proteger le païs. Voila mon papier rempli, il faut que je finisse, vous suppliant de joindre vos prieres aux nôtres, & de nous procurer encore celles de mes Reverends Peres vos bons Religieux.

De *Quebec* le 17. Septembre 1660.

LETTRE XCI.

A SON ANCIENNE SUPERIEURE DE TOURS.

La Mere Françoise de saint Bernard.

Des biens qui sont renfermez dans la Croix. De celles qu'elle avoit à porter dans le Canada à l'occasion des Hiroquois, de la pauvreté, & du soin des affaires temporelles.

MA Reverende & tres-honorée Mere. C'est avec bien de la joye que j'ay reçû vôtre lettre, qui est la premiere & l'unique qui m'ait été renduë de vôtre part cette année. Je ne l'ay reçuë que vers la my-Septembre, quoique les premiers Navires ayent paru à nôtre port sans nous donner aucunes nouvelles de nôtre chere Maison de Tours. Cette privation ne nous a pas mis peu en peine de vos cheres Personnes, & de vous plusque de toute autre, mon unique Mere. Mais enfin la vôtre m'a fait respirer, & m'a donné un grand sujet de rendre graces à la divine Bonté des forces qu'elle vous donne pour porter le poids des fâcheux evenemens qui suivent le cours de la vie humaine, & sur tout ceux que la divine Providence ordonne pour la santification des Saints. Mon intime Mere, nous ne sommes pas bien éloignées d'âge, ainsi nous ne serons pas longtemps sans connoître à découvert les biens & les avantages qui sont enfermez dans les croix & dans la vie cachée des ames choisies. La bonne Mere le Coq les voit à present, & elle se rit, s'il faut ainsi parler, de la bassesse des opinions humaines. Pour mieux dire, elle voit la vanité & l'aveuglement du cœur humain, qui se brûle à la lampe & à la fumée : vous entendez, mon aimable Mere, ce que je veux dire par cet enigme. J'ay été surprise de la mort si subite de cette Mere, car comme elle nous a écrit des lettres bien amples, nous étions sur le point de luy faire réponse, mais nous avons converty nôtre soin à faire pour elle des prieres publiques & particulieres.

Si le vaisseau qui est party d'icy au mois de Juillet est arrivé à bon port, vous aurez appris de nos nouvelles dés le mois d'Aoust, vous ayant écrit des lettres bien amples, qui vous apprennent tout ce qui s'est passé icy au sujet des Hiroquois, qui nous ont bien taillé de l'ouvrage aux mois de May & de Juin. J'ay crû être obligée de vous mander dans la sincerité comme les choses se sont passées, pour prevenir ce que l'on vous auroit pû écrire, ma tres-chere Mere, & qui vous auroit pû donner sujet de craindre pour nous à cause de vôtre bon cœur pour vos filles. Cet orage est passé lorsque l'on croyoit tout perdu : de sorte qu'on fait en paix les moissons que l'on croyoit devoir étre ravagées par cet ennemi. De plus, Dieu a envoyé aux Marchands pour plus de cent quarante mille livres de castors, par l'arrivée des Outavak, qui en avoient soixante canots chargez. Cette benediction du Ciel est arrivée, lorsque ces Messieurs vouloient quitter ce païs, ne croyant pas qu'il y eût plus rien à faire pour le commerce. S'ils eussent quitté il nous eût fallu quitter avec eux ; car sans les correspondances qui s'entretiennent à la faveur du commerce, il ne seroit pas possible de subsister icy. Vous voyez, mon intime Mere, comme Dieu par sa Sagesse infinie rétablit les affaires lorsqu'on les croit entierement desesperées. C'est là sa conduite ordinaire sur ce païs, qui fait que les plus éclairez s'y confessent aveugles. On ne laisse pas de se preparer à bien recevoir l'ennemy, s'il retourne, comme l'on s'y attend. C'est pourquoy l'on se fortifie en la maniere que je vous l'ay mandé.

Pour ce qui est de nôtre petite famille, la paix & l'union y régnent. Nous sommes plus riches en biens spirituels qu'en ceux du siecle : car je vous confesse que nous avons toutes les peines imaginables à subsister aprés tant de si grands accidens que Dieu a permis nous arriver; & dont nous ne sçaurions nous remettre. J'espere neanmoins que Dieu qui nous a amenées en sa nouvelle Eglise, nous assistera, & qu'apresent que nous sommes rebâties, les dépenses ne seront pas si grandes. Nous faisons de grands frais pour nôtre Seminaire; non qu'il y ait un grand nombre de filles Sauvages sedentaires; mais parce qu'on nous donne plusieurs filles Françoises, pour l'entretien desquelles les parens ne peuvent fournir que peu de choses, & d'autres ne peuvent rien donner du tout : & ce qui est à remarquer, les Françoises nous coûtent sans comparaison plus à nourrir & entretenir que les Sauvagesses. Dieu est le Pere des unes & des autres, & il faut esperer de sa bonté qu'il nous aidera à les assister.

Nous avons toutes participé à la joye que nous ont apporté les nouvelles de la paix ; car outre l'interest que nous devons prendre au bien commun, nous esperons que ce pauvre païs s'en sentira par la liberté des passages de la mer : le commerce en sera plus grand & plus libre, & peut-être que leurs Majestez nous donneront du secours contre nos ennemis, pour lesquels on n'a plus de pensées qu'à les exterminer, si l'on peut, n'y aiant plus rien à esperer d'eux ni pour la paix, ni pour la foy après tant d'experiences que l'on a de leur perfidie. L'on tient icy seize de leurs gens en prison pour lesquels on tâche d'échanger nos François qu'ils tiennent captifs.

Pour ce qui est de ma disposition particuliere ; je suis mon intime Mere, dans une aussi grande paix qu'elle se puisse souhaitter parmy les divers evenemens des choses tres-crucifiantes qui se presentent chaque jour, & quasi à chaque moment ; en sorte que si nôtre bon Dieu ne s'y trouvoit, il y en a assez pour faire perdre courage. Pour vous parler simplement, c'est ici un païs de souffrances pour les personnes Religieuses, sur tout pour celles qui ont des Charges, & le maniment des affaires. J'en ay toujours été chargée depuis que vous m'avez donnée à cette nouvelle Eglise ; & partant il m'a toujours fallu être dans la croix. Mais il y faut expirer à l'imitation de nôtre Maître ; & je ne la changerois pas, sinon par l'ordre d'une volonté superieure, à tous les biens de la terre, quoy que tout mon esprit ait sa pante à la solitude & à une vie retirée. J'aspire au repos afin de me disposer à la mort. L'on se rid de moy quand j'en parle, parce qu'on me void agir dans nos affaires comme une personne qui aime l'action, je veux dire avec alegresse & sans chagrin. Mais on ne void pas mon fond, qui est de vouloir aimer par tout son unique bien ; & c'est pour cela que

je

je fais bon visage en suivant ses ordres. Ce n'est pas assez de faire la volonté de Dieu, il la faut faire avec amour dans l'interieur, & de bonne grace exterieurement. Voila comme je vis, mon unique Mere, quoi que toutes mes actions soient mêlées d'imperfection. Adieu, ma tres-bonne Mere; donnez-moy toujours à nôtre Seigneur par le saint amour duquel je vous embrasse, & suis.

De Quebec le 25. de Septembre 1660.

LETTRE XCII.

A UNE RELIGIEUSE URSULINE DE TOURS.

Elle la console de la mort d'un de ses parens & d'une Religieuse de ses amies. Qu'on ne doit point être surpris quand on apprend la nouvelle de la mort de quelqu'un qu'on aime. De la bonne regularité des Ursulines de Tours; qu'il faut toujours croître en vertu, & que cet accroissement est une marque qu'elle est veritable.

MA Reverende & tres-chere Mere. Je ne doute point que vous n'aiez vivement ressenti la mort de vôtre bon Oncle qui étoit aussi vôtre bon Pere Spirituel. C'est sans doute une grande privation à ses amis, & singulierement à vous qui aviez tant de confiance & de facilité à luy ouvrir vôtre cœur. Mais enfin, vous irez un jour avec luy dans le sejour des Bienheureux, où vous vous parlerez esprit à esprit, & y glorifierez Dieu d'une nouvelle maniere. Ah, ma chere Mere quand serons-nous dans ce lieu de bonheur? Quand nous embrasserons-nous dans la pureté des Saints?

Nous avons aussi apris la mort de nôtre chere Mere le Coq, & par la méme voye, nous avons reçu de ses lettres. Cela est surprenant à la verité, mais pourtant la brieveté & l'incertitude des momens qui ne sont pas à nôtre disposition, doivent faire que nous ne soions surpris de rien, sur tout quand nous apprenons la mort de nos amis. Quoique nous aions ressenti la perte de cette chere Mere, nous avons été tres-aises de la sçavoir, afin de luy pouvoir rendre nos derniers devoirs. Nous l'avons fait de cœur & d'affection par une communion generale, & par un service solemnel, chanté par le R. Pere Superieur, car cette bonne Mere étoit Canadoise d'affection.

Pour nous, nous sommes toutes, graces à nôtre Seigneur, dans une bonne santé, & ce qui vous doit le plus consoler, dans une union aussi douce, & dans une paix aussi profonde que nous la sçaurions souhaitter. Je benis Dieu de celle que vous me dites être dans vôtre sainte Maison de Tours. Je croy qu'elle est telle que vous le dites, & que la divine bonté y bâtit sur de bons fonds. Je n'oubliray jamais ce que j'y ay veu dans l'education des sujets qui la sanctifient aujourd'huy par leur vertu & par leur regularité. De celles que j'y ay veuës, je juge de celles qui y sont entrées depuis nôtre absence, puisque, graces à nôtre Seigneur, j'y ay remarqué un esprit foncier capable de se communiquer & de perseverer. Je prie la bonté divine de le vouloir augmenter; car la sainteté veut toujours croître, & ses accroissemens montrent qu'elle est veritable.

Nous avons fait nos élections, où la Reverende Mere de saint Athanase a été continuée en sa charge de Superieure, & moy en celle de Dépositaire, qui ne me donne pas peu de tracas : mais Dieu le veut, j'en suis contente, puisque c'est son bon plaisir. J'espere que vous me manderez l'année prochaine le succez des vôtres; je prie Dieu cependant qu'elles reüssissent à sa gloire. Je vous supplie de me continuer vôtre assistance auprés de nôtre Seigneur, & de croire que je suis en luy, avec autant de sincerité que de verité, Vôtre, &c.

De Quebec le 28. Septembre 1660.

LETTRE XCIII.

A SON FILS.

Elle compatit à une infirmité habituelle dont il étoit incommodé, & l'exhorte à la patience. Elle s'excuse de la priere qu'il luy avoit fait d'écrire des matieres spirituelles.

MOn tres-cher Fils. J'ay enfin reçu vos trois lettres avec une joye d'autant plus sensible, que j'avois quasi perdu l'esperance de les recevoir. La cause de ce retardement est que nos pacquets & ceux de nos amis ont été broüillez, mais enfin eux & nous avons tout reçu. Je crains bien que la grande foiblesse que vous ressentez n'augmente de plus en plus. Il n'y a rien qui affoiblisse tant que les causes que vous me dites, & ce qui est incommode à vôtre infirmité, c'est le genre de vie que vôtre Regle vous oblige de garder. J'ay ressenti vivement vôtre infirmité ; mais Dieu soit beni, vous êtes à luy

DE LA M. MARIE DE L'INCARNATION.

plusqu'à moy, & vôtre vie & la mienne sont entre ses mains: C'est ce que j'ay à vous dire pour vôtre consolation & pour motif de patience & d'acquiessement aux ordres de Dieu.

Ce n'est pas manque de bonne volonté si je ne m'entretiens avec vous de choses spirituelles selon vôtre inclination & la mienne: mais je suis aussi bien que vous si accablée d'affaires, que tout ce que je puis faire aprés y avoir satisfait, c'est de m'acquitter des observances regulieres. Je soûpire aprés la retraite & la solitude, mais il n'est pas en ma disposition de choisir cet état. Ce n'est pas que du côté de Dieu mon esprit ne luy soit attaché par son attrait, & que mon cœur n'ait le bien d'être uni à sa divine Majesté, avec sa privauté & sa grace ordinaire. Monsieur de Geneve dit qu'il y des oyseaux qui en volant prennent leur refection. J'en suis de même en matiere de la vie de l'esprit, car dans les tracas où je suis attachée par necessité, je prend la nourriture solide & continuelle que je vous viens de dire. Ainsi je vous asseure que je ne puis rien écrire des choses spirituelles, & si je le pouvois faire il n'y a rien qui me donnât tant de satisfaction que de vous donner ce contentement. Demeurons-en là s'il vous plaît, jusques à ce qu'il plaise à Dieu d'en disposer autrement. Cependant pensons à nous sanctifier dans ces tracas vous & moy, puisque le plus parfait & le plus agreable à ses yeux, est de suivre ses ordres. Pour moy j'ay un fort attrait de m'offrir dans tous les momens en esprit de sacrifice, & en m'oubliant moy-même, me laisser consumer à celuy qui fait gloire d'avoir des ames aneanties.

Vous m'avez fort obligée de n'avoir pas communiqué nos écrits pour être inserez dans l'ouvrage de ce bon Pere qui compose l'histoire de Canada. Il y a plus de dix ans qu'il me presse de luy donner quelque chose de semblable; je m'en suis toujours excusée. Je ne sçay si le R. Pere Lalemant ne luy en a point donné des memoires; il l'a pu s'il l'a voulu, car c'est l'homme du monde qui me connoît le mieux: s'il l'a fait ç'a été sans m'en parler. Mourons entierement au monde, & disons avec un Saint: c'est alors que nous serons veritablement servantes de JESUS-CHRIST si le monde ne void rien de nous. Comme je m'unis à vous en tous les biens que la divine bonté fait par vous; aussi ce que je fais en luy, car sans luy je ne puis rien faire, est pareillement à vous. Demeurons dans cette union & communication de biens pour l'amour, pour l'honneur & pour la gloire de JESUS. Mes autres lettres vous disent les nouvelles du païs.

Ce sont les memoires qui ont servi à composer l'histoire de la vie.

De Quebec le 13. Octobre 1660.

LETTRE XCIV.

A UNE RELIGIEUSE URSULINE DE TOURS.

A la Mere Ursule.

Monseigneur l'Evêque ordonne que contre la coutume la Charge de Maîtresse des Novices soit élective, & que la Superieure ouvre les lettres des Religieuses.

MA Reverende & tres-chere Mere. Voici un petit mot que j'ay cru vous devoir écrire en confiance au sujet de ma chere Mere N. Comme elle a confiance en moy, elle me fait voir quelques unes de ses lettres, & j'ay remarqué dans celle qu'elle vous écrit au sujet de l'élection d'une Maîtresse des Novices, de certaines choses où elle se méprend un peu, ne sçachant pas entierement comme elles se sont passées. Mais vous pouvez bien m'en croire, puisque le tout est venu à ma connoissance, & s'est même passé à ma veuë aiant toujours accompagné nôtre Reverende Mere, à cause de la charge où je suis, & de celle où j'ay été. Voici donc comme la chose s'est passée. Monseigneur nôtre Prelat aiant fait venir nôtre Reverende Mere au parloir, aprés qu'elle fut confirmée en sa charge, il luy declara qu'il vouloit que la Maîtresse des Novices le fut aussi des jeunes Professes, & que cette charge fut sujette à l'élection. Cette proposition nous surprit extrêmement, & pour en empecher l'execution, nous contestâmes fort. Mais quelques raisons que nous pussions dire, il ne nous voulut point écouter. Ce que nous pûmes obtenir, fut, que cette élection seroit seulement pour trois ans sans consequence, & comme un essay qui nous feroit voir le succez de ce changement. Nôtre Reverende Mere ne laissa pas d'en avoir bien du deplaisir, parce qu'elle étoit dans la resolution de continuer cette chere Mere dans cette charge, en laquelle elle s'étoit tres-bien comportée : Mais l'élection fit tourner les choses autrement, car comme vous sçavez en matiere de choix on ne dispose pas des voix comme l'on veut. Le tout se fit assurement selon Dieu, & dans la sincerité, vous pouvez m'en croire, car je suis témoin oculaire de tout ce qui s'est passé. Or je vous diray dans la confiance que la raison pour laquelle on n'a pas jetté les yeux sur elle dans l'élection, est qu'elle est trop libre à dire ses sentimens & qu'elle les change un peu trop facilement, ce qui choque extremement celles qui ne

DE LA M. MARIE DE L'INCARNATION.

connoissent pas son fond: car au reste elle est tres-vertueuse & tres-exacte en matiere de regularité: Mais il y a de certains foibles qui nous accompagneront jusques à la mort, quelque saints que nous soions, & quelque vertu que nous puissions avoir. Vous jugerez de ce peu, mon intime Mere, ce que je veux dire, & je me suis resoluë de vous en donner un avis de confiance, afin qu'à l'avenir vous ne croiez pas legerement tout ce que l'on vous pourra mander. Il y a de petits soulevemens de cœur excitez par une passion secrete, qui font faire des saillies, dont on a quelquefois le loisir de se repentir, parceque cela étant passé, on voit les choses tout autrement qu'on ne les voioit dans l'émotion. Au reste quoique la Mere N. eût un peu de mortification en ce changement, elle n'en fit rien paroître neanmoins; mais d'un esprit qui parut fort dégagé, elle fit voir qu'elle en étoit tres-aise, & elle m'en assura encore dans le particulier. Je l'ay cruë, car je la croy sincere. Il est tres-vray que nôtre Reverende Mere la traite avec beaucoup d'amour & de confiance, & elle est une de celles avec qui elle communique des affaires importantes de la Maison, parce qu'elle a un fort bon sens quand elle est dans son assiete de vertu ordinaire, & cela me console beaucoup. Elle est par fois fâchée contre moy, ou pour mieux dire, elle en fait le semblant, de ce que je ne luy dis pas tout ce que je sçay; si je ne le fais pas, ce n'est pas manque de confiance, mais il faut que je garde le secret à qui je le dois. Vous voiez, mon intime Mere que je vous ouvre mon cœur pour la gloire de Dieu, & pour l'amour que je vous porte, & à cette chere Mere que je voudrois cacher dans mon cœur en de certaines rencontres.

Je me sens encore obligée de vous donner de l'eclaircissement sur ce qu'on vous écrit qu'on voit ici toutes nos lettres. Il est vray qu'on les voit, mais on ne les ouvre & on ne les lit pas. Monseigneur nôtre Prelat ayant ordonné à nôtre Reverende Mere d'ouvrir les lettres qu'on envoie de France, elle est seulement obligée de rompre le cachet, & c'est ce qu'elle fait afin d'obeïr; mais je vous assure qu'elle ne les lit point du tout. Je vous écris, & vous me pouvez écrire en confiance tout ce que vous voudrez avec assurance que cela ne sera veu que de moy. Il en est de même de celles que nos Meres & nos amis nous écrivent, & de celles que nous leur écrivons. Nous nous sommes toujours gardé cette fidelité nôtre Reverende Mere & moy lorsque nous avons été successivement en charge, afin de laisser la liberté à nos Congregations de nous écrire

Dd iij

tout ce qu'il leur plaira. Il faut que ceux qui vous ont écrit cette particularité, n'aient pas compris l'intention de Monseigneur, qui consiste seulement comme je vous viens de dire dans cette formalité de rompre le cachet. Il a eu raison d'en user de la sorte, parceque la regle dit quelque chose de semblable qui souffre interpretation; & enfin il faut garder quelque forme qui fasse voir qu'une Superieure peut toujours user de sa liberté. Ecrivez-nous donc avec vôtre confiance ordinaire, & si vous m'aimez, croiez que ce que je vous dis est veritable. J'ajoûteray à tout cela, que nôtre Reverende Mere & moy sommes dans une aussi parfaite intelligence que si nous n'étions qu'un cœur. Il ne se passe rien & elle n'entreprend rien qu'elle ne me le communique, & qu'elle ne me demande mon avis: ce qui noüe & serre nôtre union tres-étroitement. Vous sçavez ce que vous êtes avec ma chere Mere de saint Bernard; il en est de même de nôtre Reverende Mere & de moy. De là vient que dans la Maison nous ne faisons point de difference de Congregations. Il y en a pourtant dont les sentimens ne sont pas tout à fait morts pour leur ancienne demeure, ce qui m'afflige sensiblement. La Mere Marie de saint Joseph étoit toute d'or à ce sujet. Elle est morte, & elle joüit à present de la recompense qui étoit dûe à son grand détachement. Le vaisseau qui doit porter celle-cy presse si fort que je suis obligée de finir, pour vous dire que je suis sans reserve, Vôtre, &c.

De Quebec le 13. d'Octobre 1660.

LETTRE XCV.

A UNE JEUNE RELIGIEUSE URSULINE.

Elle l'exhorte de mourir à elle-même, & de s'avancer sans relâche dans la perfection.

MA tres-chere & bien aimée fille. Puisque vous le voulez j'en suis contente, je vous donne cette qualité, & je vous embrasse comme telle dans l'aimable cœur de JESUS nôtre unique & suradorable Sauveur. Ce m'est toujours une nouvelle joye de ce que vous luy appartenez, & de ce que vous le voulez suivre sans reserve. Qu'il fait bon, ma tres-chere fille de l'aimer, mais de l'aimer de la bonne maniere, c'est-à-dire, en mourant à soy-même mille fois le jour en esprit de sacrifice. L'état où sa divine bonté nous a appellées vous & moy nous donne le moyen par preciput à tous les autres états de le faire. Que nos cœurs n'ayent donc plus de mouvement que par l'esprit de ce divin Maître, qui absolument & sans reserve veut être l'esprit de nôtre esprit. Il a des jalousies qui ne se peuvent exprimer à ce que nous ne nous écartions jamais de sa divine & douce maîtrise. Je croy, ma bien-aimée fille, que vous étes dans la disposition de luy tout ceder, & de courir plus que jamais dans la voye du saint amour. Je luy demande qu'il perfectionne encore en vous cette sainte disposition, parce qu'il y a de continuelles ascensions à faire dans le chemin de la perfection, qui ne trouvera point de terme dans l'eternité. Demandez-luy aussi pour moy que je luy sois fidele en cette course. Je souhaite plus que je ne vous le puis dire, que vous & ma niece soyez toujours unies par le lien de la sainte dilection; ce luy sera un grand avantage, puisque nos foiblesses veulent du secours dans une affaire aussi importante qu'est celle de nôtre perfection, que je sçay bien que vous cherchez en vous aimant. Aimez-vous donc, & aimez-moy en celuy qui n'est que pureté & amour. Je suis en luy toute vôtre.

De Quebec le 23. Octobre 1660.

LETTRE XCVI.

A LA SUPERIEURE DES URSULINES DE TOURS.

La Mere Ursule.

Monseigneur l'Archevêque de Tours change le Coûtumier des Ursulines de sa ville : & Monseigneur de Petrée veut faire le même à celles de Quebec.

MA tres-Reverende & tres-honorée Mere. Vôtre sainte benediction. Je n'ay pas été trompée apprenant le choix que Nôtre Seigneur a fait de vôtre Personne pour gouverner nôtre chere Communauté de Tours. Je m'y attendois bien, mon intime Mere, & j'en ay rendu mes tres-humbles actions de graces à celuy qui vous avoit choisie dans le Ciel, avant que celles qui ont donné leurs suffrages eussent suivi ses sacrez mouvemens.

Je sçay bon gré à Monseigneur l'Archevêque, d'avoir fait imprimer & recevoir vôtre Coûtumier. Quand j'en ay appris la nouvelle, j'ay été dans l'impatience de le voir, & à l'ouverture des balots le livre étant tombé sous mes mains, il a fallu que je me sois satisfaite sans pouvoir passer outre. Tout ce que j'en ay lû me paroît ravissant & tres-judicieux. Mais je ne me contente pas de cette premiere lecture; je l'examinerai plus à loisir afin de vous en dire mon sentiment, & de remercier Monseigneur du grand present qu'il vous a fait. Cependant cette piece ne nous servira pas peu dans nos affaires presentes dont je vous vais faire le recit.

Il paroît par vôtre grande lettre que nous ayons de l'inclination à changer nos Constitutions. Non, mon intime Mere, nous n'avons nulle inclination qui tende à cela. Mais je vous dirai que c'est, Monseigneur nôtre Prelat qui en a quelque envie, ou du moins de les bien alterer: voici comme la chose s'est passée. L'année derniere lorsqu'il faisoit sa visite quelques-unes de nos Sœurs luy firent entendre à nôtre insceu, qu'il seroit bon qu'il nous donnât un abregé de nos constitutions. Il ne laissa pas perdre cette parole: car il en a fait faire un selon son idée, dans lequel laissant ce qu'il y a de substanciel, il retranche ce qui donne de l'explication & ce qui en peut faciliter la pratique. Il y a adjoûté en suite ce qu'il luy a plû, en sorte que cet abregé, qui seroit plus propre pour des Carmelites ou pour des Religieuses du Calvaire, que pour des Ursulines, ruine effectivement nôtre constitution. Il nous en a fait faire la lecture par le R. Pere Lalemant, qui n'a pas peu donné à Dieu en cette action, parceque c'est luy qui a le plus travaillé à nos constitutions. Il nous a donné huit mois ou un an pour y penser. Mais, ma chere Mere, l'affaire est déja toute pensée & la resolution toute prise: nous ne l'accepterons pas si ce n'est à l'extremité de l'obeïssance. Nous ne disons mot neanmoins pour ne pas aigrir les affaires; car nous avons à faire à un Prelat, qui étant d'une tres-haute pieté, s'il est une fois persuadé qu'il y va de la gloire de Dieu, il n'en reviendra jamais, & il nous en faudra passer par là, ce qui causeroit un grand préjudice à nos observances. Il s'en est peu fallu que nôtre chant n'ait été retranché. Il nous laisse seulement nos Vêpres & nos Tenebres, que nous chantons comme vous faisiez au temps que j'étois à Tours. Pour la grande Messe, il veut qu'elle soit chantée à voix droite, n'ayant nul égard à ce qui se fait soit à Paris soit à Tours, mais seulement à ce que son esprit luy suggere être pour le mieux. Il craint que nous ne prenions de la vanité en chantant, & que nous ne donnions de la complaisance au dehors. Nous ne chantons plus aux Messes, parce, dit-il, que cela donne de la distraction au Celebrant, & qu'il n'a point veu cela ailleurs. Nôtre consolation

consolation en tout cela est qu'il a eu la bonté de nous donner pour Directeur le R. P. Lallemant qui est nôtre meilleur ami, & avec qui nous pouvons traiter confidemment. Il a un soin incroyable de nous tant pour le spirituel que pour le temporel; & comme il est tres-bien dans son esprit, il rabat bien des coups qu'il nous seroit difficile à supporter. J'attribuë tout cecy au zele de ce tres-digne Prelat; mais comme vous sçavez, mon intime Mere, en matiere de reglement l'experience le doit emporter par dessus toutes les speculations. Quand on est bien, il s'y faut tenir, parceque l'on est asseuré qu'on est bien; mais en changeant, on ne sçait si l'on sera bien ou mal. Je vous ay fait ce recit, ma tres-chere Mere, afin que vous jugiez si nous voulons changer nos constitutions, & pour me consoler avec vous dans la peine que je souffre sur ce sujet.

De Quebec le 13. Septembre 1661.

LETTRE XCVII.

A SON FILS.

Le voiant degagé de l'embarras de ses affaires, elle l'exhorte à profiter du repos que Dieu luy donne pour faire un amas de vertus. Elle parle de sa devotion au Verbe incarné, à la sainte Vierge, & à saint François de Paule.

Mon tres-chér Fils. J'ay reçu avec une consolation toute particuliere vos trois lettres, qui toutes m'ont appris que nôtre Seigneur vous a rendu la santé. Je vous avoüe que craignois que ce mal ne vous emportât, & j'avois déja fait mon sacrifice en denuant mon cœur de ce qu'il aime le plus sur la terre pour obeïr à sa divine Majesté. Mais enfin vous voila encore; soïez donc un digne ouvrier de sa gloire, & consumez-vous à son service. Pour cet effet je suis tres-aise que vous soïez hors de Compiegne, où les soins des affaires temporelles partageoient vôtre esprit. Servez-vous de ce repos comme d'un rafraichissement que le Ciel vous presente pour faire de nouveaux amas de vertu & de bonnes œuvres, & pour emploier toutes vos forces à la gloire de celuy pour qui nous vivons. Vous avez bien commencé, & j'ay pris plaisir à l'adresse avec laquelle vous avez saintement trompé Monsieur d'Angers au sujet de la reforme de saint Aubin. Il faut quelquefois faire de semblables coups pour avancer les affaires de Dieu, qui a soin puis aprés d'essuyer les disgraces qui en peuvent naître de la part des creatures. Vous en avez une preuve, puisque ce grand Prelat vous aime, & que son esprit n'en est pas plus alteré contre vous. J'apprens encore, que vous servez Dieu & le prochain par vos predications. Vous m'avez beaucoup obligée de m'envoyer celle que vous avez faite des grandeurs de JESUS, & vous avez raison de dire qu'elle traitte d'un sujet que j'aime. Je l'aime en effet, car tout ce qui parle des grandeurs de nôtre tres-adorable JESUS, me plaît plus que je ne vous le puis exprimer. Je vous laisse à penser si mon esprit n'est pas content quand je reçois quelque chose de semblable de mon Fils que j'ay toujours souhaitté dans la vie de l'Evangile pour en pratiquer les maximes, & pour y annoncer les loüanges & les grandeurs du sacré Verbe incarné. Vous n'aviez pas encore veu le jour que mon ambition pour vous étoit que vous fussiez serviteur de JESUS-CHRIST, & tout devoüé à ses divins conseils, aux dépens de vôtre vie & de la mienne. La piece est belle & bien conçue en toutes ses circonstances, mais je crains que ces grandes pieces d'appareil ne vous peinent trop, & que ce ne soit en partie la cause de vos epuisemens. J'y remarque un grand travail, mais la douceur d'esprit s'y trouve jointe. Si j'étois comme ces Saints qui entendoient prêcher de loin, je prendrois plaisir à vous entendre, mais je ne suis pas digne de cette grace. Il est à croire que nous nous verrons plûtôt en l'autre monde qu'en celuy-cy. Dieu neanmoins a des voyes qui nous sont inconnuës, sur tout dans un païs flotant & incertain comme celuy-cy, où naturellement parlant, il n'y a pas plus d'assurance qu'aux feüilles des arbres quand elles sont agitées du vent.

Vous me demandez quelques pratiques de mes devotions particulieres. Si j'avois une chose à souhaitter en ce monde, ce seroit d'étre auprés de vous afin de verser mon cœur dans le vôtre, mais nôtre bon Dieu a fait nos départemens où il nous faut tenir. Vous sçavez bien que les devotions exterieures me sont difficiles: Je vous diray neanmoins avec simplicité, que j'en ay une que Dieu m'a inspirée, de laquelle il me semble que je vous ay parlé dans mes écrits. C'est au suradorable cœur du Verbe incarné: il y a plus de trente ans que je la pratique, & voici l'occasion qui me la fit embrasser.

Un soir que j'étois dans nôtre cellule traitant avec le Pere Eternel de la conversion des ames, & souhaittant avec un ardent desir, que le Royaume de JESUS-CHRIST fût accompli, il me sembloit que le

DE LA M. MARIE DE L'INCARNATION.

Pere Eternel ne m'écoûtoit pas, & qu'il ne me regardoit pas de son œil de benignité comme à l'ordinaire. Cela m'affligeoit; mais en ce moment, j'entendis une voix interieure qui me dit : demande-moy par le cœur de mon Fils, c'est par luy que je t'exauceray. Cette divine touche eût son effet, car tout mon interieur se trouva dans une communication tres-intime avec cet adorable cœur, en sorte que je ne pouvois plus parler au Pere Eternel que par luy. Cela m'arriva sur les huit à neuf heures du soir, & du depuis environ cette heure là, c'est par cette pratique que j'acheve mes devotions du jour, & il ne me souvient point d'y avoir manqué, si ce n'est par impuissance de maladie, ou pour n'avoir pas été libre dans mon action interieure. Voici à peu prés comme je m'y comporte lorsque je suis libre en parlant au Pere Eternel.

C'est par le cœur de mon JESUS *ma voye, ma verité & ma vie que je m'approche de vous, ô Pere Eternel. Par ce divin cœur je vous adore pour tous ceux qui ne vous adorent pas ; je vous aime pour tous ceux qui ne vous aiment pas ; je vous adore pour tous les aveugles volontaires qui par mépris ne vous connoissent pas. Je veux par ce divin cœur satisfaire au devoir de tous les mortels. Je fais le tour du monde pour y chercher toutes les ames racheptées du Sang tres-precieux de mon divin Epoux : Je veux vous satisfaire pour elles toutes par ce divin cœur. Je les embrasse toutes pour vous les presenter par luy. Je vous demande leur conversion ; voulez-vous souffrir qu'elles ne connoissent pas mon* JESUS*? permettrez-vous qu'elles ne vivent pas en celuy qui est mort pour tous ? Vous voyez, ô divin Pere, qu'elles ne vivent pas encore ; Ah! faites qu'elles vivent par ce divin cœur.* C'est ici que je parle de cette nouvelle Eglise, & que j'en represente à Dieu toutes ses necessitez, puis j'ajoûte : *Sur cet adorable cœur je vous presente tous les ouvriers de l'Evangile ; remplissez-les de vôtre esprit saint par les merites de ce divin cœur.* Des Ouvriers de l'Evangile, mon esprit passe aux Hiroquois nos ennemis, dont je demande la conversion avec toute l'instance qui m'est possible. Puis je parle de deux ames que vous connoissez, & je dis : *Sur ce sacré cœur comme sur un Autel divin, je vous presente N. vôtre petit serviteur, & N. vôtre petite servante ; je vous demande au nom de mon divin Epoux, que vous les remplissiez de son esprit, & qu'ils soient eternellement à vous sous les auspices de cet adorable cœur.* Je fais encore memoire de quelques personnes avec qui j'ay des liaisons spirituelles, & des Bienfaiteurs de nôtre maison, & de cette nouvelle Eglise. Je m'adresse ensuite au sacré Verbe incarné, &

E e ij

je luy dis: *Vous sçavez mon bien-aimé tout ce que je veux dire à vôtre Pere par voſtre divin cœur & par voſtre ſainte ame ; en le luy diſant, je vous le dis, parceque vous êtes en voſtre Pere & que vôtre Pere eſt en vous. Faites-donc que tout cela s'accompliſſe, & joignez-vous à moy pour flechir par vôtre cœur celuy de vôtre Pere. Faites ſelon vôtre parole, que comme vous êtes une même choſe avec luy, toutes les ames que je vous preſente ſoient auſſi une même choſe avec luy & avec vous.* Voila l'exercice du ſacré cœur de JESUS.

J'enviſage enſuite ce que je dois au Verbe incarné, & pour luy en rendre mes actions de graces, je luy dis: *Que vous rendray je, ô mon divin Epoux, pour les excez de vos graces en mon endroit? C'eſt par vôtre divine Mere que je vous en veux rendre mes reconnoiſſances. Ie vous offre donc ſon ſacré cœur, ce cœur, dis-je, qui vous a tant aimé. Souffrez que je vous aime par ce même cœur, que je vous offre les ſacrées mamelles qui vous ont allaitté, & ce ſein virginal que vous avez voulu ſantifier par voſtre demeure avant que de paroître dans le monde. Ie vous l'offre en action de graces de tous vos bienfaits ſur moy tant de grace que de nature : Ie vous l'offre pour l'amendement de ma vie, & pour la ſantification de mon ame, & afin qu'il vous plaiſe me donner la perſeverance finale dans voſtre grace & dans voſtre ſaint amour. Ie vous rends graces, ô mon divin Epoux de ce qu'il vous a plu choiſir cette tres-ſainte Vierge pour voſtre Mere, de ce que vous luy avez donné les graces convenables à cette haute dignité, & enfin de ce qu'il vous a plu nous la donner pour Mere. I'adore l'inſtant ſacré de voſtre Incarnation dans ſon ſein tres-pur, & tous les divins momens de voſtre vie voyagere ſur la terre. Ie vous rends graces de ce que vous vous êtes voulu faire non ſeulement noſtre vie exemplaire par vos divines vertus, mais encore noſtre cauſe meritoire par tous vos travaux & par l'effuſion de voſtre Sang. Ie ne veux ni vie ni moment que par voſtre vie. Purifiez-donc ma vie impure & defectueuſe par la pureté & perfection de voſtre vie divine, & par la vie ſainte de voſtre divine Mere.* Ie dis enſuite ce que l'amour me fait dire à la tres-ſainte Vierge, toujours neanmoins dans le même ſens que ce que je viens de dire, & je ferme par là ma retraite du ſoir. Dans les autres temps mon cœur & mon eſprit ſont attachez à leur objet & ſuivent la pante que la grace leur donne. Dans l'exercice même que je viens de rapporter je ſuis le trait de l'eſprit, & ce n'eſt ici qu'une expreſſion de l'interieur : Car je ne puis faire de prieres vocales qu'à la pſalmodie mon Chapelet d'obligation m'étant même aſſez difficile.

Je porte au col une petite chaîne de fer il y a plus de vingt & trois ans, pour marque de mon engagement à la sainte Mere de Dieu: je n'y ai point d'autre pratique, sinon en la baisant de m'offrir pour esclave à cette divine Mere.

Accommodez-vous je vous prie, mon tres-cher fils, à ma simplicité, & excusez ma facilité. Je puis dire comme saint Paul, que je fais une folie, mais je dirai aussi avec luy, que c'est vous qui me contraignez de la faire. J'ay encore composé une Oraison, qu'un de mes amis m'a mise en latin, pour honorer la double beauté du Fils de Dieu dans ses deux natures divine & humaine; voicy comme elle est conçuë: *Domine* Jesu-Christe, *splendor paterna gloriæ, & figura substantiæ ejus; Vota renovo illius servitutis quâ me totam geminæ pulchritudini tuæ promisi redditurum: omnemque gloriam quæ hic haberi aut optari potest rejicio, præter eam quâ me verè ancillam tuam in æternum profitebor. Amen, mi* Jesu.

Ce qui m'a donné le mouvement à cette devotion de la double beauté du sacré Verbe incarné, est, qu'étant un jour en nôtre maison de Tours dans un transport extraordinaire, j'eus une veuë de l'eminence & sublimité de cette double beauté des deux natures en Jesus-Christ. Dans ce transport je pris la plume & écrivis des vœux conformes à ce que mon esprit pâtissoit. J'ay depuis perdu ce papier. Etant revenuë à moy, je me trouvé engagée d'une nouvelle maniere à Jesus-Christ, quoique quelque écrit que ce puisse être, il ne puisse jamais dire ce qui se passe dans l'ame quand elle est unie dans son fond à ce divin objet. Dans ce seul mot *Figure de la substance du Pere*, l'esprit comprend des choses inexplicables, l'ame qui a de l'experience dans les voyes de l'esprit, l'entend selon l'étenduë de sa grace; & dans ce renouvellement de vœux à cette double beauté, l'ame qui est une même chose avec son bien-aimé entend ce secret, comme elle entend celuy de sa servitude envers luy.

Je vous ay autrefois parlé de la devotion à saint François de Paule: car je croy que vous n'ignorez pas que ce fut nôtre bisayeul qui fut envoyé par le Roy Louis, pour le demander au Pape & pour l'amener en France. J'en ay bien entendu parler à mon grand pere; & même ma Tante qui est morte lorsque j'avois quinze ans, avoit veu sa grandemere, fille de ce bisayeul, qui la menoit souvent au Plessis pour visiter ce saint homme, qui par une pieuse affection faisoit le signe de la croix sur le visage de cette petite en la benissant. C'est ce qui a toûjours donné une grande devotion à nôtre famille envers ce grand Saint. Mon grand Pere nous racontoit cela fort souvent, afin d'en perpetuer aprés luy la memoire & la devotion, comme il l'avoit receuë de son ayeul.

Voila le recit d'une partie de mes devotions, que je vous fais avec la méme simplicité que vous me l'avez demandé : Souvenez-vous de moy dans les vôtres, car de mon côté je ne fais rien que vous n'y ayez bonne part.

De Quebec le 16. Septembre 1661.

LETTRE XCVIII.

AU MESME.

Sa resignation à mourir dans le tremblement de terre; & qu'il importe peu de quel genre de mort on sorte de ce monde: son apprehension pour la Superiorité.

Voyez en la seconde Partie la lettre de cette année.

MOn tres-cher Fils. Je me suis donné la consolation de vous écrire par un vaisseau qui est parti depuis peu de temps. L'occasion qui se presente m'est favorable pour vous envoyer la relation du grand tremblement de terre que nous avons experimenté en ce païs depuis le cinquiéme de Fevrier. Nous l'experimentons encore, & nous ne sçavons point à quoy il se terminera, n'étant pas encore entierement cessé. Nous en sentons des secousses de temps en temps, lesquelles, bien qu'elles ne soient pas violentes, ne laissent pas d'effrayer la nature; qui apprehende d'y perir. Il ne s'est fait graces à Dieu aucun fracas dans les lieux habitez, mais il s'en est beaucoup fait tout au tour de nous. Il faut mourir une fois & non plus; si Dieu veut que nous mourions de ce genre de mort, ne faut-il pas l'agréer? La mort est la peine du peché, & nous mourons tous comme criminels; N'est-ce pas au Juge de decerner au coupable la nature de son supplice, & non pas au coupable de le choisir? Ah! que de tout mon cœur je me donne tout de nouveau à la divine volonté pour accomplir en moy son bon plaisir!

Les Hiroquois nous laissent en paix, nous n'en sçavons pas la raison, sinon peut-être que les tremblemens de terre les épouvantent aussi bien que nous, ou plûtôt que nôtre bon Dieu ayant pitié de nos foiblesses, ne veut pas nous affliger en toutes manieres; qu'il en soit beni eternellement.

De ce peu que je vous écris vous pouvez juger que ma disposition est assez bonne tant pour le corps que pour l'esprit : toujours dans sa tranquillité ordinaire, quoique nos affaires exterieures soient assez grandes. Le païs porte cela, sur tout quand on est dans les charges principales. J'en apprehende une, quoique je ne vueille que ce qu'il plaira à nôtre bon Dieu : car je m'abandonne à la conduite de son esprit. Le vaisseau qui leve l'ancre me presse extraordinairement, c'est pourquoy il me faut finir.

Voila une Eclipse de Soleil qui commence, il est entre midi & une heure : si elle paroît en vos quartiers ce doit être sur les sept heures du matin, je ne vous en puis dire l'issuë, car il me faut fermer ma lettre.

De Quebec le 1. Septembre 1663.

LETTRE XCIX.

AU MESME.

Elle est remise contre son gré dans la charge de Superieure. Dispositions admirables de son interieur dans les tremblemens de terre. Difference de l'union avec Dieu dans les affaires exterieures, & dans le temps de l'Oraison actuelle.

MOn tres-cher Fils. Le retardement de vôtre lettre qui ne vient que de m'être renduë, ne me permet pas de m'entretenir long-temps avec vous. Je vous diray seulement, afin que vous ayez compassion de moy, que nos élections ont été faites, & que la charge de la Communauté est tombée sur mes épaules. Le fardeau est lourd & difficile à porter dans un païs comme celuy-cy : mais enfin il faut se consumer jusqu'à la fin. J'aurai soixante & quatre ans le vingt-huitiéme de ce mois, n'avois-je donc pas raison de resister à mon élection, afin de demeurer en repos & de me disposer à la mort. Mais il ne faut plus rien dire, le plus parfait est de se taire & de se soûmettre aux ordres de Dieu, & de ceux qui nous tiennent sa place.

Je vous ay envoyé le recit des tremblemens épouventables qui sont arrivez dans tout le Canada, & qui n'ont pas moins fait trembler les hommes que la terre. Pour mon particulier, je n'en ay pas été plus emuë, nôtre Seigneur m'ayant donné des sentimens bien differens de ceux de la crainte. Car je vous diray en passant que j'ay été plus de deux mois qu'il ne se passoit jour que je ne me misse en disposition d'être engloutie toute vive dans quelque abyme, parce qu'on ne sçavoit pas où ny quand un tremblement si violent feroit rupture. Il l'a faite en divers endroits, comme vous le verrez dans la relation que je vous en fais. Il n'a neanmoins blessé personne, nôtre bon Dieu ayant voulu faire misericorde à son peuple, & luy donner le temps de faire penitence. Puisque j'ay commencé à vous dire mes dispositions interieures dans ces rencontres, je vous avoüeray ingenument que je n'ay jamais experimenté d'état qui m'ait mise dans un si grand dépoüillement de la vie, & de tout ce qui est au monde. J'avois dans mon esprit une impression de ces paroles du fils de Dieu :

Luc. 7. 35.   *La Sagesse est justifiée par ses enfans.* Je ressentois en même temps dans mon ame une émotion qui me faisoit approuver le procedé de Dieu, & qui me pressoit de chanter dans ce même fond quelque chose de grand pour le loüer & benir d'un accident qui menaçoit tout le monde de sa ruine. Je sentois encore une pente de tout moy-même qui me portoit à m'offrir à sa divine Majesté pour être la victime de tous les pechez des hommes, qui l'avoient obligé de faire le châtiment que nous avions devant les yeux. Pour cet effet je desirois d'être chargée de tous ces pechez, comme s'ils m'eussent été propres, afin d'en recevoir seule le châtiment. J'eusse voulu même que toutes ces abominations eussent paru aux yeux des hommes comme mes propres crimes. Tout moy-même étoit dans cette pente & en ce desir, sans pouvoir prendre d'autre disposition que de benir sans cesse le souverain pouvoir de sa divine Majesté sur toute la nature, & sur tous les cœurs quand il les veut ébranler. Les grosses montagnes & tout ce grand fond de marbre dont ces contrées sont toutes composées, ne luy sont que des pailles à mouvoir, & tant de personnes qui ne s'étoient pû flechir par les foudres de l'Eglise, se sont amollies & changées en un moment. Au même temps qu'il nous a épouventez par la secousse des choses qui nous portent, & qui nous environnent, nous avons eu la consolation de voir des cœurs inflexibles & endurcis, s'amollir & devenir aussi souples que ces marbres dans le temps de leurs mouvemens. Mais de mes dispositions venons aux vôtres.

Je benis Dieu de la santé & des forces qu'il vous donne ; puisque vous les employez à son service. Pour vos dispositions interieures,
elles

elles me paroiſſent conformes à l'état où il vous appelle. Prenez garde neanmoins de vouloir trop avancer avant le temps. Quand il voudra que nonobſtant vos occupations exterieures, vous ne le perdiez point de veuë, il fera cela luy même. Et de plus quand ſon eſprit ſe ſera rendu le maître du vôtre, & qu'il ſe ſera emparé de vôtre fond pour vous tenir dans l'union intime & actuelle avec ſa divine Majeſté par une veuë d'amour, toutes vos occupations ne vous pourront diſtraire de ce divin commerce. Je dis dans ce fond, parce qu'il n'eſt pas poſſible de traiter en ce monde des affaires temporelles ſans s'y appliquer avec l'attention convenable du jugement & de la raiſon. En cet état d'union & de commerce avec Dieu dans la ſuprême partie de l'ame, on ne perd point ſa ſainte preſence ny ce divin entretien avec luy; mais il faut faire cette diſtinction, qu'il y a deux manieres de s'entretenir & de joüir : l'une eſt que quand on eſt dans un plein repos, l'union actuelle eſt plus libre; non qu'elle ne le ſoit toûjours; parce que c'eſt le ſaint Eſprit, principe de la vraye liberté, qui en eſt l'auteur & le moteur : au lieu que dans les affaires exterieures une partie de l'ame eſt occupée au dehors, le jugement & les autres facultez neceſſaires au commerce étant obligez d'y mettre leur application, & en quelque façon de ſe diſtraire. C'eſt neanmoins dans ces rencontres que ſervent les vertus Cardinales, & toûjours nonobſtant la diſtraction avec quelque ſorte d'union. La difference de ces deux ſortes d'union & d'entretien avec Dieu, eſt, que quand on eſt actuellement occupé au dehors, l'union eſt d'un ſimple regard vers ſon divin objet, & on ne luy parle que par de petits momens, quand il le permet, & qu'il y donne de l'attrait. Mais quand l'ame eſt dans un plein repos, & qu'elle eſt entierement dégagée de l'embarras des affaires, elle eſt plus épurée du ſens, & alors elle traite & converſe avec Dieu comme un ami fait avec ſon ami.

Vous avez raiſon de dire que vôtre perfection conſiſte à faire la volonté de Dieu. Vous ſerez toûjours dans l'embarras des affaires conformes à vôtre état, & dans cet embarras il vous donnera la grace de cette union actuelle, ſi vous luy étes fidele. Son eſprit ſaint vous donnera le don de Conſeil pour tout ce qu'il voudra commettre à vos ſoins, de ſorte que vous ne pourrez rien vouloir que ce qu'il vous fera vouloir, ny faire que ce qu'il vous fera faire. Voila où ſon eſprit vous appelle, & où vous arriverez ſelon le degré de vôtre fidelité.

Et ne vous étonnez point ſi vous voyez des défauts dans vos actions; c'eſt cet état d'union où l'eſprit de Dieu vous appelle qui vous ouvre les yeux. Plus cet esprit vous donnera de lumiere, plus vous y verrez d'impuretez. Vous tâcherez de corriger celles-là; puis d'autres, & encore d'autres: mais vous remarquerez qu'elles seront de plus en plus subtiles & de differente qualité. Car il n'en est pas de ces sortes d'impuretez ou défauts, comme de celles du vice ou de l'imperfection que l'on a commises par le passé, par attachement, ou par surprise, ou par coûtume. Elles sont bien plus interieures & plus subtiles, & l'esprit de Dieu, qui ne peut rien souffrir d'impur, ne donne nulle tréve à l'ame, qu'elle ne travaille pour passer de ce qui est plus pur à ce qui l'est davantage. Dans cet état de plus grande pureté l'on découvre de nouveaux défauts encore plus imperceptibles que les precedens, & le même Esprit aiguillonne toujours l'ame à les chasser & à se purifier sans cesse. Elle se voit neanmoins impuissante de s'en garentir, mais l'esprit de Dieu le fait par de certaines purgations ou privations interieures, & par des croix conformes, ou plutôt contraires à l'état dont il purifie. Ma croix en ce point est souvent l'embarras des affaires où je me trouve presque continuellement. Prenez-y garde, vous trouverez cela en vous.

Je prendrois un singulier plaisir de m'entretenir avec vous de ces matieres spirituelles selon les questions que vous m'en faites; mais quand je le pense, ou que je le veux faire, l'occupation m'en dérobe le temps. J'écris bien vîte, mais il y a plus de deux heures que je suis à ce bout de lettre. Sans cesse on me distrait, & autant de fois je reprens la plume sans pouvoir finir.

Pourquoi avez-vous tant de repugnance d'aller demeurer en vôtre païs? C'est là une imperfection. Il y faut voler si Dieu le veut ainsi. Ce n'est pas que je ne vous excuse sur les grands embarras que vous dites qu'il y faut essuïer; mais le don de force vous y attend si Dieu vous y veut. Le temps me presse, il me faut finir malgré moy. Adieu mon tres cher Fils.

Je vous ay envoié par une autre voye le recit des tremblemens de terre arrivez en Canada. Ils ont agité bien quatre cent lieuës de païs. Je l'ai écrit en forme de journal: ainsi ne trouvez pas étrange si vous ne voyez pas de suite en quelques endroits; c'est que j'ai gardé l'ordre du temps plutôt que celui des matieres. Il n'y a rien qui ne soit veritable.

De Quebec le 18. d'Octobre 1663.

LETTRE C.
AU MESME.

Ses sentimens touchant la translation du corps de saint Benoist dans une magnifique chasse, au mois de May de l'année 1663. Générosité avec laquelle elle abandonna son Fils en se rendant Religieuse, & depuis encore en allant en Canada. Effet de cet abandonnement.

MOn tres-cher Fils. J'ay reçu deux de vos lettres cette année, la premiere desquelles me parle de vos dispositions particulieres, & l'autre me fait le recit de la translation du corps de saint Benoist, vôtre glorieux Pere & le mien, parceque j'y ay eu toute ma vie une devotion particuliere. C'est à cette derniere que je répons par celle-cy, & que je me sens pressée de vous dire que j'ay eu une aussi-grande tendresse de devotion dans mon éloignement que si j'y eusse été presente. Je n'ay pas ressenti seule la douceur de ce sentiment, mais encore toute nôtre Communauté & nos Reverends Peres à qui j'ay communiqué la vôtre. Ils ont même trouvé si belle & si riche l'estampe de cette magnifique chasse qu'ils l'ont voulu retenir. Nous avons tous beni la divine bonté d'avoir donné à ce saint Patriarche de si bons enfans, qui ont fait un si riche & si digne sanctuaire à leur Pere. Une bonne Religieuse Benedictine de Reims a envoyé une croix faite du Cercueil de ce grand saint à Madame Daillebouft sa sœur, qui est avec nous. Vous me mandez que vous m'envoyez de son Suaire, je n'ay point reçu cette sainte relique que je projettois de mettre avec celles que nous avons déja. Si elle est perduë cette privation me causera bien de la douleur, quoique je n'en doive pas avoir n'étant pas digne de la posseder. Enfin je loüe vôtre Congregation de l'effort qu'elle a fait pour cette magnifique chasse, comme aussi ces bons Abbez commendataires qui y ont bien voulu contribuer. Il étoit bien seant qu'ils rendissent un peu pour le beaucoup qu'ils retirent des Monasteres de ce grand Patriarche.

L'on s'attendoit à Tours qu'à l'issuë de vôtre Chapitre, vous seriez envoyé en l'un des deux Monasteres. Je ne vous sçay pas mauvais gré de la repugnance que vous y ayez, car la proximité des parens cause souvent de l'embarras & détourne quelquefois de Dieu: Mais quand la divine Providence l'ordonne, & que cela n'est pas recherché, il faut baisser le col & se soûmettre; s'il y a de la mortification, il la faut prendre en patience. Mais enfin puisque le repos que vous trouvez à Angers, vous fait aimer ce lieu là, je suis bien aise que vous y soiez retourné. Ah! mon tres cher Fils, qui eût jamais dit, mais qui l'eût pû méme croire, que vous & moy étant demeurez seuls aprés la mort de vôtre Pere, la divine Majesté vous regardât dés lors pour vous faire posseder le grand & l'inestimable bonheur de la profession religieuse; & méme qu'il vous eût fait naître pour des charges si honorables & pour des emplois si éclatans? C'est assurement parceque je vous ay abandonné pour son amour, & que je ne luy ay jamais demandé ni or ni richesses pour vous ni pour moy, mais seulement la pauvreté de son Fils pour tous les deux. S'il vous pourvoit en la maniere que vous l'experimentez, c'est que sa liberalité est aussi certaine que sa bonté. Ses promesses ne manquent point à ceux qui esperent en luy. Vous souvenez-vous bien de ce que je vous ay dit autrefois, que si je vous abandonnois, il auroit soin de vous, & qu'il seroit vôtre Pere. C'est pour cela que je n'ay jamais rien fait de si bon cœur ni avec tant de confiance en Dieu, que de vous quitter pour son amour, étant fondée sur son saint Evangile, qui étoit mon guide & ma force. Et lorsque je m'embarqué pour le Canada, & que je voyois l'abandon actuel que je faisois de ma vie pour son amour, j'avois deux veuës dans mon esprit, l'une sur vous, l'autre sur moy. A vôtre sujet, il me sembloit que mes os se deboitoient & qu'ils quittoient leur lieu, pour la peine que le sentiment naturel avoit de cet abandonnement: Mais à mon égard mon cœur fondoit de joye dans la fidelité que je voulois rendre à Dieu & à son Fils, luy donnant vie pour vie, amour pour amour, tout pour tout, puisque cette divine Majesté m'en rendoit digne, & me mettoit dans l'occasion, moy qui étois la lie du monde.

 Je reviens au saint Suaire que vous m'avez envoié: J'en regrete la perte, dans la crainte qu'il ne tombe en des mains qui ne l'honoreront pas comme il le merite. Agréez le respectueux salut de nôtre Communauté, & le tres-humble remerciment qu'elle vous en fait avec moy.

De Quebec le 16. d'Aoust 1664.

DE LA M. MARIE DE L'INCARNATION.

LETTRE CI.

A UNE RELIGIEUSE URSULINE DE TOURS.

A la Mere Angelique de de la Valiere.

Elle l'assure que son dessein est de mourir en Canada, & la console sur une de ses parentes qui étoit engagée dans une occasion dangereuse à son salut.

MA Reverende & tres-chere Mere. J'ay reçu vôtre tres-chere lettre, dans laquelle vôtre cœur parle plus que vôtre plume. Il me sembloit en la lisant que j'étois avec vous, & que nous nous communiquions cœur à cœur. J'ay bien compati aux afflictions de vôtre Communauté, & encore plus particulierement aux travaux que vous avez souffert pour en secourir les membres malades. Je ne puis que je n'admire comme vous en êtes revenuë, eu égard à vôtre foiblesse & à la delicatesse de vôtre temperament: mais Dieu qui veut encore augmenter vos merites vous laissant vivre dans de si grandes infirmitez, vous a donné de nouvelles forces pour soulager les infirmes mêmes.

Je sçavois déja la mort de ma chere Mere de saint Alexis, mais je vous avouë qu'en lisant le recit que vous m'en faites, j'en ay été puissamment attendrie. Vôtre Communauté a beaucoup perdu en perdant un si digne sujet: mais nôtre bon Dieu qui ne regarde que sa gloire & le bien de ses élus, a voulu attirer à soy cette ame candide, innocente & si aimable, afin de la faire participer aux delices de sa gloire aux dépens des douleurs qu'en doivent ressentir nos cheres Meres & ses amies. Je n'ay eu garde de l'oublier aprés sa mort, elle me touchoit de trop prés durant sa vie, aussi-bien que nos bonnes Meres vos cheres defuntes à qui nôtre Communauté a rendu ses devoirs.

Vous avez raison de croire que j'ay envie de mourir en cette nouvelle Eglise: car je vous assure que mon cœur y est tellement attaché, qu'à moins que Dieu ne l'en retire, il ne s'en départira ni à la vie ni à la mort. Vous croiez peut-être que ce sont les filles & les femmes sauvages qui nous retiennent; mais je vous diray ingenuement mes sentiments à ce sujet. Il est vray qu'encore que nôtre clôture ne me permette pas de suivre les ouvriers de l'Evangile dans les nations qui se découvrent tous les jours: étant neanmoins incorporée comme je suis, à cette nouvelle Eglise, nôtre Seigneur m'aiant fait l'honneur de m'y appeller, il me lie si fortement d'esprit avec eux, qu'il me semble que je les suis par tout, & que je travaille avec eux en de si riches & si nobles conquêtes. Lorsque nous sommes arrivez en ce païs, tout étoit si rempli, qu'il sembloit aller croître en un peuple innombrable; mais aprés qu'ils ont été baptisez Dieu les a appellez à soy, ou par des maladies, ou par la main des Hiroquois: C'est peut-être son dessein de permettre leur mort *de peur que la malice ne changeât leur cœur.* Il y en a pourtant encore un grand nombre, mais c'est peu en comparaison de ce qui étoit, car de vingt à peine en est-il resté un. Ce n'est donc pas à leur endroit que nous sommes les plus occupées, quoique nous fassions nôtre devoir à leur égard tant au dedans qu'à la grille & aux autres occasions, nôtre Monastere étant le refuge de celles qui sont en danger de faire naufrage dans la foy avec leurs Maris ou leurs parens infideles: Mais c'est à l'endroit des filles Françoises; car il est certain que si Dieu n'eût amené des Ursulines en ce païs, elles seroient aussi sauvages, & peut-être plus que les sauvages mêmes. Il n'y en a pas une qui ne passe par nos mains, & cela reforme toute la colonie, & fait regner la religion & la pieté dans toutes les familles. Outre que l'on a institué en ce païs une Congregation de la sainte famille pour la reformation des ménages, dans laquelle les hommes sont conduits par les Reverends Peres, les femmes associées par des Dames de pieté, & les filles jusqu'à ce qu'elles soient mariées, par les Ursulines. Elles se rangent les Dimanches chez nous, où une de nous a le soin de leur faire l'instruction dans laquelle on ne fait que conserver en elles les sentimens & les pratiques qu'on leur avoit déja enseignées dans le Seminaire. Voila outre nos Sauvages les liens qui me lient à la sainte volonté de Dieu: outre que le païs qui se peuple beaucoup, nous donnera encore bien de la pratique en peu de temps, soit à Quebec, soit ailleurs. Mais je reviens à vous, ma tres-chere Mere, & à ce qui vous regarde. Tous vos proches me touchent de prés, & le sujet qui vous afflige, m'afflige. J'en ay eu la connoissance dans ce bout du monde, où je vous diray que nous avons entrepris de faire l'espace de dix semaines de grandes devotions & de grandes penitences en l'honneur de la passion de nôtre Seigneur, afin qu'il plaise à sa bonté d'y mettre ordre, & d'operer le salut de qui vous pouvez juger: & independamment de tout cela, j'ay encore en mon particulier cette affaire fort à cœur. Consolez-vous donc, mon intime

Mere, sous cette pesante croix. Continuez-moy vôtre charitable affection, je vous en supplie, & de me regarder proche de vous quand vous êtes devant nôtre Seigneur, car quelque éloignée que je sois de vous, je seray toujours, Vôtre.

De Quebec le 19. d'Aoust 1664.

LETTRE CII.
A SON FILS.

Elle décrit une vision par laquelle Dieu l'avoit disposée à supporter les douleurs d'une longue maladie. Sa fidelité & sa patience heroïque dans ses douleurs. De l'utilité des tentations. Explication des trois états de la contemplation passive.

MOn tres-cher Fils. Je receus l'année derniere une lettre de confiance de vôtre part, à laquelle je ne pus répondre, à cause d'une grande maladie, dont il a plû à la divine Bonté de me visiter. Elle a duré prés d'un an, & je n'en suis pas encore bien guerie, mais je me porte beaucoup mieux que je n'ai fait. Sa divine Majesté m'y a disposée d'une maniere extraordinaire & toute aimable, en sorte que je n'ai pas été prise au dépourvû. Vous serez peut-être bien aise d'en sçavoir l'origine & les suites: je vous les dirai, afin que vous m'aidiez à louër ses divines misericordes.

Avant que de tomber, je vis en songe Nôtre Seigneur attaché à la croix tout vivant, mais tout couvert de playes dans toutes les parties de son corps. Il gemissoit d'une maniere tres-pitoyable étant porté par deux jeunes hommes, & j'avois une forte impression qu'il alloit chercher quelque ame fidéle pour luy demander du soulagement dans ses extrémes douleurs. Il me sembloit qu'une honnête Dame se presentoit à lui pour cet effet; mais peu aprés elle lui tourna le dos & l'abandonna dans ses souffrances. Pour moy, je le suivis le contemplant toujours dans ce pitoiable état, & le regardant d'un œil de compassion. Je n'en vis pas davantage, mais mon mal arrivant là dessus, il me demeura dans l'esprit une impression si forte & si vive de ce divin Sauveur crucifié, qu'il me sembloit l'avoir continuellement devant les yeux, mais qu'il ne me faisoit part que d'une partie de sa croix, quoique mes douleurs fussent des plus violentes & des plus insupportables.

Le mal commença par un flux hepatique & par un épanchement de bile par tous les membres jusques dans le fond des os, en sorte qu'il me sembloit qu'on me perçât par tout le corps depuis la téte jusques aux pieds. J'avois avec cela une fiévre continuë & une colique qui ne me quittoit ni jour ni nuit, en sorte que si Dieu ne m'eût soûtenuë, la patience me seroit échappée, & j'aurois crié les hauts cris. L'on me donna les derniers Sacremens, que l'on pensa reïterer quelque temps après, à cause d'une rechute, qui commença par un mal de côté comme une pleuresie, avec une colique nephretique, & de grands vomissemens accompagnez d'une retraction de nerfs, qui m'agitoit tout le corps jusqu'aux extremitez. Et pour faire un assemblage de tous les maux, comme je ne pouvois durer qu'en une posture dans le lit, il se forma des pierres dans les reins qui me causoient d'étranges douleurs, sans que ceux qui me gouvernoient pensassent que ce fût un nouveau mal, jusques à ce qu'une retention d'urine le découvrit. Enfin je rendis une pierre grosse comme un œuf de pigeon, & ensuite un grand nombre de petites. L'on avoit resolu de me tirer cette pierre, mais entendant parler qu'on y vouloit mettre la main, j'eus recours à la tres-sainte Vierge par un *Memorare* que je dis avec foy, & au méme temps, cette pierre tomba d'elle-méme, & les autres la suivirent.

Cette longue maladie ne m'a point du tout ennuyée, & par la misericorde de nôtre bon Dieu, je n'y ai ressenti aucun mouvement d'impatience : j'en dois toute la gloire à la compagnie de mon JESUS crucifié, son divin Esprit ne me permettant pas de souhaiter un moment de relâche en mes souffrances, mais plutôt me mettant dans une douceur, qui me tenoit dans la disposition de les endurer jusqu'au jour du jugement. Les remedes ne servoient qu'à aigrir mon mal & accroître mes douleurs; ce qui fit resoudre les Medecins de me laisser entre les mains de Dieu, disant que tant de maladies jointes ensemble étoient extraordinaires, & que la Providence de Dieu ne les avoit envoyées que pour me faire souffrir. Etant donc ainsi abandonnée des hommes, toutes les bonnes ames de ce païs faisoient à Dieu des prieres & des neuvaines pour ma santé. L'on me pressoit de la demander avec elles, mais il ne me fut pas possible de le faire, ne voulant ni vie ni mort que dans le bon plaisir de Dieu. Monseigneur nôtre digne Evéque m'en pressoit aussi, & je luy repartis que j'étois dans l'impuissance de le faire. Ce tres-bon & tres-charitable Prelat me fit l'honneur de me visiter plusieurs fois : le R. Pere Lallemant

DE LA M. MARIE DE L'INCARNATION. 233
Lallemant me rendit toutes les assistances d'un bon pere : La Mere de saint Athanase nôtre Assistante, quoiqu'elle fût chargée à mon défaut de toute la maison, voulut être mon Infirmiere : Et ni elle ni aucune de mes Sœurs, quoiqu'elles me veillassent jour & nuit avec des fatigues incroyables, ne fut par la misericorde de Dieu ni malade ni incommodée.

A present je me porte beaucoup mieux : la fiévre m'a quittée, si non qu'elle me reprend comme font mes douleurs, & en quelques recheutes : & toujours il me reste une grande foiblesse & un dégoût avec la colique continuelle & le flux hepatique qui ne m'a pas encore tout-à-fait quittée : Mais tout cela me paroît comme des roses en comparaison du passé. Je marche par la maison à l'aide d'un bâton, J'assiste aux observances, excepté à l'Oraison qui se fait à quatre heures du matin, parce que mes maux me travaillent un peu en ce temps-là.

Je rends graces à Dieu de ce qu'il vous a aussi rendu vôtre santé, & des sentimens de patience qu'il vous a donnez en vôtre maladie. Pendant le cours de la mienne sa divine Majesté toujours aimable & toujours pleine de bonté en mon endroit, m'a fait la grace & l'honneur de me tenir une aussi fidele compagnie dans mes souffrances, qu'au temps de ma santé dans les emplois & dans les affaires qu'elle desire de moy. Quand une ame se rend fidele à ses desseins, il la conduit quelquefois dans un état où rien ne la peut distraire, où tout luy est égal, & où soit qu'il faille souffrir, soit qu'il faille agir elle le fait avec une parfaite liberté des sens & de l'esprit, sans perdre cette divine presence : mais venons à ce qui vous touche.

Vous me marquez dans vôtre lettre quelques points de confiance touchant vos croix interieures. Je vous en ay obligation, car je vous diray que cela m'a servi pour aider une ame qui s'est addressée à moy, qui est dans de semblables peines depuis cinq ans. Elles ont commencé par les mêmes occasions, mais je ne sçai si elle aura la même fidelité pour combattre, & pour perseverer dans son combat : parce que son grand mal est que la volonté est attaquée : & elle l'est d'une maniere si violente, qu'elle tombe assez souvent sans sçavoir ce qu'elle fait. Cela donne bien de la peine à son Directeur, qui pour éviter de plus grands inconveniens la prive souvent de communier, & quelquefois assez long-temps, ce qui la porte à des agitations inconcevables ; car elle s'en prend à Dieu par des cris & des paroles qui me font fremir. Ce que je trouve de bon en cette personne, est qu'elle
Gg

est fidele à découvrir ses playes au Medecin de son ame, ce qui me fait esperer que Dieu luy fera misericorde, & d'ailleurs on ne peut voir une personne plus humble, plus douce, plus charitable, plus obeïssante. Les peines de N. ne sont pas de cette qualité : elles sont dans l'imagination & dans l'entendement, où elle s'imagine qu'un ou plusieurs demons luy parlent continuellement, & cette imagination la trouble quelquefois de telle sorte qu'elle croit leur répondre & leur acquiescer, ce qui n'est pas : parceque sa volonté est tellement gagnée à Dieu, que le demon n'y peut faire bréche. Cette grande croix sera sans doute la matiere de sa sanctification, car depuis le matin jusqu'au soir elle traite avec Dieu, luy donnant des marques de sa fidelité, par l'acquiescement qu'elle rend à son esprit & à sa conduite sur elle. Monseigneur nôtre Evêque n'a point de crainte à son égard non plus que le R. P. Lallemant, à cause de sa fidelité au regard de la tentation, & de sa soumission au regard des ordres de Dieu; & moy j'ajoute, à cause des bas sentimens de son esprit, car elle s'estime la plus miserable de la terre. Elle se recommande à vos prieres, & je vous la recommande particulierement.

Pour vous je benis Dieu des graces qu'il vous fait dans la vie interieure. O que c'est un heureux partage d'y étre appellé & de s'y rendre fidele! Prenons courage jusqu'au bout de la carriere. Les peines que vous avez experimentées vous ont fait du bien : & de plus elles vous peuvent beaucoup servir en la conduite des ames. C'est une conduite de Dieu assez ordinaire, de faire passer par de grandes épreuves ceux dont il se veut servir dans la conduite des autres, afin qu'ils connoissent les maladies de leurs inferieurs par leur experience, & qu'ils y apportent des remedes plus propres & plus convenables.

Dans la méme lettre à laquelle je répons, vous me parlez de quelques points d'Oraison qui sont assez delicats. Je vous y répondray autant que ma foiblesse me le pourra permettre. Je vous dirai donc, selon mon petit jugement, qu'en matiere d'oraison surnaturelle, car c'est celle dont vous m'entretenez, je remarque trois états qui se suivent & qui ont leur perfection particuliere. Il y a des ames qui ne passent pas plus avant que le premier; d'autres sont élevées jusqu'au second; d'autres enfin parviennent heureusement jusqu'au troisiéme. Mais en chacun de ces états il y a divers degrez ou operations, où le saint Esprit les éleve selon qu'il luy plaît pour sa plus grande gloire, & pour leur perfection particuliere, toujours avec

<small>Voiez l'explication de ces especes d'Oraison dans la vie l. 4. c. 9, & dans l'addition au même chapitre.</small>

des careſſes qui n'appartiennent qu'à un Dieu d'une bonté infinie.

Le premier état eſt l'oraiſon de quietude, où l'ame qui dans ſes commencemens avoit coûtume de s'occuper à la conſideration des myſteres, eſt élevée par un attrait ſurnaturel de la grace, en ſorte qu'elle s'étonne elle-même, de ce que ſans aucun travail ſon entendement eſt emporté & éclairé dans les attributs divins, où il eſt ſi fortement attaché qu'il n'y a rien qui l'en puiſſe ſeparer. Elle demeure dans ces illuſtrations ſans qu'elle puiſſe operer d'elle-même, mais elle reçoit & patit les operations de Dieu autant qu'il plaît à ſa divine bonté d'agir en elle & par elle. Aprés cela elle ſe trouve comme une éponge dans ce grand ocean, où elle ne voit plus par diſtinction les perfections divines; mais toutes ces veuës diſtinctes ſont ſuſpenduës & arrétées en elle, en ſorte qu'elle ne ſçait plus rien que Dieu en ſa ſimplicité, qui la tient attachée à ſes divines mammelles. L'ame étant ainſi attachée à ſon Dieu comme au centre de ſon repos & de ſes plaiſirs, attire facilement à ſoy toutes ſes puiſſances, pour les faire repoſer avec elle. D'où elle paſſe à un ſilence, où elle ne parle pas même à celui qui la tient captive, parce qu'il ne lui en donne ni la permiſſion ni le pouvoir. En ſuite elle s'endort avec beaucoup de douceur & de ſuavité ſur ces mammelles ſacrées: ſes aſpirations neanmoins ne repoſent point, mais plutôt elles ſe fortifient tandis que tout le reſte ſe repoſe, & elles allument dans ſon cœur un feu qui ſemble la vouloir conſumer; d'où elle entre dans l'inaction & demeure comme pâmée en celui qui la poſſede.

Cet état d'oraiſon, c'eſt à dire, l'oraiſon de quietude, n'eſt pas ſi permanent dans ſes commencemens, que l'ame ne change quelquefois pour retourner ſur les myſteres du Fils de Dieu, ou ſur les attributs divins; mais quelque retour qu'elle faſſe, ſes aſpirations ſont beaucoup plus relevées que par le paſſé: parce que les operations divines qu'elle a paties dans ſa quietude l'ont miſe dans une grande privauté avec Dieu, ſans travail, ſans effort, ſans étude, mais ſeulement attirée par ſon divin eſprit. Si elle eſt fidele dans la pratique des vertus que Dieu demande d'elle, elle paſſera outre, & elle entrera plus avant dans le divin commerce avec ſon bien-aimé. Cette oraiſon de quietude durera tant qu'il plaira à celuy qui agit l'ame, & dans la ſuite de cet état il la fera paſſer par diverſes operations, qui feront en elle un fond, qui la rendra ſçavante en la ſcience des Saints, quoiqu'elle ne les puiſſe diſtinguer par paroles, & qu'il luy ſoit difficile de rendre conte de ce qui ſe paſſe en elle.

Le second état de l'Oraison surnaturelle, est l'Oraison d'union, dans laquelle Dieu aprés avoir enyvré l'ame des douceurs de l'Oraison de quietude, *l'enferme dans les celliers de ses vins pour introdui-* (Cant. 1. 4.) *re en elle la parfaite charité.* En cet état, la volonté tient l'empire sur l'entendement, qui est tout étonné & tout ravi des richesses qu'il voit en elle ; & il y a ainsi qu'au precedent divers degrez qui rendent l'ame un même esprit avec Dieu. Ce sont des touches, des paroles interieures, des caresses ; d'où naissent les extases, les ravissemens, les visions intellectuelles, & d'autres graces tres-sublimes qui se peuvent mieux experimenter que dire ; parceque les sens n'y ont point de part, l'ame n'y faisant que pâtir & souffrir ce que le saint esprit opere en elle. Quoique le sens ne peine pas en cet état comme il faisoit dans les occupations interieures qui ont precedé l'oraison de quietude, l'on n'y est pas neanmoins entierement libre ; parceque s'il arrive que l'ame veuille parler au dehors de ce qu'elle experimente dans l'interieur, l'esprit qui la tient occupée, l'absorbe en sorte que les paroles luy manquent, & les sens mêmes se perdent quelquefois. Il se fait encore un divin commerce entre Dieu & l'ame par une union la plus intime qui se puisse imaginer, ce Dieu d'amour voulant être seul le Maître absolu de l'ame qu'il possede & qu'il luy plait de caresser & d'honorer de la sorte ; & ne pouvant souffrir que rien prenne part à cette jouïssance. Si la personne a de grandes occupations, elle y travaille sans cesser de pâtir ce que Dieu fait en elle : Cela même la soulage, parceque les sens étant occupez & divertis, l'ame en est plus libre. D'autres fois les affaires temporelles & la vie même luy sont extremement penibles à cause du commerce qu'elles l'obligent d'avoir avec les creatures : elle s'en plaint à son bien-aimé, se servant des paroles (Cant. 7. 11.) de l'Epouse sacrée *Fuions, mon bien-aimé, allons à l'écart.* Ce sont des plaintes amoureuses qui gagnent le cœur de l'Epoux pour faire à son Epouse de nouvelles caresses qui ne se peuvent exprimer : & il semble qu'il la confirme dans ses graces les plus excellentes, & que les paroles qu'il a autrefois dites à ses Apôtres soient accomplies en elle, comme en effet elles le sont au fonds de l'ame : *Si* (Joan. 14. 23.) *quelqu'un m'aime, je l'aimeray, & mon Pere l'aimera ; Nous viendrons en luy & y ferons nostre demeure.* L'ame, dis-je, experimente cette verité d'où naît le troisiéme état d'oraison, qui est le mariage spirituel & mystique.

Ce troisiéme état de l'oraison passive ou surnaturelle est le plus su-

DE LA M. MARIE DE L'INCARNATION.

blime de tous. Les sens y sont tellement libres que l'ame qui y est parvenuë peut agir sans distraction dans les emplois où sa condition l'engage. Il luy faut neanmoins avoir un grand courage, parceque la nature demeure denuée de tout secours sensible du côté de l'ame, Dieu s'étant tellement emparé d'elle, qu'il est comme le fonds de sa substance. Ce qui se passe est si subtil & si divin, que l'on n'en peut parler comme il faut. C'est un état permanent où l'ame demeure calme & tranquille, en sorte que rien ne la peut distraire. Ses soûpirs & ses respirs sont à son bien-aimé dans un état épuré de tout melange, autant qu'il le peut être en cette vie : & par ces mêmes respirs elle luy parle sans peine de ses mysteres & de tout ce qu'elle veut. Il luy est impossible de faire les meditations & les reflexions ordinaires, parce qu'elle voit les choses d'un simple regard, & c'est ce qui fait sa felicité dans laquelle elle peut dire : *Ma demeure est dans la paix.* Elle experimente ce que c'est que la veritable pauvreté d'esprit, ne pouvant vouloir que ce que la divine volonté veut en elle. Une chose la fait gemir, qui est de se voir en cette vie sujete à l'imperfection, & d'être obligée de porter une nature si corruptible, encore que ce soit ce qui la fonde dans l'humilité.

Ps. 75. 3.

Je reviens au sujet qui m'a fait faire cette digression, & je dis que quand une ame est parvenuë à ce dernier état, ni l'action ni les souffrances ne la peuvent distraire ou separer de son bien-aimé. S'il faut souffrir les douleurs de la maladie, elle est comme élevée au dessus du corps, & elle les endure comme si ce corps étoit separé d'elle-même, ou comme s'il appartenoit à un autre.

Voila ce me semble, mon tres-cher Fils, les points que vous m'avez proposez ausquels je vous répons selon ma petite experience. Je ne sçay pourtant si ce que j'en ay dit est bien à propos, tant à cause de mon ignorance, que pour mon peu de loisir, joint à ma tres-grande foiblesse qui ne me permet pas de faire une application forte & serieuse à quoy que ce soit.

De Quebec le 29. Iuillet 1663.

LETTRE CIII.
AU MESME.

Elle témoigne le plaisir qu'elle a de le voir Religieux. Ialousie des gens du monde contre les Religieux & les serviteurs de Dieu. Effets miraculeux arrivez par la devotion à la sainte Famille.

MOn tres-cher Fils. Je vous ay déja donné avis par mes dernieres que j'ay reçu trois de vos lettres cette année. J'ay été bien consolée d'apprendre vôtre meilleure disposition. Et moy je vous dis que je sors d'une maladie mortelle qui a duré une année entiere. Nôtre Seigneur qui m'en a tirée par sa bonté, sçait si ce sera pour long-temps. A present que je vous écris, je me porte beaucoup mieux en sorte que j'assiste aux exercices de la regularité. Je suis encore foible, mais comme je suis d'un bon temperament, je surmonte les difficultez sans m'en trouver plus mal, mais plûtôt je sens que par ses petits efforts mes forces se rétablissent.

Par la grande lettre que je vous ay écrite il y a peu de temps, je vous fais le recit des dispositions de mon interieur durant cette maladie. Je vous fais encore reponse touchant quelques points d'oraison dont vous me parliez l'année derniere, n'y aiant pû satisfaire pour lors à cause de ma maladie, je tâche de m'en acquitter autant que ma foiblesse le peut permettre. Si j'etois proche de vous, mon cœur se verseroit souvent dans le vôtre, pour m'entretenir avec vous des grandeurs de nôtre bien-aimé: Car je ne puis exprimer la consolation de mon ame, de sçavoir que vous ne voulez aimer que luy, & que l'esprit interieur vous y tient lié si étroitement. Je vous aime plus pauvre Religieux que si vous étiez Monarque de tout l'univers. Vous me dites que si l'on execute dans vôtre Congregation le Statut qui porte que l'on fera des cellules separées pour les Religieux qui voudront vivre solitaires, vous serez des premiers qui se presenteront pour les remplir. Je ne croy pas que Dieu demande cela de vous. Il vous faut à present abandonner à sa conduite aux depens de vôtre repos: Puisque Dieu donne de si heureux progrez à vôtre Congregation, & qu'il se presente tant de Monasteres à reformer, elle a besoin d'un grand nombre d'ouvriers : Et puis

DE LA M. MARIE DE L'INCARNATION.

qu'il vous donne l'esprit de conduite, il faut que vous faſſiez profiter ſon talent autant de temps que l'obeïſſance le voudra de vous. Cependant ſoyez Superieur par humilité, & commandez par obeïſſance.

Dans vos progrez vous ſouffrez perſecution ; c'eſt peut-être ce qui vous fait proſperer. Que ces ſortes de perſecutions ne vous abattent donc point le courage : Tandis que Dieu aura des ſerviteurs ſur la terre, le monde leur ſera toujours contraire. Nous ſommes ici au bout du monde, & nous ne laiſſons pas d'experimenter cette verité. On ne ſçauroit croire combien il s'y eſt trouvé de calomniateurs contre Monſeigneur nôtre Prelat, contre les Reverends Peres, contre nous, & contre pluſieurs perſonnes de merite, & cela pour la plus part à cauſe du temporel. L'on a écrit des lettres diffamatoires qui ſont allées juſqu'au Roy, qui a decouvert les fourberies des calomniateurs, & l'innocence des ſerviteurs de Dieu. Monſieur de Tracy qui porte le nom de Vice-Roy de l'Amerique, étant arrivé à veu ſi clair dans ces affaires, qu'il en a donné un ſecond avis au Roy, en ſuite de quoi, ceux qu'on avoit voulu abaiſſer par pure envie, ſont eſtimez plus que jamais, & leurs ennemis humiliez par la privation de leurs charges.

Nous n'avons pas été exemptes de ces croix, car on nous a voulu faire perdre nos conceſſions diſant que nos titres tout confirmez qu'ils ſont, ne ſont que fourberies. Cela étoit en debat au temps que j'étois quaſi à l'extremité. Nôtre Seigneur neanmoins me fit la grace de me donner aſſez de forces pour écrire contre ces Meſſieurs. J'envoié mes papiers à Monſieur le Gouverneur, le ſupliant de ſurſoir cette affaire juſqu'à l'arrivée de Monſieur de Tracy qui regleroit les choſes aprés en avoir pris les connoiſſances. Il m'accorda cette grace malgré ces Meſſieurs qui declamoient d'une étrange maniere contre moy. Monſieur de Tracy aiant pris connoiſſance de l'affaire nous a promis ſa protection, & il attend que Monſieur l'Intendant ſoit arrivé pour regler toutes choſes. Vous voiez, mon trescher Fils, que les ſerviteurs de Dieu ſouffrent par tout, mais que la divine Majeſté prend leur cauſe, & le temps pour la faire reüſſir.

Je vous diray avant que de finir celle-cy, que nôtre Seigneur a fait paroître cette année des effets extraordinaires de ſa toute-puiſſance par des miracles, ou du moins par des effets miraculeux, qu'il luy a plu d'operer par l'invocation de la ſainte Famille. Et comme quelques-uns se sont faits en faveur de quelques soldats François, vous ne sçauriez croire combien la devotion à cette famille sainte s'est répanduë dans toute l'armée. Je me reserve à vous en faire le detail dans une autre lettre où j'espere vous parler des preparatifs à la guerre des Hiroquois. Cependant je vous supplie de demander à Dieu qu'il me donne les véritables dispositions qui me sont necessaires pour l'éternité.

Voyez en la seconde partie la lettre du 13 Septembre 1665.

De Quebec le 30. d'Aoust 1665.

LETTRE CIV.

A UNE RELIGIEUSE URSULINE DE TOURS.

Elle répond avec une admirable douceur & modestie, à quelques faux bruits que l'on avoit fait courir contre son Monastere.

La Mere Charlotte des Anges.

MA Reverende & tres-intime Mere. Nôtre bon Dieu qui n'a pas encore voulu de moy, veut que je réponde à la vôtre toute remplie de la douceur & cordialité que vous avez toujours conservée pour moy. Je ne merite la grace de vôtre souvenir qu'en consideration de mes besoins & de mes miseres, pour lesquelles nôtre bon Dieu se veut faire prier par ses meilleurs amis : C'est en quoi aprés toutes ses bontez je luy dois des loüanges infinies.

Le Reverend Pere Richard est heureusement arrivé avec trois autres Peres de la Compagnie, aprés avoir passé par de tres-grands dangers des Anglois & des Turcs. Il nous a dit amplement de vos nouvelles & de nôtre sainte Communauté, à nôtre grande consolation; car il n'y a rien capable de toucher mon cœur en matiere de nouvelles, que d'entendre parler de mes tres-cheres Meres, avec lesquelles neanmoins je suis tous les jours en esprit. Penser à elles & parler d'elles m'est toujours une chose douce & agreable, mon intime Mere. Nous esperions avoir des Religieuses de France cette année, mais les guerres qui sont sur mer les ont empêchées de venir. Il y en a quatre à Bourges, autant à saint Denis en France, il y en a encore à Roüen & à Paris, & toutes ont des ferveurs nonpareilles pour se venir joindre à nous, sans celles de divers autres Monasteres. De toutes celles-là nous n'appellions que les deux de Paris, parceque leur vocation, qu'elles ont quasi dés leur enfance, est bien aprouvée. Il y a une Religieuse de nôtre Congregation qui a un ardent defir de venir ici, & du Monaftere de laquelle on a écrit au R. Pere Ragueneau qu'on y avoit mandé de Tours, que l'on a renverfé ici toutes nos conftitutions pour y mettre celles de Paris, outre quantité de chofes bien particulieres capables d'offenfer les Reverends Peres qui ont travaillé à l'affermiffement de nôtre union. Cette bonne fille neanmoins mande à ce Reverend Pere que tous ces difcours ne refroidiffent point fa vocation. C'eft Dieu qui lui donne ces mouvemens; car tout ce qu'on dit du renverfement de nos conftitutions à la preference des Meres de Paris, eft faux & fuppofé. L'on y a cherché Dieu & fa gloire pour faire une union fainte & faintement cimentée, fans regarder ni Paris ni Tours. Si j'avois veu du ganchiffement de preference en cette matiere fi importante, l'on m'auroit plûtôt ôté la vie que de le fouffrir. Mais dans les affaires de cette nature il faut être raifonnable, ne voulant pas tout d'un côté & rien de l'autre, autrement ce ne feroit pas une union, mais une oppreffion. Les chofes, graces à Dieu, font en tres-bon état, & ce que nous avons fait entre-nous eft approuvé du faint Siege par Monfeigneur de Petrée Commiffaire Apoftolique, qui a fait tomber fon approbation, tant fur nôtre union que fur nos conftitutions, avec le pouvoir de nous établir par tout, fuppofé le congé de nos Superieurs dans les formes ordinaires. Les chofes étant ainfi, comment eft-il poffible qu'une perfonne ait la hardieffe de femer de femblables difcours qui ne tendent qu'à jetter du venin dans les cœurs pour les aliener de nôtre Miffion. Dieu lui pardonne & la beniffe s'il lui plaît. L'on en a entendu parler dans la Congregation de Paris, mais cela n'a point diminué leur charité envers-nous ni leur zele pour le Canada, quoi qu'elles foient plus intereffées que nous en cette affaire. Cela m'eft écoulé, mon intime Mere, pour vous ouvrir mon cœur à l'occafion des Religieufes dont vous m'avez écrit. Nous n'en demanderons point cette année fi les vaiffeaux que l'on attend ne nous font prendre de nouvelles refolutions. Nous avons des Novices qui nous aideront en attendant mieux. Je vous prie de prefenter mon tres-humble falut à ces cheres Meres qui fe fouviennent de moy. Je vous embraffe avec elles dans le cœur amoureux de JESUS.

De Quebec le 3. de Septembre 1666.

LETTRE CV.
A SON FILS.

Qu'il ne se faut prescrire aucun terme dans l'Oraison, mais qu'il se faut laisser conduire à l'esprit de Dieu jusqu'à ce que luy-même nous arrête. Etat foncier où il arrête les ames fideles, qui est celuy où elle étoit lors qu'elle écrivoit cette lettre, son indiference & sa résignation pour les charges.

MOn tres-cher Fils. Voici la réponse à vôtre lettre de confiance, qui m'a également consolée & edifiée. Je croy que le saint Esprit vous a donné les saints mouvemens qui vous ont tant pressé le cœur : & c'est un plus grand avantage pour vôtre bien que le tout se soit passé en esprit de foy, que si vous aviez eu des visions ou quelque chose extraordinaire de sensible, qui sont bien souvent sujetes à l'illusion. Il y en a pourtant de veritables qui viennent de Dieu, mais ce qui se fait en l'ame par l'operation de la foy est plus sur & d'un plus grand merite ; & cela conserve mieux l'esprit d'humilité. Vivez donc en la possession de cette divine sagesse. J'ay bien compris tout ce que vous m'en avez écrit, selon les petites lumieres que la bonté de Dieu me donne dans la communication fonciere, par laquelle elle me fait la grace & l'honneur de me lier à elle.

Il me semble neanmoins que vous donnez une borne à l'esprit de grace qui vous conduit, lorsque vous dites que c'est l'esprit d'oraison & d'union où vous devez vous attacher pour le reste de vos jours. Non, ne croiez pas cela à moins d'une revelation bien averée : parceque dans ce nouvel état d'alliance où vous étes entré avec la sagesse eternelle, si vous lui étes fidele vous irez toujours de plus en plus en de nouvelles communications avec elle. C'est un abysme sans fond qui ne dit jamais, *c'est assez*, aux ames qu'elle possede. Je vous avouërai bien une chose que j'ay experimentée être veritable, que dans le cours de la vie spirituelle, il y a des états où l'ame souffre de saintes inquietudes & des impatiences amoureuses, quoi qu'il lui semble être dans la joüissance de son unique bien. Il la fait joüir, puis il se retire pour la faire courir aprés luy. Ce sont des jeux de cette

Prov. 8. 31. adorable sagesse qui *est décenduë du Ciel pour joüer dans le monde, & pour prendre ses divertissemens avec les enfans des hommes.* Ces divins états ne finissent point jusqu'à ce que cette même sagesse aiant purifié dans son feu l'ame dans laquelle elle se plaît d'habiter, elle la possede enfin parfaitement dans son fonds, où il ne se trouve plus d'inquietude, je veux dire plus de desir, mais une paix profonde, qui par experience est inalterable. Je ne veux pas dire que l'on devienne impeccable, car ce seroit une illusion de le presumer; mais on joüit de la liberté des enfans de Dieu avec une douceur & tranquillité ineffable. Les embarras des affaires, les vexations des Demons, les distractions des creatures, les croix, les peines, les maladies, ni quoique ce soit, ne sçauroit troubler ni inquieter ce fond, qui est la demeure de Dieu, & je croy qu'il n'y a que le peché & l'imperfection volontaire qui le puisse faire. Mais comme dans le Ciel outre la gloire essentielle, Dieu fait goûter aux Bien-heureux des joyes & des felicitez accidentelles pour faire éclater en eux sa magnificence divine, ainsi dans ces ames cheries où il fait sa demeure en terre, outre cette possession fonciere qu'il leur donne de lui-même, il leur fait quelquefois sentir un épanchement de joie qui est comme un avant-goût de l'état des bien-heureux. Il y a bien neanmoins de la difference entre cet état foncier & cet autre accidentel, parceque ce dernier est sujet au changement & à l'alteration, au lieu que le premier concentre de plus en plus l'ame dans son Dieu pour lui faire trouver un parfait repos dans une parfaite joüissance. Ces ames ainsi avancées ont trouvé leur fin en joüissant dans leur fond de celuy qu'elles aiment; & ce qu'elles pâtissent extraordinairement hors de ce fond n'est qu'un excez de sa magnifique bonté. Quoi qu'il arrive elles sont contentes en elles-mêmes & ne veulent rien que dans l'ordre de sa tres-sainte & suradorable volonté. Si elles se trouvent engagées dans les affaires temporelles, il ne leur est pas besoin de faire tant de reflexions pour trouver des raisons ou des réponses convenables en celle dont il s'agit, parceque celui qui les dirige interieurement leur met en un moment dans la pensée ce qui est à dire ou à faire. La façon même avec laquelle elles prennent & envisagent les choses, fait voir en elles la droiture & la direction de l'esprit de Dieu. Ce n'est pas qu'elles ne se sentent portées & qu'elles ne se portent en effet à demander conseil à ceux qui les gouvernent & les dirigent sur la terre; parceque Dieu qui veut que nous nous defions de nous-mêmes nous soûmettant à ses serviteurs, se plaît à cette soûmission, & veut que nous en usions de la sorte. Il est tres-difficile à ces ames qui joüissent ainsi de Dieu de rendre conte de leur interieur, parceque l'état où elles sont est dans une extreme simplicité, & qu'elles y sont perduës en Dieu, qui est l'unité, & la simplicité même.

Jusqu'à ce que vous soiez arrivé à ce point courez & avancez sans cesse dans les embrassemens de vôtre divine sagesse: Elle vous arrêtera au temps de son ordonnance, & vous conduira par son esprit saint en tout ce que sa divine Majesté voudra de vous. Par ce peu de mots vous voiez que vôtre lettre m'est tombée entre les mains: elle n'a été veuë ni ne le sera de personne, puisque vous le voulez. Si vous y prenez garde de prés vous connoîtrez ma disposition presente, car répondant à l'état où vous êtes, je vous ay insensiblement dit celui où je suis par la misericorde de celui qui nous previent de tant de graces.

Quant à ma disposition corporelle, je suis devenuë extremement foible par mes grandes maladies qui ont déja duré deux ans, durant lesquelles je me suis tres-mal acquittée de ma charge: je souhaitte le repos & ma deposition, avec tranquillité neanmoins, l'esprit qui me fait la grace de me diriger ne me permettant pas de rien vouloir que dans la conduite de ses adorables desseins sur moy. Je rends tres-humbles graces à la bonté divine de toutes celles qu'elle vous fait & qu'elle vous veut faire, si vous lui êtes fidele: C'est un point qui me manque, car je serois bien autre que je ne suis si j'avois correspondu à toutes ses faveurs.

De Quebec le 22. Septembre 1666.

LETTRE CVI.
A LA SUPERIEURE DES URSULINES DE TOURS.

Elle luy témoigne sa joie de son élection à la charge de Superieure.

Son humilité est recommandable en cette lettre, en ce qu'étant Superieure aussi bien que celle à qui elle écrit elle lui demande de sa benediction, & se

MA Reverende & tres-honorée Mere, vôtre sainte benediction. Je n'ay pas la patience d'attendre les lettres de nos cheres Meres de Tours pour leur rendre les témoignages ordinaires de mon affection. Un vaisseau qui va partir me donne une occasion trop favorable de le faire. J'ay seulement sçeu par une voie extraordinaire que la bonté de Dieu a fait le choix de vôtre chere personne pour gouverner vôtre sainte Communauté. J'ay été consolée dans la creance que sa divine Majesté a trouvé en vous une ame selon son cœur, en

DE LA M. MARIE DE L'INCARNATION.

vous élevant dans une place où vôtre humilité n'aspiroit pas. C'est ainsi, mon aimable Mere, qu'il traite ses amis, & qu'il éleve les ames humbles : que son saint nom en soit beni eternellement. Dans une lettre que j'ai reçuë je vois clairement que nos Meres & nos Sœurs ont été extremement consolées de cet heureux choix. Je me joins à elles pour participer à leur joie & à leur bonheur : Regardez-nous donc comme vos filles, ainsi que vous les regardez comme vôtres, puisque nous sommes d'une même maison, & qu'elles & nous ne faisons qu'un corps & n'avons qu'un même cœur. J'attens avec ardeur des nouvelles plus particulieres, quoique le peu que j'en sçai soit suffisant pour me faire continuer mes actions de graces à Nôtre Seigneur de ses desseins & de ses adorables conduites sur vous. Ce n'est icy qu'un petit mot à la hâte en attendant les vaisseaux qui sont à partir, & ne leveront l'ancre, comme je croi, qu'en Septembre. Je vous dirai en ce temps-là des nouvelles de cette vôtre petite Communauté. A present toutes se portent bien à la reserve de la Mere de saint Dominique, laquelle continuë dans son flux hepatique depuis trois ans. L'on me veut aussi faire à croire que je suis malade, à cause que j'en suis de même. Mais pour vous parler sincerement, je suis si ravie d'avoir quelques petits maux, que j'y ai de l'attachement, en sorte qu'il me semble que je serois mortifiée d'en guerir, m'étant avis que j'aurois perdu un riche tresor & un lien precieux qui me lie étroitement à nôtre divin Sauveur. Rendez-luy graces, s'il vous plaît, pour moy de tant de faveurs, qu'il me fait, & obtenez de sa bonté que j'en fasse l'usage qu'elle desire de moy.

comporte à son égard comme son inferieure.

De Quebec le 28. Juillet 1667.

LETTRE CVII.

A UNE RELIGIEUSE URSULINE DE TOURS.

La Mere Marie de la Nativité.

Elle la felicite de ce qu'elle est déchargée de la Superiorité. Que la grace supplée au défaut de l'industrie naturelle dans les Superieurs legitimes. Qu'il faut mettre de la difference entre la severité & l'exactitude dans un Superieur. Elle déplore le refroidissement du siecle pour les maximes de l'Evangile.

MA Reverende & toute chere Mere. Vous voila au dessus des nuës de vous voir déchargée de la Superiorité, & de ma part

Hh iij

je me conjoüis avec vous, de ce que vous n'avez plus ce pesant fardeau sur les épaules, & de ce que vous êtes retirée dans vôtre petit nid comme le saint Job l'étoit dans le sien : je m'assure que vous y multiplirez vos palmes comme luy. Que ne ferez-vous point là, chere Mere, pour gagner le cœur de Dieu, afin qu'il benisse la nouvelle conduite qu'il a donnée à nôtre sainte Communauté. Celles qui y sont preposées n'auront pas peu de croix à supporter, n'ayant point été jusqu'ici en des charges qui leur ayent pû donner des experiences & des lumieres pour la conduite. Mais je me reprens, où les industries naturelles & les connoissances acquises manquent, la divine bonté supplée quand on entre dans la bergerie par celui qui en est la porte, par nôtre bon JESUS. Or elle a choisi des ames sages & vertueuses, qui n'aspiroient point comme je croi aux places qu'elles remplissent à present : ainsi il faut esperer qu'elle donnera sa benediction à leur gouvernement ; je l'en conjure de tout mon cœur. J'aurois bien d'autres choses à vous dire sur cette matiere, mais, mon intime Mere, je suis une pauvre aveugle qui me trompe si souvent, que vous ne devez pas faire un grand fond sur ce que je dis à l'oreille de vôtre cœur, & dans la confiance que vous me donnez.

Mais est-il vrai que vous êtes trop severe ? je ris en disant ceci, parce que je ne me le puis persuader. L'on prend sans doute l'exactitude pour la severité, & neanmoins il y a bien à dire de l'une à l'autre. Mais ce que j'estime veritable, c'est que les esprits du temps n'aiment pas ce qui contraint leur nature, ni ce qui en peut corriger les inclinations déreglées. Non, mon intime Mere, n'ayez point de contrition ni de douleur en vôtre ame sur ce sujet. Ce n'est pas peu de chose quand il s'agit de recueillir les droits de Nôtre Seigneur, dont ceux qui gouvernent lui doivent rendre un conte tres-exact. La nature vieillit, elle est sur son declin ; c'est pour cela que la lâcheté des corps & des esprits veut regner & a de la peine à se laisser détruire. Cela est déplorable, en ce que les maximes de JESUS-CHRIST vont s'aneantissant dans les ames qu'il avoit choisies & appellées pour les y faire regner. Pleurons ce mal-heur, mon intime Mere, & tâchons de l'arrêter par nos vœux, si nous ne le pouvons faire par nos paroles ni par nos exemples. Tâchons de suspendre la justice de celui qui y est si fort interessé. Mais je ne suis pas digne qu'il m'écoute, car je suis la plus infidele du monde dans son service, & j'ay plus de besoin qu'on le prie pour moi, que je ne le dois prier pour les autres :

mais vos prieres luy feront plus agreables & le flechiront plutôt que les miennes.

De Quebec le 9. Septembre 1667.

LETTRE CVIII.

A SON FILS.

Sa patience heroique dans ses infirmitez. Sa profonde humilité, s'esti-
mant inferieure en vertu à celuy à qui elle écrit.

MOn tres-cher Fils. Un navire qui doit partir demain me porte à vous écrire ce mot, quoique je n'aye encore reçu aucune de vos lettres. J'ay pourtant apris de vos nouvelles par un autre moien, & je sçay que vous étes aprefent au Monastere de Bonnenouvelle de Rouën. Il faut fervir Dieu où il nous appelle, & il me fuffit de sçavoir que c'est la voix de Dieu & non vôtre propre choix qui vous a appellé en ce lieu là pour être fatisfaite. Cette nouvelle qui m'est venuë par hazard, m'a ôtée de la peine où j'étois à vôtre égard. N'en est-ce pas une bien grande de voir quatre vaisseaux arrivez il y a assez long-temps, & deux autres qui viennent d'arriver, sans rien apprendre de la personne qui m'est la plus chere dans le monde? cela me donnoit sans doute de l'inquietude, quoique je vous voye continuellement en Dieu.

Ce ne sera donc ici qu'un petit mot pour vous visiter de bonne heure, & pour vous dire ma disposition qui est bonne, puisque les croix sont les delices de JESUS. Je ne me remets point de ma grande maladie : elle a des suites tres douloureuses à la nature, quoiqu'elle se les soit aprivoisées, & qu'elle se soit accoûtumée à la souffrance. Du côté de mon esprit j'y ai de l'attache, & j'ai peur que mes fâchetez n'obligent la divine bonté de me les ôter ou de les adoucir. Ces croix me font si aimables, & ces douleurs si precieuses, que de mon côté je les aimerois mieux que tous les tresors & toutes les delices de la terre, même les plus innocentes. Nôtre bon Dieu m'y fait tant de graces, que tous ces accidens ne m'empêchent point de garder mes Regles. Le fond de mon mal est toujours un flux hepatique qui me tient depuis trois ans, quoiqu'auparavant je n'eusse jamais été attaquée de ces sortes de maux. Je suis si foible que je ne me puis tenir à genoux le quart d'une Messe, & encore faut-il que je sois appuiée. Cette foiblesse vient de ce que je ne prens pas assez de nourriture pour soûtenir l'effort de ce mal, parce que celle que je prens en un jour n'est pas le quart d'un repas ordinaire, & ne seroit pas suffisante pour nourrir un enfant. Depuis Pâques mon mal a augmenté, en sorte qu'aujourd'hui on ne sçait comment je puis vivre. Le peu d'aliment que je prens est accompagné d'un dégoût étrange, à cause que tout me paroît comme de l'absinthe, qui me donne une memoire continuelle du fiel de la Passion de Nôtre Seigneur, & c'est ce qui me rend aimable mon état, & me le fait cherir comme une chose emanée de la Passion de Nôtre Seigneur qui m'a voulu avantager de cette grace. Cette amertume neanmoins ne me cause point de vomissement, mais seulement des soulevemens de cœur qui causent le dégoût & le rebut de quelque nourriture que ce soit, parce qu'elles prennent toutes le même goût dans ma bouche. L'amertume est si grande qu'elle me coupe la langue par son acreté. Enfin c'est que mon foye convertit tout en cette humeur. Je n'eusse jamais crû qu'il y eût tant de delices dans les souffrances, si je ne l'avois experimenté depuis plus de trois ans. J'en ay eu encore une nouvelle experience dans l'abscez qui s'étoit formé dans la tête il y a trois mois, & qui m'avoit renduë sourde d'une oreille. Il me causoit des douleurs extremes, sans parler de l'incommodité que j'en recevois tant dans les parloirs, où les affaires m'appelloient, que dans la communication avec mes Sœurs: Et cette incommodité me peinoit plus que la douleur même, parce que les autres en souffroient. Enfin l'abscez a crevé & s'est vuidé par la même oreille avec un surcroît de douleurs: ma surdité s'en est allée avec luy, & maintenant je suis à mon ordinaire.

J'ay appris que l'on propose à Rome les Religieux de vôtre Congregation pour peupler un celebre Monastere qu'un Seigneur a fait bâtir en Pologne: si ce dessein reussit Dieu en tirera beaucoup de gloire, & certes cela appartient à vôtre Ordre, puisque vous êtes les premiers Peres de la Religion chrétienne dans ce grand Royaume. Je serois ravie s'il plaisoit à la divine Majesté se servir de vous dans cette grande expedition; mais, mon tres-cher Fils, j'apprend que vous êtes infirme, & que vous portez une grande foiblesse. Je voudrois sçavoir qu'elle est cette infirmité, & si elle est habituelle ou passagere. Pour les passageres, il n'en faut pas faire état quand il faut faire ce que Dieu demande de nous; mais les habituelles sont à craindre: Si neanmoins sa divine Majesté demandoit cela de vous, allez à la bonne heure, vous serez tout puissant. Dans l'incommodité

de

de mon mal habituel, je devrois toujours garder le lit & être dans l'inaction: Cependant je ne m'arrête pas un moment. Je suis la premiere levée & la derniere couchée, & il est rare que je prenne du repos. J'assiste à toutes les observances. Il y a quatre mois que j'écris continuellement des lettres & des memoires pour nos affaires de France ; enfin je fais ma charge par la misericorde de Dieu ; quoique les affaires soient epineuses en ce païs. Remerciez-le des assistances qu'il me donne, & des misericordes qu'il me fait. Demandez-luy encore qu'il agrée tous les momens de ma vie comme une victime soumise à sa conduite & devoüée à son amour. Je lui demande la méme chose pour vous, & je m'en vay communier à cette intention, afin qu'il luy plaise disposer de vous comme d'une victime que je luy ay offerte il y a long-temps. Quand j'ay appris que vous étiez malade & si affoibli, j'ay pensé que nous pourrions bien nous rencontrer dans le chemin de l'éternité. Mais une autre pensée a suivi cette premiere, que si nous nous rencontrons dans ce chemin, vous me devancerez dans le terme, puisque je n'ay point de vertu & que déja vous me devancez dans l'état où Dieu nous a appellez. Je n'ay que dix-neuf ans de naissance plus que vous, & ces années là me donnent de la confusion. Vous étes Religieux que vous n'aviez gueres plus de vingt ans, & moy j'en avois trente & un. Enfin vous avez plus travaillé que moy, mon tres-cher Fils : achevez, ou plûtôt, que Dieu par sa bonté acheve son œuvre en vous. Priez-le qu'il me fasse misericorde, & qu'il oublie tous mes defauts. Cependant je joüis d'une grande paix, parceque j'ay à faire à un bon Pere qui m'a toujours fait de grandes graces. J'espere qu'il me les continuera, & qu'à la mort il me recevra dans son sein sous la faveur de sa tres-sainte Mere. Quand vous en apprendrez la nouvelle, mandiez-moy le plus de Messes que vous pourrez, je vous en supplie ; j'ay cette confiance en vous.

De Quebec   1667.

LETTRE CIX.
AU REVEREND PERE PONCET DE LA COMPAGNIE DE JESUS.

Elle luy parle du progrez de la Religion & de l'Etat dans le Canada. Elle l'entretient de ses dispositions particulieres, sur tout de sa joie dans les souffrances. Elle le remercie de quelques Reliques qu'il avoit envoyées à son Monastere.

MOn tres-Reverend & tres-honoré Pere. Nous avons été consolées autant qu'on le peut être, d'apprendre que vous êtes encore en ce monde, & que nôtre bon JESUS vous a conservé dans les fatigües d'un si long & si penible voiage. Je m'assure que les croix ne vous y ont pas manqué; je m'en console, car je sçay que vous les aimez. Mais, mon cher Pere, ne nous verrons nous point encore quelque jour pour nous entretenir de nos avantures? Nôtre divin Maître le fera quand il luy plaira, & si c'est sa plus grande gloire, il vous fera revoir cette Eglise qui vous a tant coûté. Tout y est à present magnifique, & c'est une benediction de Dieu de voir l'union qui est entre Monseigneur nôtre Evêque & nos Reverends Peres. Il semble qu'eux & Messieurs du Seminaire ne soient qu'un. Monsieur de Tracy qui m'a declaré ses sentimens en est ravi, comme aussi de la majesté de l'Eglise & des grandes actions de pieté de ceux qui la servent. Vos Peres y éclatent à l'ordinaire, & en sont l'un des plus grands ornemens. Vous verriez vos petits enfans qui commençoient de vôtre temps à connoître les lettres, porter aujourd'huy la soutane & étudier en Theologie. Vôtre College est florissant, & nôtre Seminaire qui n'est qu'un grain de sable en comparaison fournit d'excellens sujets. Vous avez veu de petites filles à qui nous avons depuis donné l'habit, & d'autres à qui nous sommes sur le point de le donner, toutes destinées pour le chœur. Vous pleureriez de joie de voir de si heureux progrez, & un moment de vôtre reflexion sur l'état où les choses ont été & sur celui où elles sont, vous feroit oublier tous vos travaux passez. Vous nous avez veu trois Religieuses qui ont eu l'honneur de faire le voiage en vôtre compagnie, aujourd'huy nous sommes vingt, & nous en demadons encore en France. Le R. P. Lallemant est toujours nôtre bon & infatigable Pere.

DE LA M. MARIE DE L'INCARNATION.

Que vous dirai-je de moy-même? Pour l'interieur, mon tres-cher Pere, je suis telle que vous m'avez voué, sinon que je suis pire pour la vertu. Pour le corps, il y eut trois ans au mois d'Aoust que Dieu m'envoia une maladie d'un flux hepatique que j'ay encore. Il m'a mise jusqu'aux portes de la mort où j'ay reçu tous les Sacremens. Cette maladie a été accompagnée de divers accidens & de douleurs des plus aiguës. Quoique j'en sois encore malade nôtre Seigneur me donne les forces de pouvoir garder nos regles. J'ay par sa grace jeûné le Carême passé, mais à present on m'interdit le jeune à cause du peu de nourriture que je prens à raison d'une amertume de bouche qui donne le goût de fiel à tout ce que je mange; & qui me cause un mal de cœur continuel avec des coliques qui ne cessent point. Tout cela, mon aimable Pere, sont mes delices, & quand je pense à mes douleurs il me semble que je possede un tresor. Nous avons dans nôtre chœur un Crucifix ravissant: quand je l'envisage je lui dis: C'est vous, mon bien-aimé, c'est vous qui me faites souffrir: puis mon cœur se dilate dans mes petites souffrances, sur tout dans le goût de mon fiel ou absinthe, car mes grandes coliques ne sont que des roses en comparaison de cette amertume. Dans nos élections qui furent faites le Carême dernier, j'estimois que la Communauté auroit pitié de moy, & qu'elle me dechargeroit de la Superiorité: Elle n'a pas écouté mes prieres; ainsi il m'a fallu subir ce second joug, & joindre ce fardeau à celui de mes douleurs. La tres-sainte volonté de Dieu soit accomplie en moy; il me donne cette charge à l'âge de soixante & sept ans; il me donne aussi des forces pour les porter, car je sens une vigueur toute particuliere dans les affaires & dans la conduite, quoi qu'il nous en arrive de tres-épineuses.

Madame nôtre fondatrice court à grands pas dans la voye de la sainteté. Je suis ravie de la voir, & si vous la voyiez vous le seriez comme moy. Nous vous sommes obligez de la sainte Relique qu'il vous plut nous envoier. Nous avons reçu ce precieux depôt avec des chants d'allegresse, & pourtant les larmes aux yeux, mais larmes de joie & de devotion. Cette chere Dame n'a point voulu entendre la proposition que vous m'avez faite, d'en faire part à la Parroisse, disant que vous ne luy en dites rien. C'est pour nôtre Eglise, dit-elle, la Parroisse a deux corps saints entiers. Quand je l'entendis parler de la sorte, je gardé le silence, & personne n'a sçeu cette circonstance qu'elle & moy. Et pour vous parler ingenuement j'ay été consolée de sa resolution, & de nous voir seules en possession d'un si précieux tresor. Je n'ay point de paroles pour vous faire mes remerciemens & ceux de nôtre Communauté. Vous nous aviez donné autrefois quelques reliques, mais une partie a été emploiée à la consecration de nôtre grand Autel, dont Monseigneur nôtre Evêque a eu la bonté de faire la Dedicace à la priere de Monsieur de Tarcy, sous le nom du grand saint Joseph avec une magnificence extraordinaire. Tout y fut ravissant & les ceremonies y furent exactement observées à la Romaine. Je ne me lasserois jamais, mon tres-cher Pere, de vous remercier. Sans vous nous n'aurions point de reliques; par vous nous sommes riches. Je vous rends graces en particulier du present que vous m'avez envoié. Je vous supplie de vous ressouvenir de moy au saint Autel.

De Quebec le 6. d'Octobre 1667.

LETTRE CX.

A SON FILS.

Que l'entretien familier avec Dieu fortifie l'ame dans les emplois exterieurs & divertissans. Elle parle encore de l'amour qu'elle a pour les souffrances de sa maladie.

MOn tres-cher & bien aimé Fils. Ce sont ici les dernieres voyes par lesquelles vous recevrez de nos lettres cette année. Dans le peu de temps qui me reste de vie rien ne me contente comme de m'entretenir avec vous. Mais c'est avec douleur & avec un sentiment de compassion que j'apprens l'état de foiblesse où vous êtes. Infailliblement vous vous épuisez trop dans les fonctions de vôtre charge, quoique je voye bien que Dieu vous honore beaucoup de vous donner de si nobles emplois. Mais j'estime que vous vous laissez trop abattre par la grande austerité de vos regles. Si vous voulez rendre du service à Nôtre Seigneur vous devez vous fortifier & vous conserver. Mais il semble que vous soyez las de vivre. Hé! pourquoi ne voulez-vous pas vivre, puisque vôtre vie est si bien employée pour Dieu & pour son service? Si vous possedez cet entretien amoureux de cœur avec Dieu, vous êtes heureux dés cette vie. En cet état les emplois n'empêchent pas l'union avec Dieu, mais ils laissent toujours l'ame dans son centre qui est Dieu, & la dispose à une plus haute & plus parfaite union avec luy. Si vous voulez jetter la veuë sur les écrits que je vous ai autrefois envoyez, vous verrez que j'ai été plusieurs années en cet état, qui me donnoit une grande force pour porter les travaux & les grands sujets de distraction que j'avois chez mon frere avec lequel j'ai demeuré onze ans. Cet état change, & il conduit l'ame, en l'élevant de plus en plus, à l'union la plus intime avec la divine Majesté. N'aiez point de volonté, laissez-vous conduire à son divin esprit ; c'est ce qu'il demande de vous, soit pour le spirituel, soit pour les emplois exterieurs ; croiez moy je vous en supplie.

Ces écrits sont ceux qui ont servi à composer sa vie.

Je vous ai mandé par mes precedentes la disposition de ma santé: je continuë à vous dire que je suis dans un continuel état de souffrance dans mon flux hepatique qui ne me quitte point, & que je porte il y a plus de trois ans. Je souffre de grandes coliques causées par une humeur de bile qui se jette dans ma bouche, en sorte que j'y ai toujours comme du fiel, qui me donne du dégoût de toutes sortes d'alimens. Aucun remede ne me soulage, au contraire une dragme de rheubarbe me met à l'extremité ; avec tout cela je ne puis mourir : d'où l'on infere que Dieu veut que je souffre, & j'en ai l'esprit si convaincu, que de moy-méme je ne voudrois pas guerir pour tous les tresors de la terre. Je cheris tant mon mal, que j'ai peur d'y avoir de l'attache. Je souhaiterois bien que l'on ne s'en apperceût pas, mais l'on ne peut cacher cette sorte de maladie, à cause de ses circonstances. Nonobstant ma foiblesse & mon état languissant, l'on m'a encore continuée dans la charge : Il me l'a fallu subir puisque Dieu le veut. On dit que les personnes qui ont tant de bile sont coleres ; je ne le suis pas, & mon cœur ne peut porter d'aigreur. Cette humeur de bile s'étant formée tout à coup se répand par tout le corps & y cause une maladie universelle. J'étois d'une constitution fort saine & robuste, aujourd'hui tout mon temperamment est changé : On dit que c'est le trop grand travail qui l'a changé & corrompu de la sorte ; & moy je dis que c'est la bonté de Dieu qui m'a envoyé cette maladie, de laquelle je la remercie de tout mon cœur comme d'une preuve de l'amour qu'elle me porte. Qu'elle en soit loüée & benie eternellement des Anges & des Saints.

De Quebec le 19. Octobre 1667.

LETTRE CXI.
AU MESME.

Elle se procure des Messes & des suffrages après sa mort, qu'elle croit être proche. La sainteté que Dieu demande d'une ame qu'elle admet à son union. Et qu'il y a une vraye & une fausse paix dans la vie spirituelle.

MOn tres-cher & bien aimé Fils. Je me suis donné la consolation de vous écrire par plusieurs voyes. Celle-cy n'est que pour vous reiterer la sincere amitié que je porte à vôtre personne, qui m'est la plus chere du monde. Je vous recommande que quand vous aurez appris la nouvelle de ma mort, vous me procuriez des Reverends Peres de vôtre Congregation le plus de Messes que vous pourrez. J'attens cette grace de leur bonté & de la vôtre. Ce n'est pas que j'aye des presentimens de ma mort; mais une personne de mon âge (car j'ai eu soixante-huit ans accomplis le vingt-huit de ce mois) la doit croire proche. Outre que la maladie que j'ai euë, & de laquelle je ne suis pas tout à fait guerie, en ayant encore de grands restes avec un extréme affoiblissement, me doit servir d'horloge, pour m'avertir de me tenir préte à aller rendre conte à la divine Majesté de toute ma vie; sur tout de l'abus que j'ay fait de ses grandes graces, ausquelles j'ai si mal correspondu, que pour cela je brûleray long-temps dans le Purgatoire, si Dieu ne me fait misericorde par les suffrages de l'Eglise. C'est en cela que je m'estime riche de vous avoir, & par vôtre moyen vos bons Peres: & je m'attens que vous y penserez serieusement, afin que par vos sacrifices & par les leurs, je puisse bien-tôt aller joüir de celui que mon cœur & mon ame veulent aimer & benir eternellement. Ah que nous serons contens quand nous nous verrons attachez pour toujours à cet employ! Il y a environ quarante ans que sa divine Majesté me fit la grace & l'honneur de signifier à mon ame qu'elle vouloit que desormais je la loüasse sur la terre comme les Anges & les Saints la loüent dans le ciel. Et pour cet effet sa bonté me mit en cet état, d'où il s'est ensuivi de tres-grandes faveurs. Mais, mon tres-cher Fils, il n'y a point de doute que j'y ai mêlé beaucoup de moy-méme & de mon amour propre. C'est ce qui m'a fait lui dire un nombre infini de fois ce verset du Pfalmiste : *Delicta quis intelligit ? Ab occultis meis munda me.* Ce n'est pas que je n'aye un grand nombre de defauts qui me sont manifestes, mais j'en ai incomparablement davantage qui me sont cachez. Et pour tout cela, comme auſſi pour les fautes que j'ai commiſes dans la vie ſpirituelle par mon peu de correſpondance à ſes adorables deſſeins, par mes omiſſions & par mes actions, je vous prie de vous reſſouvenir de m'en obtenir le pardon dans vos ſaints ſacrifices. La pureté que Dieu demande d'une ame à qui il fait l'honneur de donner accez auprès de ſa divine Majeſté par une continuelle union, eſt d'une grandeur & d'un prix ineſtimable ; c'eſt ce qui me fait craindre, quoi qu'effectivement mon ame poſſede une paix que je ne vous puis exprimer. Obtenez-moy encore que cette paix ſoit veritable ; parce que dans la vie ſpirituelle il y a de fauſſes paix, auſſi bien que de veritables. Lorſque j'ay commencé cette lettre je n'avois pas la premiere penſée de vous entretenir de tout cela, mais nôtre bon Dieu m'en a donné le mouvement, & ſon eſprit a emporté ma plume pour avoir recours à vous pour la ſureté des affaires de mon ame. Sa bonté me donne une grande confiance dans les ſacrez treſors de l'Egliſe riche du precieux ſang de ſon fils nôtre divin Epoux & ſur adorable Sauveur. Celle-cy eſt la derniere que vous receyrez de moy cette année, c'eſt pourquoy il vous faut dire adieu.

De Quebec le 30. d'Octobre 1667.

LETTRE CXII.

AU MESME.

Diſpoſition preſente de la Mere de l'Incarnation & ſon zele merveilleux pour le ſalut des filles Sauvages. Etat du Monaſtere des Urſulines de Quebec. Et les ſervices qu'elles rendent à tout le Canada, pour répondre à quelques bruits qui s'étoient répandus dans la France qu'elles étoient inutiles en ce païs là.

Mon tres-cher Fils. Voici la réponſe à vôtre troiſiéme lettre. Je vous remercie autant qu'il m'eſt poſſible de la ſainte & precieuſe relique que vous m'avez envoïée : elle tiendra place dans un beau Reliquaire d'où nous avions ôté les reliques pour les mettre dans l'Autel de nôtre Egliſe lorſque l'on en fit la conſecration. Vous m'avez obligée de m'en envoier les attestations, parce qu'elle doit être exposée au public. Quand je vis cette sainte relique mon cœur fût ému de devotion, & je remercié ce grand saint d'honorer ce païs de ses venerables dépoüilles. Je vous remercie encore une fois, mon tres-cher Fils.

Vous croyez que je vais mourir. Je ne sçai quand arrivera cet heureux moment, qui me donnera toute à nôtre divin Sauveur. Ma santé est en quelque façon meilleure que les années dernieres, mes forces neanmoins étant extremement diminuées il faudroit peu de chose pour m'emporter, sur tout n'étant pas tout à fait quitte de ce flux hepatique qui m'a duré si long-temps, & conservant toujours l'amertume de ma bouche qui donne le goût d'absinthe à tous les alimens que je prens. Je m'y suis accoûtumée, autrement il faudroit mourir de foiblesse. Cependant mon esprit est content dans cette infirmité, qui me fait continuellement souvenir de l'amertume de nôtre Seigneur en croix. Avec ces incommoditez je garde mes Regles. J'ai jeûné le Carême & les autres jeûnes de l'Eglise & de la regle, en un mot je fais ma charge, graces à Nôtre Seigneur. Je chante si bas qu'à peine me peut-on entendre, mais pour reciter à voix droite j'ai encore assez de force. J'ai peine de me tenir à genoux durant une Messe; je suis foible en ce point, & l'on s'étonne que je ne le suis davantage eu égard à la nature du mal qui m'a duré si long-temps avec une grande fiévre.

Nous esperions avoir par ce voyage ma chere Mere Cecile de Reuville de l'Enfant Jesus Religieuse de Roüen, & je me disposois de luy apprendre la langue Algonquine, me persuadant qu'elle y seroit propre & qu'elle y auroit de la fermeté, car ces langues barbares sont difficiles, & pour s'y assujettir il faut des esprits constans. Mon occupation les matinées d'hiver est de les enseigner à mes jeunes Sœurs: il y en a qui vont jusqu'à sçavoir les preceptes & à faire les parties pourveu que je leur traduise le Sauvage en François. Mais d'apprendre un nombre de mots du Dictionaire, ce leur est une peine, ce leur sont des épines. De nos jeunes Sœurs il n'y en a qu'une qui pousse avec vigueur. La Mere Assistante & la Mere de sainte Croix y sont assez sçavantes, parceque dans les commencemens nous apprîmes le Dictionaire par cœur. Comme ces choses sont tres difficiles, je me suis resoluë avant ma mort de laisser le plus d'écrits qu'il me sera possible. Depuis le commencement du Carême dernier jusqu'à l'Ascension j'ay écrit un gros livre Algonquin de l'histoire sacrée

& de

DE LA M. MARIE DE L'INCARNATION. 257

& de choses saintes, avec un Dictionaire & un Catechisme Hiroquois, qui est un tresor. L'année derniere j'écrivis un gros Dictionaire Algonquin à l'alphabet François; j'en ai un autre à l'alphabet Sauvage. Je vous dis cela pour vous faire voir que la bonté divine me donne des forces dans ma foiblesse pour laisser à mes Sœurs dequoy travailler à son service pour le salut des ames. Pour les filles Françoises il ne nous faut point d'autre étude que celle de nos regles: mais enfin aprés que nous aurons fait ce que nous pourrons, nous nous devons croire des servantes inutiles, & de petits grains de sable au fond de l'edifice de cette nouvelle Eglise. Je vous écris par toutes les voyes, mais comme mes lettres peuvent perir, je vous repeterai icy ce que je vous ai dit ailleurs de nos emplois, puisque vous desirez que je vous en entretienne.

Premierement, nous avons tous les jours sept Religieuses de Chœur, employées à l'instruction des filles Françoises, sans y comprendre deux Converses qui sont pour l'exterieur. Les filles Sauvages logent & mangent avec les filles Françoises; mais pour leur instruction, il leur faut une Maîtresse particuliere, & quelquefois plus selon le nombre que nous en avons. Je viens de refuser à mon grand regret sept seminaristes Algonquines, parce que nous manquons de vivres, les Officiers ayant tout enlevé pour les troupes du Roy qui en manquoient. Depuis que nous sommes en Canada nous n'en avions refusé aucune nonobstant nôtre pauvreté; & la necessité où nous avons été de refuser celles cy, m'a causé une tres-sensible mortification; mais il me l'a fallu subir & m'humilier dans nôtre impuissance, qui nous a même obligées de rendre quelques filles Françoises à leurs parens. Nous nous sommes restraintes à seize Françoises & à trois Sauvages, dont il y en a deux d'Hiroquoises, & une captive à qui l'on veut que nous apprenions la langue Françoise. Je ne parle point des pauvres qui sont en tres-grand nombre, & à qui il faut que nous fassions part de ce qui nous reste. Revenons à nos Pensionnaires.

L'on est fort soigneux en ce païs de faire instruire les filles Françoises; & je vous puis assurer que s'il n'y avoit des Ursulines elles seroient dans un danger continuel de leur salut. La raison est qu'il y a un grand nombre d'hommes, & un pere & une mere qui ne voudront pas perdre la Messe une Fête ou un Dimanche laisseroient leurs enfans à la maison avec plusieurs hommes pour les garder; s'il y a des filles, quelqu'âge qu'elles ayent, elles sont dans un danger évi-

K k

dent, & l'experience fait voir qu'il les faut mettre en lieu de seureté. Enfin ce que je puis dire est que les filles en ce païs sont pour la plus-part plus sçavantes en plusieurs matieres dangereuses, que celles de France. Trenté filles nous donnent plus de travail dans le pentionnaire que soixante ne font en France. Les externes nous en donnent beau-coup, mais nous ne veillons pas sur leurs mœurs comme si elles étoient en clôture. Elles sont dociles, elles ont l'esprit bon, elles sont fermes dans le bien quand elles le connoissent : mais comme plusieurs ne sont pensionnaires que peu de temps, il faut que les Maîtresses s'appliquent fortement à leur education, & qu'elles leur apprennent quelquefois dans un an à lire, à écrire, à jetter, les prieres, les mœurs Chrétiennes, & tout ce que doit sçavoir une fille. Il y en a que les parens nous laissent jusqu'à ce qu'elles soient en âge d'être pourveuës, soit pour le monde, soit pour la Religion. Nous en avons huit tant Professes, que Novices qui n'ont point voulu retourner au monde, & qui font tres-bien, ayant été élevées dans une grande innocence, & nous en avons encore qui ne veulent point retourner chez leurs parens se trouvans bien dans la maison de Dieu. Deux de celles-là sont petites filles de Monsieur de Lozon bien connu en France, lesquelles n'at-tendent que le retour de Monsieur de Lozon Carny pour entrer au Noviciat. L'on nous en donne pour les disposer à leur premiere com-munion, pour cet effet elles sont deux ou trois mois dans le Semi-naire.

Pour les filles Sauvages nous en prenons de tout âge. Il arri-vera que quelque Sauvage soit Chrétien soit Payen voudra s'oublier de son devoir & enlever quelque fille de sa nation pour la garder contre la loy de Dieu, on nous la donne, & nous l'instruisons & la gardons jusqu'à ce que les Reverends Peres la viennent retirer. D'au-tres n'y sont que comme des oyseaux passagers, & n'y demeurent que jusqu'à ce qu'elles soient tristes, ce que l'humeur sauvage ne peut souffrir : dés qu'elles sont tristes les parens les retirent de crainte qu'elles ne meurent. Nous les laissons libres en ce point, car on les gagne plutôt par ce moyen, que de les retenir par contrainte ou par prieres. Il y en a d'autres qui s'en vont par fantaisie & par caprice, elles grimpent comme des écurieux nôtre palissade, qui est haute comme une muraille, & vont courir dans les bois. Il y en a qui per-severent & que nous élevons à la françoise : on les pourvoit en suite & elles font tres-bien. L'on en a donné une à Monsieur Boucher, qui a été depuis Gouverneur des trois Rivieres. D'autres retournent

DE LA M. MARIE DE L'INCARNATION.

chez leurs parens sauvages ; elles parlent bien François, & sont sçavantes dans la lecture & dans l'écriture.

Voila les fruits de nôtre petit travail, dont j'ai bien voulu vous dire quelques particularitez, pour répondre aux bruits que vous dites que l'on fait courir que les Ursulines sont inutiles en ce païs, & que les relations ne parlent point qu'elles y fassent rien. Nos Reverends Peres & Monseigneur nôtre Prelat sont ravis de l'education que nous donnons à la jeunesse. Ils font communier nos filles dés l'âge de huit ans, les trouvant autant instruites qu'elles le peuvent étre. Que si l'on dit que nous sommes icy inutiles, parce que la relation ne parle point de nous, il faut dire que Monseigneur nôtre Prelat est inutile, que son Seminaire est inutile, que le Seminaire des Reverends Peres est inutile, que Messieurs les Ecclesiastiques de Mont-real sont inutiles, & enfin que les Meres Hospitalieres sont inutiles, parce que les relations ne disent rien de tout cela. Et cependant c'est ce qui fait le soûtien, la force, & l'honneur méme de tout le païs. Si la relation ne dit rien de nous, ni des Compagnies ou Seminaires dont je viens de parler, c'est qu'elle fait seulement mention du progrés de l'Evangile, & de ce qui y a du rapport : & encore lorsqu'on en envoye les exemplaires d'ici, l'on en retranche en France beaucoup de choses. Madame la Duchesse de Sennessay qui me fait l'honneur de m'écrire tous les ans, m'en manda l'année derniere le déplaisir qu'elle avoit de quelque chose qu'on avoit retranché, & elle me dit quelque chose de semblable encore cette année. M. C. qui imprime la relation, & qui aime fort les Hospitalieres d'ici, y insera de son propre mouvement une lettre que la Superieure luy avoit écrite, & cela fit bien du bruit en France. Mon tres-cher Fils, ce que nous faisons en cette nouvelle Eglise est veu de Dieu & non pas des hommes, nôtre clôture couvre tout, & il est difficile de parler de ce qu'on ne voit pas. Il en est tout autrement des Meres Hospitalieres : l'Hospital étant ouvert & les biens qui s'y font étant veus de tout le monde, on pourroit louër avec raison leurs charitez exemplaires. Mais enfin elles & nous attendons la recompense de nos services de celui qui penetre dans les lieux les plus cachez, & qui voit aussi clair dans les tenebres que dans les lumieres, cela nous suffit.

De Quebec le 9. d'Aoust 1668.

LETTRE CXIII.
AU MESME.

La confiance admirable qu'elle a euë en Dieu dés son enfance. Elle parle aussi des grandes vertus de la Mere de saint Augustin Religieuse hospitaliere.

MOn tres-cher Fils. J'ay été extremement consolée d'apprendre les saintes dispositions de corps & d'esprit, par lesquelles nôtre Seigneur vous conduit. Pour ce qui me regarde, je suis dans une assez bonne santé. J'en ay besoin pour la conduite de cette Maison; quoi qu'il n'y ait que vingt & une Religieuse, neanmoins tant en pensionnaires que domestiques, il y a d'ordinaire cinquante à cinquante-cinq personnes, qui est pour le païs une charge qui demande des soins & des peines sans relâche. Vous auriez de la peine à croire combien les affaires y sont de difficile accommodement; cependant l'on s'en tire, & par la misericorde de Dieu mon esprit & mon cœur sont dans un aussi grand repos que si je n'avois rien à faire, & que nous fussions bien riches. C'est une conduite que la divine bonté a toujours tenuë sur moy depuis que je me connois, & que j'ay experimentée dés mon enfance, appuiée sur cette parole de nôtre Seigneur, que *celuy qui se confie en Dieu ne sera jamais confus.* C'est ce qui me fait trouver les choses d'une méme façon, le travail comme le repos, & le repos comme le travail. Dieu m'est par tout aimable, & ses conduites me sont également adorables.

Vous me demandez dans une de vos lettres qui est la personne qui eût une certaine vision que j'écrivis en France aprés le tremblement de terre. Vous avez peut-être cru que c'est moy. Non, Dieu ne me conduit pas par cette voie. La personne étant morte cette année, je vous la nommeray. C'est la Mere de saint Augustin Religieuse Hospitaliere. Elle est morte jeune, mais comblée de vertus. Les graces que Dieu lui a faites étoient fondées sur trois vertus, qui sont l'humilité, la charité & la patience. Pour vous en donner quelque preuve, je vous diray, qu'il y a quelques années qu'une fille de ce païs fut vexée des Demons par la malignité de certains Magiciens & Sorciers venus de France (car parmi les honétes gens il nous vient de terrible racaille) l'un deux la rechercha en mariage, mais comme

DE LA M. MARIE DE L'INCARNATION.

il étoit soubçonné de ces malefices, elle luy fut refusée. Il en fût tellement irrité, que pour se vanger de ce refus, il voulut avoir par ses malignitez ce qu'il n'avoit pû obtenir par la bonne voie. Il y a quelques années que je vous mandé cette histoire, je ne la repete point. Pour faire court, cette fille étant continuellement suivie & agitée des demons, fut mise dans une chambre de l'Hôpital où elle servoit méme les malades ; & par l'ordre de Monseigneur nôtre Prelat la garde en fût donnée à la Mere de saint Augustin qui y acquiesça avec une grande soûmission d'esprit, mais avec une grande repugnance naturelle. Cette bonne Mere la gardoit jour & nuit. Le jour le demon ne paroissoit pas, mais la nuit il faisoit du ravage, agitant cette fille d'une étrange maniere, & lui donnant une vûe importune de ce magicien qui lui apparoissoit accompagné de beaucoup d'autres. Mais toutes ces mouches d'enfer ne purent jamais rien gagner sur cette fille, étant toujours chassées par celle à qui l'Eglise en avoit donné le soin. Les demons enragez de ce que cette Mere gardoit avec tant de soin la pureté de cette fille, lui apparoissoient en des formes hideuses & la battoient outrageusement. Les plaies & les murtrissures qui lui restoient sur le corps montroient assez que c'étoient des realitez & non pas des illusions. Son Confesseur m'a dit lui avoir veu une fois le bras noir comme de l'ancre des coups qu'elle avoit reçus. Elle souffroit tout cela genereusement sans rien diminuer de sa charité, sans se plaindre, sans en rien dire méme à sa Communauté de crainte de l'effraïer. Monseigneur nôtre Évéque & son Confesseur sçavoient seuls ce qui se passoit, & vouloient prudemment que le tout demeurât secret. Dieu fortifia cette Mere dans ce grand travail par le secours du R. Pere de Brebeuf qui lui apparoissoit souvent, & la consoloit dans ses travaux. Enfin les Demons & les Magiciens se retirerent par l'intercession de ce saint homme qui a répandu son sang pour le soûtien de la foy en ce païs. Aprés tant de victoires remportées sur les demons par cette Mere, nôtre Seigneur lui a fait des faveurs tres signalées, la visitant & la caressant beaucoup ; sur tout il lui a donné de grandes victoires sur les malins esprits qui lui ont fait d'étranges guerres jusqu'à la mort.

C'est donc à cette grande servante de Dieu que la revelation dont je parlé aprés le tremblement de terre fût faite ; pour moy je ne merite pas que nôtre Seigneur me fasse des graces si relevées & si extraordinaires.

Puisque j'ay commencé à vous parler de la Mere de saint Augustin, j'ajoûterai ici encore quelque chose. Il y a bien des histoires que l'on tient secretes pour quelque temps & dont l'on dit qu'il y a assez de matiere pour faire un juste volume. Ce sont des choses extraordinaires, dont je ne diray rien, mais je vous parleray volontiers de ses vertus dont je fais plus d'état que des miracles & des prodiges. Elle servoit les pauvres avec une force & vigueur admirable : C'étoit la fille du monde la plus charitable aux malades, & pour sa charité elle étoit singulierement aimée de tout le monde, aussi-bien que pour sa douceur, sa ferveur, sa patience, sa perseverance, aiant eu plus de huit ans la fievre sans garder le lit, sans se plaindre, sans desister de faire son obeïssance, sans perdre ses exercices, soit de chœur, soit de ses offices, soit de Communauté. Mon tres-cher Fils, les vertus de cette trempe sont plus à estimer que les miracles : Et ce qui en est l'excellence, c'est que quand elle est morte, aucune de la Communauté ne sçavoit qu'il y eut jamais eu en elle rien d'extraordinaire, non pas méme sa Superieure, Monseigneur l'Evéque seul le sçavoit avec son Directeur. Priez nôtre divin Sauveur qu'il me donne une aussi sainte vie & une aussi sainte mort qu'à cette bonne fille. Elle n'avoit que seize ans quand elle est venuë en ce païs aiant fait sa profession par les chemins.

De Quebec le 7. Septembre 1668.

LETTRE CXIV.

A UNE RELIGIEUSE URSULINE DE TOURS.

La Mere Françoise de S. Germain.

Elle fait un memoire honorable des vertus de sa Sœur la Mere Marie de saint Ioseph.

MA Reverende & tres-chere Mere. J'ay reçu vôtre lettre fort tard & j'y répond à la hâte & presque aussi-tôt qu'elle m'a été renduë. Je benis Dieu de la singuliere protection qu'il donne à toute vôtre chere Maison, des graces qu'il vous fait en particulier, & de la paix & union qui regne dans le gouvernement de ma Reverende Mere Prieure. Cette excellente Mere est digne de loüange d'imiter celles qui l'ont devancée dans la charge : C'est la marque d'un esprit bien fait, & que l'esprit de Dieu la possede & la conduit. Je ne manqueray pas de faire ce que vous desirez de moy, car vous étes bien prés de mon cœur, & je vous regarde comme une

DE LA M. MARIE DE L'INCARNATION.

autre Mere de saint Joseph ma chere compagne & vôtre bonne Sœur. Vous me priez de vous dire quelque chose d'elle, & d'autres m'en écrivent & le desirent aussi. Vous devez avoir gardé les memoires que je vous envoié aprés sa mort, & ceux que je vous ay encore envoiez depuis touchant la translation de son corps de son premier cercueil dans un autre. Ces sortes de papiers ne se doivent pas perdre, & je les avois écrits fidelement dans la pensée que nos Meres les garderoient mieux que moy. Nos Meres de Paris se sont servi de ce que le R. Pere le Jeune avoit pris dans ces memoires pour mettre dans sa relation. Le Reverend Pere du Creux qui a fait l'histoire de Canada, me demandant châque année des nouvelles pour les y inserer, je luy ay mandé beaucoup de choses de cette chere Mere qu'il a fait imprimer; & méme ce qui arriva à Sœur Isabelle Pavy avant sa mort est couché dans cette histoire. Il y a quelque temps que nos Meres de Paris nous demanderent une attestation de ce qui étoit arrivé au Frere Bonnemer: Nous l'envoiâmes signée de sa propre main. Monsieur de Bernieres me manda avant sa mort, que Dieu lui avoit fait de grandes graces par l'invocation de cette heureuse Mere. Il y a ici de nos Sœurs qui disent le méme à leur égard. L'une d'entre-elles m'assure qu'elle lui est redevable de la grace de sa vocation. Pour moy, je puis assurer qu'elle m'a rendu de grandes assistances, & je ne fais nul doute qu'elle ne soit bien puissante auprés de Dieu, pour moienner auprés de sa divine Majesté des graces interieures & l'amortissement des passions à ceux qui l'invoquent. Sa memoire nous est aussi recente que si elle étoit encore en vie parmi nous. L'on a encore universellement l'impression de sa vertu, & je ne connois personne qui blâme en aucune maniere sa conduite, soit dans sa conversation, soit dans ses actions ordinaires. Lorsque je croyois mourir de ma grande maladie, je me rejoüissois dans la pensée que je la verrois dans le Ciel, quoique bien éloignée d'elle. Enfin, chere Mere, je vous estime heureuse d'avoir une si sainte Sœur & si puissante avocate dans le Ciel. Vous me demandez les lettres que feu Monsieur vôtre Pere & Madame vôtre Mere écrivirent à cette chere Mere sur le sujet de son passage en Canada; cela m'est impossible parce qu'elles furent brûlées à nôtre incendie avec tous nos autres papiers de devotion. Pour moy, je laissé volontairement brûler les miens, quoique la pensée me fût venuë de les sauver avec ceux qui regardent les principales affaires de nôtre maison que je mis à la hâte en seureté. Priez, chere Mere, pour nôtre petite Communauté qui vous salüe

Ces lettres sont dans la seconde Partie en l'année 1652. & 1663.

avec bien de la tendresse, & sur tout souvenez vous de celle qui vous est invariablement dans le cœur aimable de JESUS. Treshumble servante.

De Québec le 15. Septembre 1668.

LETTRE CXV.
A UNE RELIGIEUSE URSULINE DE TOURS.

La Mere Marie de la Nativité.

Elle se rejoüit de la voir souffrir avec patience les douleurs d'une grande maladie; & par une amitié toute surnaturelle, elle luy en desire encore de plus grandes.

MA Reverende & tres-chere Mere. J'ay receu cette année deux de vos lettres, dont la premiere m'apprend que nôtre bon JESUS vous a attachée à sa croix par une maladie bien douloureuse. Si elle dure long-temps vous y acquerrez bien des couronnes. Je benis la bonté du Maître qui dispense les croix à ses amis, de la paix & tranquillité qu'il donne à vôtre esprit dans de si grandes douleurs. J'ay été surprise apprenant la qualité de cette maladie, de laquelle je n'avois pas encore ouy dire que vous eussiez été attaquée par le passé. Cela me fait croire que ce ne sera peut-être qu'une infirmité passagere, & je prie la divine bonté que cela soit, si c'est pour sa plus grande gloire: mais si elle en a disposé autrement, & qu'elle vueille vous élever à une plus haute sainteté par la voye de la souffrance, je la supplie d'accroître vos douleurs, & de vous faire un modele de patience à la gloire de nôtre bon JESUS. Vous voyez par là, chere Mere, que je vous souhaitte ce que saint Philippes de Nery & le bien-heureux Felix se souhaittoient l'un à l'autre, sçavoir des peines, des souffrances, des martyres, parce qu'ils ne *vivoient plus à eux-mêmes, mais à celui qui étoit mort & resuscité pour eux.* Bon courage, mon aimable Mere, puisqu'outre les souffrances du corps, celles de l'esprit viennent encore à la foule. Le prochain s'en mêle *& ajoûte douleur sur douleur.* O que cela est ravissant, & que Dieu vous envoye de biens! Mais si Dieu-même se met de la partie, & que sa *main vous touche,* ce sera encore bien autre chose. Ah! chere Mere, s'il vous conduit une fois par cette voye, vous crierez à lui, parce qu'il n'y aura que lui qui puisse donner remede. *Il tuë, il vivifie, il meine les ames jusqu'aux portes de la mort, puis il les rameine & les fait revivre*

DE LA M. MARIE DE L'INCARNATION.

vre. Vous avez voulu recueillir ses droits, & l'on vous a trouvé severe, parceque les debiteurs ne payent pas toujours trop bien. Voyez ce qu'en dit l'Evangile, & vous trouverez que les debiteurs ont persecuté jusqu'à la mort les serviteurs qui recueilloient les droits du maître. Souffrez donc volontiers pour l'amour du maître de la vigne, il sçaura recompenser au centuple les peines & les reproches que vous aurez endurées pour son service. Je vous estime la fille du monde la plus heureuse de n'avoir pas été remise en charge; nôtre bon JESUS vous a traitée en ami de vous détacher d'une croix pour vous attacher à une autre, de la croix, dis-je, de la superiorité, pour vous attacher à celle de la maladie & de la persecution, que j'estime plus aimable parce qu'on y souffre davantage. Benissons les conduites de nôtre tres-aimable Epoux, qui veut que nous soyons toujours avec lui, puisqu'il veut que nous soyons toujours dans la croix. Si nous vivons encore l'année prochaine vous me direz de vos nouvelles, & je vous dirai des miennes. C'est ici la derniere voye par laquelle mon cœur se répandra dans le vôtre, & vous asseurera que mon ame demeurera toujours collée à vôtre ame. Cependant je seray en peine de vous jusqu'à l'année prochaine, la grandeur de vôtre maladie m'en rendant l'issuë douteuse & suspecte. Je juge de vôtre mal par le mien, & de vos dispositions par les miennes. Dans ma maladie de quatre ans, ma joye & ma paix étoient dans le Crucifix. Je lui disois que c'étoit lui qui me faisoit souffrir, & qui me faisoit aimer la souffrance. Vous avez eu le loisir toute cette année à l'infirmerie de vous entretenir avec cet amour crucifié; & je ne doute point que vous ne lui ayez tenu le même langage que moy, puisque vous en avez ressenti les mêmes effets. Vous vous réjoüissiez d'être en solitude, il falloit que la croix vous y accompagnât, afin qu'elle fût semblable à celle de nôtre divin Sauveur. Pour ce qui me regarde, sa bonté, quoique je sois extremement foible, m'a fait la grace d'écrire mes lettres, qui sont en si grand nombre que vous en seriez effrayée. Une main de papier est aussi-tôt expediée, & j'en ai la main si lasse qu'à peine la puis-je porter; & neanmoins il faut qu'elle prenne courage jusqu'à la fin, il ne m'en reste plus qu'environ quarante qui doivent être expediées vers la fin de ce mois. Mon Dieu, que je serai heureuse quand je me verrai déchargée de ce fardeau qui est attaché à la superiorité! Mais non, il faut prendre patience: c'est un effet de l'amour propre de desirer de se voir déchargée de ces fardeaux. Il nous les faut porter, ma chere Mere, autant de

LETTRES SPIRITUELLES.

temps que nôtre bon Jesus l'ordonnera. Agréez, s'il vous plaît le tres-humble & tres-respectueux salut de nôtre Communauté : vous y êtes connuë comme si vous y étiez, car l'on vous y tient pour Canadoise. Adieu pour cette année.

De Quebec le 15. Septembre 1668.

LETTRE CXVI.

A SON FILS.

Qu'encore qu'il faille craindre l'élevation dans les charges, il faut neanmoins se laisser conduire aux ordres de Dieu. Elle parle de son Oraison de Respir, & de la crainte qu'elle avoit de décheoir de la grace, pour élevée qu'elle fut dans les voyes de Dieu. Protection de la sainte Vierge sur son Monastere, & sur elle en particulier.

MOn tres-cher & bien aimé Fils. J'ai receu vos deux dernieres, par les deux derniers vaisseaux ; & de vos nouvelles particulieres par Mesdames N. & N. qui n'avoient pas assez de bouches pour m'en dire & à nos amis, tant elles étoient ravies de vous avoir veu. Dieu soit beni des dispositions qu'il fait de vôtre personne ; elles sont extraordinaires, mais ce n'est pas vous qui faites le choix de vos emplois. Je ne m'étonne pas si vous avez été surpris de ce dernier que vous exercez, puisqu'en effet nous devons toujours sentir de nous-méme ce que nous sommes en verité. Laissez-vous neanmoins aller au gré de la conduite de Dieu sans aucun regard sur vous-méme ; vous ne vous tireriez pas de cet abyme, puisque nous n'arriverons jamais jusqu'au fond de nôtre neant. Tout ce que je souhaite à vôtre égard n'est point pour vous-méme, ni à cause de ce que vous m'êtes selon le sang ; je vous le souhaite pour Dieu, & afin que vous soyez un digne instrument de sa gloire : je conjure la divine bonté de vous rendre tel. Pour mon particulier, je vous avoüe que mes veritables sentimens pour vous & pour moy, sont de craindre l'élevation. Sur la nouvelle que vous m'aprenez de l'honneur que vôtre tres-R. Pere General & mes autres Reverends Peres vous faisoient de vous élever à la charge que vous avez à present, je commencé à craindre ; mais ayant fait reflexion devant Dieu sur cette matiere, mon esprit s'arréta par une autre pensée qui me consola, que les serviteurs de Dieu se laissent conduire à son Esprit, & que si vous n'eussiez eu la crainte

DE LA M. MARIE DE L'INCARNATION. 267
de Dieu, ils n'auroient pas jetté les yeux sur vous pour un si haut emploi. Voila ce qui s'est passé en moy à vôtre égard, en suite de quoi je me suis laissée aller à traitter avec nôtre divin Sauveur sur la fidelité de ses promesses. Sa bonté m'avoit fait l'honneur & la misericorde de me promettre qu'elle auroit soin de vous, quand je vous quitté pour son amour, & pour obeïr à ce qu'elle demandoit de moy. Voiez, mon tres-cher Fils, si vous n'experimentez pas la verité & l'effet de ses divines promesses. Aprés une fidelité si manifeste, pourquoi vous & moy aurions-nous soin de nous-mêmes pour desirer ceci ou cela? Tenons-nous toujours dans le dernier lieu & cachez dans nôtre poussiere: nôtre divin Maître nous trouvera là & nous en tirera si c'est pour sa gloire & pour nôtre bien. Il est si bon qu'en établissant sa gloire, il moiene nôtre sanctification. Je l'ay toujours éprouvé & si vous voulez vous étudier à considerer ses saintes demarches en la conduite de vôtre vie & des états où il vous a fait passer, vous y remarquerez cette verité capable de faire fondre des cœurs d'amour pour un Dieu si liberal & si magnifique.

Pour moy, mon tres-cher Fils, je n'ay plus de paroles aux pieds de sa divine Majesté. Mes Oraisons ne sont autres que ces mots: Mon Dieu, mon Dieu, soiez beni, ô mon Dieu. Mes jours & mes nuits se passent ainsi, & j'espere que sa bonté me fera expirer en ces mots, & qu'elle me fera mourir comme elle me fait vivre. J'ay dit, en ces mots: je diray mieux en ces respirs, qui ne me permettent pas de faire aucun acte; & je ne sçay comme il faut dire quand il faut parler de choses aussi nuës & aussi simples que celles-ci qui consomment mon ame dans son souverain & unique bien, dans son simple & unique Tout. Me voiant sujete à tant d'infirmitez, je croiois selon le cours des choses naturelles qu'elles me consumeroient, & qu'elles ne se termineroient que par la mort: L'amour qui est plus fort qu'elle y a mis fin, & par la misericorde de Dieu, me voila à peu prés dans la santé que j'avois avant une si longue maladie, sans sçavoir combien elle pourra durer. Il ne m'importe pourveu que la sainte volonté de Dieu soit faite, mais je ne croi pas que ma fin soit bien éloignée, étant parvenuë à la soixante & dixiéme année de mon âge: Mes momens & mes jours sont entre les mains de celui qui me fait vivre, & tout m'est egal pourveu qu'ils se passent tous selon son bon plaisir & ses adorables desseins sur moy. Dieu ne m'a jamais conduite par un esprit de crainte, mais par celui de l'amour & de la confiance. Quand je pense neanmoins que je suis pecheresse, & que

Ll ij

par le malheur de cette condition je puis tomber en tel état, que je serois privée de l'amitié de mon Dieu, je suis humiliée au delà de tout ce qui se peut imaginer, & je me sens saisie, de crainte que ce malheur ne m'arrive. Si cette crainte étoit de durée, je ne pourrois ni vivre ni subsister, parce qu'elle regarde la separation d'un Dieu d'amour & de bonté, dont j'ay reçu plus de graces & de misericordes qu'il n'y a de grains de sable dans la mer. Mais la confiance d'un seul regard dissipe cette crainte, & me detournant la veuë d'un objet si funeste, fait que je m'abandonne entre les bras de mon celeste Epoux pour y prendre mon repos. Je me sens encore puissamment fortifiée de la protection de la tres-sainte Vierge qui est nôtre divine Superieure, par le choix special & par le vœu solemnel que nôtre Communauté en a fait depuis plusieurs années. Cette divine Mere nous assiste sensiblement : Elle nous donne un secours continuel dans nos besoins, & elle nous conserve comme la prunelle de son œil. C'est elle qui soûtient nôtre famille d'une maniere secrete, mais efficace ; c'est elle qui fait toutes nos affaires ; c'est elle qui nous a relevées de nôtre incendie, & d'une infinité d'autres accidens, sous le poids desquels nous devions naturellement étre accablées. Comme nous n'avons pû avoir des Religieuses de France, elle nous a donné six Novices qui sont toutes de tres-bons sujets capables de nous aider à soûtenir le poids de nos fonctions, qui croissent de jour en jour. Que puis-je craindre sous les ailes d'une si puissante & si aimable protectrice ? Remerciez la divine bonté & cette sainte Mere de leur assistance sur nôtre petite Communauté, & sur moy en particulier qui suis la plus infirme & la plus imparfaite de toutes.

De Quebec le 22. d'Octobre 1668.

LETTRE CXVII.

A SA NIECE RELIGIEUSE URSULINE.

Elle lui parle de la conduite de Dieu sur son Fils & sur elle, & des dangers où est un Religieux qui est élevé dans les charges.

MA tres-cherè & bien-aimée Fille. J'ay reçu cette année quatre lettres de vôtre part : vous ne sçauriez davantage m'obliger que de me donner de vos nouvelles par toutes les voyes ; si j'en

avois de plus frequentes, je me donnerois aussi plus souvent la consolation de vous donner des miennes ; mon cœur étant tout à fait
attaché au vôtre & à celui du Pere Martin. Sçachant que vous étes
tous deux à nôtre bon JEsus, c'est ma joie que de vous voir en lui, &
de lui demander vôtre perfection, comme je lui demande la mienne
propre.

Je croi que vous avez sçeu plûtôt que moy, que le Pere M. est
à present à Paris en qualité d'Assistant du Reverend Pere General.
Il m'en écrit avec confusion de se voir élevé en cette charge. De
ma part, j'ay toujours craint l'élevation pour lui & pour moy, &
je n'ay jamais rien demandé à Dieu pour lui, que de lui faire la grace d'étre un veritable pauvre d'esprit, caché en lui & aux yeux des
creatures. J'ay, dis-je demandé à Dieu pour lui ce que j'ay demandé pour moy : & je le demande aussi pour vous, ma chere Fille, que
je voudrois pouvoir placer dans le cœur de nôtre divin Sauveur vrai
Pere des pauvres. Mais cependant nôtre Seigneur a élevé ce pauvre
homme dans des charges honorables dés sa jeunesse, ce qui me rendroit inconsolable sans un mouvement qui me dit que la divine Majesté en veut peut-être faire un instrument de sa gloire : cela m'arrête & me fait acquiescer à ses conduites sur moy, & sur celuy que
j'ay abandonné par son inspiration dés son enfance. Ah ! ma chere
Fille, qu'il est bon de s'abandonner à corps perdu entre les bras de
Dieu, & de ne s'appuier que sur la providence d'un si bon Pere ! Je
vous le dis en confiance pour sa gloire, cet enfant étoit encore au
berceau qu'il m'étoit impossible de rien demander à Dieu pour lui ni
pour moy, sinon que nous fussions des ses veritables pauvres. Je
voiois la pauvreté de l'Evangile preferable à tous les empires du monde, & elle me sembloit d'un si grand prix que toutes les choses de la
terre ne me paroissoient en comparaison que de la poussiere, & comme rien. Enfin la divine bonté à conduit les choses où vous les voiez,
& comme nous les experimentons. Aprés qu'elle eût fait ces graces
à mon Fils & à moy, vous étiez dans mon esprit comme la chose qui
me restoit la plus chere dans le monde : j'entrepris de poursuivre auprés de la divine Majesté qu'elle eût la bonté de vous en retirer, &
de vous donner à son bien-aimé Fils. Elle m'a enfin écoutée, & elle
vous a appellée par des voies assez extraordinaires. Vous ne sçauriez croire combien ce coup de grace a donné de repos à mon esprit, ni combien mon ame s'est épanchée en la presence d'un si bon
Dieu pour lui en rendre mes actions de graces. Que reste-t'il donc

ma plus que tres-chere Fille, sinon de correspondre à des graces si eminentes, & à des dons si inestimables par un genereux mépris de nous-mêmes, du monde, & de l'esprit du monde, qui est si glissant, qu'il se fourre dans les états les plus sublimes, & dans les actions les plus saintes. Ah, mon Dieu, si nous avions une fois obeï comme il faut aux mouvemens & aux attraits de la grace, que nous serions heureux! Nous experimenterions les douceurs de cette beatitude qui fait enfans de Dieu ceux qui la possedent. Quant au Pere M. Il faut que je vous die qu'aiant apris qu'il étoit auprés du Reverend Pere General, je demeuré quelque temps craintive dans la pensée que l'elevation est souvent la veille de quelque chute, soit spirituelle, soit temporelle, & que le plus sur pour un Religieux est de demeurer en son lieu, caché aux yeux des autres & aux siens propres. Une autre pensée qui succeda à la premiere rendit le calme à mon esprit, que les Superieurs de l'Ordre établis à la conduite & au choix des autres, avoient l'esprit de Dieu, & que si ce pauvre Religieux n'avoit été homme de bien, ils ne l'auroient pas élevé en cette place : ainsi je ne pensé plus qu'à le recommander à Dieu, ce que je fais de toute mon affection, & je vous prie de joindre vos prieres aux miennes.

De Quebec le 20. d'Octobre 1668.

LETTRE CXVIII.

A UNE RELIGIEUSE URSULINE DE TOURS.

La Mere Marie de la Nativité.

Elle luy témoigne les desirs qu'elle a de mourir afin de joüir de Dieu, & sa joye d'être à la veille d'être déchargée, afin de s'y preparer.

MA Reverende & tres-chere Mere. Je n'ay qu'un petit quart d'heure à vous donner, le vaisseau étant prest de faire voile. Je le veux emploier pour dire que vos étes & serez toujours mon intime Mere, pour laquelle mon cœur porte tous les bons desirs & tous les sentimens d'une amitié des plus sinceres. Nous avons reçu tout ce que vôtre liberalité nous a envoié cette année ; nous l'avons presenté de vôtre part à nôtre divin Maître & à sa sainte famille. Tous ces beaux presens me font beaucoup d'honneur ; mais je fais un transport de cet honneur à Dieu, puisque c'est pour luy & pour son amour que vous les faites. Il est le remunerateur de ceux qui donnent, je le prie d'étre le vôtre, & de vous donner une tres-ample recompense.

Je me rejoüis de ce que nous perdrons bientôt les connoissances de la terre, pour n'avoir plus de communication qu'avec les citoyens du Ciel. Ma santé ne laisse pas d'être un peu meilleure, mais je ne sçay si ce sera pour long-temps : je sçay seulement qu'une personne de soixante & dix ans ne peut pas aller loin ; & j'en suis toute glorieuse, parce que je seray delivrée du plus grand de mes ennemis. Je soumets neanmoins tous mes desirs à ceux de Dieu ; que sa tres-sainte volonté soit faite.

J'ay été consolée d'apprendre que vôtre santé est meilleure. Cette convalescence vous fera peut-être concourir dans vôtre election, qui se va faire quasi au même temps que la nôtre. Pour moy je suis ravie d'en être exempte pour jamais ; le temps & l'age m'en excusent legitimement. Que si Dieu me donne plus de santé qu'à l'ordinaire, c'est peut-être pour me donner le moien de me disposer à bien mourir, & pour me preparer plus efficacement à comparoître en sa presence. Ayez pitié de moy, mon aimable Mere, & priez Nôtre Seigneur pour ma veritable conversion, comme je le prie de vous donner une veritable sainteté.

De Quebec 1669.

LETTRE CXIX.

A SON FILS.

Description touchante de sa vocation à l'état Religieux ; & de la conduite de Dieu sur elle & sur son Fils.

MOn tres-cher Fils, un navire de France est arrivé à nôtre port vers la fin de Juin, & depuis il n'en a paru aucun. Celuy-cy nous a aporté de vos nouvelles qui m'ont donné sujet de loüer Dieu de ses bontez sur vous & sur moy. La plus grande joye que j'aie en ce monde, est d'y faire reflexion, & je voy que celle que vous y faites sur l'experience que vous en avez vous touche vivement, & qu'elle vous est utile. N'étes vous pas bien aise, mon tres-cher Fils, de ce que je vous ay abandonné à sa sainte conduite en vous quittant pour son amour ? n'y avez vous pas trouvé un bien qui ne se peut estimer ? Sçachez donc encore une fois qu'en me separant actuellement de vous, je me suis fait mourir toute vive, & que l'esprit de Dieu qui étoit inexorable aux tendresses que j'avois pour vous ne me donnoit aucun repos que je n'eusse executé le coup: il en fallut passer par là, & luy obeïr sans raison parce qu'il n'en veut point dans l'execution de ses volontez absoluës. La nature qui ne se rend pas sitôt quand ses interests y sont engagez, sur tout quand il s'agit de l'obligation d'une Mere envers un Fils, ne se pouvoit resoudre. Il me sembloit qu'en vous quittant si jeune, vous ne seriez pas élevé dans la crainte de Dieu; & que vous pourriez tomber en quelque mauvaise main, ou bien sous quelque conduite où vous seriez en danger de vous perdre; & ainsi que je serois privée d'un Fils que je ne voulois élever que pour le service de Dieu, demeurant avec luy dans le monde jusques à ce qu'il fût capable d'entrer en quelque Religion, qui étoit la fin à laquelle je l'avois destiné. Ce divin esprit qui voioit mes combats, étoit impitoiable à mes sentimens, me disant au fond du cœur: viste, viste, il est temps, il n'y a plus à tarder, il ne fait plus bon dans le monde pour toy. Alors il m'ouvroit la porte de la Religion, sa voix me pressant toujours par une sainte impetuosité, qui ne me donnoit point de repos ny de jour ny de nuit. Il faisoit mes affaires, & mettoit les dispositions du côté de la Religion d'une maniere si engageante, que tout me tendoit les bras, en sorte que si j'eusse été la premiere personne du monde avec tous ses avantages, je n'y eusse pas trouvé plus d'agréement. Dom Raymond faisoit tout ce qu'il falloit auprés de ma sœur, & luy méme me mena où Dieu me vouloit. Vous vintes avec moy, & en vous quittant, il me sembloit qu'on me separât l'ame du corps avec des douleurs extremes. Et remarquez que dés l'âge de quatorze ans j'avois une tres-forte vocation à la Religion, laquelle ne fut pas executée, parce qu'on ne correspondoit pas à mon desir; mais depuis l'âge de dix neuf à vingt ans mon esprit y demeuroit, & je n'avois que le corps dans le monde pour vous élever jusques au moment de l'execution de la volonté de Dieu sur vous & sur moy. Aprés que je fus entrée, & que je vous voiois venir pleurer à nôtre parloir & à la grille de nôtre chœur; que vous passiez une partie de vôtre corps par le guichet de la Communion; que par surprise voiant la grande porte conventuelle ouverte pour les ouvriers, vous entriez dans nôtre court; que vous avisant qu'il ne falloit pas faire ainsi, vous vous en alliez à reculons, afin de pouvoir decouvrir si vous ne me pourriez voir: quelques unes des sœurs novices pleuroient, & me disoient que j'étois bien cruelle de ne pas pleurer, & que je ne

vous

DE LA M. MARIE DE L'INCARNATION. 273

vous regardois pas seulement. Mais helas! les bonnes Sœurs ne voyoient pas les angoisses de mon cœur pour vous, nonplus que la fidelité que je voulois rendre à la sainte volonté de Dieu. La batterie recommençoit lorsque pleurant vous veniez dire à la grille qu'on vous rendît vôtre Mere, ou qu'on vous fit entrer pour estre Religieux avec elle. Mais le grand coup fut lorsqu'une troupe de jeunes enfans de vôtre âge vinrent avec vous vis à vis des fenêtres de nôtre Refectoire disant avec des cris étranges, qu'on me rendît à vous: & vôtre voix plus distincte que les autres disoit là qu'on vous rendît vôtre Mere, & que vous la vouliez avoir. La Communauté qui voioit tout cela étoit vivement touchée de douleur & de compassion, & quoy qu'aucune ne me témoignât être importunée de vos cris, je crus que c'étoit une chose qu'on ne pourroit pas supporter long temps, & qu'on me renvoiroit dans le monde pour avoir soin de vous. A la sortie de graces lorsque je remontois au Noviciat, l'esprit de Dieu me dit au cœur que je ne m'affligeasse point de tout cela, & qu'il prendroit soin de vous. Ces divines promesses mirent le calme en tout moy-mème, & me firent experimenter que *les paroles de Nôtre Seigneur sont esprit & vie*, & qu'il étoit si fidele en ses promesses, que *le ciel & la terre passeroient plutost qu'une seule de ses paroles demeurât sans son effet*: en sorte que si tout le monde m'eut dit le contraire de ce que m'avoit dit cette parole interieure, je ne l'eusse pas cru. Depuis ce temps là je n'eus plus de peine; mon esprit & mon cœur joüissoient d'une paix si douce dans la certitude que je ressentois, que les promesses de Dieu s'accompliroient en vous, que je voiois toutes choses faites à vôtre avantage & des suites pour vous faire avancer dans les voies que j'avois desirées pour vôtre education. Incontinent aprés vous fûtes envoyé à Rennes pour faire vos études, puis à Orleans, la bonté divine me donnant accés auprés des Reverends Peres Jesuites qui eurent soin de vous; vous sçavez les secours de Dieu à ce sujet. Enfin mon tres-cher Fils vous voila aussi bien que moy dans l'experience des infinies misericordes d'un si bon Pere: laissons-le faire nous verrons bien des choses si nous luy sommes fideles; continuez de le prier pour moy.

De Quebec le 30. Iuillet. 1664.

LETTRE CXX.
AU R. PERE PONCET JESUITE.

Industrie des Reverends Peres Jesuites pour convertir les Sauvages. Elle fait avec prudence l'eloge du Pere à qui elle écrit.

MOn Reverend & tres-cher Pere. Nous avons été trompées de ne vous point avoir cette année : nous faisions déja nôtre compte que vous succederiez au R. Pere Lallemant, si Dieu l'appelloit de ce monde, dans les secours spirituels & temporels qu'il nous rend. Nous l'avons pensé perdre cette année, mais nous nous consolions dans l'esperance de trouver en vous un autre luy-méme.

Tous nos Reverends Peres sont en des ferveurs nompareilles. Le Reverend Perre Pierron fait des merveilles à Agné avec ses tableaux. Vous sçavez qu'il est assez bon Peintre, & il en a fait un grand de l'enfer qui est effroiable au dernier point, plein de diables & de Sauvages damnez. L'on y voit les instrumens des supplices, les feux, les serpens & autres semblables representations effroiables. On y voit une vieille dépeinte qui se bouche les oreilles de peur d'entendre un Jesuite qui l'a veut instruire. Les diables aprés l'avoir tentée la tourmentent & luy jettent du feu dans les oreilles qu'elle n'a pas voulu ouvrir à la parole de Dieu. Il a fait un autre tableau du Paradis, où les Anges enlevent les ames des Sauvages qui meurent aprés avoir reçu le Bapteme. Ces pauvres gens sont si ravis de voir ces figures, que bien loin de se boucher les oreilles, ils suivent le Pere par tout, & le tiennent pour le plus grand genie du monde. Il y a une femme Hiroquoise si fervente & si zelée pour nos saints Mysteres, qu'elle sert de Dogique au Pere allant de cabane en cabane pour instruire & pour faire les prieres. Vôtre Reverence sçaura tout cela du R. Pere Chomonnot ; je m'oublie de moy-méme de luy en parler. V. R. a été en ces lieux là : elle y a semé, & les autres recueillent le fruit de ses travaux. Je m'assure qu'elle n'en aura pas moins de merite que si elle les moissonnoit elle-méme. Ses mains mutilées en reluiront dans l'eternité, aussi bien que les autres parties de son corps qui ont porté tant de meurtris-

DE LA M. MARIE DE L'INCARNATION. 275

sures, & que ses oreilles qui ont été remplies de tant d'injures & de brocards. J'en ay encore le sentiment, mon tres-cher Pere, & je benis Dieu qui vous a donné le moien, *de le porter & de le glorifier en vostre corps par vos souffrances.* Ah! je ne souffre rien, & je mourray sans avoir rien fait ny souffert. Si les ouvriers du saint Evangile ne me font la grace de me faire part de leurs travaux je seray tres-mal; ils me le font esperer, & c'est ce qui me console dans mes pauvretez. Faites moy toujours part des vôtres, mon tres-cher Pere, & souvenez vous de nôtre convention: nous l'accomplissons de nôtre part, & comme nous croissons en nombre, nos petits biens spirituels augmentent de méme. Priez la divine Bonté d'y donner sa benediction, puisqu'il y va de vôtre interêt aussi bien que du nôtre.

De Quebec le 7. Octobre 1669.

Cette convention est une communication de biens spirituels.

LETTRE CXXI.

A LA SUPERIEURE DE SAINT DENYS EN FRANCE.

La Mere Marie de sainte Catherine.

Elle l'exhorte à la Mission de la Martinique, & luy montre qu'il faut surmonter toutes les contradictions quand il faut rendre service à Dieu dans ces sortes d'entreprises.

OUï, ma tres-honorée Mere, je suis toute à vous dans l'union du cœur tout aimable de nôtre bon JESUS; & non seulement à vous, mais encore à vôtre sainte Communauté que j'honore infiniment. Son zele pour le salut des ames me console à un point que je ne puis exprimer, & la nôtre cherit l'union sainte que vous & elles voulez bien avoir avec nous. Nous avons reçu vos lettres si tard, que nous avions déja perdu l'esperance d'en recevoir cette année. Une personne de France nous a écrit par le premier vaisseau qui est arrivé en ce païs, que vous étiés parties pour les Isles de la Martinique, ce qui me fit desirer d'en apprendre la verité, & loüer nôtre Seigneur du choix qu'il avoit fait de vos filles pour cette mission. Monsieur de Tracy, comme aussi des personnes de creance qui ont fait voiage en ce païs là, nous ont assuré que les Ursulines y auroient un grand emploi, & qu'on leur ameneroit des pensionnaires de toutes les Isles, où il y a un grand nombre de personnes fort

Mm ij

accommodées, qui ont de la peine de retenir leurs filles, & ne peuvent leur donner l'education necessaire pour être bonnes Chrétiennes. Il y a trois ans que nos Meres de Tours furent demandées pour ce dessein : je ne pus sçavoir alors ce qui en empêcha l'execution ; mais j'ay sceu depuis que la guerre qui étoit entre la France & l'Angleterre leur avoit donné de la crainte, comme aussi ce grand Ouragan qui avoit fait tant de debris en ce païs là. Mais quoi qu'il faille avoir de la prudence, & user de precaution en semblables entreprises, il faut pourtant beaucoup donner à la providence, & s'abandonner à ses ordres, lorsque sa volonté nous est connuë par le conseil des personnes sages & éclairées. Si l'on ne faisoit de la sorte l'on abandonneroit souvent des biens que l'on voit reüssir après un peu de patience. J'ay veu plus d'une fois former des desseins de nous renvoier en France pour la crainte des Anglois & des Hiroquois : & lorsque nôtre Monastere fût brûlé vous auriez de la peine à croire les peines & les afflictions qu'il nous fallut souffrir à ce sujet, & combien il nous fallut livrer de combats pour resister à de bonnes têtes dont la force & la prudence sembloit le devoir emporter. Nous voila neanmoins encore ; Dieu a donné sa benediction à nôtre simplicité, & il a fait avouër à ceux qui avoient conclu à nôtre retour, que Dieu nous veut en Canada pour y assister les filles tant Françoises que Sauvages. Et en verité les premieres seroient pires que les dernieres s'il n'y avoit ici des Ursulines pour les élever & les cultiver. Ne vous laissez-donc pas abattre, mon aimable Mere, pour toutes les contradictions, si vous avez vocation pour la Martinique, & que des personnes sages vous conseillent de suivre la voix de Dieu. La plus grande peine que vous y aurez, sera la chaleur du climat ; ceux neanmoins qui y ont été & que j'ay entretenus, m'ont dit que les personnes qui sont entre deux âges, sçavoir depuis quarante jusqu'à cinquante ans y resistent plus facilement que les jeunes : celles du lieu que vous recevrez y sont déja faites, ainsi il vous sera facile de faire vôtre Maison. Enfin je serois de ceux qui vous conseillent de ne pas laisser échapper cette occasion de donner de la gloire à Dieu en lui immolant vos cheres filles. Ma Mere de l'Incarnation est un peu trop avancée en âge pour cette Mission ; mais la volonté de Dieu doit emporter le dessus, s'il la veut en cet emploi ; je lui écris pour la féliciter du courage qu'elle a de se vouloir exposer aux perils de la mer pour la gloire de Dieu & pour le salut des ames. Mon intime Mere, vous direz peut-être que je m'avance trop, mais souffrez moy, je vous prie ; ce sont mes delices de sçavoir qu'il y a des ames qui veulent s'exposer à la Croix pour le service de celui qui y est mort pour nous. Je suis assez temeraire que de porter envie à ces grands serviteurs de Dieu qui sont ici exposez à des souffrances que je ne puis exprimer. Ah! que ces bonnes Dames qui suivoient nôtre Seigneur & ses saints Apôtres étoient heureuses! Ce me seroit un semblable bonheur de suivre nos Apôtres dans les croix & dans les occasions du martyre où ils sont tous les jours. Mais mes pechez m'éloignent de cette faveur. Une bonne femme Hiroquoise depuis peu convertie a été si zelée pour nos saints Mysteres, qu'elle possede en perfection, qu'elle alloit par tout son Village pour instruire les grands & les petits, afin de les attirer à la foy. Elle a été extremement persecutée de sa nation, mais enfin elle est demeurée victorieuse malgré l'Enfer & ses suposts. Je vous suis bien obligée de la bonne volonté que vous avez euë de nous offrir de vos cheres filles, & à elles d'avoir été si bien disposées à nous venir aider. Vous étes possible plus Canadoise que moy, puisque vous y avez l'esprit. Suppléez à mes defauts & à mes lâchetez par vos prieres ; & si j'ay encore quelques petits biens, je vous y donne la part qu'il plaira à nôtre divin Maître. Mais faisons mieux, mon intime Mere, que nos biens soient communs. Agréez, s'il vous plaît, le tres-respectueux salut de nôtre Communauté, qui vous demande la permission de saluër aussi la vôtre ; ce que je fais plus particulierement aprés vous avoir embrassée dans l'aimable cœur de Jesus.

De Quebec le 11. d'Octobre 1669.

LETTRE CXXII.

A SON FILS.

Elle le remercie de quelques livres qu'il luy a envoiez, particulierement d'un intitulé Meditations chrétiennes, *& d'un autre qui porte pour titre* l'Année Benedictine. *Son sentiment de l'un & de l'autre.*

Mon tres-cher Fils. Voici ma lettre d'adieu. Le vaisseau unique qui est retenu par force à nôtre port doit lever l'ancre Samedi prochain, ou Lundi au plus tard ; autrement il seroit contraint d'hiverner ici : La terre est déja couverte de nege, & le froid fort aigu, & capable de geler les cordages. Avec tout cela Monsieur Talon n'est point arrivé ni ses deux navires : dans le sien seul il y a cinq cens personnes, & l'on est ici en tres-grande peine de ce retardement, qui fait juger qu'ils ont relâché en France, ou qu'ils sont peris par la violence de la tempête, qui a été si horrible, que nous l'avons prise pour un Ouragan semblable à ceux qui arrivent dans les Isles.

Je me suis reservée à cette voie à vous remercier de vos beaux & excellens livres : premierement de vos Meditations que l'on trouve ravissantes & tres-propres pour des personnes religieuses, car elles mettent au jour les lumieres cachées dans l'Evangile d'une maniere claire & nullement embroüillée. Nôtre Communauté est toute pleine de reconnoissance en vôtre endroit pour un si riche present. Nous allons commencer à nous en servir pour faire nos Oraisons ordinaires : Nous avons aujourd'huy fait celle de sainte Ursule qui nous a semblé si belle & si bien prise, que nôtre Communauté m'a pressée de vous prier de nous en faire pour toute l'octave de cette grande sainte nôtre Patronne. Nous avons la confiance que vous nous ferez cette charité, de laquelle je vous supplie. Vous avez si bien reüssi en celles que vous nous avez envoïées, que j'attens de la bonté de Dieu, qu'elle vous remplira de son esprit pour donner un semblable succez à celles que je vous demande. Derechef nôtre Communauté vous remercie ; mais sa satisfaction ne sera point entiere que vous ne lui aiez accordé la priere qu'elle vous fait par mon moyen. Vous pouvez juger par mes sentimens de la consolation que j'ay de vous voir en l'état où vous êtes, & de ce que Dieu se sert de vous pour aider les ames à le servir. Sa bonté m'a fait la grace de trouver en vous abondamment tout ce que je lui ay demandé. Que son saint nom en soit beni.

Je vous remercie encore de vôtre ravissant livre de *l'Année Benedictine*. Si vous ne m'aviez assuré que c'est l'ouvrage d'une fille, je ne l'aurois jamais crû, ni mes Sœurs non plus que moy. Cette brave Mere est tres-éclairée, & avec sa science l'esprit de Dieu y a travaillé. J'admire cet ouvrage, & vous nous avez infiniment obligées de nous faire un si beau present. Nous avons tous les jours une lecture commune d'obligation, nous la ferons dans ce bel ouvrage : hors ce temps là les Sœurs sont affamées de cette lecture, & c'est à qui aura le livre pour y lire en particulier : Elles ont raison parce qu'on ne peut rien lire de plus utile, puisque ce sont des vies de saints, où outre la doctrine qui contente l'esprit, on trouve encore des exemples à imiter. Encore une fois, que j'aime cette genereuse fille, & que je lui veux de bien. Si elle est de vôtre connoissance & qu'elle soit à Paris, je vous prie de la visiter de ma part, & de l'assurer de l'estime que j'ay pour elle ; car en verité on la peut mettre au rang des personnes illustres de nôtre sexe. Dieu est admirable dans ses communications, son esprit saint souffle où il lui plaît, & il n'appartient qu'à lui de faire de grandes choses avec de foibles instrumens. Toute nôtre Communauté vous remercie encore une fois & vous presente son tres-respectueux salut. Adieu pour cette année.

De Quebec le 21. d'Octobre 1669.

LETTRE CXXIII.

A LA SUPERIEURE DES URSULINES DE TOURS.

A la Mere Joubert de St Joseph.

Elle se conjoüit avec elle de ce qu'elle est dechargée de sa superiorité. Avantage de ceux qui ne sont point en charge. Hiver rigoureux de cette année en Canada.

MA Reverende & tres-chere Mere. Vous avez bien raison de vous rejoüir d'être degagée de vôtre charge, aussi bien que moy qui le suis de la mienne par la misericorde de Dieu dés le douziéme de Mars dernier. Je soûpirois depuis long-temps aprés ce bonheur. Puis donc que vous & moy avons ce que nous avons souhaitté benissons celuy qui a rompu nos liens, & joüissons avec action de graces de la paix qu'il nous donne. Je vous assure, chere Mere, que la charge d'autruy est pesante quand l'on pense qu'on auroit assez de soy à garder : & je ne m'étonne plus de la plainte que fait l'Epouse des Cantiques, en disant *qu'on l'à fait la Gardienne des Vignes, & qu'elle a bien de la peine à garder la sienne.* Vous expliquerez mieux ce passage que moy, c'est pourquoy je le laisse à vôtre meditation. Cependant tirons avantage de la grace que Dieu nous fait en ce point. Je ne suis pas neanmoins si libre que je n'aye encore un petit troupeau à gouverner aussi bien que vous : ce sont nos jeunes Professes & nos Novices, qui sont en tout au nombre de sept. Priez pour elles, & je n'oubliray pas les vôtres.

Tous les hivers sont fort froids en ce païs, mais le dernier l'a été extraordinairement, tant pour sa rigueur que pour sa longueur, & nous n'en avons point encore experimenté un plus rude. Tous nos conduits d'eaux ont gelé, & nos sources ont tari, ce qui ne nous a pas donné peu d'exercice. Au commencement nous faisions fondre la nege pour avoir de l'eau, tant pour nous que pour nos bestiaux; mais il en falloit une si grande quantité que nous n'y pouvions suffire. Il nous a donc fallu resoudre d'en envoier querir au fleuve avec nos bœufs, qui en ont été presque ruinez à cause de la montagne qui est fort droite & glissante. Il y avoit encore de la glace dans nôtre jardin au mois de Juin; nos arbres & nos entes qui étoient de fruits exquis en sont morts. Tout le païs a fait la méme perte, & particulierement les Meres hospitalieres qui avoient un verger des plus beaux qu'on pourroit voir en France. Les arbres qui portent des fruits sauvages ne sont pas morts; ainsi Dieu nous privant des delicatesses, & nous laissant le necessaire, veut que nous demeurions dans nôtre mortification, & que nous nous passions des douceurs que nous attendions à l'avenir. Nous y sommes accoûtumées depuis trente & un an que nous sommes en ce païs, en sorte que nous avons eu le loisir d'oublier les douceurs & les delices de l'ancienne France.

De Québec le 1. Septembre 1670.

LETTRE CXXIV.

A UNE RELIGIEUSE URSULINE DE TOURS.

A la Mere Françoise de Saint Germain.

Elle luy rend compte de sa disposition tant interieure qu'exterieure. Et elle fait en peu de mots l'eloge de la Mere Marie de la Nativité.

MA Reverende & tres-chere Mere. Vôtre lettre que j'ay reçûë avec joye m'a encore trouvée en ce monde; Dieu veille que ce soit pour sa gloire, je suis sa victime, il m'immolera selon son bon plaisir; c'est ce que j'attens à tous momens, mon âge m'y oblige. Vous voulez que je vous die ma disposition: j'ay passé l'hiver en assez bonne santé, en sorte que Dieu m'a fait la grace de jeusner le Carême. Quinze jours après j'ay eu une petite maladie qui a donné l'alarme à mes sœurs, car dés qu'on me void un peu mal, on croit que je vais mourir. J'en suis revenuë par de certaines poudres chimiques qui ont diminué de moitié cette grande amertume

amertume de bouche qui m'étoit restée de ma grande maladie. Voila pour ma santé, ma chere Mere ; mais pour la sainteté, j'y vais à pas de plomb. Cependant je touche la soixante & onziéme année de mon âge ; il est temps d'y travailler ou jamais : priez nôtre bon Jesus, qu'il me donne des graces efficaces pour cela.

Je me conjoüis avec vous du succes de vôtre election à laquelle Dieu a donné benediction par le choix que vous avez fait de ma Reverende Mere Ursule. La nôtre s'est faite avec un semblable succés par le choix de ma Reverende Mere de saint Athanase. Cette election n'a rien changé dans les cœurs. Vous beniriez Dieu de voir la grande paix, & la sincere union dont nous goûtons les douceurs. Certes si Dieu fait sa demeure dans la paix, nous devons bien croire qu'il habite dans nôtre petit Seminaire ; & c'est un tresor que nous estimons plus que tous ceux de la terre.

Osté la necessité que nous avons tous de mourir, je dirois que vous avez fait une grande perte par la mort de ma chere Mere Marie de la Nativité. C'étoit une ame vraiment assujettie à Dieu. Je ne sçay aucunes particularitez de sa mort que celles que j'ay aprises par sa lettre circulaire, qui est courte, mais onctueuse & succulante. L'on en auroit neanmoins pû dire encore davantage ; mais j'ay presumé, qu'on avoit reservé de parler de ses grandes vertus dans les annales de nôtre Ordre, ou dans quelque autre dessein : la sainte volonté de Dieu soit faite. Quoy qu'il en soit je la croy grande dans le Ciel, & j'invoque son secours & sa mediation auprés de Dieu, afin qu'il me conduise dans les voies de la veritable sainteté.

De Quebec le 2. Septembre 1670.

LETTRE CXXV.

A UN PERE JESUITE.

Au R. Pere Poncet

Elle luy parle de la Mission que les Ursulines de saint Denys avoient dessein de faire à la Martinique : de la vie de la Mere de saint Augustin Religieuse Hospitaliere de Quebec : & de ses propres dispositions.

MOn tres-Reverend Pere. Vôtre Reverence sçait par experience que la conduite de Dieu sur elle a toujours été de la conduire où elle ne vouloit pas, & qu'il luy a toujours fallu obeïr à ses ordres avec une soumission aveugle. C'est ce qui fait voir le amabilitez de cette divine conduite, puisqu'elle en tire sa gloire avantageusement. L'on nous dit que vous faites beaucoup de bien où vous êtes; ainsi, mon tres-cher Pere, ne pensez plus ny aux Isles, ny au Canada; mourez dans la tres-aimable volonté de Dieu.

La Reverende Mere de sainte Catherine de Sienne Superieure des Ursulines de S. Denis me mande que ny elle, ny ses bonnes sœurs n'ont pas encore perdu l'esperance d'executer leur dessein pour la Martinique. Je prie Dieu qu'il reussisse, si c'est pour sa gloire : pour nous, nous nous contentons de nôtre pauvre Canada qui se multiplie beaucoup. Pour cela nous demandons des Religieuses en France pour nous aider quoique nous soions déja vingt deux. V. R. apprendra par la relation les admirables progrés de la foy par les travaux excessifs & par le zele incomparable de vos Peres. Les Reverends Peres Recolets sont un nouveau secours au païs pour les François seulement, mais non pas pour les Missions où l'esprit de leur Ordre ne les porte pas tant.

Quant à la Mere de saint Augustin de la vie de laquelle vous me demandez mon sentiment, je vous diray entre vous & moy que je ne suis pas trop sçavante en ses affaires. Je sçay seulement qu'à son exterieur elle étoit dans la vie commune, comme une bonne Religieuse doit être. Lorsqu'elle étoit en santé (car elle étoit presque toujours malade) elle étoit une fidelle observatrice de ses regles. Mais depuis que j'ay sceu les étranges tentations & les persecutions atroces que les demons luy avoient suscitées jour & nuit l'espace de seize ans, j'ay cru que c'étoit là sa plus grande maladie : je l'appelle grande parce qu'elle étoit tellement atenuée qu'elle n'avoit que la peau collée sur les os. Je l'ay veuë en quelque occasion, & j'attribuois cet état de langueur & d'abatement à sa maladie, comme aussi sa Superieure & sa Communauté qui n'avoit nulle connoissance non plus que moy de ses dispositions interieures. Ce que l'on en connoissoit étoit par quelques marques exterieures, car elle étoit tres-charitable aux malades de l'Hospital les aidant spirtuellement & corporellement d'une maniere admirable, ce qui la faisoit aimer & estimer de tous ceux qui la voioient agir. Ce qui augmentoit encore l'estime qu'on en avoit au dehors, c'étoit la charité qu'elle avoit exercée l'espace de deux ans envers une fille possedée ou obsedée, que Monseigneur nôtre Prelat luy avoit mise entre les mains, car elle passoit les jours & les nuits auprés d'elle à combatre le demon qui la tourmentoit, jusqu'à ce qu'enfin elle fut delivrée par l'intercession du R. Pere de Brebeuf, comme cette méme fille m'en a assurée ; ce méme Reverend Pere a beaucoup aidé cette bonne Mere, & l'on dit qu'il luy apparoissoit souvent. Monsieur de Lozon m'a dit qu'elle avoit retenu plusieurs centaines de demons qui attendoient l'ame d'une personne considerable de Quebec à la sortie de son corps, afin de l'emporter dans l'enfer ; mais qu'elle pria tant pour la personne malade que l'on eut sujet de croire qu'elle étoit morte dans la voye de son salut. J'ay entendu de Monseigneur nôtre Prelat que cette bonne Mere étoit l'ame la plus sainte qu'il eut connuë ; il en pouvoit parler comme sçavant, car c'est luy qui la dirigeoit dans ces choses extraordinaires. Mais le le Pere Chastelain en sçait plus qu'aucun autre, parce qu'il étoit son Pere spirituel, & elle luy declaroit entierement les secrets de son cœur.

Comme on ne sçavoit pas ce qui se passoit en son ame, quelques personnes pourroient avoir la pensée qu'elle étoit obsedée, & que les demons luy en vouloient, parce qu'elle les avoit étrangement persecutez lorsqu'elle gardoit cette pauvre fille qu'ils vouloient perdre d'honneur, par le moien d'un Magicien qui se rendoit invisible à tout autre qu'à elle. La Reverende Mere Agnes de saint Paul accompagnoit cette Mere dans ces nuicts si penibles & quelques fois elles étoient obligées de coudre cette fille dans un sac pour la mettre à couvert des importunitez pressantes de ce Magicien ; ce que je vous dis, je le dis assurement, car je l'ay apris d'elles-mémes.

De vous dire mon sentiment sur des matieres si extraordinaires, ainsi que vous le desirez, je ne le puis, & je vous supplie de m'en dispenser, voiant que des personnes de science & de vertu y suspendent leur jugement, & demeurent dans le doute, n'osant pas se fier à des visions extraordinaires de cette qualité. Le Reverend Pere Ragueneau y est sçavant & la tient pour bien-heureuse, parce qu'elle a toujours été fidele dans ses devoirs, & qu'elle n'a jamais cedé au demon sur lequel elle a toujours été victorieuse. J'estime que cette fidelité dans ses obligations & dans ses combats la rendent grande dans le Ciel, & je m'y appuie plus volontiers que sur les visions que j'en entend dire. Et ce qui a encore étonné les personnes de vertu & d'experience, c'est qu'elle n'a jamais dit un mot de sa conduite à sa Superieure qui est une personne tres éclairée, d'une grande experience, & d'une singuliere vertu.

Mais je viens à moy-méme, mon tres-cher Pere, que vous diray-je de cette pauvre pecheresse qui est toujours telle que vous l'avez connuë ? je vous puis assurer que dans mon estimative, je me trouve remplie de defauts qui n'ont point de pareils. Ce sont de certaines vertus, qui me manquent dans ma conduite interieure pour arriver au point où Dieu me veut ; je me voy dans l'impuissance de m'élever dans des pratiques qui me sont obscures, & que je ne connois quasi point : & je me sens dans une pauvreté qui m'aneantit sous son poids aux pieds de sa divine Majesté. Avec tout cela Dieu fait compatir avec cet état celuy d'union qui me tient liée à sa divine Majesté il y a plusieurs années, sans en sortir un seul moment. Si les affaires soit necessaires, soit indifferentes font passer quelques objets dans l'imagination, ce ne sont que de petits nüages semblables à ceux qui passent sous le Soleil, & qui n'en ôtent la veuë que pour quelque petit moment, le laissant aussi-tôt en son même jour. Et encore durant cet espace Dieu luit au fond de l'ame, qui est comme dans l'attente, ainsi qu'une personne qu'on interrompt lorsqu'elle parle à une autre, & qui a neanmoins la veuë de celuy à qui elle parloit. Elle est comme l'attendant en silence, puis elle retourne dans son intime union. Soit qu'elle se trouve à la psalmodie, soit qu'elle examine ses fautes & ses actions, ou qu'elle fasse quoique ce soit, tout va d'un même air, c'est à dire que l'ame n'interrompt point son amour actuel. Voila un petit craion de la disposition où cette ame demeure par état ; & c'est sa grace predominante. Les effects de cet état sont la paix de cœur dans les evenemens des choses, & à ne vouloir que ce que Dieu veut dans tous les effets de sa divine Providence, qui arrivent de moment en moment : l'ame y experimente la veritable pauvreté d'esprit : elle y possede tous les Mysteres, mais par une seule & simple veuë, car d'y faire des reflexions, cela luy est impossible : la pensée des Anges & des Saints ne peut être que passagere, car en un moment & sans y penser elle oublie tout, pour demeurer dans ce fond où elle est perduë sans aucune operation des sens interieurs. Les sens exterieurs ne font rien non plus dans ce commerce interieur. L'ame est capable de toutes affaires exterieures, car l'interieure operation de Dieu la laisse agir avec liberté. Il n'y a point de visions ny d'imaginations dans cet état : ce que vous sçavez qui m'est arrivé autrefois, n'étoit qu'en veuë du Canada, tout le reste est dans la pureté de la foy où pourtant l'on a une experience de Dieu d'une façon admirable. Voila ce que je vous puis dire ; & je vous le dis, parce que vous le voulez : mais le secret, s'il vous plaît, & brûlez ce pa-

Elle declare ici l'état de son interieur.

pier je vous en supplie. Priez pour moy qui merite l'oubli de toutes les saintes Ames.

De Quebec le 17. Septembre 1670.

LETTRE CXXVI.

A LA SUPERIEURE DES URSULINES DE SAINT DENYS EN FRANCE.

A la Meré Marie de sainte Catherine.

Elle continuë de l'exhorter à la Mission de la Martinique. Les Ursulines de Quebec ont desir d'y aller. Nouvelle Election d'une nouvelle Superieure en Canada.

MA Reverende & tres-chere Mere. J'avois la pensée que l'accident arrivé l'année derniere à la Martinique auroit rompu vôtre dessein, ou au moins qu'il l'auroit fort retardé. Une personne de qualité de France m'en avoit parlé de la sorte dans une lettre qu'elle m'avoit fait l'honneur de m'écrire. Mais, mon aimable Mere, la vôtre m'a donné une nouvelle joie, & une nouvelle esperance, & tout ensemble un nouveau motif de benir la divine Majesté des moiens qu'elle vous presente d'executer ce que vous avez si saintement resolu pour sa gloire & pour le salut des ames. Les personnes d'honneur, de pieté & d'autorité qui vous appuient, vous feront joüir du bien qui sembloit étre perdu. Que je sçay bon gré à vos genereuses filles de ne craindre ni la mer ni les Ouragans. Je me sens unie à elles dans la generosité de cœur qu'elles font paroître, & je les embrasse en esprit en celui de nôtre tout aimable JESUS; je croi, ma toute chere Mere, que vous le voulez bien. Si l'on en vouloit croire nos Sœurs Canadoises elles seroient de la partie, & suivroient volontiers les ouvriers de l'Evangile; mais il faut qu'elles se contentent de nos cheres Seminaristes, dont nous avons à present une belle troupe que nous élevons à la Françoise. Si vous allez à la Martinique, ce vous sera un grand avantage que nous n'avons pas eu ici, de n'avoir point d'autre langue à étudier que le baragouin des Negres que l'on sçait dés qu'on la entendu parler. Si Dieu y appelloit des Ursulines de Canada, il ne leur seroit pas bien difficile d'y aller, à present qu'il y a commerce entre les Marchands de Quebec & ceux de l'Amerique, & actuellement voila trois vaisseaux qui partent de nôtre port pour y aller: mais ma tres-chere Mere, il nous faut contenter de nôtre petite Mission Canadoise, & vous laisser tout l'honneur de celle que vous allez entreprendre pour la gloire de celui qui vous y appelle: Nous lui en recommanderons le succez de tres-bon cœur, je vous en assure; & que nôtre Communauté s'estime heureuse d'être unie avec la vôtre. Nous avons fait nos élections au mois de Mars dernier. Nôtre Reverende Mere de saint Athanase a été éluë en ma place, & nous n'avons fait que changer d'office elle & moy. Elle a le mien & j'ay le sien: mais elle s'est acquittée de celui qu'elle a laissé, beaucoup mieux que moy qui l'exerce; & elle s'acquittera beaucoup plus dignement de celui qu'elle a, que moy qui l'ay quitté. Nous demandons cette année en France quelques Religieuses pour nous aider à élever nos filles Canadoises, & aussi pour nous succeder dans la charge; car nous sommes trois ou quatre fort agées, qui pouvons manquer tout d'un coup, & il est de la prudence d'aller au devant, & de ne point laisser la maison dépourveuë de personnes de conduite. Nous demandons à cet effet des filles capables, de bonne santé, de bonne volonté, & de vingt-quatre à trente ans, afin qu'elles s'accoûtument à nôtre vie & aux petits travaux d'un païs qui ne ressemble pas encore à la France, & qui n'en approchera de long-temps: pour nous qui y sommes faites, nous n'y trouvons point de difference. Quant aux personnes, nous ne jettons les yeux nulle part, car c'est le R. Pere Ragueneau qui a main-levée de Monseigneur nôtre Prelat pour choisir les sujets qu'il nous jugera être propres. Je ne sçay sur qui tombera le sort, mais je prie la divine bonté d'en vouloir elle-même faire le choix. Si ma Reverende Mere vôtre bonne Sœur meurt en France, Dieu ne laissera pas d'avoir agreable son sacrifice, comme il a fait celui d'un bon Pere Jesuite qui est venu consumer le sien au port; car il avoit tant fatigué à assister les malades de son vaisseau, qu'il en est mort proche de Quebec avant que d'y mettre le pied. Je croy que nôtre Reverende Mere vous mande des nouvelles de nôtre Communauté. Permettez-moy, ma Reverende Mere, de saluër la vôtre sainte, & vous en particlier, que j'embrasse dans l'union de nôtre bon JESUS.

De Quebec le 18. Septembre 1670.

DE LA M. MARIE DE L'INCARNATION.

LETTRE CXXVII.

A MONSEIGNEUR L'ARCHEVESQUE DE TOURS.

Elle lui fait sçavoir ses dispositions particulieres; celles de son Monastere, & celles de tout le païs.

Monseigneur, vôtre tres-sainte benediction. J'ai apris de nos Meres de Tours que vôtre Grandeur nous honore encore de son souvenir, & qu'aprés un éloignement de tant d'années elle a encore la bonté de s'informer de nos dispositions. Cette nouvelle nous a toutes comblées de joye, sur tout la Mere Anne de nôtre-Dame & moy, qui avons l'honneur de vous appartenir par un droit plus particulier, puisque nous sommes vos veritables filles, & que les autres ne le sont que par leurs obeïssances & leurs respects. C'est, Monseigneur, ce qui m'oblige de vous en rendre mes tres-humbles & tres-respectueux remercimens, & me donne une occasion favorable de renouveller à vos pieds mes vœux & mes soûmissions.

V. G. desire que je luy rende compte de mes emplois, de la disposition de nôtre Seminaire, & de l'état de tout le païs. Il est juste que j'obeïsse aux desirs d'un si bon Pere qui témoigne tant d'amour & tant de soin pour ses tres-humbles filles. Pour ce qui me regarde en particulier, je suis par la grace de nôtre Seigneur hors de la charge de Superieure, & l'on a jugé à propos de me donner celle d'Assistante, & le soin d'élever les jeunes Professes, & les Novices de cette Maison: Je m'acquitte de l'un & de l'autre autant que mon âge & mes infirmitez le peuvent permettre, c'est à dire, assez foiblement.

Pour nôtre Communauté elle est composée de vingt & deux Religieuses: Nôtre Seminaire est rempli de filles Françoises & de Sauvages: C'est la Mere Anne de nôtre-Dame qui a le soin de ces dernieres dont elle s'acquitte avec succez. Nous nous estimons heureuses elle & moy de nous voir si avantageusement occupées dans les emplois de nôtre institut; & je puis assurer V. G. que nous ne pouvons être plus contentes. L'on a eu quelque dessein de nous établir à Mont-Real; mais l'affaire a été retardée pour quelque temps; & Monsieur l'Abbé de Quellus qui en est le Seigneur spirituel & temporel, pour

Messieurs de saint Sulpice nous promet sa protection lorsque les choses seront en état. Nous ne sommes pas marries de ce retardement, parce que nous ne sommes pas encore assez fortes pour entreprendre un établissement de cette consequence. Monseigneur nôtre digne Prelat, qui ne fait rien qu'avec prudence, est aussi de ce sentiment.

Quant au commun du païs; je vous diray, Monseigneur, que cette nouvelle Eglise fait tous les jours de nouveaux progrez, par le grand zele, & par les fatigues continuelles des Reverends Peres Jesuites qui sont repandus dans tous les endroits de cette Amerique Septentrionale. La Colonie Françoise s'augmente aussi tous les jours, & ces grands bois qui n'étoient habitez que de bétes Sauvages, commencent à se peupler de Chrétiens. Cette grande multiplication d'hommes & de fideles augmente aussi nos charges & nôtre travail. Nous avons été obligées d'accroître nos classes, & Monseigneur nôtre Prelat a pris la peine d'écrire en France qu'on nous envoie deux Religieuses pour nous donner du secours. Nous ne sçavons encore d'où elles seront tirées, parceque de plusieurs Maisons de France, même de nôtre Congregation il y en a qui pretendent. Il a un grand Vicaire en France à qui il a donné la commission d'examiner les aspirantes & d'en faire le choix. Voila, Monseigneur l'état present de cette nouvelle Eglise, de vôtre petit Seminaire de Canada, & de vos tres-humbles filles, desquelles sans doute je suis la moindre; qui ose neanmoins me recommander à ses saints sacrifices, afin qu'il plaise à la divine bonté de me rendre un instrument digne d'accomplir ses volontez. Je supplie V. G. de conserver toujours en mon endroit les sentimens d'un charitable Pere, comme je conserveray toujours à vôtre égard les respects d'une tres-humble & tres-obeissante fille & servante en nôtre Seigneur.

De Quebec le 25. de Septembre 1670.

LETTRE CXXVIII.
A SON FILS.

Que quand Dieu nous engage dans les emplois, il les faut aimer, non parce qu'ils sont éclatans, mais parce qu'ils sont dans l'ordre de sa volonté. Son humilité profonde: Son union intime: Son commerce familier & continuel avec Dieu. Qualitez de cette union & de ce commerce. La simplicité de son Oraison. Perte de son ame en Dieu. Explication de son vœu de plus grande perfection.

MOn tres-cher & bien-aimé Fils. Voici la réponse à vôtre lettre du 25. d'Avril 1670. que j'ai luë avec une joie toute particuliere y voiant les aimables conduites de Dieu sur vous & sur moy pour lesquelles je le loüeray eternellement. Vous m'avez obligée de me dire les progrez de vôtre saint Ordre que j'aime & honore à un point que je ne puis dire. Je ne le regarde & n'y pense qu'avec respect & veneration, & les loüanges que je rends à la divine bonté sont continuelles de ce qu'elle vous y a appellé. J'y voy toutes vos coûtumes & vos conduites, & je n'y trouve rien que de saint. Ne me dites donc plus que vous aimeriez mieux la solitude & la vie retirée que les charges & les emplois. Ne les aimez pas parce qu'ils sont éclatans, mais parce qu'ils sont dans l'ordre de la volonté de Dieu. Il est pourtant bon que vous aiez la veuë de vos imperfections, de vos incapacitez, de vôtre insufisance: c'est Dieu qui opere en vous ces sentimens & qui vous tient dans un état d'humiliation à vos yeux pour vous sanctifier dans des emplois où se perdent ceux qui presument de leurs propres forces. Je vous diray avec simplicité, mon trescher Fils, que Dieu tient sur moy la même conduite qu'il tient sur vous. Je me voy remplie de tant d'infidelitez & de miseres, & j'en suis si souvent aneantie devant Dieu & si petite à mes yeux (pour ce dernier il m'est continuel) que je ne sçai comment y apporter remede, parceque je voy mes imperfections dans une obscurité qui n'a point d'entrée ni d'issuë. Me voila à la fin de ma vie, & je ne fais rien qui soit digne d'une ame qui doit bien-tôt comparoître devant son Juge. Cependant toute imparfaite que je suis, & pour aneantie que je sois en sa presence, je me voy perduë par état dans sa divine Majesté, qui depuis plusieurs années me tient avec elle dans un commerce, dans une liaison, dans une union & dans une privauté que je ne puis expliquer. C'est une espece de pauvreté d'esprit qui ne me permet pas même de m'entretenir avec les Anges, ni des delices des Bienheureux, ni des mysteres de la foy: Je veux quelquefois me distraire moy-même de mon fond pour m'y arréter & m'egayer dans leurs beautez comme dans des choses que j'aime beaucoup; mais aussi-tôt je les oublie, & l'esprit qui me conduit me remet plus intimement où je me pers dans celui qui me plaît plus que toutes choses. J'y voy ses amabilitez, sa Majesté, ses grandeurs, ses pouvoirs, sans neanmoins aucun acte de raisonnement ou de recherche, mais en un moment qui dure toujours. Je veux dire ce que je ne puis exprimer, & ne le pouvant exprimer, je ne sçai si je le dis comme il faut. L'ame porte dans ce fond des tresors immenses & qui n'ont point de bornes: Il n'y a rien de materiel, mais une foy toute pure & toute nuë qui dit des choses infinies. L'imagination qui n'a nulle part à cet état, cherche à se repaître & voltige çà & là pour trouver sa nourriture; mais cela ne fait rien à ce fond, elle n'y peut arriver, & son operation se dissipe sans passer plus avant: Ce sont pourtant des attaques qui pour étre foibles & passageres ne laissent pas d'être importunes & des sujets de patience & d'humiliation. Dans cet état les sens, soit interieurs soit exterieurs, n'ont point de part non plus que le discours de l'entendement: toutes leurs operations se perdent & s'aneantissent dans ce fond, où Dieu même agit & où son divin esprit opere. La foy fait tout voir independamment des puissances. L'on n'a nulle peine en cette disposition interieure de suivre les exercices de la Communauté, les affaires temporelles ne nuisent point parce qu'on les fait avec paix & tranquillité; ce qui ne se peut faire lorsque le sens agit encore.

Par le peu que je vous viens de dire vous pouvez voir l'état present de la conduite de Dieu sur moy. Il me seroit bien difficile de m'étendre beaucoup pour rendre compte de mon Oraison & de ma disposition interieure, parceque ce que Dieu me donne est si simple & si degagé des sens, qu'en deux ou trois mots j'ay tout dit. Cy devant je ne pouvois rien faire dans mon Oraison sinon de dire dans ce fond interieur par forme de respir: Mon Dieu, mon Dieu, mon grand Dieu, ma vie, mon tout, mon amour, ma gloire: Aujourd'huy je dis bien la même chose, ou plûtôt je respire de même; mais de plus mon ame proferant ces paroles tres-simples, & ces respirs tres-intimes, elle experimente la plenitude de leur signification: Et

DE LA M. MARIE DE L'INCARNATION.

ce que je fais dans mon Oraison actuelle, je le fais tout le jour, à mon coucher, à mon lever & par tout ailleurs. Cela fait que je ne puis entreprendre des exercices par methode, tout s'en allant à la conduite interieure de Dieu sur moy. Je prens seulement un petit quart d'heure le soir pour presenter le cœur du Fils de Dieu à son Pere pour cette nouvelle Eglise, pour les ouvriers de l'Evangile, pour vous & pour mes amis. Je m'adresse en suite à la sainte Vierge, puis à la sainte famille, & tout cela se fait par des aspirations simples & courtes. La psalmodie qui est un exercice reglé, ne m'incommode point, mais plûtôt elle me soulage. Je suis & pratique encore sans peine les autres exercices de la regularité, & tant s'en faut que mon occupation interieure m'en detourne, qu'au contraire, il me semble que tout mon interieur se porte à les garder parfaitement. Mais je m'arrête trop à moy-méme, mon tres-cher Fils, revenons à ce qui vous touche.

Prenez vôtre plaisir dans les emplois que Dieu vous donne, vous y trouverez vôtre santification, & Dieu aura soin de vous par tout. Soiez élevé, soiez abaissé, pourveu que vous soiez humble, vous serez heureux & toujours bien. Je comprend les emplois de vôtre charge & toutes ses dependances ; je n'y voy rien qui ne soit saint, & qui par consequent ne soit capable de vous santifier.

Pourquoy me demandez vous pardon de ce que vous appellez saillies de jeunesse : il falloit que tout se passât de la sorte, & que les suites nous donnassent de veritables sujets de benir Dieu. Pour vous parler franchement, j'ay eu des sentimens de contrition de vous avoir tant fait de mal, depuis méme que je suis en Canada. Avant que Dieu vous eût appellé en Religion, je me suis trouvée en des detresses si extremes par la crainte que j'avois que mon eloignement n'aboutît à vôtre perte, & que mes parens & mes amis ne vous abandonnassent, que j'avois peine de vivre. Une fois le diable me donna une forte tentation que s'en étoit fait, par de certains accidens dont il remplit mon imagination : je croiois que tout cela étoit veritable, en sorte que je fus contrainte de sortir de la maison, pour me retirer à l'écart. Je pensé alors mourir de douleur : mon recours neanmoins fut à celui qui m'avoit promis d'avoir soin de vous. Peu aprés j'apris vôtre retraite du monde dans la sacrée Religion, ce qui me fit comme resusciter de la mort à la vie. Admirez la bonté de Dieu mon tres-cher Fils ; il me donne les mémes impressions qu'à vous touchant les graces qu'il m'a faites. Je me voy continuellement comme étant par misericorde dans la maison de Dieu. Il me semble que j'y suis inutile ; que je ne sçay rien & que je ne fais rien qui vaille en comparaison de mes Sœurs ; que je suis la plus ignorante du monde ; & quoique j'enseigne les autres, qu'elles en sçavent plus que moy. Je n'ay grace à nôtre Seigneur, ny pensées de vanité ny de bonne estime de moy-même : si mon imagination s'en veut former à cause de quelque petite apparence de bien, la veuë de ma pauvreté l'étouffe aussi-tôt. Admirons donc la bonté de Dieu de nous avoir donné des sentimens si semblables ; je le remarque en tout ce que vous me dites par la vôtre.

Quant au vœu de la plus grande gloire de Dieu, vous avez les mêmes difficultez qu'avoit sainte Therese. Celuy qu'elle avoit fait étoit general & sans restriction, ce qui la jettoit dans de frequens scrupules. Cela obligea son Directeur, qui n'en avoit pas moins qu'elle de luy en écrire une formule que je vous envoie, & à laquelle le R. P. Lallemant a jugé à propos que je me tienne. Je l'avois aussi fait general, sçavoir de faire & de souffrir tout ce que je verrois être à la plus grande gloire de Dieu, & de plus grande perfection : comme aussi de cesser de faire & de souffrir ce que je verrois y être contraire : j'entendois le même de la pensée. J'ay continué l'usage de ce vœu ainsi conçu plusieurs années, & je m'en trouvois bien ; mais depuis que ce Reverend Pere eut veu cette formule dans les Chroniques du mont-Carmel, il desira que je la suivisse. Vous voiez par là, qu'il faut avoir de la direction dans la pratique de ce vœu qui n'est pas si étendu dans la formule que je vous envoie, que dans les sentimens que vous en avez. Voici cette formule :

Vœu de la plus grande perfection ou de la plus grande gloire de Dieu reduit en pratique, & donné à sainte Therese pour l'exempter de tout scrupule, elle & ses Confesseurs.

Promettre à Dieu d'accomplir tout ce que vôtre Confesseur aprés l'avoir interrogé en confession vous répondra & determinera que c'est le plus parfait ; & que vous soiez alors obligée de luy obeïr & de le suivre : mais cette obligation doit supposer trois conditions. La premiere, que vôtre Confesseur soit informé de ce vœu, & qu'il sçache que vous l'avez fait. La seconde que ce soit vous-même qui luy proposiez les choses qui vous sembleront être de plus grande perfection, & que vous luy en demandiez son sentiment, lequel vous servira d'ordonnance. La troisiéme, qu'en effet la chose qui vous sera specifiée soit pour vous de plus grande perfection. Alors ce vœu qui sera ainsi conditionné vous obligera fort raisonnablement, au lieu que celuy que vous aviez fait auparavant par un excés de ferveur, supposoit une trop grande delicatesse de conscience, & vous exposoit aussi bien que vos Confesseurs à beaucoup de troubles & de scrupules.

Voila mon tres-cher Fils, le vœu general moderé & restraint par la formule ; mais de quelque maniere que vous le preniez je voy bien qu'il vous causeroit de l'inquietude, ainsi je ne vous conseillerois pas de le faire. Il y faut suivre les mouvemens interieurs avec une grande fidelité, & vous pourriez vous jetter dans les excés & extremitez que vous dites.

De Quebec le 25. Septembre 1670.

LETTRE CXXIX.

AU MESME.

Elle montre par elle-même qu'il faut porter avec patience & resignation le poids de la nature corrompuë : La necessité qu'il y a de confier son ame à un bon Directeur. Elle le remercie de quelques reliques qu'il luy avoit envoiées.

MOn tres-cher Fils. Vous ne pouvez rien desirer de plus avantageux pour vous & pour moy, sinon que nous soions tout à Dieu. C'est là mon unique pante, c'est ce que je veux uniquement, & tout m'est croix hors de ce centre. Le poids de la nature me nuit, & je ne le porte qu'avec resignation à la tres-sainte volonté de Dieu. Je parle de la nature corrompuë qui n'entend point les loix de l'esprit, & qu'il faut porter avec patience & humilité.

Ma derniere répond aux choses spirituelles dont vous m'entretenez ; par une autre je vous écris ce que vous voulez sçavoir des mœurs & de la police ancienne de nos Sauvages ; & une troisiéme vous parle de la personne que vous sçavez. Je viens de lui écrire mes sentimens avec beoucoup d'ouverture & de tendresse de cœur. Je lui remontre le besoin qu'elle a de se donner toute à Dieu ; & pour cet effet je l'exhorte de choisir un Directeur sage & experimenté. C'est par là qu'elle doit commencer ; parce qu'un Pere spirituel est comme un Ange visible que Dieu nous donne pour nous diriger dans ses voies, & qui fait visiblement à nôtre ame ce que fait nôtre bon Ange d'un maniere invisible : de sorte que comme nous serions dans des perils continuels de nous perdre, si nôtre bon Ange nous abandonnoit, aussi une ame qui n'a point de Directeur peut difficilement eviter les pieges de l'ennemi; & quand elle les eviteroit, je ne puis comprendre qu'elle puisse faire aucun progrez dans la vie spirituelle. Celle-ci neanmoins ne se peut attacher à aucun par de certains pretextes qui ne sont que des ruses de la nature. Elle voit bien que si elle confioit son ame à quelque homme interieur il lui faudroit changer de maximes. Elle a trop pris de celles du monde qui lui sont attachées comme poix. Cependant elle garde le regle, elle suit les exercices, elle se fait aimer : Elle a un excellent naturel, une belle humeur, un grand esprit, des talens rares; mais ce fond de vertu & de sainteté que nous souhaittons en elle lui manque : Elle ne l'aura jamais que par un coup de grace : Elle ne s'y dispose pas, c'est ce qui m'afflige. Enfin je lui dis que son cœur & son esprit n'auront jamais de repos qu'elle ne soit toute à Dieu. Je l'exhorte fortement de se tenir unie à sa Superieure, & d'étre genereuse à quitter les ombrages qu'elle a d'une personne qui l'approche & de laquelle elle se defie : Elle a raison en quelque façon, mais il faut que la vertu surmonte la raison humaine. Le defaut d'experience ne lui permet pas de penetrer bien avant dans le futur, ni de prevenir les inconveniens qui peuvent arriver à ceux qui n'ont pas jetté des fondemens assez solides de vertu. Il y a des esprits qui pour ne s'être pas laissé cultiver, sont si accoûtumez à vivre à leur mode, qu'il n'y a que la main toute puissante de Dieu qui les en puisse tirer. Elles s'imaginent étre plus sages que ceux qui ont droit de les diriger. Celle dont je parle n'aura jamais de repos; Dieu la fera souffrir par sa façon même d'agir, jusqu'à ce qu'elle se rende & se soûmette à sa divine volonté : Ces beaux talens & ces grands avantages de nature ne lui serviront que de croix si elle ne se tourne du côté de Dieu par une humble soûmission d'esprit. Vous dites bien qu'elle ne laisse pas d'être bonne Religieuse, mais elle seroit toute autre si elle prenoit l'esprit que Dieu demande d'elle, & ce seroit un grand tresor dans une maison.

    Nous avons enfin reçu les saintes reliques qu'on vous a envoiées de Rome. Monseigneur nôtre Prelat accompagné du R. Pere Lallemant a fait l'ouverture de la caisse le jour de saint Augustin. Il s'y est trouvé trois ossemens; le premier large de deux doigts, & long d'environ six poûces, & les deux autres larges de deux pouces & longs de quatre. Ce ne sont point des reliques baptisées, comme l'on dit, mais elles portent les veritables noms des saints Martyrs qui ont souffert. Nous les avons mises dans des chasses, & en avons fait une grande féte. Nous vous sommes infiniment obligées d'un si riche present, & vous supplions de nous en procurer de semblables le plus que vous pourrez par le moien de vos amis.

De Quebec 1670.

LETTRE CXXX.

A UN PERE JESUITE.

Au Reverend Pere Poncet.

Elle adoucit par cette lettre ce qu'elle avoit dit dans une autre de la conduite de la Mere de saint Augustin Religieuse Hospitaliere.

MOn tres-Reverend Pere. J'ay fait réponse aux articles que V. R. m'a proposez. Mais pour ce qui est de la Mere de S. Augustin, il faut que je vous ôte un soupçon que je vous pourrois avoir donné à son égard, d'avoir manqué de fidelité à sa Superieure. Je vous ay dit que sa conduite interieure & les choses extraordinaires qui se passoient en elle n'étoient connuës ni de sa Superieure, ni de ses Sœurs, au grand étonnement des personnes spirituelles & experimentées dans les voies de Dieu. Ce n'est pas manque de fidelité ni de soûmission, qu'elle a tenu tout cela secret, mais par l'ordre qu'elle en avoit de ses Directeurs, pour la nature de la chose qui eût été capable de donner de la fraieur. Elle avoit quelquefois, à ce qu'on dit, une centaine de Demons en téte, & une fois elle en a eu jusqu'à huit cens dont elle connoissoit l'ordre par une impression du Ciel. Ils la prioient de remuer seulement le doigt pour témoigner qu'elle leur donnoit permission d'agir, & de travailler à la perte des ames. Mais elle les arrêtoit en sorte qu'ils n'osoient remuer. Ils lui faisoient de certaines questions ridicules & impertinentes pour la plufpart, & le R. Pere de Brebeuf lui suggeroit ce qu'elle avoit à répondre. Ils luy demanderent permission de suivre l'armée Françoise lors qu'elle alloit contre les Hiroquois, afin d'empécher les François de se confesser; mais elle les retint, & cependant presque tous les Soldats firent une confession generale. Ces miserables la faisoient souffrir, de rage qu'ils avoient de ce qu'elle les tenoit captifs, & qu'elle rüinoit tous leurs desseins.

On la voioit quelquefois manquer aux observances regulieres, par la permission que ses Superieurs lui en donnoient à cause de ses souffrances qui la rendoient un sujet de douleurs & de foiblesse. Elle souffroit encore plus dans l'interieur que dans le corps: Cela ne paroissoit pas tant, mais je le sçay de celui qui avoit la direction de son ame. Pour toutes ces choses extraordinaires, ce n'est pas à moy, mon tres-Reverend Pere, d'en porter jugement; vous le ferez tel qu'il vous plaira. Mais je me suis sentie obligée de faire une petite reparation de ce que je vous avois écrit, que sa Superieure ne sçavoit rien de ce qui se passoit en elle; de crainte que vous ne la blâmiez de n'avoir pas eu assez de fidelité envers celle que Dieu lui avoit donnée pour la conduire, & que cette pensée ne diminuë l'estime que vous pouvez avoir de sa vertu.

De Quebec le 25. d'Octobre 1670.

LETTRE CXXXI.
A SA NIECE RELIGIEUSE.

Elle luy donne des avis salutaires contre quelque antipatie naturelle qu'elle avoit contre sa Superieure.

MA tres-chere & bien aimée Fille. Voici la réponse à vôtre lettre du 19. de Mars, que j'ay receuë des mains propres de celuy à qui vous l'aviez confiée. Je vous diray que je conçois vôtre état & les voies par lesquelles Dieu vous meine. Sa bonté a des desseins sur vous que vous ne connoissez pas, & c'est ce qui fait un point des plus pesans de vôtre croix. Je ne doute point que vous ne preniez conseil, & que les personnes que vous consultez ne soient gens de bien & remplis de l'esprit de Dieu: c'est ce qui me confirme que vôtre croix étant voulüe & ordonnée de Dieu, elle est une veritable croix. Mais, ma chere Fille, il y a une chose qui vous l'appesantit & qui vous la rend presque insuportable, c'est la peine que vous avez de vous approcher de vôtre Superieure: mais comme il n'y a rien qu'il ne faille faire pour étre bien avec Nôtre Seigneur, aussi n'y a-t'il rien qu'il ne faille faire pour étre bien avec ceux qui nous tiennent sa place, quoi qu'ils nous soient contraires dans nos façons d'agir. Ils

ont

DE LA M. MARIE DE L'INCARNATION. 297

ont leurs veuës, & ils estiment faire ce que Dieu demande d'eux : ce n'est pas à nous d'examiner cela, mais à Dieu qui doit faire rendre comte un jour de la conduite de ceux qui gouvernent, & de la soumission de ceux qui doivent obeïr. Que faut-il donc faire ? humilions nous sous la puissante main qui nous veut polir pour nous faire saints, & nous rendre dignes de luy. Ah ! ma bien-aimée Fille, je voudrois être, s'il m'étoit possible avec vous pour vous aider à porter vôtre croix. Je ne suis qu'une pauvre pecheresse indigne d'être écoutée de Dieu dans les prieres que je luy offre sans cesse pour vous: je le prie neanmoins de me charger de vôtre croix & de vous en délivrer, si c'est pour sa gloire. Je voy bien par ce que vous me dites, & de ce que j'en aprens d'ailleurs, que vous êtes privée de l'appuy & de la consolation que vous devriez trouver en vôtre Superieure, à cause de la grande difficulté que vous sentez de vous approcher d'elle, c'est une tentation, croyez moy. Mais supposez que ce n'en soit pas une, & que vous aiez un juste sujet de refroidissement, je vous demande seulement que vous fassiez en son endroit ce que la Regle ordonne, & cela dans l'esprit de l'Evangile, qui est un esprit de douceur & d'affabilité ; cela attirera l'esprit de Dieu en vôtre ame, & quoy que vous sentiez la pesenteur de vôtre croix, vous jetterez des charbons ardens sur la tête de qui que ce soit qui vous donne matiere de souffrance, & vous edifierez celles qui verront que vous faites tout ce qui est en vous pour la gloire de Dieu, & pour le bien de la paix. Ne vous dechargez qu'à cette souveraine bonté ; c'est elle qui mortifie & qui vivifie, c'est elle qui sçait en son temps relever ceux qui sont dans la poussiere. Encore une fois, quoique je sois éloignée de vous, je voy vôtre conduite, vos travaux & vos peines ; mais revenons à ce point, que vous ne sortirez jamais delà qu'en vous humiliant de cette humiliation, que ce Dieu qui s'est anneanti pour nous, nous a aprise, en se faisant nôtre cause exemplaire depuis le moment de sa conception jusques au dernier soûpir de sa vie. C'est luy ma chere Fille qui me meut à vous parler de la sorte & je ne puis faire autrement, ne roidissons point nôtre esprit en contrariant ses saintes & divines maximes : Pour moy, je m'y rend, & je n'en veux jamais sortir moiennant sa sainte grace, sans laquelle je ne sçaurois rien faire. Plût à sa Bonté me rendre digne d'être le blanc de contradiction de tout le monde. Quand je dis de tout le monde, j'entens principalement du monde saint, c'est à dire des personnes saintes, parce que les coups qui viennent de ces mains-là sont plus perçans que toutes les machines des pêcheurs. Ah, que j'ay de desir que vous deveniez sainte, aux dépens de tout ce que je pourrois souffrir ! Quand je fais reflexion que j'ay été la premiere qui vous ay donnée à Dieu quand vous êtes venuë au monde, je me condamne moy-même, & j'estime que mes pechez sont la cause de toutes vos croix. Souffrez, mon aimable fille, que je vous aye déchargé mon cœur, & que je finisse en vous disant ces paroles de Nôtre Seigneur, que *celuy qui s'humilie sera élevé.*

De Quebec le 6. d'Octobre 1671.

LETTRE CXXXII.

A SON FILS.

Elle explique les circonstances du ravissement admirable dans lequel Dieu lui donna la connoissance, du mystere de la tres-sainte Trinité dont il est parlé au chapitre dix-neufviéme du premier livre de sa vie. Elle parle encore de son Oraison de respir, où elle montre que pour sublime que soit une Oraison, l'on n'est pas exempt de distraction. Qu'elle a gardé son vœu de faire ce qui est le plus parfait, absolument & sans restriction.

MOn tres-cher Fils. Puisque vous desirez que je vous donne quelque éclaircissement sur ce que je vous ay dit dans mes écrits touchant le mystere de la tres-sainte Trinité, je vous diray que lorsque cela m'arriva, je n'avois jamais été instruite sur ce grand & suradorable mystere : Et quand je l'aurois lû & relû, cette lecture ou instruction de la part des hommes ne m'en auroit pû donner une impression telle que je l'eus pour lors, & qu'elle m'est demeurée depuis. Cela m'arriva par une impression subite, qui me fit demeurer à genoux comme immobile. Je vis en un moment ce qui ne se peut dire ni écrire, qu'en donnant un temps ou un intervalle successif pour passer d'une chose à une autre. En ce temps-là mon état étoit d'être attachée aux sacrez mysteres du Verbe incarné. Les cinq heures de temps se passoient à genoux sans me lasser ni penser à moy, l'amour de ce divin Sauveur me tenant liée & comme transformée en lui. Dans l'attrait dont il est question, j'oubliai tout, mon esprit étant absorbé dans ce divin mystere, & toutes les puissances de l'ame arrêtées & souffrantes l'impression de la tres-auguste Trinité sans forme ni figure de ce qui tombe sous les sens. Je ne dis pas que ce fût une lumiere, parceque cela tombe encore sous les sens ; & c'est ce qui me fait dire impression, quoique cela me paroisse encore quelque chose de la matiere ; mais je ne puis m'exprimer autrement, la chose étant si spirituelle, qu'il n'y a point de diction qui en approche. L'ame se trouvoit dans la verité & entendoit ce divin commerce en un moment sans forme ni figure. Et lorsque je dis que Dieu me le fit voir, je ne veux pas dire que ce fut un acte, parceque l'acte est encore dans la diction & paroît materiel, mais c'est une chose divine qui est Dieu même. Le tout s'y contemploit, & se faisoit voir à l'ame d'un regard fixe & épuré, libre de toute ignorance & d'une maniere ineffable. En un mot l'ame étoit abysmée dans ce grand Ocean où elle voioit & entendoit des choses inexplicables. Quoique pour en parler il faille du temps, l'ame neanmoins voioit en un instant le mystere de la generation eternelle, le Pere engendrant son Fils, & le Pere & le Fils produisant le saint Esprit, sans mélange ni confusion. Cette pureté de production & de spiration est si haute, que l'ame quoiqu'abysmée dans ce tout, ne pouvoit produire aucun acte, parceque cette immense lumiere qui l'absorboit la rendoit impuissante de lui parler. Elle portoit dans cette impression la grandeur de la Majesté qui ne lui permettoit pas de lui parler ; & quoi qu'ainsi aneantie dans cet abysme de lumiere, comme le neant dans le tout, cette suradorable Majesté l'instruisoit par son immense & paternelle bonté, sans que sa grandeur fût retenuë par aucun obstacle de ce neant, & elle lui communiquoit ses secrets touchant ce divin commerce du Pere au Fils, & du Pere & du Fils au saint Esprit, par leur embrassement & mutuel amour ; & tout cela avec une netteté & pureté qui ne se peut dire. Dans cette même impression j'étois informée de ce que Dieu fait par lui-même dans la communication de sa divine Majesté dans la supreme Hierarchie des Anges composée des Cherubins, des Seraphins & des Trônes, lui signifiant ses divines volontez par lui-même immediatement & sans l'interposition d'aucun esprit créé. Je connoissois distinctement les raports qu'il y a de chacune de ces trois personnes de la tres-auguste Trinité dans chacun des chœurs de cette supreme Hierarchie ; la solidité inébranlable des pensées du Pere dans les uns qui de là sont appellez Trônes ; les splendeurs & les lumieres du Verbe dans les autres qui en sont nommez Cherubins ; & les ardeurs du saint Esprit dans les autres, qui pour ce sujet sont appellez Seraphins : Et enfin que la tres-sainte Trinité en l'unité de sa divine essence se communiquoit à cette Hierarchie, laquelle ensuite manifestoit ses volontez aux autres esprits celestes selon leurs ordres.

Mon ame étoit toute perduë dans ces grandeurs, & la veuë de ces grandes choses étoit sans interruption de l'une à l'autre. Dans un tableau où plusieurs mysteres sont dépeints, on les voit en gros, mais pour les biens considerer en détail, il faut s'interrompre : mais dans une impression comme celle-cy l'on voit tout nettement, purement, & sans interruption. J'experimentois enfin comme mon ame étoit l'image de Dieu ; que par la memoire elle avoit rapport au Pere Eternel, par l'entendement au Fils le Verbe divin, & par la volonté au saint Esprit : & que comme la tres-sainte Trinité étoit trine en personnes, & une en essence ; ainsi l'ame étoit trine en ses puissances & une en sa substance.

Il me fut encore montré, qu'encore que la divine Majesté ait mis de la subordination dans les Anges pour recevoir l'illumination les uns des autres, neanmoins quand il lui plaît elle les illumine par elle-méme selon ses adorables volontez, ce qu'elle fait pareillement à quelques ames choisies en ce monde ; Et quoique je ne sois que bouë & fange, mon ame avoit une certitude qu'elle étoit de ce nombre. Cette veuë m'étoit si claire qu'encore que je fusse certaine que je n'étois qu'un neant, je n'en pouvois douter. Ainsi se termina cette grande lumiere qui me fit changer d'état.

Le reste de cette vision est comme vous l'avez veuë en son lieu : mais vous remarquerez, s'il vous plaît, que ces grandes choses ne s'oublient jamais, & j'ay encore celles-cy aussi recentes que lors qu'elles arriverent. Pour les termes, ils sont sansétude, & seulement pour signifier ce que mon esprit me fournit, mais ils sont toujours au dessous des choses, parce qu'il ne s'en peut trouver d'autres pour les mieux exprimer.

Aprés ces lumieres & les autres que vous avez veuës dans mes écrits, le R. Pere Dom Raimond que je n'avois pas toujours pour me communiquer, me fit avoir les œuvres de saint Denys traduites par un Pere de son Ordre, aprés quelles furent imprimées : je les entendois clairement en toutes leurs parties, & je fus extremement consolée, d'y voir les grands mysteres que Dieu par sa bonté m'avoit communiquez ; mais les choses sont bien autres lorsque sa divine Majesté les imprime à l'ame, que quand on les trouve dans les

DE LA M. MARIE DE L'INCARNATION.

livres, quoique ce qu'ils en difent foit de nôtre fainte foy & veritable. De tout ce que j'en ay veu depuis en quelques-uns, je n'ay rien veu qui approche de ce que faint Denys en a dit. Ce grand faint les furpaffe tous felon l'impreffion qui m'en eft demeurée, & je connois bien que ce grand faint avoit la lumiere du faint Efprit, mais que fes paroles n'ont pu dire davantage, car en effet ce font des chofes inexplicables. Ce qui me confola fort, fut d'y voir ce qui y eft rapporté de faint Hierothée, qu'il pâtiffoit les chofes divines: C'eft que fouvent & prefque continuellement, j'étois par l'operation du Verbe eternel, en des tranfports d'amour, qui me tenoient dans une privauté à fa divine Perfonne, telle que je ne le puis dire. Cela me faifoit craindre de temps en temps que je ne fuffe trompée, quoique mes Confeffeurs m'affuraffent que c'étoit l'efprit de Dieu qui agiffoit: Cette lecture m'aida, & quoique je n'y viffe pas des tranfports comme ceux que je pâtiffois, il y avoit neanmoins un fens qui fatisfaifoit mon efprit & ôtoit ma crainte, car en ce temps là je n'avois pas l'experience que j'ay à prefent.

Quant à la feconde chofe que vous me demandez touchant mon état prefent, je vous diray que quelque fujet d'Oraifon que je puiffe prendre, quoique je l'aye lû ou entendu lire avec toute l'attention poffible, je l'oublie. Ce n'eft pas qu'au commencement de mon Oraifon, je n'envifage le myftere, car je fuis dans l'impuiffance de mediter, mais je me trouve en un moment & fans y faire reflexion dans mon fond ordinaire, où mon ame contemple Dieu, dans lequel elle eft. Je luy parle felon le mouvement qu'il me donne, & cette grande privauté ne me permet pas de le contempler fans luy parler, & en ce parler, de fuivre fon attrait. Si l'attrait eft de fa grandeur, & enfemble que je voye mon neant, mon ame luy parle conformement à cela. (Je ne fçai fi ce font ces fortes d'actes qu'on nomme anagogiques, car je ne m'arrête point à ces diftinctions.) S'il eft de fon fouverain domaine, il en eft de même. S'il eft de fes amabilitez, & de ce qu'en foy il n'eft qu'amour, mes paroles font comme à mon Epoux, & il n'eft pas en mon pouvoir d'en dire d'autres; cet amour n'eft jamais oifif, & mon cœur ne peut refpirer que cela. J'ay dit que les refpirs qui me font vivre font de mon Epoux; ce qui me confume de telle forte par intervalle, que fi la mifericorde n'accommodoit fa grace à la nature, j'y fuccomberois, & cette vie me feroit mourir, quoique rien de tout cela ne tombe dans les fens, ni ne m'empêche de faire mes fonctions regulieres. Je m'apperçois quelquefois, & je ne ſçai ſi d'autres le remarquent, que marchant par la maiſon, je vais chancelant; c'eſt que mon eſprit pâtit un tranſport qui me conſume. Je ne fais preſque point d'actes dans ces occaſions, parce que cet amour conſumant ne me le permet pas. D'autres fois mon ame a le deſſus, & elle parle à ſon Epoux un langage d'amour que luy ſeul luy peut faire produire: mais quelque privauté qu'il me permette, je n'oublie point mon neant, & c'eſt un abyme dans un autre abyme qui n'a point de fond. En ces rencontres je ne puis me tenir à genoux ſans être appuyée, car bien que mes ſens ſoient libres, je ſuis foible neanmoins, & ma foibleſſe m'en empêche: Que ſi je me veux forcer pour ne me point aſſeoir ou appuyer, le corps qui ſouffre & eſt inquiet, me cauſe une diſtraction qui m'oblige de faire l'un ou l'autre, & pour lors je reviens dans le calme. Comme rien de materiel ne ſe trouve en cette occupation interieure, par fois mon imagination me travaille par des bagatelles, qui n'ayant point de fondement, s'en vont comme elles viennent. La raiſon eſt que comme elle n'a point de part à ce qui ſe paſſe au dedans, elle cherche dequoi entretenir ſon activité naturelle & inconſtante; mais cela ne fait rien à mon fond qui demeure inalterable. En d'autres rencontres je porte un état crucifiant: mon ame contemple Dieu, qui cependant ſemble ſe plaire à me rendre captive: je voudrois l'embraſſer & traiter avec luy à mon ordinaire, mais il me tient comme une perſonne liée, & dans mes liens je voy qu'il m'aime, mais pourtant je ne le puis embraſſer. Ah! que c'eſt un grand tourment. Mon ame neanmoins y acquieſce, parce qu'il ne m'eſt pas poſſible de vouloir un autre état que celui où ſa divine Majeſté me veut: je regarde celui-cy comme un état de purgation, ou comme un Purgatoire, car je ne le puis nommer autrement, cela étant paſſé, je me trouve à mon ordinaire.

Quand je vous ai dit cy-deſſus ce que mon ame experimente de la ſignification des actes qu'elle produit, j'ai voulu dire qu'étant pouſſée par l'eſprit qui me conduit conformement à la veuë que j'ai, & à ce que j'experimente dans ſon attrait, qui ne me permet pas d'en faire d'autres; ſi cette veuë & cette experience eſt d'amour, comme celui que j'aime n'eſt qu'amour, les actes qu'il me fait produire ſont tous d'amour, & mon ame aimant l'amour, conçoit qu'elle eſt toute amour en lui: En voilà l'explication. Je voudrois me pouvoir mieux expliquer, mon tres-cher fils, mais je ne puis. Si vous voulez quelque choſe de moy, je ne manqueray pas de vous y répondre, ſi je vis, & ſi je suis en état de le faire. Si j'étois auprés de vous mon cœur se répandroit dans la vôtre, & je vous prendrois pour mon Directeur. Ce n'est pas que dans l'état où je suis, qui est un état de simplicité avec Dieu, j'eusse beaucoup de choses à dire, car je dirois quasi toujours la même chose; mais il arrive de certains cas où l'on a besoin de communiquer; je le fais avec nôtre bon Pere Lallemant, car encore qu'il touche la 80. année de son âge, il a neanmoins le sens & l'esprit aussi sain que jamais.

Vous avez raison de faire le jugement que vous faites du vœu de la plus grande gloire de Dieu, & de plus grande perfection de sainte Therese. J'ai tiré le papier que je vous ai envoyé des Chroniques du Mont-Carmel, qui disent que dans les commencemens elle avoit fait ce vœu absolument & sans restriction. Pour celui que j'ai fait, tout y est compris, & je ne l'ai point entendu autrement, & cela pour toute ma vie. Le R. Pere Lallemant me permet de le renouveller de temps en temps comme nous faisons nos vœux de Religion. Il eut envie que je fisse comme il est porté dans ce papier, mais je tâche de me tenir à ce que j'ai fait, & par la misericorde de Dieu cela ne me cause point de scrupule: si je fais des fautes ou des imperfections sans y penser, j'espere que Dieu tout bon & tout misericordieux ne me les imputera pas à faute contre mon vœu: il m'assiste pour n'en pas faire sciemment; tout cela par misericorde, parce que de moy je suis une pauvre & une grande pecheresse: c'est pourquoy priez pour ma conversion.

De Quebec le 8. *d'Octobre* 1671.

Fin de la premiere Partie.

LETTRES

LETTRES
DE LA VENERABLE M. MARIE
DE
L'INCARNATION.

SECONDE PARTIE
CONTENANT
LES LETTRES HISTORIQUES
LETTRE I.

A SON DIRECTEUR.

A Dom Raimond de saint Bernard Feüillant.

Elle lui fait le recit d'une vision dans laquelle Dieu lui fit voir le Canada : Et d'une autre, dans laquelle il lui commanda d'y aller fonder un Monastere.

ON tres-Reverend Pere. Comme je ne vous puis rien cacher des graces que nôtre Seigneur a la bonté de me faire, je vous dirai avec ma simplicité ordinaire, qu'il y eût un an aux feries de Noel, cinq ou six jours avant que ma Mere Ursule & moy entrassions au Noviciat pour en prendre la

Q q

direction, que je me trouvé fortement unie à Dieu. La dessus m'étant endormie, il me sembla qu'une compagne & moy nous tenant par la main cheminions en un lieu tres-difficile. Nous ne voïons pas les obstacles qui nous arrêtoient, nous les sentions seulement. Enfin nous eûmes tant de courage, que nous franchîmes toutes ces difficultez, & nous arrivâmes en un lieu qui s'appelloit la tannerie, où l'on fait pourrir les peaux durant deux ans, pour s'en servir aprés aux usages où elles sont destinées. Il nous falloit passer par là pour arriver à nôtre demeure. Au bout de nôtre chemin, nous trouvâmes un homme solitaire, qui nous fit entrer dans une place grande & spacieuse, qui n'avoit point de couverture que le Ciel : Le pavé étoit blanc comme de l'alebâtre, sans nulle tache, mais tout marqueté de vermeil. Il y avoit là un silence admirable. Cet homme nous fit signe de la main, de quel côté nous devions tourner, car il n'étoit pas moins silencieux que solitaire, ne nous disant que les choses qui étoient necessaires absolument. Nous aperçumes à un coing de ce lieu un petit hospice ou maison fait de marbre blanc, travaillé à l'antique d'une architecture admirable. Il y avoit sur le toict une embrasure faite en forme de siege sur lequel la sainte Vierge étoit assise tenant le petit JESUS entre ses bras. Je fus la plus agille à m'élancer à elle & à étendre les bras, qui s'étendoient jusqu'aux deux extremitez de la loge où elle étoit assise. Ma compagne cependant demeura appuiée en un lieu qui étoit à côté, d'où neanmoins elle pouvoit voir facilement la sainte Vierge & son petit JESUS. La situation de cette maison regardoit l'Orient. Elle étoit bâtie dans un lieu fort eminent au bas duquel il y avoit de grands espaces, & dans ces espaces une Eglise enveloppée de broüillards si épais que l'on n'en pouvoit voir que le haut de la couverture qui étoit dans un air un peu plus épuré. Du lieu où nous étions il y avoit un chemin pour décendre dans ces grands & vastes espaces, lequel étoit fort hazardeux pour avoir d'un côté des rochers affreux, & de l'autre des precipices effroiables sans appui : avec cela il étoit si droit & si étroit, qu'il faisoit peur seulement à le voir. La sainte Vierge jettoit les yeux sur ce lieu si affligé, & moy cependant je brûlois de desir de voir la face de cette Mere de la belle dilection, car je ne lui voiois que le dos. Comme j'étois en ces pensées, elle tourna la téte vers moy, & me montrant son visage avec un souris ravissant, elle me donna un baiser. Elle se retourna aussi vers son petit JESUS lui parlant en secret comme si

DE LA M. MARIE DE L'INCARNATION.

elle eût eu des desseins sur moy. Elle fit le méme par trois fois. Ma Compagne qui avoit déja fait un pas dans le chemin qui décendoit, n'eût point de part aux caresses de la sainte Vierge, elle eut seulement la consolation de la voir du lieu où elle étoit.

Le plaisir que je ressentois d'une chose si agreable ne se peut expliquer. Je m'eveillay la dessus joüissant encore de la douceur que j'avois experimentée, laquelle me dura encore plusieurs jours. Mais je demeuré en suite fort pensive ce que vouloit signifier une chose si extraordinaire, & dont l'execution devoit être assurement fort secrete: Car dans l'idée qui me fut representée, tout se passa tellement dans le secret, qu'il n'y eût que l'homme que vous sçavez dont j'ay parlé, qui en eût la connoissance & qui dit quelques mots.

Au commencement de cette année comme j'étois en oraison, tout cela me fût remis en l'esprit avec la pensée que ce lieu si affligé que j'avois veu étoit la nouvelle France. Je ressentis un tres-grand attrait interieur de ce côté là, avec un ordre d'y aller faire une Maison à JESUS & à MARIE. Je fus dés lors si vivement penetrée que je donné mon consentement à nôtre Seigneur, & lui promis de lui obeïr s'il lui plaisoit de m'en donner les moyens. Le commandement de nôtre Seigneur, & la promesse que j'ay faite de lui obeïr, me sont tellement imprimées dans l'esprit outre les instincts que je vous ay témoignez, que quand j'aurois un million de vies, je n'ay nulle crainte de les exposer. Et en effet les lumieres & la vive foy que je ressens me condamneront au jour du jugement, si je n'agis conformement à ce que la divine Majesté demande de moy. Raisonnez un peu la dessus, je vous en supplie. Les choses se sont passées dans la naïveté que je les viens de dire, & je me suis sentie obligée de vous les declarer, pour les abandonner en suite à la providence de nôtre divin Epoux.

Par cet homme elle entend ailleurs saint Joseph Patron du Canada. Mr. de Bernieres dans ses memoires l'explique de lui-même. Ce peut être aussi l'Ange du Canada.

De Tours le 3. May 1633.

LETTRE II.

AU MESME.

Les Peres Jesuites qui sont aux Hurons la desirent en Canada; ce qui rallume sa ferveur & lui donne de nouvelles esperances.

MOn tres-Reverend Pere. A moins de vous être importune, je ne pouvois pas vous écrire davantage, quoique j'en aye eu souvent la pensée, que j'ai rejettée pour le respect que j'ay pour V. R. Mais voici une occasion qui porte avec soy quelque chose de si agreable, que je croirois faire contre le devoir, si je gardois le silence, & si je ne lui faisois part de la chose qu'elle aime le plus. Voulez-vous venir à ce coup en Canada ? Les Peres qui sont allez aux Hurons m'y appellent tant qu'ils peuvent. Il faut que je vous explique l'affaire. Deux de ceux qui partirent l'année derniere m'ont écrit de la residence de la Conception, où ils sont arrivez après avoir souffert les travaux de deux mois de chemin. Ils n'ont point cessé de dire tous les jours la Messe, excepté douze ou treize jours que l'agitation étoit trop violente. Leur arrivée à cet heureux païs fut remplie d'une joie si excessive, qu'ils oublierent tout d'un coup les fatigues du voyage. Ils avoient fait un vœu dés la France, qu'il leur fut facile d'accomplir dés l'abord; sçavoir de donner les saints noms de Marie & de Joseph aux deux premieres personnes qu'ils auroient l'honneur de baptiser. Joseph est mort bon Chrétien peu de temps après son Baptême: Marie est encore en vie; & sa mere qui est la premiere qui ait apporté des enfans aux Peres, a promis de la laisser entre leurs mains pour la faire instruire. Le nombre des baptisez de cette année monte bien à une centaine, & c'est tout à bon que l'on va faire un Seminaire à Quebec. Quant à ce qui me touche, le R. Pere Paul Jeune a dessein de faire passer des Religieuses en ce païs-là pour instruire les petites filles, & ces bons Peres qui m'ont écrit en ayant entendu parler, l'ont prié de ne me pas laisser. Il leur a promis de faire pour moy tout ce qu'il pourra; me voilà à present dans l'esperance & dans l'attente. Si vous aviez entendu parler ces Saints vous seriez ravi, & vous vous disposeriez à executer vos desseins. Admirez, je vous prie, comme ces ames favorisées du Ciel daignent penser à

DE LA M. MARIE DE L'INCARNATION.

moy tous les jours, à ce qu'ils disent. C'est par une providence de Dieu toute particuliere, car je ne les ay jamais veus, ce qui fait que je tiens cela pour une insigne faveur. Allons donc au nom de Dieu, mon cher Pere, goûter les delices du Paradis, dans les croix qui se trouvent belles & grandes dans la nouvelle France; dans ce nouveau monde, dis-je, où l'on gagne des ames au Roy des Saints. Mais allons de grace; vous n'y serez pas si infirme qu'en France, car la charité y fait vivre. Et de plus quand vous y mourriez, ne seriez-vous pas bien-heureux de finir une vie chetive dans l'exercice d'un Apôtre? Pour moy j'ai tant d'envie d'y aller, que je languirois dans mes desirs, si la veuë de mes indignitez ne les abbatoit & ne me faisoit baisser la tête devant Dieu, dans la crainte de perdre ce qu'il me donneroit volontiers, si j'avois une bonne provision de vertus. Faites-moy la grace, mon tres-cher Pere, de prier nôtre Seigneur pour moy, afin qu'il luy plaise de ne me pas rebuter: s'il m'accepte, je vous verrai en passant, & je vous tirerai si fort vous & vôtre compagnon, que j'emporterai la piece de vos habits si vous ne venez. Je vous en diray davantage à la premiere occasion, & non quand j'aurai reçû vos réponses: car on met une pauvre Sœur comme moy derriere la porte; c'est ma place, & je l'agrée fort volontiers, comme d'être toute ma vie & de tout mon cœur. Vôtre.

De Tours le 26. d'Octobre 1636.

LETTRE III.

AU MESME.

Elle lui fait part des nouvelles qu'elle a receuës du Canada, particulierement du zele des Reverends Peres Iesuites pour le salut des ames: Et du danger où ils ont été de souffrir le martyre.

MOn tres-Reverend Pere. Je ne puis rien apprendre que je sçache vous pouvoir donner de la consolation, que je ne vous en fasse part. Nous avons reçu des nouvelles du Paradis terrestre des Hurons & du Canada. Le R. Pere le Jeune a écrit à nôtre Mere & à moy. Je m'imagine qu'il la remercie de ce qu'elle a agi de concert avec luy pour me mortifier. Pour mon regard, il ne me parle en aucune maniere du Canada, mais il me fait une grande

lettre aussi humiliante que la premiere. N'est-ce par là un bon Pere ?
C'est un autre vous-même à mon égard : il m'oblige infiniment ; car je
vois par là qu'il me veut du bien, & que si j'étois auprés de luy, il me
traiteroit à vôtre gré.

<small>C'est le Demon que les sauvages reconnoissent comme une divinité.</small>

Le Reverend Pere Adam me mande que le Manitou est tellement
enragé du progrés de la Foy dans les lieux où il préche, que le jour de
saint Barnabé il fit trembler la terre, en sorte que l'habitation des Reverends Peres, eux, & leurs gens furent épouventablement ébranlez. Ce tremblement se fit ressentir l'espace de cinq lieuës, la terre
bondissant comme si elle eût couru aprés les Sauvages, qui en furent
épouvantez au possible. On leur dit que c'étoit un avertissement &
une menace de celui qui a tout fait. C'est une merveille, dit ce Pere,
d'entendre en plusieurs endroits de leurs bois retentir les noms de
Jesus, de Marie & de Joseph. En effet quelle consolation que le
cher Epoux de nos cœurs soit loüé en diverses langues dans une barbarie aussi inveterée qu'est celle-là ? Qu'il en soit eternellement
beni.

Le R. Pere Chastelain ne fait pas moins de fruit dans les Hurons.
Il m'écrit que lui & ceux qui l'accompagnent ont été à deux doigts
de la mort. Ils ont été sur la sellette en posture de criminels dans un
conseil de sauvages. Les feux étoient allumez plus prés les uns des
autres qu'à l'ordinaire, & ils sembloient ne l'être que pour eux, car
on les estimoit convaincus de sortilege, & d'avoir empoisonné l'air
qui causoit la peste par tout le païs. Ce qui mettoit les Peres dans le
dernier peril, c'est que les sauvages étoient comme persuadez, que
ces malheurs publics prendroient fin par leur mort. Les Peres neanmoins firent paroître en cette occasion une si ferme constance, que
les armes tomberent des mains de ces barbares, en sorte qu'ils furent
dans l'impuissance de leur rien faire. Toute leur colere se tourna
contre un de leur parti, qu'ils massacrerent aux pieds des Peres, dont
il avoit conspiré la mort.

Le Pere Garnier m'écrit du méme lieu sur une écorce d'arbre
aussi blanche & polie que le velin. Il me dit que les souhaits que je
fais pour luy, sçavoir qu'il soit assommé pour Jesus-Christ, eussent
peut-être été accomplis, si ses malices ne les eussent empéchez. Si
tout le monde avoit autant d'envie que j'allasse en ces païs que luy,
mes affaires seroient bien avancées ; mais mes fautes sont trop grandes devant Dieu, pour meriter un si grand bon-heur.

Ils ont baptisé en cette residence de la Conception cent personnes, du nombre desquels quarante avancez en âge sont morts, aussi-bien que vingt enfans qui sont de petits Anges qui peuplent aujourd'huy le Paradis. Il y a des Chrétiens qui menent une vie si parfaite & si sainte que ceux qui les voient & qui les entendent ont de puissans motifs de loüer la divine bonté. Je croy que le zele du salut des ames vous fera redoubler vos vœux pour ces pauvres peuples, aussi-bien que pour les Reverends Peres dont Dieu se sert pour leur conversion. Vous ne m'oublierez pas puisque j'y suis en desir, étant tres-indigne d'y être par effet.

LETTRE IV.

A MADAME DE LA PELLETRIE.

Elle la felicite du dessein qu'elle a d'aller en la nouvelle France : Elle s'offre de l'accompagner, & l'invite d'aller à Tours pour conferer ensemble des moyens de l'executer.

Madame, beni soit le grand JESUS, de qui les desseins & les aimables providences sont toujours adorables, sur tout dans les temps de leur execution. Le R. Pere Poncet extremement zelé pour tout ce qui regarde la plus grande gloire de Dieu, me donnant avis de vôtre genereux dessein, a fait dilater mon cœur par un épanchement tout entier en benedictions & en loüanges à la divine bonté, pour les inventions admirables qu'elle a de se faire des sujets dignes d'être les instrumens de sa gloire. Quoi, Madame, nôtre divin Maître JESUS vous veut-il introduire dans le Paradis terrestre de la nouvelle France ? Serez-vous assez heureuse d'y aller brûler de ses flames saintes & divines ? Il est vray qu'il y a des glaçons, des ronces, des épines, mais le feu du saint Esprit a un souverain pouvoir pour consumer tout cela, & méme pour fendre les rochers. C'est ce feu divin qui anime & fortifie les ames saintes, qui les fait passer par les plus grands travaux, qui fait qu'elles se méprisent elles-mémes, & qu'elles prodiguent leurs biens & leurs vies pour la conquéte des ames rachettées du sang de JESUS-CHRIST. Ah ! ma chere Dame, chere Epouse de mon divin Maître, en vous trouvant, j'ay trouvé celle qui l'aime en verité, puis qu'il n'y a point de plus grand ni de plus veritable amour que de se donner soy-méme &

tout ce qu'on a pour celui qu'on aime. Et puis qu'il a pleu à sa miséricorde de me donner les mêmes sentimens, il me semble que mon cœur est dans le vôtre, & que tous deux ensemble ne sont qu'un dans celui de Jesus au milieu de ces espaces larges & infinies, où nous embrassons les petites Sauvages, leur enseignant comme il faut aimer celui qui est infiniment aimable. Voulez-vous donc bien, Madame, me faire cette grace & à celle de mes compagnes que Dieu voudra choisir de nous mener avec vous, & de nous lier à vôtre genereux dessein? Il y a cinq ans que j'attens l'occasion d'obeïr aux semonces pressantes que m'en fait le saint Esprit: Et à n'en point mentir, je croi que vous étes celle de qui sa divine Majesté se veut servir pour me faire joüir de ce bien. Ah! Si je vous pouvois posseder ici pour vous ouvrir mon cœur & me conjoüir avec vous sur cette haute entreprise, je m'assure, ma chere Dame, que nôtre bon Jesus l'auroit tres-agreable, & qu'il vous recompenseroit de la peine que vous prendriez de faire un voiage de soixante lieües. Mais que dis-je? puisque vous en voulez faire plus de mille par des passages dangereux, soixante seront peu au regard de vôtre amour. Je vous en ose conjurer par le méme amour qui brûle vôtre cœur: & s'il vous plaît nous donner cette consolation, je vous puis assurer, que vous trouverez ici des ames qui vous aiment tendrement, & qui vous recevront comme leur étant envoiée de la part de leur celeste Epoux: Et moy qui suis la plus indigne de toutes, j'ose encore vous demander la participation de vos saintes prieres, & la grace de me dire dans la liaison du saint Esprit inseparablement Vôtre.

De Tours le   Novembre 1638.

LETTRE V.

AU R. PERE D. RAIMOND DE S. BERNARD.

Elle lui apprend le dessein qu'a Madame de la Pelletrie de fonder un Monastere d'Ursulines en Canada, que cette Dame la demande pour l'accompagner, & quelques difficultez qui se rencontrent touchant le mélange qu'on vouloit faire des Religieuses de Paris avec celles de Tours.

MOn tres-Reverend Pere. Nous sommes dans une affaire où nôtre Reverende Mere & moy voudrions achetter bien cher vôtre

DE LA M. MARIE DE L'INCARNATION.

vôtre presence. Ce que je vous en dirai demeurera s'il vous plaît entre vous & moy, parce qu'elle se traite en secret à cause de son importance. Voici ce que c'est. Nôtre Seigneur a inspiré à une Dame de qualité & de vertu, de fonder un Monastere en Canada pour des Religieuses Ursulines, & elle me fait l'honneur de me demander, pour m'emmener avec elle, car elle se veut donner elle-même. Jusqu'à cette heure son dessein a été de prendre chez-nous toutes les Religieuses de la fondation, mais lors qu'il a fallu traitter d'affaires, le R. Pere Provincial des Jesuites, qui comme je croi, est engagé de paroles, ou du moins d'affection à nos Reverendes Meres de Paris, nous traverse sans sçavoir neanmoins que nous le sçachions. Il a donc fait proposer à cette Dame qu'il falloit prendre des Religieuses de Paris, à quoi elle a répondu qu'elle me vouloit absolument & avant toute autre. Sur cela, & sur ce que le Reverend Pere de la Haie a dit qu'il étoit d'avis que j'y allasse la premiere, il a donné les mains; mais il a ajoûté qu'il suffisoit que je sortisse seule d'ici avec une Compagne, & que pour les autres, on les prendroit plus facilement à Paris. Et dautant que ces Reverendes Meres font vœu d'instruire, ce que nous ne faisons pas, ces Reverends Peres disent que leur Reglement est meilleur que le nôtre, & par consequent qu'il le faudra prendre quand les Religieuses de ces deux Monasteres viendront à s'unir. C'est à quoi nôtre Reverende Mere & moy avons de la peine, car nous trouvons nos Reglemens aussi bons que ceux là. Mais bien consentirons-nous, sauf vôtre meilleur avis, que les unes & les autres demeurent dans l'état où elles sont, jusqu'à ce que nous soions sur le lieu, où selon la disposition du païs nous ferons des Reglemens que nous embrasserons toutes unanimement. Dites-nous, s'il vous plaît, vôtre sentiment, nous l'attendons par la premiere poste.

Il se presente encore une autre difficulté. La Dame veut partir cette année, mais elle a toutes les peines du monde de trouver qui veuille achetter son bien secretement, ainsi qu'elle desire, afin de n'être point traversée. Je lui ay conseillé le dernier voiage d'assurer sa fondation sur le tiers de son bien, selon la coûtume, afin d'agir plus librement & de ne rien craindre. Je n'ay pas eu encore de réponse. Enfin c'est une affaire qui demande l'assistance de vos prieres. Je vous les demande avec vôtre sainte benediction.

De Tours le 17. Ianvier 1639.

LETTRE VI.
AU MESME.

Elle luy donne avis que toutes les affaires pour le Canada sont concluës, & qu'il faut partir ; ce qu'elle fait avec des sentimens profonds d'humilité & d'action de graces.

MOn tres-Reverend Peré. C'est à cette heure que les paroles me manquent pour exprimer les nouvelles misericordes de la divine providence sur moy sa tres-indigne creature. L'on me dit tout de bon qu'il faut partir. A ces paroles vôtre esprit n'est-il point saisi d'étonnement ? L'on mande qu'il faut étre à Paris en peu de jours, & je suis consolée de ce qu'il me faut prendre cette route, puisque j'aurai l'occasion de vous deployer les sentimens de mon cœur, quoiqu'ils vous soient assez connus par tout ce qui s'est passé dans la communication que j'ay euë avec V. R. touchant cette matiere. Pour moy, je vous assure que je suis tellement surprise de voir que Dieu daigne me regarder, que je suis toute perduë à moy-méme, & que je demeure sans paroles. Elles ne me manqueront pas quand j'aurai le bonheur de vous voir à Paris, si tant est que j'y aille : car quelque confiance que j'aye en Dieu, je me defie toujours de moy-méme. Vous connoîtrez par mes entretiens mieux que par mes lettres, comme mon cœur est confirmé dans le dessein du Canada, & dans l'inclination d'étre toute ma vie, Vôtre.

De Tours le 13. de Fevrier 1639.

LETTRE VII.
A LA SUPERIEURE DES URSULINES DE TOURS.

Elle lui donne avis de son arrivée à Paris, & du bon accueil que tout le monde lui a fait.

MA tres-chere & tres-Reverende Mere, nous venons d'arriver à Paris, par la grace de nôtre Seigneur, en fort bonne santé. La Maison de Monsieur de Meules Maître d'Hôtel de chez le

Roy nous a été ouverte de la maniere du monde la plus obligeante. Monsieur de Bernieres y pourra avoir un apartement; & tant pour lui que pour nous, on tapisse & meuble les chambres. Il semble qu'il y ait presse à nous faire du bien. Madame Poncet est venuë bien loin au devant de nous & nous a obligées de faire le reste du chemin dans son carrosse. Le R. Pere de la Haie n'a pas plûtôt sceu nôtre arrivée qu'il nous est venu témoigner la joie qu'il a de ce que nous sommes sur le point de posseder le bien que nous attendons depuis si long temps. Dés qu'il eut envisagé la Mere Marie de saint Joseph, il la jugea propre pour le Canada, & crût que le choix qu'on en a fait est de Dieu. Nous confererons demain de nos affaires, & je vous donneray avis de tout. Les Reverendes Meres Ursulines de cette ville nous offrent leur maison : mais je croi que nous les remercierons de leur charité, parceque Madame de la Peltrie veut être libre, & elle ne desire pas que nous nous separions d'elle, afin que nous soions toujours prétes à répondre quand on traitera de nos affaires. Nous ne laisserons pas de tenir nôtre arrivée secrete, & de faire en sorte que nôtre dessein ne soit connû que de ceux qui en peuvent favoriser l'execution, car je prevoi que nous serons accablées de visites sitôt qu'on en aura la connoissance. Cependant Monsieur de Bernieres est tombé malade, ce qui nous recule un peu, car il agissoit puissamment pour nous, & je ne vous puis exprimer le soin qu'il prend de nos affaires. C'est un homme ravissant; durant nôtre voiage, il faisoit nos Regles avec nous, en sorte que nous étions dans le carrosse & dans les hôtelleries comme dans nôtre Monastere, & il me semble que je ne fais que de partir de Tours, tant le temps s'est écoulé doucement & regulierement. Que dirai-je de Madame de la Peltrie? Elle me met dans des confusions continuelles par ses bontez en mon endroit. C'est une Mere admirable qui n'épargne aucune depense à nôtre sujet : je crains qu'elle n'y excede, & je vous prie de lui en écrire, & de lui en faire des reprimandes. Vôtre amitié pour elle vous doit donner cette liberté, & la sienne pour vous les lui fera recevoir d'une maniere agreable. Permettez-moy, ma tres-chere Mere, dans l'empressement où je suis de finir, & de me dire Vôtre.

De Paris le 26. de Fevrier 1639.

LETTRE VIII.
A LA MESME.

Elle luy donne avis de son arrivée à Roüen, & des instances qu'elle avoit faites pour emmener avec elle une Religieuse de Paris. Projet de l'union generale des Ursulines de France.

MA tres-Reverende & tres-chere Mere, Vôtre sainte benediction. Je ne puis m'empécher de vous écrire en quelque part que je sois. Nous sommes arrivées à Roüen, ayant été obligées de partir de Paris sans la bonne Mere de S. Hierôme, quoique nous ayons fait toutes les diligences possibles pour l'avoir, & pour luy témoigner l'interêt que nous prenions dans son affaire. Monseigneur l'Archevêque de Paris l'ayant retenuë, il a fallu que la Mere Marie & moy ayons accepté seules le contrat de fondation, en sorte neanmoins que si cette chere Mere vient aprés nous, l'on fera un acte au pied du contrat, pour faire foy qu'elle passe avec nous, & qu'elle entre dans le traité de fondation. Si Dieu permet qu'elle soit exclusé de la partie, qu'il soit beni; il sçait de qui il se doit servir pour sa plus grande gloire. Je vous viens de dire que nous nous sommes interessées pour l'affaire de la Mere de S. Hierôme. Car en effet nous avons écrit en sa faveur à Madame la Duchesse d'Aiguillon, pour la supplier de nous l'obtenir par le credit de Monseigneur le Cardinal: Et le plus nous nous sommes jettées deux fois aux pieds de la Reine, pour la supplier d'obtenir son congé de Monseigneur de Paris. Nôtre procedé a sans doute extremement étonné toutes les Ursulines de la Congregation de Paris, & elles ont reconnu à nos démarches un dégagement qu'elles n'eussent jamais creu. De là vient aussi qu'elles nous font des caresses qui ne se peuvent dire: il semble qu'elles & nous ayons été élevées ensemble & que nous ayons été informées d'un même esprit. Plusieurs d'entre elles ont eu à mon égard des ouvertures de cœur tres engageantes, & elles m'ont témoigné le desir qu'elles ont d'une union generale de toutes les Ursulines de France (car je ne leur en ai point parlé autrement.) La Mere Superieure m'en a fort entretenuë, & elle m'a dit que plusieurs Prelats, dans la derniere conference qu'ils ont tenuë à Paris, ont fort agité cette affaire,

& qu'ils étoient même dans le dessein de l'executer, sans je ne sçai quelle autre affaire qui interrompit celle-là. Cette bonne Mere auroit le même desir que vous pour cela : en ce qui me regarde elle m'a parlé fort ouvertement, & fait paroître qu'elle me confioit sa fille, sans s'informer si je la contraindrois de se conformer à nous. Mais je l'ay prevenuë sur ce point, l'asseurant que je me comporterois suivant l'avis du R. Pere Vimon, & qu'elle devoit être persuadée que nous demeurerions dans une telle union qu'elle n'en recevroit que du contentement : Et en effet si elle vient, comme nous en avons encore quelque esperance, & qu'elles font de leur costé tout leur possible pour cela, nous en userons de la sorte. Je ne sçai ce qui nous arrivera, car je voy que le Diable est enragé de nôtre dessein, veu les traverses qu'il nous suscite. Dés que nous serons à Dieppe je vous ferai sçavoir le succés de cette affaire, & ce que Monseigneur de Paris aura fait. Les Ursulines de Pontoise voudroient bien gagner cette place : si elle leur manque, celles de Roüen ont de l'ardeur pour la posseder : & si celles cy ne l'emportent, celles de Dieppe ne la laisseront pas échapper Il y a encore un Monastere voisin où les Religieuses sont remplies d'un semblable desir. Mais enfin Dieu seul sçait s'il veut une troisiéme ou s'il veut que nous passions seules. Nous le sçaurons bien-tôt, car il est nôtre refuge, & c'est luy qui nous fait sçavoir ses volontez.

De Roüen le 2. d'Avril 1639.

LETTRE IX.

A UN DE SES FRERES.

Par laquelle elle luy donne avis de son embarquement pour le Canada, & du desir qu'elle a de souffrir en cette Mission.

MOn tres-cher Frere. La vie & l'amour de JESUS soient vôtre partage. C'est sans remise qu'il nous faut quitter la France pour passer dans le nouveau monde, où Dieu n'est quasi point connu, sinon d'une petite troupe de saints qui travaillent à le faire connoître. Les bontés infinies du Roy du Ciel ont bien voulu se repandre sur moy, & luy même a bien voulu me choisir pour y aller habiter. C'est par sa misericorde qu'il veut se servir du plus chetif instrument qui soit sous le Ciel. Aidez-moy à benir son aimable Providence entre les bras de laquelle je m'abandonne pour vivre ou pour mourir, soit sur la mer soit dans le fort de la Barbarie, car tout m'est égal dans son adorable volonté. C'est donc à ce coup que je vous dis adieu pour jamais, puisque les vaisseaux sont prests & que nous allons nous embarquer la semaine prochaine, si la tourmente ne nous retient. O qu'il me tarde que je n'ay déja fait le sacrifice de ma vie! dans le desir que j'en ay, il me semble qu'au milieu des dangers je seray plus seure & plus tranquille sur la mer que sur la terre.

Vous sçavez les perils que nous allons courir sur cette grande mer Oceane la plus rude à passer de toutes les mers? non qu'il se perde beaucoup de vaisseaux dans la traverse que nous allons faire de douze cens lieues: mais il y a bien des incommoditez à souffrir, on tombe en de grandes maladies, on craint la rencontre des Anglois, des Domkerquois, & des Turcs: mais tout cela n'est rien, la vie & la mort me sont une même chose, & je fais ce sacrifice de moy-même du meilleur cœur qu'aucune chose que j'aye fait en ma vie. Les croix & les souffrances me sont plus agreables que toutes les delices de la terre: que l'on m'envoye dans le fond de la plus cruelle Barbarie, ce seront là mes delices, & je cheriray plus mes petites Sauvages, que si c'estoient des Princesses. Je m'en vais donc de bon cœur suivre mon cher JESUS & souffrir tout ce qu'il voudra pour son amour. Priez-le qu'il me donne un grand courage, & remerciez-le de la grande grace qu'il me fait de m'avoir appellée à l'exclusion de tant d'autres, à une si haute vocation. On nous fait la grace à trois Ursulines que nous sommes de nous donner place dans l'Amirale, où même le Capitaine nous abandonne sa chambre, qui est belle & spacieuse, & où nous serons separées du bruit du vaisseau. Nous faisons le voiage en la compagnie des Meres Hospitalieres, de Madame de la Pelterie nôtre Fondatrice & de deux filles seculieres; le R. Pere Superieur des Missions nous accompagne & il nous donnera la consolation de nous dire la sainte Messe tous les jours & de nous administrer les saints Sacremens. Adieu donc, mon tres-cher Frere, adieu pour jamais.

De Dieppe le 15. Avril 1639.

LETTRE X.

A LA SUPERIEURE DES URSULINES DE TOURS.

A la Mere Françoise de S. Bernard.

Elle luy donne avis de son embarquement & de la joye avec laquelle elle s'expose pour Dieu aux perils de la mer.

MA tres-Reverende & tres-chere Mere, vôtre sainte benediction : c'est tout de bon qu'il vous faut dire le dernier adieu, & s'en aller où nôtre Epoux nous appelle par son infinie misericorde. Le vaisseau va en rade aujourd'huy, aprés quoy nous n'avons plus de temps que pour attendre un vent propre qui nous y puisse conduire sans danger dans une chaloupe. Vous pouvez juger si les momens ne semblent pas trop longs à une ame qui est dans le desir & dans l'impatience de donner sa vie pour son bien-aimé. O ma chere Mere, que le maître de nos cœurs est puissant si vous sçaviez ce qu'il opere en nôtre troupe Canadoise, vous en beniriez mille fois sa Bonté : tout est en feu, & pourtant il semble que ce feu se reduise en cendre & en humilité tant l'on se voit bas dans l'abyme des divines misericordes. Je ne vous puis dire, ma tres-chere Mere ce que j'en pense. Toutes nos hardes sont embarquées; on nous en prête d'autres en attendant l'heure heureuse de nôtre depart.

Enfin nous n'aurons pas la Mere de saint Hierôme ; c'est une affliction sensible à toute sa Maison, mais elle la ressent plus que tout autre. Monseigneur le Cardinal, ainsi que m'écrit Madame de la Ville-aux-Clers, a trouvé fort mauvais le procedé de M. de Paris, auprés duquel Madame la Duchesse d'Aiguillon à fait tout son possible pour avoir cette chere Mere. Vous sçavez ce que la Reine a fait à ce sujet. Aprés cela il nous faut resoudre de prendre une Religieuse de Dieppe, parce qu'on ne veut pas que nous passions seules : J'auray peut-être encore assez de temps pour vous mander l'issuë de cette affaire. Madame de la Ville-aux-Clers étrenne nôtre établissement d'un beau Tabernacle, d'un tres-beau voile de Calice & d'un grand nombre de fleurs de broderie pour charger un parement. C'est nôtre premiere bienfaitrice aprés vous, ma tres-chere Mere, qui ferez toujours l'incomparable, puifque, fans parler de vos autres bienfaits, vous nous avez donné nous-mêmes. Auffi ferez-vous toujours mon unique Mere & je ferai toujours vôtre tres-obligée & tres-affectionnée fille en JESUS-CHRIST.

De Dieppe le 18. d'Avril 1639.

LETTRE XI.

A LA MESME

Elle lui écrit de deſſus la mer ſes diſpoſitions de corps & d'eſprit.

MA tres-Reverende Mere, vôtre fainte benediction. Je m'aſſure qu'en recevant cette lettre, vous n'attendiez plus de nouvelles de vos filles que de Quebec ; auſſi ne penſions-nous point avoir de commodité pour vous en faire ſçavoir. Mais heureuſement des pécheurs qui nous ont ſuivis juſqu'à la Manche nous ont bien voulu faire le plaiſir de ſe charger des lettres que nous avions envie d'écrire à nos amis. Nous avons donc paſſé les côtes d'Angleterre, & nous ſortons de la Manche en tres-bonne diſpoſition, graces à nôtre bon JESUS ; non ſans avoir été en danger d'être priſes par les Eſpagnols & par les Domkerquois. Il y a peu de jours que nous avons découvert une de leurs flottes d'environ vingt vaiſſeaux, mais nôtre Capitaine a prudemment pris la route d'Angleterre pour eviter la rencontre. Nous en avons veu de loin pluſieurs autres, ſans pouvoir diſtinguer les couleurs ni juger d'où ils ſont. A preſent que nous quittons la Manche nous ſommes hors de danger des ennemis, mais il n'y a que Dieu qui ſçache ſi nous ſommes à couvert de ceux des tempétes & de la mer.

Depuis nôtre embarquement nous avons tâché tous les jours de nous diſpoſer à mourir tant à cauſe des ennemis que des tourmentes de la mer qui ont été tres-grands. Nos cœurs neanmoins n'ont point été troublez par le trouble des Elemens, parceque celui à la providence duquel nous nous ſommes abandonnées, nous fait oublier nous-mêmes & toutes choſes. On ne peut expliquer ni concevoir le repos qu'on reſſent quand l'on s'eſt donné une bonne fois à Dieu.

Nous avons tous reſſenti le mal de la mer ; mais cela n'eſt rien : Nous ſommes à cette heure dans une auſſi bonne diſpoſition que ſi
nous

DE LA M. MARIE DE L'INCARNATION.

nous étions dans nôtre Monastere. Il ne se peut rien voir de mieux reglé que tout l'équipage du vaisseau ; je reserve à vous en dire les particularitez quand nous serons à Quebec. Je n'ay point de paroles pour vous dire les charitez & les soins du R. Pere Vimond à nôtre égard : il n'y a Mere tant soigneuse soit-elle qui en ait davantage pour ses enfans, tant pour le spirituel que pour le temporel. Monsieur Bontemps nôtre Capitaine n'est pas moins rempli de bonté en nôtre endroit, nous donnant tout ce qu'il a de plus commode, d'une si bonne grace, qu'il semble qu'il ne fasse le voyage que pour nous : mais je vous cele à present ce que mon cœur a de plus secret, aussi n'est-ce pas le temps d'en parler. Nous sommes déja aussi accoûtumées à la mer que si nous y avions été nourries. Une Religieuse qui fait par tout son devoir est bien par tout, puisque l'objet de ses affections est en tout lieu. Je vous supplie de dire de nos nouvelles à tous nos amis. Adieu, adieu, adieu.

De l'Amirale de S. Ioseph sur mer le 20. de May 1639.

LETTRE XII.

A SON FRERE.

A qui elle donne avis de son arrivée dans la nouvelle France.

MOn tres-cher Frere. La vie de Jesus soit la conduite & la regle de la vôtre. Je m'assure que l'affection que vous avez pour moy vous fait desirer d'apprendre le succés de nôtre voyage, & de mon arrivée en Canada. En vous satisfaisant je me veux aussi satisfaire, & vous assurer que nous sommes au lieu où nous aspirions, dans une santé aussi parfaite, que si nous n'étions point sorties de Tours : non que nous n'ayons souffert de grands travaux durant trois mois de navigation parmi les orages & les tempêtes, qui pour treize cens lieuës que nous avions à faire, nous en ont fait faire plus de deux mille. Nous nous sommes veuës à deux doigts du naufrage ; mais celui qui commande aux vents & à la mer nous a preservées par son doigt tout-puissant ; qu'il en soit loüé & beni eternellement des Anges & des hommes. Ce que nous avons veu en arrivant dans ce nouveau monde nous a fait oublier tous nos travaux : car entendre loüer la Majesté divine en quatre langues differentes : voir baptiser quantité de sauvages : entendre les sauvages mêmes prêcher la loy de Jesus-Christ à leurs compatriotes, & leur apprendre à benir & à aimer nôtre Dieu : les voir rendre graces au ciel de nous avoir envoyées dans leur païs barbare pour instruire leurs filles, & leur apprendre le chemin du ciel ; tout cela, dis-je, n'est-il pas capable de nous faire oublier nos croix & nos fatigues, fussent-elles mille fois plus grandes qu'elles n'ont été ? Il en a été baptisé cette année tant aux Hurons qu'aux Montagnez plus de cinq cens. Je vous supplie de prier pour la conversion des autres, qui sont en grand nombre ; parce qu'il y a des nations presque infinies qui ne connoissent point Jesus-Christ, nous sommes venuës avec les ouvriers de l'Evangile, qui vont tâcher de les attirer à la connoissance de son nom & de sa sainte loy. Enfin nous sommes tous ici pour un même dessein : Dieu nous veuille remplir de son esprit, afin que nous y puissions reüssir pour la plus grande gloire du maître de la vigne, qui est Jesus, dans lequel je serai toute ma vie Vôtre.

De Quebec le 3. Septembre 1639.

LETTRE XIII.

A UNE DAME DE QUALITE'.

A qui elle fait sçavoir les belles dispositions des filles Sauvages à la pieté, & la prie de procurer des aumônes pour leur education.

Madame. La vôtre m'a aporté une consolation que je ne puis exprimer ni assez reconnoître. Encore que vos occupations vous empêchent de m'écrire, ou que les accidens de la mer m'eussent privée d'une si precieuse lettre, je n'eusse pas laissé de vous mander des nouvelles de ce cher païs, en attendant que la relation vous en donne de plus amples. Nous avons donc, Madame, tout sujet de loüer le Pere des misericordes de ce qu'il en répand de si grandes sur nos pauvres Sauvages : Car n'étant pas contens de se faire baptiser, ils commencent à se rendre sedentaires & à defricher la terre pour s'établir. Il semble que la ferveur de la primitive Eglise soit passée dans la nouvelle France & qu'elle embrase les cœurs de nos bons Neophites, de sorte que si la France, leur donne un peu de secours pour se bâtir de petites loges dans la bourgade qu'on a commencée à Sillery l'on verra en peu de temps un bien autre progrez. C'est une chose admirable de voir la ferveur & le zele des Reverends Peres de la Compagnie de JESUS: Le R. Pere Vimond Superieur de la Mission pour donner courage à ses pauvres Sauvages les meine lui-méme au travail, & travaille à la terre avec eux. Il fait ensuite prier Dieu aux enfans & leur aprend à lire, ne trouvant rien de bas en ce qui concerne la gloire de Dieu & le bien de ce pauvre peuple. Le R. Pere le Jeune qui est le principal ouvrier qui a cultivé cette vigne, continuë à y faires des merveilles. Il préche le peuple tous les jours & lui fait faire tout ce qu'il veut: Car il est connu de toutes ces nations, & il passe en leur esprit pour un homme miraculeux. Et en effet il est infatigable au delà de ce qui se peut dire dans l'exercice de son ministere, dans lequel il est secondé par les autres Reverends Peres, qui n'épargnent ni vie ni santé pour chercher ces pauvres ames rachettées du sang de JESUS-CHRIST.

Il y a eu une grande persecution aux Hurons, où un des Peres a pensé étre martyrisé d'un coup de hache. On a rompu un bâton sur lui en detestation de la foy qu'il préchoit: Il y a eu une pareille conspiration contre les autres qui sont ravis d'aise de souffrir. Avec tout cela l'on y a baptisé bien mille personnes. Le Diable a beau faire JESUS-CHRIST sera toujours le Maître: Qu'il soit beni eternellement.

On parle de nous donner deux filles de cette nation avec deux Algonquines, outre dix-huit dont nôtre Seminaire a été rempli, sans parler des filles externes qui y viennent continuellement. Je vous dirai, Madame, que l'on ne croira que difficilement en France les benedictions que Dieu verse continuellement sur ce petit Seminaire. Je vous en raporteray quelques particularitez afin de vous faire part de nôtre consolation. La premiere Seminariste Sauvage qu'on nous donna appellée Marie Negabmat étoit si accoûtumée à courir dans les bois que l'on perdoit toute esperance de la retenir dans le Seminaire. Le R. Pere le Jeune qui avoit porté son Pere à nous la donner, envoya avec elle deux grandes filles Sauvages Chrétiennes qui demeurerent quelque temps avec elle pour la fixer; mais ce fut en vain, car elle s'enfuit quatre jours après dans les bois aiant mis en pieces une robe que nous lui avions donnée. Son Pere qui est un excellent Chrétien & qui vit comme un saint lui commanda de revenir au Seminaire, ce qu'elle fit. Elle n'y fut pas deux jours qu'il y eut un changement admirable: Elle ne sembloit plus être elle-même, tant elle étoit portée à la priere & aux pratiques de la pieté Chrétienne, en sorte qu'aujourd'huy elle est l'exemple des filles de Quebec quoi qu'elles soient toutes tres-bien élevées. Si tôt qu'elle a fait une faute, elle en vient demander pardon à genoux, & elle fait les penitences qu'on lui donne avec une douceur & affabilité incroïable. En un mot on ne la peut regarder sans être touché de devotion, tant son visage marque d'innocence & de grace interieure.

En ce même temps, on nous donna une grande fille âgée de dix-sept ans appellée Marie Amiskvian Il ne se peut rien voir de plus souple ni de plus innocent; ni encore de plus candide, car nous ne l'avons pas surprise une seule fois dans le mensonge, qui est une grande vertu dans les Sauvages. Si ses compagnes l'accusent, elle ne s'excuse jamais : Elle est si ardente à prier Dieu, qu'il ne la faut jamais avertir de le faire; elle y porte même les autres, & il semble qu'elle soit leur Mere, tant elle a de charité pour elles. Elle a un grand esprit pour retenir ce qu'on lui enseigne, particulierement des mysteres de nôtre sainte foy, ce qui nous fait esperer qu'elle fera de grands biens quand elle sera retournée avec les Sauvages. Elle est recherchée de mariage par un François, mais on a dessein de la donner à un de sa Nation à cause de l'exemple qu'on espere qu'elle donnera aux Sauvages. O si Dieu donnoit la devotion à quelque personne de France d'aider à lui faire une petite maison ! Elle feroit sans doute une œuvre d'un tres-grand merite. Cette fille nous a beaucoup aidé dans l'étude de la langue, parce qu'elle parle bien François. Enfin cette fille gagne les cœurs de tout le monde par sa grande douceur & par ses belles qualitez.

En ces commencemens plusieurs Dames Françoises se faisoient Maraines par Procuratrices des filles Sauvages qu'elles entretenoient ensuite par leurs charités.

Vôtre fillole Marie Magdelaine Abatenau nous fut donnée encore toute couverte de petite verole & n'aiant encore que six ans. A cet âge elle seule avoit servi son Pere & sa Mere dans la maladie dont ils moururent, avec tant d'adresse qu'elle tenoit en admiration tous ceux qui la voioient. Il ne se peut rien voir de plus obeissant que cette enfant : elle previent même l'obeïssance, car elle a l'adresse de se placer dans les lieux où elle prevoit qu'on la pourra emploïer : & elle fait ce qu'on lui commande avec tant de conduite, & de si bonne grace qu'on la prendroit pour une fille de qualité ; aussi est elle vôtre fillole, je dirois volontiers vôtre fille en JESUS-CHRIST. J'ajouterai pour vôtre consolation qu'elle sçait par cœur son catechisme avec les prieres chrétiennes qu'elle recite avec une devotion capable d'en donner à ceux qui la voient.

DE LA M. MARIE DE L'INCARNATION.

Marie Ursule Gamitiens filloüe de Mademoiselle de Chevreuse, n'est âgée que de cinq à six ans; toute petite qu'elle est, elle ne nous donne pas de peine à lui faire faire son devoir de Chrétien, car elle n'est pas plûtôt éveillée qu'elle se met d'elle-même en devoir de prier Dieu. Elle dit son Chaplet durant la Messe, & chante des cantiques en sa langue sauvage.

Agnes Chabdikuchich nous fut donnée en même temps. Le nom d'Agnes lui convient tres-bien, car c'est un agneau en douceur & en simplicité. Quelque temps avant que d'entrer au Seminaire elle rencontra le R. Pere de Caën dans le bois où elle couppoit sa provision, elle ne l'eût pas plûtôt aperçu qu'elle jetta sa hache à l'écart & lui dit : Enseigne-moy. Elle fit cette action de si bonne grace, qu'il en fut sensiblement touché, & pour satisfaire à sa ferveur, il l'amena au Seminaire avec une de ses compagnes, où elles se rendirent en peu de temps capables du saint Baptême. Elle a fait de tres-grands progrez auprés de nous, tant dans la connoissance des mysteres, que dans les bonnes mœurs, dans la science des ouvrages, à lire, à joüer de la Viole, & en mille autres petites adresses. Elle n'a que douze ans, & elle fit sa premiere Communion à Pâques, avec trois de ses compagnes.

Nicole Assepanse nous fut donnée le même jour âgée de sept ans. Ses Parens qui sont des plus considerables entre les Sauvages nous prierent de la recevoir pour un temps parce qu'elle ne les pouvoit suivre à la chasse. Cette fille a l'esprit si ouvert qu'elle est capable d'instruction comme une fille de vingt ans. Elle n'avoit été que cinq mois dans le Seminaire, & elle sçavoit rendre compte des principaux points de nôtre Foy, sçachant le Catechisme, & les exercices de Chrétien tres-parfaitement. Lorsque sa mere la vint querir au retour de sa chasse, cette innocente luy faisoit faire les prieres. J'admirois la simplicité de la mere, qui n'étoit pas encore baptisée, de recevoir l'instruction de sa fille avec tant d'ardeur & de docilité. Elle ravie d'aise de l'entendre prier Dieu & répondre au Catechisme, luy disoit : ma fille tu nous instruiras ton pere & moy, si tu voulois encore demeurer au Seminaire où tu es tant aimée, tu deviendrois encore bien plus capable de le faire. Cette fille neanmoins ne put quitter sa mere qui n'a qu'elle d'enfant; mais elle luy disoit : encore que je m'en veuille aller, ce n'est pas que je manque d'aucune chose, je mange tant que je veux, les Vierges me donnent de beaux habits & elles m'aiment beaucoup, mais je ne vous puis quitter. Disant ces paroles on la retira pour la mener dans les cabanes, où elle est admirée de tous les Sauvages.

Je serois trop longue de vous parler separement de toutes, mais je vous diray en general que ces jeunes filles nous aiment plus que leurs parens, ne témoignant aucun desir de les suivre, ce qui est fort extraordinaire dans les Sauvages. Elles se forment sur nous autant que leur âge & leur condition le peut permettre. Lorsque nous faisions nos exercices spirituels, elles gardoient un continuel silence ; elles n'osoient pas même lever les yeux ny nous regarder, pensant que cela nous interrompoit. Mais aussi quand nous les eûmes finis on ne peut exprimer les caresses qu'elles nous firent, ce qu'elles ne font jamais à leurs meres naturelles. Il y en a quatre qui communierent à Pâques : elles firent cette action avec tant de pureté, que la moindre ombre de peché leur faisoit peur, & avec tant d'ardeur & de desir de s'unir à nôtre Seigneur, que dans l'attente de le recevoir elles s'écrioient : ah ! quand sera-ce que JESUS nous viendra baiser au cœur ? Le Reverend Pere Pijart qui les avoit baptisées & instruites pour la Communion, les voyant se comporter dans une modestie toute angelique ne pût retenir ses larmes. Nous en avons eu dix-huit, sans parler des femmes & des filles sauvages qui ont permission d'entrer au lieu destiné à l'instruction des Françoises & des Sauvages, où elles ne manquent pas de se trouver. Aprés l'instruction & les prieres nous leur faisons festin à leur mode. La faim qu'elles ont est l'horloge qui leur fait juger de l'heure du repas, de sorte que disposant à manger pour nos seminaristes, il faut aussi prevoir à celles qui doivent survenir. Cela se fait particulierement l'hiver, que les vieilles gens ne peuvent suivre les sauvages à la chasse, car si l'on n'avoit soin d'eux en ce temps-là, ils mourroient de faim dans les cabanes. Dieu nous a fait la grace de les pouvoir assister jusqu'au Printemps qu'ils nous ont tenu bonne compagnie, & ce nous sera une singuliere consolation de pouvoir continuer à le faire avec le secours des personnes charitables de la France, sans lesquelles cela nous sera absolument impossible ; nôtre petit Seminaire ne pouvant suffire de luy-mesme aux grandes dépenses qu'il faut faire pour l'entretien des Seminaristes, & pour le secours des autres sauvages. Je vous en asseure, Madame, cette dépense n'est pas croyable. Nous avions apporté des habits pour deux ans ; tout a été employé dés cette année, de sorte méme que n'ayant plus dequoi les vétir, nous avons été obligées de leur donner une partie des nôtres. Tout le linge que Madame nôtre Fondatrice nous avoit donné pour nos usages ; & partie de celui que nos Meres de France nous avoient envoié, a pareillement été consumé à les nettoyer & à les couvrir. Ce nous est une singuliere consolation de nous priver de tout ce qui est le plus necessaire, pour gagner des ames à Jesus-Christ, & nous aimerions mieux manquer de tout, que de laisser nos filles dans la salleté insupportable qu'elles apportent de leurs cabanes. Quand on nous les donne elles sont nuës comme un ver, & il les faut laver depuis la tête jusqu'aux pieds, à cause de la graisse dont leurs parens les oignent par tout le corps : & quelque diligence qu'on fasse, & quoiqu'on les change souvent de linge & d'habits, on ne peut de long-temps les épuiser de la vermine causée par l'abondance de leurs graisses. Une Sœur employe une partie du jour à cela. C'est un office que chacune ambitionne avec empressement : celle qui l'emporte s'estime riche d'un si heureux sort, celles qui en sont privées s'en estiment indignes & demeurent dans l'humilité. Madame nôtre Fondatrice l'a exercé presque toute l'année, aujourd'hui c'est la Mere Marie de saint Joseph qui joüit de ce bon-heur.

Outre les filles & les femmes Sauvages que nous recevons dans la maison, les hommes nous visitent au parloir, où nous tâchons de leur faire la même charité qu'à leurs femmes, & ce nous est une consolation bien sensible de nous ôter le pain de la bouche pour le donner à ces pauvres gens, afin de leur inspirer l'amour de nôtre Seigneur & de sa sainte foy.

Mais après tout, c'est une providence bien particuliere de ce grand Dieu, que nous ayons pû avoir des filles après le grand nombre de celles qui moururent l'année derniere. Cette maladie qui étoit la petite verole, étant universelle parmi les Sauvages se mit dans nôtre Seminaire, qui en peu de jours ressembla à un Hôpital. Toutes nos filles eurent cette maladie par trois fois, & quatre en moururent. Nous nous attendions toutes de tomber malades, tant parce que cette maladie étoit une vraye contagion, qu'à cause que nous étions jour & nuit à les assister, & que le peu de logement que nous avions, nous obligeoit d'être continuellement les unes avec les autres. Mais Nôtre Seigneur nous assista si puissamment, qu'aucune ne fut incommodée. Les Sauvages qui ne sont pas Chrétiens sont dans cette erreur, que c'est le Baptême, l'instruction, & la demeure parmi les François qui étoient la cause de cette mortalité ; ce qui nous faisoit croire qu'on ne nous donneroit plus de filles, & qu'on retireroit celles que nous avons déja. La providence de Dieu y pourveut avec tant de bonté, que les Sauvages mêmes vinrent au devant pour nous prier de prendre leurs filles; de sorte que si nous avions des vivres & des habits nous en pourrions recevoir un tres-grand nombre, quoique nous soyons extrémement pressées pour les bâtimens. Si Dieu touche le cœur de quelques ames saintes pour nous aider à nous bâtir proche des Sauvages, comme nous en avons le dessein, nous en aurons une grande quantité. Il nous tarde que cette heure n'est venuë pour pouvoir faire plus parfaitement les choses pour lesquelles nôtre Seigneur nous a envoyées dans ce bien-heureux païs. Pour tout logement, nous n'avons que deux petites chambres qui nous servent de Cuisine, de Refectoir, de Retraite, de Classe, de Parloir, de Chœur. Nous avons fait bâtir une petite Eglise de bois qui est agreable pour sa pauvreté. Il y a au bout une petite Sacristie où couche un jeune homme qui appartient à Madame de la Peltrie: Il nous sert de tourrier & à nous fournir toutes nos necessitez. On ne croiroit pas les dépenses qu'il nous a fallu faire dans cette petite Maison, quoiqu'elle soit si pauvre que nous voions par le plancher reluire les estoiles durant la nuit, & qu'à peine y peut-on tenir une chandelle allumée à cause du vent. Je vous diray de quelle maniere nous pouvons tenir tant de personnes dans un si petit lieu. L'extremité des chambres est divisée en cabanes faites d'ais de Pin: Un lict est proche la terre, & l'autre est comme sur le fond, en sorte qu'il y faut monter avec une échelle. Avec tout cela nous nous estimons plus heureuses que si nous étions dans le Monastere le plus accommodé de la France. Il nous semble que nous sommes trop bien pour le Canada, où pour mon particulier je m'attendois de n'avoir pour tout logement qu'une cabane d'écorce. Mes Sœurs me disent quelquefois: Si nous avons quelque peine dans le Canada, c'est de n'en pas avoir & de ne pas assez souffrir; nous nous réjouissons lorsqu'on ne nous donne rien, afin d'être pauvres en toutes choses.

Aprés cela, Madame, ne sommes-nous pas les plus heureuses & les plus avantagées de la terre. Je ne puis vous exprimer le ressentiment que j'en ay en mon ame. Benissez pour moy l'Auteur de tant de misericordes sur une creature si indigne. Il semble que nôtre bon Maître JESUS prend plaisir à nos pauvretez. Nous avions demandé des ouvriers de France pour nous bâtir au lieu que nous avons designé proche des Sauvages: on ne nous en a pas envoyé un seul, nos affaires ne le permettant pas, & même on nous a mandé que nous ne

pouvions

pouvions vivre, entretenir des Seminaristes & faire bâtir; ainsi nous voila pour long-temps dans nos petites cabanes, si la divine bonté ne nous assiste par des voies qu'elle seule peut connoître. Madame nôtre Fondatrice est toute pleine de bonne volonté pour nous, & pour nous bâtir, mais ses parens ne lui permettent pas d'agir selon l'étenduë de son zele.

Voila, Madame, un petit recit de l'état present de nôtre Seminaire, qui comme vous voiez est dans la pure providence de Dieu. Comme vous étes visitée de plusieurs personnes puissantes, je vous supplie de le leur vouloir recommander, & si la divine Majesté touche le cœur de quelques-uns, Monsieur de Bernieres qui s'est chargé de nos affaires, & qui nous envoie nos necessitez, est celui à qui il faudroit s'adresser. Pour l'amour de Jesus-Christ que vous aimez, rendez-vous la mediatrice des pauvres filles Sauvages. Un grand nombre se va perdre si nous ne les retirons de ce malheur, & nous ne le pouvons faire à cause de nôtre impuissance, tant du vivre que du logement. Nous en avons fait baptiser une depuis quelques jours qui étoit sur le point de se perdre. Elle étoit abandonnée de toute sa Nation, l'on n'osoit nous la donner dans la crainte qu'elle ne gâtat nos Seminaristes. On a veu en elle un changement miraculeux, car tout d'un coup elle est devenuë docile & souple comme un enfant, & il ne se peut rien voir de plus ardent pour les exercices de nôtre sainte Foy. Elle a demandé le baptême avec importunité, & le recevant elle y a répondu comme si elle eût été toute sa vie Cathecumene. Le R. Pere Buteux qui nous l'avoit envoiée des trois Rivieres & qui l'avoit connuë dans son dereglement l'étant venuë visiter avoit les larmes aux yeux la voiant dans une si grande modestie & en de si belles dispositions pour le bien: Et il me dit avec un grand ressentiment: Quand vous n'auriez fait que ce bien là depuis que vous étes dans ce païs, vous avez beaucoup fait & étes plus que récompensée de vos peines par la conversion de cette ame. A Dieu seul en soit la gloire, car c'est lui qui fait tout. Je vous fais ce recit, Madame, pour vous donner sujet de loüer de nouveau l'auteur de tant de biens: Car je ne vous sçaurois exprimer tous ceux qu'il fait en ce païs. La Relation vous en dira quelque chose, mais en verité elle ne sçauroit dire tout ce qui en est, & quand elle le pourroit dire on ne le croiroit pas. Mais enfin si nous sommes dignes de souffrir quelques travaux, soyez persuadée, Madame, que vous y aurez grande part: Faites-moy aussi la grace de me faire part de

LETTRES HISTORIQUES
vos merites, & de me tenir dans le cœur de l'aimable JESUS;
Vôtre.

De Quebec le 3. Septembre 1640.

LETTRE XIV.
A UN DE SES FRERES.

Elle lui parle du zele des Sauvages pour la Foy, & de la persecution suscitée aux Hurons contre les Reverends Peres Jesuites.

Mon tres-cher Frere. La paix & l'amour de JESUS. C'est avec un extreme contentement que j'ay reçu vôtre lettre en ce bout du monde où l'on est sauvage toute l'année, sinon lorsque les vaisseaux sont arrivez que nous reprenons nôtre langue Françoise. Nous avons passé l'Hiver en Canada sans aucune indisposition contre l'attente de tout le monde, qui croioit qu'après les grandes maladies dont nôtre Seminaire a été rempli, nous succomberions à nôtre tour. Nous avons passé l'Esté de méme, quoi qu'il soit ici aussi chaud qu'en Italie. C'est pourquoi nous avons eu toute l'année des Seminaristes en bon nombre lesquelles nous donnent des consolations tres-sensibles par les vertus que nous leur voions pratiquer. On ne les prendroit jamais pour des Sauvages, tant elles ont de grace & d'adresse en ce qu'elles font, & elles sont si devotes & si ferventes, qu'on ne diroit pas qu'elles sont nées dans la Barbarie. Depuis qu'elles ont été lavées dans le sang de JESUS-CHRIST, elles conservent une pureté d'ame qui n'est pas croiable. Les hommes & les femmes en font de méme. Ils font encore beaucoup plus, parceque poussez de zele de communiquer la grace que Dieu leur a faite, ils vont dans les autres Nations porter des presens pour les attirer ici, afin qu'elles entendent la loy de Dieu, & qu'elles s'y soûmettent. L'on a baptisé plus de douze cens personnes dont la pluspart a plûtôt servi à faire une Eglise triomphante qu'une militante par une grande mortalité survenuë entre les Sauvages. Ainsi Dieu tire sa gloire de nos petits travaux, nonobstant la persecution que le Diable a suscitée aux Hurons contre les serviteurs de Dieu, dont plusieurs ont pensé étre martyrisez. Le R. Pere Ragueneau & plusieurs de sa compagnie ont été outrageusement battus & grievement blessez. Un Sauvage aiant

DE LA M. MARIE DE L'INCARNATION.

levé le bras pour lui fendre la tête, la hache s'attacha à ses cheveux sans pouvoir passer outre : mais un bâton lui fut rompu sur le bras. Il eût bien voulu qu'on lui eût ôté la vie pour la foy qu'il anonce, mais Dieu qui se veut servir de lui le reserve à autre chose. Ceux de nos quartiers ne sont pas tant persecutez, mais ils sont infatigables à cultiver nos bons Chrétiens, qui vivent dans la perfection où vivoient ceux de la primitive Eglise. Ils se disposent à aller prêcher aux Nipisiriniens & aux nations de la mer du Nort trois cens lieuës, à ce qu'on dit, au dela des Hurons. Il semble que Dieu veut qu'on porte l'Evangile par tout, & que l'empire que les Demons s'étoient érigé depuis tant de siecles pour combattre celuy de Jesus-Christ, soit entierement détruit. Ils partent avec une allegresse nompareille dans le seul appui de la providence & à l'Apostolique. Cependant nous entendons les Sauvages qui sont auprés de nous chanter les loüanges de Dieu en leur langue. Leurs filles chantent au chœur avec nous, & nous leur apprenons tout ce que nous voulons, à quoi elles sont si souples, que je n'ay jamais veu dans des filles Françoises les dispositions que je remarque en elles-mêmes. C'est le saint Esprit qui fait tout cela, car nous sommes trop foibles pour nous en attribuer quelque chose. Beni soit donc l'auteur des merveilles que nous voyons : la relation en sera toute pleine, encore qu'il ne soit pas possible d'y mettre tout ce qui en est; aussi auroit-on de la peine à le croire. Ceux qui ne viennent en Canada que pour le temporel n'y trouveront jamais leur comte si bien que ceux qui y viennent pour donner leur vie pour JESUS-CHRIST. Si ceux-cy y souffrent c'est de ne pas assez souffrir. Pour moy, j'y suis si inutile que j'ay peur d'en rendre un grand comte devant Dieu.

De Quebec le 4. Septembre 1640.

LETTRE XV.

A UNE SUPERIEURE DE LA VISITATION DE TOURS.

Elle témoigne l'obligation qu'elle a à Dieu de l'avoir appellée en Canada. Docilité des filles Sauvages. Ferveur de ceux qui sont plus avancez en en âge: Desir du martyre dans les personnes Apostoliques.

MA tres-Reverende & tres-chere Mere. Enfin nous avons reçû vos lettres un mois & demi aprés l'arrivée des premiers vaisseaux, parce qu'on les a envoiées par la Rochelle, d'où l'on part plus tard que de Dieppe: ce qui fait qu'à peine avons-nous du loisir pour faire nos réponses. Je réponds pourtant à la vôtre, ma tres-chere Mere, dans laquelle vous dites la verité, qu'il n'y a personne dans le monde qui ait des obligations à nôtre bon Dieu comme moy. Qui eût jamais pensé qu'il m'eût voulu regarder pour un dessein comme celui auquel il m'occupe? Je me pers quand j'y pense. J'en ai pourtant toujours fait les fonctions depuis que nous sommes en cette bien-heureuse terre, tant au regard des filles Françoises que des Sauvages. Je ne vous puis exprimer le contentement que nous en recevons, particulierement de la part de nos cheres Neophites: car elles se laissent conduire comme de petits agneaux, celles de dix-sept ans, aussi-bien que celles de sept ou de six. Cette docilité est commune à tous, aux hommes & aux femmes, aux grands & aux petits; car il est tres-vrai que depuis que nos Sauvages sont regenerez par les eaux du saint Baptéme, ils entrent dans une simplicité d'enfant, en sorte que nous voyons la verité de ces paroles de nôtre Seigneur: *Ils seront dociles à l'Esprit de Dieu.* Joignez à cet esprit de simplicité celui de la ferveur, car nous voions dans nôtre primitive Eglise, le zele & l'ardeur de la primitive Eglise convertie par les Apôtres. Je ne vous en dirai rien de bien particulier, le temps ne me le permettant pas, mais bien ce qui se presentera à mon esprit en general.

La persecution a été grande aux Hurons, où nos Reverends Peres se sont veus à la veille de souffrir le martyre. Le R. Pere Ragueneau étant entré dans une cabane pour baptiser une femme qui le desiroit, son mari qui ne le vouloit pas hurloit comme une béte feroce, & prenant une hache il la déchargea sur le Pere afin de lui fendre la tête: mais la hache demeura attachée à ses cheveux sans pouvoir passer outre. Ce bon Pere m'a dit luy-même: je pensois avoir la tête fenduë, cependant je n'ai eu acun mal, & je ne sçai comment cela s'est fait. Le barbare en demeura si épouvanté, qu'il sortit de sa cabane, & le lendemain le Pere eut le courage d'y rentrer & de donner le Baptéme à celle qui le desiroit avec tant d'ardeur, en suite duquel elle mourut le même jour.

Cette femme avoit été excitée à demander ce Sacrement par une fervente Chrétienne, qui lui disoit avec une grande candeur & simplicité: vous ne sçavez pas ce que c'est que d'être Chrétien; on est si bon quand on est baptisé, que sans peine on souffre tout: hier on me déroboit devant moi & à ma veuë, & je n'en dis mot. Voila un échantillon de la vertu de nos nouveaux Chrétiens. Nôtre bon Joseph a fait l'office d'Apôtre cette année, aprés s'y être disposé par les exercices spirituels. Vous seriez ravie d'entendre ce qu'il a fait; car il a été hardiment & sans craindre la mort de bourg en bourg prêcher l'Evangile avec une elegance du Paradis, n'omettant rien de ce qu'il jugeoit necessaire pour mettre nôtre foy en credit. Ses compatriotes qui sçavoient qu'il ne pouvoit avoir cette science naturellement, étoient ravis & comme en extase en l'entendant parler. Il leur disoit: Ah! si vous sçaviez la charité qui est parmi ceux qui croient en Dieu; vous ne demeureriez jamais comme vous étes. Encore qu'ils ne se soient jamais veus, ce n'est qu'un cœur & une ame: Je fus ravi l'an passé étant à Quebec à l'arrivée d'un vaisseau où il y avoit de grandes filles vétuës de noir, qui pour l'amour de nous sont venuës en ce païs; les unes prirent avec elles des filles Montagneses qu'elles faisoient manger avec elles, & à qui elles donnoient de beaux habits: les autres qui étoient habillées d'une autre couleur prirent les malades, qu'elles soulageoient & veilloient jour & nuit avec de grands soins & de grandes fatigues: A leur arrivée on fit tant de feste, que vous eussiez dit que tout le monde de Quebec n'étoit qu'un. O que nous sommes bien éloignez de cela! Nous vivons comme des bêtes, & ne sçavons ce que c'est que parfaite amitié, laquelle ne se trouve qu'avec ceux qui croient en Dieu. Voila les sentimens d'un homme sauvage, mais que la grace a poli au delà de tout ce que je vous en pourrois dire.

Quoique la persecution ait été grande aux Hurons, l'on n'a pas laissé d'y baptiser plus de douze cens personnes; & quant aux Sauvages de ces quartiers, ceux qui ne sont pas baptisez ont honte de paroître.

C'est une chose ravissante de voir tous nos Reverends Peres prodiguer leur vie pour attirer tous ces peuples au troupeau de Jesus-Christ. C'est à qui ira aux lieux les plus éloignez & les plus dangereux, & où il n'y a aucun secours humain. Les souhaits qu'on fait ici les uns pour les autres sont: Allez, nous sommes ravis que vous alliez dans un lieu d'abandonnement: ô pleût à Dieu qu'on vous fende la tête d'une hache! ils répondent: ce n'est pas assez, il faut être écorché & brûlé, & souffrir tout ce que la ferocité des plus barbares peut inventer de cruel. Nous souffrirons tout cela de bon cœur pour l'amour de Dieu & pour le salut des Sauvages. Si cela arrive, leur dit-on, nous en chanterons le *Te Deum*. Je disois au R. P. Ragueneau, à qui on avoit rompu un gros bâton sur les bras. Hé bien, mon Pere, cela n'est-il pas bon, & n'êtes-vous pas bien aise d'avoir été si bien traité? Helas! me dit-il, j'eusse bien voulu qu'on en fût venu plus avant. Voila ses sentimens, qui sont des sentimens d'Apôtre; & tout le monde envie ici le bon-heur qui lui est arrivé: Il en est quasi de même du R. Pere Chaumonot, qui voiant qu'on levoit la hache sur son compagnon, s'écria disant: il faut que je sois de la partie. Pour cet effet il entra hardiment, mais Dieu les sauva tous deux pour ce coup. Tous les autres travaillent de même chacun en sa maniere. Mais comme c'est le propre de la conduite amoureuse de nôtre bon Dieu d'éprouver ses enfans & ses meilleurs amis, il a permis que leur maison & leur Eglise de Quebec aient été entierement brûlées, avec tous leurs meubles, & ceux qui devoient être envoiez dans les autres maisons, en sorte qu'il ne leur est resté que ce qu'ils avoient sur eux, c'est à dire des habits d'été fort simples & usez. Ils regardoient ce desastre sans s'émouvoir, disant qu'ils en ressembloient mieux à Jesus-Christ d'être ainsi dépourveus de tout. Ne sont-ce pas la en effet de vrais imitateurs de ce divin maître? Je ne vous puis exprimer leur charité en nôtre endroit, tant au spirituel qu'au temporel, non plus qu'au regard de tout le Canada, où il n'y a personne qui ne se ressente de leurs bien-faits.

Il faut finir, ma chere Mere, vous suppliant de remercier pour nous nos Reverendes Meres de Paris, qui nous ont fait cette année une grande charité, dont nous leur sommes tres-obligées. Je vous remercie encore de vôtre amitié & de vos prieres, dont je vous demande la continuation pour l'amour de Jesus, en qui je suis, ma tres-Reverende Mere, Vôtre tres-humble fille.

De Quebec le 4. Septembre 1640.

DE LA M. MARIE DE L'INCARNATION.

LETTRE XVI.

A UNE RELIGIEUSE DE LA VISITATION.

A la Mere Marie Gillette Rolland.

Elle la saluë par une saillie d'amitié en langue sauvage, & luy parle de la foy heroïque d'un nouveau converti, & de la providence de Dieu sur son Monastere.

MA tres-chere & tres-aimée Mere. J'ay reçû une singuliere consolation à la lecture de vôtre lettre. Ni-Misens, erisek sasa sapicha entaien aiega eapitch Khisadkihir arisi Khisa parmir, ssuga siechimir. Ni-Misens, misitch Kasasadkihatch Dieu, Kihisadkihir. Voila qui m'est échapé. C'est à dire en nôtre langue : Ma Sœur encore que vous soiez bien loin, neanmoins je vous aime toujours, plus que si je vous voiois. Je vous embrasse fortement, ma Sœur, & parceque vous aimez Dieu, c'est pour cela que je vous aime. Il me falloit faire cette petite saillie avec ma chere Sœur Gillette, & lui dire à peu prés ce que nous disons ordinairement à nos cheres Neophites. Il faut que je vous avoüé qu'en France je ne me fusse jamais donné la peine de lire une histoire ; & maintenant il faut que je lise & medite toute sorte de choses en sauvage. Nous faisons nos études en cette langue barbare comme font ces jeunes enfans qui vont au College pour apprendre le Latin. Nos Reverends Peres quoique grands docteurs en viennent là aussi-bien que nous, & ils le font avec une affection & docilité incroiable. O ma chere Sœur ! quel plaisir de se voir avec une grande troupe de femmes & de filles Sauvages dont les pauvres habits qui ne sont qu'un bout de peau ou de vieille couverture, n'ont pas si bonne odeur que ceux des Dames de France ! mais la candeur & simplicité de leur esprit est si ravissante qu'elle ne se peut dire. Celle des hommes n'est pas moindre. Je voy des Capitaines genereux & vaillans se mettre à genoux à mes pieds, me priant de les faire prier Dieu avant que de manger : Ils joignent les mains comme des enfans & je leur fais dire tout ce que je veux. Il en est arrivé plusieurs d'une Nation fort éloignée, qui nous voiant étoient en peine de nôtre façon de vie. Ils me demanderent pourquoi nous avions la téte enveloppée, & pourquoi on ne nous voioit que par des trous, c'est ainsi qu'ils appelloient nôtre

Cette lettre, est un ou grec, mais avec cette difference qu'elle se joint toujours avec la lettre suivante pour ne faire avec elle qu'une seule syllabe par exemple en ces mots sasa, sapicha, *l'*s, *& l'*a, *ne font qu'une syllabe.*

grille. Je leur dis que les Vierges de nôtre païs étoient ainsi, & qu'on ne les voioit point autrement. Ils étoient ravis de ce que pour l'amour de leur nation nous avions quitté nôtre païs, & que par une pure charité nous vestions & nourrissions leurs filles comme si elles nous eussent appartenu. L'un d'eux me dit tu sçauras bien-tôt parler comme nous; pour nous nous n'avons point encore d'esprit, mais nous en aurons quand nous serons instruits & baptisez.

Le bon Estienne Pigarsich, qui avant son baptême étoit un fameux sorcier, est maintenant un homme tout de feu; aussi sa foy a merité que Dieu fit un miracle en sa faveur. A son retour de la chasse il dit au R. Père le Jeune: Celui qui a tout fait m'a beaucoup aidé. J'étois tout languissant & prest à mourir. En cet état je dis à ma femme prie celui qui a tout fait, afin qu'il me guerisse. Il est bon; neanmoins s'il veut que je meure je veux bien mourir. Alors ma femme fit cette priere: Toy qui as tout fait, tu me peux aider; gueris mon Mari, car nous croions en toy; & encore bien que tu voulusses qu'il mourût, nous ne cesserons jamais de croire en toy. Au même instant que ma femme eût fait cette priere, je me trouvé gueri. Il me fit la grace entiere, car je me trouvé encore tout plein de force; & comme nous n'avions point de canot je fis ma priere disant: Toy qui as tout fait, tu me peux aider, & je t'en prie, car je n'ay jamais fait de canot. Je me mis donc à faire ce canot, & non seulement j'en veins à bout, mais encore je le fis parfaitement. Hé bien Pere le Jeune celuy qui a tout fait ne m'a-t'il pas bien aidé? je serois mort sans lui, & me voici en parfaite santé. mais j'ay une question à te faire: Lorsque nous sommes éloignez & que nous ne pouvons entendre la Messe, ne seroit il pas bon que j'eusse une chandelle en priant Dieu? Tu me defend de penser à autre chose qu'à lui; neanmoins lorsque je le prie, l'envie me vient de regarder si tous mes Gens sont en priere: Alors tout doucement & de peur de leur donner mauvais exemple je tourne les yeux, & aussi-tôt je les referme de même. Dans la resolution que j'avois faite de châtier les desobeïssans, il y en eut un sur la tête duquel je mis de la cendre rouge; Est-ce mal fait que de faire tout cela? On ne peut voir ce bon Chrétien sans avoir de la devotion. Il y a encore deux Capitaines à Sillery qui vivent saintement, & ces trois tiennent tout dans le devoir.

Quant à ce qui nous touche plus particulierement, nous ressentons tous les jours les effets de l'amoureuse providence de Dieu en
nôtre

nôtre endroit. Je pensois que cette année nous manquerions de tout, à cause de nôtre extréme pauvreté : Monsieur Marchand nous a donné dequoi vétir nos Seminaristes, un Ciboire & des outils pour le travail. Vos bonnes Meres de Paris nous ont envoyé un present de valeur de plus de 250. livres ; Nos cheres Meres de Tours & de Loches nous ont fait une bonne aumône : Nos amis de Tours s'y sont joints ; & tout cela nous a ôté de la necessité où nous étions d'employer nos tours de lict à faire des habits à nos filles, selon la resolution que nous en avions prise. Voila donc ce que la divine providence fait pour ses enfans ; & je vous assure qu'elle a pour nous un soin tout particulier. Les Habitans de Quebec nous donnent des legumes & d'autres semblables rafraichissemens, en sorte que nous sommes trop à nôtre aise. Nous avons passé cet hiver aussi doucement qu'en France ; & quoique nous soions pressées dans un petit trou où il n'y a point d'air nous n'y avons point été malades, & jamais je ne me sentis si forte. Si en France on ne mangeoit que du lard & du poisson salé comme nos faisons ici, on seroit malade & on n'auroit point de voix ; nous nous portons fort bien & nous chantons mieux qu'on ne fait en France. L'air est excellent, aussi est-ce un Paradis terrestre où les croix & les épines naissent si amoureusement, que plus on en est piquée, plus le cœur est rempli de douceur. Priez-nôtre Seigneur qu'il me fasse la grace de les aimer toujours. Adieu, ma chere Sœur.

C'étoit un Bourgeois de Tours d'une haute pieté & ami intime de la M. de l'Incarnation.

De Quebec le 4. Septembre 1640.

LETTRE XVII.

A UN DE SES FRERES.

Elle luy parle du progrez de la Religion Chrétiene & de quelle maniere on traite les Sauvages pour les attirer à la Foy.

MOn tres-cher Frere. Beni soit le Roy du Ciel & de la Terre, qui par sa bonté a fait arriver les vaisseaux à nôtre port aprés avoir couru les risques de l'armée navalle des ennemis, & s'étre sauvez par le moyen d'une escorte de quarante vaisseaux que Monseigneur le Cardinal de Richelieu envoya à la priere de Madame la Duchesse d'Aiguillon. Nous ayons reçu ce qu'on nous envoioit de France &

tout ensemble vôtre charité, dont je vous suis beaucoup obligée & vous en rend mes tres-humbles actions de graces. Nous avons toujours fait nos fonctions envers les filles tant sauvages que françoises depuis que nous sommes en ce bout du monde, outre les femmes externes qui sont souvent parmi nous. A cette fin nous étudions la langue Algonquine par preceptes & par methode, ce qui est tres-difficile. Nôtre Seigneur neanmoins me fait la grace d'y trouver de la facilité, ce qui m'est d'une tres grande consolation. L'on nous figuroit le Canada comme un lieu d'horreur ; on nous disoit que c'étoit les fauxbourgs de l'Enfer, & qu'il n'y avoit pas au monde un païs plus méprisable. Nous experimentons le contraire, car nous y trouvons un Paradis, que pour mon particulier je suis indigne d'habiter. Il y a des filles sauvages qui n'ont rien de la barbarie. Elles perdent tout ce qu'elles ont de sauvage si tôt qu'elles sont lavées des eaux du saint baptême en sorte que ceux qui les ont veües auparavant courir dans les bois comme des bêtes sont ravis & pleurent de joye de les voir douces comme des brebis s'approcher de la sainte table pour y recevoir le veritable agneau. L'on n'eût jamais cru qu'elles eussent pu demeurer enfermées dans un cloître : Elles y demeurent neanmoins sans peine, & n'en sortent point sans congé. Je ne parle point des consolations que nous avons de voir le progrez de nos nouveaux Chrétiens qui se sont rendus sedentaires. L'on voit des Sorciers devenus Apôtres & prêcher hardiment l'Evangile à leurs compatriotes : La Relation vous le dira, car les lettres sont arrivées si tard, qu je n'ay pas le loisir de m'étendre. Comme vous étes jaloux de la gloire du Roy des Nations, vôtre cœur sera comblé de joye d'apprendre que douze cens personnes ont été baptisées : Ce sont des effets du bras tout-puissant, qui par les travaux de sa vie & de sa passion, s'est acquis tous ces peuples : on en a encore decouvert de nouveaux, à la conversion desquels on va travailler. Ils soûpirent aprés nôtre sainte foy, & les Reverends Peres de la Compagnie de leur part n'épargnent ni vie ni santé pour les gagner entierement à JESUS-CHRIST. De nôtre côté nous y contribüons de tout nôtre possible Il me semble que lorsque nous faisons festin à nos Sauvages, & que pour en traiter splendidement soixante ou quatre-vingt on n'y employe qu'environ un boisseau de pruneaux noirs, quatre pains de six livres piece, quatre mesures de farine de pois ou de bled d'Inde, une douzaine de chandelles de suif fondües, deux ou trois livres de gros lard, afin que tout soit bien gras, car c'est ce qu'ils aiment, il me semble, dis-je, que l'on doit deplorer les grandes superfluitez du monde, puisque si peu de chose est capable de contenter & de ravir d'aise ces pauvres gens, parmi lesquels neanmoins il y a des Capitaines qui à leur égard passent pour des Princes & pour des personnes de qualité. Et cependant ce festin que je viens de décrire & qui leur sert tout ensemble de boire & de manger, est un de leurs plus magnifiques repas. Voila comme on les gagne, & comme à la faveur d'un apas materiel on les attire à la grace de JESUS-CHRIST. Priez ce divin Sauveur pour eux & pour moy qui suis Vôtre.

De Quebec le 4. de Septembre 1640.

LETTRE XVIII.

A UNE RELIGIEUSE URSULINE DE TOURS.

Qui lui avoit demandé un pied d'Elan.

MA tres-chere & bien-aimée Sœur. La paix & l'amour de l'aimable JESUS. Il me tardoit que je n'avois de vos nouvelles, car il est vrai que mon cœur est tout à fait uni au vôtre, & je n'ay point douté que de vôtre part vous n'ayez beaucoup prié pour moy. Nous avons ici ressenti l'effet de vos prieres & de celles de vôtre sainte Communauté, qui non contente de ses prieres a encore voulu nous combler de ses bienfaits : Le Dieu du Canada sçaura bien les recompenser. Je me suis mise en peine de vous faire chercher un pied d'Elan mais vos lettres sont venües si tard que je n'ay encore rien d'asseuré. Je ferai mon possible pour en trouver, prenant un singulier plaisir de vous rendre quelque petit service. Vous sçavez combien je puis peu en effet : mais d'affection je ne sçay ce que je voudrois faire pour vous, ma chere sœur, qui prenez tant de part à mon bonheur. Priez la divine bonté que mes pechez ne me privent point des biens qu'elle me veut faire, si je luy suis fidele. Adieu, ma tres-chere Sœur

De Quebec le 7. Septembre 1640.

LETTRE XIX.

A LA SUPERIEURE DES URSULINES DE TOURS.

A la Mere Ursule.

Les Reverends Peres Jesuites sont accusez & persecutez par les Hurons comme Magiciens. Leur zele pour le salut des ames, & le desir qu'ils ont du martyre.

MA Reverende & tres-chere Mere. Le retardement du vaisseau qui nous apportoit vos lettres, m'ôtoit l'esperance d'en recevoir aucune de vôtre part, parce que nous le tenions perdu. Il est de la prudence de ne pas mettre tout ce que l'on a dans une même voiture, parce que si le vaisseau vient à se perdre, l'on perd tout à la fois tous ses rafraichissemens, & l'esperance de rien recevoir que l'année suivante. Enfin il est arrivé sur la fin du mois d'Août, chargé de vos bien-faits, sans lesquels nous eussions manqué de beaucoup de choses. Le Dieu du Canada qui vous a inspiré d'aider son Seminaire vous recompensera de ses biens infinis.

Ce recit qui étoit fort ample a été perdu.

Le recit que je vous ai envoié par une autre voye, vous apprend ce qui s'est passé dans l'education de nos Seminaristes ; & je m'y suis engagée de vous parler des actions heroïques de nos Reverends Peres ; c'est ce que je vais faire.

Les Demons ont conspiré de détruire, s'ils peuvent, la Mission des Hurons, & font en sorte que toutes les calomnies que l'on produit contre eux paroissent comme des veritez. L'on a fait de grandes assemblées afin de les exterminer, & eux bien loin de s'effraier, attendent la mort avec une constance merveilleuse : ils vont même au devant dans les lieux où la conspiration est la plus échauffée. Une femme des plus anciennes & des plus considerables de cette nation harangua dans une assemblée en cette sorte : Ce sont les Robes noires qui nous font mourir par leurs sorts ; Ecoutez-moi, je le prouve par les raisons que vous allez connoître veritables. Ils se sont logez dans un tel village où tout le monde se portoit bien, si-tôt qu'ils s'y sont établis, tout y est mort à la reserve de trois ou quatre personnes. Ils ont changé de lieu, & il en est arrivé de même. Ils sont allez visiter les cabanes des autres bourgs, & il n'y a que celles où ils n'ont point entré qui aient été exemptes de la mortalité & de la maladie. Ne voyez-vous pas bien que quand ils remuent les levres, ce qu'ils appellent priere ;

ce sont autant de sorts qui sortent de leurs bouches? il en est de même quand ils lisent dans leurs livres. De plus dans leurs cabanes ils ont de grands bois (ce sont des fusils) par le moyen desquels ils font du bruit & envoient leur magie par tout. Si l'on ne les met promptement à mort, ils acheveront de ruiner le païs, en sorte qu'il n'y demeurera ni petit ni grand. Quand cette femme eut cessé de parler, tous conclurent que cela étoit veritable, & qu'il falloit apporter du remede à un si grand mal. Ce qui a encore aigri les affaires, c'est qu'un Sauvage se promenant rencontra une personne inconnuë qui lui donna bien de la frayeur. Ce spectre lui dit, écoute moi, je suis Jesus que les Robes noires invoquent mal-à-propos; mais je ne suis point le maître de leur imposture. Ce Demon qui feignoit être Jesus ajoûta mille imprecations contre la priere & contre la doctrine que les Peres préchoient, ce qui augmenta étrangement la haine qu'on leur portoit déja. On en vient aux effets; les uns sont battus, les autres blessez, les autres chassez des cabanes & des bourgs. Cependant, quoique la mort causât par tout des ravages étranges, ils ne laissoient pas de se jetter sans crainte dans les perils, afin de baptiser les enfans & ceux qu'ils trouveroient en état. Le bon Joseph qui les suit par tout, faisant l'office d'Apôtre se rend l'opprobre de sa nation, pour le nom de Jesus-Christ. Plus on leur fait du mal, plus ils sont hardis. Le R. Pere Pijar est décendu cette année à Quebec pour les affaires de la mission : On l'a fait ramer tout le long du voiage, avec tant d'inhumanité, que quand il est arrivé, il ne pouvoit se soûtenir, & à peine put-il dire la Messe. Il m'a fait le recit des peines que les Peres souffrent en cette Mission, elles sont inconcevables, & neanmoins son cœur étoit rempli d'une telle ardeur d'y retourner, qu'il oublia tous les travaux du voiage pour aller chercher ses amoureuses croix, qu'il proteste qu'il ne changeroit pas, hors la volonté de Dieu, pour le Paradis. On ne put jamais gagner sur lui de lui faire prendre quelques petits rafraîchissemens pour le chemin. Je ne sçai ce qui arrivera de lui ni des Peres qui l'accompagnent, parce que les accusations que l'on apporte contre eux, sont produites dans un certain jour qui les fait paroître veritables. On les regarde effectivement comme des sorciers, dautant que par tout où ils alloient Dieu permettoit que la mortalité les accompagnât, pour rendre plus pure la foy de ceux qui se convertissoient. Ils furent reduits à cette extremité que de cacher leurs breviaires, & de ne plus faire d'oraisons vocales. Je vous conjure, ma tres-chere Mere, de renouveller vos prieres pour ces grands serviteurs de Dieu: Je vous envoie comme à ma plus chere amie, les lettres qu'ils m'écrivent, afin que vous les voïiez & que vous les gardiez par respect, comme venant de la part de ces admirables ouvriers de l'Evangile.

L'on renvoie ici le R. P. Poncet pour se remettre d'une indisposition qui lui est survenuë; nous en sommes en peine, parce qu'on nous a dit que trois canots ont été pris des Hiroquois. Si cela se trouve veritable il est pris infailliblement, & peut-étre déja mangé. Nous aurons possible un Martyr en sa personne, ce qui fera une grande jalousie aux autres qui soûpirent incessamment aprés cette haute grace. Nous sommes de promesse avec eux, que si ce bon-heur leur arrive nous en chanterons le *Te Deum*, & qu'en échange ils nous feront part du merite de leur sacrifice. Je ne croi pas que la terre porte des hommes plus dégagez de la creature que les Peres de cette Mission. On n'y remarque aucun sentiment de la nature, ils ne cherchent qu'à souffrir pour JESUS-CHRIST & à lui gagner des ames. L'hiver dernier une vieille femme qui nous avoit amené une Seminariste, demeura dans la rigueur d'un grand froid dans la nege à quatre lieuës d'ici. Le R. Pere le Jeune le sceut, & prenant avec lui un bon Frere & un Sauvage, l'alla chercher pour l'aider à bien mourir ou pour l'amener à l'Hôtel-Dieu. Ils passerent la nuit dehors ensevelis dans la nege durant un froid si terrible que le serviteur de Monsieur de Piseaux qui traversoit un chemin en mourut. Ils trouverent cette femme avec encore assez de force pour étre transportée jusques à Quebec. Ils la traînerent sur une écorce avec des peines incroyables. Le lendemain elle mourut, recevant la recompense de sa foi & de sa patience, & le Pere conservant le merite de sa charité. Nous voions tous les jours de semblables actions de vertu, qui montrent combien ces hommes Apostoliques sont ennemis d'eux-mêmes & de leur repos pour le service de leur Maître.

Quant aux Sauvages sedentaires, ils sont dans la ferveur des premiers Chrêtiens de l'Eglise. Il ne se peut voir des ames plus pures ni plus zelées pour observer la loi de Dieu. Je les admire quand je les voi soûmis comme des enfans à ceux qui les instruisent. La Mere Marie de saint Joseph vous écrit quelque chose de leurs ferveurs, qui vous donneront un ample sujet de loüer l'Autheur de tant de biens, & de le prier pour la conversion des Sauvages errans, qui commencent à étre touchez & à se vouloir arrêter à l'exemple de leurs compatriotes, qui sont sedentaires depuis leur conversion. Aimez sur tout nôtre petit seminaire qui loge des ames tres-innocentes & nouvellement lavées dans le sang de l'Agneau. Elles prient beaucoup pour vous & pour leurs autres bienfaiteurs, & je ne doute point que vous n'en ressentiez les effets, puisque Dieu se plaît d'exaucer les prieres des ames pures.

J'ai commission de Monsieur le Gouverneur & du R. Pere le Jeune de vous envoier une certaine bave qui est comme du coton, afin de faire épreuve en plusieurs façons ce que l'on en pourroit faire. Je croi qu'il la faudra battre & carder pour voir si on la pourroit filer. Cela est plus délié que de la soie & du Castor. Je vous supplie donc de la faire voir à quelqu'un qui ait de l'industrie, & si on la peut façonner & mettre en œuvre, de nous en faire voir des essais. Nous en pourrons asser ici si l'on trouve qu'elle puisse être utile à quelque chose. Adieu, ma tres-chere Mere, je ne suis pas tant éloignée de vous d'esprit que de corps. Nous aimons un objet immense dans lequel nous vivons, & dans lequel aussi je vous voi & vous embrasse par l'union qui nous lie en luy, & qui nous y liera, comme j'espere eternellement.

De Tours le 13. Septembre 1640.

LETTRE XX.

A UNE SUPERIEURE DE LA VISITATION DE TOURS.

A qui elle témoigne sa joye d'être dans un païs & dans des emplois où elle peut devenir sainte: Zele apostolique d'un Sauvage nouvellement converti: Quelques coûtumes des Sauvages.

MA Reverende & tres-honorée Mere. Je saluë vôtre cœur en celui qui est le lien de nos affections. La distance de tant de mers ne peut refroidir ce que mon cœur conserve pour le vôtre. O, ma tres-chere Mere, que les misericordes de nôtre aimable Epoux sont grandes en mon endroit! Vous me consolez plus que je ne vous puis dire d'y prendre tant de part: Vous les appellez grandes, mais en verité vous ne les sçauriez exagerer. Sçavez-vous bien que les cœurs ont ici de tout autres sentimens qu'en France? Non des sentimens sensibles, car il n'y a point d'objets qui puissent flatter les sens; mais des sentimens tous spirituels & tous divins : Car Dieu y veut le cœur si denué de toutes choses, que la moindre occasion lui seroit un tourment s'il y vouloit d'autres dispositions que celles que la divine providence fait naître à chaque moment. O mon Dieu, que l'ame seroit riche en peu de temps, si elle vouloit, & si elle étoit fidele! Nous voions neanmoins ici une espece de necessité de devenir sainte; ou il faut mourir, ou y préter consentement.

Je ne pensois pas faire cette saillie, ma tres-aimée Mere, mais mon cœur s'est épanché insensiblement & n'a pu s'empécher de vous parler par ma plume. Nous habitons un quartier où les Montagnez, les Algonquins, les Abnaquiois & ceux du Sagenay se vont arréter, parceque tous veulent croire & obeïr à Dieu; n'est-ce pas là pour mourir de joie? Un homme de leurs côtes qui a été baptisé depuis peu a plus fait par ses sermons que cent Predicateurs n'auroient fait en plusieurs années. C'est le bon Chrétien Charles de Tadoussac. Il n'y a que deux jours que je prenois un singulier plaisir à luy faire raconter ses harangues, & de quelle maniere il s'est comporté au dernier voiage qu'il a fait à Tadoussac, où il emporta tous les cœurs pour les faire acquiescer à la doctrine que le Pere le Jeune leur préchoit. Enfin l'on voioit prêcher deux Apôtres en méme temps, l'un Jesuite, & l'autre Sauvage Chrétien seulement depuis six mois. Dans l'entretien que j'eus avec ce bon Neophite, je demeuré vivement touchée lors qu'il me disoit si fervemment ce qu'il avoit fait pour gagner ses Compatriotes. Je luy dis pour l'encourager encore davantage : Je te veux donner de la bougie & des images afin que tu puisse prier le matin & le soir, lorsque tu seras à la chasse. Cela va bien, me dit-il; je m'en vais te montrer comme je dresserai mon autel & de quelle maniere je prierai Dieu. Il plaça ses images, puis il se mit à genoux, & aiant fait le signe de la croix il pria quelque temps avec tant d'ardeur, & entra dans un si profond recueillement qu'il sembloit qu'il fût ravi. Ce fut lui qui dressa une cabane au Pere le Jeune à Tadoussac, & qui lui fit une petite chapelle. C'étoit lui encore qui le gardoit de crainte que quelque ennemi de la foy ne l'abordât : Mon Pere, lui disoit-il, je porte mon pistolet pour te garder, & je ferai autant de pas que toy, car il y a des méchans qui ne te veulent pas de bien. Ce genereux Chrétien a une femme paienne des plus méchantes & des plus insuportables, qui lui fait mille peines : il souffre ses malices & ses emportemens avec patience, & ne l'a point encore voulu quitter, pour

tâcher

tâcher de la convertir & pour sauver l'ame d'une petite fille qu'elle perdroit : parceque c'est la coûtume du païs que quand les personnes mariées se separent, la femme emmene les enfans.

Nous avons un grand nombre de semblables devots & de devotes sauvages qui s'entendent tres-bien à la recolleétion interieure : ils nous visitent fort souvent, mais avec tant de graces que cela nous ravit. Les Capitaines reglent leurs visites comme les personnes de qualité font en France : Il y a cette difference qu'on ne fait point de festins à nos parloirs de France, mais l'on en fait en celui cy. On leur sert de bons plats de Sagamité de farine d'Inde & de pois qui passent entr-eux pour un grand regal : Car ce seroit une chose honteuse d'envoier un Sauvage sans lui presenter à manger. Nous sommes heureuses d'avoir des ecuelles de bois ou d'ecorce, méme pour les Capitaines. Faute de petites cuilleres, ils se servent souvent de celle de nôtre pot, ou bien ils prennent des ecuelles à oreilles afin de manger plus à l'aise. Voila la simplicité de ces bonnes gens. Nos Seminaristes sont plus polies, car l'habitude qu'elles ont d'étre avec nous les rend tout autres.

Une femme sauvage voulant coucher chez nous assista aux prieres & à l'examen de conscience qu'on fait faire aux Seminaristes. Cette femme aiant parû triste, on lui en demanda la cause : helas, dit-elle, je n'avois point encore sceu qu'il falloit faire l'examen à la fin de la journée, voila pourquoi je suis triste, mais desormais je le ferai toujours. C'est là un point que nous inculquons fort à nos Seminaristes & que nous reconnoissons leur étre fort utile ; car d'elles-mémes elles disent leurs fautes tout haut, & par cette declaration nous connoissons la pureté de leurs cœurs.

Vos Reverendes Meres de Paris ont marié cette année une de nos filles, je leur envoie un billet pour une autre ; Nôtre Seigneur leur rendra abondamment cette charité : Vous m'obligez infiniment de celle que vous nous voulez faire. Il est vrai, ma tres-bonne Mere, qu'il nous faut trouver à cette premiere flotte prés de six mille livres tant pour paier nos ouvriers & nos materiaux, que pour faire nôtre provision de vivres ; ce qui nous oblige à nous priver cette année de toute sorte de rafraichissemens & de commoditez méme necessaires pour prier nos amis de nous donner en argent les aumônes qu'ils nous voudroient donner en d'autres manieres. C'est ce qui me fait aussi vous supplier de donner à ma Reverende Mere Prieure de nôtre Maison de Tours celle qu'il vous plaira de nous faire. Je fais la méme priere à tous nos bienfaiteurs de Paris & d'ailleurs. C'est pour nous tirer de l'extreme incommodité où nous sommes; car nous souffrirons toûjours jusqu'à ce que nous soions bâties. L'on jette les fondemens de nôtre Monastere proche le Fort de Quebec qui est le lieu le plus seur.

Il faut que je finisse aprés vous avoir dit que tous les Reverends Peres de la Compagnie se rendent admirables par leurs actions heroïques : Ils ne craignent ni vie ni mort, se jettant par un saint aveuglement dans la barbarie la plus feroce : On les bafouë, on les frappe, on les tient pour sorciers, & ils font gloire de tout cela; aussi Dieu benit leur travail par le grand nombre de peuple qu'il convertit par leur moyen. Adieu, ma tres-chere Mere, je vous embrasse un million de fois. C'est sans feintise que je suis toute vôtre en celui qui est nôtre tout.

De Quebec le 24. d'Aoust 1641.

LETTRE XXI.

A SON FILS.

Elle parle du progrés de la foy dans le Canada, du zele des Reverends Peres Iesuites à la dilater, & de l'assiduité avec laquelle elle & ses Religieuses étudient les langues pour en enseigner les mysteres.

MOn tres-cher Fils. Je prie la Reverende Mere Superieure de nôtre Maison de Tours de vous faire part de la Relation que je lui écris de ce qui s'est passé cette année de plus remarquable en cette nouvelle Eglise, ce qui fait que je vous en parle ici fort legerement. Les travaux m'y sont si doux que je n'ose les appeler travaux ; & si faciles à supporter que j'experimente ce que dit nôtre Seigneur : *mon joug est doux & mon fardeau leger.* Je n'ay pas perdu mes peines dans l'étude d'une langue barbare & étrangere, qui m'est à present si facile que je n'ay nulle peine à enseigner nos saints mysteres à nos Neophites. Nous en avons eu un grand nombre cette année, sçavoir plus de cinquante Seminaristes & plus de sept cens visites de Sauvages passagers que nous avons tous assistez spirituellement & corporellement. Pour ce qui regarde le Christianisme, voila trois Nations qui sont venües se rendre sedentaires à Silleri & dont les

DE LA M. MARIE DE L'INCARNATION. 347

filles doivent être envoyées dans nôtre Seminaire. Tous les Chrétiens font tres bien. Un Montagnez nouveau Chrétien a fait l'office d'Apôtre en sa Nation & a ébranlé avec le Reverend Pere le Jeune les trois Nations dont je vous parle. Lorsque le Reverend Pere les catechisoit il s'y est trouvé deux de nos Seminaristes qui ont donné de l'admiration à tous ces bons Catecumenes, & leur ont fait prendre la resolution de nous donner leurs filles puis qu'elles peuvent parvenir à ce que font les filles Françoises, tant au chemin du salut, que dans les sciences, d'où il sembloit que leur naissance dans la barbarie les dût exclure.

Tous nos nouveaux Chrétiens ont beaucoup souffert de la part des Hiroquois qui leur ont declaré la guerre, comme aussi à nos François : Mais Monsieur nôtre Gouverneur leur a donné la chasse par un combat qu'il leur a livré. Les Reverends Peres de la Compagnie qui sont aux Hurons ont souffert des fatigues étranges dans leurs Missions, particulierement cet hiver que le froid & les neiges ont été extraordinairement excessives. Ajoutez à cela la barbarie de ces peuples qui les ont étrangement fait souffrir. Le Reverend Pere Chaumonnot a ressenti leurs coups : Mais c'est un Apôtre qui est ravi d'être trouvé digne de souffrir pour JESUS-CHRIST. Il a appris la langue Huronne quasi miraculeusement & a fait des merveilles dans une Nation où lui & le Reverend Pere Brebeuf ont jetté les premieres semences de l'Evangile. Les Reverends Peres Garnier & Pijar ont pensé être tuez, mais nôtre Seigneur les a gardez miraculeusement. Le R. Pere Poncet a échappé des mains des Hiroquois qui étoient ecartez lorsque son canot passoit vîte conduit par des Hurons qui craignoient la mort que ce grand serviteur de Dieu desiroit ardemment. Il demeure aux trois Rivieres où il assiste les Algonquins avec le zele que vous pouvez penser. Il est sçavant en la langue Algonquine, qui est celle aussi que j'étudie & qui me sert pour instruire les Algonquines & Montagnaises qui sont des Nations adjacentes. La Mere Marie de saint Joseph étudie la langue Huronne dans laquelle elle reüssit fort bien. Nous avons neanmoins plus besoin de l'Algonquin, c'est pourquoi toutes s'y appliquent. L'on a découvert un grand nombre de Nations du côté du Nord qui parlent cette langue ; Elles veulent toutes croire en Dieu & en JESUS-CHRIST, & on les instruit pour les baptiser. On croit qu'il pourra y avoir quelques Martyrs dans les grandes courses qu'il faut faire dans diverses nations, où le Diable enragé de ce que JESUS-

CHRIST lui ravit l'empire qu'il avoit osé lui usurper depuis tant de siécles, suscite toujours quelques méchans pour persecuter les ouvriers de l'Evangile. Pour nous, nous sommes ici, graces à nôtre Seigneur, en assurance pour le present. La Mere Marie de saint Joseph ma chere compagne à qui Dieu fait de grandes graces & donne beaucoup de talens pour lui gagner des ames, vous saluë. Priez pour elle & pour moy qui suis.

De Quebec le 14. Septembre 1641.

LETTRE XXII.
A LA SUPERIEURE DES URSULINES DE TOURS.

A la Mere Ursule de sainte Catherine.

Les Hiroquois attaquent les Sauvages des trois Rivieres: Ils sont chassez par les François. Progrez de la foy dans les Nations Sauvages.

MA tres-Reverende & tres-honorée Mere. La presente n'est que pour vous reiterer ce que je vous ay déja écrit en plusieurs lettres par la voie de Dieppe. Si vous voiez les Reverends Peres le Jeune, Adam & Quentin qui passent en France pour les necessitez de la Mission, ils vous diront que les affaires de la foy vont tres-bien à Silleri, Quebec, Tadoussac, & Sagenay. Mais elles sont traversées aux trois Rivieres où les Hiroquois font une guerre mortelle à nos bons Sauvages, comme aussi à ceux qui sont au delà jusqu'aux Hurons. S'ils osoient ils viendroient jusqu'ici, mais il n'y feroit pas bon pour eux, c'est pourquoi ils s'en éloignent. Dans un combat qu'ils ont livré proche des trois Rivieres, Monsieur nôtre Gouverneur & nos François ont donné dessus, les ont defaits & chassez. Dans cette deroute neanmoins, ils ont pris quantité de Hurons, d'Algonquins & d'Algonquines. Ces derniers voulant se vanger, sont allez furtivement en leur païs, sont entrez dans leurs cabanes, ont tué plusieurs femmes & enfans, & ont pris la fuite. Mais les autres s'en étant aperçus, les ont poursuivis & en ont pris cinq qui sont peut-être déja mangez, car on ne sçait ce qu'ils sont devenus. Enfin tous les Sauvages des trois Rivieres ont quitté, plusieurs sont allez en leurs païs, & les autres se sont refugiez ici. C'est ainsi que le Diable fait paroître sa rage, tant il a de depit, de ce qu'on le dépoüille sans cesse de ses sujets pour augmenter le Royaume de JESUS-CHRIST.

L'on a découvert quantité de peuples du côté du Nord lesquels parlent Algonquin & Montagnez. Tous se font instruire avec une telle benediction que les Reverends Peres Pijar & Rimbault qui y sont emploiez n'y peuvent suffire & demandent du secours. Les Peres qui travaillent aux Hurons y ont souffert cette année de grands travaux. Les Reverends Peres de Brebeuf & Chaumonnot ont jetté les premieres semences de l'Evangile dans la Nation neutre, où ils ont pâti presque jusqu'à mourir: Le R. Pere Chaumonnot a pensé avoir la téte fenduë d'un coup de caillou. Comme ces peuples s'imaginent que la priere est une espece de sortilege, ils n'osent presque remuer les levres pour reciter leur office. Cela n'a pas empêché qu'un des plus grands & des plus fameux sorciers des Hurons n'ait été baptisé à Silleri, où nôtre Seminariste Therese le précha deux heures & demie la veille de son baptéme.

Nos Seminaristes font un grand progrez dans la foy & dans la pieté. Toutes sont baptisées, & nous en avons eu cette année jusqu'à quarante huit; sans parler de plus de huit cens visites de Sauvages que nous avons assistez selon nôtre possible. Nous nous établissons à Quebec comme au lieu le plus seur pour nos personnes & le plus avantageux pour l'instruction. Les Meres Hospitalieres y font aussi achever une maison. Et méme Messieurs de Mont-Real y font faire une maison & un magazin, car il est necessaire qu'ils aient ici un lieu de retraite, Mont-Real n'étant pas encore en assurance à cause des incursions & des guerres continuelles des Hiroquois.

Nous avons reçu vos liberalitez & celles de nos amis; nous en avons fait des robes à nos Sauvages qui en ont été ravies, n'étant pas accoûtumées de se voir si braves. Nous leur avons fait un festin general, où nos Reverends Peres se sont trouvez & ont pris occasion de nos largesses, de leur faire voir l'affection qu'on leur porte en France. Nous avons encore reçu tous les articles d'union qu'on nous a envoiez, je vous fais un milion de remercimens de les avoir agréez & approuvez. Adieu, ma chere Mere, mais sans adieu; car cette lettre doit être suivie de quelques autres, mon cœur ne pouvant laisser passer d'occasions sans vous donner des marques de son amour; & se sentant obligé de vous faire sçavoir ce qui se passera ici jusqu'au depart des derniers vaisseaux. Cependant je vous voy tous les jours devant la divine Majesté que je supplie de vouloir être la recompense de vos bienfaits.

De Quebec le 16. de Septembre 1641.

LETTRE XXIII.

A UNE RELIGIEUSE DE LA VISITATION.

A la Mere Gillette Roland.

A qui elle parle du progrez de la Foy dans le Canada & la remercie de ses presens.

MA tres-chere & tres-aimée Sœur. Je ne reçois point de vos lettres qu'avec des sentimens de joye tres-intimes. Je ne suis point en doute que vôtre cœur ne soit souvent ici, car seroit-il possible que ma chere Sœur ne vint point participer à nos satisfactions & à nos joies lorsque nous voions nos chers Sauvages lavez dans le bain de la regeneration des enfans de Dieu. Elle aime trop ce divin Maître, pour ne fondre pas avec nous en des larmes de devotion, voiant l'amplification de son Royaume. Il est beaucoup accru cette année, & il y a esperance d'un progrez encore beaucoup plus grand. C'est merveille de voir la ferveur de ces nouveaux convertis, entre lesquels j'en vis baptiser un il n'y a pas long temps qui sortant du saint lavoir s'en alla à la chasse. L'on eut crainte que cette nouvelle plante qui étoit encore tendre, étant en la compagnie de plusieurs Payens avec qui il devoit hiverner, ne reprît leurs maximes & leur façon de vie. A son retour je l'interrogé fort sur tout ce qu'il avoit fait durant le temps de son absence; il me rendit comte de tout avec une simplicité admirable. Je lui demandé entr'autres choses s'il n'avoit point été tenté? Je l'ay été beaucoup, me dit-il mais tout aussi-tôt je prenois en main le chapelet que tu m'as donné, je faisois le signe de la croix & je disois: Aye pitié de moy, JESUS, j'espere en toy, en toy qui determine de tout; chasse le Diable & aye pitié de moy. J'étois ravi d'entendre ce bon Neophite, & je voiois bien à ses dispositions qu'il étoit sorti plus fervent des dangers qu'il n'y étoit entré. Je ne vous dis rien qui approche de ce que nous voions; mais, ma chere Sœur, que JESUS vous apprenne lui-même ce qu'il fait dans les cœurs de ses enfans où il écrit la loy de simplicité & d'amour. Je vous rends graces de l'amour que vous avez pour le Canada: Je vous rends graces de vos bienfaits. Vous m'avez infiniment obligée de me dire de si bonnes nouvelles de vos Reverendes Meres & de vos cheres Sœurs: je les conjure de m'obtenir

DE LA M. MARIE DE L'INCARNATION.

du Ciel une grande & fidéle correspondance à toutes les graces que je reçois de nôtre Seigneur. La precieuse mort de ma Reverende Mere de Chantal a été le fruit de sa sainte vie ; Dieu soit eternellement Beni en ses Saints. Je vous saluë & suis en lui, Vôtre.

De Quebec le 30. d'Aoust 1642.

LETTRE XIV.

A UNE SUPERIEURE DE SON ORDRE.

Elle l'exhorte à faire & à procurer des aumônes aux filles Sauvages.

MA Reverende Mere. Tres-humble salut dans les playes sacrées que nôtre Seigneur a voulu souffrir pour le salut des ames. Vous sçavez qu'enfin la divine providence a disposé les choses en sorte que ces années dernieres nôtre saint Ordre est passé dans ces contrées de Canada afin que selon la petite capacité de nôtre sexe nous y puissions travailler à appliquer le sang de JESUS-CHRIST aux ames que la barbarie & l'ignorance sembloient devoir exclure de leur salut. Nous sçavons, ma Reverende mere, que nos Meres & nos Sœurs de France nous portent plus d'envie que de compassion au sujet du choix qu'il a plu à Dieu de faire de nos personnes pour une entreprise si glorieuse, & si sublime : & nous connoissons bien aussi que nous étions indignes de cette grace & qu'elles la meritoient beaucoup mieux que nous. Mais enfin sa puissance & sa bonté se font paroître où il luy plaît, & elles operent ses merveilles par qui & en qui elle veut. Vous pouvez voir par les relations que l'on imprime chaque année les grands sujets de consolation qui adoucissent nos petits travaux par la benediction que Dieu leur donne, & par les esperances qui deviennent plus grandes de jour en jour de voir établir & accroître le Royaume de Dieu dans les ames rachetées du sang de JESUS-CHRIST. C'est ce qui nous augmente le courage & nous fait prendre tous les jours de nouvelles resolutions, de ne point épargner ny nos travaux ny nos vies pour la gloire de celuy qui a employé pour nous ses sueurs & son sang.

Mais, ma Reverende Mere, puisqu'en ce qui nous regarde, il nous est necessaire pour exercer les fonctions de nôtre Institut de subvenir non seulement aux ames, mais encore aux corps des filles que nous instruisons, leur donnant le vivre & le vétir, c'est ce qui me fait prendre la liberté, aprés vous avoir demandé le secours de vos prieres, de vous supplier encore de nous vouloir procurer quelques commoditez temporelles selon les occasions que vous en pourrez avoir : vous exercerez en cela le grand zele que Nôtre Seigneur vous donne de nous aider à cultiver sa vigne en cette terre étrangere. S'il y a charité & misericorde soit spirituelle soit corporelle qui merite recompense, j'ose bien vous assurer que c'est particulierement celle-cy, parceque où la misere est plus grande, la misericorde est aussi plus meritoire. Si les pauvres de France tirent quelquefois les larmes des yeux, je puis vous assurer que la veuë de nos pauvres Sauvages seroit capable de vous faire seigner le cœur, si vous les pouviez voir, comme nous les voions, dans le besoin d'instruction pour leurs ames, & de toutes choses pour le soûtien de leurs vies. En France il y a beaucoup de necessiteux, mais il y a aussi beaucoup de personnes charitables pour les secourir : icy tous sont pauvres & nul ne les peut assister que nous, & quelque petit nombre de gens de bien qui sont passez de France : mais nous sommes pauvres nous-mêmes, & n'avons que par aumônes ce peu que nous avons pour nos necessitez. Vous infererez delà combien la misericorde est grande & bien employée à l'endroit de ces pauvres abandonnez.

Je ne vous fais pas l'ouverture des moyens que vous pouvez prendre pour nous aider ; comme seroit de contribuer quelque chose par vous-même ; de conjurer les autres Superieures de France de faire le même ; d'inviter les filles de qualité que vous instruisez, ou bien leurs parens à cet œuvre de charité ; & enfin de pratiquer des personnes pieuses, qui ne demandent bien souvent que des moiens d'employer utilement leurs aumônes. O ma Reverende Mere, que ne vous dirois-je pas sur ce sujet ! car le desir que j'ay du salut de ces pauvres ames & l'extreme necessité où elles sont, me feroit volontiers aller prier & crier misericorde pour elles, par toutes les ruës de nos Villes de France & demander l'aumône de porte en porte pour avoir dequoy subvenir à leur misere : mais je ne croy pas vous en devoir dire davantage, croyant que c'est assez à une ame que je sçay avoir le desir de les secourir pour l'amour de JESUS. Elles sont perduës si elles ne sont aidées ; & je sçay que vous aimez leur salut. La confiance que j'ay que vous aimez nos

petits

petits travaux m'a fait prendre la liberté de vous écrire cette lettre & m'en donne encore une autre, qui est que si vôtre charité s'exerce en nôtre endroit, & si vous faites quelque petite cueillete de celles des personnes affectionnées à la gloire de Dieu, vous aiez la bonté d'en faire l'adresse à un tres-pieux gentil-homme de Caen nommé Monsieur de Bernieres qui s'employe charitablement à l'établissement de cette Maison. C'est de quoy nous luy aurons des obligations eternelles comme aussi à toutes les personnes de France qui feront le méme, du nombre desquels j'espere que vous serez, ma Reverende Mere, & plusieurs autres personnes de pieté, par vôtre moyen, lesquelles auront autant de part au salut de nos pauvres Sauvages qu'elles leur auront fait part de leurs commoditez. Et pour mon particulier j'auray un nouveau motif de me dire de toute vôtre communauté, & de vous plus particulierement la tres-obeïssante fille & servante.

De Quebec le 16. Septembre 1661.

LETTRE XXV.

A UNE SUPERIEURE DE TOURS. La Mere Ursule.

Elle luy parle du zele des Sauvages tant à recevoir la foy qu'à la prêcher. Les Hiroquois attaquent les Hurons & les surmontent: Les François poursuivent les Hiroquois & les défont.

MA Reverende, tres-chere, & tres honorée Mere. Si j'ay cherché de la joie à l'arrivée des vaisseaux, ç'a été en ce qui me pouvoit donner de vos nouvelles & de toutes mes cheres Meres. J'en ai reçu à ma grande consolation tant par la lettre dont il vous a plu de m'honorer, que de vive voix par le Reverend Pere le Jeune qui a eu la consolation de vous voir, & que nôtre Seigneur nous a rendu au grand contentement de tout le païs. Il ne se peut lasser de parler de vôtre chere Communauté, ni de l'estime qu'il fait de vôtre vertu en particulier. Mais ce n'est pas ici le lieu de parler des nouvelles de France, il faut vous entretenir de celles de Canada.

Tous les sujets du Seminaire vous sont acquis en la façon que Dieu le connoît. Nos cœurs, nos prieres & nos vœux sont à vous, sans excepter nos petits travaux. Nos petites Seminaristes ne vous aiment pas moins que nous ; ce sont vos creatures que vous aimez ; pourquoi n'auroient elles pas pour vous un retour d'affection & de reconnoissance ? Nous en avons eu cette année au dessus de nos forces, mais nôtre bon Maître nous a fait la grace de subsister, sans parler du secours que nous avons donné aux Sauvages sedentaires, qui ont passé l'hiver proche de nous, & qui faisoient leurs traisnées en une hauteur suffisante de la nege. Nous avons eu encore un grand nombre de passagers qui étoient presque continuellement à nôtre grille pour demander, tant la nourriture spirituelle que celle du corps. La providence du Pere celeste a pourveu à tout, en sorte que la chaudiere étoit toujours sur le feu, pendant que l'une se vidoit, l'autre s'aprêtoit.

Les vaisseaux ne furent pas plûtôt partis l'année derniere, que l'on nous amena un grand nombre de filles Sauvages pour les disposer au saint baptême dans le Seminaire ; où aiant demeuré quelque temps, on en baptisa cinq à la fois en nôtre petite Chappelle : Comme elles étoient assez grandes, & capables de comprendre le grand bien que Dieu leur faisoit par la grace de la regeneration, elles faisoient paroître à leurs visages & encore plus à leurs paroles, que le saint Esprit avoit pris la possession de leurs cœurs, qui jusques alors avoient été la retraite des Demons. Nous y avons encore veu baptiser un grand nombre d'hommes, de femmes & de filles qui faisoient paroître des sentimens si chrétiens, que nos cœurs fondoient de tendresse & de devotion. Une jeune femme fut tellement transportée dans cette action, qu'aussi-tôt qu'on lui eût versé sur la tête les eaux sacrées, elle se tourna vers les Assistans en s'écriant : Ah ! c'en est fait, je suis lavée. Il y avoit plus des dix-huit mois qu'elle pressoit pour être admise au nombre des enfans de Dieu, c'est ce qui la fit crier si haut avec des tressaillemens de joie nompareils.

Un jeune homme de ceux que nous vîmes baptiser ne voulut jamais partir, quoique tous ses gens le quittassent, qu'il ne fût lavé des eaux du saint baptême. Je l'interrogé assez long-temps sur les mysteres de nôtre sainte Religion & j'étois ravie de l'entendre, & de voir qu'il en avoit plus de connoissance que des milliers de Chrétiens qui font les sçavans : Ce fut pour cela qu'on le nomma Augustin. Durant son sejour à la chasse, il fut contraint de demeurer avec des Payens de sa Nation qui est des plus libertines. Ils lui donnerent de grands sujets d'exercer sa foy & sa patience : Mais quoi qu'ils lui pussent dire, ils ne l'ébranlerent jamais, & il ne quitta

DE LA M. MARIE DE L'INCARNATION.

point fa priere, qui eft le point fur lequel on le combattoit. Etant de retour pour la féte de Pâques, je lui demandé comment il s'étoit comporté. Ah! me dit-il, le Diable m'a grandement tenté. Et que faifois tu pour le chaffer? Je tenois répondoit-il en la main le chapelet que tu m'as donné, & faifois le figne de JESUS (c'eft le figne de la croix) puis je difois: Aye pitié de moy JESUS, car j'efpere en toy; c'eft toy qui me determine, chaffe le Diable afin qu'il ne me trompe point. Ainfi ce bon Neophite demeura victorieux de fes ennemis vifibles & invifibles. Comme le grand fleuve de faint Laurent a été cette année tout plein de glace, il a fervi de pont à nos Sauvages, & ils y marchoient comme fur une belle plaine. Nous eûmes toute la fatisfaction poffible la veille & le matin du faint jour de Pâques de les voir accourir à perte d'haleine pour fe confeffer & communier. Comme nous fommes logées fur le bord de l'eau, ils aperçurent quelques-unes de nous & s'écrierent: dites-nous fi c'eft aujourd'huy le jour de Pâques, auquel JESUS eft refufcité? Avons-nous bien compris nôtre Maffinahigan? C'eft un papier où on leur marque les jours & les lunes. Ouï, difmes-nous, mais il eft tard & vous étes en danger de ne point entendre la Meffe. A ces mots ils commencerent à courir au haut de la montagne & arriverent à l'Eglife où ils eurent encore le temps de faire leurs devotions. Ils étoient alterez comme des Cerfs du defir d'entendre la Meffe & de recevoir le faint Sacrement, aprés en avoir été privez prés de quatre mois. On les voioit venir par troupes en nôtre Eglife pour faire leurs prieres & rendre leur premiere vifite au faint Sacrement, & nous prier de les aider à rendre graces à Dieu de ce qu'il les avoit gardez durant leur chaffe, qu'il leur avoit donnée tres-bonne.

Un excellent Chrétien nommé Charles dont les Relations parlent avantageufement, fut un des premiers qui arriva la veille de Pâques avec une grande troupe de femmes & de filles pour fe difpofer à la féte. Aprés fon action de graces, je luy demandé: Que veux-tu faire de toutes ces femmes & filles? Ho, Ningue, me dit-il, c'eft a dire, ma Mere; je les ay toujours gardées durant la chaffe, & je n'avois garde de les laiffer feules de crainte qu'il ne leur arrivât accident; nous avons toujours prié enfemble, & elles n'ont point eu d'autre cabane que la mienne. Ce bon homme qui mène une vie de faint n'avoit quafi rien rapporté de fa chaffe, parce qu'il lui avoit toujours fallu nourrir fes hôteffes durant les trois mois de fon abfence par un pur zele de rendre fervice à Dieu & pour la confervation de leur pureté. Il eut un zele apostolique pour aller au Sagenay afin d'inviter de nouveau sa Nation à croire en Dieu; à cet effet il me vint trouver & me dire: je te prie de me prêter un Crucifix assez grand, je te le rapporteray, je feray un coffre exprés pour le conserver. Je lui demandé, qu'en veux-tu faire? Je veux, dit-il, aller aider le Pere de Quen à convertir ma Nation. D'ailleurs il y a des lieux tres-dangereux où il ne sçauroit aller, ce sont des sauts en l'eau où il faut toujours aller à genoux, moy j'y irai pour convertir mes gens, & je ferai ce voiage que le Pere ne sçauroit faire sans mourir. Je le loüé de son dessein & lui donné mon Crucifix qu'il baisa & caressa avec une tres-grande devotion, puis il sortit aussi-tôt pour aller trouver sa compagnie qui étoit venuë ici pour se faire instruire & baptiser. Ce Sauvage devenu Apôtre a enseigné tous ceux de sa Nation, en sorte qu'ils sont capables d'être mis au nombre des enfans de Dieu. Le Pere de Quen qui l'avoit attendu à Tadoussac n'aiant pû passer outre, fut ravi du zele apostolique de ce bon Sauvage, & de voir un si heureux succez de sa predication, de sorte qu'en peu de temps il en baptisa un grand nombre, reservant à une autre occasion les autres qui ne sont pas sedentaires, pour ne point hazarder le saint baptême qu'après les avoir bien éprouvez.

Le bon Victor qui est un de nos meilleurs Chrétiens, aiant peu de memoire oublie facilement ses prieres: il n'en est pas de même de son interieur, car il est dans une attention continuelle à Dieu & dans un entretien familier & tres-intime avec sa divine Majesté: mais il croit ne rien faire, s'il ne fait comme les autres Chrétiens. Il s'en vient donc à la grille, & à la premiere de nous qu'il rencontre, il dit: Helas! je n'ay point d'esprit, fais moy prier Dieu. Il a la patience de se faire repeter dix ou douze fois une priere & la croiant bien sçavoir il s'en retourne à sa cabane où il n'est pas plûtôt arrivé qu'il l'oublie. Il reveint à mains jointes, il confesse comme un enfant qu'il n'a point d'esprit, & prie qu'on recommence à l'instruire. Combien pensez-vous que cette ferveur est agreable à des ames qui desirent la gloire de Dieu & le salut des ames. Le bon Charles dont j'ay parlé cy-dessus s'accorde des mieux avec celui-cy, car quand il le visite, il lui dit: prions Dieu, mon Frere. Ils se mettent à genoux & recitent trois ou quatre fois le chaplet sans se lever. Je n'avois dessein que de vous parler de nos Seminaristes, mais comme ceux-cy sont passagers & la pluspart du temps à nôtre grille, il ne m'est pas facile de m'empécher de parler de leur ferveur, la charité me liant

DE LA M. MARIE DE L'INCARNATION. 357
à nos Neophites d'une etrange maniere.

Nous avons eu trois grandes Seminaristes, qui ont été cet hiver à la chasse avec leurs parens pour les aider dans le ménage & à apréter leur pelleterie. Elles s'appellent Anne Marie Uthirdchich, Agnes Chabvekveche, Louise Aretevir. Elles eurent bien de la peine à se resoudre à ce voiage, parce qu'elles devoient être trois mois privées de la sainte Messe & de l'usage des Sacremens; mais leurs parens étant de nos principaux Chrétiens on ne les put refuser. Nous les garnîmes autant que la pauvreté du Canada nous le put permettre, aprés quoy elles nous quitterent avec bien des larmes. Leur principal office étoit de regler les prieres & les exercices de Chrétien, ce qui passe pour un grand honneur parmi les Sauvages. L'une regloit les prieres & les faisoit faire avec une singuliere devotion : la seconde determinoit les Cantiques spirituels sur les Mysteres de nôtre foy : & la troisiéme presidoit à l'examen de conscience & faisoit concevoir à l'assemblée l'importance de cet exercice. Mais quoy qu'elles passassent ainsi le temps dans des pratiques de devotion, elles ne laisserent pas d'écrire deux fois au R. Pere Superieur de la Mission & à moy en des termes si religieux & si judicieux, que tout le monde admiroit leur esprit : sur tout Monsieur nôtre Gouverneur m'en parla avec une consolation toute particuliere de voir en des filles Sauvages nourries dans les bois & dans les neiges des sentimens de devotion, & une politesse d'esprit qui ne se trouvent pas bien souvent dans des filles bien élevées de la France. Le sujet de leurs lettres étoit, que se voiant si long-temps privées des Sacremens elles demandoient qu'on leur envoiât du secours pour les retirer de cet ennuy. A leur retour la premiere visite qu'elles firent fut au tres-saint Sacrement, & la seconde à l'Image de la tres-sainte Vierge à laquelle comme aussi au petit JESUS Anne Marie avoit cherché les premieres fleurs du printemps pour faire des couronnes. En suite elles nous rendirent comte de tous leurs comportemens. Ah! disoient elles, que la privation de la sainte Messe & des Sacremens nous ont été penible! Noël Tekvermatch à qui les deux premieres apartiennent, aiant dessein de les retirer auprés de soy, parce qu'elles étoient suffisamment instruites, elles en aprirent les nouvelles, & pour rompre ce dessein, elles prirent la resolution de luy écrire. Elles me vinrent declarer leur sentiment, & me demanderent permission d'envoier leurs lettres dont la premiere étoit conçuë en ces termes. Mon Frere, je suis resoluë de ne m'en pas aller,

Y y iij

c'est une conclusion prise que je veux étre Vierge, & que je desire aimer & servir en cette Maison où je suis celuy qui a tout fait. Je desire dis-je, y demeurer toute ma vie, pour instruire des filles de ma Nation. Si je puis une fois sçavoir lire & écrire je les enseigneray plus efficacement à aimer Dieu. Apaise toy, mon Frere, apaise ma Sœur, car je ne veux plus aller chez toy: adieu donc, mon Frere, je te seray servante tant que je vivray, & je priray Dieu pour toy dans la maison des prieres. Voicy la seconde lettre. Mon Frere, agréerois tu que je demeurasse pour toujours avec les filles Vierges en cette Maison? car de tout mon cœur je souhaitte d'être Vierge comme elles, & c'est une affaire d'importance pour moy que je sois toujours Vierge. Quand je seray plus grande, j'instruiray les filles de ma Nation, & leur enseigneray le droit chemin du Ciel, afin qu'elles puissent un jour aprés leur mort voir celuy qui a tout fait. Voila pourquoy j'ay resolu de ne m'en pas retourner chez toy si tu l'agrée, & de demeurer pour toujours dans la maison des prieres. Prie pour moy, je priray pour toy tant que je vivray. & je te seray servante moy qui suis ta fille Anne Marie. Voila le le stile dans lequel elles expriment leurs sentimens. Le R. Pere de Caen voiant ces lettres fut surpris d'une si grande ferveur, les loüa & leur donna de belles instructions: il leur conseilla neanmoins de suivre leurs parens, ce qui n'empescheroit pas leurs bons desseins, si Dieu en vouloit l'execution.

Nous avons dans nôtre Seminaire des personnes grandes & petites, des filles & des femmes, qu'on nous donne pour plusieurs causes determinées dans le Conseil des Sauvages. Nous en avons eu deux cet hiver, dont l'une fut ôtée à un Païen qui l'avoit prise pour femme à l'insçu de ses parens qui sont Chrétiens, quoy qu'elle fût aussi Paienne. Ces bons Neophites qui vouloient qu'elle fût instruite dans la Foy afin de la donner à un Chrétien, ne pouvant souffrir cette injure signifierent à cet homme, qu'il eût à quitter une autre femme qu'il avoit s'il vouloit epouser leur parente, & de plus qu'il se fît Chrétien. Il promit de le faire, mais comme il n'y a pas de foy dans les infideles, il manqua à sa parole, ce qui obligea ses Parens de luy ôter cette femme & de nous la donner. Le R. Pere de Caen nous dit qu'elle nous feroit bien de la peine, & qu'il croioit qu'en peu de temps elle romproit la closture, & qu'elle feroit son possible pour retourner avec ce païen qu'elle aimoit. Nous la reçûmes neanmoins avec affection. Elle fût triste deux ou

DE LA M. MARIE DE L'INCARNATION.

trois jours, puis tout d'un coup elle devint douce comme un enfant : elle desiroit ardemment d'être instruite & de recevoir le saint Baiéme. Ses parens ne pouvoient croire un si grand & si subit changement, car elle ne vouloit plus voir son mary qu'en cas qu'il se fît Chrétien, & que ses parens l'agreassent. Neanmoins comme les Sauvages sont changeans, & qu'ils ne se fient pas volontiers les uns aux autres qu'après une longue épreuve de fidelité, ils la retirerent dans leur cabane. Quelque temps après cette pauvre femme étant allée en quelque lieu, elle fit rencontre de son mary : elle commence à fuir ; il court après : elle entre dans la maison d'un François ; il y entre avec elle : elle se cache de crainte de luy parler ; il proteste qu'il ne sortira point s'il ne luy parle. Il luy parle enfin & n'oublie aucune sorte de flatterie pour luy persuader de retourner avec luy, mais en vain. Il se met en colere, il crie, il menace de tuer tout le monde si l'on ne luy rend sa femme ; mais pendant qu'il s'emporte de la sorte, elle fit un petit detour sans qu'il s'en aperçut, & prit sa course vers la cabane de ses parens, & de la sorte elle se delivra des mains de cet importun. Pendant qu'elle étoit ainsi sollicitée elle disoit en son cœur ; c'est tout de bon que je veux croire, je veux être baptisée, j'aime l'obeïssance.

Elle dit qu'elle aime l'obeïssance, parce qu'on luy avoit deffendu de parler à ce Païen ; & ne pas obeïr en ces rencontres, c'est un crime parmy nos nouveaux Chrétiens. Elle raconte tout ce qui luy est arrivé, mais on ne la veut pas croire, & on dit constamment qu'elle a volontairement suivi ce Païen, & qu'elle a desobei au commandement qui luy a été fait. Elle dit qu'elle veut être baptisée, mais quelque protestation qu'elle fasse, on tient conseil comment on puniroit cette faute. Quelques uns disent que pour un exemple pertuel, il la falloit condamner à la mort, & que si cette faute demeuroit impunie les femmes & les filles imiteroient sa desobeïssance. D'autres qui n'étoient pas si fervens repartirent que pour la premiere fois il y falloit proceder plus doucement, & qu'il suffisoit de la condamner au foüet en public. La conclusion en fut prise & il ne restoit plus qu'à trouver un executeur. Le plus zelé de la Compagnie se leva disant : c'est moy qui le seray. Cependant la pauvre innocente ne dit mot, mais elle pense en son cœur que cette peine confusible sera une disposition pour son Baptéme. Voila toutes les femmes & les filles bien honteuses, car par la Sentence elles devoient toutes assister à l'execution qui se devoit faire à la porte de l'Eglise. On ne voulut pas neanmoins executer la sentence sans l'avoir communiquée au Pere de Quen qui étoit alors dans le confessional fort occupé. Quand il fut en état d'écouter, on lui dit le mal qu'on croioit que cette femme avoit fait & la resolution qui avoit été prise de la punir. Lui sans sçavoir ce qui s'étoit passé ni jusqu'où la chose devoit aller, repartit que ce seroit bien fait, puis il se retira. Voila donc l'executeur qui mene la criminelle à la porte de l'Eglise, lui commande de poser les mains sur la balustrade du pont, & lui decouvre les epaules. Elle sans se plaindre & avec une douceur & affabilité nompareille, obeït à tout ce que l'on veut. Alors le fervent Sauvage éleve sa voix disant: Ecoutez, écoutez François, sçachez que nous aimons l'obeïssance. Voici une de nos filles qui a desobeï, c'est pour cela que nous l'allons punir ainsi que vous punissez vos enfans. Et vos filles & femmes Sauvages, autant vous en arrivera si vous desobeïssez. Disant cela il decharge un grand coup de fouët; compte, dit-il à la patiente, & retiens bien. Il disoit cela parce qu'il devoit donner cinq coups. Quand ce fut au troisiéme, le Pere de Quen entendant qu'on ne cessoit point & qu'on y alloit fort rudement sortit & fit faire le hola au zelé executeur. La patiente se revêtit avec une grande douceur & tranquillité & alla trouver le Pere pour le prier de la baptiser. Mais comme il ignoroit son innocence il la rebuta fort rudement en lui disant: si tu veux que je te croie va-t'en aux Ursulines demain aprés le Soleil levé & je te baptiserai avec tes compagnes si tu perseveres. Nous ne sçavions rien de tout ce qui s'étoit passé, mais le R. Pere nous venant voir nous fit le detail de toute l'histoire.

Il faut que je vous avouë, ma tres-chere Mere, que je me pensé facher contre lui d'avoir laissé fouetter cette pauvre innocente sans arréter la ferveur inconsiderée des Sauvages, mais enfin comme le tout s'étoit passé innocemment de part & d'autre, il fallut se rire de la simplicité des Sauvages, & demeurer edifiez de la patience de la femme. Elle devança le temps & me vint trouver dés la pointe du jour avec une troupe de filles, me disant qu'elle venoit attendre le Pere pour être baptisée. Je lui demandé si tout de bon elle vouloit être au nombre des enfans de Dieu, elle me répond qu'elle n'est venuë que pour cela. Mais, lui dis-je, que dis-tu de ce que l'on t'a donné le fouët? En es-tu bien contente? Ouï, repart-elle, j'ay voulu souffrir cet affront pour me disposer au baptéme, & j'ay enduré en paix puisque JESUS a enduré & payé pour moy. Je vous
confesse

confesse, ma tres-bonne Mere, que j'étois ravie de l'entendre & de voir de si belles dispositions à la grace. Je l'instruis, j'envoie querir le Pere, il la baptise, & durant la ceremonie elle fit paroître une modestie qui témoignoit assez que c'étoit sans feintise qu'elle poursuivoit si courageusement. Je lui fis donner le nom de nôtre premiere Mere sainte Angele estimant que cela lui étoit dû, puisque Dieu l'avoit convertie dans une maison de ses filles. Je luy demandé ensuite ses pensées sur la grande grace qu'elle venoit de recevoir. Je pensois, dit-elle, au commencement: bientôt je serai lavée, mon ame sera embelie, & celui qui a tout fait m'aura pour fille. Lorsque je fus lavée, je dis en moy-méme: Ah! c'en est fait je suis fille de Dieu; & durant tout le temps de la ceremonie j'avois dans le cœur un plaisir extreme.

Jugez de là, ma chere Mere, du contentement que nous avons de voir tous ces miracles de la bonté de Dieu: Comme l'on baptise souvent des hommes & des femmes dans nôtre Chappelle nous voions des sentimens si chrétiens dans nos bons Neophites que nôtre exterieur fait connoître la joie de nos cœurs, ce sont des biens du Paradis qui adoucissent les épines du Canada, & les rendent plus aimables que tous les plaisirs de la terre.

Je vous disois l'an passé combien nos Seminaristes sont ponctuelles à faire leur examen de conscience & à s'accuser charitablement les unes les autres, sans qu'aucune s'offense. Elles continuent ce saint exercice par le moien duquel elles vivent dans une pureté de cœur qui n'est pas croiable. Elles ont encore une inclination tres-grande à frequenter les Sacremens de penitence & de communion, s'y disposant avec jeûnes & penitences. Il y a peu de jours qu'une veille de communion je fus contrainte de quitter l'office pour leur faire cesser une rude discipline qui dura si long temps que j'en avois horreur. Quand on leur accorde cette sorte de penitence, ce qu'on ne fait pas aussi souvent qu'elles voudroient, elles tressaillent de joye, croiant que c'est une grace singuliere qu'on leur fait, alors elles se disciplinent tout à bon. J'admire entre les autres la petite Marie Magdelaine Abatenau, qui âgée seulement de neuf ans, est aussi ardente à ces exercices de penitence que les plus âgées & les plus robustes.

Nôtre bonne Huronne pour laquelle nous souffrons maintenant de tres-sensibles croix, ainsi que je vous dirai, est celle qui a le plus aidé cette année ses compagnes Huronnes tant par son exemple que par sa grande ferveur. Il ne se peut voir un plus grand zele pour le salut des ames que le sien. Deux Hurons aiant demeuré cet hiver en ces quartiers pour se faire instruire & baptiser, étoient souvent chez nous pour être enseignez & pour entendre les bons discours, tant de nôtre Neophite que de la Mere Marie de saint Joseph qui sçait la langue Huronne. Ils étoient ravis d'entendre l'une & l'autre ne pouvant comprendre comment une personne qui n'a jamais été en leur païs pût parler leur langue, & comment leur parente pût avoir tant d'esprit, & dire des choses si grandes de Dieu & de nôtre religion. Ils écoutoient cette jeune fille avec une attention nompareille, & un jour comme l'un d'eux étoit sur le point d'être baptisé, il feignit ne vouloir plus croire en Dieu, & par consequent qu'il ne lui falloit plus parler de la foy ni du baptéme. Alors nôtre fervente Therese (c'est ainsi qu'elle se nomme) commença à s'émouvoir & à lui dire: Comment parle-tu? je voy bien que le Diable a renversé & troublé toutes tes pensées pour te perdre: Sçai-tu bien si tu ne mourras point aujourd'huy, & qu'à l'heure même tu irois en enfer où tu brûlerois avec les Demons qui te feroient souffrir d'horribles tourmens! Ce bon homme rioit de tout ce qu'elle disoit, ce qui lui faisoit croire que c'étoit par un esprit de mépris qu'il parloit. Cela lui fit redoubler son exhortation pour le combattre; mais n'en pouvant plus, elle nous vint raconter sa peine avec larmes: Ah! disoit-elle, il est perdu, il a quitté la foy, il ne sera pas baptisé: Il m'a fait tant de peine de le voir parler contre Dieu, que s'il n'y eût eu une grille entre lui & moy, je me serois jettée sur lui pour le battre. Nous fûmes aussi-tôt pour sçavoir la verité, & si c'étoit tout de bon qu'il parloit, mais nous reconnûmes sa feinte, & il nous témoigna que ce qu'il avoit fait n'étoit que pour éprouver la foy & le zele de nôtre bonne Neophite.

Nous fimes nos exercices spirituels aprés la féte de Pâques; quand nous les eûmes finis nôtre Therese eut aussi desir de les faire. A cet effet elle se retira sur une montage qui borne nôtre clôture; & en partant elle dit à une de ses compagnes: Je m'en vais me câcher comme les filles Vierges, & là je prierai Dieu pour tous les Sauvages & les François & pour vous toutes, afin qu'il vous fasse misericorde, & pendant tout ce temps je ne parlerai à aucune creature mais seulement à Dieu. L'autre bien étonnée de cette entreprise & tout ensemble bien edifiée en vint donner avis à ses compagnes, qui toutes ensemble furent trouver nôtre hermite, & lui dirent qu'elles vouloient être de la partie. Elles la ramenerent au logis, où elles se firent

DE LA M. MARIE DE L'INCARNATION.

chacune une petite cellule où elles s'enfermerent & garderent un silence tres-exact : Elles firent des prieres & des oraisons continuelles durant tout le temps de leur retraite, ce qui nous donna bien de la consolation, étant une chose rare que des filles sauvages nées dans une liberté étrange se captivent de la sorte & gardent une solitude volontaire : cependant elles passerent tout ce temps dans une si grande douceur qu'il les en fallut retirer de force y allant avec trop de zele & de severité.

Nous avons eu cette année les vaisseaux plûtôt qu'à l'ordinaire, n'aiant été que deux mois à leur voiage. A leur arrivée nous avons trouvé du rafraichissement pour nous & pour nos Seminaristes qui en sont si reconnoissantes, qu'elles chantent tous les jours des cantiques de loüanges à Dieu & de reconnoissance envers vous devant le tres-saint Sacrement. Et cela n'est-il pas bien raisonnable, ma tres-chere Mere, puis qu'elles ne sont à Dieu que par le secours de leurs bienfaiteurs. Les Sauvages sont naturellement ingrats, comme nous l'experimentons en ceux qui ne sont pas encore baptisez, mais pour ceux qui le sont, la grace dont leurs ames sont embellies les rend tres-reconnoissans, & presque toutes leurs prieres & leurs communions se font pour la conservation des personnes de France qui leur font du bien, & qui par leur charité les ont retirées de l'infidelité.

Les vaisseaux étant arrivez, les Hurons se rendirent aux trois Rivieres sans avoir fait aucune rencontre des Hiroquois. Le R. Pere Isaac Jogues qui avoit fait le voiage avec eux, vint jusqu'à Quebec avec cinq Hurons tant Chrétiens que Cathecumenes, trois desquels qui étoient les plus considerables, étoient parens de nôtre Therese, & venoient à dessein de la retirer afin de la pourvoir. Durant tout leur sejour à Quebec ils étoient presque toujours ou dans nôtre chapelle ou à nôtre grille ; l'on eût dit à voir la grande modestie de ces bons Neophites, qu'ils eussent été élevez dez leur enfance parmi des Religieux. Ils nous firent des harangues si chrétiennes que nous étions ravies de les entendre parler ; il ne se peut voir des remercimens plus humbles que ceux qu'ils nous faisoient pour les soins que nous avions eu de leur parente depuis deux ans qu'elle demeuroit au Seminaire. Ils tenoient pour miracle de la voir lire & écrire, ce qu'ils n'avoient encore jamais veu parmi eux ; ils la voioient adroite comme une Françoise, ils l'entendoient parler de deux ou trois sortes de langues, & ils croioient déja qu'elle seroit l'exemple

Zz ij

de leur Nation & la Maîtresse des filles & des femmes Huronnes. Nous les pourvûmes de tout ce qui étoit necessaire à son mariage par le moien de nos amis, ensuite de quoi il fallut la rendre. Je ne sçay en qui il y a eu le plus de repugnance & de douleur, en elle de nous quitter, ou en nous de la perdre : Mais enfin l'exhortation que lui fit le Pere Jogues touchant l'obeïssance qu'elle devoit à ses parens la fit resoudre. La peine que nous avions à la laisser aller étoit fondée sur la crainte de ce qui lui est arrivé. Mais enfin il fallut se vaincre de part & d'autre ; on l'embarque, & le R. Pere Jogues qui accompagnoit la flotte des Hurons, la mit pour une plus grande seureté dans un de ses canots où il y avoit trois de ses domestiques. Ils ne furent pas quinze lieuës avant dans le fleuve qu'ils firent rencontre des Hiroquois qui les attendoient au passage tres-bien armez. Ces barbares attaquent nos pauvres Hurons qui s'accordent de se battre à terre. Les voila aux mains, mais enfin les Hiroquois mettent les Hurons en fuite. Le R. Pere Jogues fut pris avec deux braves François & quatre de nos principaux Chrétiens parens de nôtre Therese, qui fut liée avec un sien cousin âgé seulement de quinze ans. Ils furent emmenez avec plusieurs tant Cathecumenes que Païens, jusqu'au nombre de vingt-huit, qui experimenteront, s'ils ne l'ont déja fait, la tyrannie de ces barbares, si la bonté de Dieu ne les retient. Jugez de grace, ma tres-chere Mere, quelle douleur nous a causé cette triste nouvelle. Le Canada n'avoit point encore veu un pareil accident depuis qu'on y prêche le saint Evangile. L'on dit pourtant qu'ils ne tuëront pas nôtre captive, mais qu'ils la marieront à quelqu'un des leurs. Si Dieu conservoit le Reverend Pere & nos Chrétiens, on croit que ce seroit une ouverture à la lumiere de l'Evangile dans ce païs infidelle, mais selon les apparences humaines ils sont à present tous massacrez, & nous avons prié pour les Chrétiens comme s'ils étoient morts. Au même temps un autre parti Hiroquois prit une compagnie de Hurons, qui venoient faire leur traite proche de Mont-Real, tellement que ces barbares commandent la Riviere de toutes parts.

Lorsque les Hurons furent defaits Monsieur nôtre Gouverneur étoit aux trois Rivieres attendant un vent favorable pour aller construire un fort sur la riviere des Hiroquois par la liberalité de Monseigneur le Cardinal. Il avoit voulu faire attendre les Hurons afin de leur faire escorte ; mais ces bonnes gens qui ne craignent les dangers que quand ils voient l'ennemy le remercierent ; & justement ils furent pris proche le lieu destiné à la construction du fort. Monsieur le Gouverneur apprit ces tristes nouvelles lorsqu'il alloit partir, mais le mal étoit sans remede, car ces Barbares s'enfuirent, & furent querir de nouvelles forces emportant leur butin, qui étoit de valeur de huit mille livres. Ces Barbares ne sçachant point que l'on vouloit borner leur riviere, firent un fort à une lieüe de là afin d'avoir le chemain libre. Une troupe de trois cens hommes se débanda pour fondre sur les François & sur les Sauvages qu'ils pourroient rencontrer. Cependant Monsieur le Gouverneur faisoit puissamment travailler à son fort, de sorte que les Hiroquois trouvant dans leur chemin ce qu'ils n'attendoient pas, & ce qu'ils n'y avoient pas veu quelques jours auparavant, furent extremement surpris. Neanmoins comme ils sont vaillans, & que la memoire de leur victoire encore toute recente leur enfloit le cœur, ils attaquerent le fort jusqu'à vouloir mettre le pied dedans. La mêlée fut grande, & il y eut bien des coups de part & d'autre: les ennemis étoient dans leurs barques d'où ils vouloient tout ravager, prenant la commodité des meurtrieres du fort pour tirer sur les François. Ces gens qui pensoient rencontrer des fuiarts comme les Hurons & les Algonquins firent les vaillans au commencement, mais par la bonne conduite de Monsieur nôtre Gouverneur, ils furent mis en deroute avec une telle épouvante, qu'on a trouvé une partie de leurs armes qu'ils avoient jetté çà & là afin de fuir plus legerement. Il y a eu quantité de leurs gens tüez & blessez, comme on a remarqué dans la poursuite qu'on en a faite, les chemins étant pleins de sang, & des écorces où ils portent leurs morts & leurs blessez. Du costé des François il y a seulement un homme tué & quatre blessez. Les armes de ces Barbares sont fleches, massuës & fusils. Ils avoient justement trouvé dans la capture qu'ils firent des Hurons tout ce qui leur falloit pour nous faire la guerre, outre ce qu'ils avoient eu des traîtres Hollandois. Jamais ils n'avoient osé attaquer les François dans leurs forts, & sans la rencontre de celui-cy, on dit qu'ils se seroient jettez sur celuy de Mont-Real & sur les trois Rivieres. Si Monsieur nôtre Gouverneur n'eût été sur le lieu tout étoit perdu, car il n'y fût resté que trente ou quarante hommes qui n'eussent peut-être pas été des plus soigneux: sa presence a tout mis à couvert, car il avoit trois barques bien equipées avec son Brigantin & environ cent hommes d'armes. L'on a trouvé proche de ce fort à qui l'on a donné le nom de Richelieu, une place où ces Barbares ont fait brûler des hommes, mais on ne sçit si ec sont de nos captifs ou d'autres. On a trouvé au même lieu douze têtes peintes en rouge qui est une marque que ceux-là seront brûlez, six autres peintes en noir, qui est un indice que ceux-cy ne sont pas encore condamnez, & une seule élevée au dessus des autres, qu'on croit être celle du bon Eustache grand Capitaine Huron, qui avoit été baptisé depuis peu de temps, & qui avoit fait merveille pour soûtenir nôtre sainte Foy. C'étoit le plus grand ennemi des Hiroquois, & qui remportoit souvent des victoires sur eux. Lorsqu'il fut pris, ils firent un cri de joye épouventable : quoiqu'il se laissât prendre volontairement afin de mourir avec le R. Pere Jogues, & avec les François qui l'accompagnoient ; car comme on luy disoit : tu te peux sauver, non, dit-il, je n'ay garde je veux mourir avec les François. La haine de ces Barbares est trop grande contre luy pour l'épargner, & il ne faut pas douter qu'ils ne le fassent mourir d'une mort horrible.

Nôtre Therese non plus que son Cousin n'étoit point peinte comme les autres ; c'est une marque qu'ils ne sont plus liez, & qu'ils la garderont libre parmi eux. Pour le reste des vingt-sept on croit qu'ils ont été brûlez ; l'on n'en recevra des nouvelles certaines que par quelques fugitifs : car tout ce que je viens de dire nous a été rapporté par quatre femmes qui se sont sauvées d'un grand nombre d'Algonquins qui furent pris l'hiver dernier par les Hiroquois. Ils tuërent tous les hommes, & reserverent environ vingt femmes pour remplacer un pareil nombre des leurs, que les Algonquins avoient fait mourir peu de temps auparavant. Celles-cy s'étant sauvées, celles qui restent peuvent bien trembler, car on croit qu'ils les feront bûler, comme ils firent brûler leurs maris & leurs enfans en leur presence.

Vous verrez par la relation combien les diables sont enragez de voir le progrez du Christianisme ici & aux Hurons. C'est pour cela qu'ils font revolter ceux qui ne sont pas Chrétiens contre ceux qui le sont. Ces bons Neophites presentent genereusement leurs têtes & celles de leurs enfans sous la hache pour le soutien de la Foy. Dieu leur donne tant de courage qu'ils ne font point d'état de la vie, quand il faut soutenir le parti de JESUS-CHRIST, pour lequel ils sont outrageusement persecutez. Il y a peu que les demons declaroient leur rage tout haut par la bouche des Payens qu'ils possedent, & ils avoient en quelque façon predit le massacre qu'ils viennent de faire des Hurons par les mains des Hiroquois.

Mais quoy qu'ils faſſent, ils ſont contraints de ceder la place au Roy legitime des Nations, dont le Royaume croît d'une telle maniere que nous en ſommes conſolées. Remerciez-le des graces qu'il nous fait. Priez-le pour nos bons Neophites, & particulierement pour nos captifs & pour moy qui vous ſuis en luy une ſervante toute acquiſe.

De Quebec le 29. Septembre 1642.

LETTRE XXVI.

A UNE DAMOISELLE DE QUALITÉ.

Mademoiſelle de Chevreuſe.

Elle luy donne quelques avis pour ſa conduite ſpirituelle, la remercie de quelques charitez qu'elle a faites au Seminaire; & luy découvre quelque peine qu'elle a de la part de Madame de la Pelterie.

MAdemoiſelle. Je ſaluë vôtre cœur dans le cœur tres-aimable de nôtre divin JESUS. Je ne puis douter que ce divin Sauveur ne vous poſſede, puiſque vous voulez être cachée en luy: c'eſt pourquoy je vous y cherche, je vous y trouve, je vous y voy, je vous y aime & vous y cheris. Que vous diray-je davantage? je voudrois pouvoir enfermer mon cœur en cette lettre pour vous confirmer l'amour qu'il a pour vous. Cette proteſtation eſt encore trop foible pour dire ce qui en eſt; il faut que nôtre cher Sauveur le diſe luy-même, puiſqu'il n'y a que luy ſeul qui le puiſſe faire. Je luy ay rendu, & luy rend tous les jours mes humbles actions de graces, pour les biens qu'il vous fait: la vôtre me les fait ſçavoir, le R. Pere de la Haye, qui en eſt vivement touché me les confirme, & le doux ſentiment que Dieu me donne lorſque je luy parle de vous, me les dit ſi vivement que je ne puis douter de l'amour qu'il vous porte.

C'eſt icy la lettre du cœur; car mon autre qui vous parle de ce qui eſt arrivé en cette nouvelle Egliſe du Fils de Dieu peut-être commune & communiquée. Je ne vous puis exprimer Mademoiſelle, la conſolation que j'ay reçuë liſant celle dont il a plu à vôtre bonté de m'honorer. La generoſité de vôtre eſprit fait honte à ma lâcheté; mais en même temps elle me donne un puiſſant motif pour ſupporter les croix & les travaux qui ſe preſentent icy à tout moment. comme vous me dites les ſecrets de vôtre cœur; je vous diray auſſi les secrets du mien qui a une facilité entiere à s'ouvrir à vôtre égard. Non, mon affection ne vous peut rien celer, & je croirois offencer la sincerité de la vôtre, si j'usois de reserve quand je communique avec vous, quoique je sois la creature du monde la plus indigne de la bienveillance dont il vous plaît de m'honorer. Mais que la gloire soit à nôtre Maître de qui derivent tous les biens, de ce qu'il lui a plu incliner vôtre cœur à l'endroit d'un si pauvre sujet.

J'ay été étonnée d'apprendre que vous étiez encore aux Ursulines de saint Denys; mais vôtre lettre m'en apprend la cause, & je voi que c'est la gloire de nôtre bon Dieu qui vous y retient. Le R. Pere le Jeune qui a eu l'honneur de vous y voir en a été extremement edifié, & m'a chargée de vous dire que le mouvement qu'il a pour vous, & qui le touche vivement pour vôtre satisfaction, est que vous devez presenter vôtre cœur à Dieu comme une table vuide de tout, afin que sa bonté y écrive ses saintes & divines volontez, & que le laissant faire il est assuré qu'il vous enseignera & fera connoître ce qu'il veut de vous. Voila ma commission que je fais par obeïssance de la part de mon Pere: quoique je ne doute point de la soumission que vous rendez à celui qui meut vôtre cœur, j'ay cru que vous ne desagréeriez pas ce que son serviteur me fait vous dire.

Nous avons reçu vôtre aumône par le moien de Monsieur de Bernieres, je vous en rends mes tres-humbles remercimens: sans ce secours je croi qu'il nous eût fallu renvoyer nos Seminaristes dés cette année, comme je croi qu'il faudra faire à l'avenir, ainsi que Monsieur de Bernieres nous le signifie pour les causes que je vous dirai, ce qui nous seroit une privation tres-sensible, à laquelle neanmoins il nous faut resigner, si nôtre bon JESUS le veut; nous sommes ses servantes qui devons baisser le col a ses jugemens. Vous sçavez la grande affection qu'a eu pour nous nôtre bonne fondatrice, qui nous a amenées en Canada avec une generosité, comme tout le monde sçait, des plus heroïques. Elle a demeuré un an avec nous dans ce même sentiment & dans un cœur tout maternel, tant à nôtre egard qu'envers nos Seminaristes. Elle commença ensuite à vouloir visiter les Sauvages de temps en temps, ce qui étoit tres-loüable: peu de temps après elle nous quitta tout à fait ne nous venant visiter que peu souvent. On jugeoit de là qu'elle avoit de l'aversion de la clôture, & que n'étant pas Religieuse, il étoit raisonnable de la laisser à sa liberté. De nôtre part nous estimions que pourveu qu'elle nous aidât de son bien ainsi qu'elle s'étoit engagée de parole à laquelle nos

amis

amis, & nous nous étions confiez, cette retraite ne feroit point de tort au Seminaire. Cependant le temps se passoit & son affection à nous établir diminuoit de jour en jour. Ce qui retarda encore beaucoup nos affaires, c'est que les personnes qui vinrent l'an passé pour établir l'habitation de Mont-Real, qui sont un Gentilhomme & une Damoiselle de France, ne furent pas plûtôt arrivez qu'elle se retira avec eux. Elle reprit ensuite ses meubles & plusieurs autres choses qui servoient à l'Eglise & au Seminaire & qu'elle nous avoit donnez. Nous laissâmes tout enlever sans aucune repugnance, mais plûtôt, à vous dire mon cœur, en les rendant je sentois une grande joie en moy-même, m'imaginant que nôtre bon Dieu me traittoit comme saint François que son Pere abandonna, & à qui il rendit jusqu'à ses propres habits. Je me dépoüillé donc de bon cœur de tout, laissant le Seminaire dans une tres-grande pauvreté: Car comme cette bonne Dame s'étoit jointe à nous, & que tout ce qu'elle avoit servoit en commun, nous nous passions de ce qu'elle avoit avec les meubles que nos Meres de France nous avoient donnez pour nôtre usage, sa fondation étant si petite, qu'elle n'eût pas suffi à nous meubler pour nous & pour nos Seminaristes. Par cette retraite elle ne nous a pas laissé pour coucher plus de trois Seminaristes, & cependant nous en avons quelquefois plus de quatorze. Nous les faisons coucher sur des planches mettant sous elles ce que nous pouvons pour en adoucir la dureté, & nous empruntons au magazin des peaux pour les couvrir, nôtre pauvreté ne nous permettant pas de faire autrement. De vous dire que nôtre bonne fondatrice a tort, je ne le puis selon Dieu: Car d'un côté, je voi qu'elle n'a pas le moien de nous assister étant separée de nous, & son bien n'étant pas suffisant pour l'entretenir dans les voiages qu'elle fait: Dailleurs, comme elle retourne dans le siecle il est juste qu'elle soit accommodée selon sa qualité, & ainsi nous n'avons nul sujet de nous plaindre si elle retire ses meubles: & enfin elle a tant de pieté & de crainte de Dieu, que je ne puis douter que ses intentions ne soient bonnes & saintes. Mais ce qui m'afflige sensiblement, c'est son établissement à Mont-Real où elle est dans un danger evident de sa vie à cause des courses des Hiroquois, & qu'il n'y a point de Sauvages sur le lieu. Et ce qui est le plus touchant, elle y reste contre le conseil des Revereds Peres & de Monsieur le Gouverneur qui ont fait tout leur possible pour la faire revenir: Ils font encore une tentative pour lui persuader son retour, nous en attendons la réponse qu'on n'espere pas nous devoir

A aa.

contenter. Ce grand changement a mis nos affaires dans un très mauvais état : Car Monsieur de Bernieres qui en a la conduite me mande qu'il ne les peut faire avec le peu de fondation que nous avons qui n'est que de neuf cens livres. Les Meres Hospitalieres en ont trois mille & Madame la Duchesse d'Aiguillon leur fondatrice les aide puissamment ; avec tout cela elles ont de la peine à subsister. C'est pourquoi Monsieur de Bernieres me mande qu'il nous faut resoudre si Dieu ne nous assiste d'ailleurs, de congedier nos Seminaristes & nos ouvriers ne pouvant suffire à leur entretien, puisque pour paier seulement le fret des choses qu'il nous envoie, il lui faut trouver neuf cens livres qui est tout le revenu de nôtre fondation. Et de plus dit-il, si Madame vôtre fondatrice vous quitte, comme j'y voi de grandes apparences, il vous faudra revenir en France, à moins que Dieu ne suscite une autre personne qui vous soûtienne.

A ces paroles ne direz-vous pas, Mademoiselle, que tout est perdu ? En effet on le croiroit s'il n'y avoit une providence amoureuse qui a soin des plus petits vermisseaux de la terre. Cette nouvelle a beaucoup affligé nos amis qui en sçavent l'importance ; & neanmoins mon cœur est en paix par la misericorde de nôtre bon Jesus pour lequel nous travaillons. Dans la confiance que j'ay en son amour, j'ay resolu de retenir nos Seminaristes & d'aider nos pauvres Sauvages jusqu'à la fin. J'ay encore retenu nos ouvriers pour bâtir le Seminaire, esperant qu'il ne nous a pas amenées ici pour nous détruire & nous faire retourner sur nos pas. Si pourtant sa bonté, ou son aimable justice le vouloit pour châtier mes pechez, me voila prête d'en recevoir la confusion à la veuë de toute la terre : Il ne m'importe ce qui m'arrive, pourveu qu'il en tire sa gloire : Et à l'heure que je vous écris, mon cœur possede une paix si accomplie que je ne vous la puis exprimer : J'ay une singuliere satisfaction de vous le dire comme à celle que j'aime & que j'honore le plus en ce monde. Oui, Mademoiselle, puisque vôtre humilité se porte jusqu'à me vouloir honorer de vôtre affection & bienveillance, vous avez si fort gagné mon cœur, qu'il ne se peut empécher de vous dire les biens & les maux qui lui arrivent.

Aprés ce que Monsieur de Bernieres m'a écrit, il sera sans doute épouvanté voiant que je lui demande des vivres comme à l'ordinaire, & de plus que je lui envoie des parties pour six mille livres qui ont été emploiées à paier les gages de nos ouvriers, & à l'achât des materiaux de nôtre bâtiment, sans parler du fret du vaisseau: Car en tout cela nous n'avons que la providence de nôtre bon Dieu: On dit que tout est perdu, & cependant je me suis sentie portée interieurement à poursuivre ce que nôtre Seigneur nous a fait la grace de commencer en sa nouvelle Eglise. L'arrivée des vaisseaux nous donnera une nouvelle instruction, & peut-être un nouveau courage pour travailler plus que jamais au service de nôtre Maître.

Aprés les afflictions communes dont je vous parle en mon autre lettre, & que nous souffrons à l'occasion de cette nouvelle Eglise persecutée des Demons & des Hiroquois, vous voiez ici mes croix particulieres. Vous en avez aussi, Mademoiselle ; joignons les vôtres & les nôtres ensemble pour n'en faire qu'un composé qui puisse être offert à nôtre Seigneur. Pour moy j'offre tres-volontiers les miennes pour vous, & avec la plus grande affection que je puisse avoir en cette vie ; je pense que vous me croiez & que vous ne doutez point qu'il n'y ait dans vôtre servante une sincerité entiere. Cela n'empeche pas que je n'aye une consolation sensible des grandes benedictions que Dieu donne à vos affaires ; je l'en benis de tout mon cœur, & c'est une marque que la justice est de vôtre côté. J'ose vous le repeter, Dieu attend de grandes choses de vous si vous lui laissez manier vôtre cœur & si vôtre ame suit son mouvement de quelque côté qu'il la tourne.

Vous vous plaignez que je ne vous demande rien. Vous nous faites tant de biens que je n'oserois m'avancer de crainte de faire tort à vôtre affection qui nous previent sans cesse. Deplus nous avons besoin de tout comme vous voiez, sur tout de commoditez pour nous bâtir, c'est ce qui me fit vous taire l'an passé le besoin que nous avions d'étoffes, en quoi je fis tort à l'affection que vous avez pour nos cheres Seminaristes. Neanmoins comme je ne pensois qu'à les loger Dieu inspira un honeste homme de France de m'envoier deux pieces de serge forte & des chaussures toutes faites pour les vétir, sans quoi elles eussent été obligées de souffrir les rigueurs de l'hiver. Ne fait-il pas bon de s'attendre à la providence d'un si bon Pere? Oui assurement ; & c'est encore un autre effet de cette aimable providence de vous avoir inspiré de me commander de vous dire ce qui nous seroit le plus utile. C'est donc pour vous obeïr que je prens la hardiesse de vous dire que c'est de l'etoffe forte rouge & grise avec des toilles d'un commun usage lesquelles sont tres-rares & pourtant tres-necessaires en ce païs. C'est pour vous obeïr que je m'ouvre de la sorte, mais si nôtre divin Maître vous tourne le cœur d'un autre côté, faites s'il vous plait tout ce qu'il vous dira, car c'est tout ce que j'aimerai & cherirai. Ah, Mademoiselle, que Dieu veut un grand denuement dans les ames qu'il a appellées en sa nouvelle Eglise. Il veut, dis-je, d'elles une si grande dependence de sa pure providence que pour joüir d'une parfaite paix, elles doivent être disposées d'agréer de moment en moment les dispositions de ses desseins sur elles. Faites-donc tout ce que ce même moteur des cœurs voudra que vous fassiez, & non plus, & ce sera là nôtre plaisir.

Ce que vous avez envoié à vôtre fillole a été volé depuis Paris jusques à Dieppe : je lui ay dit la perte qu'elle a faite & l'amour que vous lui portez. Cela l'a fort touchée, mais après une petite tristesse, elle a fait selon l'humeur des sauvages, qui est d'oublier facilement ce qui les fâche : ce qui a contribué à sa consolation, c'est la lettre qu'il vous a plû de lui écrire ; elle n'a jamais été tant honorée, & elle est toute ravie d'avoir un Massinahigan, c'est à dire, une lettre de sa bonne Maraine. On ne peut rien voir de plus innocent que cette fille, & je tâcheray de ne rien oublier pour la mettre dans la voie de son salut. Benissons Dieu, Mademoiselle, de ce qu'il touche aussi bien nos barbares que ceux qui naissent dans les lieux les plus cultivez de France. Vous fondriez en larmes de voir leur devotion & leur humilité quand ils assistent aux processions & aux assemblées publiques. Madame nôtre fondatrice avoit coûtume d'y conduire nos Seminaristes, & de marcher à la tête des femmes & des filles Sauvages, après quoi nous leur preparions un festin ; aujourd'huy qu'elle est éloignée, elle est privée de cette consolation, mais nous avons toujours la nôtre qui est de les regaler selon nos petits moiens.

Comme j'étois sur le point de finir cette lettre, il est arrivé une barque de Mont-Real qui nous apprend que cette bonne Dame est resoluë d'y passer l'hiver parmi les dangers. Je vous avois bien dit que ses intentions sont bonnes & saintes, car elle m'écrit avec une grande cordialité & me mande que le sujet qui la retient à Mont-Real, est qu'elle cherche le moien d'y faire un second établissement de nôtre ordre au cas qu'elle rentre dans la joüissance de son bien. Mais je n'y voi nulle apparence, & le danger où elle est de sa personne me touche plus que toutes les promesses qu'elle me fait. Voila le vaisseau prest de lever l'ancre, ainsi il faut que je finisse & que tout de nouveau je vous rende mes tres-humbles remercimens de

DE LA M. MARIE DE L'INCARNATION.

tous vos bienfaits. Et à l'égard de l'affection que mon cœur a pour vous, la parole est trop foible pour l'exprimer : Que l'amour infini de nôtre aimable JESUS vous le dise donc, puisque lui seul sçait que je suis toute vôtre ; Oüi sans reserve je suis vôtre treshumble.

De Tours le 29. Septembre 1642.

LETTRE XXVII.

A UNE RELIGIEUSE DE LA VISITATION.

A la Mere Gilette Roland.

Aprés luy avoir témoigné des sentimens de tendresse & d'affection, elle luy fait le recit du zele heroïque d'un homme & d'une femme Sauvages.

MA tres-chere Mere & tres aimée Sœur. Mon cœur sent tant d'affection pour la vôtre, que lorsque je dois vous écrire, je suis en peine de trouver des paroles pour vous exprimer mes sentimens. Mais comme l'amour que j'ay pour vous est enfermé en celuy de nôtre divin Maître, demeurons en cette sainte union où la vraie amitié se trouve & s'exerce avec autant de pureté que de verité. Sans en sortir sortons neanmoins pour dire ses misericordes, car elles sont grandes & infiniment grandes dans nôtre Amerique, dans laquelle les ames cedant aux froidures qui y dominent presque continuellement, avoient été toutes gelées, depuis qu'elle est habitée, jusqu'à nos jours que nôtre Seigneur temoigne par sa bonté en vouloir faire fondre les glaces. Car nous voions que son esprit se veut tout gagner & mettre l'embrasement par tout comme il l'a promis dans l'Evangile. Nous le voions particulierement dans les Sauvages du Sagenay, de Tadoussac & des Attikamek, qui vivent comme des Saints. Une femme fort âgée qui se nomme Angelique a fait cette année l'office d'Apôtre aux Attikamek tant pour les fortifier en la foy, & pour apprendre les prieres à ceux qui ne les sçavoient pas & empescher que ceux qui ne les sçavoient ne les oubliassent. Je vous laisse à penser qu'elle peine cette femme âgée de prés de soixante ans a eüe d'aller en un païs si éloigné au fort du froid & des neges du mois de Fevrier, traversant des bois immenses, & rempant par des rochers affreux. Ne faut-il pas avoir pour cela un excellent amour de Dieu dans le cœur, & un desir bien embrasé du salut de son prochain ? elle n'est pas encore de retour ; Dieu sçait de quelle affection je l'embrasseray quand je la verray.

Un autre excellent Chrétien nommé Charles aiant été choisi pour remmener un Sauvage en son païs, afin d'obliger nos François qui l'avoient retiré de la main des Algonquins, qui le vouloient faire mourir, parce qu'il étoit allié aux Hiroquois, il a preché nôtre sainte Foy par tous les villages qui se sont rencontrez sur sa route. Si tôt qu'il fut de retour il me veint voir, & en s'ecriant il me dit : sçay-tu ce que j'ay fait ? j'ay enseigné les grands & les petits, les hommes & les femmes, les jeunes & les vieux par tout où j'ay passé. Je leur ay dit : quittez vos folies : cela seroit tolerable si vous vous étiez fait vous-mêmes ; cela seroit bon si vous deviez toujours vivre sur la terre : mais il y a un Dieu, un bon esprit qui a fait le Ciel & la terre, & tout ce que l'un & l'autre contient. Or choisissez ; Voila deux chemins : l'un conduit dans le feu avec les diables ; l'autre conduit au Ciel où est celuy qui a tout fait : si vous croiez en luy, vous irez à luy aprés la mort ; si vous n'y croiez pas, vous irez dans le feu d'où vous ne sortirez jamais. Pour moy, disoit-il, ce ne sont pas les richesses de cette vie que j'aime ; ce sont là de belles choses pour être aimées. Il ne m'importe que je sois pauvre ou riche, que j'aye faim ou que je sois rassasié, que je vive ou que je meure : cela seroit bon si c'étoit pour long-temps ; he ! nous mourrons incontinent & tout cela sera dissipé. Puis se tournant vers moy il me dit : j'ay couppé toute la bougie que tu m'as donnée par morceaux, & je m'en servois comme on fait à la Messe, ainsi je determinois des prieres, je faisois faire le signe de la Croix, & je disois à chacun ce qu'il devoit faire. Mais il faut que tu sçaches que ceux que j'ay enseignez n'ont point encore d'esprit, mais attend un peu, ils vont croire & ils en auront.

Cet excellent Chrétien est ravissant en tout ce qu'il fait & ce qu'il dit. C'est lui qui a le premier enseigné ses compatriotes de Tadoussac & qui y a jetté ce feu de ferveur que l'on y voit maintenant si allumé.

Je reviens à mes premieres paroles : en effet ma bonne & chere Mere, je suis sortie de moy-même pour vous parler des misericordes de nôtre divin Epoux sur cette Amerique, où vous voiez que son Royaume s'étend malgré l'opposition des demons. N'oubliez

DE LA M. MARIE DE L'INCARNATION.

point en sa presence nôtre petit Seminaire sur lequel le Maître de la Mission verse à l'ordinaire ses benedictions. Adieu.

De Quebec le 24. Aoust 1643.

LETTRE XXVIII.

A SON FILS.

Premiers fondemens de l'Eglise de Miscou. Progrez de celles de Tadoussac & des Hurons. Conversion notable d'un Capitaine sorcier. Les Hiroquois persecutent l'Eglise : ils tourmentent le R. Pere Jogues & font mourir quelques François.

MOn tres-cher & bien-aimé Fils. L'amour & la vie du Roy des nations consume vôtre cœur de l'ardeur avec laquelle il ravit les cœurs de nos Neophites. Vous devez à present avoir reçu les lettres que je vous ay écrites du mois de Juillet dernier, par lesquelles je vous faisois un petit recit de ce qui s'est passé cette année dans nôtre nouvelle France, & dans la nouvelle Eglise de Jesus-Christ. Je n'avois point encore reçu de vos lettres, mais ma Mere de saint Bernard m'avoit envoyé celle par laquelle vous luy faisiez des plaintes de ce que vous n'en avez receu aucune de moy l'année derniere. Je vous avois écrit amplement, mais ce que l'on confie à la mer est sujet au hazard. C'est pourquoy il se faut attendre à cela, mon tres-cher Fils, mais pour y apporter quelque remede, j'ay pris la resolution de vous écrire, tant que je vivray, par deux vaisseaux differens ; afin que si l'un se perd ou est pris par les Pirates, l'autre vous porte de mes nouvelles. Faites le même de vôtre part, si l'obeïssance vous le permet, car vous pouvez juger que nos contentemens seront en cela reciproques.

Cette lettre a été perduë sur mer.

Mais il ne faut point perdre de temps, commençons à parler de nos Neophites. Les premiers fondemens de l'Eglise ont été jettez cette année à Miscou qui est une habitation de François, seulement pour la traitte de Pelleterie. A dix lieuës au delà, on a bâti une Chapelle & établi une grande Mission pour les Sauvages du côté du Nord, qui ont été attirez à la foy par la conversation de nos Sauvages Montagnez de Tadoussac. Cette Mission promet de grands fruits, car la matiere est disposée. Ce lieu est à cent cinquante lieües d'ici approchant de vous.

Cent lieües au deçà est la Mission de Tadoussac où l'on a veu cette année des merveilles, un grand nombre de Sauvages avancez de plus de vingt journées dans les terres, y étant venus pour se faire instruire, & ensuite pour se faire baptiser. Ils ont des sentiments si religieux & font des actions si chrétiennes, qu'ils nous font honte & nous surpassent en pieté. Ce sont les fruits du zele de nos bons Chrétiens sedentaires, car ils vont exprés de côté & d'autre pour gagner des ames à Jesus-Christ. Toutes ces nations-là sont du côté du Nord, & Tadoussac où il s'assemblent, est à quarante lieuës d'ici ou environ tirant vers Miscou.

Sillery est à une lieuë au dessus de Quebec, & nous tenons le milieu. Nos Sauvages sedentaires sont là en partie, & en partie à Quebec où se fait la traitte.

L'an passé la Nation des Attikamek se vint rendre ici pour se faire instruire, & plus de la moitié fut baptisée. Le premier Baptéme fut en nôtre Eglise, comme aussi le premier mariage, car quand l'homme & la femme sont baptisez on les épouse au même temps en face d'Eglise. Plusieurs en suite furent baptisez & mariez. Il faut que je vous avouë que la joye que mon cœur ressent quand je voi une ame lavée du Sang de Jesus-Christ est inexplicable. Ces bonnes gens étoient tous les jours instruits dans nôtre Chapelle: aprés la Messe nous leur faisions festin de pois ou de sagamite de bled d'Inde avec des pruneaux, aprés quoi ils étoient quasi tout le jour à nôtre grille pour recevoir quelque instruction, ou apprendre quelque priere. C'étoit un prodige de voir avec combien de promptitude & de facilité ils apprenoient tout ce qu'on leur enseignoit. Une pauvre femme qui avoit l'esprit un peu plus dur que les autres, se fâchant contre elle-même, dit en se prosternant: je ne me leverai d'aujourd'hui que je ne sçache mes prieres. Elle eut tout le jour la bouche contre terre, & Dieu benit tellement sa ferveur qu'en se levant elle sceut tout ce qu'elle vouloit apprendre. La ferveur est universelle, & nous sommes ravies de voir de grands hommes nous venir trouver avec empressement, afin que nous leur apprenions à faire des actes interieurs & des Oraisons jaculatoires dont ils se servent dans les rencontres.

Le Capitaine de cette Nation étoit un grand Sorcier, & l'homme du monde le plus superstitieux. Je lui écoutois soûtenir la vertu de ses sorts & de ses superstitions, & peu aprés il vint trouver le Pere contre qui il avoit disputé, lui apporta ses sorts & le tambour dont
il se

DE LA M. MARIE DE L'INCARNATION.

il se servoit dans ses enchantemens, & protesta de ne s'en vouloir jamais servir. Je vous envoye ce tambour afin que vous voyiez comme le Diable amuse & seduit ce pauvre peuple avec un instrument d'enfant ; car vous sçaurez que cela sert à guerir les maladies, à deviner les choses à venir, & à faire de semblables choses extraordinaires. En suitte de ce changement nous eûmes la consolation de voir faire en un jour un sacrifice à Dieu de tous les tambours de cette Nation. Ils s'en retournerent tous en leur païs en chassant, afin d'y arriver au Printemps. Et parce qu'ils étoient nouvellement instruits, une de nos nouvelles chrétiennes de Sillery s'en alla avec eux, par un froid de neige des plus horribles, pour leur faire repeter tous les jours leurs prieres, de crainte qu'ils ne les oubliassent. Nous avons appris qu'ils menent une vie admirable.

C'est une merveille de voir la ferveur de nos bons Neophites : ils ne se contentent pas de croire en JESUS-CHRIST, mais le zele les emporte d'une telle maniere qu'ils ne sont pas contents, & pensent ne croire qu'à demi, si tous ne croient comme eux. Le Capitaine des Abnakivois a quitté son païs & ses gens pour se venir rendre ici sedentaire, afin de se faire instruire, & de pouvoir ensuite attirer ses gens à la foy de JESUS-CHRIST. Il fut hier baptisé & marié à une de nos Seminaristes nommée Angelle, dont la Relation parloit l'an passé avec eloge. Son zele le portera bien plus avant, car il est resolu de porter l'Evangile en beaucoup d'autres nations. Je ne me contenterai pas, me dit-il, de porter mes gens & ma jeunesse à la Foy & à la priere ; mais comme j'ai été dans plusieurs nations dont je sçai la langue, je me servirai de cet avantage pour les aller visiter, & les porter à croire en Dieu.

Les hommes ne sont pas seuls embrasez de ce zele : une femme chrétienne a passé exprés dans une nation fort éloignée pour y catechiser ceux qui y habitent, en quoi elle a si bien reüssi, qu'elle les a tous amenez ici où ils ont été baptisez. Il lui a fallu un courage Apostolique pour courir les dangers où elle s'est exposée afin de rendre ce service à Nôtre Seigneur. Nous voyons souvent de semblables ferveurs dans nos bons Neophites, qui sans mentir font honte à ceux qui sont nez de parens Chrétiens.

Il n'y a personne de considerable dans les Hurons qui ne veuille être Chrétien : l'on y a bâti cette année quatre Chapelles, & cy-devant on avoit peine d'y en souffrir une. Les Hiroquois neanmoins persecutent étrangement cette pauvre nation. Ils en ont pris & tué un grand nombre depuis deux ans, & depuis quinze jours ils ont encore défait leur flotte. Vous sçavez qu'ils prirent l'an passé le R. P. Jogues, des François & des Hurons avec une de nos Seminaristes. Ils tuerent les anciens & emmenerent les autres captifs. Le R. Pere fut moulu de coups & mis à nud arrivant en leur païs, on lui coupa le pouce, & eut l'index mordu jusqu'à la jointure, les bouts des autres doigts furent brûlez, & ensuite on lui fit souffrir mille ignominies. On en fit autant à un François son domestique, & un autre qui lui appartenoit aussi eut la téte fenduë d'un coup de hache. Le pauvre Pere croiant qu'on lui en alloit faire autant, se mit à genoux pour recevoir le coup & offrir son sacrifice, mais on ne lui fit rien davantage. On fit à la plus part des Captifs comme on lui avoit fait, puis on leur donna à tous la vie. On ne fit rien à nôtre Seminariste Therese, laquelle a toujours genereusement professé le saint Evangile & fait les prieres publiquement. Le R. Pere y préche presentement l'Evangile, c'est le premier qui a eu cet honneur, & Dieu benit tellement son travail, qu'il a déja baptisé plus de soixante personnes dans sa captivité.

Il faut un peu parler de nos Seminaristes sedentaires qui nous donnent tous les contentemens possibles. Une me disoit il y a quelque temps: je parle souvent à Dieu dans mon cœur, je prens grand plaisir à nommer JESUS & MARIE: Ah que ce sont de beaux noms! On les entend quelquefois s'entretenir de Dieu, & faire des colloques spirituels. Un jour entre autres elles se demandoient les unes aux autres dequoi elles pensoient avoir plus d'obligation à Dieu. L'une dit, c'est de ce qu'il s'est fait homme pour moy, & qu'il a enduré la mort pour me delivrer de l'Enfer; l'autre repartit, c'est de ce qu'il m'a faite Chrétienne, & de ce qu'il m'a mise par le Baptéme au nombre de ses enfans. Une petite qui n'a pas plus de neuf ans & qui communie depuis un an & demi haussa sa voix & dit: c'est de ce que JESUS se donne à nous en viande au saint Sacrement de l'Autel. Cela n'est-il pas ravissant en des filles nées dans la Barbarie?

Elles ne manquent point à leurs examens de conscience: ni à s'entraccuser les unes les autres, ce qu'elles font avec une ingenuité nompareille. Elles demandent quelquefois qu'on les châtie, afin de payer à Dieu dés ce monde la peine de leurs pechez. Une aiant été corrigée, on lui demanda ce qu'elle avoit pensé de son châtiment; j'ai pensé, dit-elle, que l'on m'aime de ce que l'on me châtie pour me faire venir l'esprit, car je n'en ay point; moy qui ay été instruite je suis beaucoup plus coupable que ma compagne qui a failli, & qui ne l'a point été.

Vous voiez nos emplois; je vous prie de prendre un grand soin du Royaume de Jesus-Christ. Obtenez par vôs prieres la conversion des Hiroquois qui lui nuisent beaucoup, & qui ferment les passages de crainte que les Nations plus éloignées ne viennent se faire instruire. La Nation d'Hyroquet n'a pas laissé de traverser les terres de ces Barbares, qui ont fait sur eux une décharge de plus de cent coups de fusils, mais Dieu les a si bien protegez, qu'il n'y en a pas eu un seul de blessé. Je vous écris la nuit pour la presse des lettres & des vaisseaux qui vont partir. J'ay la main si lasse qu'à peine la puis-je conduire, c'est ce qui me fait finir en vous priant d'excuser si je ne relis pas ma lettre.

De Quebec le 30. de Septembre 1643.

LETTRE XXIX.

A SON FILS.

Elle luy parle de la persecution des Hiroquois, de la prise du Pere Brissani, & de la fuite du Pere Iogues.

MOn tres-cher Fils. J'ay dessein de vous écrire bien au long de l'état de nôtre nouvelle France: mais puisqu'il me reste encore un moment de loisir, je vous en dirai un mot par avance. Les Hiroquois persecutent toujours cette nouvelle Eglise, & commettent d'étranges excez contre les Chrétiens tant François que Sauvages. Leur dessein principal est de tüer & de brigander, afin de se rendre les maîtres du païs & de s'enrichir des dépoüilles des autres Nations. Quand neanmoins ils prennent des Chrétiens, ils les martyrisent à cause de la priere, qu'ils prennent pour une magie & pour un sort qui leur causeroit, à leur avis, toute sorte de malheurs, s'ils n'ôtoient du monde tous ceux qui s'en servent. Pour cette cause le R. Pere Jogues a souffert mille martyres, l'un aprés l'autre: mais Dieu l'en a retiré pour nous le rendre vivant orné des marques & des livrées de son Fils. Depuis Pâques dernier ces barbares ont pris le R. Pere Brissani Romain de Nation & homme vraiment apostolique, à qui l'on avoit predit dés la France ce qui lui devoit arriver ici. On ne sçait encore ce qu'ils en ont fait, non plus que d'un jeune homme François qu'il emmenoit aux Hurons avec luy. On a pris trois Hiroquois en vie, qu'on trouve en diverses paroles sur ce point, ce qui fait craindre qu'ils ne l'aient traité comme ceux de sa suite qu'ils ont fait bruler tous vifs à petit feu, & à qui par une ferocité inoüie ils ont fait manger leur propre chair. Ce qui nous donne cette apprehension, est le ressentiment qu'on croit qu'ils ont de la fuite du R. Pere Jogues qu'ils tenoient pour un homme de marque, quoi qu'ils le dussent faire brûler quelques jours aprés. Ce bon Pere soûpiroit avec passion aprés ce bonheur, afin d'achever le martyre qu'il avoit commencé de souffrir : Mais les Hollandois à qui il avoit été recommandé du côté de la France, le prirent dans une traitté qu'ils firent avec ces barbares & l'embarquerent secretement avec leurs marchandises : non qu'ils eussent de l'affection pour le Pere, car ils sont heretiques ; mais la Reine de France aiant voulu cela d'eux, ils ne voulurent pas lui deplaire. Aujourd'huy ces barbares occupent toutes les avenües de la Rivière, commençant à quatre lieües au dessus de Quebec jusqu'à soixante au delà. Dans tout cet espace ils attendent de pied coy les Sauvages & les François qui se cantonnent comme ils peuvent pour se mettre à couvert de leur rage. Trois cens Sauvages se sont retirez cet hiver prés de nôtre Monastere n'osant retourner en leur païs, d'où ils avoient fuï, de crainte de tomber entre leurs mains. Une troupe de ceux-cy fut prés de trente jours sans manger que du bois pendant leur fuite. Arrivant ici ils étoient affamez au point que vous le pouvez juger. Ces pauvres gens meurent ou de misere, ou par la main de leurs ennemis dont ils sont voisins. Ce sont des Nepisiriniens.

Nonobstant les persecutions, le Christianisme augmente fort, la Foy en est plus en credit, & l'on voit faire à nos Neophites des actions de pieté si heroïques, que les François qui arrivent de France en pleurent de consolation. Entre ceux qui sont arrivez cette année, il y a un jeune homme de grande qualité âgé de vingt-deux ans que Dieu a touché pour le servir en ce païs au salut des Sauvages. Vous seriez ravi de l'entendre parler sur ce sujet, & de voir un jeune homme qui a commandé dans les armées de France, dans un mépris de lui-méme tout extraordinaire. Il va commander les Soldats qui sont destinez pour aller hiverner aux Hurons, où il doit accompagner trois des Reverends Peres, qui ont assez de zele pour s'exposer nonobstant les embuscades des Hiroquois, qui occupent les passages; ce jeune homme voudroit courir par tout pour gagner des ames à JESUS-CHRIST dans les Nations qu'on a nouvellement découvertes, & où nul de nos Peres n'a encore été: à cet effet il étudie la langue de ces peuples éloignez.

Dieu nous a à toutes conservé la santé: mais il est mort une de nos Seminaristes dans les bois. C'étoit une fille qui regloit les points de nôtre foy que l'on devoit chanter. Nous l'avons pensé faire Religieuse, car elle en étoit tres-digne; mais enfin elle est morte son livre à la main, & en priant Dieu. Nous avons encore quantité d'autres filles tres-sages. Priez nôtre Seigneur pour elles & pour moy qui suis, Vôtre.

De Quebec le 2. d'Aoust 1644.

LETTRE XXX.

A UNE RELIGIEUSE DE LA VISITATION.

A la Mere Marie Gillette Rolland.

Aprés un salut Chrétien & affectif, elle lui parle de la pureté de la foy des Sauvages convertis, & du zele qu'ils ont à punir les coupables.

MA tres-chere & bien-aimée Mere. JESUS nôtre tres-doux & tres aimable Epoux soit à jamais la consolation de vôtre cœur. Vous étes toujours ma chere Sœur, & en cette qualité vous m'étes toujours presente auprés de nôtre tres-bon Maître. Je suis consolée de ce que vous avez veu le R. Pere le Jeune, & nous ne l'avons pas moins été de le revoir en nôtre Canada avec nos deux cheres Sœurs qui sont arrivées heureusement avec lui, aiant fait une traverse fort courte. Elles nous ont apporté de vos nouvelles de vive voix, ce qui nous a donné une particuliere consolation.

Vous desirez, ma chere Sœur, sçavoir des nouvelles de nos bons Neophites: Ils sont dans la ferveur plus que jamais inexorables à ceux qui s'éloignent de leur devoir, & qui degenerent de la pureté de la foy. L'un d'entr-eux aiant commis une faute considerable contre les bonnes mœurs, les Chefs le vouloient tout à fait chasser de leur bourgade, & firent leur possible auprés de Monsieur le Gouverneur & des Reverends Peres pour empêcher qu'il n'y demeurât, quoi qu'il eût fait une confession publique de sa faute. Car, disoient-ils, il attirera le Diable parmi nous; il est cause avec sa jeunesse que Dieu nous quitte, & qu'il nous punit par nos Ennemis. D'autres qui avoient été excitez à boire par des François, & qui avoient traitté avec eux pour des boissons enyvrantes, en sorte que quelques jeunes gens qui en furent pris, furent privez trois jours entiers de l'entrée de l'Eglise à la sollicitation des Anciens. Les innocens ont aidé les coupables à faire cette penitence : Ils alloient deux fois le jour de compagnie à la porte de la chappelle faire leurs prieres avec une grande humilité, mais ils n'y entroient pas. Les anciens non contens de cela condamnerent les coupables à l'amende, qui étoit d'un certain nombre de peaux de Castor destinées à achetter de quoi parer l'Autel de celui qui a tout fait, afin de l'appaiser. Cette penitence est ordinaire & sert beaucoup à retenir dans le devoir ceux qui n'ont pas des intentions tout à fait pures. Ils donnent à Dieu les premices de leurs champs au temps de leur recolte. Enfin quoi qu'ils soient continuellement persecutez de leurs ennemis, leur foy n'en est que plus forte : vous le verrez dans le recit que j'en fais à nos Meres, où je leur parle tant de la disposition de nôtre Seminaire, que des particularitez de toute cette nouvelle Eglise, pour laquelle je vous supplie de continuer nos prieres & de porter vôtre sainte Communauté à y joindre les siennes.

De Quebec le 12. d'Août 1644.

LETTRE XXXI.

A SON FILS.

Délivrance du R. Pere Isaac Iogues des mains des Hiroquois, & son retour à Quebec. Forme des habits & des maisons tant des Sauvages que des François. Foy & pieté des nouveaux convertis.

Mon tres-cher & bien-aimé Fils. La vôtre m'a apporté une consolation que je ne vous puis exprimer. Je l'ay reçuë dés le mois de Juillet, les vaisseaux étant arrivez plûtôt qu'à l'ordinaire ; & ce qui a mis le comble à nôtre joie, c'est que nous avons reçu au même temps les Reverends Peres le Jeune, Quentin, & Jogues. Ce dernier par une providence de Dieu bien particuliere a été enlevé des mains des Hiroquois par les Holandois qui habitent leurs côtes. De là ils l'emmenerent en France d'où il est revenu ici comme un vrai martyr vivant qui porte en son corps les livrées de Jesus-Christ. Il devoit être brûlé à son retour dans le village des Hiroquois, si les Hollandois qui en furent avertis ne l'eussent enlevé secretement. Il m'a raconté les conduites de Dieu sur lui pendant sa captivité. Il y a des milliers de Martyrs qui sont morts à moindres frais. Imaginez-vous les choses les plus ignominieuses qu'on puisse faire souffrir à une personne chaste, il les a souffertes. Aprés une salve de coups de bâtons épouventable, qui le firent ressembler à un monstre, en sorte qu'on le laissa pour mort. Etant neanmoins revenu à soy on lui couppa deux doigts, & l'on brûla & mordit les autres. On le promena en suite tout nud de village en village, & de theatre en theatre; aprés quoi on le suspendit en l'air par le gros des deux bras à deux grands pieus fort élevez avec des cordes d'osier si serrées qu'il ne se peut davantage. On le laissa fort long-temps en ce tourment qu'il m'a dit être le plus grand & le plus sensible qu'il eût enduré à cause du poids de son corps, qui rendoit ses liens extremement douloureux. Ses bourreaux s'appercevant que ce supplice lui étoit sensible, le lierent & serrerent de nouveau, afin de le faire souffrir encore davantage. Mais vous allez voir un coup admirable de la providence de Dieu. Un Sauvage d'un autre village fort éloigné ne pouvant souffrir un spectacle si inhumain, le delia par une compassion naturelle, lors qu'il étoit sur le point de rendre l'esprit, & le mit en liberté. Les Hiroquois le voiant en liberté le donnerent à une famille qui en eût soin & le prit en affection, c'est à dire qu'ils ne lui faisoient point de mal, & ils souffroient qu'il fît ses prieres, ce qu'ils appellent magie. Ces gens là menoient le Pere par tout où ils alloient, & par ce moien il baptisoit tous les enfans moribonds & les adultes malades, dont il envoia un grand nombre dans le Ciel. Dans ces voiages il passa par le village de cet homme qui l'avoit delié, & sans penser à lui, il entra dans sa cabane pour voir à son ordinaire s'il n'y avoit point quelque bien à faire. Lors qu'il en sortoit, ce pauvre homme qui étoit dans un coin où il ne l'avoit pu voir, l'appelle & lui dit: Hé! quoi, mon Frere n'auras-tu point pitié de moy? Ne sçai-tu pas que c'est moy qui t'ay sauvé la vie, te retirant de ton tourment? Voilà que je m'en vais mourir, aide-moy, je te prie. Le Pere fut également joyeux & étonné: Il instruit ce pauvre homme, il le baptise, & aussi-tôt il le vit mourir dans l'assurance de son salut, que Dieu lui avoit preparé pour recompense, comme je le croi, de la bonne action qu'il avoit faite envers le Pere. Cet homme

Apostolique a trouvé quantité d'occasions imprevües de cette nature où il a envoié un grand nombre d'ames dans le Ciel. A present qu'il est de retour, on voit bien qu'aprés son martyre c'est un homme de l'autre monde; on voit en lui une humilité si admirable qu'il ne faut point d'autre marque de sa sainteté. Lors méme qu'il étoit parmi les Hiroquois sa grande modestie tenoit ces barbares dans l'admiration, & ils le croioient plus qu'homme.

Pour reponse à ce que vous desirez sçavoir touchant le païs, je vous dirai qu'il y a des maisons de pierres, de bois & d'écorce. La nôtre qui est toute de pierres a 92. pieds de longueur & 28. de largeur. C'est la plus belle & la plus grande qui soit en Canada pour la façon d'y bâtir. En cela est compris l'Eglise, qui a sa longueur dans la largeur de la Maison, & dix-sept pieds de largeur. Vous penserez que cela est petit, mais le trop grand froid ne permet pas qu'on fasse des lieux plus vastes. Il y a des temps ausquels les Prétres sont en danger d'avoir les doigts & les oreilles gelées. Le Fort est de pierres comme les maisons qui en dependent. Celles des Reverends Peres, de Madame nôtre Fondatrice, des Meres Hospitalieres & des Sauvages sedentaires sont aussi de pierres. Celles des Habitans, excepté de deux ou trois, sont de colombage pierrotté. Une partie des Sauvages ont des maisons portatives d'écorce de boulleau, qu'ils dressent bien proprement avec des perches : Nous en avions une semblable au commencement pour nous servir de classe. Quand je dis que nos maisons sont de pierres, je ne veux pas dire qu'elles soient de pierres de taille, non il n'y a que les encognures, qui sont d'une espece de marbre presque noir, qui se tire par coupeaux assez bien faits. Les encognures étant de cette sorte de pierre sont tres-belles, mais elles coûtent à tailler à cause de la dureté. Un homme coûte trente sols par jour, encore le faut-il nourrir les fétes & les Dimanches, & dans les mauvais temps. Nous faisons venir de France nos artisans qu'on loüe pour trois ans ou plus. Nous en avons dix qui font toutes nos affaires, excepté que les Habitans nous fournissent la chaux, le sable & la brique. Nôtre bâtiment a trois étages, dans le milieu desquels nous avons nos cellules faites comme celles de France. Nôtre cheminée est au bout pour échauffer le dortoir & les cellules, dont les separations ne sont que de bois de pin, car autrement on ne pourroit pas y échauffer : encore ne croiez pas qu'on y puisse demeurer long-temps en hiver sans s'approcher du feu ; ce seroit un excez d'y demeurer une heure, encore

faut-il

aut-il avoir les mains cachées & être bien couvert. Hors les observances le lieu ordinaire pour lire, écrire & étudier est de necessité auprés du feu, ce qui est un assujettissement fort incommode, particulierement à moy qui ne me chauffois jamais en France. Nos couches sont de bois qui se ferment comme des armoires, & quoiqu'elles soient doublées de couvertes ou de serge, à peine y peut on échauffer. L'hiver nos Sauvages quittent leurs maisons de pierres & vont cabaner dans les bois où il ne fait pas si froid. A quatre cheminées que nous avons nous brûlons par an 175. cordes de gros bois: & aprés tout quoique le froid soit si grand nous tenons le chœur tout l'hiver, mais l'on y souffre un peu. Nôtre clôture n'est que de gros pieus d'arbres entiers de dix pieds de haut & accommodez avec de la charpente. Les couvertures des maisons son de planches doubles ou de bardeau contregarni de planches par le dessous.

Les Sauvages sont habillez l'Eté & l'Hiver. L'Eté ils ont une peau d'Orignac grande comme celle d'un bœuf, carrée comme une couverture qu'ils mettent sur leurs épaules. Ils l'attachent avec une petite corroie, en sorte que leurs bras sortent tout nuds: ils n'ont que cela & un brayer, aiant les pieds & la tête nuë. Chez eux, à la campagne, & quand ils se battent avec leurs ennemis, ils sont nuds comme la main, excepté le brayer qui les couvre assez modestement. Ils ont la peau comme minime à cause du Soleil & des graisses dont ils s'oignent par tout le corps. Ils ont pour la plus part le visage matachié avec des rayes rouges & blües. L'Hiver ils ont pour robes des couvertes de licts accommodées comme celles dont je viens de parler, excepté qu'elles ont des manches de même. Ils ont des chausses de cuir ou de couvertes usées qui leur vont jusqu'à la ceinture. Ils ont par la dessus une veste de Castor avec son poil en guise de manteau. Ceux qui se couvrent la tête traittent pour des bonnets de nuit rouges au magazin: ils ont aussi quelquefois des capots ou des tapaborts. Voilà pour ceux qui sont bien habillez, mais il y en a qui sont presque nuds en tout temps par pauvreté. Les femmes sont fort modestement accommodées aiant toujours des ceintures qui les serrent (car les hommes n'en ont quasi jamais, leurs robes allant au gré du vent) leurs robes vont en bas jusqu'à mi-jambes, & en haut jusqu'au haut du col, aiant presque toujours les bras couverts. Elles se couvrent aussi la tête d'un bonnet de nuit d'homme, ou d'un Castor, ou d'un Tapabor. Leurs cheveux sont abbatus sur le visage & liez par le derriere, & communement elles sont fort modestes &

Ccc

pudiques. Nous faisons de petites simares à nos Seminaristes & les coëffons à la Françoise. On auroit de la peine à distinguer un homme d'une femme sans cette difference d'ajustement dont je viens de parler, car leurs visages sont tous semblables. Leurs souliers sont de peau d'Orignac preparée comme celle de Buffle : ils en froncent un morceau par le bout, mettent une piece carrée au talon, passent une petite corroye comme à une bourse, & voila leur soulier fait. Les François n'en portent point d'autres l'hiver, parce qu'on ne peut sortir pour marcher sur la neige qu'avec des raquettes, & pour cela on ne se peut servir de souliers françois. Voila ce que vous desirez sçavoir touchant la façon des maisons & des habits de nôtre Canada.

Nous voions dans les campagnes des Lys sauvages & des Martagnons. On y voit aussi quantité de Cedres, dont les branches nous servent à faire des balays. Il y a encore beaucoup de Pins, de Sapins & d'Epinettes qui demeurent verts tout l'hiver nonobstant les froidures.

Vous demandez de plus si nos Sauvages sont aussi parfaits comme je le dis dans mes lettres. Je vous dirai qu'en matiere de mœurs, je veux dire en leurs façons d'agir, & de faire un compliment, on n'y voit pas la politesse Françoise : On ne s'est pas étudié à leur apprendre cela, mais bien à leur enseigner solidement les commandemens de Dieu & de l'Eglise, les points & les mysteres de nôtre foy, les prieres & les pratiques de nôtre Religion, comme sont le signe de la croix, l'examen de conscience, & autres semblables actions de pieté. Un Sauvage se confesse aussi-bien qu'un Religieux, il est naïf au possible, & il fait état des plus petites choses. Lors qu'ils sont tombez, ils font des penitences publiques avec une admirable humilité. En voici un exemple. Les Sauvages n'ont point d'autre boisson que le boüillon de leur chaudiere Sagamité, soit de chair, ou de bled d'Inde, ou d'os boüillis, ou l'eau pure. Les François leur aiant fait goûter du vin & de l'eau de vie, ils ont trouvé cela tellement à leur goût, qu'ils le preferent à toute autre chere : mais le mal est que quand ils en peuvent avoir, il ne leur en faut boire qu'une seule fois pour devenir comme fols & furieux. On en attribuë la cause à ce qu'ils ne mangent que des choses douces n'aiant aucun usage ni connoissance du sel. Cette boisson les tuë d'ordinaire, ce qui a porté Monsieur nôtre Gouverneur à faire deffense sur peine de grosses amendes de leur en donner ou traitter. A l'arrivée neanmoins des vaisseaux, il n'est pas possible d'empêcher les Mattelots de leur en traitter en cachette. Les anciens Sauvages Chrétiens ni leurs familles ne tombent point dans ces excez, ce sont les infideles avec quelque jeunesse libertine. Il est neanmoins arrivé cette année que quelques-uns sont tombez dans cette faute, & pour la punir les Anciens avec le Pere Superieur de cette Mission les ont condamnez à payer un grand nombre de peaux pour la decoration de la chappelle ; & de plus à demeurer trois jours sans entrer dans l'Eglise, & d'aller seulement deux fois le jour faire leurs prieres à la porte accompagnez des innocens, afin de les aider à obtenir misericorde, & d'appaiser celui qui a tout fait : d'autres font une declaration publique de leurs pechez dans l'Eglise des François : d'autres jeûnent trois jours au pain & à l'eau. Comme ils ne commettent pas souvent ces sortes d'excez, aussi ces sortes de penitences sont rares. Au reste il en est des Sauvages comme des François ; il y en a de plus & de moins devots : mais parlant generalement les Sauvages le sont plus que les François, & c'est pour cela qu'on ne les mêle pas, & qu'on les met dans une bourgade separée, de peur qu'ils n'imitent les mœurs de quelques-uns. Ce n'est pas que ceux-cy ne soient assez sages en ce païs ; mais les Sauvages ne sont pas capables de la liberté Françoise quoi qu'honnête.

Je ne vous sçaurois dire tout ce que je sçay de la ferveur de ces nouvelles plantes : quoique nous en soions sensiblement touchées, nous commençons à ne nous en plus étonner, parceque nous sommes déja accoûtumées à les voir : Mais les François qui arrivent ici, & qui n'ont rien veu de semblable en France, pleurent de joie, voiant les loups devenus agneaux, & des bêtes changées en enfans de Dieu. Le Capitaine des Sauvages de Silleri avant que de partir pour aller en guerre contre les Hiroquois me vint trouver & me dit : Ma Mere, voila ce que je pense ; je te viens voir pour te dire que nous allons chercher nos ennemis ; s'ils nous tüent, il n'importe, aussi-bien il y a long-temps qu'ils commencent ; & même de prendre & de tüer les François nos amis, avec ceux qui nous instruisent. Ce que nous allons en guerre n'est pas parce qu'ils nous tüent, mais parce qu'ils tüent nos amis. Prie pour nous, car nous avons offensé Dieu, & c'est pour cela qu'il nous châtie. Sur tout la jeunesse n'est pas sage : Je leur dis, vous fâchez Dieu, & il nous punit : corrigez-vous, & il s'appaisera. Un tel, qu'il me nomma, a encore fait une lourde faute, pour laquelle je l'ay voulu chasser d'avec nous, mais le Pere Superieur m'a dit, attend jufqu'au Printemps, & il fe corrigera. Le Pere eft trop bon d'avoir tant attendu, le printemps eft paffé, & il ne s'eft pas corrigé. Il attire le Diable parmi nous, & c'eft de là que viennent nos mal-heurs. Priez-donc toutes pour nous, car nous ne fçavons ce que nous deviendrons à caufe de nos offenfes.

Cet excellent Chrétien eft le fecond baptifé du Canada, auffi eft-il irreprehenfible dans fa vie & dans fes mœurs. Dans une harangue publique qu'il fit dans l'Eglife où le R. Pere de Quen avoit fait une correction à la jeuneffe, il éleva fa voix & fit une confeffion publique & generale de toutes les fautes qu'il avoit commifes depuis fept ou huit ans qu'il étoit Chrétien, ajoûtant: C'eft moy, mes Freres, qui attire tous les mal-heurs qui nous arrivent, car vous voiez par ce que je viens de dire mes infidelitez aux graces de Dieu depuis que je fuis fon enfant: mais, mais il eft bon, prenez courage, ne vous defefperez pas; fi nous le fervons il nous fera mifericorde.

Voici ce que difoit une femme Sauvage à nôtre grille: Dieu me fait beaucoup de graces: autres fois la mort de mes enfans m'affligeoit de telle forte que rien du monde ne me pouvoit confoler: maintenant mon efprit eft fi convaincu de la fageffe & de la bonté de Dieu, que quand il me les ôteroit tous, je n'en ferois pas trifte: car je penfe en moy-même; fi une plus longue vie étoit neceffaire à mon enfant pour mieux faire fon falut, celui qui a tout fait ne la lui refuferoit pas, puis qu'il eft fi bon & que rien ne lui eft impoffible: aujourd'huy qu'il l'appelle à foy, il faut bien dire puis qu'il fçait tout, qu'il voit qu'il ceffferoit peut-être de croire en lui, & commettroit des pechez qui le precipiteroient dans l'Enfer. Dans cette penfée je lui dis: Determine de moy, toy qui as tout fait, & de tous mes enfans auffi. Quand tu m'éprouverois en toutes les manieres poffibles, je ne cefferai jamais de croire en toy, ni de t'aimer, ni de t'obeïr; car je veux tout ce que tu veux. Puis je dis à mes enfans que je voy mourir: Va mon enfant, va voir au Ciel celui qui a tout fait: quand tu y feras prie-le pour moy, afin que j'y aille auffi: après ta mort je ferai des prieres pour ton ame, afin que tu forte bien-tôt du Purgatoire.

Cette même femme qui fe nomme Loüife me vint un jour faire le recit d'une longue oraifon qu'elle avoit compofée pour les Guerriers. Elle étoit conçuë en des termes fi touchans que mon cœur en étoit attendri. Il femble que Dieu fe plaife à éprouver fa foy, lui ôtant tous fes enfans l'un après l'autre depuis fon baptême.

Vous voiez par ce peu que je vous viens de dire les sentimens de nos bons Chrétiens. Ils ont de si grandes tendresses de conscience, qu'un jeune homme & une jeune femme aiant porté cet hiver leur fils à la chasse, il mourut dans les bois entre leurs bras. Ils eurent si grande peur de mécontenter Dieu, s'ils l'eussent enterré dans une terre qui ne fût pas benite, que durant l'espace de trois ou quatre mois, la Mere le porta toujours au col par des precipices, des rochers, des bois, des neiges, des glaces, avec des peines incroiables. Ils furent ici pour la féte de Pâques, où ils firent enterrer leur fils qu'ils presenterent empacqueté dans une peau.

Je vous ay mandé dans ma precedente, que la foy prend de profondes racines dans les Nations du Nord, sur tout aux Hurons d'où je viens de recevoir une lettre du R. Pere Chaumonnot. Voici ce qu'il mande. On a bâti de nouvelles Chappelles dans cinq principaux bourgs des Hurons, où il y a toujours de nos Peres. Si ces deux hivers prochains les conversions continüent comme aux deux precedens, nous esperons que les Chrétiens deviendront les plus forts dans ces cinq bourgs, & qu'en peu de temps ils attireront aprés eux non seulement leurs concitoyens, mais encore le reste du païs, & même toute la Nation des Hurons.

Ce grand progrés n'a pas empêché que les Hiroquois n'aient encore pris un de nos Peres de la compagnie avec six François, dont trois ont été tuez, deux desquels ont été brûlez tous vifs & hachez en piéces, & ces barbares non contens de manger leur chair, à mesure qu'elle brûloit, ils en prenoient des morceaux & contraignoient les patiens d'en manger comme eux. Ils ont encore pris & tüez plusieurs Chrétiens tant Hurons qu'Algonquins. On a aussi pris trois de leurs gens par le moyen desquels on tache de retirer le Pere, au cas qu'il soit encore en vie, car on dit qu'il étoit destiné au feu. C'est peu de chose que la vie, mais la cruauté que ces Barbares exercent sur les patiens, est horrible. C'est pour cela que je vous demande vos prieres, car comme l'esprit s'affoiblit quelquefois dans les tourmens, on craint pour nos pauvres Chrétiens quelque espece de desespoir. Ne vous lassez donc point de vous tenir aux pieds du Roy des Nations: Il est mort pour tous, & tous ne vivent pas encore. Ah! Si j'étois digne de courir par tout pour tâcher de lui gagner quelque ame, mon cœur seroit satisfait. N'est-ce pas une chose sensible de voir les demons tenir un empire si absolu sur tant de peuples? Allons, allons ensemble en esprit par toutes ces contrées infideles, pour tâcher d'en rendre quelqu'une à nôtre bon Maître. Vous pouvez autant faire dans vôtre solitude que si vous y étiez actuellement employé par l'exercice du ministere. Le Pere Eternel a fait voir à une personne, que si elle lui demandoit quelque chose par le cœur de son Fils, il la lui accorderoit. Demandons-lui donc des ames par ce divin cœur pour l'amplification de son Royaume. Soyons jaloux de ce que son ennemi les possede si injustement; car c'est lui qui anime les Hiroquois, qui pour le present sont les plus grands ennemis de sa gloire en ce païs, aprés mes malices, & pour ce point, trouvez-moy des amis, je vous en supplie, auprés de Dieu. Pour moy je ne vous quitte point auprés de sa divine Majesté : demeurons en ce vaste Ocean, & vivons-y en attendant l'eternité, où nous nous verrons reellement.

De Quebec le 26. d'Aoust 1644.

LETTRE XXXII.

AU MESME.

La paix entre les François, les Hiroquois & les autres Nations de Canada. Façons d'agir des Sauvages en leurs traittez de paix. Vision remarquable d'un Sauvage, en suite de laquelle plusieurs ont été convertis à la foy.

MOn tres-cher Fils. Comme je sçay que vous ne verrez pas si tôt la Relation, j'ai crû vous devoir faire part des faveurs signalées que nôtre Seigneur nous a faites cette année en ce qui touche sa nouvelle Eglise, à laquelle enfin il a donné la paix universelle.

Au mois d'Avril dernier quelques Algonquins des trois Rivieres se lierent pour aller de compagnie à la chasse, mais plûtôt à celle des Hiroquois qu'à celle des bêtes Sauvages. Un nommé Pieskaret Sauvage, mais aussi Chrétien qui étoit celui qui l'an passé amena les deux prisonniers Hiroquois dont il a été parlé dans la Relation; commandoit cette petite troupe qui n'étoit que de six ou sept. Ils ne furent gueres avant dans leur chasse sans faire rencontre des Hiroquois. Ils en trouverent quatorze contre lesquels ils se batirent avec tant de generosité, qu'ils en tüerent neuf sur la place : un autre qui étoit blessé voulant fuir à la nage se noya: deux se sauverent à la fuite; ainsi il n'en resta que deux qui continüoient à se battre avec plus de temerité que de valeur. Parmi les Algonquins il y avoit un excellent Chrétien nommé Bernard, qui desiroit sur tout d'avoir quelque prisonnier en vie. Dans ce desir il dit à ses ennemis: Mes freres, que faites-vous? Ne voiez-vous pas bien qu'il nous est facile de vous ôter la vie? Ne vous faites pas tüer, rendez-vous & ne craignez-pas qu'on vous fasse mourir, prenez courage, nous vous mettrons entre les mains de personnes qui ne vous feront point de mal. A ces paroles ces deux hommes qui se croioient à deux doigts de la mort commencerent à respirer, & se rendirent sur la bonne foy de celui qui leur parloit avec tant d'affection. Nos Algonquins enleverent en suite la chevelure des neuf autres qui étoient étendus morts sur la place, puis selon leur forme ordinaire, ils voulurent servir leurs deux prisonniers de guerre de coups de bâton qui ne sont que des caresses, disent-ils, & la bien-venüe de leurs captifs: Une oreille couppée, des doigts rompus, la peau du corps brûlée, les ongles arrachés sont des divertissemens; ils se rient de cela quand on s'en plaint, & il faut qu'un prisonnier chante en endurant, autrement on le tient pour un lâche & pour un homme indigne de vivre. Ces deux prisonniers neanmoins apprehendoient beaucoup ces choses, & Pieskaret comme ennemi mortel des Hiroquois n'en avoit point de pitié. Mais le bon Bernard qui étoit plus éclairé des lumieres de nôtre sainte foy, lui dit: Je suis Chrétien, & par tant je ne veux point faire de mal à ces hommes qui se sont rendus; ce sont mes freres, & il me semble que c'est un trait d'une trop grande lâcheté de vouloir mal-traitter des personnes, qui sous nôtre parole se sont mis entre nos mains & sous nôtre protection: Nous aurons bien plus d'honneur de presenter aux François ces prisonniers sains & entiers, que si nous les leur donnions estropiez. Pieskaret goûta ces raisons & se resolut de ne pas permettre qu'on leur fit aucun mal. Cela fut fait, car ils furent reçus avec affabilité des Sauvages, tant des trois Rivieres que de Silleri, qui leur firent chere comme à leurs freres. Ils furent amenez à la residence de saint Joseph, où Pieskaret en vouloit faire present à Monsieur le Gouverneur de la nouvelle France. A leur arrivée nos Chrétiens leur firent une belle salve d'arquebuzades, & Pieskaret aiant mis pied à terre declara son intention, qui étoit de parler à Monsieur le Gouverneur, lequel en aiant eu avis s'y transporta quelques jours aprés pour sçavoir ses intentions. L'Assemblée se fit dans la Maison des Reverends Peres où Monsieur le Gouverneur leur fit un grand festin, car c'est par là que se commencent & se terminent toutes les bonnes affaires parmi les Sauvages. Tous étant assemblez on demeura assez long-temps en silence, puis Pieskaret harangua fort eloquemment, faisant entendre à Monsieur le Gouverneur qu'il n'avoit été à la guerre que pour lui amener des prisonniers, selon la promesse qu'il lui en avoit faite depuis long-temps, qu'il lui presentoit ces deux là, esperant que par leur moien on pourroit traitter de paix, & faire que toutes les Nations de ces contrées, ne fussent plus qu'un peuple : Qu'au reste c'étoit tout son souhait, quoique les Hiroquois ne pensassent pas cela de lui ni des autres Algonquins, & neanmoins qu'il étoit tres-vrai qu'ils la desiroient sincerement. Monsieur le Gouverneur accepta les deux prisonniers, & loüa le procedé de Pieskaret & de Bernard. Ce dernier qui sçait la langue Hiroquoise, pour avoir autrefois été prisonnier en ce païs là, adressa sa parole aux deux prisonniers qui n'attendoient que la mort à cause du mal qu'ils avoient fait par le passé aux François, Algonquins & Hurons, & sur tout aux Reverends Peres, leur dit qu'ils n'avoient nul sujet de craindre, mais plûtôt de se réjoüir puis qu'ils n'étoient plus captifs, mais libres : qu'ils étoient à un grand Capitaine qui ne souffriroit pas qu'on leur fit aucun mal. L'un des deux aiant oüi ce discours, témoigna une joie qui ne se peut dire, & prenant une arquebuze il la jetta par dessus son épaule disant que la paix étoit faite, & qu'il ne falloit plus parler de guerre : & il ajoûta que si l'on vouloit renvoier en leur païs, le prisonnier Hiroquois que l'on gardoit aux trois Rivieres dés l'an passé & qui passoit parmi ceux de sa Nation pour un homme de marque & de consideration, il ne doutoit point qu'il ne rapportât des nouvelles capables de faire quitter les armes. Ce Captif avoit été achetté bien cher par Monsieur le Gouverneur des Algonquins d'en haut qui le traittoient si tyranniquement qu'il en étoit presque mort, en sorte qu'on eut bien de la peine à guerir ses plaies. Il étoit libre parmi les François de qui il dit tant de bien à ces deux nouveaux venus, qu'ils s'estimoient heureux d'être tombez en de si bonnes mains, & d'être sortis de celles de Pieskaret & des autres Algonquins. Monsieur le Gouverneur en tomba d'accord & donna ordre qu'on renvoiât le prisonnier en son païs chargé de presens & qu'on lui donnât tout ce qui étoit necessaire pour son voiage. Il partit seul dans un canot, parce qu'on n'osa pas hazarder de lui donner des François pour

l'accompagner

l'accompagner dans l'experience que l'on a de la Barbarie des Hiroquois. Monsieur le Gouverneur renvoia les deux autres aux trois Rivieres, & temoigna à Pieskaret qu'il faisoit état de sa valeur, qu'il l'estimoit plus que jamais son ami, & que comme il s'étoit comporté honétement en son endroit, il lui vouloit aussi témoigner par les effets combien sa conduite lui avoit été agreable. Il lui fit quantité de beaux presens comme d'arquebuzes, poudre, plomb, chaudieres, haches, couvertures, capots & de choses semblables que les Sauvages estiment plus que les François ne font l'or, les perles & les pierres precieuses. Ces vainqueurs de leur part furent tres-contens de Monsieur le Gouverneur qui fait tout cela pour le bien de la foy & du païs.

Ce fut le 21. de May que l'ancien prisonnier partit pour retourner en son païs promettant d'étre de retour dans deux mois, & qu'il diroit tant de bien des François qu'assurement ses gens les rechercheroient d'amitié. Il fut fidele à sa parole, parce qu'il ne fut que quarante jours à son voiage. Au commencement de Juillet on vit paroître auprés du Fort de Richelieu trois Hiroquois & un François vêtu en Sauvage, qu'on reconnut aussi-tôt être le sieur Coûture qui avoit été pris avec le R. P. Jogues, & que les Hiroquois tenoient parmi eux en estime & reputation comme un des premiers de leur Nation. Aussi tranchoit-il parmi eux du Capitaine, s'étant acquis ce credit par sa prudence & par sa sagesse; tant la vertu est aimable méme parmi les plus barbares. Si tôt que cet Hiroquois dont j'ay parlé fut arrivé en son païs, il fut trouver Coûture & lui donna des lettres dont on l'avoit chargé, & tous deux ensemble furent trouver les principaux de la Nation, & leur firent le raport des commissions qu'ils avoient, tant de bouche que par écrit. L'on fit aussi-tôt assembler les plus considerables des villages pour deliberer sur les propositions de la paix tant avec les François qu'avec les Nations qui leur sont alliées. Tous conclurent à cela, & d'envoier deux de leurs principaux Capitaines avec Coûture & le Messager Hiroquois. Tout le païs eut bien de la peine à laisser aller leurs principaux Chefs, mais ils dirent qu'ils ne craignoient point de hazarder leurs têtes pour tâcher d'étre amis des François & des Nations qui leur sont alliées. Sur tout ils faisoient fonds sur Coûture qui aiant assisté à tous leurs Conseils, & étant François, pourroit plus facilement que tout autre traiter de la paix avec ceux de sa nation.

Ces quatre Deputez étant donc arrivez à Richelieu. On reconnut que c'étoit Coûture accompagné de trois Hiroquois. On fut ravi de le voir, on le baise, on l'embrasse, sur tout quand il eut declaré que les Hiroquois demandoient la paix sans feintise. Cette nouvelle donna de la joie à tout le païs, car on ne pouvoit sortir non plus que d'une prison de tous les Forts qui sont au dessus de nous, sans être à la merci des Hiroquois. Si tôt qu'ils furent descendus, Monsieur de Sauterre qui commande au fort de Richelieu, les fit embarquer dans une Chaloupe pour les conduire aux trois Rivieres, leur donnant des François pour escorte.

Le cinquiéme de Juillet, le sieur Guillaume Coûture parût dans un Canot aux trois Rivieres. Si tôt qu'il fut reconnu chacun l'embrasse, & le regarde comme un homme resuscité qui donne de la joie à ceux qui le pensoient mort, ou en danger de passer le reste de ses jours dans une captivité toute pleine de barbarie. Aprés cet accueil il montre une chaloupe qui amenoit trois Hiroquois deleguez de tout le païs pour venir traitter de la paix avec les François, & par leur entremise avec les Nations qui nous sont confederées. L'un des trois Hiroquois étoit ce prisonnier que Monsieur le Gouverneur avoit renvoié en son païs pour dire à ses compatriotes qu'il le renvoioit à sa Nation pour leur témoigner combien il se sentoit obligé de la courtoisie qu'ils lui avoient faite lui renvoiant deux prisonniers François; & que n'en demeurant pas là il avoit encore deux autres prisonniers Hiroquois qu'il avoit dessein de leur rendre, quand il auroit apris leur volonté sur les propositions de paix. Les deux autres étoient deputez à cet effet. Le premier & le plus intelligent se nommoit Kiotsaton, c'est à dire le crochet, & l'autre Aniegan. La Chaloupe qui les portoit & qu'ils avoient prise à Richelieu, étant proche du bord, & les François & Sauvages approchans pour les recevoir, Kiotsaton fit signe de la main qu'on l'écoutât, & pour cet effet il se mit sur le devant de la chaloupe où il étoit tout couvert de pourcelaine. Mes freres, dit-il, j'ay quitté mon païs pour vous venir voir, & enfin me voila dans vos terres. On m'a dit à mon depart que je venois chercher la mort, & que je ne reverrois plus ma patrie, mais je me suis volontairement exposé pour le bien de la paix, voiant de si belles dispositions à rendre la terre égale, & faire que toutes les Nations n'en soient plus qu'une. Je viens donc pour entrer dans le dessein des François, des Hurons & des Algonquins, & pour vous communiquer les pensées de tout mon païs. Cela dit, la chaloupe tire un coup de Pierier, & le Fort répond d'un coup de Canon pour marque de rejouïssance.

Cet Ambassadeur Sauvage ajant mis pied à terre fut conduit

logis de Monsieur de Champflour Commandant des trois Rivieres, qui lui fit un fort bon accueil. Aprés avoir petuné à la façon des Sauvages & mangé quelques pruneaux, il dit : Je trouve bien de la douceur dans les maisons des François, depuis que j'y ay mis le pied je n'y voi que de la rejouïssance. Je voi bien que celui qui est au Ciel veut conclure une affaire bien favorable. Les hommes ont des pensées & des esprits trop differens pour tomber d'accord ; c'est le Ciel qui réunira tout. Dés le méme jour on depecha un canot à Monsieur le Gouverneur pour lui donner avis de l'arrivée de ces Ambassadeurs, & cependant eux & les prisonniers avoient toute liberté, & c'étoit à qui leur feroit festin. Un des Peres s'étant trouvé dans une cabane, où il avoit été invité, l'Hiroquois dit à Coûture qui l'accompagnoit : Ces Gens ici me semblent paisibles & d'une humeur assez douce, fais leur dire par ce Pere que je les voi volontiers, & que bientôt nous nous entrevisiterons sans crainte, & que nous changerons de maison, c'est à dire, que leurs maisons seront nôtres, & que les nôtres seront à eux. Noel Negabamat nôtre excellent Chrétien répondit : Ce discours est bien agreable ; vous sçavez bien que nous ne coupons point la gorge à ceux qui sont deleguez pour porter de si bonnes nouvelles : vous n'êtes point des enfans, parlez-nous à cœur ouvert, & ne nous cachez point les sentimens que vous avez de nous : Pour les nôtres, ils sont tels que sont ceux d'Onontio, c'est le nom qu'ils donnent à Monsieur le Gouverneur ; tout ce que vous ferez avec lui nous le tiendrons pour fait, car nous ne sommes qu'un avec lui.

Une autre fois Monsieur de Champflour aprés les avoir bien regalez leur fit dire qu'ils étoient parmi nous comme en leur païs, qu'il n'y avoit rien à craindre pour eux, & qu'ils pouvoient croire qu'ils étoient dans leurs maisons, étant dans les nôtres. Kiotsaton se tourna vers l'interprete & lui dit : Que ce Capitaine est un grand menteur ; puis s'étant arresté quelque temps, il ajoûta : Il dit que je suis ici comme dans ma maison, & comme dans mon païs ; c'est une menterie, car je suis mal traitté en ma maison, & je fais ici grande chere : je mourrois de faim en mon païs, & je suis ici tous les jours dans les festins. Ce Sauvage fit d'autres reparties semblables dans les rencontres, qui témoignoient qu'il avoit de l'esprit.

Enfin, Monsieur le Gouverneur étant arrivé de Quebec aux trois Rivieres, donna audience aux Ambassadeurs le Mecredy 12. de Juillet. Cela se fit dans la court du fort où l'on fit étendre de grandes voiles contre l'ardeur du Soleil qui étoit fort grande. Voici comme le lieu étoit disposé. D'un côté étoit Monsieur le Gouverneur accompagné de ses gens, & du R. Pere Vimon, Superieur de la Mission assez proche de lui. A ses pieds étoient assis sur une longue écorce les cinq Hiroquois qui voulurent avoir cette place pour témoigner l'amour & le respect qu'ils avoient pour Monsieur le Gouverneur. A l'opposite étoient les Algonquins, les Montagnez & les Attikamek. Les deux côtez étoient fermez de François, & de quelques Hurons. Au milieu il y avoit une grande place où les Hiroquois avoient fait planter deux perches & tendre une corde de l'une à l'autre pour y pendre & attacher, ainsi qu'ils disoient, les paroles qu'ils nous devoient porter, c'est à dire, les presens qu'ils nous devoient faire; car tout parle parmi eux, & leurs actions sont significatives, aussi bien que leurs paroles.

Ces presens consistoient en trente mille grains de pourcelaine qu'ils avoient reduits à dix-sept colliers qu'ils portoient partie sur eux, & partie dans un petit sac placé tout auprés deux. Tous étant assemblez & chacun aiant pris sa place, le Grand Hiroquois (je le nomme ainsi, parce qu'il étoit d'une grande & haute taille) se leva, & regarda premierement le Soleil, puis aiant jetté les yeux sur toute la compagnie, il prit un collier de Pourcelaine en sa main, & commença sa harangue d'une voix forte en ces termes: Onontio, prête l'oreille à mes paroles, je suis la bouche de tout mon païs: Tu entend tous les Hiroquois, quand tu m'entend parler. Mon cœur n'a rien de mauvais, je n'ay que de bonnes intentions. Nous avons en nôtre païs des chansons de guerre en grand nombre, mais nous les avons toutes jettées par terre, & nous n'avons plus aujourd'hui que des chans de rejouïssance. Là dessus il se mit à chanter, & ses compatriotes lui répondoient. Il se promenoit en cette grande place, comme un acteur sur un theatre en faisant mille gestes. Il regardoit le Ciel, il envisageoit le Soleil, & il se frottoit les bras comme s'il en eut voulu faire sortir la vigueur qui les anime dans les combats.

Aprés qu'il eut bien chanté, il dit que le present qu'il tenoit en la main remercioit Monsieur le Gouverneur de ce qu'il avoit sauvé la vie à Tokhiahenchiaron, le retirant l'Automne derniere de la mort & de la dent des Algonquins: Mais il se plaignoit adroitement de ce qu'on l'avoit renvoié tout seul; car, disoit-il, si son Canot se fût renversé, si les vents & la tempête l'eussent submergé, en un mot s'il fût mort, vous eussiez long-temps attendu le retour de ce pauvre homme, aussi bien que les nouvelles de la paix, & vous nous auriez enfuite accufé d'une faute que vous-mêmes auriez faite. Cela dit, il attacha fon collier au lieu deftiné.

Il en tira un autre qu'il attacha au bras du fieur Couture en difant tout haut: C'eft ce collier qui vous ameine ce Prifonnier. Je ne lui ay pas voulu dire lorfque nous étions encore en nôtre païs: Va-t'en, mon Neveu, prend un Canot & t'en retourne à Quebec; mon efprit n'auroit pas été en repos: j'aurois toûjours penfé & repenfé à par moy: Ne s'eft-il point perdu? En verité, je n'aurois point eu d'efprit fi j'euffe procedé de cette forte. Celui que vous nous avez renvoié a eu toutes les peines du monde en fon voiage. Alors il commença à exprimer ces peines, mais d'une maniere fi naturelle, qu'il n'y a point de Comedien en France qui exprime fi naïvement les chofes, que ce Sauvage faifoit celles qu'il vouloit dire. Il avoit un bâton à la main qu'il mettoit fur fa tête pour reprefenter comme ce prifonnier portoit fon pacquet. Il le portoit enfuite d'un bout de la place à l'autre, pour exprimer ce qu'il avoit fait dans les fauts & dans les courans d'eaux où étant arrivé il lui avoit fallu tranfporter fon bagage piece à piece. Il alloit & venoit reprefentant les tours & retours de cet homme. Il feignoit heurter contre une pierre, puis il chanceloit comme dans un chemin boüeux & gliffant. Comme s'il eut été feul dans un Canot, il ramoit d'un côté, & comme fi fon petit bâteau eut voulu tourner il ramoit de l'autre pour le redreffer. Prenant un peu de repos il reculloit autant qu'il avoit avancé: il perdoit courage, puis il reprenoit fes forces. En un mot, il ne fe peut rien voir de mieux exprimé que cette action dont les mouvemens étoient accompagnez de paroles qui difoient ce qu'il reprefentoit. Encore, difoit-il, fi vous l'euffiez aidé à paffer les fauts & les mauvais chemins le refte auroit été fuportable: Si au moins en vous arrêtant & petunant vous l'euffiez regardé de loin & conduit de la veuë, cela nous auroit confolé: mais je ne fçai où étoient vos penfées de renvoier ainfi un homme feul parmi tant de dangers. Je n'en ay pas fait de même au regard de Coûture, je lui ay dit: Allons, mon Neveu, fuis moi, je te veux rendre en ton païs au peril de ma vie. Voila ce que fignifioit le fecond collier.

Le troifiéme témoignoit que les prefens que Monfieur le Gouverneur avoit donnez à l'Hiroquois qu'il avoit renvoyé avoient été diftribuez aux Nations qui leur font alliées pour arrêter leur colere, & qu'ils y avoient ajouté quelque chofe du leur pour les obliger d'envoier des prefens par tout, de mettre bas les haches, & de retirer les avirons des mains de ceux qui s'embarquoient pour venir en guerre. Il nommoit toutes ses Nations, & même les Hollandois à qui ils en firent part comme à leurs alliez, quoi qu'ils ne répondissent rien, à ce qu'il disoit.

Le quatriéme Collier étoit pour nous assurer que la pensée de leurs gens tuez en guerre ne les touchoit plus, & qu'ils mettoient leurs armes sous les pieds. J'ai passé, disoit-il, auprés du lieu où les Algonquins nous ont mal traittez & massacrez au printemps dernier dans le combat où ces deux prisonniers ont été pris. J'ay dis-je passé vite, ne voulant pas voir le sang répandu de mes Gens, ni leurs corps qui sont encore sur la place, mais j'ay détourné ma veuë de peur d'irriter ma colere. Puis frapant la terre & prêtant l'oreille, il poursuivit disant : J'ay ouï la voix de mes Ancêtres massacrez par les Algonquins, lesquels voiant que mon cœur étoit encore capable de se vanger m'ont crié d'une voix amoureuse : Mon petit fils, asseyez vous & n'entrez point en fureur ; ne pensez plus à nous, puisqu'il n'y a plus de moyen de nous retirer de la mort ; pensez seulement aux vivans, cela est d'importance ; & retirez les du glaive & du feu qui les peuvent faire venir où nous sommes : Un homme vivant vaut mieux que plusieurs morts. Aiant entendu cette voix, j'ay passé outre, & m'en suis venu jusques à vous pour délivrer ceux que vous tenez encore.

Le cinquiéme present fut donné pour nettoyer la riviere & en ôter les canots ennemis qui la pourroient troubler & empêcher la navigation. Il faisoit mille gestes, comme s'il eut voulu arrêter les vagues, & donner un calme à la riviere depuis Quebec jusques aux Hiroquois.

Le sixiéme pour aplanir les sauts & chûtes d'eau, & retenir les grands courans qui se rencontrent dans les rivieres où il faut naviger pour aller en leur païs : J'ay veu perir, dit-il, dans les boüillons d'eau, voila pour les apaiser ; & avec ses mains & ses bras il arrêtoit ces torrens & les mettoit à l'uny.

Prenant le septiéme : voila pour donner la bonace au grand lac de saint Louis ; pour le rendre uni comme une glace, & pour apaiser la colere des vents, des tempêtes & des eaux. Et rendant par ses mouvemens le chemin favorable, il attacha ce present au bras d'un François, le tirant tout droit au milieu de la place pour marque que nos canots iroient sans peine dans leurs ports.

Le huitiéme fraioit tout le chemin qu'il faut faire par terre. Vous

DE LA M. MARIE DE L'INCARNATION.

eussiez dît qu'il abbattoit les arbres, qu'il coupoit les branches, qu'il repoussoit les forests, qu'il remplissoit de terre les lieux profonds: Voila, disoit-il, tout le chemin net & poli. Il se baissoit contre terre pour niveler les campagnes de sa veuë, & voir s'il n'y avoit plus de pierre ny de bois où l'on put heurter en marchant: c'en est fait on verra la fumée de nos bourgades depuis Quebec, tous les obstacles sont ôtez.

Le neuviéme étoit pour témoigner que nous trouverions du feu tout prest dans leurs maisons, que ce feu ne s'éteindroit ni jour ni nuit, & que nous en verrions la clarté de nos foyers.

Le dixiéme fut donné pour nous lier tous ensemble tres-étroitement. Il prit un François d'un côté enlaçant son bras dans le sien, & un Algonquin de l'autre. S'étant ainsi liez & montrant ce collier qui étoit extraordinairement beau, il s'écria: voila le nœud qui nous attache inseparablement, rien ne nous pourra desunir quand la foudre tomberoit du Ciel: car si elle couppe ce bras qui nous attache à vous, nous vous saisirons incontinent de l'autre.

Le onziéme nous invitoit à manger avec eux en disant: nôtre païs est rempli de poisson & de venaison: On ne voit que Cerfs, qu'Elans, que Castors: quittez ces puans pourceaux qui courent ici parmi vos Habitans, & qui ne mangent que des saletez, & venez manger de bonnes viandes avec nous, le chemin est fraié, il n'y a plus de danger.

Le douziéme, dit-il, en élevant sa voix est pour dissiper tous les nuages de l'air, afin qu'on puisse voir à decouvert que nos cœurs & les vôtres ne sont point cachez, & que le Soleil & la verité donnent du jour par tout.

Le 13. faisoit ressouvenir les Hurons de leurs bonnes volontez: Il y a trois jours, disoit-il, c'est à dire, trois ans que vous aviez un sac plein de pourcelaine avec d'autres presens tous prests pour venir chercher la paix, qui vous a détournez de cette pensée?

Le 14. étoit pour presser les Hurons qu'ils se hâtassent de parler, qu'ils ne fussent point honteux comme des femmes, & que prenant resolution d'aller aux Hiroquois, ils passassent par le païs des Algonquins & des François.

Le 15. pour témoigner qu'ils avoient toujours eu dessein de ramener le Pere Jogues, & le Pere Brissani, mais que le premier leur avoit été dérobé, & qu'ils avoient volontairement donné le second aux Hollandois qui le leur avoient demandé.

Le 16. pour les recevoir quand ils reviendroient, afin de les mettre à couvert, & d'arréter les haches des Algonquins, & les canons des François. Il y a six ans, disoit-il, que nous ramenions vos prisonniers & que nous venions vous dire que nous voulions étre de vos amis, mais nous entendîmes des arquebuzes & des canons siffler de tous côtez : Cela nous fit retirer, & comme nous avons du courage pour la guerre, nous fîmes resolution de vous en donner des preuves dés le printemps suivant ; En effet nous parûmes en vos terres, & prîmes d'abord le Pere Jogues avec les Hurons.

Le 17. collier étoit celui qui étoit propre à Hoüatkeniate, & qu'il portoit ordinairement en son païs. Ce jeune homme étoit l'un des deux prisonniers, & sa Mere, qui étoit Tante du Pere Jogues au païs des Hiroquois, envoïa ce collier, qui étoit tres-beau, afin qu'il fut donné à celui qui avoit sauvé la vie à son fils.

Aprés que ce grand Hiroquois eût expliqué tout ce que ses presens vouloient signifier, il ajoûta : Je m'en vais passer le reste de l'été dans mon païs en jeux, en danses & en rejouïssances pour le bien de la paix : Mais j'ay peur que pendant que nous danserons, les Hurons ne nous viennent pincer.

Voila ce qui se passa en cette assemblée, où l'on n'a peu recueillir que quelques pieces detachées de la harangue de l'Hiroquois, par la bouche de l'interprete qui n'avoit que par des intervalles la liberté de parler ; mais tous conviennent que ce Sauvage étoit fort eloquent, & tres-bon acteur pour un homme qui n'a d'autre étude que ce que la nature lui a apris sans regles & sans preceptes. La conclusion fut que les Hiroquois, les Algonquins, les Montagnez, les Hurons, & les François danseroient tous ensemble, & qu'ils passeroient la journée dans l'allegresse.

Le 13. de Juillet Monsieur le Gouverneur traitta toutes les Nations Sauvages que je viens de nommer, qui se trouverent aux trois Rivieres, afin de les reünir toutes & de banir toute la defiance qui pourroit être entr-elles. L'Ambassadeur Hiroquois en témoigna bien de la satisfaction. Il chanta & dansa selon la coûtume de son païs, & recommanda fort aux Algonquins & aux Hurons d'obeïr à Onontio & de suivre les intentions des François.

Le jour suivant Monsieur le Gouverneur répondit aux presens des Hiroquois par quatorze presens qu'il leur fit, & qui furent acceptez avec des marques de satisfaction qu'ils faisoient paroître à chaque present qui leur étoit offert. Ainsi aprés que le truchement eût

donné

donné à entendre les intentions de Monsieur le Gouverneur, la paix fut concluë, à condition que les Hiroquois ne feroient aucun acte d'hostilité envers les Hurons, & qu'ils mettroient la hache bas jusqu'à ce que les anciens Hurons, qui n'étoient pas presens aux trois Rivieres, eussent parlé. Voici l'ordre qui fut gardé dans les presens de Monsieur le Gouverneur presentez par Coûture, qui harangua en Hiroquois, & qui fit de sa part les gestes & les façons de cette Nation pour correspondre à celles de l'Ambassadeur.

Le premier present. Voila pour remercier celui qui a fait le Ciel & la terre, de ce qu'il est par tout, & de ce qu'il nous voit jusques dans nos cœurs; & de ce qu'à present il unit les esprits de tous les peuples.

Le 2. Voila pour reconduire vos trois prisonniers, & pour les revétir à leur retour afin qu'ils n'aient pas de froid par le chemin, & qu'ils ne soient pas honteux de rentrer nuds dans leur village.

Le 3. Voila pour remercier le païs de ce qu'il a donné la vie à Coûture, de ce qu'ils l'ont bien traitté, & de ce qu'ils l'ont ramené.

Le 4. Ce present efface la pensée des morts, & la memoire de tous les maux passez.

Le 5. Pour rendre la Riviere facile, pour affermir le lac, & pour faire un chemin aisé, afin qu'on puisse voir la fumée des feux des François & des Algonquins.

Le 6. Pour attirer les canots des Hiroquois Agnirognons à nous venir voir, pour manger avec nous, pour pécher en nos Rivieres des Barbuës, Esturgeons & Castors, & chasser dans nos forests des Orignaux.

Le 7. Pour témoigner que quand ils viendront ici, nous leur ferons du feu pour leurs chaudieres, & que ce feu sera toujours prest, & qu'il durera toujours.

Le 8. Pour marque du contentement que nous recevons de leur alliance, tant avec nous, qu'avec les Algonquins, & que nous mangerons ensemble en paix.

Le 9. Afin qu'ils attendent que les Hurons & ceux d'Iroquet parlent, comme aussi nos Algonquins Superieurs.

Le 10. Pour les assurer que les François procureront que les Hurons viennent au plûtôt, afin qu'ils mettent les armes bas comme les Agnirognons, pour témoigner que nous voulons être amis d'Ognoté & qu'ils seront les enfans d'Onontio. Cet Ognoté est une petite Nation que les Hiroquois ont peuplée & qu'ils appellent pour ce sujet leurs enfans.

Le 11. Pour les remercier de ce que nous voyons le Pere Jogues, & que nous esperons revoir le Pere Bressani.

Le 12. Voila pour servir de collier à Onatkemater de Totranchoton.

Le 13. C'est pour demander la petite Therese Hurone, & un jeune François captifs aux Hiroquois.

Le 14. Pour les assurer que nous regardons les Santoneronons (ce sont des Nations Hiroquoises) & les autres Nations qui leur sont alliées, comme leurs parens & les nôtres.

Aprés que l'Interprete de Monsieur le Gouverneur eut cessé de parler, Pieskaret se leva, & fit un present, en disant à haute voix que c'étoit une pierre qu'il mettoit sur la fosse des Trepassez, afin qu'on ne remuât plus leurs os, c'est-à-dire, afin qu'on en perdit la memoire, & qu'on n'en tirât point vengeance.

Noël Negabamat se leva ensuite, & dit qu'il presentoit quelques peaux d'Orignac, pour faire des souliers aux Ambassadeurs, afin qu'ils ne se blessassent point dans leur retour. Il presenta trois peaux d'Orignac, puis il continua son discours, disant qu'il desiroit ensevelir & couvrir les Morts, & les retirer du cœur & de la pensée de leurs parens, afin de leur en ôter la douleur. Il conclud, disant que son cœur n'étant qu'un avec celuy de son frere aîné Onontio, il ne faisoit aussi qu'un present avec le sien. Pour conclusion, on tira trois coups de canon, pour chasser le mauvais air de la guerre, & pour se rejoüir du bonheur de la paix.

Aprés cette ceremonie, un Huron d'un esprit mal tourné, abordant l'Ambassadeur Hiroquois, luy voulut jetter quelque défiance des François; mais il luy repartit: J'ay le visage peint & barboüillé d'un côté, mais de l'autre il est net. Je ne vois pas bien clair du côté que je suis barboüillé; de l'autre j'ay bonne veuë. Le côté barboüillé est le côté des Hurons, je n'y vois goutte; le côté net est le côté des François, j'y vois bien clair: ayant dit ces paroles, il se teut, & imposa silence à cet esprit mal-fait.

Le soir, devant le départ des Hiroquois le R. Pere Superieur des Jesuites les fit venir en leur maison, où il leur fit des presens conformes à leur inclination, sçavoir chacun un chalumet avec du petun. Le grand Hiroquois ayant reçu le sien, parla en ces termes: Quand je suis parti de mon païs, j'ay abandonné ma vie, & me suis volontairement exposé à la mort, si bien que je vous suis redevable de ce que je suis encore en vie. Je vous remercie de ce que je voy encore le So-

DE LA M. MARIE DE L'INCARNATION.

leil ; je vous remercie de ce que vous nous avez si bien traittez ; je vous remercie de vos bons discours ; je vous remercie de ce que vous nous avez couverts depuis les piez jusqu'à la tête ; je vous remercie enfin de vos beaux presens : Il ne nous restoit plus de vuide que la bouche, voila que vous la remplissez d'une chose que nous aimons fort. Je vous dis donc adieu ; quand nous mourrions en chemin, & que nous serions noyez dans le Lac, les arbres porteroient de vos nouvelles en nôtre païs, & quelque element donneroit avis du bon traittement que vous nous avez fait : Je croi méme que quelque genie nous a déja devancez, & que l'on ressent déja de la joïe dans le païs des Hiroquois pour le bon accüeil que vous nous avez fait.

Le lendemain, qui étoit le 15. de Juillet sur les dix heures du matin le grand Hiroquois voïant tous ces gens embarquez, & les Sauvages aussi bien que les François sur le bord de l'eau, il s'écria : Adieu, mes Freres, je suis de vos Parens, je vais porter de bonnes nouvelles en mon païs ; puis s'addressant à Monsieur le Gouverneur, il luy dit : Onontio, ton nom est grand par toute la terre ; je ne pensois pas remporter ma tête, que j'avois hazardée, ny qu'elle dût sortir de vos portes : mais bien loin de l'avoir perduë, je m'en retourne chargé d'honneur & de bien-veillance. Mes Freres, dit-il aux Sauvages, obeïssez bien à Onontio, & aux François ; leurs intentions sont bonnes, & vous ne sçauriez mieux faire que de suivre leurs avis ; Au reste, vous aurez bien-tôt de nos nouvelles, attendez-moy. Là-dessus les Sauvages firent une salve d'arquebuzades, & le fort tira le canon, & ainsi se termina l'Ambassade ; Dieu veüille par sa bonté en tirer sa gloire.

Je me remets à écrire ce 27. de Septembre, pour vous dire la suite de cette affaire. Les Hiroquois partant d'icy furent accompagnez de deux François qu'on leur donna, pour marque qu'on ne se défioit pas d'eux. Avec cette escorte, ils furent reçus dans leur païs, où la paix fut ratifiée de tous avec une satisfaction nompareille. Ils ont esté de retour (selon leur promesse) vers le 18. de Septembre, & ont fait un nouvel accord avec les Hurons & Algonquins de l'Isle, & ce qui nous a été plus agreable que toute autre chose, ils ont demandé des Peres pour les instruire en leur païs. Il se pourra faire que ceux qui y ont déja répandu leur sang, seront chargez de cette Mission ; mais cela n'est pas encore bien asseuré. La paix avec ces Barbares peut passer pour un miracle du Ciel ; car humainement parlant, on ne la pouvoit esperer pour les grands obstacles qui se rencontrent en leurs façons

Eee ij

d'agir. Nous en avons donc toute l'obligation à Dieu, qui par ce moyen ouvre la porte à l'Evangile dans toutes ces Nations. Vous pouvez juger de là, si nous n'avons pas des joïes indicibles de cette haute grace, & de ce que nous sommes à la veille de voir le Roiaume de Dieu s'étendre sur tous les Peuples Infideles de nôtre Amerique. Nous qui avons veu & experimenté les persecutions des Infideles, ressentons doublement la douceur qu'il y a de se voir delivré d'un joug aussi pesant & aussi contraire à la Gloire de Dieu qu'étoit celui-là. Demandez à Dieu la solidité de cette paix, car le Diable qui va estre chassé de son Empire, joüera de son reste pour la troubler, ce qui seroit pire qu'auparavant.

Au reste nos Neophites ressentent vivement cette faveur du Ciel, d'où nôtre Seigneur fait découler sur eux des graces si extraordinaires, qu'on en voit déja des effets continuels de vertu. L'un d'eux ensuite d'une vision que nôtre Seigneur luy a donnée, a causé de grandes conversions, jusques à faire des penitences publiques, que les Sauvages faisoient d'eux-mêmes pour l'horreur qu'ils avoient de leurs pechez passez. Cela continuë encore à present, & celui qui a eu la vision, ne se peut empêcher de prêcher à ses Compatriotes ce qu'il a veu. Cette vision est de nôtre Seigneur qui lui a apparu, & qui, aprés lui avoir montré ses plaïes sacrées, lui a fait voir la gloire des Bien-heureux, & les peines des Damnez, avec la juste raison qu'il a de châtier les Hommes, qui ne font pas un bon usage du bienfait de la Redemption. Il lui a encore revelé plusieurs secrets touchant l'état des Sauvages decedez, & la disposition de quelques-uns, qui étoient encore en vie. Or cét Homme parle de tout cela avec un zele merveilleux, il reprend les Sauvages, & leur dit ce qu'il a veu écrit d'eux dans un livre que nôtre Seigneur lui a fait voir : Et comme ils ne peuvent démentir leur conscience, ils se condamnent eux-mêmes à la penitence. Tout ceci arriva dans un lieu où plusieurs Nations étoient assemblées, lesquelles apprenant ce qui s'étoit passé, en demeurerent si épouvantées, & si touchées : que plusieurs se convertirent, & pleuroient sans relâche.

Les Reverends Peres Poncet & Brissani (qui sont deux excellens Missionnaires) sont allez aux Hurons. Ce dernier, qui a tant souffert des Hiroquois, a mandié de l'étoffe pour faire des robes à ses tyrans, nous les avons faites, & il les leur a envoïées. Il les aime ardemment & soûpire que le sort tombe sur luy pour leur aller porter la parole de la vie éternelle pour la temporelle qu'ils lui ont voulu ôter, car il a souffert mille morts en douleurs & en angoisses tant interieures qu'exterieures. Ah ! qu'il fait bon appartenir à JESUS-CHRIST, & imiter les exemples de ce divin Prototype : on sçait rendre le bien pour le mal, & quand on en a le pouvoir, on le rend au centuple. Nous esperons avoir des Filles Hiroquoises avec nôtre Captive qu'on nous doit rendre. Si ce bon Pere nous ameine ces petites Harpies, qui ont aidé à le tyranniser, nous les cherirons beaucoup, puis qu'elles ont aidé à ce grand Serviteur de Dieu à gagner de si precieuses couronnes : car nous voulons entrer dans ses sentimens, & faire voir à nos ennemis, que nous ne sçavons nous vanger qu'en rendant des biens pour des maux.

De Quebec le 14. de Septembre 1645.

LETTRE XXXIII.
AU MESME.

Progrés de la Foi dans le Canada. Confirmation du traité de Paix. La precieuse mort des Reverends Peres de Noue & Masse Jesuites. Vertus de quelques sauvages particuliers.

MOn tres-cher, & bien-aimé Fils. Je prie le Roi des Saints d'être l'unique objet de vôtre amour pour le temps & pour l'éternité. Le desir que j'ai que vous priïez, & que vous excitiez les gens de bien à prier pour cette nouvelle Eglise, me porte à vous faire un petit recit des benedictions que Dieu continuë de verser sur nos Sauvages. Cela vous excitera sans doute de nouveau à loüer leur Bienfaiteur, & à lui demander pour les uns la perseverance, & pour les autres la grace d'une parfaite conversion. Il y a apparence que cela n'est pas bien éloigné, puis que nous voïons ici tous les jours à nôtre grande consolation, de nouvelles Nations attirées par les nouvelles de la paix, qui leur rend les passages libres. Le desir qu'ils ont de se faire instruire & de se sauver fait qu'ils demandent des Peres, pour les emmener en leur païs, afin qu'ils y portent les riches tresors de la Foi & de l'Evangile, & qu'ils les mettent au nombre des Enfans de Dieu par le moïen du Baptéme.

Ceux qui paroissent les plus zelez, sont les Sauvages du côté du Nord, dont la Mission est à Tadoussac. Je vous en parlé l'an passé ;

& comme les Nations de cette côte qui resident avant dans les terres entre des montagnes affreuses & des rochers inaccessibles se viennent rendre chaque année au printemps en ce lieu là, les Peres sont aussi exacts à s'y trouver pour les instruire l'espace de trois ou quatre mois que le temps est plus temperé; car le reste de l'année il y fait un froid nompareil, y aiant encore des neges & des glaces au mois de Juin. Il y a quelques jours que j'en demandois des nouvelles au Pere qui a le soin de cette Mission, aiant une association spirituelle avec lui pour la conversion de ces peuples: Car encore que nous embrassions toutes les Nations en celui qui les a créés, nous en tirons neanmoins tous les ans chacune une au sort, afin d'exciter plus particulierement nos devotions pour leur conversion. Or comme cette Mission m'est tombée en partage, j'ay voulu sçavoir du Pere les benedictions que Dieu y verse, afin de lui en rendre grace. Voici la réponse qu'il m'a faite. Je ne puis rien mander de ces quartiers de meilleur que l'amplification du royaume de Jesus-Christ. En un jour j'ay baptisé 30. Betsamites, & confessé 60. Chrétiens. Je suis sur le point de faire six mariages en face d'Eglise. Je pris avant-hier tous les diables des sorciers, leurs pierres, leurs tambours & semblables badineries que j'ai fait boüillir pour leur faire voir combien c'est peu de chose, & afin que ce malin esprit ne paroisse plus dans le païs de ces pauvres Gens. Les Sauvages de Tadoussac font des harangues, qui n'ont point de prix tant à leurs Gens qu'aux Nations étrangeres pour les encourager à croire, & à embrasser la Foy. Vous les concevriez mieux par les oreilles que par les yeux. Remerciez le grand Maistre de ce qu'il illumine toutes les Nations du Nord, car il y en a ici de plus de dix sortes qui sont de plus de douze journées de Tadoussac. Je ne sçai si la fin du monde est proche, mais la Foy s'étend beaucoup. Je n'ai qu'un regret de voir un si mauvais instrument que moy entre les mains de Dieu, mais priez sa bonté, je vous en supplie, de me rendre plus digne en me faisant misericorde. Les devotions de nos Paroissiens sont fort reglées. Il y en a environ soixante qui se sont confessez deux ou trois fois, & comme ils se disposent à communier, ils jeûnent le Samedi à ce dessein. Il y en a trente qui ont communié pour la premiere fois, le reste communira en son temps. Ce m'a été une consolation bien sensible de les voir recevoir ce saint Sacrement avec tant de devotion & de ferveur que les François des deux barques qui son arrivées aiant assisté à la Messe, à l'eau benite, & à l'instruction qu'on leur a faite, les ont admirez. Leur police continuë dans une obeïssance exacte,

Ils ont premiere, seconde, & troisiéme table. Les personnes de consideration mangent à la premiere; les Officiers qui ont servi mangent à la seconde; & les femmes & les enfans à la derniere. Ils ont fait une allée pour se promener aprés le repas, pour traiter de leurs affaires, & pour prier en se promenant.

Ils souhaittent passionnement une petite maison à la Françoise pour y loger l'Eté & serrer leurs hardes l'hiver pendant qu'ils sont à la chasse. Jusqu'ici sont les paroles de la lettre du Pere.

C'est une chose ravissante de voir nos bons Sauvages de Silleri, & le grand soin qu'ils apportent à ce que Dieu soit servi comme il faut dans leur bourgade, que les loix de l'Eglise soient gardées inviolablement, & que les fautes y soient châtiées pour apaiser Dieu: L'une des principales attentions des Capitaines est à éloigner tout ce qui peut être occasion de peché ou en general, ou en particulier. L'on ne va point à la chappelle que l'on n'y trouve quelque Sauvage en priere, avec tant de devotion que c'est une chose ravissante. S'il s'en trouve quelqu'un qui se demente de la foy ou des mœurs de Chrétien, il s'éloigne & se banit de lui-méme, sçachant bien que bon gré mal gré il lui faudroit faire penitence, ou être honteusement chassé de la bourgade. Il y a quelques jours qu'un jeune homme eut different avec sa femme. Ils furent menez devant les Capitaines, qui condamnerent l'homme à être mis à la chaîne dans une cave du fort, & là jeûner trois jours au pain & à l'eau: Et la femme fût condamnée à la même peine, qui fut executée en nôtre Monastere. Ces pauvres gens firent leur penitence avec tant de devotion, que je croi que leur faute leur fut remise dés le moment que la sentence leur fut prononcée. La femme ne voulut pas seulement une poignée de paille sous elle; car, disoit-elle, je veux paier Dieu que j'ay fâché.

Les Attikamek qui sont aussi du côté du Nord sont convertis & vivent d'une vie extraordinairement innocente. Il y a quatre ans qu'une trentaine décendit ici, où ils furent instruits & baptisez; aprés quoi ils s'en retournerent en leur païs annonçant avec une ferveur apostolique à ceux de leur Nation le bien qu'ils avoient rencontré. Ils leur expliquerent les points de la foy comme ils les avoient apris, en sorte qu'ils en convertirent un grand nombre, qu'ils amenerent aux trois Rivieres pour y être baptisez, ce qui leur fut accordé. Depuis ce temps là ils sont reglez comme s'ils avoient toujours des Peres parmi eux: Aussi viennent ils de temps en temps, quoique fort éloignez, pour rendre compte de leur foy, & recevoir de nouvelles lumieres. On ne peut rien voir de plus zelé, même jusqu'aux enfans.

La paix qui fût faite l'an passé a ouvert la porte aux Nations éloignées qui sans crainte viennent en ces quartiers, ravies d'avoir la liberté du commerce & de se faire instruire. Elles demandent toutes des Peres pour les mener en leurs païs. Et déja en voila qui partent pour aller aux Abnakiȣois, qui étoient cy-devant inaccessibles. D'autres vont aux Hiroquois, & c'est la chere Mission du R. P. Jogues, laquelle a commencé par l'effusion de son sang dont il a arrosé cette terre; mais il l'a bien plus sanctifiée par ses vertus heroïques, qui ne seront bien connuës qu'au jour du jugement, car ce grand serviteur de Dieu les cache dans son humble silence. Ce peu neanmoins qui en a paru a ravi en admiration ceux même qui l'ont tyrannisé, qui le revoïant de retour de France, & aller en leur païs, l'ont reçu comme un Ange du Ciel & le regardent comme leur Pere.

Mais il vous faut dire quelque chose de ces Ambassadeurs, qui avoient promis lors qu'ils s'en allerent de revenir au printemps. Dés qu'ils furent arrivez en leur païs, ils firent leur legation à leurs Capitaines de la part de Monsieur de Montmagni nôtre Gouverneur, des François, des Hurons, des Algonquins & des autres Nations, qui étoient jointes en ce traitté de paix: Voici comme la chose se passa.

Trois jours aprés leur arrivée, dans le premier village, le peuple s'assembla pour écouter la voix d'Onontio, qui est Monsieur le Gouverneur, par la bouche du sieur Coûture; mais avant qu'ils parlassent on leur fit un present pour leur graisser le gozier, & ôter la poussiere qu'ils avoient contractée dans le voiage, afin de donner une plus libre sortie à leurs paroles. Aprés que le sieur Coûture & les autres eurent fait leurs harangues, & offert leurs presens, les Hiroquois firent les leurs au nombre de six.

Le premier étoit pour guerir les pieds des Ambassadeurs que les ronces, les épines & les autres difficultez des chemins avoient ensanglantez.

Le 2. Pour dire que les haches autrefois levées contre les François, Algonquins, Hurons & Alliez étoient jettées bien loin, afin qu'elles ne fissent plus de mal.

Le 3. témoignoit la douleur qu'on avoit euë de la mauvaise fille qui n'avoit pas été obeïssante à sa Mere qui l'exhortoit d'écouter la voix de son Pere Onontio & de considerer sa bonté. Cette effrontée qui avoit bien eu la hardiesse de venir encore cet Automne vers Mont-Real pour lever la hache, c'est à dire, que sept hommes de guerre

de

DE LA M. MARIE DE L'INCARNATION. 409
de la Nation des Oniontcheronons, qui est une petite Nation dependente des Hiroquois, se mirent en campagne à leur insceu contre leur volonté, & tuerent quelques Algonquins, n'aiant pas voulu consentir à la paix.

Le 4. Pour faire voir la rejouïssance de tout le païs de ce qu'Onontio avoit uni tous les peuples & aplani toute la terre.

Le 5. En action de graces au Pere commun Onontio l'incomparable qui avoit donné de l'esprit aux Algonquins, ce que nul n'avoit pu faire avant lui.

Le 6. Etoit pour avoir place dans ses maisons & y allumer du feu, c'est à dire, pour y être bien venus & y pouvoir converser en assurance avec les François.

Les presens étant faits & toutes choses concluës, le sieur Coûture s'en retourna avec les Hurons dix jours après leur arrivée. Etant déja fort avancez dans le chemin, ils furent contraints de retourner sur leurs pas, prace qu'ils ne trouverent pas leurs canots au lieu où ils les avoient laissez pour cheminer à pied, Dieu l'aiant ainsi permis pour donner assurance de la sincerité des Hiroquois. Car quelque temps après leur retour au village d'où ils étoient partis, ceux que je viens de dire qui avoient été en guerre proche de Mont-Real & qui avoient tué des Algonquins arriverent & demanderent audience dans le bourg principal, ce qui leur fut accordé. Ils exposerent le sujet de leur ambassade, qui étoit de rompre avec les Algonquins. L'un d'eux prit la parole en montrant les chevelures de ceux qu'ils avoient tuez : Voila, dit-il, un de ceux que vous haïssez. Je vous ay entendu dire autrefois que vous aviez si peu de volonté de vous reconcilier avec eux, que si vos ames se rencontroient en l'autre monde dans un même lieu, vous les persecuteriez encore. J'en dis de même, & afin de vous encourager à tenir ferme, voila leurs têtes & des cordes pour les lier (c'étoit un grand collier de pourcelaine de cinquante palmes. Ces têtes étoient de plusieurs de nos bons Chrétiens de Silleri qui étans cabanez proche de Mont-Real furent tuez en trahison par ces miserables.

A ce discours les Hiroquois répondirent qu'ils s'étonnoient comme ils avoient eu la hardiesse de leur apporter ces têtes, & que sans doute c'étoit leur jetter la honte sur le front. Hé, quoi, disoient-ils : Onontio est-il un enfant ? Que dira-t'il entendant cette nouvelle ? Ne dira-t'il pas, voila un trait d'Hiroquois ? Ils n'ont pas fait le coup, mais ils ont donné la hache à ceux-là pour la faire tomber sur la tête

Fff

de nos amis. Mais ce n'est pas tout, il n'y va pas seulement de nôtre honneur, mais encore de nos vies. Nos Parens sont avec les Algonquins comme en leur propre terre, ne seront-ils pas en danger d'y perdre la vie ? Ne les accusera-t'on pas comme autheurs de ces meurtres quand on en apprendra les nouvelles ? Allez retirez-vous avec vos chevelures & vos presens, nul de nous ne les touchera.

Ce procedé nous a fait voir que les Hiroquois, quoique barbares, ont recherché la paix avec sincerité. Et de plus pendant tout l'hiver, à ce qu'a rapporté le sieur Coûture, nul n'a parlé de guerre, au contraire chacun étoit bien aise de se voir en liberté, & de pouvoir chasser en assurance. Ils ont fait un tel massacre de Cerfs, qu'ils en ont tué plus de deux mille. Ils ont donné charge au sieur Coûture de dire aux Algonquins & aux Hurons, qu'ils allassent querir leurs filles & leurs parentes qui étoient captives parmi eux depuis long-temps.

Coûture étant de retour au printemps avec les Ambassadeurs Hiroquois apporta quantité de presens pour diverses raisons, mais qui se terminoient toutes à une seule qui étoit la confirmation de la paix. Monsieur le Gouverneur leur en fit aussi de son côté pour leur témoigner qu'il agréeroit leurs propositions, & que de sa part il la maintiendroit de tout son pouvoir : Que cy-aprés il les aimeroit & protegeroit comme ses enfans, qu'ils seroient les tres-bien venus dans les maisons Françoises, qu'ils y trouveroient toujours le feu & la chaudiere prête pour leur témoigner le contentement qu'on a de les voir en nôtre alliance, & que pour leur donner une preuve irreprochable de tout cela, comme aussi de son affection, il desiroit non seulement leur faire entendre cette verité par lui même dans le present conseil, mais de plus qu'il vouloit envoier un des Peres & un François des plus considerables pour porter sa parole à tout leur païs, & confirmer tous les Hiroquois dans les assurances qu'il leur avoit données de sa bienveillance : Qu'à cet effet, il avoit choisi le Pere Jogues qu'il aimoit comme lui méme, & honoroit comme son Pere; & que toutes les assistances & le bon accueil qu'ils lui feroient, il s'en tiendroit obligé comme s'ils l'avoient fait à lui-méme. Les Hiroquois furent fort contens de ces offres, & témoignerent à Monsieur le Gouverneur toute sorte de satisfaction & de reconnoissance.

Le R. Pere Jogues partit donc avec les Hiroquois le 16. de May dernier, & Monsieur Bourdon un de nos principaux Habitans partit avec lui selon la promesse de Monsieur le Gouverneur. Ils souffrirent de grandes fatigues en ce voiage, à cause des sauts d'eau qui obligent de décharger les canots & de les porter sur le dos avec tout leur bagage, car en ces rencontres nul n'est exempt de porter ses pacquets. Ils arriverent en un lieu où plusieurs Hiroquois étoient à la pêche, & dans la compagnie desquels se trouva nôtre Therese Huronne. Le Pere lui parla en particulier, l'interrogea, l'instruisit & l'exhorta à prendre courage, le temps de sa delivrance étant venu, parce qu'il portoit sa rançon que nous envoyions à cet effet, non precisement en forme de prix, parce qu'on étoit obligé de nous la rendre par le traitté de paix, mais pour païer sa depense à ceux qui l'ont nourrie. Elle l'assura qu'elle ne chancelloit point en la foy, qu'elle prioit Dieu tous les jours, & qu'elle seroit ravie de retourner avec nous pour reprendre de nouvelles impression des choses de Dieu & de pieté. Elle n'avoit que 13. ou 14. ans quand elle fut enlevée, & cependant elle a tenu ferme en la foy au milieu de cette barbarie, pleine de superstitions diaboliques.

Le Pere étant arrivé au païs des Hiroquois fut reçu comme j'ay remarqué plus haut. Il fit ses harangues & ses presens de la part de Monsieur le Gouverneur dans toutes les circonstances & coûtumes du païs. Les Hiroquois répondirent à tous avec applaudissement, & l s'y passa beaucoup de particularitez que je serois trop longue de rapporter. Le R. Pere n'avoit point ordre de parler de la foy, mais seulement de s'introduire & de leur faire voir qu'il n'avoit rien de mauvais dans le cœur pour tous les mauvais traittemens qu'ils lui avoient faits, mais au contraire qu'il les aimoit comme ses Freres & ses Neveus, avec qui il vouloit bien demeurer, aprés qu'il auroit fait entendre à Onontio qu'ils consentoient à ce qu'il desiroit d'eux, & que cy-aprés ils ne seroient plus qu'un avec lui & avec ses alliez.

Il faut que je vous parle à present de la precieuse mort des Reverends Peres de Noüe & Masse de la Compagnie de JESUS. Le premier mourut selon toutes les apparences le jour de la Purification de la sainte Vierge, étant actuellement dans l'exercice de l'obeïssance & de la charité. Il s'exposa au hazard pour aller depuis les trois Rivieres, jusqu'à Richelieu sur le grand Fleuve gelé & glacé, pour confesser les Soldats de la garnison qui étoient demeurez sans Prêtre. Il partit des trois Rivieres le 30 de Janvier accompagné d'un Huron & de deux François. Le premier giste fut à six lieuës des trois Rivieres dans le lac de saint Pierre du côté du Nord. Aprés qu'il eût pris un peu de repos, il partit sur les deux heures aprés minuit à dessein de prendre le devant & de donner avis à ceux de l'habitation de venir querir ce qu'on leur envoioit, & que ceux de la compagnie du Pere avoient traîné sur la glace depuis les trois Rivieres. La charité de ce bon Pere & l'ardeur de son courage le fit plus penser aux autres qu'à lui-même. Il refusa ce qu'on lui vouloit donner, sçavoir un peu de vin & de lard cuit. Il laissa son fuzil à faire du feu, & sa couverture dont les Missionnaires se servent en guise de manteau, quand ils vont en mission l'Hiver dans les bois & dans les neiges. Il se contenta pour toute provision d'un morceau de pain, & de cinq ou six pruneaux, & pour tous habits d'une simple camisole sous une simple sotane dans la rigueur d'un froid extrême sur un fleuve glacé. Il marchoit à la faveur de la Lune, tirant du côté du Nord, de cap en cap lorsque le Ciel commença à se couvrir, & la neige à tomber en telle abondance, qu'elle lui ôta la veuë de l'Isle. Les deux Soldats qu'il avoit laissez derriere ne partirent que trois heures aprés lui, & cheminerent encore plus de deux heures de nuit avec autant de crainte que de difficulté; parce qu'ils étoient nouveaux dans le païs, & qu'ils ne pouvoient marcher avec des raquettes sur la neige; où deplus ils ne voioient point les vestiges du Pere. L'un d'eux, qui avoit déja fait le chemin de Richelieu, s'avisa de se servir d'une boussole pour gagner le milieu du Lac, & tirer droit aux Isles avec son compagnon & le Huron. La nuit les surprenant avec la lassitude, ils coucherent dans la neige au bout de l'Isle de saint Ignace, qui est à l'opposite de l'habitation de Richelieu. Le Huron plus fort & plus accoûtumé à la fatigue, donne jusqu'au fort, & demande le Pere, lequel n'ayant point paru mit le Capitaine & tous ses gens en grande peine tout le reste de la nuit. Le lendemain on va au devant des deux Soldats, qu'on trouve avoir passé la nuit sans feu, & comme à demi-morts. On les conduit au fort, où ils furent bien surpris de ne point trouver le Pere. Ils crurent qu'il avoit passé le Lac, pour être plus en assûrance du côté du Sud. Dans cette pensée on dépêche plusieurs personnes qui passerent tout le jour & une bonne partie de la nuit à le chercher. On crie, on l'appelle, on tire pour se faire entendre, mais en vain. Le jour d'aprés la Fête de la Purification, un Soldat prit resolution d'aller jusqu'au lieu où le Pere avoit couché la premiere fois, & là reconnoître ses pas afin de les suivre. Il prit avec lui deux Hurons qui le suivirent courageusement & heureusement, car ils reconnurent les vestiges des raquettes huronnes, dont le Pere se servoit, & suivirent cette piste vers le Nord toujours dans le Lac & dans les Isles. Ils rencontrerent entre une Isle & la terre ferme plusieurs chemins que le Pere avoit fait comme une personne

DE LA M. MARIE DE L'INCARNATION.

égarée, qui tâche de se reconnoître. Aprés avoir battu les mêmes pistes, ils trouverent le même lieu où il avoit couché, qui étoit un peu de sapin sur la terre d'où il avoit ôté la neige. Ils continuerent & passerent à la veuë du fort de Richelieu sur les vestiges du Pere jusques au lieu appellé le cap de massacre une lieuë au dessus de Richelieu. Il est à croire que la neige & la brune lui avoient ôté la veuë de l'habitation, ou que sa grande foiblesse causée par les travaux du voiage qu'il avoit fait sur des raquettes, ne lui avoient pas permis de reconnoître le lieu où il étoit. Quoiqu'il en soit, on trouva encore vers le cap de massacre une place où il avoit reposé; & à trois lieuës de là tirant au haut de la riviere, son corps fut trouvé mort à genoux sur la terre dans une fosse entourée de neige, sur laquelle il étoit appuyé. Il est probable que s'étant mis à genoux avant que de rendre l'esprit, le poids de son corps aiant expiré, l'avoit mis en cette posture. Ses raquettes & son chapeau étoient proche de lui, & il avoit encore en sa poche le pain qu'il avoit pris pour son viatique. Le bon Soldat, aprés avoir prié Dieu, & fait une croix à l'arbre, proche lequel étoit le corps, l'enveloppa dans une couverture, & le mit sur une traînée en la même posture qu'il l'avoit trouvé. Il le mena aux trois Rivieres, où tout le monde fut comblé de tristesse, & de consolation tout ensemble; de tristesse, voiant ce bon Pere qui n'avoit point de plus grand soin jour & nuit, que d'obliger tout le monde, être ainsi mort, abandonné de tout secours humain, & de consolation; regardant ce corps en la posture, où l'on dépeint ordinairement saint François Xavier, les bras croisez sur la poitrine, les yeux ouverts & fixez vers le Ciel, qui seul avoit été le témoin de son agonie, & l'attendoit pour le couronner de ses travaux. Sa face ressembloit à un homme, qui est en contemplation, plutôt qu'à un mort. Tous fondoient en larmes voiant un spectacle si devot. Nous avons oüi dire à des Peres qui étoient alors aux trois Rivieres, qu'aïant approché son corps du feu pour le faire dégeler, afin de le mettre dans le cercüeil, il devint aussi vermeil que s'il eût été en vie, & si beau qu'ils ne se pouvoient lasser de l'embrasser. Le bon Pere étoit âgé de plus de soixante & cinq ans. Il étoit dés sa jeunesse en ce païs, où il a souffert de grands travaux, en jettant les premiers fondemens de cette Eglise avec le bon Pere Masse, qui est aussi mort en cette même année, âgé de plus de soixante-dix ans. Outre les famines qu'il leur a fallu endurer, les naufrages qu'ils ont soufferts sur la mer, la prise des Anglois qui les ont rençonnez, ils ont jetté les fondemens d'une

Eglises, où il se rencontre des Croix au delà de ce qui se peut imaginer. Et neanmoins ni les peines, ni les travaux, ni les persecutions n'ont jamais pû donner d'atteinte, ni d'alteration à leur courage. Un Seigneur de haute qualité de France voulant attirer proche de soi le Pere de Nouë par les instances qu'il en faisoit auprés de ses Superieurs, & lui en aïant même écrit l'année derniere d'une maniere si pressante, qu'il croyoit le gagner tout d'un coup, il lui fit une réponse tres-seiche pour le dégoûter de ses poursuites, & il demandoit tous les jours à Dieu qu'il le retirât plûtôt du monde, que de permettre qu'il fût ôté de sa chere Mission: Et pour gagner le cœur de Dieu, & le fléchir à lui accorder cette grace, il faisoit continuellement des actions heroïques, qui tenoient tout le monde en admiration. On croit que Dieu a exaucé ses vœux par cette pretieuse mort. Mourir seul & délaissé dans l'exercice de la charité & de l'obeïssance, n'est-ce pas être semblable à JESUS-CHRIST? Pour le Pere Masse, il est mort de sa mort naturelle, mais en priant Dieu. Sa vie a été toute sainte, & même accompagnée de miracles. Comme je connoissois tres-particulierement ces grands Serviteurs de Dieu, leur mort m'a beaucoup occupé l'esprit, mais d'une occupation si douce, qu'il me sembloit que je ressentois quelque chose de leur gloire; comme j'ai ressenti l'odeur de leurs vertus, lors qu'ils étoient parmi nous en cette vie.

Je viens de dire adieu à un de nos Reverends Peres, qui s'en va commencer la Mission de saint Ignace aux Abnakivois, accompagné seulement des Sauvages de cette Nation, qui sont venus demander qu'on l'envoïât en leur païs pour leur enseigner le chemin du Ciel. C'est un grand païs où l'on n'avoit pû encore avoir entrée. Ils sont venus par un mouvement de Dieu tout particulier. Un ou deux de nos bons Chrétiens les allerent voir ces années dernieres pour leur parler de Dieu, mais ils ne les écoutoient pas seulement. Cette semence neanmoins a été benie pour le temps du dessein de Dieu, car nous esperons qu'elle va produire son fruit. Il y a proche d'eux un nombre d'Anglois, qui occupent en diverses habitations plus de deux cens lieuës de païs sur la côte de la mer, & qui font ce que les François font ici pour la traitte des peaux. Quand ils ont sçeu que les Sauvages venoient ici demander des Peres, ils les ont encouragez, disant qu'ils ne pouvoient mieux faire: C'est qu'il y a parmi eux (à ce qu'on dit) un grand nombre de Catholiques secrets, ce qui donne esperance d'y faire un double fruit.

Les Lettres, que nous avons reçuës des Hurons, nous ont appris

DE LA M. MARIE DE L'INCARNATION.

qu'on a découvert un nouveau païs, & que l'on en a trouvé l'entrée. C'est la Nation des gens de mer appellez en Sauvage Ʋinpeg-ek ikimiʋek. Ce sera une grande mission, où l'on espere s'étendre avec avantage, parce que ces peuples sont nombreux & sedentaires, par le moyen desquels on en découvrira encore d'autres pour les donner à Jesus-Christ, car on y va travailler fortement : Et même l'on va risquer de courir sur une grande mer, qui est au delà des Hurons, par laquelle on pretend trouver le chemin de la Chine. Par le moien de cette même mer, qui est douce, on espere encore découvrir plusieurs païs sur les côtes & dans les terres. Si Dieu fait réüssir cette entreprise cette année, & que Dieu me conserve la vie, je vous ferai part de ma joïe ; car mon unique souhait est le progrés & la consommation du Roiaume de Jesus-Christ, & ensuite de vous dire ce que j'en sçai, afin que vous vous joigniez à moy pour le dessein de la plus grande Gloire de Dieu, qui est dans le salut des ames rachetées du Sang de son Fils unique. Je vous conjure d'en poursuivre sans trêve la conversion. Ah ! que je serois contente si l'on me disoit que vous eussiez donné vôtre vie pour une si bonne cause ! Et moy, que je serois heureuse si j'étois trouvée digne d'être mise en pieces à ce sujet ! Priez pour vôtre tres-indigne Mere, à ce qu'elle ne mette point d'obstacles aux desseins de Dieu.

Mais il faut descendre en particulier, & vous dire quelque chose de nos fonctions tant à nos parloirs que dans le seminaire. Les Hurons qui descendent ici, sont presque continuellement à nôtre parloir qui est le lieu destiné à leur instruction. C'est là la Mission de la Mere Marie de saint Joseph qui sçait la langue. Aussi ces bons Neophites, & Cathecumenes la tiennent pour leur mere. L'an passé un Capitaine nommé Jean Baptiste descendit avec toute sa famille, pour assister au traitté de paix avec les Hiroquois. Tout l'Hiver il nous a donné le moyen d'exercer les œuvres de misericorde tant corporelles que spirituelles ; car bien qu'il fut Capitaine & Homme de consideration parmi les Sauvages, étant neanmoins hors de son païs, il avoit besoin de tout : car ces gens-là ne se chargent de rien que de leur traitte, pour la grande difficulté des chemins. Je ne vous sçaurois dire le zele qu'ils ont pour la foi & pour la pratique des actions de pieté. Mais ce que nous avons le plus admiré en eux, c'est la tendresse de leur conscience, & le soin qu'ils ont d'éviter jusques aux moindres fautes ; ou de s'en confesser au plûtôt quand ils les ont commises. Une fois la simplicité du bon Jean Baptiste nous donna de la consolation, & nous fut tout ensemble un petit sujet de divertissement. Etant sur le point d'aller à la chasse, quelques personnes, qui lui avoient promis de lui donner ce qui lui seroit necessaire pour son voyage, qui devoit être de plusieurs jours, lui manquerent de parole justement sur le point qu'il devoit partir, ce qui lui fit bien de la peine, jusqu'à lâcher quelques paroles d'impatience. Etant revenu à soi, il en eut tant de douleur, qu'il s'en voulut confesser sur l'heure. Mais son Confesseur étant absent, & n'y en aiant point d'autres pour l'entendre, il vint trouver celle qui avoit coûtume de l'instruire, pour lui dire son peché, & la prier de le dire à son Confesseur, quand il seroit de retour, l'asseurant que de sa part il étoit extrêmement triste d'avoir peché, qu'il avoit beaucoup demandé pardon à Dieu, & qu'il tâcheroit d'être mieux sur ses gardes à l'avenir. La Mere de saint Joseph le consola, & lui fit faire encore des actes de contrition, puis il partit en paix. Quand il eût fait deux lieuës de chemin, il apprit que son Confesseur étoit de retour; il quitte la compagnie, & revint à grands pas se confesser, disant qu'il n'auroit pas fait son voiage en repos, si sçachant que son Confesseur étoit à la maison, il ne se fut pas confessé de ses impatiences.

Un autre Huron, qui n'avoit point encore été instruit, mais qui avoit un extrême desir de l'être, fut donné à la Mere de Saint Joseph, qu'il regarda dés lors comme sa mere, à qui il rendoit une obeïssance si ponctuelle, qu'il n'y avoit rien qu'il ne fit de ce qu'elle lui ordonnoit; & personne n'avoit assez de credit sur son esprit, pour lui faire entreprendre quelque chose qui dût interrompre le temps & l'heure de ses instructions, si elle ne l'agréoit. Quelques raisons particulieres l'obligerent un jour d'aller à la chasse avec des Algonquins, mais il ne s'y voulut point engager sans la licence de sa mere: Attendez, leur dit-il, Marie ne m'a pas donné congé, je m'en vais le lui demander. Elle lui donna la permission, & il partit aussi-tôt. Il ne passa pas un jour, durant son absence, sans dire son chappelet, & faire ses prieres. Il repassoit continuellement dans son esprit ce qu'on lui avoit appris des Mysteres de nôtre sainte Foi, dans la crainte qu'il avoit de les oublier, & que cela ne retardât son baptême. A son retour il n'eut pas plûtôt mis le pied hors du canot, qu'il vint à nôtre grille avec des joies nompareilles demander celles qui le desiroient Enfant de Dieu. Ah! ma mere, dit-il à sa Maîtresse, j'ai beaucoup peché depuis que je ne vous ai veuë, car dans les desirs que j'avois de vous voir, & d'être instruit pour être baptisé, j'ai souvent demandé de m'en revenir, & cela m'étant refusé, j'étois triste, & je ne souffrois pas assez

en

en paix de voir l'effet de mes desirs retardé. D'autres Hurons le voulant une autrefois mener à la chasse aux Castors, l'en prioient avec instance, lui promettant qu'il feroit un grand gain en ce voiage. Il vint à son ordinaire demander congé à sa Mere, qui lui dit que s'il ne desiroit pas être si-tôt baptisé, elle n'y voioit pas grand inconvenient; mais que si ses desirs pour le Baptéme étoient tels qu'il lui avoit fait entendre, elle ne croioit pas que ce fut une bonne disposition à cette grande grace, d'aller ainsi se promener sous pretexte d'un gain temporel. Alors il lui répondit d'un courage ferme & resolu. Il est conclu que je n'y irai pas; je n'ai point d'affaires plus preslées que celle de mon salut & de mon baptéme; je ne desire point emporter en mon païs d'autres richesses que celles de la foi, & l'honneur d'être du nombre des Enfans de Dieu. Depuis ce temps-là il ne manqua pas un jour de venir à l'instruction, & nôtre Seigneur benissant sa bonne volonté lui donna une memoire si heureuse pour retenir tous nos mysteres, qu'il étoit rare qu'on lui dit deux fois une chose, la retenant dés la premiere. Enfin le jour de son Baptéme, qu'il avoit tant desiré étant venu, qui fut le lendemain de la Pentecôte, il ne se peut dire avec combien de joye il reçeut cette insigne faveur: ses paroles, ses actions, tout son exterieur rendoient témoignage du contentement de son cœur. Depuis ce temps là il s'est confessé deux fois la semaine, & aujourd'hui on l'instruit pour la communion, qu'on se reserve à la lui faire faire pour la premiere fois en son païs avec solemnité.

Nôtre petit Seminaire a eu cette année de l'emploi aussi bien que les precedentes. Nôtre plus grande moisson c'est l'Hiver, que les Sauvages allant à leurs chasses de six mois, nous laissent leurs filles pour les instruire. Ce temps nous est precieux, car comme l'Eté les enfans ne peuvent quitter leurs meres, ni les meres leurs enfans, & qu'elles se servent d'eux dans leurs champs de bled d'Inde, & à passer leurs peaux de Castor, nous n'en avons pas un si grand nombre. Nous en avons neanmoins toujours assez pour nous occuper.

La Doyenne & comme la Capitainesse de cette troupe de jeunes Neophites étoit une petite fille du premier Chrétien de cette nouvelle Eglise, que son pere & sa mere voüerent dés sa naissance. Elle nous fut donnée dés l'âge de deux ans, à cause de la mort de sa mere, & nous l'avons élevée environ trois ans dans le dessein de la faire Religieuse, à cause du vœu de ses parens, au cas qu'elle en eut la volonté. C'étoit le meilleur & le plus joli esprit que nous eussions encore veu depuis que nous sommes en Canada. A peine sçavoit-elle parler qu'elle disoit toute seule les prieres sauvages par cœur, & même celles que nous faisons faire aux Filles Françoises. Ce qu'elle entendoit chanter en nôtre chœur, elle le sçavoit quasi au même temps, & elle le chantoit avec nous sans hesiter. Les personnes de dehors la demandoient pour la faire chanter, & elles étoient ravies de lui entendre chanter des Psaumes entiers. Elle répondoit parfaitement au catechisme, en quoi elle étoit la maîtresse de ses compagnes; & quoi qu'elle ne fut âgée que de 5. ans & demi, sa maîtresse l'avoit établie pour determiner des prieres, & pour les commencer toute seule à haute voix, ce qu'elle faisoit avec une grace merveilleuse, & avec tant de ferveur qu'il y avoit de la consolation à l'entendre. Mais nôtre joïe a été bien courte, car une fluxion qui lui est tombée sur le poumon, lui a bientôt fait perdre la voix & la vie. Cette innocente a été six ou sept mois malade, durant lesquels elle a été si patiente, si obeïssante & si raisonnable, que cela ne seroit pas croiable à ceux qui ne l'auroient pas veüe. Ayant demandé un Pere pour se confesser, on lui en fit venir un qui fut tout surpris de voir l'attention, la devotion & la maturité, avec laquelle elle faisoit cette action. Quelque pressée & abbatuë qu'elle fut du mal, elle n'a jamais refusé de prier Dieu qu'une heure ou deux devant sa mort, qu'elle eut une oppression fort inquietante; mais quand on lui eut dit que c'étoit le Diable qui la tentoit, afin qu'elle n'obeït pas, au même temps elle joignit les mains, & fit tout ce qu'on voulut. Lors que nous la visitions, pour nous témoigner l'amour qu'elle nous portoit, elle nous disoit ce qu'elle demanderoit à Dieu pour nous, quand elle seroit dans le Ciel, où elle étoit bien-aise d'aller. Etant sur le point d'expirer, on lui demanda si elle aimoit Dieu, & elle répondit avec une aussi grande presence d'esprit, qu'une personne âgée : Oüy, je l'aime de tout mon cœur, & ce furent là ses dernieres paroles. Son pere aiant été blessé en trahison par quelque Etranger, mourut un peu avant elle avec de grands indices de sainteté. Depuis la mort de son pere, quand on lui parloit de ses parens, elle disoit : Je n'ai plus d'autres parens que les Filles Vierges habillées de noir, ce sont mes meres, mon pere me l'a dit avant sa mort, & m'a commandé que je leur obeïsse, & qu'il me donnoit à elles, afin qu'elles fussent mes Meres. Elle tiroit un si grand avantage de la creance qu'elle avoit que son pere étoit au Ciel, que quand elle avoit quelques petits differens avec ses compagnes, elle leur disoit par reproche : Mon Pere est dans le Ciel, mais le vôtre n'y est pas. C'étoient là ses vengeances enfantines. Il faut vous avoüer que la mort de cette

DE LA M. MARIE DE L'INCARNATION.

innocente, quoique nous la croïons au Ciel, nous a touchées, comme aussi tous nos amis; car elle étoit connuë & aimée des François & des Sauvages, qui ne la regardoient que comme une petite Ursuline, puis qu'elle en faisoit déja les fonctions dans un corps d'enfant.

Enfin Nôtre Seigneur nous fait cette grace, que nôtre Seminaire est le refuge des affligez & des oppressez; car s'il y a quelque fille qui soit en danger de perdre ou la vie, ou l'honneur, ou les bonnes graces de ses parens, ou enfin qui soit en quelque peine que ce soit, les Capitaines, qui ont l'œil à ce que leurs gens vivent en vrais Chrétiens, nous les ameinent, afin de les garder & de les instruire. Benissez cette bonté souveraine de tous ses bien-faits, & interessez-vous avec moi dans la cause de JESUS-CHRIST, & dans l'amplification de son Royaume. Vivons & mourons pour ce sujet.

De Quebec le 8. Septembre 1646.

LETTRE XXXIV.

AU MESME.

Elle lui mande la rupture de la Paix par les Hiroquois. La precieuse mort du R. Pere Isaac Jogues. Le progrés de l'Evangile. Les exemples de vertu de quelques particuliers.

MOn tres-cher & bien-aimé Fils. Puis que je vous mande tous les ans les graces & les benedictions que Dieu verse sur cette nouvelle Eglise, il est bien juste aussi que je vous fasse part des afflictions qu'il permet luy arriver. Il nous console quelquefois comme un Pere amoureux, & quelquefois il nous châtie comme un Juge severe, & moy plus particulierement qui irrite sa colere plus que tout autre par mes infidelitez continuelles. Il nous a fait ressentir cette année la pesanteur de sa main par une affliction bien sensible à ceux qui ont du zele pour le salut des ames. C'est la rupture de la paix par les perfides Hiroquois, d'où s'est ensuivi la mort d'un grand nombre de François & de Sauvages Chrétiens, & sur tout du Reverend Pere Jogues.

Ce qui a porté ces Barbares à rompre une paix que nous croïions si bien établie, c'est l'aversion que quelques Hurons captifs leur ont donné de nôtre Foi & de la Priere, disant que c'étoit ce qui avoit at-

Ggg ij

tiré toutes sortes de malheurs sur leur nation, qui l'avoit infectée de maladies contagieuses, & qui avoit rendu leurs chasses & leurs pesches plus steriles, que lors qu'ils vivoient selon leurs anciennes coûtumes. Quasi au même temps la mortalité s'est attachée à leur nation & répandue dans leurs villages, où elle a moissonné beaucoup de leurs gens en peu de temps; & le mauvais air y a engendré une espece de vers dans leurs bleds, qui les a presque tous rongez. Ces fâcheux accidens leur ont facilement persuadé que ce que les Hurons captifs leur avoient dit, étoit veritable. Le R. Pere Jogues les étant allé visiter pour leur confirmer la paix de la part de Monsieur le Gouverneur & de tous les Chrêtiens tant François que Sauvages, avoit laissé à son Hoste pour gage de son retour une cassette, dans laquelle il y avoit quelques livres & quelques meubles d'Eglise; ils crurent que c'étoient des demons, qu'il avoit laissez parmi eux, & qui étoient la cause de leurs malheurs. Toutes ces rencontres jointes à leur infidelité, qui ne sçait ce que c'est que de tenir la Foi, & à la perte des profits qu'ils avoient coûtume de faire par les victoires qu'ils remportoient sur leurs ennemis, leur ont fait oublier toutes les promesses qu'ils nous avoient faites, & conjurer la perte de leurs anciens Adversaires. Au même temps ils ont envoié des presens aux Nations Hiroquoises superieures, sçavoir aux Onondageronons, Ssontvaronons, & autres, afin de les attirer dans leur conjuration, où ils sont facilement entrez.

Cependant Monsieur le Gouverneur, qui ne sçavoit rien de ce changement disposa des François pour les aller visiter avec quelques Hurons. Le R. Pere Jogues, qui avoit déja commencé à arroser cette terre ingrate de son sang, se joint aux uns & aux autres pour leur donner conseil, & leur rendre les assistances necessaires dans le voiage. Ils partirent des trois Rivieres le 24. de Septembre 1646. & arriverent aux Hiroquois Agneronons avec beaucoup de fatigue le 17. d'Octobre de la même année. A leur arrivée ils furent traittez d'une maniere qu'ils n'attendoient pas. L'on n'attendit pas seulement qu'ils fussent entrez dans des cabanes pour les maltraitter, mais d'abord on les dépoüilla tout nuds, puis on les salua de coups de poing & de bâtons, disant: Ne vous étonnez pas du traittement qu'on vous fait, car vous mourrez demain, mais consolez vous, on ne vous brûlera pas; vous serez frappez de la hache, & vos têtes seront mises sur les palissades qui ferment nôtre village, afin que vos Freres vous voient encore, quand nous les aurons pris. Ils virent bien à la reception qu'on leur faisoit, que les esprits étoient aigris à un tel point qu'il n'y avoit plus de grace à esperer : C'est pourquoi ils se disposerent à la mort dans le peu de temps qui leur restoit. Le jour suivant neanmoins se passa doucement, ce qui fit croire que ces Barbares étoient un peu adoucis. Mais sur le soir un Sauvage de la Nation de l'Ours menant le Pere Jogues dans sa cabane pour le faire souper, il y en avoit un autre derriere la porte, qui l'attendoit, & qui lui dechargea un coup de hache, dont il tomba mort sur la place. Il en fit autant à un jeune François nommé Jean de la Lande, natif de Diépe, lequel s'étoit donné au Pere pour le servir ; & au même temps ce Barbare leur coupa la tête qu'il érigea en trophée sur la palissade, & jetta les corps dans la riviere. C'est ainsi que ce grand Serviteur de Dieu a consommé son sacrifice. Nous l'honorons comme un Martyr ; & il l'est en effet, puis qu'il a été massacré en detestation de nôtre sainte Foi, & de la priere que ces perfides prennent pour des sortileges & enchantemens. Nous pouvons même dire qu'il est trois fois Martyr, c'est-à-dire, autant de fois qu'il est allé dans les Nations Hiroquoises. La premiere fois il n'y est pas mort, mais il y a assez souffert pour mourir. La 2. fois il n'y a souffert, & n'y est mort qu'en desir, son cœur brûlant continuellement du desir du martyre. Mais la troisiéme fois Dieu lui a accordé ce que son cœur avoit si long-temps desiré. Il sembloit que Dieu lui eût promis cette grande faveur, car il avoit écrit à un de ses amis par un esprit prophetique : J'irai, & n'en reviendrai pas ; & de là vient qu'il attendoit ce bien-heureux moment avec une sainte impatience. O qu'il est doux de mourir pour JESUS-CHRIST ! C'est pour cela que ses Serviteurs desirent de souffrir avec tant d'ardeur. Comme les Saints sont toujours prêts à faire du bien à leurs ennemis, nous ne doutons point que celui-ci étant dans le Ciel n'ait demandé à Dieu le salut de celui qui lui avoit donné le coup de la mort, car ce Barbare aiant été pris quelque temps aprés par les François, il s'est converti à la Foi, & aprés avoir reçu le saint Baptême, il a été mis à mort avec les sentimens d'un veritable Chrétien.

Aprés ce carnage & la mort de tous ceux qui avoient accompagné ce Reverend Pere, ces Barbares se mirent aussi-tôt en campagne pour surprendre les François, les Algonquins, & les Hurons, avant qu'ils en eussent appris la nouvelle, & qu'ils eussent le loisir de se mettre en défense. Ils vintent jusques à Montreal, où ils prirent trois Hurons & deux François. Ils pillerent quelques maisons Françoises, qui étoient un peu à l'écart, & enleverent tout ce qu'ils y trouverent, tandis que les personnes étoient allées à l'Eglise faire leurs devotions. Deux Algonquins de trois Rivieres étant allez avec leurs femmes à deux lieues de là querir un Elan tué par un Huron, tomberent entre leurs mains. De cette capture a suivi la desolation de tout le païs : car ces Barbares aïant appris de leurs captifs, que les Algonquins étoient partis pour leur grande chasse, & qu'ils s'étoient divisez en deux bandes dont l'une étoit allée du côté du Nord, & l'autre vers le Sud, ils se diviserent pareillement en deux bandes. Il ne leur fut pas difficile de trouver ce qu'ils cherchoient, parce que les vestiges de tant de personnes les menerent droit aux cabanes où ils étoient. Ils n'y trouverent neanmoins que les femmes, les enfans, & le bagage. Ils se saisirent de tout, & continuerent leur chemin pour aller chercher les hommes. Ils rencontrerent le fameux Pieskaret, qui s'en retournoit seul à la negligence, mais bien armé. Et parce qu'ils sçavoient bien que c'étoit un homme qui vendroit sa vie bien cher, & qui étoit capable, quoi qu'il fût seul, de leur faire de la peine, ils feignirent venir en amis lui rendre visite. Il les crut facilement ne les voiant que dix, & dans cette creance il commença à chanter sa chanson de paix. Mais comme il se défioit le moins, l'un d'eux le prit par derriere, & le perça d'un coup d'épée, dont il tomba mort sur la place. Ils enleverent sa chevelure comme d'un Capitaine considerable, & allerent chercher les autres, qu'ils trouverent, & prirent sans peine n'attendant rien moins qu'un accident si funeste. Ils les menerent au lieu où étoient leurs femmes, & leurs enfans. Il ne se peut dire combien les uns & les autres furent saisis de douleur, se voiant tous captifs, lors qu'ils croïoient la paix bien établie, & leur liberté tres-asseurée.

Ceux qui étoient allez du côté du Sud, firent une pareille capture. Ils trouverent nos bons Chrétiens & Neophites, lors qu'ils venoient de decabaner pour enfoncer davantage dans les bois, & qu'ils étoient chargez de femmes, d'enfans & de bagage; ce qui ne leur donna pas le loisir de se mettre en défense. Marie neanmoins femme de Jean Baptiste, qui marchoit des dernieres avec son fils, les aïant apperçûs comme ils se jettoient sur un Huron qui faisoit l'arriere-garde, cria à son mari de hâter le pas pour avertir ceux qui marchoient les premiers de se mettre en état de se défendre : mais lui qui étoit vaillant, & qui ne sçavoit ce que c'étoit que de fuïr, prit ses armes, & tua le premier Hiroquois qui marchoit en tête; mais il fut aussi-tôt renversé par ceux qui le suivoient. Ces Barbares envelopperent tous les autres, afin qu'aucun n'échapât. Mais le bon Bernard homme vaillant, & genereux tuë le premier qu'il eut à la rencontre, mais comme il ne fut pas secondé, il fut massacré sur le lieu, & tous les autres pris & menez au lieu où les Hiroquois s'étoient donné le rendez-vous avant que de se separer.

Le lendemain ceux de l'autre bande arriverent au même lieu avec leur proie, faisant les cris & les huées qu'ils ont coûtume de faire quand ils menent leurs prisonniers en triomphe. Tous nos bons Chrétiens se voiant reünis dans un même malheur, liez, meurtris, couverts de plaies, ne se purent parler que par des regards d'une mutuelle compassion, puis ils baisserent la veüe aiant le cœur plongé dans la douleur & dans l'amertume. Jean Tavichkaron qui étoit un excellent Chrétien ne perdit point cœur dans une desolation si universelle. Il se leva du milieu de ses freres captifs, & d'un maintien asseuré, d'un regard constant, d'une voix ferme, il leur dit ces paroles : Courage, mes freres, ne quittons point la foy ni la priere; l'orgueil de nos ennemis passera bientôt, nos tourmens pour grands qu'ils puissent être ne seront pas de durée, & après les avoir enduré avec patience, nous aurons un repos eternel dans le Ciel. Que personne donc ne branle dans sa creance; pour être miserables, nous ne sommes pas delaissez de Dieu : Jettons-nous à genoux & le prions de nous donner courage & patience dans nos travaux. A ces paroles non seulement les Chrétiens & les Catecumenes, mais encore leurs parens se jetterent à terre, & l'un d'eux disant les prieres à haute voix, les autres le suivoient à leur ordinaire. Ils chanterent ensuite des cantiques spirituels pour se consoler avec Dieu dans l'affliction profonde où sa providence les avoit reduit. Les Hiroquois même tous fiers qu'ils étoient les regardoient avec étonnement. L'un d'eux neanmoins s'étant mis à rire, Marie femme de Jean Baptiste dit avec une gravité chrétienne, à un Renegat qu'elle reconnut : dis à tes gens qu'ils ne se mocquent point d'une chose si sainte : C'est nôtre coûtume de prier celui qui a tout fait dans les afflictions qu'il nous envoie : il châtira ceux qui le méprise, & toy particulierement qui a été si lâche que de lui tourner le dos. Les autres se mocquerent de ce qu'elle disoit, mais celui-cy reçut un reproche secret de sa conscience, qui lui fit baisser la tête sans dire mot, & respecter les prieres qu'il avoit autrefois proferées. Les autres Chrétiennes ne furent pas moins constantes parmi les railleries & les brocards de ces infideles; elles faisoient faire le signe de la croix à leurs enfans à la face de leurs ennemis, & leur faisoient dire leur chaplet avec les doigts, ces barbares leur aiant pris toutes les marques & tous les instrumens de leur devotion. Avant que de passer plus avant ils brûlerent tout vif un Chrétien qui avoit été blessé d'un coup dangereux, de crainte qu'il ne mourût en chemin d'une mort trop douce. Nous avons apris que ces Barbares plus cruels que les bêtes feroces crucifierent avant que de partir de ce lieu un petit enfant âgé seulement de trois ans qui avoit été baptisé. Ils lui étendirent le corps sur une grosse écorce, & lui percerent les pieds & les mains avec des bâtons pointus en forme de cloux. O que cet enfant est heureux d'avoir merité en son état d'innocence l'honneur de mourir d'une mort semblable à celle de JESUS-CHRIST! Qui ne porteroit envie à ce saint innocent, plus heureux, à mon avis, que ceux dont la mort honora la naissance de nôtre divin Sauveur?

Cette troupe affligée fut conduite au païs des Hiroquois, où elle fut reçuë à la maniere des prisonniers de guerre, c'est à dire avec une salve de coups de bâton & des tisons ardens dont on leur perçoit les côtez. On éleva deux grands échaffauts l'un pour les hommes, l'autre pour les femmes, où les uns & les autres furent exposez tous nuds à la risée & aux brocards de tout le monde. Ils demanderent le Pere Jogues, les Chrétiens pour se confesser, & les Catechumenes pour se faire baptiser. On ne répondit à leurs prieres qu'avec des railleries; mais quelques anciennes captives Algonquines s'approchant doucement de ces theatres d'ignominies leur dirent qu'on l'avoit tué d'un coup de hache & que sa tête étoit sur les palissades. A ces paroles ils virent bien qu'ils ne pouvoient attendre un plus doux traitement, & que n'aiant aucun Prêtre pour se confesser, c'étoit de Dieu seul qu'ils devoient attendre du secours & de la consolation dans leurs souffrances.

En effet, aprés qu'ils eurent été le jouët des grands & des petits, on les fit descendre pour les mener dans les trois Bourgs des Hiroquois Agneronons: Dans l'un on leur arrache les ongles, dans l'autre on leur coupe les doigts, dans l'autre on les brûle, & par tout on les charge de coups de bâton, ajoûtant toujours de nouvelles plaies aux premieres. On donna la vie aux femmes, aux filles, & aux enfans, mais les hommes & les jeunes gens, qui étoient capables de porter les armes, furent distribuez en tous les Villages pour y être brûlez, boüillis & rôtis. Le Chrétien, dont j'ai parlé, qui faisoit les prieres publiques, fut grillé & tourmenté avec cruauté des plus barbares. On commença à le tyranniser avant le coucher du Soleil, & on le brûla toute la nuit depuis les pieds jusques à la ceinture: le lendemain on le
brûla

DE LA M. MARIE DE L'INCARNATION.

brûla depuis la ceinture jusques au col : on reservoit à lui brûler la tête la nuit suivante, mais ces tyrans voïant que les forces lui manquoient, jetterent son corps dans le feu, où il fut consumé. Jamais on ne lui entendit proferer une parole de plainte, ni donner aucune marque d'un cœur abbatu. La foi lui donnoit de la force interieurement, & lui faisoit faire au dehors des actes de resignation à la volonté de Dieu. Il levoit sans cesse les yeux au Ciel, comme au lieu où son ame aspiroit, & où elle devoit bien-tôt aller : Vous l'appellerez Martyr : ou de quel autre nom il vous plaira ; mais il est certain que la priere est la cause de ses souffrances, & que la raison pour laquelle il a été plus cruellement tourmenté que les autres, est qu'il la faisoit tout haut à la tête de tous les captifs.

Nous avons apris toutes les particularitez que je viens de rapporter de quelques femmes qui se sont sauvées, & particulierement de la bonne Marie femme de Jean Baptiste, dont j'ai déja parlé. L'histoire de sa fuite est assez considerable, pour vous être écrite. Elle avoit déja été une fois prisonniere aux Hiroquois Onondagneronons, en sorte qu'elle fut reconnuë par quelques-uns de ceux d'Onondagné, qui la prierent de sortir de la bourgade, où elle étoit, feignant lui vouloir dire quelque bonne parole. Étant sortie, ils l'enleverent partie de force, partie de gré, lui faisant voir qu'étant sortie de leur village, elle y devoit retourner. Aprés qu'elle eut consenti à leur volonté, ils la cacherent dans le bois avec promesse de la venir prendre le lendemain, comme ils firent. Ils devoient passer par Ononioté, d'où étoit celui qui l'avoit prise prisonniere, & à qui elle appartenoit par le droit de la guerre. Ceux qui l'avoient enlevée, craignant qu'elle n'y fut reconnuë & arrêtée, la cacherent dans le bois, la couvrant d'un sac pour la déguiser, & lui donnant quelques vivres pour manger durant la nuit. Aprés s'être un peu reposée, elle s'approcha du village à la faveur des tenebres. Elle entendit les huées & les clameurs des Hiroquois, qui faisoient brûler un homme de sa nation. Il lui vint dans l'esprit, qu'on lui en feroit autant dans la Bourgade, où on la menoit, & d'où elle s'étoit sauvée, parce que les Sauvages pardonnent rarement aux fugitifs. Sa pensée lui sembloit d'autant mieux fondée, que quelques jeunes gens l'aïant bien consideré, s'étoient demandé l'un à l'autre, quelle partie de son corps seroit le plus à leur goût ? L'un d'eux avoit répondu que ses pieds cuits sous la cendre, seroient fort bons. Comme elle entendoit la langue, aïant été captive en leur païs, elle fut tellement effraïée, sans pourtant le faire paroître,

Hhh

qu'elle crut qu'il n'y avoit que la fuite qui la pût garantir de la mort. Elle prend donc la resolution de fuïr, & à l'heure-même elle prit sa course vers son païs tirant du côté d'Onondagrié, & prenant le chemin frayé, de crainte de donner connoissance de sa route par ses vestiges, si elle eut pris des chemins écartez. Elle se cacha dans le bois tout proche du village dans une taniere fort épaisse, où elle demeura dix jours & dix nuits, n'osant passer outre, car elle voioit souvent les Hiroquois passer tout proche d'elle; elle vit même ceux qui l'avoient enlevée. Elle en sortoit neanmoins la nuit pour aller chercher dans les champs voisins quelques épics de bled d'Inde, qui étoient restez de la moisson, afin de faire une provision de vivres. Quelque recherche qu'elle pût faire, elle n'en pût ramasser plus de deux petits plats, qui lui devoient servir pour plus de deux mois que devoit durer son voïage. Cette grande necessité lui fit perdre cœur, & ce qui mit le comble à ses ennuis fut qu'un grand Hiroquois s'en vint un jour droit à elle la hache sur l'épaule, alors croïant qu'il n'y avoit plus de vie pour elle, elle se disposa à la mort par la priere, mais Dieu permit que cet homme étant proche d'elle, se détourna tout court pour entrer dans le bois. Cette protection de Dieu ne lui releva pas neanmoins le cœur. Car elle voïoit que si elle s'en fut retournée en son païs, elle fut morte de faim dans les forests & dans les neiges. De retourner à Agnié, d'où on l'avoit enlevée, elle ne pouvoit éviter le feu comme fugitive, à qui on venoit de donner la vie. Si elle eut pris le chemin d'Onondagné, où on la vouloit mener, elle avoit déja entendu prononcer sa sentence. Si enfin elle fut restée en sa taniere, ou elle y fût morte de faim, ou elle n'eut pas tardé d'être découverte. Voïant donc que la mort lui étoit inévitable, elle crut par une erreur de Sauvage qu'elle feroit une bonne action de se la donner elle-même, & de s'en procurer une plus douce. Aprés donc avoir fait sa priere, & s'être recommandée à Dieu, elle prit sa ceinture, & se l'étant mise au col avec un lacet coulant, elle se pendit à un arbre. Mais Dieu, qui excuse facilement les erreurs des innocens, permit que celle-ci, qui pensoit continuellement en lui, ne reçut aucun mal, le poid du corps aiant rompu la corde. Elle ne laissa pas de remonter dans l'arbre, & de se pendre une seconde fois, mais la corde rompit comme à la premiere. Alors elle ouvrit les yeux pour voir la protection de Dieu sur elle; Assurement, dit-elle, Dieu ne veut pas que je meure, il me veut sauver la vie; il faut donc que je me sauve à la fuite; il est vrai que je n'ai pas de vivres, mais n'est-il pas assez puissant pour m'en

DE LA M. MARIE DE L'INCARNATION.

donner? C'est lui qui nourrit les oiseaux de l'air, c'est lui qui donne à manger aux bêtes des forests, sa bonté n'est-elle pas assez grande pour s'étendre jusqu'à moi, qui croi & espere en lui. Là-dessus elle fait sa priere, suppliant nôtre Seigneur de la conduire, & sans tarder plus long-temps, elle s'enfonce dans ces grandes forests, sans autre provision que le peu de bled qu'elle avoit glané. Elle se conduisoit à la veuë du Soleil, qui lui servoit de boussole dans ces solitudes, où il n'y avoit point de routes ni de chemins. Aprés qu'elle eut mangé sa provision, elle gratta la terre pour trouver quelques racines tendres: quand la terre étoit trop dure par la gelée, elle mordoit les arbres pour en succer l'humeur, & en manger la seconde écorce, qui est plus tendre que la premiere. Il ne se peut dire combien elle souffrit de froid & de faim. Dieu neanmoins qui n'abandonne jamais dans la necessité ceux qui ont confiance en lui, permit qu'elle trouva une hache dans un lieu où les Hiroquois avoient cabané. Cét instrument lui sauva la vie. Premierement elle trouva l'invention de faire un fuzil de bois, avec lequel elle faisoit du feu pendant la nuit, & l'éteignoit à la pointe du jour, de crainte que la fumée ne la découvrit. Elle trouva ensuite de petites tortuës, dont elle fit provision. Avec ce petit ravittaillement elle subsista quelques jours: car le soir aiant fait ses prieres, elle passoit la nuit à manger, à se chauffer & à dormir, & elle passoit tout le jour à cheminer & à prier Dieu. Elle rencontra des Hiroquois qui alloient à la chasse; mais ils ne la virent pas. Ils avoient laissé un Canot sur le bord de la riviere à dessein de le reprendre à leur retour; elle se jette dedans & l'emmeine, & depuis ce temps-là elle n'eut plus que du divertissement, ôté l'inquietude d'être rencontrée de ses ennemis, & l'incertitude du lieu où elle étoit. Elle se trouva enfin dans le grand fleuve de S. Laurent dont elle suivit le cours pour se rendre au païs des François. Elle alloit d'isle en isle où elle trouvoit quantité d'œufs d'oiseaux, dont elle mangeoit dans la necessité. Elle fit une longue épée de bois dont elle brûla le bout, afin de la durcir, & se servoit de cet instrument pour prendre des Eturgeons de cinq ou six pieds de long. Elle tua quantité de Cerfs & de Castors: Elle les faisoit lancer dans l'eau, puis elle entroit dans son canot pour les poursuivre: les aiant atteint elle les tiroit avec sa hache, & quand ils étoient aux abois elle les tiroit à bord & prenoit des chairs autant qu'elle en avoit besoin; en sorte qu'arrivant à Mont-Real elle en avoit encore une assez bonne provision. Lors qu'elle approcha de l'habitation l'on fut au devant pour reconnoître qui c'étoit. On

Hhh ij

reconnut auſſi-tôt que c'étoit Marie Kamakateyingyetch femme du bon Jean Baptiſte Manitynagouch. On ne ſçavoit ſi l'on devoit ſe réjouïr ou pleurer en la voiant, & elle-même ne ſçavoit lequel prendre de ces deux partis ; car elle étoit ſi interdite qu'elle ne pouvoit ni rien faire ni rien dire. On la mena à Madame d'Aillebouſt Gouvernante, à qui les Sauvages ont donné le nom de Chayerindamaguetch, & qui l'avoit toujours beaucoup aimée. Cette Dame lui fit beaucoup de careſſes, & elle & ſes Damoiſelles firent ce qu'elles purent pour la conſoler, lui diſant qu'elle pouvoit bien eſſuyer ſes larmes puiſqu'elle étoit avec ſes parens & ſes amis. Et c'eſt, dit-elle, ce qui me fait pleurer, de me voir avec les perſonnes & dans les lieux où mon Mari, mon enfant & moy avons été tant aimez. Mes larmes étoient taries il y avoit long-temps, mais le ſouvenir de nôtre amitié m'a ouvert les yeux pour les faire ſortir en abondance. Aprés qu'elle ſe fut un peu repoſée, & qu'elle eut payé à la nature les premiers ſentimens de ſon affection, elle raconta la priſe de nos bons Neophytes, & tout ce qui leur eſt arrivé depuis, en la maniere que je le viens d'écrire. Pluſieurs femmes à qui les Hiroquois avoient donné la liberté ſe ſont encore ſauvées de leurs mains, & nous ont confirmé les mêmes choſes, & dans les mêmes circonſtances.

Depuis ce temps-là les Algonguins ſe ſont toujours tenu ſur leurs gardes, & il y a toujours quelque acte d'hoſtilité entre eux & les Hiroquois. Un Algonguin de la petite Nation s'étant embarqué avec ſa femme dans un canot pour aller dire à ſes compatriotes qu'ils ſe tinſſent ſur leurs gardes, & que les Hiroquois avoient pris & maſſacré leurs parens proche des trois Rivieres, il ne fut pas bien avant dans le fleuve qu'il découvrit un canot où il y avoit ſept ou huit Hiroquois. Il dit à ſa femme qu'il avoit envie de l'attaquer pourveu qu'elle voulut bien le ſeconder, à quoy la femme ayant reparty qu'elle le ſuivroit volontiers, & qu'elle vouloit vivre & mourir avec luy. A ces paroles ils s'animent l'un & l'autre, & à force de bras avancent le plus qu'ils peuvent vers le canot des ennemis. Mais avant que d'être découverts, ils remarquerent que ce canot étoit accompagné de quatre autres remplis d'hommes, qui faiſoient des acclamations comme de gens victorieux. Cette rencontre luy fit changer de reſolution, il prend terre de l'autre coſté du fleuve, d'où, comme s'il fût venu du coſté des Hiroquois, il tira un coup de fuſil, comme pour donner avis de ſon arrivée, & s'informer de l'état de leur chaſſe. Ceux-cy croyant que ce fut quelque troupe de leurs gens, s'écrierent quarante fois avec effort:

héé, tirant à chaque fois un coup de fusil. Il connut par là qu'ils avoient quarente prisonniers de sa nation, & sans perdre temps, il alla prendre sa femme qu'il avoit laissée à l'autre bord, & tous deux vont en diligence donner avis de ce qu'ils avoient veu, à quelques personnes qu'ils avoient quittées il n'y avoit pas long-temps, les exhortant de ne pas perdre l'occasion de se vanger de leurs ennemis, & de délivrer leurs freres captifs. Sept jeunes hommes de la compagnie s'offrent de l'accompagner, & sans differer ils voguent aprés les canots Hiroquois. Afin de ne rien faire temerairement ils se glissent à la brune pour découvrir l'état des ennemis. Ils remarquerent qu'ils avoient cinq canots, dans chacun desquels il y avoit plus d'hommes capables de se défendre, qu'ils n'étoient pour les attaquer. C'est pourquoy ils crurent qu'il les falloit prendre pendant la nuit, lorsqu'ils seroient dans leur premier sommeil. L'ordre qu'ils resolurent entr'eux de tenir dans leur attaque fut que deux se jetteroient dans chacun des trois vaisseaux qui étoient les plus grands & les plus remplis, & deux dans les deux autres. Les choses étant ainsi concluës les Chrétiens firent leurs prieres, & tous sur la minuit se jetterent sur les Hiroquois, tuant & frapant tous ceux qui se rencontroient. Les ennemis s'éveillant aux coups, & n'entendant & ne voiant rien s'écrioient: Qui êtes-vous? Mais les autres ne répondoient qu'à coups de haches & d'épées. Un grand Hiroquois se sentent percé d'un coup d'épée, courut sur celui qui l'avoit frappé, & le coltant rompit son épée, l'autre se débarrasse de ses mains, & se voiant sans armes eut recours aux pierres. L'Hiroquois le poursuit encore & l'alloit perdre, si son second qui vint au secours ne lui eut donné un coup dont il mourut sur la place. Le carnage fut grand, & l'obscurité de la nuit le rendoit encore plus horrible. Il y eut dix Hiroquois morts sur le lieu, un grand nombre de blessez, les captifs délivrez, & tout le bagage pris. Ceux qui avoient été mis en liberté dirent à leurs Liberateurs: Fuïez, mes freres; car il y a ici proche un grand nombre d'Hiroquois cachez, & si le jour vous trouve ici ils vous traitteront pour le moins aussi mal que vous avez fait leurs freres. A ces paroles ils enleverent la chevelure aux morts, & jetterent dans le fleuve toutes les peaux & marchandises qui étoient en grande quantité, parce qu'ils avoient pillé plusieurs Nations qui s'étoient jointes aux Hurons pour venir en traite chez les François.

Les Hiroquois qui étoient cachez avoient encore d'autres prisonniers, entre lesquels il y avoit une femme qui fit un coup bien hardi. Il y avoit plusieurs jours que ces barbares la trainoient aprés eux avec leur inhumanité ordinaire. Durant la nuit ils l'attachoient à quatre pieux fichez en terre en forme de croix de saint André, de crainte qu'elle ne leur échappât. Une certaine nuit elle sentit que le lien d'un de ses bras se relachoit; elle remua tant qu'elle se degagea. Ce bras étant libre delia l'autre, & tous deux detacherent les pieds. Tous les Hiroquois dormoient d'un profond sommeil, & la femme qui avoit envie de se sauver marchoit par dessus sans qu'aucun s'éveillât : Etant préte de sortir elle trouva une hache à la porte de la cabane : Elle la prend, & transportée d'une fureur de Sauvage, elle en decharge un grand coup sur la téte de l'Hiroquois qui étoit proche. Cet homme qui ne mourut pas sur l'heure remua & fit du bruit qui éveilla les autres. On allume un flambau pour voir ce que c'étoit. Trouvant cet homme noyé dans son sang on cherche l'autheur de ce meurtre, mais quand on eut veu que la femme s'étoit échappée, on crut qu'il n'en falloit pas chercher un autre. Les jeunes gens courent aprés, mais en vain car elle s'étoit cachée dans une souche creuse qu'elle avoit remarquée le jour d'auparavant comme étant proche de la cabane. Elle entendoit de là tout le bruit que faisoient ces Barbares sur la mort de leur camarade. Mais le tumulte étant apaisé, & les gens qui la cherchoient étant allez d'un côté, elle s'encourut de l'autre. Le jour étant venu ils allerent tous de côté & d'autre pour tâcher de découvrir ses vestiges; ils les trouverent & quelques-uns d'eux la poursuivirent deux jours entiers avec tant de diligence qu'ils vinrent jusqu'au lieu où elle étoit. Elle se croioit déja morte ne sçachant plus où se cacher. Elle rencontre un étang où les Castors faisoient leur Fort. Ne sçachant plus où aller elle se jette dedans y demeurant presque toujours plongée & ne levant la téte que de fois à autres pour respirer, en sorte que ne paroissant point, les Hiroquis desesperent de la trouver, & s'en retournerent au lieu d'où ils étoient partis. Se voiant en liberté elle marcha trente-cinq jours dans les bois sans autre habit qu'un morceau d'écorce dont elle se servoit pour se cacher à elle-méme; & sans autre nourriture que quelques racines avec des grofelles & fruits sauvages qu'elle trouvoit de temps en temps. Elle passoit les petites Rivieres à la nage, mais pour traverser le grand fleuve, elle assembla des bois qu'elle arracha, & les lia ensemble avec des écorces dont les Sauvages se servent pour faire des cordes. Etant plus en assurance de l'autre côté du Fleuve, elle marcha sur ses bords sans sçavoir où elle alloit, jusqu'à ce qu'aiant trouvé une vieille hache elle se fit un canot d'écorce pour suivre le fil de l'eau. Elle rencontra des Hurons qui alloient à la pêche, mais ne sçachant s'ils étoient amis ou ennemis, elle se jetta aussi-tôt dans le bois, outre qu'étant toute nuë, elle avoit honte de paroître à la veuë des hommes ; car il faut remarquer que les femmes de cette Amerique, quoique Sauvages, sont fort pudiques & honêtes. Voiant qu'elle approchoit des habitations, elle ne marcha plus que la nuit, afin de ne pas paroître nuë. Sur les dix heures du soir elle découvrit l'habitation Françoise des trois Rivieres, & au même temps elle fut aperçuë de quelques Hurons qui coururent après elle pour sçavoir qui elle étoit. Elle s'enfuit dans le bois ; ils la suivent : Elle crie qu'ils n'approchent pas, parce qu'elle étoit nuë, & qu'elle s'étoit ainsi sauvée des mains des Hiroquois. Un Huron lui jette son capot avec une espece de robe dont elle se couvrit, & ensuite elle se fit connoître & leur raconta toutes ses avantures. Ils la menerent aux trois Rivieres où les François lui firent mille bons traitemens, dont elle étoit si surprise, qu'elle ne pouvoit quasi croire que les biens qu'on lui faisoit fussent veritables, n'aiant jamais veu dans les Nations Sauvages qu'on traitât de la sorte une personne inconnuë. Elle n'avoit jamais veu de François, elle avoit seulement ouï dire qu'ils ne faisoient mal à personne, & qu'ils faisoient du bien à tout le monde.

Voila la confusion que les perfides Hiroquois jettent dans toutes les Nations, en sorte qu'elles sont contraintes, ou de demeurer captives dans leurs païs sans en pouvoir sortir, ou de s'exposer à la rage de ces barbares, si elles en sortent pour se venir faire instruire, ou pour aller en traite avec leurs alliez. Mais au même temps que Dieu afflige son Eglise d'un côté, il la console de l'autre. Les Reverends Peres qui demeurent aux Hurons ont écrit ici, que les Sauvages d'Anastohé, qui sont des peuples voisins de la Virginie & amis des Hurons, leur ont fait sçavoir qu'ils avoient apris les mauvais traittemens qu'ils reçoivent de la part des Hiroquois, & que s'ils avoient besoin d'eux, ils n'avoient qu'à leur faire sçavoir, & qu'ils aiguiseroient leurs haches pour venir à leur secours. Les Hurons bien joieux d'une offre si avantageuse leur ont envoié des Deputez pour renouveller l'alliance & les confirmer dans leur bonne volonté. Le Chef de cette legation est un excellent Chrétien qui est accompagné de huit personnes, entre lesquels il y en a quatre de Chretiens, les quatre autres ne le sont pas encore. Cette rencontre est favorable non seulement aux Hurons pour leur donner moien de se defendre de leurs ennemis, mais encore à nôtre sainte foy pour la grande moisson qu'il y aura à faire, si les ouvriers de l'Evangile y peuvent avoir entrée. Mais il faut du temps pour une si grande entreprise, & il est necessaire que les chemins soient plus libres qu'ils ne sont.

Un autre sujet de consolation, est la ferveur de nos Neophites, qui en verité surpasse tout ce qui s'en peut dire. Ils sont quelquefois si transportez de zele qu'ils éclatent pendant la predication, interrompant le Pere qui la fait, afin de dire publiquement les sentimens dont leurs cœurs sont interieurement pressez. Un jour le Pere qui a soin de la Mission de Silleri invectivant fortement contre l'ivrognerie où tombent souvent les Sauvages quand ils boivent du vin ou de l'eau de vie. Un Sauvage touché de ce qu'il avoit dit, l'interrompit disant : Arréte-là, mon Pere, ce que tu dis est vray, je me suis enyvré, & par là je montre que je n'ay point d'esprit ; prie Dieu qu'il me fasse misericorde, souffre que je die trois mots, je ne parleray qu'à ceux de mon païs, car étant étranger ce n'est point à moy à haranguer en cette bourgade. Sus donc, jeunesse, c'est à vous que j'adresse mon discours : prenez exemple, non sur mon peché, mais sur ma douleur, & souvenez-vous que si moy qui suis âgé, je reconnois & confesse mon crime, vous qui étes jeunes ne devez point dissimuler les vôtres. Je condamne l'action que j'ay faite : C'est un precipice où je me suis jetté, donnez-vous de garde d'y tomber. Ce pauvre homme avoit un complice qui entendant ce discours l'interrompit : Non c'est moy qui n'ay point d'esprit, c'est moy qui suis un méchant ; j'ay fâché celuy qui a tout fait ; Jeûnesse, soiez plus sage, & ne suivez pas le chemin où je me suis égaré : Marchez tout droit & priez le Pere de prier celuy qui a tout fait d'avoir de bonnes pensées pour moy.

Le jour de la Purification de la tres-sainte Vierge, le méme Pere aiant distribué des Cierges, & donné l'explication de la Ceremonie que l'Eglise pratique en ce jour, un Capitaine l'interrompit & fit sa petite predication, ou plûtôt sa petite harangue en ses termes : Ah! mes Freres, que nous avons d'obligation au Pere, de nous enseigner de si belles veritez. Concevez-vous bien ce que veut dire ce feu que vous portez en vos mains ? Il nous apprend que JESUS-CHRIST est nôtre jour & nôtre lumiere ; que c'est lui qui nous a donné de l'esprit en nous donnant la foy & la connoissance des veritez du Ciel : Que c'est lui qui nous decouvre par sa lumiere le chemin de la felicité ; que ces flambeaux nous enseignent que JESUS-CHRIST s'est consumé sur la terre pour nôtre salut ; que ces mémes flambeaux se consument dans nôtre main pour nous apprendre que nous devons aussi brûler

pour

pour son amour, & nous consumer pour son service. Il y a parmi nous des jeunes gens, il y a aussi des vieillards, tous se consument, tous tendent à la mort. Mais pourquoi se consument-ils? pour satisfaire à leur chair. O que nous serions bien plus heureux si nous nous consumions pour JESUS!

Ce même Capitaine assistant une autre fois à un sermon où le Pere prêchoit de sainte Catherine & de sa foy & constance dans les tourmens, il s'écria inopinement: Voila ce que c'est que d'être Chrétien, c'est faire état de la foy & non pas de sa vie: Faut-il qu'une fille nous couvre le visage de confusion? L'on n'en voit que trop parmi nous qui deviennent sourds & aveugles: Ils ferment les oreilles aux instructions qu'on leur donne, & les yeux aux choses saintes qu'on leur presente. Prenons courage, mes Freres: Demeurons fermes & constans dans la foy. Que la faim, la soif, la maladie, & la mort même n'ébranlent point la resolution que nous avons faite de croire en Dieu & de lui obeïr jusqu'au dernier soupir de nôtre vie. Je vous laisse à penser si cette ferveur n'est pas capable de gagner le cœur de ceux qui ont du zele pour la gloire de Dieu, & pour le salut des ames.

Un Capitaine allant avec ses gens à la decouverte des Hiroquois, afin de leur faire la guerre, passa par Mont-Real, où l'on luy fit un grand festin. Après avoir êté bien traitté il fit ce compliment à ses hôtes. Autrefois quand on nous avoit fait grande chere nous disions à ceux qui nous avoient donné à manger: Ce festin va porter vôtre nom par toute la terre, & toutes les Nations vous regarderont comme des gens liberaux qui sçavez conserver la vie aux hommes: Mais j'ay quitté ces anciennes coûtumes, c'est maintenant à Dieu que je m'adresse quand on me fait du bien, & je lui dis: O toy qui as tout fait, tu es bon, secoure ceux qui nous assistent, fais qu'ils t'aiment toujours, empêche le Demon de leur nuire, & donne leur place avec nous dans ton Paradis. Voila les actions de graces que cet excellent Chrétien rendoit après le repas, bien differentes de celles qu'il rendoit lors qu'il êtoit dans le Paganisme.

Nous voyons continuellement faire à nôtre grille de semblables actes de vertu. Un Huron instruit par la Mere Marie de saint Joseph étant pressé par d'autres Sauvages de sa Nation d'aller à la chasse, leur dit qu'il ne se pouvoit resoudre d'y aller qu'il n'en eût le congé de sa bonne Mere & directrice: Les autres lui repartirent avec quelque sorte d'indignation & de mépris. Ah! tu n'es pas un homme, mais une femme. A ces paroles ce pauvre homme baissa la veuë sans dire mot, mais son cœur en fut vivement touché. Il alla declarer sa peine à sa bonne Maîtresse qui le consola, & l'exhorta de supporter cette injure en Chrétien, qui doit faire profession de patience, & d'aimer ses ennemis. Il lui répondit en soûpirant: Ah! Marie, que c'est une chose difficile à un homme d'être tenu pour une femme! Neanmoins puisque je veux être Chrétien, il faut que j'imite JESUS-CHRIST. Le voiant dans cette disposition elle lui conseilla d'aller avec les autres. Il y alla & en revint heureusement. Mais s'il avoit pardonné à son ennemi, Dieu en tira le châtiment, car il permit qu'il fut pris par les Hiroquois.

Les Attikamek, autrement les Peissons blancs, continuënt dans leurs ferveurs, & ceux qui ne sont pas Chrétiens témoignent un grand desir de l'être. Ces peuples sont bons, doux, traitables, & ils ne sçavent ce que c'est que de faire la guerre, sinon aux animaux. Cette bonté naturelle les porte jusqu'à la supestition, ils ont des especes de Prophetes ou devins qui se mêlent de dire les choses avenir. Mais en effet ce sont des Sorciers & Magiciens qui apparemment ont du commerce avec les Demons. Ils se servent de petits tambours, de chansons, de sifflemens, pour guerir les maladies. Ils se servent de petits tabernacles pour consulter les genies de l'air, & usent de Pyromancie pour sçavoir l'issuë des maladies, les lieux où il fera bon à la chasse, s'il n'y a point quelque ennemi caché dans leurs terres, & pour d'autres semblables occasions. Mais le fond de ces peuples étant docile & candide, ils reviennent facilement de ces folles superstitions quand on leur en fait voir la vanité, & qu'on les instruit des veritez de nôtre sainte Religion, qui portant avec elles l'onction dans le cœur, leur donne un goût bien plus doux & plus innocent que ne font tous ces vains enchantemens. Je vous ay déja parlé plusieurs fois de la bonne Marie femme de ce Bernard qui a été tué par les Hiroquois; cinq jours aprés son arrivée, une jeune femme Attikameque arriva & se presenta à elle. La premiere chose que fit Marie, qui ne la connoissoit pas, fut de lui inspirer ses sentimens ainsi que les Sauvages Chrétiens ont coûtume de faire aux infideles: J'ay été captive aux Hiroquois, lui dit-elle, où j'ay souffert toutes les miseres qu'on peut souffrir; mais tout cela n'est rien en comparaison de ce que tu souffriras en Enfer si tu n'es Chrétienne. L'autre lui répondit: Je le suis, mais j'ay un mari païen qui a une autre femme que moy, & je voudrois bien le quitter, car il a une aversion extreme de la foy & de la priere. A ces paroles Marie l'embrassa & lui dit: Ah! si tu sçavois la valeur de a foy, tu la prefererois à toutes choses, & à la vie même. La foy est une chose si admirable qu'on ne la peut assez estimer: Elle ramasse les Nations & de plusieurs n'en fait qu'une: C'est elle qui fait que les Chrétiens sont mes parens, & qu'ils me traittent comme si j'étois leur Sœur: C'est la foy qui fait que je t'aime: Car quel suiet ay-je de t'aimer? tu n'es point de ma Nation, je ne te connois point, il m'importe fort peu que tu vive ou que tu meure, que tu demeure ou que tu t'en aille; cependant je ne sçay comment cela se fait, mais je sens bien que je t'aime parceque je croi en Dieu & que tu crois en lui. C'est pour cela que je ne me puis empécher de te donner un bon conseil qui est de laisser ton mari avec sa femme, & de ne plus retourner avec lui: Car il te feroit perdre la foy, qui est le plus grand mal qui te sçauroit arriver. De plus tu seras peut-être prise des Hiroquois, qui te feront souffrir toutes sortes de tourmens. Ah! si tu sçavois la pesanteur du joug de la captivité, & combien il est sensible à un Chrétien d'étre éloigné de la maison de priere! L'on porte envie aux petits oiseaux: Souvent je leur disois: Ah! que ne puis-je voler pour aller prier Dieu avec les Chrétiens? Si je voiois de loin une montagne, je lui disois: Que ne suis-je au plus haut de ta cime pour me voir delivrée de ma captivité: En un mot, la mort est plus douce que la vie, à un Captif: Si ton Mari te fait quitter la foy, ce sera bien encore pis, car sortant de la main des Hiroquois tu tomberas en celles des Demons qui te tourmentront en des feux qui n'auront jamais de fin, & d'un esclavage passager tu tomberas dans une captivité eternelle. Cette exhortation si touchante fit prendre resolution à cette jeune femme de ne retourner plus avec celui qu'elle appelloit son Mari, & qui en effet ne l'étoit pas, voila une petite partie des fruits que cette nouvelle Eglise a produit cette année. Offrez-la à Nôtre Seigneur, afin qu'il lui plaise la faire fructifier de plus en plus pour sa gloire.

De Quebec 1647.

LETTRE XXXV.
A UNE RELIGIEUSE DE LA VISITATION.

Elle lui fait le recit du martyre du Reverend Pere Isaac Jogues, & de la conversion de son Persecuteur.

MA Reverende Mere & tres-aimée Sœur. Les sacrées & amoureuses influences du cœur de JESUS soient le lien indissoluble des nôtres. C'est à cette heure & à juste titre que vous pouvez dire que le R. P. Jogues est un double Martyr de l'amour sacré. C'est, ma tres-chere Sœur, une victime & un holocauste qui a enfin repandu tout son sang & donné sa vie pour Dieu. Il est mort par la perfidie des Hiroquois qui lui ont fendu la téte d'un coup de hache, aprés l'avoir dépouillé & moulu de coups de bâtons & de massuës. Aprés sa mort ils ont jetté son corps dans une Riviere, & mis sa téte au bout d'un bâton pour l'exposer en un lieu d'où elle puisse étre veuë de tout le monde. Voila un Martyr, ma chere Sœur, que j'estime bien puissant auprés de Dieu. Dans une rencontre que nos François ont fait de ces barbares, ils en ont tué plusieurs, & en ont pris un tout vif, qui par ordonnance a été livré aux Sauvages leurs ennemis pour le faire mourir, car on ne veut plus de paix avec ces perfides. Il s'est trouvé par une providence de Dieu bien particuliere, que c'est celui là méme qui a donné le coup de la mort à nôtre saint Martyr. Avant que d'étre conduit au supplice le R. Pere le Jeune l'instruisit par le moien d'un interprete, & tout d'un coup il s'est couverti & a cru en Dieu. On attribuë cette conversion aux prieres & aux merites du saint, ce qui a fait qu'au baptéme on l'a nommé Isaac Jogues. On l'a fait mourir par le feu, qu'il a enduré avec une patience heroïque. Il invoquoit le saint nom de JESUS dans les flammes, & rendoit graces à celui qui a tout fait, d'avoir permis qu'il fut pris & livré aux Algonguins ses ennemis, puisque ce malheur étoit cause de son salut & de son bonheur eternel. Il disoit au Pere le Jeune : Ah! si j'eusse connu celui que tu me dis être mort pour moy, je me fusse bien donné de garde de faire tout le mal que j'ay fait. Ah! je croi en lui : tu me dis que tous ceux qui y croient vont au Ciel aprés leur mort; puis qu'ainsi est, tu iras & tu verras comme j'ay cru en lui, & que je ne mens pas maintenant que je te dis que je croi & que je lui veux obeïr : j'ay un extreme regret de l'avoir offensé. Avec ces sentimens, & aprés avoir reçu le baptême il mourut nous donnant lieu de croire qu'il est à présent au nombre des habitans du Ciel.

Vous me parlez des troubles de l'Europe : Je prie Dieu qu'il convertisse l'Angleterre, & qu'il console ce pauvre Roy & toute sa maison Royale. Les calamitez que vous m'en mandez sont grandes, & ce sont peut-être des punitions de leur infidelité.

Je porte compassion à vos bons Neveus de leurs disgraces & de leurs pertes, ils ont certes trouvé en vous une seconde Mere. Voila comme vont les affaires du monde, ma chere Mere. O que nous sommes heureuses d'appartenir à JESUS, & d'être hors des gains, des pertes & des travaux du monde. Qu'il soit donc l'unique objet de nos soins & de nos inquietudes ; je dirai mieux l'unique objet de nôtre repos. Vivons & mourons en lui : Car c'est en lui que je suis, Vôtre. J'ay reçu vôtre charitable present dont je vous rends mille actions de graces.

De Quebec le 7. d'Octobre 1647.

LETTRE XXXVI.

A UNE DAME DE SES AMIES.

Un grand nombre d'Infideles baptisez. Victoire des Hurons sur les Hiroquois.

MA tres-chere & bien-aimée Sœur. La paix & l'amour de JESUS pour mon tres-humble salut. J'ay reçu les vôtres avec une satisfaction sensible, y apprenant comme Dieu conserve vôtre chere personne. La part que vous prenez au progrez de cette Eglise me porte à vous dire que Dieu y donne sa benediction, & qu'il y a encore eu cette année un martyr en la personne d'un jeune homme que les ennemis de Dieu ont massacré en detestation de nôtre sainte foy. Vous en verrez l'histoire dans la Relation des Hurons, car c'est là que ce meurtre est arrivé. On n'a pas laissé d'y prêcher la parole de Dieu & d'y baptiser huit à neuf cens personnes tous fervens Chrétiens, sans parler de ceux qui ont été regenerez à la grace dans les

Missions de ces quartiers L'on attribuë cette fecondité aux merites & aux prieres du R. P. Jogues, dont le sang répandu a été comme la semence de tant de genereux Neophites. On le croit encore l'Autheur ou le Mediateur de la victoire que les Hurons ont remportée sur les Hiroquois. Ces perfides avoient simulé vouloir faire un nouveau traitté de paix. Pour cet effet ils avoient dessein de se rendre les Maîtres des trois Rivieres, venant à la file pour surprendre le Fort par le moien de quelques Hiroquois qui y étoient prisonniers. Outre ce defilé ils avoient un grand nombre d'hommes en embuscade, tant dans le bois que de l'autre côté de l'eau, lesquels devoient fondre sur les François quand il seroit temps. Les choses étant en cet état il arriva que nôtre bon Dieu envoia deux cens Hurons conduits par le R. Pere Brissani, lequel avec un courage animé de l'esprit de Dieu, s'arrêta sans sçavoir ce qui se passoit & commanda à ses gens de se mettre en ordre pour combattre. Il hausse sa voix & les exhorte à tenir bon. A ce bruit les Hiroquois qui étoient cachez paroissent & firent dabord une decharge sur les Hurons. Mais ce bon Pere monte sans crainte sur une souche, d'où il crie & anime ses gens pendant qu'une gresle de balles sifflent au tour de lui sans qu'il soit blessé d'aucune, ce que l'on impute à miracle. Enfin il met les Hiroquois en fuite, & presse les Hurons de les poursuivre, ce qu'ils firent avec tant de bonheur qu'ils eurent tout le bagage, qui consistoit en armes, vivres, pellettrie, sans parler de plus de trois cens trente prisonniers, qu'ils emmenerent. Ainsi ils se rendirent victorieux de ceux qui s'étoient mis au guet pour les surprendre & pour fondre sur les François. Un Huron qu'ils tenoient prisonnier se sauva; & dit qu'ils avoient comploté de faire leur coup pendant la sainte Messe.

Voila un petit discours par avance, en attendant celui de la Relation, que vous trouverez toute pleine des bontez & des misericordes de Dieu qui ne cesse de répandre ses graces sur cette nouvelle Eglise, laquelle par ce moien multiplie tous les jours. Priez pour la conversion de tous ces peuples, qui ont tant coûté au Fils de Dieu. Le peu de temps que j'ay me presse de finir pour vous assurer que je vous porte dans mon cœur.

De Quebec le 10. Septembre 1648.

LETTRE XXXVII.

A UNE RELIGIEUSE BENEDICTINE DU CALVAIRE.

Elle luy parle du progrés de la Foy, & de la Mere Marie de saint Joseph, que ses parens vouloient faire repasser en France.

MA Reverende & tres-chere Mere. Ce m'est une singuliere joïe de me voir honorée de vôtre souvenir, & encore plus de vôtre affection. Cela me fait croire que j'ay en vôtre chere Personne une Avocate auprés de Nôtre-Seigneur à qui elle represente mes grandes necessitez. C'est dequoy je me sens infiniment obligée, ma tres-honorée Mere, & de ce que vous continuez d'aimer la nouvelle Eglise du Fils de Dieu. Ma chere Mere Marie de saint Joseph, nôtre Assistante & vôtre bonne Sœur est encore en état de vous en mander des nouvelles, qui sont toujours de plus en plus à la gloire de Dieu, y aiant eu neuf cens personnes baptisées cette année, avec esperance d'un plus grand accroissement. Les Hiroquois ont massacré un bon Dogique en détestation de la Foy. C'est un second Martyr dont la relation vous racontera l'histoire, & toutes les affaires de cette Eglise.

Quant à la maladie de vôtre chere Sœur, elle a été plus longue cette année que les années dernieres, aiant été quatre mois entiers à l'infirmerie, ce qui l'a entierement abbatuë. Ce qui la fait souffrir, est un mal de poitrine, avec un asme, sans parler du poûmon qui s'attache aux côtes de temps en temps. Je demande à Madame sa mere ce que l'on pense ici de son mal, & sur le desir qu'elle a de la faire retourner en France, je l'assure que cela ne se pourroit pas faire, à cause de la mer. Mais quand cela se pourroit, ni elle ni nôtre Communauté ni consentiroient jamais. Quand il n'y auroit que moi, je m'y opposeray toujours, non que je ne voulusse donner tous les contentemens possibles à Madame vôtre mere, mais je sçay qu'elle a trop de pieté pour ne pas laisser achever le sacrifice entier à une si chere fille, qui n'est ni à charge ni inutile, ainsi qu'elle croit à ce petit Seminaire; mais plûtôt elle lui sert beaucoup par sa vertu, & par ses exemples; outre qu'elle a de bons intervalles de santé durant lesquels elle garde la regle, & s'acquitte loüablement de ses fonctions. Pour mon particulier, je suis bien resoluë de lui rendre le plus fidele service qui me sera possible: Le bon Dieu nous a unies dés le commencement, j'espere qu'il n'y aura que la mort qui nous separera pour perfectionner nôtre union dans l'Eternité. Je vous remercie de tout mon cœur des bonnes lancettes que vous m'avez envoiées, j'en avois un extreme besoin: C'est pour la charité que vous me les avez envoiées, je les emploieray aussi pour la charité, aprés laquelle je demande encore qu'il vous plaise vous ressouvenir de mes necessitez spirituelles auprés de Nôtre-Seigneur, aux pieds duquel je me souviens aussi de vous, & y suis en toute humilité & sinceri‑té, Vôtre.

De Quebec le 8. Octobre 1648.

LETTRE XXXVIII.

A LA COMMUNAUTÉ DES URSULINES DE TOURS EN GENERAL.

Relation du Martyre des Reverends Peres Antoine Daniel, Jean de Brebeuf, & Gabriel Lallemant par les Hiroquois.

MEs Reverendes Meres, & tres-cheres Sœurs. Je vous manday l'an passé que nous avions appris la nouvelle que les Hiroquois avoient martyrisé le R. Pere de Brebeuf. Il est vrai que la cruauté de ces Barbares avoit fait un Martyr, mais le temps de celui-ci n'étoit pas encore arrivé, comme il est arrivé depuis. Celui donc qui fut si richement partagé l'année derniere, fut le R. Pere Antoine Daniel, qui étant en Mission au mois de Juillet, le Bourg, où il étoit, fut attaqué par les Hiroquois. Il étoit encore dans ses habits sacerdotaux, lors qu'il entendit le tumulte des ennemis, & sans se donner le loisir de quitter son aube, il court de cabane en cabane, & cherche les malades, les vieillards, les enfans, & ceux qui n'avoient pas encore reçu le Baptême; il les dispose à ce Sacrement avec un zele apostolique, & les aïant tous assemblez dans l'Eglise, il les baptisa par aspersion. Lors qu'il vit approcher l'ennemi, il dit à son troupeau: Sauvez vous, mes Freres, & laissez-moi seul dans la mêlée. Alors ce saint

Homme

Homme avec un port tout plein de majefté aborda l'ennemi, qui en fut tout effrayé: il leur parle de Dieu, leur prêche hautement la foi, & leur reproche leur trahifon. Mais enfin ces Barbares perdirent peu à peu le fentiment de fraïeur qu'ils avoient conçu à fon abord. Ils le couvrirent de fléches, & voiant qu'il ne tomboit point, une troupe de Fuzeliers fit fur lui une décharge, dont il tomba mort fur la place. Ils porterent fon corps dans fon Eglife, où ils mirent le feu, & ainfi comme une victime de bonne odeur il fut confumé au pied de l'Autel avec l'Autel même. Ils mirent tout à feu & à fang, fans épargner ni enfans, ni femmes, ni qui que ce fût. Ceux qui fe pûrent fauver en d'autres Nations, échaperent leur cruauté, fans cela tout eût été détruit. Ce faint Martyr apparut peu de temps après fa mort à un Pere de la compagnie & de la miffion. Celui-ci l'aïant reconnu, lui dit: Ah mon cher Pere, comment Dieu a-t-il permis que vôtre corps ait été fi indignement traitté après vôtre mort, que nous n'aïons pû recueillir vos cendres? Le faint Martyr lui répondit: mon tres-cher Pere, Dieu eft grand & admirable: Il a regardé mon opprobre, & a recompenfé en grand Dieu les travaux de fon Serviteur: il m'a donné après ma mort un grand nombre d'âmes du purgatoire, pour les emmener avec moi, & accompagner mon triomphe dans le Ciel. Il eft encore apparu dans un confeil comme y prefidant, & infpirant les refolutions qu'on y devoit prendre pour la gloire de Dieu.

Le martyre des Reverends Peres Jean de Brebeuf, & Gabriel Lallemant arriva la veille de faint Jofeph de cette année 1649. lors qu'ils étoient enfemble en miffion. Ce premier avoit blanchi dans les Miffions Apoftoliques, & à la conquefte des ames des Sauvages, dont il a eu la confolation d'en voir jufques à fept ou huit mille de baptifez. Le fecond étoit neveu du R. P. Superieur des Miffions, qui a devancé celui-ci. C'étoit l'homme le plus foible & le plus delicat qu'on eut pû voir: cependant Dieu par un miracle de fa grace a voulu faire voir en fa perfonne ce que peut un inftrument, pour chetif qu'il foit, quand il le choifit pour fa gloire & pour fon fervice. Il fut quinze heures entieres en des tourmens horribles: Le Reverend Pere de Brebeuf n'y fut que trois. Mais remarquez que depuis qu'il étoit en ces contrées, où il a prêché l'Evangile depuis l'an 1628. excepté un efpace de temps qu'il fut en France, les Anglois s'étant rendu les maîtres du païs, fa vie avoit été un martyre continuel. Or voici comment le martyre de ces faints Peres arriva. La bourgade où ils étoient, aïant été prife par les Huroquois, ils ne voulurent point fe fauver, ny abandonner leur troupeau, ce qu'ils eussent pû faire aussi facilement que plusieurs tant Chrétiens que Payens, qui les prioient de les suivre. Étant donc restez pour disposer ces victimes au Sacrifice, ils commencerent à baptiser ceux qui ne l'étoient pas, & à confesser ceux qui l'étoient. L'on vit en cette rencontre un miracle de la toute-puissante main de Dieu, car plusieurs qui ne pouvoient entendre parler du baptême par l'attachement qu'ils avoient à leurs superstitions, étoient les plus empressez à le demander ou à le recevoir. Nos bons Peres continuerent ces saints exercices, jusqu'à ce que ces Barbares comme loups enragez se jetterent sur eux, & aprés les avoir mis à nud, les chargerent de coups de baston d'une maniere tres-cruelle, étant poussez à cela par quelques Hurons renegats en detestation de la Foi. On les mena au lieu de leur supplice, où ils ne furent pas plûtôt arrivez, qu'ils se prosternerent à terre, la baisant avec une devotion sensible, & rendant graces à nôtre Seigneur de l'honneur qu'il leur faisoit : de les rendre dignes de souffrir pour son amour. On les attache à des pieus, afin de les faire souffrir plus à l'aise. Alors chacun eut le pouvoir de faire le pis qu'il pourroit. On commença par le plus ancien, à qui les Renegats portoient une haine mortelle. Les uns leur coupent les pieds & les mains, les autres enlevent les chairs des bras, des jambes, des cuisses qu'ils font boüillir en partie, & en partie rôtir pour la manger en leur presence. Eux encore vivans, ils buvoient leur sang. Aprés cette brutalle cruauté ils enfonçoient des tisons ardens dans leurs plaies. Ils firent rougir les fers de leurs haches, & en firent des coliers qu'ils leur pendirent au col, & sous les aisseltes. Ensuite en derision de nôtre sainte Foi, ces Barbares leur verserent de l'eau boüillante sur la tête, leur disant : Nous vous obligeons beaucoup, nous vous faisons un grand plaisir, nous vous baptisons, & serons cause que vous serez bien-heureux dans le Ciel; car c'est ce que vous enseignez. Aprés ces blasphémes, & mille semblables brocards, ils leur enlevent la chevelure, qui est un genre de supplice assez commun parmi les Sauvages, & qu'ils font souffrir à leurs captifs. Jusques ici les tourmens ont été communs à ces deux Saints, mais de plus on déchargea un coup de hache sur la tête du Pere Lallemant, qui lui ouvrit le crane, en sorte qu'on lui voioit la substance du cerveau. Cependant il avoit les yeux élevez au Ciel, souffrant tous ces outrages, sans faire aucune plainte, & sans dire mot. Il n'en étoit pas de même du R. Pere de Brebeuf, il préchoit continuellement les grandeurs de Dieu, ce qui faisoit tant de dépit à ses bourreaux, qu'ils lui enleverent de rage toute la bouche, & lui

DE LA M. MARIE DE L'INCARNATION.

percerent la langue. La R. Pere Lallemant fut quinze heures en ses supplices, & le R. Pere de Brebeuf n'y en fut que trois, & ainsi il devança son compagnon dans la gloire, comme il l'avoit devancé dans les travaux de la mission. Voila comme se termina le martyre de nos saints Peres, dont j'ai bien voulu vous faire le recit en abregé, en attendant que vous le voiez plus au long dans la relation, où vous verrez encore les grandes calamitez de cette Eglise, & les grandes risques, que courent les Ouvriers de l'Evangile. Ceux des Hurons ont été contraints de quitter leur maison de sainte Marie, & de se refugier dans une Isle avec le reste des Chrétiens, dans le dessein d'y bâtir un fort. Je vous demande le suffrage de vos prieres pour le soûtien du Christianisme dans ces nouvelles terres. Faites-y mention de moi en particulier, je vous en prie : & excusez-moy, s'il vous plaît, si je ne vous écris pas à toutes en particulier : j'en ai le desir, mais les grandes affaires dont je suis chargée, & le peu de temps que j'ai, m'en ôtent le pouvoir. Soiez neanmoins persuadées que suis pour le temps & pour l'éternité à chacune en particulier, aussi bien qu'à toutes en general, Vôtre, &c.

De Quebec 1649.

LETTRE XXXIX.

A SON FILS.

Quelques circonstances remarquables touchant le Martyre des Reverends Peres de la Compagnie de JESUS.

MOn tres cher Fils. Par un premier vaisseau, que je croi avec la grace de nôtre Seigneur être à present arrivé en France, j'ai prié nos Meres de Tours de vous envoier une copie de la Lettre que je leur ai écrite touchant le martyre & la glorieuse mort de trois Reverends Peres de la Compagnie. Je leur mandois le Baptême de dix-huit cent personnes, mais j'ai manqué en ce point, il y en a deux mille sept cens de baptisez depuis leur mort, leur sang répandu aiant été comme une semence de benediction, qui a produit cette grande moisson à nôtre Seigneur. Je n'ai pû avoir le temps de vous écrire en particulier les nouvelles du païs, mais j'espere que vous m'excuserez bien, puisque j'y supplée par une autre voie. Vous verrez par la lettre dont je vous parle, que l'Eglise est extrémement persecutée, les bourgs, & les villages sacagez, les Eglises & les Autels renversez, & l'élite de nos Chrétiens mise à mort. Madame nôtre Fondatrice vous envoie des Reliques de nos saints Martyrs, mais elle le fait en cachette, les Reverends Peres ne nous en aïant pas voulu donner, de crainte que nous n'en envoiassions en France ; mais comme elle est libre, & que les personnes mêmes qui furent recueillir le reste de leurs corps, lui en ont donné en secret, je l'ai priée de vous en envoier, ce qu'elle fait avec beaucoup d'affection pour le respect qu'elle a pour vous.

Le R. Pere Poncet vôtre bon ami a été dans des risques évidentes d'être partagé comme les autres Peres de sa Compagnie. C'étoit son desir, mais Dieu a voulu disposer de lui d'une autre maniere. Il a été lui seul trois mois entiers dans la mission des cheveux relevez, où pas un François n'avoit encore mis le pied. Il y a jetté les premieres semences de l'Evangile, & ensuite baptisé plusieurs enfans. Il y va retourner pour continuer son travail, avec tant de zele & de ferveur, qu'il ne s'est pas même donné le loisir d'écrire à Madame sa Mere, qui s'est renduë Religieuse Carmelite avec son ayeule, ou grandemere.

Ce que vous apprendrez par la relation, vous fera voir, que ce que je vous écrivis l'an passé, étoit un indice de ce qui est arrivé. Le Reverend Pere de Brebeuf, premier Apôtre des Hurons, avoit eu plusieurs visions touchant ce qui lui est arrivé à sa mort & à celle de ses compagnons, & de ce qui devoit arriver à l'Eglise. On a trouvé tout cela dans ses écrits. Nôtre Seigneur lui avoit fait voir sa face toute défigurée, comme elle l'a été depuis au rapport de plus de cent témoins. Il avoit encore veu ses mains impassibles dans la même vision : Et il est arrivé que son corps aiant été mutilé de toutes parts, ses os décharnez, sa chair mangée, lui encore vivant, il ne s'est pas trouvé la moindre fracture à ses mains, contre l'ordinaire de ces Barbares, qui voulant tourmenter un homme, commencent à couper les doigts & à arracher les ongles ; ce qu'ils font, disent-ils, pour caresser les Patiens ; en sorte qu'on ne le put reconnoître qu'à ses precieuses mains. Nôtre Seigneur lui aiant revelé le temps de son martyre trois jours avant qu'il arrivât, il alla tout joyeux trouver les autres Peres, qui le voïant dans une gaïeté extraordinaire, le firent seigner par un mouvement de Dieu : Ensuite de quoi le Chirurgien fit seicher son sang par un pressentiment de ce qui devoit arriver, & de crainte qu'on ne lui fit comme au Reverend Pere Daniel, qui huit mois auparavant avoit été tellement reduit en cendre, qu'on n'avoit trouvé aucuns restes de son corps.

Il y a bien d'autres merveilles que nous avons apprises de ceux qui en ont été les témoins oculaires. Depuis deux jours quelques captifs qui se sont sauvez des mains de l'ennemi, nous ont rapporté que ces Barbares couperent la bouche du Reverend Pere de Brebeuf, de rage qu'ils avoient qu'il ne cessoit de prêcher & de prier Dieu, encore qu'ils l'eussent tout décharné & mangé, & comme ils sont adroits à écorcher les hommes aussi bien que les bétes, qu'ils lui eussent laissé les veines & les arteres entieres sur les os, afin d'alonger ses tourmens, & qu'il ne mourut pas si-tôt. C'est vraiment pour Dieu, & en haine de la Foi, que ces Hommes Apostoliques ont souffert de si horribles tourmens. Ce sont les effets du present de l'esprit de JESUS-CHRIST, dont je vous ai parlé au commencement de ma Lettre. La relation vous les fera voir comme des miracles de patience. Pour moi, je ne suis qu'une poussiere indigne d'une si sainte mort; priez Dieu qu'il me fasse misericorde.

Le commencement de cette Lettre est la Lettre 57. de la premiere Partie, qui a esté divisée en deux, afin de distinguer ces matieres.

De Quebec le 22. Octobre 1649.

LETTRE XL.

AU MESME.

Nouvelles hostilitez des Hiroquois. Les Hurons se retirent à Quebec. Elle étudie la langue Huronne pour les instruire. Desirs de son cœur pour l'Eternité.

MOn tres-cher Fils. La rencontre de la fregate de Quebec qui va à la pêcherie de l'Isle percée, où il se trouve des vaisseaux pêcheurs, qui sont plûtôt de retour en France que ceux d'ici ne sont préts de partir, me donne sujet de vous écrire ce petit mot. En me donnant cette consolation, il me semble que je vous la donne, puisque vous & moy ne sommes qu'un en nôtre Seigneur.

Je vous dirai donc, que depuis les lettres que je vous écrivis au mois d'Octobre dernier tout a été en paix en ce païs. Nous ne sçavons pas encore ce qui s'est passé dans les Hurons, sinon que nos Reverends Perés ont achevé leur Fort, qui est de bonnes murailles, dés le mois de Novembre, comme nous l'avons appris d'un Huron qui a traversé trois cens lieuës par des brouſſailles & des chemins non fraiez de crainte d'étre arrété. Ce Fort eſt pour refugier les Hurons pourſuivis de leurs ennemis auſſi-bien que les Reverends Peres de la Miſſion. Pour ceux qui demeurent dans les campagnes, il n'y a que Dieu qui les puiſſe proteger. Pour nous, comme j'ay dit, nous avons été en paix. Mais depuis quinze jours les Hiroquois ont paru; on en a pris quelques-uns & donné la chaſſe aux autres. Une partie neanmoins a fait ce qu'ils n'avoient encore oſé faire juſqu'à preſent. Ils n'étoient point encore approchez de nous de plus de quarante lieuës, mais à ce coup ils ſont venus juſqu'à trois lieuës d'ici, où ils ont attaqué l'habitation d'un de nos habitans, tué deux de ſes domeſtiques, mis en deroute toute ſa famille, & pillé ſa maiſon & ſes biens. Delà ils ont été brûler la maiſon d'un honéte Gentil-homme, qui étoit un peu plus éloignée. Ces courſes ont jetté l'épouvante chez tous les habitans, qui ſont écartez çà & là pour mieux faire leurs affaires. On dit qu'ils s'arment en grand nombre pour nous venir attaquer, mais n'aiez point peur de nous, nôtre maiſon, outre qu'elle eſt tres-bonne, eſt à couvert du canon du Fort. Mais ce n'eſt pas là où eſt nôtre confiance & nôtre force, nôtre bon JESUS l'eſt toute entiere.

Le Reverend Pere Briſſani, qui étoit parti au mois de Septembre pour aller en Miſſion, eſt revenu ſur ſes pas n'aiant pas encore fait cinquante lieuës de chemin. Il a paſſé ici l'hiver avec une troupe de Hurons qu'il inſtruiſoit. Nos trois Maiſons Religieuſes avec quelques perſonnes charitables ſe ſont cotiſées pour nourrir ces pauvres exilez, qui viennent pourtant de partir pour aller querir en leur païs le reſte de leur famille, afin de s'établir proche de nous. Ces nouveaux habitans nous obligent d'étudier la langue Huronne, à laquelle je ne m'étois point encore appliquée, m'étant contentée de ſçavoir ſeulement celle des Algonguins & Montagnez qui ſont toujours avec nous. Vous rirez peut-être de ce qu'à l'âge de cinquante ans je commence à étudier une nouvelle langüe; mais il faut tout entreprendre pour le ſervice de Dieu & le ſalut du prochain. Je commencé cet étude huit jours après l'octave de la Touſſaints, en laquelle le R. P. Briſſani a été mon Maître juſqu'à preſent avec une entiere charité. Comme nous ne pouvons étudier les langues que l'hiver, j'eſpere que quelqu'autre deſcendra cet Automne qui nous rendra la méme aſſiſtance. Priez nôtre Seigneur qu'il veüille m'ouvrir l'eſprit pour ſa gloire, & pour lui pouvoir rendre quelque petit ſervice.

Mais diſons mieux, mon tres-cher Fils, étudions l'action & le langage des Saints; mais plûtôt du Saint des Saints. Je croi que vous le faites tout de bon: Pour moy j'en ay bien le defir, mais je vous affure que je n'y vais pas fi vifte que je croi que Dieu le demande de moy. Je vous prie de lui recommander cette affaire; il eft temps que je penfe ferieufement à l'Eternité, car encore que je fois d'une bonne conftitution & que j'aye la fanté bonne, il me femble neanmoins que depuis qu'on eft arrivé à l'âge de cinquante ans, il faut croire que la vie ne fera plus gueres longue. C'eft ce qui me donne de la joie, encore que dans le fond je ne fouhaitte ni vie ni mort. Je penfe que comme nôtre ame tend naturellement à fa derniere fin, la mienne s'en fentant approcher, naturellement parlant s'en réjoüit. C'eft dans cet aimable fejour de l'Eternité que nous nous verrons par la mifericorde de Dieu aprés avoir fini nôtre courfe. Quel bonheur! Qui ne fe rejoüiroit dans l'attente de la poffeder? Ce font là les douces penfées qui comblent mon ame d'une paix que je ne puis exprimer. Quand je parle de l'Eternité, je veux dire la jouïffance du Dieu Eternel, dont la bonté ne s'étant point laffée de nous combler de fes faveurs en cette vie mortelle, prendra plaifir de nous en faire furabonder par lui-méme dans fon Eternité.

Je ne me hazarde pas de vous écrire plus amplement: Je mets feulement cette lettre à l'avanture, n'aiant pas encore experimenté cette voie: Si vous la recevez donnez-nous-en avis, afin que nous ne negligions aucune commodité de vous faire fçavoir de nos nouvelles. Nous attendons les vôtres & celles de tous nos amis; Dieu nous les donne bonnes par fa grace. Finiffant cette lettre j'apprend que l'on amaffe actuellement la jeuneffe pour aller fur les Hiroquois, qui font tout proche d'ici. L'on en eft tout effraié, parce qu'ils fe cachent dans les brouffailles, & fe jettent fur le monde, lors qu'on ne penfe pas à eux. Ce font de vrais affaffins, qu'on ne peut atteindre, & qui fe rient des plus habiles gens.

De Quebec le 17. Mars 1650.

LETTRE XLI.
AU MESME.

Retour des Reverends Peres Jesuites en France après la déroute des Hurons. Elle declare le merite des Reverends Peres de Lionnes, & Jerome Lallemant.

MOn tres-cher fils. Je n'ai pas voulu laisser partir le R. Pere de Lionnes, sans le supplier de vous donner une visite en passant par Roüen. Il m'a promis de le faire, & de vous dire de nos nouvelles. Vous ne le verrez pas seul, mais tous ceux de la mission qui repassent en France, m'ont promis cette même grace. Recevez, s'il vous plaist, ces saints Personnages comme autant de Martyrs vivans, qui ont entrepris des travaux, & souffert des croix incroïables à ceux qui n'ont pas l'experience des Missions Huronnes. Entrez en entretien avec eux sur ce sujet, & je m'asseure que vous en aurez une particuliere consolation, & que vous benirez Dieu avec ses Serviteurs. Ils retournent en France, en attendant le rétablissement des affaires. Celui-ci neanmoins y repasse pour sa mission de Misku. Il a été un an mon Confesseur, ce qui m'a obligé d'avoir avec lui des communications spirituelles. Ainsi il pourra vous parler en particulier de mes dispositions, comme je l'ai prié de le faire.

Mais les affaires de l'Eglise sont ici en un tel état, que nous croïons que le Reverend Pere Superieur des Missions sera obligé de passer lui-même en France par le dernier vaisseau, c'est mon Directeur & mon Superieur depuis plus de cinq ans. Si cela arrive, comme je le tiens pour certain, vous aurez la consolation de le voir, car il passera par Roüen, si ce n'est qu'il aille droit du Havre à Paris. C'est celui qui me connoist plus qu'aucun autre, & qui sçait tout ce qui s'est passé en moi depuis que je suis au monde, tant bien que mal. Je vous prie de le recevoir avec le respect que merite sa grande Sainteté. Il a demeuré six ans aux Hurons, & presqu'autant ici. Nous lui avons des obligations plus qu'à personne du monde. Il a fait nos Constitutions, & mis le bon ordre qui est dans nôtre Communauté; en un mot, c'est nôtre Pere. C'est lui aussi qui a mis le bel ordre qui se voit dans l'Eglise de Quebec avec autant de majesté qu'au milieu de la France. Ainsi pour

l'Eglise

l'Eglife & pour les affaires du païs, & pour les nôtres en particulier, s'il ne retourne pas, nous ferons une perte irreparable. C'eft le frere du R. Pere Lallemant, & l'oncle du faint Martyr le R. Pere Gabriel Lallemant.

Au refte pour delabrées que foient les affaires, n'ayez point d'inquietude à mon égard, je ne dis pas pour le martyre, car vôtre affection pour moy vous porte à me le defirer ; mais j'entens des autres outrages qu'on pourroit apprehender de la part des Hiroquois. Je ne vois aucun fujet d'apprehender, & fi je ne fuis bien trompée, j'efpere que les croix que l'Eglife fouffre maintenant, feront fon exaltation. Tout ce que j'entens dire, ne m'abbat point le cœur ; & pour vous en donner une preuve, c'eft qu'à l'âge que j'ai j'étudie la langue Huronne, & en toutes fortes d'affaires, nous agiffons comme fi rien ne devoit arriver : En un mot, nous faifons à l'ordinaire. Priez bien nôtre Seigneur pour ma perfection, & qu'il me faffe la mifericorde, que fes deffeins adorables s'accompliffent en moi ; car je crains de les empêcher par mes infidelitez. De ma part je continuë de lui demander qu'il vous faffe faint, qui eft l'unique chofe que je defire pour vous.

De Quebec le 17. Septembre 1650.

LETTRE XLII.

AU MESME.

Recommandation du R. Pere Bonnin de la Compagnie de JESUS.

MOn tres-cher Fils. C'eft par le Reverend Pere Bonnin fidele témoin des fouffrances de nos Saints Martyrs que je vous envoie de leurs reliques. Recevez-les d'auffi bon cœur que je vous les prefente. Vous aurez de la confolation dans la converfation de ces braves ouvriers de l'Evangile, qui me promettent tous de vous voir ; auffi je me promets que vous les recevrez avec amour & bienveillance. Le R. Pere Bonnin, qui a voulu fe charger de celle-cy, eft un des plus fervens Miffionnaires qui fe puiffent rencontrer, c'eft pour cela qu'on a bien eu de la peine à le laiffer partir. Mais comme il eft tres capable pour les emplois de la predication, qu'il avoit quittez pour obeïr à l'attrait de Dieu, qui l'appelloit à la converfion des Hurons, on le renvoie dans l'exercice de fes premieres fonctions, en attendant que les affaires de cette Eglise se rétablissent. Vous connoîtrez aussi-tôt que ce n'est pas un homme du commun, mais je l'honore plus de ce qu'il est un grand serviteur de Dieu, que pour tous ses autres grands talens. Il me falloit encore vous écrire ce petit mot par cette voie, & vous assurer que mon affection pour vous est telle que nôtre bon JESUS la connoît. J'ay trouvé un billet de recommandation d'un de vos Reverends Peres dans vôtre lettre: Je le salüe en toute humilité, sans avoir l'honneur de le connoître; je me recommande à ses saints sacrifices & l'offre de bon cœur à nôtre Seigneur.

De Quebec le 19. Septembre 1650.

LETTRE LXIII.

AU MESME.

Eloge des Reverends Peres Bressani & Lallemant Jesuites.

MOn tres-cher fils. Je croi que vous avez déja reçû quatre de mes Lettres, & que vous avez eu la consolation de voir les Reverends Peres, que j'avois suplié de vous visiter. Je ne puis neanmoins laisser partir ce dernier vaisseau, sans me donner encore la satisfaction de vous dire ce petit mot, que le Reverend pere Bressani m'a promis de vous donner. Vous verrez un Martyr vivant, des souffrances duquel vous avez cy-devant entendu parler, sur tout de sa captivité au païs des Hiroquois. Sans faire semblant de rien, regardez ses mains; vous les verrez mutilées, & presque sans aucun doigt qui soit entier. Il a eu encore cette année trois coups de fléches à la tête, qui ont pensé faire sa couronne & la fin de ses travaux. Il a un œil dont il ne voit presque point à cause de ces coups. Son courage l'a fait exposer à des dangers si éminens, que c'est ce qui lui fait porter ces marques honorables de la Croix du Fils de Dieu. Il est Romain de nation, homme éminemment docte, & sur tout tresvertueux. Il m'a promis de vous visiter, & moi je l'ai suplié de vous faire donner celle-ci, si-tôt qu'il sera arrivé, afin que vous alliez saluër le R. Pere Superieur des Missions, qui passe lui-même en France pour l'extrêmité des affaires de l'Eglise. Il m'a promis de vous rendre visite, mais je serois bien-aise que vous le voulussiez prevenir, à cause du merite de la personne.

DE LA M. MARIE DE L'INCARNATION.

Je vous dirai encore que c'est l'homme du monde, à qui j'ai le plus d'obligation tant pour l'établissement de nôtre maison, que pour les maximes spirituelles & saintes, qu'il nous a données selon l'esprit de nos vocations. Il y a prés de six ans qu'il est nôtre Superieur & Directeur, & le mien tres particulierement. On nous menace de ne le pas faire repasser en ce païs, si cela arrive, nous ferons tous une perte considerable. C'est le pere des pauvres tant François que Sauvages: C'est le Zelateur de l'Eglise, qui semble avoir été élevé dans toutes les ceremonies, ce qui n'est pas ordinaire à un Jesuite. Enfin c'est le plus saint Homme que j'aye connu depuis que je suis au monde. Je vous prie donc de le recevoir avec toute la bien-veillance qui vous sera possible, & de le remercier de toutes les charitez qu'il a faites à nôtre Communauté, & à moi en particulier, car c'est mon Pere par preciput. Et n'estimez pas que ce soit l'affection que j'ai pour ces Reverends Peres, qui me fasse vous en dire des loüanges ; non, je n'exagere rien, mais plutôt je vous asseure que je ne dis encore rien qui approche de l'excellence de leurs vertus & de leurs merites.

De Quebec le 30. d'Octobre 1650.

LETTRE XLIV.

AU MESME.

Elle lui fait le recit de l'embrasement de son Monastere, & de la pauvreté extrême, où cet accident a reduit la Communauté. Elle est conseillée de rebâtir le Monastere, à quoi elle travaille genereusement.

MOn tres-cher Fils. Voici la troisiéme voye, par laquelle nous faisons sçavoir en France les nouvelles de l'affliction, dont il a plû à nôtre Seigneur de nous visiter. La premiere a été par la nouvelle Angleterre, & la seconde par les pécheurs. J'estime ces deux voyes incertaines, parce qu'il se faut servir de quelques particuliers, qui venant ici avec des canots détachez de leurs grands navires, sont obligez de passer par des perils évidens ; & avec eux les pacquets dont ils sont les porteurs. Je n'ai pas laissé de les tenter, afin de ne laisser passer aucune occasion de vous donner des témoignages de ce que je vous suis. Je me sers donc encore de cette troisiéme, pour vous dire de quelle maniere la puissante main de Dieu nous a touchées. Le trentiéme de Decembre dernier en l'Octave de la Naiſſance de nôtre Seigneur, il nous voulut faire part des ſouffrances & des pauvretez de ſa creche, en la maniere que je vous vais dire. Une bonne Sœur aïant à boulanger le lendemain, diſpoſa ſes levains, & à cauſe du grand froid, elle fit du feu de charbon qu'elle enferma dans le petrain, afin de les échauffer: ſon deſſein étoit d'ôter le feu, avant que de ſe coucher, mais comme elle n'avoit coûtume d'uſer de feu en cette occaſion, elle s'en oublia facilement: Le petrin étoit ſi bien étoupé de tous côtez, qu'une Sœur étant allée en ce lieu ſur les huit heures du ſoir, ne vit aucune marque qu'il y eut du feu. Or le charbon aïant ſeiché le petrin qui étoit de bois de pin naturellement onctueux, y mit le feu, qui prit enſuite aux cloiſons & lembris, puis aux planchers, & à l'eſcalier, qui eſtoit juſtement ſous le ſeminaire, où la Mere des Seraphins eſtoit couchée pour garder ſes Filles. Elle s'éveilla en ſurſaut au bruit, & au petillement du feu, & ſe leva tout d'un coup, s'imaginant qu'on lui diſoit: Levez-vous promptement, ſauvez vos filles, elles vont brûler toutes vives. En effet le feu avoit déja percé les planchers, & les flâmes entroient dans la chambre, où elles faiſoient un grand jour. Alors toute effraiée, elle crie à ſes Filles, ſauvez-vous, ſauvez-vous. Delà elle monte au dortoir pour éveiller la Communauté, ce qu'elle fit d'une voix ſi lamentable, qu'au même moment chacune ſaute en place: l'une va à la cloche pour appeller le ſecours, les autres ſe mettent en devoir d'éteindre le feu. Moi au lieu d'y travailler, je couru dire aux Sœurs, qu'il falloit tout abandonner: & que le mal étoit ſans remede. Je voulu monter au lieu où j'avois mis des étoffes, & d'autres proviſions en reſerve pour la Communauté; mais Dieu me fit perdre cette penſée, pour ſuivre celle qu'il me donna pour ſauver les papiers d'affaires de nôtre Communauté. Je les jette par la feneſtre de nôtre chambre, & ce qui ſe trouva ſous ma main. J'eſtois demeurée ſeule dans le deſſein d'executer ma premiere penſée, aïant dans l'eſprit que les Sœurs s'eſtant ſauvées à demi-nuës, il falloit de quoi les couvrir. Je voulu donc aller à nôtre petit magazin; mais je trouvé que le feu eſtoit déja au dortoir, & non ſeulement au lieu où je voulois aller, & où je fuſſe demeurée, mais encore au long du toit de la maiſon, & dans les offices d'en-bas. Enfin j'étois entré deux feux, & un troiſiéme me ſuivoit comme un torrent. Je ne fus point incommodée des flâmes, mais peu s'en fallut que je ne fuſſe étouffée de la fumée. Pour me ſauver, il me fallut paſſer ſous la cloche, & me mettre en danger d'être enſevelie ſous la fonte. La Mere Aſſiſtante avec nôtre Sœur de

Saint-Laurent avoient rompu la grille, qui n'étoit que de bois, afin de se sauver avec une partie des enfans qui étoient montez au dortoir. Il n'y eut pourtant que les plus grandes qui se sauverent: Les petites estant encore dans le danger, la Sœur de saint Ignace fit une reflexion, sçavoir si elle pourroit en conscience donner sa vie pour sauver ces petites innocentes, car le feu étoit déja aux cloisons. Elle entre genereusement dans la chambre, elle les sauve, & au même temps les planchers croulerent. J'étois encore dans les dortoirs, où voïant qu'il n'y avoit plus rien à faire pour moy, & que j'allois perir, je fis une inclination à mon Crucifix, acquiescant aux ordres de la divine providence, & lui faisant un abandon de tout; je me sauvé par le parloir qui étoit au bout du dortoir. En descendant je rencontré le secours que le R. Pere Superieur avoit amené; mais apprenant qu'il n'y avoit rien à faire plus haut, ils decendirent dans la chappelle, où l'on sauva avec peine le tres-saint Sacrement avec les ornemens qui se trouverent dans la Sacristie. Nôtre Reverende Mere, qui étoit sortie la premiere pour ouvrir les portes, & qui ensuite s'étoit rangée à l'écart, ne voiant aucune de nous proche d'elle, souffroit en son ame des convulsions de mort, dans l'apprehension que quelques-unes de nous ne fussent enveloppées dans les flâmes. Elle nous appelloit avec des cris lamentables, mais ne nous voïant, & ne nous entendant point, elle se jetta aux pieds de la sainte Vierge, & fit un vœu en l'honneur de son immaculée Conception. Je ne puis dire absolument quel a esté l'effet de ce vœu auprés de Dieu; mais j'attribuë à un vrai miracle qu'aucune de nous ny de nos filles n'ait esté consumée dans un feu si prompt & si violent. Une femme Huronne tres-bonne Chrétienne ne s'étant pas éveillée si-tôt que les autres, ne trouva point de moien de se sauver, qu'en se jettant par une fenestre sur un chemin de neige battuë & glacée, dont elle fut si étourdie que nous la croïions morte, mais enfin elle revint à soi, & Dieu nous l'a voulu conserver. Les Sœurs furent enfin trouver nôtre Mere, qui commença à respirer, mais elle avoit encore de la peine de ne me pas voir. Nos Pensionnaires, & nos Seminaristes Sauvages se rangerent aussi proche d'elle, où elles penserent mourir de froid, car elles n'avoient que leurs chemises, toutes leurs robes & leur petit équipage aiant été brûlé. Ce qui me touchoit le plus, c'étoit de voir l'incommodité que nôtre pauvre malade alloit souffrir. Si elle eût eu autant de force que de courage, nous eussions sauvé elle & moi une partie de ce qui étoit au dortoir, mais elle étoit si foible qu'en voulant remuer son mattelas, les bras lui manquoient;

il n'y eut que le mien de sauvé avec ce qui me couvroit, qui fut tout propre pour elle. J'avois jetté mes habits par nôtre fenestre, mais ils demeurerent acrochez aux grilles du refectoir, où ils furent brûlés comme tout le reste; ainsi je demeuré nuë comme les autres, que je fus trouver sur la neige, où elles prioient Dieu, en regardant cette effroiable fournaise. Il paroissoit à leurs visages, que Dieu s'étoit emparé de leurs cœurs, tant elles étoient tranquilles & soumises à Dieu dans le grand denuement, où sa providence nous avoit reduites, nous privant de tous nos biens, & nous mettant dans la nudité d'un Job, non sur un fumier, mais sur la neige, à la rigueur d'un froid extrême. Nous étions à la verité reduites à la pauvreté de Job, mais il y avoit cette difference entre lui & nous, que nos amis tant François que Sauvages, étoient touchés d'une extrême compassion, faveur dont ce saint Homme étoit privé. Tous ceux qui nous voioient, fondoient en larmes, voiant d'un côté nôtre misere, & de l'autre nôtre tranquillité. Un honnête homme ne pouvant comprendre comment on pouvoit porter un tel coup sans en faire paroître de la douleur par quelque demonstration exterieure, dit tout haut. Il faut que ces filles-là soient folles, ou qu'elles aient un grand amour de Dieu. Celui qui nous a touchées de sa main sçait ce qui en est, & ce que sa bonté opera pour lors dans nos cœurs: Ce sera dans un cahier particulier que je vous le dirai, car je ne parle ici que de l'exterieur, & du sensible.

Le R. Pere Superieur avec nos Reverends Peres, car toute sa famille étoit venuë au secours, nous voiant toutes ralliées, fit porter nos enfans, partie dans la cabane de nos domestiques, & partie dans la maison d'un de nos voisins, car n'aiant que leurs chemises, elles étoient transies de froid, en sorte que quelques-unes en ont été fort malades. Pour nous, il nous mena en l'équipage où nous étions dans sa maison, & nous mit dans la sale où l'on parle aux Seculiers. On nous donna en chemin, par aumône, deux ou trois paires de chausses pour quelques-unes de celles qui étoient nuds pieds. Madame nôtre Fondatrice en étoit du nombre, car elle s'étoit sauvée avec une simple tunique fort vieille & toute usée, & pour le reste, elle a perdu aussi-bien que nous, tout ce qu'elle avoit en Canada. Le R. Pere donna des chaussures à toutes les autres qui n'en avoient point: Car de nous toutes il n'y en avoit que trois qui en avoient, parce qu'elles s'étoient ainsi couchées le soir pour mieux resister au froid.

Les Reverendes Meres de l'Hôpital aiant apris que nous étions chez les Reverends Peres, & que l'on nous vouloit mener au Fort, nous

DE LA M. MARIE DE L'INCARNATION. 455

envoierent querir pour nous loger en leur maison, & le Reverend Pere Superieur jugeant que cette retraitte seroit plus convenable aux personnes de nôtre condition, nous y mena lui-même. Ces bonnes Meres, avec qui nous avons toujours été unies tres-étroitement, étoient plus sensiblement touchées de l'état où nous étions, que nous-mêmes. Elles nous revetirent de leurs habits gris, & nous fournirent de linge & de toutes nos autres necessitez, à quinze que nous étions, avec une cordialité admirable, car n'aiant rien nous avions besoin de tout. Comme nous vivions comme elles, & mangions à même table : nous gardions les mêmes exercices, & en un mot, nous étions dans leur maison comme si nous eussions été leurs Sœurs.

Le lendemain de nôtre incendie le R. P. Superieur accompagné de Monsieur le Gouverneur nous mena voir cette pitoiable masure, ou plûtôt cette effroiable fournaise, de laquelle on n'osoit encore approcher. Toutes les cheminées étoient tombées, les murs de refan abbatus, & les principalles murailles toutes crevassées & calcinées, jusques dans les fondemens. De rebâtir sur ces ruines, il n'y avoit nulle apparence : D'ailleurs tout le fond de nôtre fondation n'y auroit pas suffi, & enfin nous étions bien éloignées de penser à reparer nos edifices, puisque nous n'avions pas même dequoi subsister jusqu'à l'arivée des vaisseaux. Tout cela faisoit croire que nous ne penserions plus qu'à retourner en France. Mais chacune de nous se sentoit si fortifiée dans sa vocation, avec un si grand concours de graces, qui nous faisoient acquiescer avec amour à toutes les volontez de Dieu sur nous, qu'aucune ne témoigna de l'inclination à retourner à son ancienne patrie. Le païs d'ailleurs qui nous donne abondamment de l'emploi pour l'instruction de filles Françoises & Sauvages, nous voiant dans la resolution de demeurer, témoigna puissamment l'agréer.

Aprés donc trois semaines de sejour chez nos bonnes & charitables hôtesses, on nous conduisit dans un petit bâtiment que Madame nôtre Fondatrice fit faire il y a quelque temps, mais qu'elle nous avoit donné depuis. Ce nous fut une consolation sensible dans ce petit appartement, de voir l'amour & l'affection des habitans en nôtre endroit. Nos cheres hôtesses outre la depense que nous avons faite chez elles, nous ont encore prêté pour plus de 500. liv. de toutes sortes de commoditez, tant pour nous que pour nos domestiques. Je ne dis rien de nos Reverends Peres qui nous ont secouruës de toute l'étenduë de leur pouvoir, jusqu'à nous envoier les étoffes qu'ils avoient en reserve pour se faire des habits, afin de nous revétir. Ils nous ont encore donné des vivres, du linge, des couvertures, des journées de leurs Freres & de leurs domestiques ; enfin sans leur extreme charité nous serions mortes de faim & de misere. Monsieur le Gouverneur d'Aillebouft & Madame sa femme nous ont aussi beaucoup assistées. Enfin nous avons été l'objet de la compassion & de la charité de tous nos amis. La compassion est passée même jusqu'aux pauvres: L'un nous offroit une serviete, l'autre une chemise, l'autre un manteau. Un autre nous donnoit une poule, un autre quelques œufs, & un autre d'autres choses. Parmi tant de témoignages de compassion, nos cœurs étoient attendris au dernier point. Vous sçavez la pauvreté du païs, mais la charité y est encore plus grande. Cependant il n'y a que la divine providence qui nous puisse relever de la perte de nos biens, qui se monte à plus de cinquante mille livres, que valloit nôtre Monastere & nos meubles.

Nous étions donc toutes dans nôtre petite maison, souffrant les incommoditez de la disete, & de la petitesse du lieu. Et cependant rien n'avançoit. Monsieur le Gouverneur avec le R. Pere Superieur, & quelques-uns de nos amis consulterent ensemble ce que nous aurions à faire. La resolution fut que sans differer davantage il nous falloit rebâtir sur les premiers fondemens, puisque nos courages n'étoient point abbatus du poids de cette disgrace, que nos vocations étoient autant ou plus fortes qu'auparavant, & que les filles du païs, tant Françoises que Sauvages, avoient besoin de nôtre secours. Cette conclusion nous fut proposée, & nous l'embrassames avec d'autant plus de joie, qu'on nous promettoit de nous prêter de l'argent pour subvenir aux frais.

Nous entreprimes donc un second edifice, & pour commencer, nos Reverends Peres nous ont prêté huit mille livres, mais à l'heure que j'écris nous en devons bien quinze, & avant que nôtre bâtiment soit achevé nous en devrons plus de vingt, sans parler des accommodemens du dedans & des meubles. C'est de la divine providence que nous attendons l'acquit de nos debtes & toutes nos autres necessitez. C'étoit elle qui nous avoit mise en l'état où nous étions: ce sera elle aussi qui nous y remettra par le moien de la tres-sainte Vierge, du secours de laquelle nous sommes tellement assurées, que nous vivons en paix de ce côté-là. Ce qu'elle ne fera pas par elle-méme, elle nous suscitera des amis qui le feront, & de la sorte elle fera tout. Elle y a deja mis la main si puissamment que le bâtiment
est

DE LA M. MARIE DE L'INCARNATION. 457

est élevé jusqu'au carré, en sorte que nous y pourrons loger en quelque temps. Tous ceux qui voient cela en sont dans l'admiration, & disent qu'il semble que ce logis se fasse de lui-méme, & que le doigt de Dieu y travaille. Tout le païs est dans la joie de nous voir à la veille de faire comme auparavant les fonctions de l'instruction que nous ne faisions que petitement dans une cabane d'écorce.

Vous sçaurez que le temps de la superiorité de ma Mere de saint Athanase étant expiré, nôtre Seigneur m'a chargée de cette petite Communauté, qui est une grande charge pour ma foiblesse en l'état où sont nos affaires. J'étois déja chargée du soin de nos bâtimens pour lesquels j'ay souffert de grandes fatigues tout l'hiver, & jusqu'à present: Cette nouvelle charge ne me soulage pas; mais je suis destinée à la croix: Priez nôtre bon JESUS, qu'il me la fasse porter pour sa gloire, & qu'il me fasse la grace d'y mourir attachée comme lui.

Les Hiroquois continuënt leurs courses. Ils ont emmené une femme Françoise de l'habitation de Mont-Real aprés avoir tué son mari. Cette habitation a fort à souffrir, aussi-bien que celle des trois Rivieres. La Nation neutre est defaite par ces barbares, ce qui les rend fiers & insolens à nôtre égard. Tout est neanmoins en paix à Quebec. Adieu, mon tres-cher Fils.

De Quebec le 3. Septembre 1651.

LETTRE XLV.
AU MESME.

Elle se justifie de quelques soupçons que son Fils avoit contre elle. Etat du temporel de son Monastere & de l'œconomie du païs. Mort du Gouverneur des trois Rivieres & de quelques François par les armes des Hiroquois. Martyre du Reverend Pere Butteux Iesuite.

MOn tres-cher & bien-aimé Fils. JESUS soit nôtre tout pour l'Eternité. Je ne doute point que la tendresse de vôtre affection pour nous ne vous ait donné les sentimens de compassion que vous m'écrivez. Mais je voi bien par vos lettres que vous n'avez pas reçu toutes celles que je vous ay écrites l'an passé. Il y en a eu beaucoup de perduës comme celles-là par la prise & le debris de deux de nos vaisseaux. Mais que faire à cela? Ce sont des coups ausquels nous ne sçaurions parer que par nôtre acquiescement aux volontez divines. C'est-là le remede à tous nos maux, & je l'ay encore experimenté mieux que jamais dans les suites de nôtre incendie ; mais commençons à vous répondre.

Je vous assure en general, que tout ce que vous m'écrivîtes l'an passé me fut tres agreable & tout plein de consolation, en sorte que je lis vôtre lettre de temps en temps pour m'en rafraichir la memoire. Je voi bien neanmoins par vôtre petite lettre que je ne me suis pas assez expliquée touchant certains rapports qu'on avoit fait à nos Meres de Tours au prejudice des Reverends Peres Jesuites. Je ne vous nommé pas la personne qui les avoit faits, le respect que j'ay pour elle ne me permettant pas de la faire connoître. Mais, mon tres-cher Fils, vous avez pensé que c'étoit vous de qui je voulois parler, & que je soupçonnois avoir été l'autheur de ce petit desordre. Comme la chose n'est pas vraie, aussi ne m'est elle jamais venuë en la pensée. Si j'avois quelque chose contre vous je vous le dirois franchement & candidement. Ce qui m'obligea de vous en parler fut qu'on m'avoit mandé que vous deviez aller à Tours, & je crus que sçachant la verité, vous desabuseriez nos Meres de la fausse creance où elles étoient. Voila comme la chose s'est passée, & je vous supplie de croire que je vous déchargeois mon cœur en cela, comme à la personne du monde en qui j'ay le plus de confiance. Je voi que cela vous a fait de la peine, j'en ay du deplaisir, mon tres-cher Fils, & je vous le repete vous ne m'avez rien mandé qui n'ait été bien digeré, & dont je n'aye tiré de la consolation & de grands sujets de benir Dieu. Mais répondons aux points particuliers de vôtre lettre.

Il est vrai qu'eu égard à la qualité & à la multitude des affaires de ce païs, aiant tout perdu, nous devions selon tous les raisonnemens humains repasser en France. Et ce qui nous y devoit porter davantage, c'est que par un nouveau Contract, que nous avons passé avec Madame nôtre Fondatrice, nôtre fondation nous doit suivre, en cas que nous soions obligées de quitter le païs, soit par la rupture de la colonie françoise, soit par d'autres accidens que l'on juge nous devoir obliger de nous retirer ; tout cela est certain. Mais il faut que vous sçachiez que les Maisons Religieuses qui sont ici sont une partie des plus considerables de la colonie, & que si une seule quittoit, cela seroit capable de décourager la plus grande partie des François, qui n'ont soûtenu qu'en consideration des Maisons Religieuses & par leur moien. De plus les filles Françoises seroient de vraies brutes, sans l'education qu'elles

DE LA M. MARIE DE L'INCARNATION. 459

reçoivent de nous, & de laquelle elles ont encore plus de besoin que les Sauvages: car les Reverends Peres peuvent suppléer à celles-ci, mais ils ne le peuvent faire aux autres pour les raisons que vous pouvez juger. En troisiéme lieu, le païs n'étant pas si desesperé qu'on se puisse défier d'un rétablissement, nôtre retraite n'eut pas été legitime. Cela étant, nous ne pouvions pas y demeurer sans nous rebâtir, de quoi tous les plus considerables estant tombez d'accord, nous avons fait un effort, pour mettre nôtre Monastere dans l'état où il est à present.

Vous me direz qu'étant ici pour le public, le public nous devoit rebâtir à ses frais. Je vous répond que le païs n'étoit pas en état de le faire. Il nous a fallu trouver plus de vingt-cinq mille livres tant pour nôtre bâtiment, que pour nos autres necessitez, car aiant tout perdu nous étions dépourveuës de tout. De cette somme nous en devons seize mille, que nous acquitterons, quand la divine Providence nous en donnera le moyen. Nous en avons emprunté huit, dont nous ne commencerons à payer la rente qu'en 1656. Le païs nous a aidées du reste, qui n'est pas un petit effort. Je vous dirai que Dieu nous aida l'année derniere d'une façon toute extraordinaire: Comme on ne sçavoit pas en France l'accident qui nous étoit arrivé, on ne nous envoia aucun secours: mais nôtre Confesseur voiant que nous étions dans la disette, & chargées d'un grand nombre d'ouvriers, entreprit de faire valoir une terre, que nous avions défrichée, mais que nous avions abandonnée pour travailler au plus pressé. Il y mit des gens, & y travailla lui-même plus qu'aucun autre; Et Dieu benit tellement sa charité & son travail, que nous y recueillîmes trente poinçons de bled, & seize poinçons de pois & d'orge mondé. On mêle les pois avec le bled pour faire le pain, aussi sont-ils d'un prix égal. L'orge mondé est pour nos bestiaux: nous en faisons aussi des tisannes, qui nous servent de boisson. Ce secours avec ce qui nous est venu de France, nous a fait passer l'année à quarante personnes que nous sommes, y compris nos Ouvriers.

Nous sommes en nôtre nouveau bâtiment de la veille de la Pentecôte: la Parroisse avec tout le Clergé, & un grand concours de peuple y vint transporter le tres-saint Sacrement du lieu où nous étions logées. L'on y commença l'Oraison de quarante heures, qui dura jusques au Mardi de la Pentecôte. Tout le monde étoit dans la joïe de nous voir logées où nous l'étions auparavant, & hors des grandes incommoditez que nous avions souffertes depuis nôtre embrasement.

Pendant ces trois jours la Parroisse y vint processionnellement avec le peuple chanter la Musique : car elle fait ici comme dans une cathedrale, tant pour le chant que pour les ceremonies, que les mieux entendus disent s'y observer avec autant de Majesté que dans les chœurs de France les mieux reglez.

Je vous confesserai toujours que vos raisons me semblent tres bonnes, & que je les trouve tres-conformes à celles que j'ai souvent, quoi qu'avec tranquillité. Mais la façon avec laquelle Dieu gouverne ce païs, y est toute contraire. On ne voit goutte, on marche à tâtons : Et quoi qu'on consulte des personnes tres-éclairées & d'un tres-bon conseil, pour l'ordinaire les choses n'arrivent point comme on les avoit preveuës & consultées. Cependant on roulle, & lors qu'on pense estre au fond d'un precipice, on se trouve debout. Cette conduite est universelle tant dans le gros des affaires publiques, que dans chaque famille en particulier. Lors qu'on entend dire que quelque malheur est arrivé de la part des Hiroquois, comme il en est survenu un bien grand depuis un mois, chacun s'en veut aller en France ; & au même temps on se marie, on bâtit, le païs se multiplie, les terres se défrichent, & tout le monde pense à s'établir. Les trois quarts des habitans ont par leur travail à la terre de quoi vivre. Nous allons aussi faire défricher le plus que nous pourrons, tant pour aider à nôtre nourriture que pour avoir des fourages pour nos bestiaux. Nous avons quatre bœufs qui nous servent au charroi & au labour, & six vaches, qui nous donnent nôtre provision de beurre, & la plus grande partie de nôtre nourriture durant l'Esté que les filles se passent quasi de laitage. Par une providence de Dieu ces bestiaux étoient à nôtre terre de S. Joseph, lors que le Monastere fut brûlé, & ainsi ils furent sauvez. Voila le ménage du païs, sans lequel ni nous, ni les autres ne pourrions subsister, quelque secours qu'on nous donnât du côté de la France. Mais ce n'est pas ce qui nous y arrête, au contraire ce ménage cause de la distraction : mais c'est la fidelité que nous voulons rendre à Dieu, dans les vocations par lesquelles il nous y a si amoureusement appellées. Jusqu'à ce qu'on nous signifie que sa sainte volonté se contente de nos petits services en ce païs, & qu'il faut les luy aller rendre ailleurs, nous serons constantes & inébranlables dans nos resolutions. Voila, mon tres-cher fils, le seul point qui me retient ici : Et cependant mon ame est, ce me semble, dans la disposition de quitter à chaque moment, si sa divine Majesté le veut. C'est là que je trouve ma paix & mon repos. L'an passé une personne de France, qui ne sçavoit pas encore la nouvelle de nôtre incendie, me conseilloit de moienner nôtre retour en France, me disant que l'on n'en seroit que bien édifié ; que j'en serois quitte pour une petite confusion, & qu'on en riroit un peu, mais que cela seroit bien-tôt oublié. Je vous confesse que cette proposition me parut si basse, & ces motifs si naturels, que je n'y fis point de réponse. Je ne doute pas neanmoins que dans l'esprit de plusieurs la chose n'arrivât ainsi, mais si Dieu avoit permis que nous retournassions en France, j'y retournerois avec la même tranquillité & le même contentement d'esprit que je suis venuë ici, parce que l'obeïssance qui m'y a amenée, m'en retirant, il me semble que je serois tres-bien soutenuë étant appuiée sur les ordres de Dieu ; en ce cas je ne mettrois fort peu en peine des jugemens des hommes, qui sont souvent fort éloignez des jugemens de celui à qui nous devons faire gloire d'obeïr.

Je vous dis donc que comme nous ne voions rien de certain en ce païs, aussi n'y voïons nous rien de nouveau qui nous doive plus faire craindre qu'auparavant. Plusieurs neanmoins ont été effraïez de l'accident dont je vous ai parlé, qui est que Mr. le Gouverneur des trois Rivieres, tres-brave & tres-honnête Gentil-homme a été tué par les Hiroquois avec 22. François dans un combat, où il s'est exposé dans les bois contre le sentiment de ceux qui l'accompagnoient, & qui avoient l'experience de la façon d'agir de ces Barbares. Cette défaite est de consequence, non seulement en elle-même, mais encore dans ses suites. Car outre qu'il y a encore plusieurs François de marque pris & emmenez captifs, & que plusieurs femmes sont demeurées veuves, c'est que jusques ici les Hiroquois ne croioient pas avoir rien fait, parce qu'ils n'avoient eu aucun avantage sur les personnes d'épée : mais aujourd'hui qu'ils ont tué le Gouverneur des trois Rivieres, ils s'imaginent être les Maîtres de toute la nouvelle France ; car ces gens-là ne font pas de distinction, & ils deviennent insolens au dernier point. On ne les craint point dans les habitations, mais dans les lieux écartez & dans les maisons qui sont proche des bois. L'experience qu'on a, qu'il n'y a rien à gagner à les poursuivre, fait qu'on se tient seulement sur la défensive, & c'est bien le meilleur. Si Monsieur du Plessis en eût usé de la sorte, ce malheur ne lui seroit pas arrivé ni à ses gens ; mais son courage l'a perdu. Les Hiroquois craignent extrêmement les canons, ce qui fait qu'ils n'osent s'approcher des forts. Les habitans afin de leur donner la chasse & de la terreur, ont des redoutes en leurs maisons pour se défendre avec de petites pieces. Pour nous, nos armes sont la protection de la sainte Vierge, & de nos bons Anges. Nos Gens ont pourtant quelques armes à feu, dont ils ne se sont point encore servis contre les Hiroquois, mais seulement à gibboyer aux Tourtes & aux Canards l'Eté & l'Automne, quand nous avons des malades, car hors de là nous ne nous en mettons point en peine, la necessité de nos affaires les attachant à des emplois plus utiles: Ils sont dix en nombre, & s'il y avoit sujet de craindre les Hiroquois, nous les mettrions en lieu de nous défendre. Mais après tout, si Dieu ouvroit les yeux à cet ennemi, qui est assez fort pour tout perdre, tout le païs seroit en grand hazard: mais nous experimentons sans cesse des protections, qui n'appartiennent qu'à un Dieu fort & puissant.

Le Reverend Pere Buteux a été massacré par ces Barbares, étant en sa mission des Attikamek, & il a reçu la couronne à son tour avec un Soldat François qui l'accompagnoit, & plusieurs de ses Neophites. C'est une perte incroiable pour la Mission; mais il faut benir Dieu qui prend son temps pour couronner ses Martyrs, & recompenser ses Ouvriers. Ils ont aussi donné sept coups de hache à une Femme Françoise de Montreal, qui n'a pas laissé de se défendre genereusement: Elle en a jetté un sous ses pieds & s'est sauvée, car aiant crié, elle fut entendue du fort: on alla au secours, & elle fut mise en liberté. Ils n'ont pas toujours tellement l'avantage, qu'ils ne souffrent quelquefois du déchet. L'on a gagné deux victoires sur eux, où l'on a pris deux de leurs plus grands Capitaines, que l'on a fait brûler tout vifs. C'est ce qui les a irritez, & fait venir au nombre de deux cens divisez en deux bandes, pour attaquer & brûler les trois Rivieres. Ils ont fait leur coup à la hâte, & se sont aussi-tôt retirez, emmenant avec eux les prisonniers dont j'ai parlé, avec cinquante bêtes à cornes qui appartenoient aux habitans du lieu.

Quant au trafic, les traittes du côté du Sud sont presque aneanties, mais celles du Nord sont plus abondantes que jamais. Si l'on étoit exact à apporter de bonne heure les marchandises de France, en sorte que par ce retardement les Castors ne fussent point divertis ailleurs, les Marchands seroient riches. Mais au fond, tandis que les habitans s'amusent à cette traitte, ils n'avancent pas tant leurs affaires, que s'ils travailloient à défricher la terre, & s'attachoient au trafic de la péche & des huilles de Loups marins & de Marsouins, & autres semblables danrées dont on commence d'introduire le commerce.

DE LA M. MARIE DE L'INCARNATION.

Je vous ferai sçavoir par une autre voie la mort de la Mere Marie de saint Joseph : Priez pour nous toutes, & particulierement pour moi, afin que je puisse être un parfait holocauste à la divine Majesté, en la maniere qu'elle jugera la plus convenable pour sa plus grande gloire.

De Quebec le 1. Septembre 1652.

LETTRE XLVI.

A LA SUPERIEURE, ET AUX RELIGIEUSES URSULINES DE TOURS.

Cette Lettre est comme la Preface de la Relation de la vie & de la mort de la Mere Marie de saint Joseph.

Mes Reverendes & tres-honorées Meres. Puis qu'il a plû à Dieu de retirer de ce monde la Reverende Mere Marie de saint Joseph nôtre Assistante, que vous aviez donnée de si bon cœur à la mission de Canada, j'ay crû être obligée de rendre la gloire que je dois à sa divine Majesté à son sujet, & à vous la fidelité que je vous ai promise, quand vous me l'avez donnée pour compagne en la fondation de ce Monastere de Quebec ; sçavoir de ne la point quitter que par la mort ou par l'obeïssance. Enfin c'est la mort qui l'a separée d'avec nous ; je lui ai fermé les yeux, & rendu avec mes Sœurs les derniers devoirs de la sepulture : mais ses vertus n'ont point esté ensevelies avec elle ; elle nous parle encore bien haut, en nous obligeant de l'imiter. Je vous en envoie un petit abregé & un foible crayon, pour la gloire de Dieu, & afin de vous donner quelque consolation dans la perte que vous croiriez avoir faite d'une si precieuse fille. Vous serez peut-être étonnées de ce que j'y dis des choses que vous sçavez mieux que moi, puis qu'elles se sont passées à vos yeux, & que personne de vous ne les ignore. Deux raisons m'ont portée à cela ; la premiere est afin de prendre les choses dans leur source, & d'en faire voir la suite, & les progrés, rapportant par ordre la conduite de Dieu sur son ame. La seconde, afin de laisser dans nôtre Communauté de Quebec un memoire complet de sa vie, pour l'instruction de celles qui nous succederont à l'avenir, & qui n'auront pas eu la consolation de la voir, comme nous l'avons euë. J'ajoûterai encore que j'en ai ainsi usé pour nôtre propre édification: car encore que nous aïons été les témoins oculaires de ses vertus & de sa sainte vie, quand neanmoins nous nous rafraîchirons la memoire de ce que nous avons veu, nous trouverons des motifs, qui nous mettront l'aiguillon dans le cœur pour nous pousser à l'imiter. J'y ai ajoûté les circonstances de sa maladie & de sa mort, qui ont été aussi saintes, que sa vie avoit été parfaite. Si j'avois eu plus de temps, j'en aurois dit davantage; mais il y en a assez pour glorifier Dieu du choix qu'il a fait de cette ame, pour en faire le temple de ses delices, & pour vous exciter plus que jamais à l'amour du Canada, où l'on est heureusement necessité de se faire saint, à moins de se rendre infidele à une si sainte vocation. Vous l'aimez, mes Reverendes Meres, puisque vous lui avez donné un si riche sujet & un si precieux gage de vôtre amour. Continuez vôtre affection en son endroit, puis que vous y avez une partie de vous-mêmes, tant en celle qui est morte, qu'en celles qui remplissent encore vôtre petit Seminaire: j'en suis la moindre, mais pourtant plus qu'aucune, mes Reverendes & tres-honorées Meres, vôtre tres-humble & tres-obeissante Fille en JESUS-CHRIST.

De Quebec le 1652.

LETTRE XLVII

A LA COMMUNAUTÉ DES URSULINES DE TOURS.

Elle leur fait le recit de la vie, des vertus, & de la mort de la Mere Marie de saint Joseph.

MEs Reverendes Meres. Dans le dessein que j'ai de vous faire le recit de la vie & des vertus de la Mere Marie de saint Joseph, ma tres-chere & tres-fidele Compagne, Religieuse Professe de vôtre maison, & Assistante de celle-ci, je tiendrai à une grace du Ciel bien particuliere, si je me puis ressouvenir de tout ce que j'en sçai: mais il y a tant de choses à dire, que j'ai crainte que quelque chose n'échappe à ma memoire. Je ne dirai rien que je n'aye veu depuis vingt & deux ans que j'ai eu le bonheur de la connoistre & de converser avec
elle:

elle; ou que je n'aye appris, soit d'elle-même dans les entretiens familiers & de confiance que nous avons eu ensemble, soit des personnes spirituelles, avec qui elle a conferé des secrets de son interieur, & des graces extraordinaires qu'elle avoit reçuës de Dieu. Mais quoi que je puisse dire, ce sera toujours peu en comparaison de ce que son humilité nous a tenu caché, dans le dessein qu'elle avoit de ne plaire qu'à Dieu, & de n'être connuë que de lui-seul. Je tâcherai neanmoins de dire ce que j'en sçai, tant pour la consolation de nos Meres de France, que pour servir d'exemple à celles qui nous succederont à l'avenir dans ce Monastére.

§. I. *De sa naissance, de son enfance, & de son éducation.*

Dieu la fit naître en Anjou le septiéme de Septembre de l'année mil six cens seize. Son pere fut Monsieur de la Troche saint Germain, & sa mere Madame Jeanne Raoul tous deux également recommandables tant par leur noblesse, que par leur pieté. Dés qu'elle fut au monde, Madame sa mere eut de puissans mouvemens de la dédier au service de Dieu, & de la mettre sous la protection de la tres-sainte Vierge, afin qu'elle en prît elle-même le soin & la conduite, & qu'elle la donnât pour épouse à son fils. Il parut peu de temps aprés que nôtre Seigneur avoit accepté ce present; car elle étoit encore entre les bras de sa nourrice, qu'il lui avança l'usage de la raison, & lui donna des inclinations extraordinaires pour la vertu. Elle n'avoit pas encore quatre ans qu'elle donna une preuve bien sensible de celle qu'elle avoit pour la pureté. Madame sa mere se promenant dans les allées du bois, l'envoya querir par un domestique, pour prendre avec elle quelque divertissement. Cet homme qui la portoit entre ses bras, l'ayant touchée à nud, soit par hazard ou autrement, elle en demeura inconsolable, & elle cria & pleura tant qu'on ne la put appaiser. Un homme de qualité voiant l'aversion qu'elle avoit de ceux de son sexe, voulant se divertir, la baisa à la dérobée, mais elle eut tant d'horreur de cette action, qu'elle lui donna un soufflet de toute sa force, dont il receut bien de la confusion. Monsieur son pere la voiant ainsi portée à fuïr la veuë des hommes, & que sans sçavoir ce que c'étoit que la Religion, elle disoit sans cesse qu'elle vouloit être Religieuse, l'irritoit souvent par recreation, lui disant qu'il la vouloit marier à un petit Gentil-homme de son âge, & feignant que de petits presens qu'il lui faisoit, étoient de sa part. Ces recreations, quoiqu'innocentes, l'affligeoient étrangement, & la faisoient quelquefois souffrir de telle sorte, que si Madame sa mere n'eut persuadé Monsieur son pere d'y mettre fin, elle fut morte de douleur.

Cette pieuse mere menoit presque par tout avec elle cette fille de benediction, & lui donnoit de grands exemples de pieté & de charité envers les pauvres. Elle de sa part en profitoit; car elle les aimoit si tendrement qu'elle leur donnoit tout ce qu'elle pouvoit avoir en son particulier. Elle m'a quelquefois dit que ni elle, ni Mesdemoiselles ses sœurs n'osoient quitter la chambre sans permission, mais qu'elle se déroboit souvent pour porter aux pauvres son déjeuner, sa collation, & ce qu'elle pouvoit prendre à la cuisine. Il y avoit un bon vieillard, que Messieurs ses parens logeoient dans une tour du Portique de la maison. C'étoit celui-là qu'elle visitoit, & à qui elle donnoit ses petits presens, le consolant dans les infirmitez de sa vieillesse. Elle faisoit ses coups secretement & à la dérobée, car comme elle gâtoit ses habits, elle craignoit que sa Gouvernante ne l'accusât, & qu'on ne lui défendit ensuite ces petites actions de charité. On la découvrit enfin & l'on en fit le rapport à sa pieuse mere, qui bien loin de la reprendre, fut ravie de voir de si belles inclinations dans cette aimable fille. Elle la fit venir pour l'animer encore davantage, & lui donna une permission generale de donner l'aumône, & de l'accompagner quand elle iroit selon sa coûtume visiter les pauvres. Elle lui donna même de l'argent qu'elle emploioit avec un singulier plaisir de son cœur à faire nourrir & élever plusieurs pauvres enfans, & à faire beaucoup d'autres œuvres de charité. Aprés qu'elle eut cette permission, & qu'elle se vit delivrée de la contrainte où elle étoit auparavant, il lui sembloit voler, lorsqu'elle visitoit les pauvres, pour les consoler, & pour panser leurs plaïes & leurs ulceres.

Dés que cette chere fille commença d'avoir l'usage de la raison, Madame sa mere la voulut enseigner elle-même, ne voulant confier à personne le soin de son éducation. Elle lui inspira avant toutes choses un grand amour envers la tres-sainte Vierge, à quoi elle prît tant de goût, que quand elle s'entendoit appeller Marie, elle sentoit une joye toute particuliere de porter ce nom, & elle s'en glorifioit contre celles qui en avoient un autre. Aussi paroissoit-il que cette mere de pieté l'avoit prise en sa protection par l'inclination qu'elle lui donnoit à la pieté, & lui faisant mépriser les vanitez du monde: car elle haïssoit étrangement les affiquets, & vains ornemens des filles de son âge, & de sa qualité, & elle ne pouvoit se gesner à conserver ce qu'on lui donnoit pour se parer. Elle estimoit une petite bergere, qu'elle voioit garder des brebis beaucoup plus heureuse qu'elle, parce qu'elle n'avoit ni gands, ni masque, ni autre chose semblable à conserver.

Tout cela faisoit voir à ses parens, que Dieu avoit eu agreable le dessein qu'ils avoient eu dés sa naissance, de la lui consacrer. Cela les consoloit extremement, quoique du côté de la nature ils vissent bien que la privation d'une si chere fille leur dût être fort sensible.

§. 2. *Ses Parens la mettent en pension aux Ursulines de Tours, où elle donne des marques de sa pieté, de sa sagesse, & de son zele pour la vie Religieuse.*

Madame sa Mere qui demandoit souvent à Dieu qu'il lui plût lui faire connoître où elle la devoit placer pour être instruite & élevée selon sa volonté, se sentit fortement inspirée de la mettre en pension aux Ursulines de Tours, dont elle avoit entendu faire état, & qui s'étoient établies depuis peu en cette ville. Elle en prit facilement la resolution, parce qu'elle estimoit particulierement les Ordres qui sont destinez à l'instruction, à quoi aussi elle voioit que sa fille étoit portée. Elle la mena donc à Tours, quoi qu'elle ne fut alors âgée que de neuf ans, & la mit entre les mains de la Reverende Mere Jeanne du Teil, qui étoit alors Superieure de ce Monastere, & de la Mere Françoise de saint Bernard, qui en étoit Souprieure. Celle-cy la reçut comme un present du Ciel, & lui a depuis tenu lieu de Mere pour l'education, & l'a été en effet dans la vie spirituelle jusqu'à ce qu'elle soit passée dans le Canada.

Dés qu'elle fut parmi les Pensionnaires, l'on reconnut qu'il y avoit des graces & des vertus extraordinaires en cette jeune demoiselle. Ses compagnes l'aimoient & recherchoient d'être aimées d'elle ; car elle étoit si sage & si grave pour son âge, qu'elles la regardoient comme leur petite mere & directrice. Ses Maîtresses avoient tant d'estime de sa sagesse qu'elles lui laissoient le soin de beaucoup de choses avec autant d'assurance que si c'eût été une Religieuse, sur tout en ce qui regardoit l'instruction du Catechisme, & l'inspection sur les mœurs de ses compagnes. Celles qui vivoient de ce temps là pourroient dire beaucoup de choses sur ce sujet.

Elle devint fort infirme, soit par l'impureté de l'air, soit par la qualité de la nourriture ; car comme nos Meres étoient fort pauvres en ces commencemens, les Pensionnaires s'en ressentoient un peu. Les Medecins aiant jugé à propos de lui faire respirer l'air natal, sa

Mere la vint querir pour la mener en sa maison. Ce lui fut une affliction tres-sensible de quitter un lieu qu'elle regardoit comme son Paradis, car aiant dessein d'être Religieuse, elle craignoit que cet éloignement ne fut un obstacle à son desir : C'est pourquoi elle faisoit son possible pour cacher son mal, & elle le supportoit avec une patience heroïque; mais comme il étoit grand, parceque c'étoit un asme & fluxion sur le poumon accompagnée de fievre, elle ne le put long-temps dissimuler. On la porta doucement à ceder, à quoi elle donna les mains sur la promesse qu'on lui fit de la ramener en peu de temps.

Elle ne fut pas long-temps dans la maison de ses parens, qu'elle ne recouvrît sa santé & ses premieres forces. Et quoi qu'elle ne fut alors âgée que de douze ans, elle signala son zele & sa ferveur pour le salut des ames. On la voioit continuellement catechiser les domestiques & les personnes de dehors qu'elle pouvoit rencontrer, & qu'elle croioit en avoir besoin. Messieurs ses parens étoient ravis de l'entendre, & ils ne pouvoient concevoir qu'une fille de cet âge eût peu parvenir à une telle capacité à moins d'une faveur du Ciel toute particuliere. Sa pieté s'accordoit avec son zele, car elle faisoit oraison mentale, & se confessoit & communioit souvent. Quand il lui fallut faire des habits, elle en demanda de bruns & de simple laine, ce que sa mere lui accorda quoi qu'avec repugnance. On la voioit mortifiée, modeste, douce, humble & obeïssante, & ces dispositions de vertu jointes à ses belles qualitez naturelles, sur tout à un bon esprit & à un excellent jugement, la faisoient regarder d'une autre maniere que par le passé. Jusqu'alors on l'avoit cherie & caressée, mais sa vertu & sa maturité commencerent à la faire honorer & respecter de tout le monde.

A peine eut-elle passé quatre mois avec Messieurs ses parens qu'elle commença à presser son retour aux Ursulines de Tours. Elle y trouva de la resistance ; mais comme l'amour est ingenieux, elle fit si bien qu'elle en vint à bout. Quelque desir qu'elle eut de les quitter, elle ne le peut faire sans une vertu heroïque, car elle les aimoit tendrement, particulierement sa Mere, de l'affection de laquelle elle étoit toute penetrée, par les preuves qu'elle lui en avoit données en mille manieres : Mais l'amour & le service qu'elle vouloit rendre à Dieu & à la tres-sainte Vierge l'emporterent par dessus toutes les tendresses naturelles. Eux de leur côté étoient si vivement touchez de cette separation, qu'ils ne purent se resoudre de la conduire, ni même de lui dire adieu; mais ils prierent une de leurs parentes de la vouloir

DE LA M. MARIE DE L'INCARNATION. 469
accompagner, ce qu'elle fit.

Cette fille qui, comme j'ay remarqué, avoit le jugement mur, & le naturel tres-excellent, quelque genereuse qu'elle fut, pensa pâmer de douleur au moment qu'elle les quitta. Mais ce sentiment naturel étant passé, elle ressentit en son ame une joie nompareille d'avoir rompu les liens, qui seuls pouvoient l'attacher au monde. Elle va donc au lieu où elle vouloit se sacrifier à Dieu & à sa sainte Mere. Elle y fut reçuë avec des demonstrations toutes particulieres de tendresse & d'affection. On la remit avec les Pensionnaires, où elle pratiquoit les mêmes exercices que la premiere fois, mais, d'une maniere bien plus elevée & plus parfaite. Elle n'y fut pas long-temps sans retomber dans ses infirmitez, qu'elle cachoit autant qu'il lui étoit possible. Cependant son desir d'être Religieuse ne lui donnoit point de repos: Elle faisoit sans cesse des vœux à la sainte Vierge, afin qu'elle lui donnât la santé necessaire à cet effet, & qu'elle fût la protectrice de sa vocation. Dailleurs elle faisoit des poursuites continuelles auprés de nos Meres pour être admise au Noviciat, non en qualité de Novice, parce qu'elle n'avoit pas l'âge, mais pour y porter l'habit de postulante, & par ce moien assurer sa vocation. Et en effet elle en fit faire un qu'elle porta jusqu'à ce qu'elle eut l'âge convenable.

§. 3. *Elle est reçuë au Noviciat.*

Nos Meres étoient sensiblement touchées de la voir dans ce saint empressement, qu'elles regardoient comme une operation du saint Esprit. Elles ne se pressoient pas neanmoins de lui accorder ce qu'elle demandoit à cause de ses infirmitez. Elle redoubloit ses instances, les assurant qu'elle se porteroit bien si tôt qu'elle seroit dans le Noviciat. Une ferveur si pressante commençoit à les flechir, & elles esperoient obtenir de leur Superieure la dispense necessaire. Mais Monsieur & Madame la Troche aiant appris ce qui se passoit, ne voulurent point permettre qu'elle entrât au Noviciat, qu'elle n'eut l'âge accompli; outre qu'avant que de rien resoudre, ils étoient bien aise de voir qu'elle seroit l'issuë de sa rechute. Elle cependant qui ne se contentoit pas des raisons des uns ni des autres, redoubloit ses empressemens: On la trouvoit sans cesse aux lieux de passage, priant à genoux qu'on lui donnât entrée au Noviciat, que cette grace la gueriroit assurement, que le refus au contraire la feroit mourir, & que cela se faisant à l'insceu de ses parens, ils n'en auroient point de ressentiment. Tant de ferventes sollicitations, lui firent enfin accorder ce

Nnn iij

qu'elle desiroit, mais à la condition qu'elle avoit proposée, que la chose demeureroit secrete; l'on y en ajoûta une autre, sçavoir que si ses parens en avoient la connoissance, & qu'ils ne le trouvassent pas bon, elle sortiroit sans replique. Elle fut donc recuë au Noviciat, & ce qui est admirable, à peine y fut-elle entrée qu'elle se trouva parfaitement guerie. L'on attribua une guerison si subite à la tres-sainte Vierge, à qui elle avoit fait tant de vœux, & qu'elle avoit prise pour la protectrice de sa vocation. Son cœur étant content, & son corps dans une pleine santé, elle avoit continuellement des lettres en campagne pour prier Madame sa Mere de permettre qu'elle entrât au Noviciat. Elle ne le permettoit pas, mais pour ne la point affliger, elle la consoloit par ses amis ou par elle-même, car elle demeuroit alors à sa maison des Hayes qui n'est qu'à huit lieuës de Tours. Elle l'assuroit qu'elle contribueroit de tout son possible à lui faire posseder le bien qu'elle desiroit, mais dans son temps & non plûtôt: Ainsi elle la traittoit comme pensionnaire, ne sçachant pas qu'elle fût au Noviciat, ni qu'elle possedât déja le bien qu'elle demandoit.

A mesure qu'elle avançoit en âge son zele croissoit pour être Religieuse, & elle en écrivoit continuellement à ses parens. Sa Mere vint exprés à Tours pour la visiter, & pour éprouver sa vocation. Pour cet effet elle la retira du Noviciat, où elle étoit postulante, & la mena dans une maison seculiere, où elle la retint trois jours. Durant ce temps-là, elle lui fit toutes les caresses possibles; elle lui donna des habits precieux, elle lui fit goûter les douceurs & les delices de la vie seculiere, elle lui proposa toutes les commoditez des personnes de sa qualité, & tout cela avec des empressemens capables de flechir, & même d'emporter un cœur moins gagné à Dieu qu'étoit le sien. Monsieur son Pere qui s'y trouva aussi, lui parloit plus gravement, y mêlant pourtant l'amour paternel, qui n'étoit pas moins capable d'ébranler un esprit, qui ne se conduisoit pas moins par raison que par tendresse. Elle n'avoit alors que quatorze ans; & neanmoins elle demeura inébranlable en elle-même, & leur declara avec toute sorte de respect que le monde ne lui seroit jamais rien, & qu'elle les supplioit tres-humblement de lui accorder une seule chose qu'elle attendoit de leur pieté, & qui seroit une marque de leur affection en son endroit, sçavoir de trouver bon qu'elle reçut l'habit de la sainte Religion. Ses parens la trouvant inflexible à leurs tendresses & à leurs persuasions, & qu'elle les convainquoit par des raisons si pressantes, qu'ils n'y pouvoient repliquer, crurent qu'elle étoit conduite de

DE LA M. MARIE DE L'INCARNATION.

l'esprit de Dieu, c'est pourquoi ils la remenerent au Monastere avec promesse de lui donner le contentement qu'elle desiroit. Elle m'a assuré plusieurs fois qu'en cette rencontre Dieu lui mit dans l'esprit plusieurs passages de l'Ecriture sainte & des Peres touchant la perfection & les avantages de la vie Religieuse, & que tout cela sortoit de son cœur & de sa bouche avec tant de fluidité, que ses parens, & plusieurs personnes de qualité qui l'écoutoient, en étoient surpris d'admiration.

Aprés qu'elle fut rentrée dans le Noviciat le ressouvenir des caresses de sa Mere lui fut une étrange tentation. Le Demon s'en servit pour la troubler, lui faisant voir d'un autre côté la bassesse, la misere, & les souffrances de la vie Religieuse. Le combat fut grand, & dans les agonies extremes qu'elle souffroit, elle s'adressoit à la tres-sainte Vierge sa bonne Mere & son refuge ordinaire. Il n'y avoit ni devotion, ni industrie dont elle ne s'avisât pour gagner ses bonnes graces: Elle se nourrissoit d'esperance; mais pourtant les caresses de sa Mere ne pouvoient sortir de son esprit. Elle ne declara sa peine à personne, de crainte que son dessein ne fut traversé ou retardé; mais elle prit resolution de franchir cette difficulté, & d'être fidele à Dieu en embrassant les maximes de l'Evangile.

Le jour auquel elle devoit prendre l'habit étant venu, Messieurs ses parens voulurent qu'elle fut interrogée par le Superieur de la maison dans le parloir exterieur. Ils furent encore là les témoins de la fermeté de sa vocation: Mais voici une seconde attaque. Aprés que sa Mere l'eut vêtuë des habits conformes à sa condition, & avec lesquels elle devoit paroître à la grille, elle la prit entre ses bras, & comme pâmée de douleur de perdre une si chere fille, la serra si long-temps sur son sein sans parler, qu'enfin son Pere qui craignoit qu'il n'arrivât quelque accident, fut contraint de les separer. Il mena sa fille à la porte de la clôture où la Communauté l'attendoit, & faisant reflexion que c'étoit le lieu où se devoit faire la derniere separation, il fut tellement attendri qu'il ne put ni parler ni lui dire adieu. Elle m'a avoüé depuis que cette derniere attaque lui fut encore plus rude & plus sensible que la premiere. Elle jetta quelques larmes, mais cela fut si passager, que la considerant durant la ceremonie je ne m'en aperçu point, mais je remarqué une gravité & modestie que je ne pouvois assez admirer dans une fille de son âge.

§. 4. *Elle reçoit le voile de Novice. Sa fidelité à la pratique de la Regle & sa devotion envers la tres-sainte Vierge.*

Elle reçut donc l'habit de Novice avec une devotion & presence d'esprit admirable. Je fus mise en ce temps-là au Noviciat, où j'étois ravie de voir en une fille de quatorze ans, la maturité d'une personne de trente, & la vertu d'une Religieuse consommée. Elle possedoit eminemment l'esprit des Regles, & les maximes de la vie Religieuse, & les pratiquoit avec une merveilleuse fidelité, en sorte qu'il paroissoit dés lors qu'aprés sa Profession elle seroit capable de tous les emplois d'une Communauté. Je voiois clairement que la tres-sainte Vierge la conduisoit comme par la main, & qu'elle la preparoit pour en faire une digne Epouse de son Fils. Il ne se peut voir un plus tendre amour que celui que cette jeune Novice avoit pour cette divine Mere. Outre ses entretiens familiers, elle avoit en elle une confiance toute filiale. Elle lui donnoit tout le temps qui lui restoit aprés les pratiques de la Regle, qu'elle mettoit même, ainsi que tout le reste, entre ses mains. Elle inventoit mille devotions pour l'honorer. On la voioit toujours à ses pieds. Quand elle avoit commis quelque imperfection; quoique legere, car elle n'en commettoit point de bien considerables, elle se jettoit aussi-tôt entre ses bras, comme une fille pleine de confiance entre les bras de sa Mere : Elle lui disoit amoureusement : Ah! ma tres-chere Mere, couvrez, s'il vous plaît mes fautes; effacez-les de mon ame, afin qu'il n'en paroisse rien aux yeux de vôtre Fils, & je vous promets de vous faire telle ou telle devotion. Aprés ces paroles elle ressentoit l'effet de sa confiance, & elle experimentoit en son ame le secours de cette divine Mere.

Cette protection si sensible de la sainte Vierge faisoit qu'elle avoit pour elle un amour de jalousie, croiant qu'on lui faisoit tort de ne se pas adresser à elle preferablement à tout ce qui est au dessous de Dieu. Nos cheres Meres de Tours qui étoient avec nous dans le Noviciat en pourroient dire davantage, & elles en sont plus capables que moy. Je dirai seulement qu'elle m'a souvent assurée que ses premières années de Religion jusqu'à l'âge de vingt ans, ont été toujours consacrées à cette tres-aimable Mere, & qu'elle lui étoit redevable aprés Dieu, de la grace de sa vocation, & de toutes les autres qui l'ont suivie.

Sur la fin de son Noviciat elle écrivoit sans cesse à Messieurs ses
Parens

Parens pour les supplier de ne point retarder sa profession, & de se trouver sans delai au jour destiné à cette ceremonie. Ils n'y manquerent pas ; Mais ils voulurent encore faire une épreuve de sa vocation. Celle-cy fut la plus violente de toutes, & elle étoit fondée comme les autres sur les tendresses de sa Mere. Son bon naturel ne se put dementir en cette rencontre, car il lui sembloit que son ame se voulût separer de son corps, pensant qu'elle s'alloit separer pour toujours de sa Mere. Elle n'en disoit rien neanmoins de crainte que si sa peine eût été connuë, elle n'eût empeché, ou du moins retardé le bonheur de sa profession. Elle vouloit dans le fond de son cœur être fidele à Dieu & à la sainte Vierge, & pour être delivrée de ses peines, elle offroit de nouveaux vœux à cette Mere de bonté. Elle ne pouvoit aimer le monde, parce qu'elle le voioit comme un golfe de perdition ; son cœur ne tenoit plus qu'à sa Mere, & encore elle vouloit bien la quitter pour être fidele à Dieu ; mais dans la tendresse de son naturel, elle craignoit de perdre courage. Lors qu'elle étoit dans ces combats, elle vit en songe une echelle, qui d'un bout touchoit la terre & de l'autre le Ciel. Un grand nombre de personnes y montoient avec le secours de leurs bons Anges, qui essuioient leurs sueurs dans le travail qu'ils avoient à monter. Plusieurs tomboient à la renverse dés le bas de l'echelle, les autres du milieu, les autres de plus haut : Mais il y en avoit d'autres qui montoient courageusement jusqu'au haut, correspondant au secours de leurs bons Anges. Je ne sçay pas ce que signifioit ce songe ou cette vision ; Mais elle l'expliqua du Noviciat de la vie Religieuse, dans lequel quelques-uns perdent cœur dés le commencement, les autres au milieu, les autres étant plus avancez ; & où enfin il y en a qui arrivent à la perfection, qui est le haut de l'echelle. Elle prit ce songe pour un avertissement du Ciel, qui lui donna un nouveau courage, & au même temps son cœur se trouva rempli d'une force celeste, qui la rendit victorieuse de l'amour des parens aussi-bien que de celui du monde.

§. 5. *De sa profession & de son zele pour le salut des ames.*

Elle fit donc profession à l'âge de seize ans, & cet engagement lui fit redoubler le pas, & pratiquer la vertu d'une maniere bien plus pure, & plus dégagée qu'elle n'avoit fait durant son Noviciat. Elle avoit sur tout un zele extraordinaire pour l'avancement de la gloire de Dieu, & du salut des ames. L'on avoit remarqué dés son enfance, que son cœur se portoit de ce côté-là, & ce fut la raison pour laquelle sa mere la mit en pension aux Ursulines plutôt qu'ailleurs, croïant que cet ordre, qui s'applique à l'instruction des filles, seroit plus conforme à son inclination. Elle y fut appliquée dés le Noviciat, parce que l'on avoit veu lors qu'elle étoit parmi les pensionnaires qu'elle y avoit une grace particuliere. Etant Professe on la remit en ce saint exercice, dans lequel elle fit paroître son zele d'une maniere toute extraordinaire. J'avois un jour entre les mains la vie de saint François Xavier, à qui elle avoit porté une devotion singuliere dés son enfance, à cause du zele qu'il avoit eu pour la conversion des peuples à la Foi de JESUS-CHRIST. Son cœur méme se sentoit porté à l'imiter, mais elle ne sçavoit de quelle maniere elle le pouvoit faire. Elle me prit ce livre, & je le lui donné volontiers avec la permission de nôtre Reverende Mere. Cette lecture alluma un nouveau feu dans son cœur, & la flamme de son zele se noûrrissoit par les exemples qu'elle voïoit, en attendant qu'il plût à Dieu de lui faire naître les occasions de lui rendre service dans l'instruction des ames rachetées du sang de son fils.

Dans ce temps-là l'on commença à faire des relations de ce qui se passoit dans la nouvelle France & des grandes conversions qui s'y faisoient: le Reverend Pere Poncet, ou quelque autre des Reverends Peres m'en envoioit une tous les ans, sçachant que l'on y traittoit d'une matiere qui étoit à mon goust. Cette lecture échauffoit son cœur, & renouvelloit ses desirs: Et comme elle sçavoit que je soûpirois aprés le bonheur de me sacrifier pour le salut des filles sauvages, elle me découvrit enfin les secrets de son ame. Mais ce qui lui faisoit de la peine, étoit, qu'elle y prévoioit bien des obstacles, tant du côté de ses parens, qu'à cause de son sexe, de sa condition & de sa jeunesse. Dans ces difficultez, qui occupoient son esprit, elle ne se pouvoit persuader que cette vocation pût jamais avoir son effet, c'est pourquoi elle se contentoit d'offrir à nôtre Seigneur les travaux des Missionnaires, croiant par ce moyen y satisfaire, autant qu'il étoit en son pouvoir.

Cependant elle crut qu'elle se devoit appliquer tout à bon à ce que Dieu demandoit d'elle actuellement, sçavoir à la pratique des regles, & aux fonctions de l'Institut. Elle le fit en effet, car il ne se pouvoit rien voir de plus exact à la regularité. Sa modestie étoit toute Angelique, & sa gravité ravissoit tout le monde. Un jour un certain Religieux, mais qui l'étoit plus de nom & d'habit que d'effet, pour la raison que je dirai, lui rendit visite, parce qu'il connoissoit Messieurs ses parens. Aprés plusieurs entretiens, qui ne lui plaisoient gueres, il la pria de se dévoiler devant lui. Elle le supplia avec beaucoup d'humilité de l'en vouloir dispenser, disant qu'elle n'avoit pas permission de le faire, outre que pour l'entretenir, elle n'avoit besoin que d'oreilles pour l'entendre parler, & d'une langue pour lui répondre, qu'elle avoit l'un & l'autre, sans être obligée de se découvrir le visage. Ce refus ne le contenta pas, mais il fit de nouvelles instances, ajoûtant que personne n'en sçauroit rien, & qu'elle ne devoit point craindre de lui donner cette satisfaction; de laquelle il se tiendroit fort obligé. Cette demande appuiée sur des motifs si bas & si humains, donna tant d'horreur à cette jeune Religieuse, qu'elle lui répondit severement, que Dieu étoit present, que c'étoit à lui qu'elle portoit respect, & qu'elle ne vouloit point d'autre témoin de ses actions que lui. A ces paroles il demeura fort confus, & elle prenant congé de lui, le quitta.

§. 6. *De sa devotion envers saint Joseph, & de sa vocation pour le Canada.*

Dans la tendresse de cœur qu'elle avoit pour la tres-sainte Vierge, elle avoit une peine tres-grande dans son interieur, de ce qu'elle n'en avoit point, à ce qu'elle croioit, pour saint Joseph. Elle croioit que ce n'étoit pas aimer cette divine Mere, que de ne pas aimer son treschaste Epoux. C'est pourquoi elle lui demandoit souvent si elle n'auroit pas pitié d'elle, & si elle ne la donneroit pas à ce saint Patriarche; craignant que ce ne fût en elle une marque de reprobation de ne lui pas appartenir. Ce n'est pas que dans le fond elle n'aimât beaucoup ce grand Saint; mais elle ne ressentoit pas, à ce qu'elle disoit, sa protection, comme elle ressentoit celle de la sainte Vierge.

En ce temps-là la Mere Prieure des Ursulines de Loudun alla à Anessi par l'ordre de Monseigneur l'Evêque de Poitiers, pour rendre ses vœux au sepulcre du Bien-heureux François de Salles. Elle passa par nôtre Monastere de Tours, portant avec elle la sainte Onction avec laquelle saint Joseph l'avoit guerie d'une maladie mortelle, lors qu'elle étoit à l'agonie. Cette onction rendoit une odeur, qui n'étoit point de la terre, & elle portoit une vertu miraculeuse & toute celeste. La Communauté la baisa, & sentit la suavité de cette odeur, & tout ensemble son operation qu'elle porta jusques dans le fond de l'ame. Il n'y eût que nôtre chere Sœur, qui ne ressentit point ni l'odeur ni son effet. Cette singularité l'affligea tout de nouveau, & la mit dans de nouvelles craintes. Cependant cette Reverende Mere poursuivit son voïage, au retour duquel elle passa encore par nôtre Monastere. Toute la Communauté la supplia de lui donner encore la consolation de voir & de baiser la sainte Onction. Elle l'accorda fort obligeamment. Nôtre chere Sœur s'y presenta à son tour dans un esprit humilié au dernier point, mais pourtant toute pleine de confiance que la sainte Vierge ne la rebuteroit pas, mais qu'elle la donneroit à son époux. Son desir eut son effet : car non seulement elle ressentit l'odeur de ce saint baume, mais encore elle en fut penetrée jusques dans le fond de son ame avec l'effet de la grace qu'elle avoit demandée. Cette operation celeste la mit dans un tel transport d'esprit, que la Reverende Mere s'en apperçut, & lui dit en soûriant, voici un cœur que Dieu presse puissamment. Il le pressoit en effet d'une telle maniere, qu'elle se dégagea secretement de la Communauté, & s'alla enfermer dans la grotte de saint Joseph, où elle demeura cachée environ deux heures. Durant ce temps-là nôtre Seigneur lui fit connoître qu'il vouloit que saint Joseph fût son Pere & son Protecteur special, & qu'elle fut sa fille comme elle l'étoit de la sainte Vierge. Cependant elle fondoit en larmes, & elle sentoit en son ame des écoulemens de graces qui operoient en elle cette filiation, avec tant de certitude qu'elle n'en pouvoit douter. Cette certitude lui a duré toute sa vie, durant laquelle elle a experimenté des secours tres-particuliers de ce saint Patriarche.

Il lui arriva une chose fort extraordinaire un an avant nôtre départ pour le Canada, & lors que personne ne pensoit que ce dessein se pût jamais executer. Une nuit elle se trouva en esprit à l'entrée d'une place tres-belle & spatieuse, toute fermée de maisons & de boutiques remplies de tous les instrumens de vanité, où les gens du monde ont coûtume de se prendre & de se perdre. Elle demeura ferme à l'entrée de cette place toute effraïée de voir que tous ceux qui y entroient, étoient insensiblement attirez à ces boutiques, où ils étoient charmez du faux brillant de leurs vanitez, & s'y laissoient prendre comme dans des pieges. Ce qui l'épouvanta le plus, fut d'y voir un Religieux s'y égarer & s'y perdre de telle sorte, qu'elle ne le vit plus paroître. Ne sçachant donc par où passer pour aller au lieu où elle se devoit rendre, d'autant qu'il n'y avoit point d'autre chemin, que celui où il y avoit une si grande risque de se perdre, elle ne sçavoit à quoi se resoudre. Lors qu'elle étoit dans cette perplexité, elle aperçut que tout le long de cette place, un grand nombre de jeunes gens fort resolus, mais assez mal-faits, & habillez comme des Sauvages, se

DE LA M. MARIE DE L'INCARNATION. 477
partagea en deux bandes, qui firent comme deux haïes, par le milieu desquelles elle passa sans peril. Lors qu'elle passoit, elle entendit distinctement ces paroles : C'est par nous que tu seras sauvée : mais jettant les yeux sur le guidon ou étendart, elle remarqua qu'il étoit écrit d'un langage inconnu, & qu'elle ne put entendre. Elle ne put connoître plus distinctement qui étoient ceux à la faveur desquels elle sortit d'un si grand peril (Quelques-uns ont crû que c'étoient les bons Anges des Sauvages) mais elle remarqua que le Religieux, qui s'y étoit perdu, étoit celui dont j'ai parlé, qui lui vouloit faire lever le voile avec tant de curiosité, & qui par effet a depuis apostasié deux fois de sa Religion.

Quoi qu'elle ne connût point les Sauvages qui l'avoient preservée des dangers où elle s'étoit trouvée, & qu'elle ne pensât point actuellement au Canada, Dieu neanmoins disposoit secretement son cœur & son esprit, pour y aller consumer sa vie au service de ces ames abandonnées, quand l'occasion s'en presenteroit. C'est pourquoi dans la suite des temps elle me demandoit dans nos entretiens familiers, si je n'avois point de connoissance que l'on y dût aller, si moi-méme je n'étois point destinée pour ce dessein, & qui étoit celle qui me devoit accompagner. Ah! disoit-elle, que j'aurois de contentement, & que je m'estimerois heureuse de donner ma vie dans une si sainte expedition. Une seule chose me donne de la fraïeur, c'est ce que disent les Relations, que les Sauvages sont presque nuds, & j'apprehende que cela ne donne quelque atteinte à la pureté. Neanmoins soiez certaine que si vous m'y menez, je vous tiendrai si fortement, que rien ne me pourra jamais separer de vous. La mort, les peines, les travaux, la mer, les tempêtes, la privation des parens, la separation de nos Meres & de nos Sœurs, en un mot rien ne sera capable de rompre le lien avec lequel Dieu nous aura unies ensemble. Voila les dispositions de cette genereuse fille pour le salut des ames; ou elle donne en méme temps une preuve éclatante de l'amour qu'elle avoit pour la pureté. Rien n'étoit capable de lui faire de la peine en cette entreprise qu'une seule chose, sçavoir les hazards où elle se pouvoit trouver de voir des objets capables d'apporter quelque dommage à cette vertu Angelique.

Dans le temps qu'elle eut ce songe mysterieux, dont j'ai parlé, elle étoit actuellement dans un pas bien glissant, & capable de la conduire dans le chemin de la vanité, sous un pretexte apparent de vertu. Elle m'en a souvent entretenuë, & en m'en parlant, elle ne se pouvoit lasser de benir Dieu de lui avoir fait éviter les pieges que le demon lui tendoit, & de lui avoir donné le courage de prendre la fuite par un chemin contraire qui la pouvoit conduire à la sainteté. Je connois plus clair que jamais que la main de Dieu la conduisoit pour en faire un sujet digne de sa grace dans la mission de Canada : Je n'en rapporterai point ici les particularitez pour des raisons de charité, qui m'obligent de me tenir dans le silence.

§. 7. *L'on demande des Ursulines de Tours, pour fonder un Monastere dans le Canada.*

La vocation de ma chere compagne & la mienne étant parvenuës au point de leur maturité, il plût à nôtre Seigneur de faire naître les moyens de les executer. Madame de la Pelletrie, qui depuis a été nôtre Fondatrice, vint à Tours, pour faire l'honneur à nôtre maison de lui demander des Religieuses pour la fondation qu'elle vouloit faire. Les Reverends Peres Binet & de la Haye, le premier desquels étoit alors Provincial de la Compagnie de Jesus, prirent le devant, écrivant à Monseigneur l'Archevêque les belles qualitez de Madame de la Pelletrie, & l'assurant que son dessein aïant été examiné par les personnes les plus spirituelles & les plus capables de Paris, avoit été trouvé solide & fondé dans la grace & dans la volonté de Dieu. Plusieurs personnes de qualité lui écrivirent la même chose. Et le Reverend Pere Grand-amy, qui étoit Recteur du College, confirma de bouche tout ce qui lui avoit été écrit, aïant eu ordre du Reverend Pere Provincial de le faire. Ceux qui connoissoient Monseigneur l'Archevêque, & qui sçavoient combien il étoit ferme aux choses extraordinaires, sur tout quand elles étoient d'importance, crurent qu'il n'entreroit jamais en celle-ci, qui étoit sans exemple. Il y entra neanmoins tout d'abord, s'estimant même heureux de ce que Dieu jettoit les yeux sur ses filles, plutôt que sur d'autres pour un si glorieux dessein. Il envoia un Mandement à nôtre Reverende Mere, qui étoit la Mere Françoise de saint Bernard, pour donner entrée à Madame de la Pelletrie dans la maison, pour me donner à elle, puis qu'elle me faisoit l'honneur de me demander, & pour me choisir une compagne du corps de la Communauté. Ce chois fut commis à Monsieur Forget nôtre Superieur & Chancelier de l'Eglise de Tours, au Reverend Pere Grandami, à nôtre Reverende Mere, à Madame de la Pelletrie, à Monsieur de Bernieres, qui l'avoit accompagnée en ce voiage, & à moi qui étois la plus incapable de tous. La Communauté reçut cette pieuse

Dame en ceremonie, & avec des acclamations de joye & de loüange à Dieu de ce qu'il lui avoit plû de jetter les yeux sur nôtre maison pour l'execution d'un dessein si relevé. L'on m'estimoit heureuse de ce que ce partage m'étoit écheu, comme aussi celle sur qui le sort tomberoit pour estre ma compagne. Toutes étoient frapées du desir de l'être, excepté celle que Dieu avoit marquée dans son decret éternel. Car aux premieres paroles qu'elle entendit, que Madame de la Pelletrie me faisoit l'honneur de me venir querir, elle devint froide comme une glace. Le diable commença à la troubler; & en me regardant, elle ne croioit pas qu'il y eut au monde une personne plus miserable que moi, & elle avoit le méme sentiment de celle, qui me seroit donnée pour compagne. Elle nous regardoit comme des personnes qui alloient dans la voye de la perdition. Quoi qu'elle eût une haute estime de la pieté de cette Dame, elle ne pouvoit avoir pour elle que de la froideur: elle ressentoit un resserrement de cœur étrange, pendant que toutes les autres se dilatoient en joye, & qu'elles étoient ravies de l'entendre parler de son pieux dessein. Elle se remettoit devant les yeux ses desirs passez, & les touches qu'elle avoit eües d'aller servir Dieu en Canada: Les communications particulieres que nous avions eües ensemble sur ce sujet, lui revenoient dans l'esprit; mais son cœur ne se rendoit point. Dans ce combat d'elle-méme contre elle-méme, elle prit enfin la resolution d'être fidele & de souffrir. Elle fut trouver nôtre Reverende Mere, & la supplia de la choisir pour être ma Compagne. Quelque fervente qu'elle parut, elle ne la voulut pas écouter, & afin de lui ôter entierement cette pensée, elle lui donna la chambre que j'habitois, & l'office dont j'avois le soin. Cependant on jettoit les yeux sur les sujets qu'on estimoit les plus propres, & l'on ne pouvoit convenir d'aucune. C'étoient de tres-sages & tres-vertueuses filles; mais il étoit évident que Dieu avoit un dessein pour une autre. L'on fit l'oraison de quarante heures, afin qu'il plût à sa bonté de vouloir inspirer quelle elle étoit. Moi cependant qui sçavois que cette chere Sœur avoit été rejettée, & qu'elle n'étoit pas même du nombre de celles sur qui l'on jettoit les yeux, je n'osois la demander, ni parler en sa faveur; voiant d'ailleurs que j'aurois à combattre des oppositions presque insurmontables. Je declaré mes sentimens au Reverend Pere Superieur des Feüillans, qui sçavoit les liens qui la pouvoient arrêter. Il me conseilla de passer pardessus mes craintes, disant qu'assûrement je l'emporterois. Avant que de passer outre, je lui voulu parler, pour sçavoir d'elle-méme sa disposition. A la premiere parole que je lui dis, toutes ses peines furent dissipées. Son esprit se trouva net, & son cœur disposé à suivre les volontez de Dieu. Sçachant sa disposition, je priē Monsieur de Bernieres & Madame de la Pelletrie, à qui je fis le recit de ses bonnes qualitez, de soutenir la demande que j'en allois faire. Ils me le promirent. Et sans differer davantage, je la fus demander à nôtre Reverende Mere, qui fut extrêmement surprise. Elle ne me répondit rien, parce qu'elle jugeoit prudemment que l'affaire iroit plus loin. Cette chere fille, qui se nommoit encore Sœur Marie de saint Bernard, me suivit de prés. Elle s'alla jetter aux pieds de nôtre Mere, & avec des instances également fortes & respectueuses, la supplia de l'aider dans un dessein qu'elle croioit que Dieu lui avoit inspiré. Cette bonne Mere ressentit une douleur extrême dans la demande qu'elle lui faisoit : car elle avoit pour cette jeune fille un amour de mere, tant pour les rares qualitez qu'elle reconnoissoit en elle, qu'à cause qu'elle l'avoit élevée quasi dés son enfance, premierement dans le pensionnaire, puis dans le noviciat, & enfin aprés sa profession. Elle n'eut non plus que moi aucune réponse sur l'heure. Nôtre Reverende Mere passa la nuit sans dormir, durant laquelle Dieu l'occupa interieurement, & lui donna des connoissances si particulieres, que son esprit cedant à sa lumiere se resolut de lui obeïr, supposé que les personnes interessées n'y missent point d'opposition.

§. 8. *Le sort tombe sur la Mere Marie de saint Bernard.*

Dés le matin Monsieur de Bernieres & Madame de la Pelletrie ne manquerent pas de la demander, & ensuite nous allâmes tous au parloir, où l'on proposa cette affaire au Reverend Pere Grand-ami, & à Monsieur le Chancelier. Ce dernier fut surpris, & neanmoins Dieu l'aveugla de telle sorte, qu'il ne pensa plus à celles qui avoient été proposées. Une seule chose suspendit la resolution, sçavoir qu'on ne la donneroit point qu'avec l'agrément de Monsieur son pere & de Madame sa mere, qui étans personnes de qualité & amis de la maison, on ne voulut pas les desobliger dans une affaire de cette consequence, & qui les touchoit en quelque façon. On leur dépécha un exprés à Angers, où ils étoient alors, & par la même voie cette bonne Sœur leur écrivit des lettres, dans lesquelles elle n'omit rien de ce que son esprit & sa ferveur lui purent fournir pour les porter à lui donner son congé & leur benediction. Ce fut en cette occasion qu'elle eut recours à saint Joseph son bon pere, & qu'elle lui fit vœu de prendre son nom,

s'il

DE LA M. MARIE DE L'INCARNATION. 481

s'il lui plaifoit de difpofer fes parens à lui accorder ce qu'elle leur demandoit. Toute la Communauté étoit en priere, & l'oraifon de quarante heures continuoit. Cependant le Reverend Pere Grand-ami eftant informé des bonnes qualitez de cette fille par le recit que je lui en avois fait, & aïant appris que l'on avoit envoié un Cavalier à Angers, pour fçavoir le fentiment de fes parens, alla faire le rapport à Monfeigneur l'Archevéque de l'état de l'affaire. Ce grand Prelat lui repartit: Pere Grand-ami, la Sœur Marie de faint Bernard eft ma fille, elle n'appartient plus à fes parens; fi elle a vocation, comme vous dites, elle ira en Canada, & je lui donnerai obedience pour cela.

Lors-que les affaires fe faifoient à Tours à l'avantage de la fille, le Meffager arriva à Angers. Il prefenta fes lettres à Monfieur de la Troche, qui, à la premiere lecture qu'il en fit, penfa tomber d'étonnement & de douleur. Sa femme aprenant ce que c'étoit, fe fit entendre de tous côtez. Tout le monde court pour voir ce que c'eft. L'on n'entend que cris, l'on ne voit que larmes. La refolution fut prife que Madame de la Torche partiroit inceffamment pour aller empécher le voiage de fa fille, & au méme moment elle fit mettre les chevaux au carroffe. Lors qu'elle mettoit le pied dedans pour partir, il entra un Religieux Carme, c'étoit comme je croi le Superieur qui lui venoit rendre vifite, lequel s'informant de la caufe d'un voiage fi fubit, elle lui fit le recit de ce qui fe paffoit. Comme c'étoit un homme fage, il lui dit avec une fainte liberté: Je vous arrête, Madame, obligez-moi, que je vous dife un mot en vôtre fale. Elle y entra, quoi qu'avec peine, & aprés quelques difcours, ils allerent de compagnie trouver Monfieur de la Troche. Ce fage Religieux tout rempli de l'Efprit de Dieu, commença à leur parler fi fortement de la grace que nôtre Seigneur leur faifoit, de jetter les yeux fur leur fille pour la Miffion de Canada, & du grand tort qu'ils lui feroient, & à eux-mémes de s'oppofer à fes deffeins, qu'ils fe rendirent à fes raifons. Madame de la Troche demanda feulement la fatisfaction d'aller dire adieu à fa fille, & de lui porter le congé & la benediction de fon pere, qui étant indifpofé ne pouvoit faire le voiage. Ce bon Religieux lui repartit: Non, Madame, vous n'irez pas, s'il vous plaît; vos tendreffes feroient capables de tout gâter. Ils fe foûmirent enfin à tout ce que voulut le Religieux, & par fon confeil ils écrivirent des lettres d'acquiefcement fi remplies de pieté, qu'on jugea bien que l'Efprit de Dieu avoit conduit toute l'affaire par des refforts qui nous étoient ca-

Ppp

chez. On ne les pouvoit lire fans verfer des larmes, & fans rendre graces à celui qui fçait fi bien changer les cœurs, pour les reduire à fes faintes volontez.

Pendant toutes ces expeditions le gros de la Communauté ne fçavoit rien de ce qui fe paffoit au regard de nôtre chere Sœur de faint Bernard, & on lui faifoit des habits à tout hazard. Dés que le Meffager fut de retour, qui fut la veille de nôtre départ, l'on accomplit le vœu qu'elle avoit fait de porter le nom de faint Jofeph, & depuis ce temps-là on l'a appellée Marie de faint Jofeph. La chofe aïant éclaté dans la Communauté, on l'eftima heureufe de ce que le fort étoit tombé fur elle, & on lui portoit une fainte envie. L'on avoit pourtant une tendreffe de compaffion de voir qu'elle s'alloit expofer à tant de perils, jeune comme elle étoit. Toutes fondoient en larmes, & l'on me faifoit de petits reproches d'amour, de ce que je l'avois demandée.

§. 9. *De fon depart de Tours pour la nouvelle France; & de fa modeftie & de fon zele durant le voiage.*

Les obftacles donc qui la pouvoient retenir étant levez, Monfeigneur l'Archevefque nous donna fa benediction dans fon Palais, où il nous avoit fait venir à ce deffein. Il nous fit communier avec lui, & nous exhorta à la perfeverance en nous inculquant nos devoirs. Nôtre Sœur Marie de faint Jofeph avec une ferveur extraordinaire, & dans le fentiment d'executer fon facrifice plus parfaitement, fe profterna devant lui, le fuppliant de nous commander ce voiage que nous allions entreprendre pour la gloire de Dieu. Il le fit avec bien de la douceur, nous difant les mêmes paroles que nôtre Seigneur dit à fes Apôtres lors qu'il les envoia en Miffion. Il nous donna nos obediences, & nous fit chanter le Pfeame *In exitu Ifrael de Egipto*, &c. & en le quittant, le Cantique *Magnificat*, &c.

Nous retournâmes dans nôtre Monaftere pour prendre congé de nos Meres, qui dans cette occafion nous témoignerent la tendreffe de leurs cœurs. Elles ne fe pouvoient feparer de nôtre Sœur de faint Jofeph, qui dans cette rencontre ne verfa pas une larme. Monfeigneur l'Archevéque obligea nôtre Reverende Mere de nous conduire jufqu'à Amboife, prenant de là occafion de lui donner une commiffion pour ce Monaftere là. Ce fut en ce petit voiage, que cette bonne Mere, qui avoit élevé nôtre jeune Sœur dés fes premieres années, eut le loifir de lui donner des marques de fon tendre amour, & de lui témoigner combien étoit grand le facrifice qu'elle faifoit en la

DE LA M. MARIE DE L'INCARNATION. 483

donnant à la Mission du Canada. Et je dirai en passant qu'il falloit une pieté & une soumission à Dieu semblable à la sienne, pour laisser aller une si aimable fille dans les dangers qu'elle prevoioit lui pouvoir arriver, tant dans le voiage, que dans un païs si barbare. Mais elle n'eut pas plûtôt connu la volonté de Dieu, qu'elle ferma les yeux à ses propres inclinations, & travailla de tout son possible à l'execution de son dessein. Elle pensa mourir de douleur en nous quittant: Je n'en fus pas surprise, parceque j'étois persuadée de son affection. Mais ma compagne ne versa pas une seule larme; & cela m'étonna, parceque je n'eusse jamais cru qu'une fille de son âge aussi tendre & aussi cherie qu'elle étoit, eût pu avoir une telle force.

On ne se peut imaginer une plus grande modestie & retenuë que celle de cette chere compagne. On l'eût plûtôt prise dans tout nôtre voiage pour une personne consommée dans la perfection, que pour une fille de vingt-trois ans, & je n'ay pas veu qu'elle se soit démantie une seule fois de cette humble gravité. Plusieurs personnes de qualité & de vertu nous rendoient visite dans les villes où nous passions: Nous fûmes même obligées d'aller quelquefois à la Cour, la Reine aiant desiré de nous voir, & par tout on ne l'entendit jamais parler que de vertu & du mépris du monde; ce qu'elle faisoit avec tant de grace, que tous ceux qui l'entretenoient, l'admiroient & en étoient touchez.

Elle ne fut nullement effraiée des dangers de la mer; mais plûtôt dans les tempêtes, qui ne nous menacoient de rien moins que du naufrage, c'étoit elle qui commençoit les prieres, ce qu'elle faisoit avec tant de zele & de pieté, qu'il étoit aisé de voir que son cœur n'étoit gueres épouvanté. Elle avoit toujours quelque mot à dire pour relever le courage de ceux qu'elle voioit abattus. Son plaisir étoit d'instruire les ignorans. Enfin durant toute la navigation elle fit paroître les effets du feu dont son cœur étoit embrasé, & des marques assurées de la vocation qu'elle avoit de consumer sa vie pour le salut des ames.

10. *Elle arrive à Quebec où elle aprend les langues Sauvages, & fait les fonctions de sa vocation avec un succés merveilleux.*

Dés le lendemain de nôtre arrivée à Quebec, on nous amena toutes les filles tant Françoises que Sauvages qui se purent rencontrer, pour les instruire dans la pieté & dans les bonnes mœurs. Le principal soin en fut donné à la Mere Marie de S. Joseph, qui l'accepta avec un zele & une ferveur incroiable; & comme nôtre Seigneur

Ppp ij

lui avoit donné un talent & une grace toute particuliere pour cet emploi, elle y fit un profit notable dés ce commencement. Madame nôtre Fondatrice defira avoir le foin de nettoier les filles Sauvages avec ma Sœur Charlotte ; mais ce n'eft pas ici le lieu de parler de leurs emplois, je reviens à ma chere compagne.

Elle aprit en peu de temps les langues Huronnes & Algonguines, & elle s'en fervoit avec une grande facilité. Nôtre Seigneur lui avoit donné une grace particuliere pour gagner les cœurs, non feulement des filles, mais encore des hommes & des femmes de ces deux Nations. Ils s'adreffoient à elle avec une fimplicité merveilleufe pour lui découvrir les peines & les difficultez de leur confcience, & avec une foumiffion qui n'étoit pas moins admirable, ils lui obeïffoient comme des enfans font à leur Mere. Le nom de Marie Jofeph, c'eft ainfi qu'ils l'appelloient, étoit fameux dans le païs des Hurons & des Algonguins ; & ces bons Neophites parloient d'elle avec eftime & amour à ceux qui ne la connoiffoient pas encore, & par ce moien elle fut connuë en peu de temps de tout le monde. On l'appelloit la fainte fille. Et moy je l'euffe volontiers appellée la fainte Mere ; parce qu'elle les aimoit, & confoloit comme une Mere fait fes enfans ; & elle les regardoit comme des creatures faites à l'image de Dieu, pour le falut defquelles elle eût voulu donner fa vie, s'il eût été en pouvoir. Tous les ans elle faifoit fon poffible auprés de Madame fa Mere & de plufieurs perfonnes de qualité pour avoir des aumônes pour fes chers Neophites. Ils lui en envoioient avec liberalité, & elle leur procuroit en échange des mediateurs auprés de Dieu ; elle a continué cette pratique jufques à la mort.

Depuis quelques années nôtre Seigneur lui avoit donné une vocation extraordinaire pour lui demander la converfion des Nations de cette Amerique, l'affermiffement de la colonie Françoife, & la fainteté pour nôtre Communauté. Ces trois chofes lui étoient extremement à cœur, & elles occupoient entierement fon efprit quand elle s'entretenoit avec Dieu. Elle s'offroit fans ceffe & fans referve, comme une victime, à fa divine Majefté, afin qu'il plût les lui accorder. Elle me difoit quelquefois en confiance : Il ne m'eft pas poffible de rien faire dans mon interieur que pour ce pauvre païs, & il me femble que Dieu ne demande que cela de moi. Il lui fembloit qu'elle portoit dans fon cœur tous les François & tous les Sauvages. Elle reffentoit leurs biens & leurs maux plus que tout ce qui l'eût pû toucher en ce monde. Rien ne lui étoit plus fenfible que quand elle entendoit dire que le païs étoit menacé de quelque desastre, qui tendoit à sa ruïne. En ces rencontres elle disoit à Dieu dans ses entretiens familiers, ce que Moïse lui disoit, lors qu'il menaçoit son peuple de le perdre. Mon Dieu, effacez-moi du livre de vie, & ôtez-moi plûtôt de ce monde, que de permettre la rupture de la Colonie Françoise. Elle s'offroit à Dieu pour souffrir, & elle se consommoit à ses pieds pour lui gagner le cœur, & l'obliger de lui accorder ce qu'elle lui demandoit par le mouvement de sa grace.

Aprés que la Mission des Hurons fut dissipée, que tout leur païs fut ravagé par les Hiroquois, que nos SS. Missionnaires eurent souffert le martyre, ce fut un coup mortel au cœur de cette Mere, de voir le reste de cette Nation desolée se retirer auprés de nous. Ce qui lui restoit de consolation, étoit qu'elle auroit le moien en voïant ces miserables fugitifs, d'exercer ce qu'elle sçavoit de leur langue, à leur enseigner nos saints Mysteres, & à leur apprendre à aimer Dieu. C'est ce qu'elle a fait avec une ferveur incomparable. Je lui ai servi de Compagne en cet emploi: où j'étois ravie de l'entendre, & de voir autour d'elle 40. ou 50. Hurons tant hommes que femmes & filles, qui l'écoutoient avec une avidité incroïable, & qui faisoient assez paroître par leurs postures & par leurs gestes sauvages qu'ils prenoient goût à ce qu'elle disoit. L'amour qu'elle avoit pour ce saint exercice lui faisoit oublier son mal dans l'action, mais ensuite elle demeuroit si épuisée, & elle souffroit de si grandes douleurs de poitrine, qu'on eut dit qu'elle étoit à l'extremité.

Si elle gagnoit le cœur des Sauvages par son zele & par sa douceur, je puis dire qu'elle ravissoit celui des François, qui sont sans comparaison plus capables d'estimer ce qui en est digne. Lors qu'ils lui rendoient quelque visite au parloir, ses entretiens n'étoient que de Dieu, & de la vertu qu'elle tâchoit doucement d'insinuer dans le cœur pour la faire aimer. Elle avoit un talent merveilleux pour cela, en sorte qu'elle ne parloit jamais à une personne qu'elle n'en fût touchée; ce qui la faisoit universellement aimer de tout le monde. Son entretien étoit grave & modeste, & convenable à sa qualité de Religieuse. Il ne laissoit pas d'être agreable, mais sans vanité & sans respect humain: car lors qu'elle étoit engagée en quelque entretien quoique spirituel & religieux, si elle entendoit sonner la cloche pour quelque exercice de la regle, elle brisoit tout court, & prenoit un honnête congé: Une personne lui dit un jour, qu'aïant congé de parler à une personne de qualité, elle n'avoit pas dû la quitter, elle répondit que Dieu ne se paye pas de ces respects humains, & que quand ce seroit le Roy, elle le quitteroit pour garder sa Regle, dans laquelle elle regardoit la volonté de Dieu, sur tout quand il s'agissoit du Service Divin. J'étois presente, lors qu'elle fit cette sage réponse, & j'en resté tres-édifiée.

§. II. Ses Vertus.

Son amour pour la pratique des regles.

Il me seroit assez difficile de vous dire par le menu les excellentes vertus de cette chere Mere. J'en rapporterai neanmoins quelques-unes, afin de ne pas omettre ce qui est le plus édifiant dans sa vie. Elle avoit une exactitude generale à la pratique des regles, mais en celles où il s'agissoit du service divin, elle y avoit une pante si grande, & une fidelité si inébranlable, ainsi que je viens de dire, qu'elle surmontoit toutes les oppositions de foiblesse & d'infirmité que ses maladies continuelles lui causoient, afin d'assister au Chœur avec la Communauté. Elle a gardé cette fidelité jusqu'à la mort, & pour le respect qu'elle portoit au tres-saint Sacrement, elle l'a toujours voulu recevoir à l'Eglise, jusqu'à ce qu'on le lui a apporté en Viatique. Il en a été de même des Sermons & des Conferences spirituelles où elle alloit, ou pour mieux dire, où elle se traînoit dans ses infirmitez. Comme elle étoit ennemie des dispenses, rien ne la mortifioit tant, que de se voir privée de suivre la Communauté: Dieu ne se paie pas ainsi, disoit-elle; combien y en a-t-il qui souffrent davantage, & qui sont bien plus à plaindre que moi? Si j'écoute les plaintes de la nature, & si je lui donne des soulagemens, elle s'y accoûtumera, & ensuite je tomberai dans des foiblesses, qui ne me permettront plus de garder mes regles, ny de suivre la Communauté. Et de plus, je suis Religieuse, & en cette qualité je suis obligée de tendre continuellement à la perfection. J'ai une maladie mortelle, dont je ne guerirai jamais; ne vaut-il pas mieux mourir un peu plûtôt, & servir Dieu fidelement jusqu'à la fin, que de donner tant de soulagement à un corps qui doit bien-tôt finir. Elle avoit des motifs si religieux, que l'on en étoit toujours édifié, & l'on demeuroit sans replique. Lors qu'elle étoit prête de mourir, on lui disoit qu'elle avoit avancé sa mort, pour avoir voulu trop long-temps suivre la Communauté durant ses infirmitez. Elle répondit que si elle eût été en état, elle eût encore fait le même, & mieux si elle eût pu; & qu'il s'agissoit de comparoître devant Dieu à la mort, devant lequel ce seroit un grand reproche à une ame religieuse, d'avoir vécu en lâche & negligente.

DE LA M. MARIE DE L'INCARNATION. 487

Nôtre Seigneur avoit élevé cette ame pure à un tres-haut degré *Son oraison.* d'Oraison. Les premieres années de nôtre établissement, sa divine Majesté la conduisoit par une simple contemplation de ses divins attributs, lui cachant neanmoins la voye par laquelle il la conduisoit. Elle en parloit sans s'entendre elle-même, ce qui lui donnoit de la crainte de tomber dans l'oisiveté, & de mécontenter Dieu en s'éloignant du chemin ordinaire : Elle m'oûvroit son cœur en ces rencontres, & je tâchois de l'aider selon mes petites lumieres, & de lui relever le courage, pour faire ce que Dieu demandoit d'elle.

De temps en temps Dieu la faisoit passer par des épreuves interieures qui la faisoient beaucoup souffrir. Cela lui arrivoit d'ordinaire, lors qu'il la vouloit faire changer d'état. A mesure que la rigueur de ses épreuves se rendoit plus sensible, son esprit & son cœur recevoient de nouvelles forces, & elle experimentoit une impression de Dieu, qui la faisoit agir à l'exterieur avec beaucoup plus de perfection que par le passé.

Six ans avant sa mort, nôtre Seigneur la mit dans des occasions inévitables, qui lui donnoient de tres-amples matieres de vertu. C'étoit encore pour la disposer aux grandes graces qu'il lui vouloit faire : Et comme elle s'y comportoit d'une maniere heroique, il voulut un jour recompenser sa fidelité. Car un matin qu'elle faisoit oraison, il lui apparut dans une vision intellectuelle avec une beauté ravissante, & tout éclatant de gloire. Il lui tendoit les bras ; & lui jettoit des regards capables de la faire mourir d'amour. Un attrait si puissant l'unit encore plus fortement à ce divin Sauveur, qui dans cette union l'embrassa amoureusement, & prit une possession particuliere de son ame. Il lui dit : Ma fille, gardez l'exterieur, & moi je garderai le dedans. Comme elle joüissoit de ces embrassemens, il fit paroître un crêpe entre lui & elle, lequel les separa. L'entrée de cette vision fut que nôtre Seigneur lui fit voir son ame sous la figure d'un Château d'une merveilleuse beauté, & qui n'avoit point d'autre couverture que le Ciel, Ce fut à la porte de ce Château qu'il lui apparut, qu'il luy parla, qu'il l'embrassa, & qu'il fit paroître ce crespe, qui étoit la figure de la foi, dans laquelle il la laissa. Elle le voulut suivre, mais il ne le permit pas.

Ensuite de cette insigne faveur, elle demeura une semaine dans une espece d'extase, sans toutefois perdre l'usage des sens. Durant ce temps-là nôtre Seigneur lui enseigna tous les points de la vie spirituelle, & particulierement les mysteres du sacré Verbe incarné, qui sembloit l'avoir remplie de son esprit, & changée en une nouvelle creature. Toutes ces graces la mettoient dans une continuelle souffrance d'amour au regard de son divin objet. Elle tenoit tout cela fort secret: quelquefois neanmoins il lui échapoit des mots qui faisoient conjecturer ce qui se passoit dans le fond de son interieur; sur tout, lors qu'on mettoit en avant quelques discours de la vie & des mysteres du Verbe Incarné: Car alors elle parloit si divinement, avec modestie neanmoins, & sans affectation, qu'on jugeoit bien que c'étoit ce Maître celeste, qui l'instruisoit & qui la faisoit parler. Elle ne se pouvoit lasser de remercier la divine bonté de ce qu'elle l'avoit fait naître dans la Loi de la Grace, pour y pouvoir joüir des richesses que nous avions en JESUS-CHRIST, & elle avoit une extrême compassion des ames qui étoient privées de cette connoissance, encore plus de celles, qui l'aïant euë, en avoient perdu le sentiment.

Quoi qu'elle fut arrivée à une tres-haute familiarité avec nôtre Seigneur, cela neanmoins n'avoit rien diminué de ses respects. Elle l'a témoigné quelquefois dans ses entretiens familiers avec les personnes à qui elle en pouvoit parler: car elle disoit que son entretien avec lui étoit dans un amoureux respect; ce qui provenoit de la connoissance qu'elle avoit de ses Grandeurs aussi bien que de ses amabilitez.

Ce divin Sauveur lui parloit souvent en son interieur. J'en reconnus quelque chose dans un entretien que j'eus avec elle quelques jours avant sa mort; & j'eus bien du regret de ne pouvoir enfoncer plus avant: Comme son mal étoit grand, je ne voulus pas l'aigrir en la faisant parler, & pour avoir été peut-être trop discrette, nous avons été privées d'une grande consolation. Ses entretiens familiers avec nôtre Seigneur étoient pour l'ordinaire dans un amour de complaisance & de bien-veillance. Un jour comme elle chantoit le *Credo* à la sainte Messe, à ces mots *per quem omnia facta sunt*, elle eut une extrême joïe de ce que tout avoit été fait par son bien-aimé; & comme elle tomboit presqu'en défaillance par la complaisance qu'elle ressentoit, il lui dit: Oüi, ma fille, toutes choses ont été faites par moi, mais moi je serai refait en toy. Elle demeura toute aneantie à ces douces paroles, qui ne lui promettoient rien moins qu'une sainte transformation en celui dans lequel elle vivoit plus qu'en elle-même.

Son amour pour les souffrances.

*Nôtre Seigneur lui avoit donné un parfait amour pour les souffrances. Elle en avoit continuellement dans son exterieur & dans son interieur qu'elle portoit avec un merveilleux acquiescement aux volontez

volontez de celui qui les lui envoioit. Quatre ans & demi avant sa mort, il lui fit entendre par des paroles interieures, que deformais elle ne vivroit plus que de foi, & de croix : cela est arrivé. Les souffrances de son corps étoient grandes, mais celles de son ame l'étoient incomparablement davantage. Elle en parloit peu neanmoins, à ceux même qui gouvernoient sa conscience, non par un défaut de candeur, mais parce qu'elle sçavoit que nul ne pouvoit apporter de remede à ses plaïes, que celui qui les lui avoit faites. Car c'étoient des plaïes divines, que les beautez, les bontez & les autres perfections de Dieu lui avoient causées, sur tout sa justice & sa sainteté. C'étoient quelquefois des impressions que le sacré Verbe Incarné faisoit en son ame, particulierement depuis qu'elle eut eu l'honneur de le voir. Car ce divin Sauveur s'étant fait voir à son ame, aussi aimable & aussi charmant qu'il étoit, il la laissa dans un si grand desir de mourir, afin de joüir de lui, qu'elle souffroit des langueurs extrêmes. Elle me disoit quelquefois, je souffre infiniment, & si l'on me demandoit qui me fait souffrir, je ne pourrois dire autre chose sinon que c'est le Verbe Incarné, mais il le fait d'une façon si intime & si penetrante, que je ne la puis expliquer. D'autrefois elle avoit des resserremens de cœur si préssans, sans autre impression que la pure souffrance, que sa vie lui étoit plus dure à supporter que la mort même. Cette grande inclination qu'elle avoit de mourir pour avoir la veuë & la joüissance du sacré Verbe incarné se changea toute en l'amour des souffrances, afin de lui être plus semblable : elle ne se contentoit pas de celles qu'il lui envoioit de lui-même, mais elle se portoit encore à plusieurs exercices de mortification & de penitence, qui eussent encore avancé davantage la fin de sa vie, si ses Superieurs eussent donné toute liberté à son zele & à sa ferveur.

Elle étoit merveilleusement industrieuse, pour eviter les soulagemens, qu'on lui vouloit donner, & tres-vigilante à ne donner à la nature que le pur necessaire, & autant seulement qu'il en étoit besoin pour rendre à Dieu le service qu'il demandoit d'elle. Elle craignoit tant d'exceder qu'elle étoit excessivement severe à son corps. On ne pouvoit plus la mortifier que de la plaindre, & de prendre soin de ses necessitez au prejudice de la vie commune & reguliere ; & elle ne s'y rendoit qu'à l'extrêmité. Cela provenoit de la haine & du mepris qu'elle avoit d'elle-même, s'estimant indigne d'assistance & de support, & se croïant entierement à charge à la Communauté ; quoi qu'elle y fût tres-utile & d'un rare exemple.

Son humilité. Ceux qui la conduisoient, ne l'estimoient pas capable da vaine gloire ; car elle étoit si solidement fondée dans l'humilité, que les loüanges ne la touchoient pas plus que les mépris. Elle n'ignoroit pas les rares talens de nature & de grace, dont Dieu l'avoit avantagée ; mais elle ne s'y appuioit nullement, & elle n'avoit ni veuë, ni reflexion que sur ce qu'elle croioit être en elle de defectueux : Elle en parloit volontiers dans les occasions avec un esprit humilié, & elle recevoit cette humiliation, avec douceur & avec amour. Dans ces mêmes sentimens d'humilité, elle recevoit avec une grande égalité d'esprit les paroles & les actions de mépris qui sembloient s'adresser à elle ; son cœur ressentoit de la joïe, quand elle connoissoit qu'on avoit quelque mauvaise opinion de sa personne ou de sa conduite ; & elle traittoit celles qui la mortifioient le plus avec une douceur & une charité incroïable, les défendant dans les rencontres, & les servant avec amour dans leurs besoins.

Son amour pour la pauvreté. Comme l'humilité & la pauvreté sont deux sœurs qui ne se separent quasi jamais, aussi se tenoient-elles une fidelle compagnie dans cette chere Mere. L'on ne remarquoit en elle nulle affection pour les biens de la terre ; elle n'en souhaittoit à la Communauté qu'autant qu'elle en avoit besoin pour faire subsister une bonne observance. Et pour son particulier elle pratiquoit la pauvreté en sa personne, évitant toute superfluité dans le vivre, dans le vétir, dans les ameublemens de sa cellule, & souffrant même souvent la disette du necessaire. Si quelque chose lui manquoit, il falloit le deviner, car elle ne se plaignoit jamais, voulant imiter nôtre Seigneur dans les états de sa pauvreté. Comme la nourriture est grossiere en ce païs, & tout-à-fait contraire à ses infirmitez, elle ne laissoit pas de l'aimer, parce qu'elle étoit pauvre, & quand celle-là même lui manquoit, elle ressentoit un redoublement de joïe. Et elle m'a quelquefois dit, qu'elle avoit un singulier amour pour ces sortes de privations, parce que c'étoit en cette maniere qu'elle pouvoit donner quelque chose à Dieu, & lui témoigner le desir qu'elle avoit d'imiter son fils dans sa pauvreté.

Le mépris du monde. Elle avoit une peine extrême quand elle voioit que quelqu'un s'élevoit pour sa naissance, sur tout, quand c'étoient des personnes religieuses ; ne croiant pas qu'il y eût rien qui fut capable d'élever une ame que la vertu ; & disant que comme la Religion rend tous ses sujets égaux, nul ne se doit élever au-dessus d'un autre. Un mois devant sa mort, une personne du dehors lui fit demander quelque éclaircissement touchant un de ses ancêtres : Elle lui fit réponse qu'elle ne s'étoit jamais mise en peine de sçavoir les avantages que la nature lui avoit donnez dans ses parens, parce qu'elle ne faisoit état que de l'honneur qu'elle avoit d'être fille de Dieu & de l'Eglise ; que c'étoit en cela qu'elle mettoit son bonheur, & qu'elle méprisoit tout le reste. Quoi qu'elle rendît à ses parens ce que Dieu lui commandoit, elle faisoit voir combien elle en étoit détachée dans les occasions où la grace le devoit emporter sur la nature. Comme elle leur étoit fort chere, il ne se peut dire combien ils firent d'instances, ni les ressorts qu'ils firent joüer pour la faire retourner en France, tant pour la faire soulager dans ses infirmitez, que pour la retirer du peril où on leur avoit dit qu'elle étoit par les courses continuelles des Hiroquois. Elle leur témoigna toute la reconnoissance imaginable de leur bonté en son endroit ; mais elle leur fit voir par des raisons si fortes la fidelité qu'elle étoit obligée de rendre à Dieu pour la grace de sa vocation, qu'ils en étoient également convaincus & édifiez. Monsieur de la Rochelle même dit au Reverend Pere Lallemant, lors qu'il alla prendre congé de lui, avant que de s'embarquer, qu'il avoit resolu de la rappeller, mais qu'il en avoit été empêché par la force de ses lettres, dans lesquelles il avoit reconnu tant de marques de l'esprit & de la volonté de Dieu, qu'il ne pouvoit plus s'opposer à sa vocation.

Elle a toujours eu cette fermeté dans sa vocation dés le commencement, sans avoir égard à la tendresse de ses parens. Lors que nous étions en marche pour nôtre embarquement, quelqu'un manda à Monsieur de la Troche qu'on s'étonnoit de ce qu'il avoit permis si facilement que sa fille passât dans un païs perdu. C'est ainsi qu'on lui parloit de ce païs, que l'on prenoit pour celui de S. Christophle, qui en effet n'étoit pas alors en l'esprit de plusieurs dans une trop bonne reputation. Sur cet avis il revint à soi, & revoquant tous les congez qu'il lui avoit donnez, il emploia des personnes de tres-haute consideration pour l'arrêter. L'on nous vint trouver à Paris & à Diépe à ce sujet, avec des lettres tres-pressantes de son pere & de sa mere, qui dans le doute que nous ne fussions déja embarquées, n'avoient pas jugé à propos d'y venir eux-mêmes. Elle reçut avec respect les personnes & les lettres, mais elle répondit aux unes & aux autres avec tant de zele, & de ferveur, qu'elle l'emporta encore pour cette fois. A une autre attaque qui suivit peu aprés, ses parens mirent entierement la resolution de cette affaire entre les mains du Reverend Pere Dom Raimond de saint Bernard, qui étoit alors Provincial des Feüillans. Il vint à Diépe où nous étions déja ; & aprés une nouvelle épreuve de sa vocation, & aïant reconnu que ce que l'on avoit mandé du Canada étoit une méprise, il ne la pressa pas davantage, & sur son témoignage, Messieurs ses parens demeurerent en repos & satisfaits.

Sa conversation sainte & pacifique.

Sa conversation étoit angelique, toujours utile, toujours profitable; inspirant des sentimens de pieté & de devotion. Elle ne laissoit pas d'être d'un entretien agreable, & d'une belle humeur. Mais le naturel & la grace étant joints ensemble, celle-ci l'emportoit toujours. Dans la recreation elle mettoit toujours quelque bon propos en avant pour servir de matiere d'entretien, & dans ces sortes de conversations elle avoit un soin merveilleux de conserver la paix & la bonne intelligence. Elle se servoit en perfection du rare talent qu'elle avoit de pacifier les esprits tant des Inferieures envers les Superieures, que des Superieures envers les Inferieures, trouvant dans les unes & dans les autres des raisons d'excuse admirables. Elle les voioit separément; & s'il y avoit quelque chose à redire en leur conduite, elle les en avertissoit en secret; & l'on ne pouvoit trouver mauvaise la franchise dont elle usoit, parce qu'il étoit visible par les bons succés, que c'étoit l'Esprit de Dieu qui la portoit à agir de la sorte.

Son obeïssance.

Tout ce qui lui étoit recommandé de la part de la Religion, étoit sacré à son égard, comme sont les offices & les emplois qui lui étoient confiez: Elle manioit tout cela avec tant de sainteté & de perfection, qu'il ne se pouvoit rien desirer de mieux pour l'exterieur. Et quant à l'interieur, celles à qui elle étoit obligée d'ouvrir son cœur, étoient ravies de la droiture & de la pureté de ses intentions: Elle ne cherchoit que Dieu & sa gloire, & elle se portoit toujours à ce qu'elle croioit le plus parfait. Enfin sa fidelité étoit admirable en tout ce qui regarde l'obeïssance, envisageant constamment nôtre Seigneur dans ses Superieurs, recevant leurs avis & leurs ordres comme venans de sa part, & les executant, & faisant executer avec autant d'exactitude que si elle l'eût veu present. Elle leur ouvroit son cœur, en sorte qu'ils y voioient aussi clair que dans le leur propre. Dés le lendemain que ma Reverende Mere Marguerite de saint Athanase fut eluë Superieure, elle lui fut rendre compte de la disposition de son ame, & de la conduite que Dieu tenoit sur elle. Elle en usoit de même en mon endroit; & tout cela se faisoit avec une admirable simplicité, sans empressement ni affectation: car elle parloit peu, & même de peur d'exceder & de recherche d'elle-même, elle écrivoit ce qu'elle avoit à dire, & un oüi ou un non rendoit son esprit content. Nous avons

DE LA M. MARIE DE L'INCARNATION.

été privées de ces écrits par l'embrasement de nôtre Monastere, comme aussi de ceux qui faisoient mention de la conduite de Dieu sur elle depuis son enfance, qu'elle avoit été obligée d'écrire par le commandement de ses Superieurs : c'étoient des tresors que nous n'étions pas dignes de posseder.

Sa pureté étoit angelique, & la moindre chose qui se trouvoit contraire à cette vertu, marquoit sa pudeur sur son visage. Elle en a donné des preuves quasi dés le berceau, comme j'ai déja remarqué, & elle l'a confirmée jusques à la mort. Elle avoit un soin particulier d'en inspirer l'amour à ses écolieres tant Françoises que Sauvages. Ces dernieres avoient coûtume de marcher presque nuës avant nôtre établissement : mais elle fit tant qu'elle retrancha cette coûtume dés les premieres qui nous furent données, & depuis elles sont demeurées couvertes. Elles s'y plaisent, disant que leur bon Ange les quitteroit, & quand elles sortent du Seminaire pour retourner dans les cabanes, elles y portent cette façon modeste, en sorte qu'on peut dire que cette chere Mere a mis la pudeur parmi les femmes & les filles sauvages.

Sa pureté.

Quelques années avant sa mort, l'on voioit bien que c'étoit un fruit mur, que nôtre Seigneur avoit envie de cueillir bien-tôt. Elle en avoit même un pressentiment, ce qui la faisoit voler plutost que courir dans la voïe de la perfection, afin de faire beaucoup de chemin dans le peu de temps qui lui restoit. Elle s'étudioit particulierement à imiter nôtre Seigneur dans ses vertus, sur tout dans sa vie cachée & obscure. C'est ce qui la tenoit dans un aneantissement continuel d'elle-même, qui lui faisoit éviter les occasions, où elle eût pû faire connoître ses riches talens, sur tout aux personnes de dehors. Mais quelque effort qu'elle fit pour les cacher, ils paroissoient plus dans son silence & dans sa modestie, que si elle leur eût donné la liberté d'éclater aux yeux du monde. On lui a quelquefois témoigné qu'on la vouloit élever à quelque emploi plus éclatant que ceux où elle étoit actuellement appliquée. Elle en rioit en elle-même comme d'une chose qu'elle sçavoit qui ne seroit point : Car elle m'a souvent assurée qu'il n'en seroit jamais rien, & que nôtre Seigneur la vouloit dans l'humiliation d'une vie cachée. Tout cela est arrivé. Elle est demeurée dans cette sorte de vie, mais son obscurité étoit pour elle une lumiere, & elle y a pratiqué des vertus heroïques, qui la faisoient dautant plus éclater, qu'elle s'étudioit à se cacher. Car vous remarquerez, s'il vous plaît, que pour cachée & aneantie qu'elle fût en elle-même, elle ne degene-

Sa modestie.

Son humilité genereuse.

roit jamais dans les occasions : Son humilité étoit genereuse, quand il y alloit de la gloire & du service de Dieu ; sur tout quand il s'agissoit du salut des ames, de la reputation de la colonie, & du progrés de nôtre Communauté ; car en ces rencontres il n'y avoit rien qu'elle ne fit, & qu'elle ne souffrît, & Dieu lui donnoit des lumieres admirables pour tout cela.

Sa patience.

Cette chere Mere avoit toutes les vertus dans un degré tres-éminent, mais je puis dire qu'elle étoit consommée dans la patience. Quatre ans & demi avant sa mort, peu de temps aprés que nôtre Seigneur lui eut dit qu'elle ne vivroit plus que de foi & de croix, elle tomba dans plusieurs maladies, toutes grandes & dangereuses. Elle fut attaquée d'un asthme, d'un mal de poûmon, d'une douleur de poitrine, d'une toux continuelle, qui lui faisoit cracher le sang en abondance, & tout cela étoit accompagné d'une fiévre continuë. Elle a supporté toutes ces maladies avec une douceur & une patience nompareille. L'on n'entendoit aucune plainte, quoi que souvent les douleurs parussent insupportables : Et elle est demeurée dans cette tranquillité souffrante depuis le temps que je viens de dire jusqu'à la mort. Car encore que de temps en temps elle parût avoir d'assez bons intervalles, elle m'a neanmoins avoüé dans sa derniere maladie, qu'elle n'avoit point gueri. Et cela m'étoit visible, quand j'y faisois reflexion ; car elle avoit toutes les peines du monde à marcher & à respirer. S'il lui falloit ramasser quelque chose à terre, elle étoit tellement affoiblie, quand elle s'étoit redressée, qu'elle sembloit être à l'extrêmité. Avec tout cela elle observoit la regle, sinon lors qu'elle gardoit actuellement le lit, ce qui étoit rare ; elle psalmodioit & chantoit au Chœur, & le conduisoit entierement, Dieu lui aiant donné un grand talent pour cela. Lors qu'on lui disoit qu'elle augmentoit son mal de poûmon, & sa douleur de poitrine par son assiduité au chant, elle répondoit qu'elle gardoit la regle, & que ses douleurs n'étoient pas considerables à l'égard du service de Dieu ; qu'elle vivoit spirituellement, en faisant un peu de violence à sa nature pour un si bon sujet. Il étoit rare qu'elle ne se levât à quatre heures, même dans les plus grandes rigueurs de l'hiver. On lui permettoit quelquefois pour son soulagement, & même on lui commandoit, de faire son oraison proche du feu, à cause que le chœur où nous étions aprés nôtre incendie, étoit extraordinairement froid, ce qui la faisoit continuellement tousser. Sa cabane n'étoit qu'à quatre ou cinq pas du feu, & neanmoins quand elle y étoit arrivée, elle n'avoit plus d'haleine. Il en étoit de même à chaque piece qu'elle mettoit pour s'habiller. Elle étoit si accoûtumée à souffrir, que sa patience fut enfin changée en amour de complaisance aux adorables desseins de Dieu sur elle. On ne la pouvoit affliger davantage que de la plaindre. Si on la forçoit de prendre des soulagemens, elle les prenoit dans un esprit de pauvreté, & comme une aumône. Quand on lui rendoit quelque service ce qu'elle ne souffroit qu'à l'extrêmité, il n'y avoit rien de plus doux ni de plus commode. Elle étoit parfaitement obeïssante à ses infirmieres, ne leur étant à charge que le moins qu'elle pouvoit, & adoucissant la peine de leur ministere par mille reconnoissances qui leur gagnoit le cœur ; ensorte qu'il y avoit plus de plaisir à la servir que de fatigue. J'en ai eu l'experience durant trois ans que j'ai été son Infirmiere. En verité, si je n'eusse veillé sur mes intentions, j'eusse eu de l'attache à la gouverner, tant une ame sainte a d'attraits pour gagner les cœurs. J'avoüe que les exemples que j'ai veus, ont beaucoup servi à ma perfection, & ils l'eussent fait encore davantage, si j'eusse été assez fidele pour en faire un bon usage.

§. 12. *Sa derniere maladie, & les vertus qu'elle y a pratiquées.*

Quelque resistance qu'elle fit au mal, & aux soulagemens qu'on lui vouloit donner, elle succomba enfin entierement, & elle fut obligée de s'abandonner à tout ce qu'on voudroit faire d'elle. Elle tomba malade de la maladie dont elle mourut le jour de la Purification de la sainte Vierge de l'année 1652. Elle officia neanmoins ce jour-là au Chœur, quoi que ses douleurs fussent extrêmes, & elle dit assurement qu'elle en mourroit. Outre ses autres maladies, dont j'ai parlé, celle qui l'arrêta, fut un épanchement de bille par tout le corps, & particulierement sur les parties malades, sçavoir sur le poûmon, sur la poitrine, & sur les parties pectorales. Ce nouveau mal redoubla la douleur des autres par son acrimonie. Elle toussoit sans quasi avoir le loisir de respirer, & les efforts qu'elle faisoit, lui faisoient jetter le sang en abondance. Une forte fiévre survint là-dessus, qui ne lui donnoit point de repos, & elle passoit ainsi les jours & les nuits. Avec toutes ces douleurs, elle avoit le courage d'aller communier au Chœur, & d'y entendre les conferences, pour le respect qu'elle portoit au tres saint Sacrement, & à la Parole de Dieu : Ce qu'elle a continué de faire jusqu'au quatriéme de Mars, qu'elle fut reduite à une telle extrêmité, qu'on lui fit recevoir le saint Viatique & l'Extrême-onction.

Outre les douleurs & les fatigues de sa maladie, elle recevoit de tres-grandes incommoditez dans le lieu où nous étions logées. Il étoit fort petit, & l'on ne pouvoit aller au Chœur sans passer proche sa cabane & à sa veüe; le bruit des sandales, les clameurs des enfans, les allées & les venuës de tout le monde, le bruit de la cuisine, qui étoit au dessous, & dont nous n'étions separées que par de simples planches, l'odeur de l'anguille qui infectoit tout, en sorte que durant la rigueur du froid il falloit tenir les fenestres ouvertes pour purifier l'air, la fumée de la chambre qui étoit presque continuelle : enfin la cloche, le chant, la psalmodie, le bruit du Chœur, qui étoit proche, lui causoient une incommodité incroiable, & augmentoient étrangement l'étouffement du cœur & du poûmon. Comme nos cabanes étoient les unes sur les autres, il y en avoit une sur la sienne, où la sœur qui y couchoit, la pouvoit beaucoup incommoder. Elle souffroit cependant tout cela avec une patience heroïque : Et tant s'en faut qu'elle en fît des plaintes, qu'au contraire elle nous vouloit persuader que cela la divertissoit. Elle tenoit comme une providence & une misericorde de Dieu de ce que par l'embrasement de nôtre Monastere, elle étoit reduite dans un lieu, où elle pouvoit avoir la consolation d'entendre de son lit la sainte Messe, l'Office divin & la Predication, & par ce moien de vivre regulierement jusqu'à la mort.

Nôtre Seigneur la voulant faire passer par le creuset des souffrances, & la purifier dans ses puissances interieures aussi bien que dans les parties de son corps, permit que les choses qu'elle avoit apprehendées naturellement durant sa vie, lui arrivassent un peu devant sa mort. Elle craignoit l'hydropisie, à cause que cette maladie incommode fort celles qui assistent, & pour d'autres raisons qui regardent la pureté. Elle craignoit encore d'avoir des douleurs excessives, de crainte de perdre ou d'interesser la patience. Elle apprehendoit enfin les abandonnemens interieurs, de crainte de perdre la fidelité qu'elle vouloit rendre à Dieu, & l'attention qu'elle desiroit avoir sur elle-même à l'heure de sa mort. Nôtre Seigneur permit qu'elle tombât dans les peines qu'elle avoit apprehendées, mais il la preserva des suites qu'elle craignoit. Elle fut attaquée d'une hydropisie mortelle, ainsi que je dirai ; les douleurs qu'elle souffroit dans le corps, étoient des plus aiguës, comme j'ai deja remarqué ; & enfin elle s'est trouvée dans des delaissemens si extrêmes, qu'il sembloit que Dieu l'eût entierement abandonnée. Ce qu'elle souffroit dans l'interieur, étoit sans
comparaison

comparaison plus insupportable que ce qu'elle enduroit dans le corps : mais Dieu qui l'affligeoit d'un côté, la soûtenoit de l'autre ; car elle rendoit des soumissions heroïques à sa divine Majesté, pour honorer les delaissemens de son tres-cher & tres-aimé fils dans la croix. A la voir on eût cru qu'elle étoit toute penetrée des delices spirituelles en veuë de celles de l'Eternité ; parce qu'elle en parloit continuellement à Dieu par des colloques humbles & amoureux. Si on la visitoit, son entretien n'étoit que des biens de l'autre vie, ou de ceux de la religion & de la fidelité qu'une ame religieuse est obligée de rendre à Dieu pour la grace de sa vocation en quelque lieu du monde qu'elle soit. Ah, me disoit-elle, que je suis heureuse d'être dans un lieu pauvre, & d'y mourir dans le denuëment des delices & des commoditez de la France ! Je vous prie de le faire sçavoir à Monsieur de la Rochelle, à nos Meres de Tours, & à mes Parens ; & de les assurer que je meurs contente de les avoir tous quittez : premierement d'avoir quitté le peu que je pouvois pretendre dans le monde, pour être Religieuse : Secondement de m'être separée d'eux entierement pour venir en Canada : Et enfin d'y être restée nonobstant toutes les sollicitations qu'ils m'ont faites de retourner en France, pour me soulager dans mes infirmitez. Informez-les enfin des biens que je reçois, & des consolations que je ressens dans l'execution de ma vocation. Elle ne se pouvoit lasser de benir Dieu des grandes graces qu'il lui avoit faites dans la suite de sa vie, tant dans sa vocation à la Religion que dans celle du Canada. Le plaisir qu'elle en avoit dans son ame est inexplicable : Car encore qu'elle fût dans des abandonnemens sensibles, elle experimentoit dans le fond de son ame cette vie de foi & de paix, qui est au dessus des sens, & qui étoit compatible avec l'abandon exterieur qu'elle souffroit. Je dirai en deux mots tout ce que je puis dire de ma chere compagne. C'étoit une ame des plus illuminées, & des plus fideles à la grace que j'aye connuës.

Dés qu'elle se vit attaquée d'hydropisie, elle vit bien que s'étoit fait de sa vie : Elle en rendit ses soumissions à Dieu, qui lui ôta toutes les apprehensions de la mort, en sorte qu'elle ne faisoit plus que soûpirer aprés lui. Les Medecins étoient surpris de la voir supporter tant de douleurs avec une generosité plus qu'humaine, & il n'y a point de remedes dans leur art qu'ils n'eussent voulu employer pour la sauver : Car je dirai en passant que quand elle eût été au milieu de la France, elle n'eût pu être mieux gouvernée. Monsieur Menoüil Chirurgien du Roi, qui par devotion est venu en ce païs depuis quelques années,

& qui s'est rendu recommandable par les belles cures qu'il a faites tant en France qu'en Canada, voiant que son hydropisie augmentoit extraordinairement, crut qu'il lui falloit faire des ouvertures aux jambes pour attirer les eaux qui menaçoient de l'étouffer. On en fit la consultation, & cela fut conclu & executé. Ce fut la Semaine sainte, en laquelle nôtre Seigneur voulut honorer sa servante de la participation de ses peines & de ses douleurs. On lui fit de grandes & profondes incisions, en sorte qu'on voioit la membrane de l'os. On craignoit qu'elle ne mourut dans l'operation, c'est pourquoi elle desira que le Reverend Pere Lallemant, qui étoit nôtre Superieur ordinaire, demeurât en la chambre. Elle souffrit beaucoup en cette operation, mais avec une constance admirable. En levant les yeux au Ciel, elle prononça le saint Nom de JESUS, & croiant que c'étoit une espece de plainte, elle pria qu'on lui pardonnât la mauvaise édification qu'elle donnoit en se montrant si sensible. Au premier appareil ces ouvertures rendirent quelques eaux; mais la nature étant trop foible pour secourir des parties si affligées, la corruption s'y mit aussi-tôt, & l'on crut que nôtre Seigneur n'avoit permis ces grandes plaies que pour faire compagnie à celles qu'il avoit reçuës dans la croix. Toutes ses douleurs étoient renouvellées & comme mortelles autant de fois qu'on renouvelloit l'appareil; en sorte que nous croions qu'elle dût mourir cette semaine-là. Le Medecin ne voiant plus rien de naturel en sa maladie, qui pût porter les remedes humains, nous crûmes que nôtre Seigneur ne la laissoit vivre que pour lui faire faire son purgatoire, afin que son ame allât joüir de lui en sortant de son corps. Lors que la gangrene fut formée, Monsieur Menoüil la voulant arrêter, n'y appliqua que le quart du remede convenable; elle ne le put porter, & nous crûmes qu'elle alloit expirer par la violence de la douleur; ce qui l'obligea de prendre des moiens plus doux, & l'on se contenta seulement de laver ses plaies avec de l'eau de vie. La violence de la fièvre & des douleurs l'ayant jettée dans des foiblesses, & des abbatemens extrêmes, elle devint comme morte à l'exterieur, & insensible aux douleurs; en sorte qu'elle se voioit tailler les jambes de nouveau, comme si elles lui eussent été indifferentes, mais pour l'interieur elle a toujours eu l'esprit tres-sain & tres-present pour les choses de Dieu. Le R. Pere Superieur des Missions, qui lui a fait l'honneur de la visiter plusieurs fois, en étoit merveilleusement édifié, comme aussi le R. Pere Lallemant, qui l'a toujours assistée spirituellement jusqu'à la mort.

DE LA M. MARIE DE L'INCARNATION. 499

Elle renouvella ses vœux solemnellement par deux fois, demandant pardon aux Assistans, & à la Communauté, la remerciant avec de grands sentimens d'humilité, des secours qu'elle lui avoit rendus dans sa maladie. Elle avoit déja remercié le Reverend Pere Ragueneau Superieur de la Mission de toutes les charitez qu'il avoit faites à nôtre Communauté depuis nôtre embrasement, & la lui recommanda de nouveau. Elle remercia encore le Reverend Pere Lallemant de l'assistance qu'il avoit renduë à son ame durant sa maladie; & aux Medecins de celle qu'ils lui avoient renduë corporellement, les assurant que s'il plaisoit à Dieu de lui faire misericorde, elle le prieroit dans le Ciel de recompenser leur travail.

Comme elle avoit eu toute sa vie un amour singulier pour les ceremonies de l'Eglise, elle conserva ce zele jusqu'à la fin. Elle demanda au Reverend Pere Lallemant, si elle pouvoit encore recevoir le saint Viatique. Il lui répondit que cela se pouvoit à la rigueur, mais que cela ne se faisoit pas ordinairement. Elle repartit que comme fille de l'Eglise, elle se vouloit tenir à l'ordinaire, & qu'elle ne desiroit point de particularitez. Elle nous entretint ensuite de toutes les ceremonies qui se devoient faire à son enterrement selon nos regles, avec une aussi grande liberté d'esprit que si elle eût été en santé, & qu'elle eût parlé d'une autre. Il faudra, disoit-elle, comme vous êtes peu, que nos Domestiques me portent à mon enterrement, car vous ne pourriez pas prier Dieu, ni faire les ceremonies.

C'étoit une chose admirable de l'entendre parler des biens de l'autre vie, & du mépris de celle-ci. Nous étions consolées de la voir dans de si belles dispositions, mais nous étions inconsolables dans la pensée de la perte que nous en allions faire. Monsieur le Gouverneur qui sçavoit qu'elle aimoit le païs, tant pour l'avancement de la Foi, que pour l'affermissement de la Colonie Françoise, pria le Reverend Pere Lallemant de la voir de sa part, & de la supplier de prier Dieu pour lui & pour les affaires communes du païs, quand elle seroit dans le Ciel. Elle lui fit une réponse édifiante, & pleine de pieté.

§. 13. *Son heureuse mort, & quelques evenemens miraculeux qui l'ont suivie.*

Nôtre Seigneur, qui avoit permis pour sa gloire & pour la sanctification de sa servante, qu'elle passât par tant de croix interieures & exterieures l'espace de plus de quatre ans & demi, & les aïant beau-

R r r ij

coup augmentées en cette derniere maladie, voulut qu'elle finît sa vie dans les delices de sa grace & de sa charité. Trois jours avant sa mort, il remplit son ame d'une paix qui lui étoit un avant-goût de celle du Paradis, & qui lui ôtoit toutes les veuës de la terre. On voioit son corps agonisant, & la gangrene gagner par tout, & elle ne paroissoit pas y faire de reflexion. Elle répondit à toutes les questions qu'on lui fît, jusqu'à ce qu'elle fut prête d'expirer ; car encore qu'elle fut à l'agonie vingt-quatre heures, elle ne laissoit pas de faire les actes qu'on lui proposoit. En expirant même elle donna des signes qu'elle étoit attentive à ce qu'on desiroit d'elle. Elle mourut si doucement, qu'à peine s'en pût-on apercevoir ; & en expirant, elle avoit une face si douce & si angelique, qu'au lieu de nous laisser de la douleur de son départ, nous ressentîmes de la joie, avec une onction interieure si penetrante, qu'elle nous étoit comme un échantillon de la gloire dont elle alloit joüir. Il n'y eut pas une de nous qui ne ressentît l'effet d'une grace toute extraordinaire, avec une espece de certitude que nous allions avoir une bonne Avocate auprés de Dieu. On se sentoit portée à l'invoquer, & en l'invoquant on experimentoit l'effet de sa demande ; & depuis sa mort plusieurs ont fait cette experience. Enfin la memoire de cette chere Mere nous est en benediction. Elle mourut le 4. d'Avril de cette année 1652. à huit heures du soir, le Jeudi de l'Octave de Pâques. Nous la portâmes dés ce soir-là dans nôtre bâtiment nouvellement reédifié, où nous n'habitions pas encore, afin d'y faire ses funerailles plus commodément, & ç'a été la premiere chose à quoi il a servi. Elle fut inhumée le lendemain, & le Reverend Pere Lallemant fit les ceremonies avec une solemnité toute extraordinaire. Il ne s'est point veu un si beau convoi en ce païs depuis qu'il est habité : Tout ce qu'il y a de considerable y assista, les grands & les petits, les François & les Sauvages. Les Hurons avoient déja fait en leur Isle la solemnité de son enterrement pour marque de leur reconnoissance en son endroit. Enfin comme elle étoit universellement aimée & estimée de tout le monde, il n'y eut personne qui ne voulut donner des marques de son affection en cette rencontre, & témoigner le regret qu'il avoit de la perte d'une personne si sainte & si aimable.

Une heure aprés son enterrement une personne qui lui avoit rendu de grandes assistances depuis quelques années allant pour une action de charité à une lieuë de Quebec, & passant un peu au delà de nôtre Monastere, elle lui apparut dans le chemin par une vision intellec-

DE LA M. MARIE DE L'INCARNATION.

tuelle. Elle avoit un port grave & majestueux, & il sortoit de son visage, & particulierement de ses yeux des raïons de lumiere capables d'abattre une ame, & de consommer un cœur. Elle possedoit tellement celui de cette personne, & elle lui imprimoit des influences de grace & d'amour de Dieu si puissantes, qu'encore qu'il allât toujours son chemin, il ne se pouvoit distraire. Il m'a assurée qu'il pensa mourir par la violence de ses assauts, & par l'excés de l'amour de Dieu, qui étoit allumé en son cœur par la force de ses regards lumineux. Elle l'accompagna de la sorte jusqu'au lieu où il alloit, & encore à son retour par une presence interieure également certaine & efficace.

Le lendemain cette même personne allant à l'Isle d'Orleans, dite de sainte Marie, pour rendre quelques assistances aux Hurons qui s'y étoient établis aprés leur déroute par les Hiroquois, arriva à un trajet du fleuve qu'il lui falloit passer sur la glace. Durant tout l'hiver les glaces avoient porté, mais elles s'étoient fondües & minées par le dessous aux aproches du Printemps, en sorte qu'il ne paroissoit plus qu'une petite croûte luisante qui s'étoit formée la nuit. Il crut que sous cette petite glace la grosse étoit cachée, & qu'elle subsistoit encore. Il poursuit donc son chemin sans crainte, mais lors qu'il fut bien avancé, nôtre chere défunte, qui l'accompagnoit par tout en la maniere que j'ai dit, lui dit interieurement ces paroles: Arrête-toi. Alors il revint à soi, & ouvrant les yeux, il se vit tout entouré d'eaux: Il fiche son bâton sur cette petite croûte pour sonder s'il n'y en avoit pas une plus forte au dessous, mais il ne trouva que de l'eau. Il fut fort surpris de se voir dans un danger si inévitable. Pour l'éviter neanmoins il s'adressa à celle qui l'avoit si charitablement arrêté. Il se recommanda donc à elle, & s'en retourna sur ses pas, mais avec tant de facilité & d'une maniere si extraordinaire, qu'il croioit marcher sur rien. Il m'a assurée qu'il chemina sur les eaux l'espace de plus de trois cens pas à la faveur de sa chere Bienfaitrice, qui, comme il dit, l'a tiré d'un lieu d'où il ne pouvoit sortir sans miracle. Depuis ce temps-là il ne l'appelle que son Ange, & elle de sa part s'est encore communiquée à lui assez long-temps depuis la premiere apparition, dont j'ai parlé.

Voila, mes Reverendes Meres, ce que je vous puis dire pour vôtre consolation, de vôtre chere fille, ma tres-fidele & tres-aimable compagne. Mais ce que je vous dis pour vous consoler, ne m'est pas un petit sujet de honte & de confusion, quand je pense que l'aïant notablement devancée en âge, elle m'a infiniment surpassée en vertu & en merite. Je vous supplie de prier nôtre Seigneur, qu'il me fasse la grace, que comme elle a été ma compagne dans mes petits travaux, je merite d'être la sienne dans le repos de sa gloire & de son bonheur.

La personne, dont il est parlé à la fin de cette Lettre, est le Frere Bonnemer Jesuite, qui avoit rendu de grands services à cette Religieuse dans ses maladies. Il a écrit & signé ces deux faits, son attestation a été envoiée en France. Voiez en la premiere partie la Lettre cent quatorziéme.

Un Charpentier de Quebec nommé Philippes Estienne a pareillement declaré & signé, qu'étant monté sur un échaffaut au troisiéme étage du Monastere, l'échaffaut tomba sous ses pieds. La Mere Marie de saint Joseph le regardant vit que l'échaffaut manquoit, & que cét homme tomboit à la renverse. Alors levant les yeux au Ciel, elle dit tout haut JESUS, MARIA, JOSEPH, & à ces paroles le Charpentier se trouva sur ses pieds sans aucun mal, sur un autre échaffaut qui étoit plus bas.

Quand le feu prit à la maison de ses parens, son portrait, qui étoit roullé sur un morceau de bois, & lié pardessus avec des rubans, étoit posé sur l'armoire, où étoit la poudre à canon, qui fut la cause de l'embrasement. La maison, l'armoire, le rouleau sur lequel étoit le tableau, & les rubans qui le lioient furent entierement brûlez: Il n'y eut que ce portrait qui demeura entier, le feu respectant l'image d'une personne si sainte, par la volonté de celui qui commande aux Elemens.

Une fille nommée Anne Baillagon, étant âgée de neuf ans, fut prise par les Hiroquois, & emmenée en leur païs, où elle demeura prés de neuf ans. Elle se plût tellement aux coûtumes de ces Sauvages, qu'elle étoit resoluë de passer avec eux le reste de sa vie. Monsieur de Traci aiant obligé cette Nation de rendre tous les François qu'elle tenoit captifs, elle se retira dans les bois, de crainte de retourner en son païs. Lors qu'elle se croioit en asseurance, une Religieuse lui apparut, & la menaça de la châtier, si elle ne retournoit avec les François. La crainte la fit sortir du bois, & se joindre avec les autres captifs que l'on mettoit en liberté. A son retour Monsieur de Traci lui donna cinquante écus pour se marier, mais il voulut qu'elle fut premierement mise aux Ursulines, pour reprendre l'esprit du Christianisme, qui s'étoit fort affoibli parmi les Hiroquois. Quand elle vit le Tableau de la Mere Marie de saint Joseph, elle s'écria : Ah! c'est celle-là qui m'a parlé, & elle avoit le même habit. Durant toute sa captivité il ne se put faire que vivant parmi des Paiens, elle ne commit bien des fautes contraires à la sainteté du Christianisme : Elle avoit neanmoins toujours conservé une tres-grande pureté ; & l'on croit que cette Mere s'étoit fait son Ange pour la conserver dans cette integrité, comme elle l'a été de quelques autres en d'autres rencontres : En voici un exemple.

Un jeune homme, qui avoit eu le bonheur de lui parler plusieurs fois durant sa vie, étant fortement tenté contre cette vertu, alloit dans un lieu, où il croioit qu'il pourroit satisfaire à sa passion. Il fut arrêté tout court dans le chemin par une puissance invisible, & il entendit distinctement la voix de la Mere Marie de saint Joseph, qui lui dit : Où vas-tu? Elle lui representa ensuite la grandeur & l'énormité du crime qu'il alloit commettre avec tant de force & d'efficace, qu'il en a eu de l'horreur toute sa vie. Il a assuré qu'il étoit redevable de cette grace à cette bonne Mere, & qu'il l'avoit euë aussi presente à son esprit dans le chemin, que si elle eût été encore en vie.

On a remarqué plusieurs semblables apparitions de cette fidele Epouse de JESUS-CHRIST à diverses personnes, mais la plus remarquable de toutes fut celle par laquelle elle alla prendre congé de ses bonnes Meres de Tours, quasi au même temps qu'elle expira. Il y avoit une excellente Religieuse Converse, nommée Sœur Elizabeth de sainte Marthe, qui avoit été comme sa mere nourrice, lors qu'elle étoit Pensionnaire, & qui en avoit eu un soin tout particulier. En reconnoissance de tant de bons offices, la Mere Marie de saint Joseph, qui avoit contracté avec elle une amitié toute religieuse & toute sainte, en sorte qu'elles s'étoient rendus communs tous les merites & tous les biens spirituels, qu'elles pourroient acquerir durant leur vie, lui apparut & lui recommanda de se preparer à la suivre, afin que leurs ames qui avoient été si unies en ce monde par la charité, le fussent encore dans le Ciel par la joüissance d'une même gloire. Cette bonne Sœur se leva aussi-tôt, & quoi que ce fût à une heure induë, elle alla trouver sa Superieure, & lui dit, que la Mere Marie de saint Joseph lui étoit apparuë, qu'elle lui avoit commandé de se disposer à la mort, & qu'assurement elle mourroit en peu de jours. Aiant dit cela elle s'en retourna coucher, & passa le reste de la nuit dans une grande paix. Le lendemain Sœur Elizabeth se trouvant à la recreation imposa silence à la compagnie, & voiant qu'on l'écoutoit, elle dit : J'ay veu cette nuit quelque chose de beau, que vous serez bien-aises de sçavoir : J'ay veu ma Mere de saint Joseph toute resplendissante de lumiere, avec une beauté ravissante & une majesté incomparable. Elle m'a dit en me faisant signe de la main ; Ma sœur suivez-moy, il est temps de partir, & que nous soions unies ensemble dans un même lieu. Le jeudi suivant cette bonne Sœur fut saisie d'une douleur de côté si violente que le mal parut sans remede, & il fut aisé de voir que l'effet de cette apparition s'alloit executer ; & en effet elle mourut le dix-septiéme du même mois, treize jours après la Mere Marie de saint Joseph.

Une jeune fille que cette Mere avoit fort cherie, & à qui elle avoit donné des marques extraordinaires de la tendresse de son cœur durant sa maladie, eut quelques années après une grande inclination d'être Religieuse, mais il y avoit un grand empéchement du côté de la voix qu'elle avoit tres mauvaise & discordante, en sorte qu'elle ne pouvoit ni chânter ni psalmodier. Voiant ce qui faisoit obstacle à son dessein, elle fut inspirée de faire une neuvaine au tombeau de cette bonne Mere, & de demander à Dieu par ses intercessions autant de voix qu'il lui en étoit necessaire pour faire les fonctions & les offices du chœur. Elle obeit à l'inspiration, & l'effet de sa priere lui fut accordé ; car depuis ce temps-là elle eut une si bonne voix pour le chœur, qu'elle fit l'office de chantre aux fétes solemnelles avec beaucoup de grace & d'edification.

Quelques années après sa mort l'on fut obligé de transporter son corps du lieu où il avoit été mis dans l'Eglise nouvellement bâtie. Son Cercueil fut ouvert, & à cette ouverture il se passa des choses miraculeuses & edifiantes, que l'on pourra voir cy-après dans la lettre écrite à sa Sœur Religieuse du Calvaire en 1663.

De Quebec le 1652.

LETTRE XLVIII.
A UNE DE SES SOEURS.

Nouvelles insultes des Hiroquois. Les François les defont & leur donnent la fuite. Secours envoié contre eux par le Roy de France.

MA tres-chere & tres-aimée Sœur. L'amour & la vie de JESUS soit vôtre vie pour l'eternité. J'ay reçu la vôtre datée de la fin de Mars, dans laquelle j'ay trouvé un grand sujet de rendre graces à nôtre Seigneur pour les benedictions qu'il verse sur vôtre famille & sur vous en particulier. Je le prie de vous faire tous saints. C'est où nous devons tous aspirer, & à quoi nous devons travailler sans cesse, puisque c'est nôtre unique necessaire, qui n'empéchera pas pourtant le negoce où Dieu vous a appellez en ce monde, pourveu que vous rapportiez tout à cette fin, comme à son dernir point de veüe.

La compassion que vous avez de nos croix est une marque de vôtre bon cœur, & de l'affection que vous avez pour ce païs, où elles foisonnent auſſi-bien qu'en vôtre France, dont nous continuons d'apprendre les deſaſtres. Nous apprenons que six cens Hiroquois ont aſſiegé les trois Rivieres, & que nôtre tres-cher Pere Poncet eſt entre leurs mains, ce qui afflige univerſellement tout le païs. Mais le Reverend Pere Mercier Superieur des Miſſions a tellement fortifié ce lieu que les François y ſont en aſſurance. L'on craint ſeulement qu'ils ne brûlent les moiſſons, comme ils ont déja commencé. On parlemente avec eux pour échanger le Pere, & un homme qui eſt avec lui, à d'autres priſonniers Hiroquois que nous avons. On ne ſçait point encore l'iſſuë de cette negociation. Ces miſerables ont tant fait de ravage en ces quartiers, qu'on a cru quelque temps qu'il falloit repaſſer en France. Tous ces bruits neanmoins ſont diſſipez, & depuis quelques mois ils n'ont point paru. L'habitation de Mont-Real leur a puiſſamment reſiſté & donné la chaſſe avec perte de leurs gens. Maintenant on fait les recoltes qui ſont belles. Avec cela il vient du ſecours de France, ce qui conſole tout le païs, car c'eût été une choſe deplorable s'il eut fallu venir à cette extremité que de quitter. Plus de deux mille François qui l'habitent & qui ont fait de grandes depenſes pour s'y établir, n'aiant point de bien ailleurs, euſſent été miſerables: Et de plus les Sauvages n'aiant pas aſſez de force pour reſiſter aux Hiroquois, ils euſſent été en des hazards continuels de perdre la vie & peut-être la foy. Mais enfin nous attendons le ſecours que Monſieur de Maiſonneufve Gouverneur de Mont-Real amene de France, où il étoit allé exprés. Cependant priez Dieu qu'il protege deux mille Sauvages qui ſe ſont aſſemblez en un lieu hors de l'incurſion des Hiroquois, & qui veulent venir ici pour lier le commerce avec les François. Ils auront de la peine à paſſer, parceque les Hiroquois, qui les haïſſent à mort, comme les reſtes de leur carnage, occupent les paſſages. S'ils peuvent venir juſqu'ici, on aura le moien de les inſtruire, & la porte ſera ouverte à de plus grandes Nations. Comme cette affaire eſt de conſequence, je vous la recommande, & à tous ceux qui aiment l'augmentation du Royaume & de la gloire de Jesus-Christ. Nous avons de tres-bonnes Seminariſtes, entre leſquelles il y en a une que Dieu a elevée dans un état d'oraiſon tres-particulier, & qui eſt dans une pratique de vertu qui y correſpond.

Vous me demandez des graines & des oignons de fleurs de ce païs: Nous en faiſons venir de France pour nôtre Jardin n'y en aiant pas ici de fort rares ni de fort belles. Tout y eſt ſauvage, les fleurs auſſi-bien
que

DE LA M. MARIE DE L'INCARNATION. 505
que les hommes. Aidez-moy de vos prieres dans mes grandes necessitez : Quoique j'aye la santé bonne, je cours sans cesse à la mort, & une pauvre pecheresse comme moy a besoin de secours pour le passage de l'Eternité.

De Quebec le 12. d'Aoust 1653.

LETTRE XLIX.

A LA SUPERIEURE DES URSULINES DE DIJON.

Les Hiroquois feignent de chercher la Paix : Cependant ils assiegent les trois Rivieres, & prennent le Reverend Pere Poncet prisonnier. Nouvelles propositions de paix.

MA Reverende & tres-chere Mere. La paix & l'amour de nôtre divin JESUS pour mon tres-humble & tres-affectionné salut. J'ay reçu les lettres qu'il vous a pleu de nous écrire. Il faut avoüer que vôtre charité est des plus cordiales & des plus obligeantes, aussi est-ce nôtre bon JESUS qui en est l'auteur, & rien ne peut sortir de cette source sainte qui ne la fasse connoître. Si vôtre charité est grande, nous avons de nouveaux besoins pour vous la faire exercer : Car les Agnerognons qui sont une Nation Hiroquoise sont venus en si grand nombre que nous eussions tous été enveloppez dans un même carnage, si la bonté divine ne nous eut preservez par une voie toute miraculeuse. L'on avoit fait courir ici une fausse nouvelle, qu'ils avoient guerre avec d'autres Nations de cette Amerique. Au même temps une compagnie des Onontagerognons qui sont un autre Nation des Hiroquois se presenta pour demander la paix, disant qu'ils ne vouloient plus faire qu'un peuple avec les François, les Algonguins & les Hurons. Cette rencontre nous fit facilement croire que la premiere nouvelle étoit veritable, & que le bruit qui couroit, que six cens hommes des Agneronons avoient dessein d'assieger les trois Rivieres étoit faux. Le commun s'étant ainsi laissé aveugler aux apparences ne se defioit de rien. Mais le R. Pere Superieur des Missions homme tres-zelé pour le bien public, estimant qu'il se falloit toujours tenir sur la defiance, travailla puissamment à faire fortifier cette habitation des trois Rivieres, contre le sentiment même des habitans du lieu, qui attachez à leurs affaires particulieres, n'avoient point d'envie de les quitter, pour travailler à la Forteresse. Cependant quelques contradictions que le Pere trouvât à son entreprise, les fortifications furent achevées, & tous les habitans mis à couvert des surprises de l'ennemi. A peine trois semaines furent écoulées que six cens Hiroquois dont on nous avoit menacé parurent à dessein de mettre tout à feu & à sang sans exception d'âge ni de sexe, ce qu'ils eussent fait assurément, si le lieu eût été dans l'état où ils le croioient trouver. Tout les habitans du village des Hurons aiant eu avis de leurs approches se retirerent aussi-tôt dans le Fort, & de la sorte ils ont évité le carnage aussi-bien que les François. Il est si vray qu'ils vouloient tout exterminer & se rendre les Maîtres de la place, qu'ils avoient amené leurs femmes leurs enfans & tout leur bagage afin de s'y établir.

Au même temps le R. Pere Poncet tres-digne Missionnaire, & qui demeuroit à Quebec, c'est à dire, à trente cinq lieües des trois Rivieres, étant sorti pour aller rendre quelque devoir de charité à une pauvre veuve fut pris par un parti de cette troupe. La nouvelle en étant venuë à Quebec, les habitans qui l'aiment comme leur Pere, prirent aussi-tôt les armes & coururent aprés ces barbares pour l'enlever de leurs mains. Ils les poursuivirent de si prés qu'il ne s'en fallut pas trois heures de temps qu'ils ne les attrapassent, car ils trouverent encore le feu allumé dans un lieu d'où ils venoient de sortir. Aiant visité ce poste, ils virent écrit avec du charbon sur un arbre que le Pere avoit pellé: Pere Poncet; & sur un autre, Francheteau. Ils trouverent encore le livre du Pere, qu'il avoit laissé à dessein, & l'aiant ouvert ils y lurent ces paroles: Nous sommes pris par les Agnerognons: Ils nous ont traittez jusqu'à cette heure avec toute civilité. Nos gens aiant lû ces paroles prirent de nouvelles forces & ramerent avec courage jusqu'à un Fort habité par les François, où ils furent contraints de rester pour passer la nuit. On leur dit là qu'ils étoient morts s'ils passoient outre, & qu'assurément il y avoit du malheur, parceque les canons & les fusils des trois Rivieres avoient tiré sans cesse toute la journée. Trois de la bande, nonobstant le danger, se détacherent pour aller porter la nouvelle de la prise du Pere aux trois Rivieres, qui étoit à deux lieües de là. Ils passerent au travers de l'ennemi à la faveur de la nuit, & entrerent heureusement dans le Fort. La nouvelle qu'ils portoient obligea à parlementer avec l'ennemi dés le lendemain, afin d'échanger quelques prisonniers pour le Pere. Ils acquiescerent à cette proposition. Mais comme il n'y a nulle foy dans les infideles, ils trouverent moien de gagner un Sauvage de l'habitation, qui leur promit de leur donner entrée & les faire maîtres de la place. L'esperance qu'ils avoient que ce dessein leur reüssiroit, fit qu'ils ne se pressoient pas de rien conclure sur les propositions qui leur avoient été faites, & qu'ils avoient acceptées. Mais la trahison aiant été découverte, & les François qui étoient allez après le Pere, étant venus au secours, ils perdirent cœur & demanderent la paix. Quoi qu'on ne se fiât pas tout à fait à eux, on les prit au mot, à condition qu'ils rendroient le Pere incessamment. Mais il se trouva par malheur que ceux qui l'avoient enlevé l'avoient déja fait embarquer pour le mener en leur païs. Ils ont envoié, à ce qu'ils ont dit, deux canots avec un capitaine pour l'amener, & en suite ils se sont retirez à la faveur des propositions de paix, aprés avoir ravagé les moissons, & tué les bœufs & les vaches des habitans, qu'ils ont trouvez dans la campagne. Avant que de venir aux trois Rivieres, ils avoient attaqué Mont-Real d'où ils avoient été repoussez, & où ils n'avoient eu autre avantage que de prendre quelques Sauvages & François qui étoient à l'écart.

A present deux ou trois de leurs Nations nous recherchent de paix & ont fait des presens pour cela : Le rendez-vous est donné aux trois Rivieres, où les François, Algonguins, Hurons, & autres alliez se devoient aussi trouver. Si nos ennemis disent vrai & que la paix qu'ils témoignent desirer soit constante, la porte sera ouverte à l'Evangile dans toutes les Nations de cette Amerique : Mais dans toutes les regles de la prudence, on ne s'y peut fier, car jusques ici on n'a remarqué que trahison & perfidie dans leur conduite. Mais enfin nous voions sur nous des protections de Dieu à leur égard, qui sont toutes miraculeuses. Il les aveugle pour ne pas voir leur force & nôtre foiblesse, car s'ils voioient les choses comme elles sont, ils nous auroient bien-tôt égorgez, mais cette bonté infinie les retient par sa main toute puissante, afin qu'ils ne nous nuisent point. L'affaire de la paix ou de la guerre sera conclue dans un mois qu'ils ont demandé de terme pour aller consulter les anciens de leur païs. Dieu par sa providence nous donne ce temps-là pour faire les moissons, car s'ils eussent continué à les brûler comme ils avoient commencé, nous eussions été reduits à une famine mortelle. On remarque trois ou quatre miracles de Dieu sur nous en tout ce qui s'est passé en ces dernieres attaques; je dis des miracles evidens, qui nous fortifient beaucoup, nous faisant voir que ce ne sera point l'industrie humaine qui nous tirera de la persecution des Hiroquois; mais la seule bonté divine, qui pouvant changer les cœurs de pierre en des cœurs de chair, peut faire de ces Barbares des Enfans d'Abraham. Ceux qui ont fait des presens pour la paix ont invité nos Reverends Peres d'aller en leur païs, mais la prudence ne permet pas de se presser : Si la paix se fait, la Foi s'y introduira infailliblement. C'est une chose digne de vôtre pieté, ma tres-bonne & tres-chere Mere, de tâcher avec vôtre sainte Communauté de gagner le cœur de Dieu, afin qu'il plaise à sa bonté de gagner ceux de ces Barbares. Il est temps qu'il soit loüé & beni de ceux qui l'ont méprisé jusques ici, & qui ont mis tant d'obstacles à sa gloire. Je vous rens mes tres-humbles remercimens pour la grande charité qu'il vous a plû de nous faire. Nous tâchons de reconnoître auprés de nôtre Seigneur vos continuels bienfaits que vous avez d'un si grand cœur augmentez encore cette année. Permettez-moi, s'il vous plaist, de saluer vôtre sainte Communauté, & de la prier d'agréer le tres-humble salut de la nôtre.

De Quebec le 6. Septembre 1653.

LETTRE L.

A SON FILS.

Toutes les Nations Hiroquoises concourent à demander la paix. Salines considerables dans le païs des Hiroquois. Découverte d'une mer que l'on croit être celle de la Chine.

Mon tres cher fils. JESUS soit nôtre vie & nôtre tout pour l'Eternité. Je ne puis laisser partir les vaisseaux, sans vous dire quelque chose de ce qui s'est passé en cette nouvelle Eglise depuis l'année derniere. Je vous mandé ce qui s'étoit passé dans la captivité du Reverend Pere Ponçet, & comme il fut ramené aprés plusieurs travaux que les Hiroquois lui avoient fait souffrir. Depuis ce temps-là il nous a paru par tout ce qui s'est passé, que Dieu s'est contenté de l'offre que ce bon Pere lui a faite de mourir comme Victime, afin de l'appaiser, & de donner par sa mort la paix à tout le païs : Car depuis ce temps-là les Hiroquois n'ont fait que des allées & des venuës pour la demander. Et ce qui est le plus merveilleux, ceux des Nations voisines qui ne sçavoient pas ce qui se passoit chez les autres, sont venus en même temps pour traitter avec nous. Pour marque qu'ils demandent la paix avec sincerité, aïant appris qu'une Nation barbare avoit pris un jeune homme de l'habitation de Montreal, & qui étoit le Chirurgien de la Colonie Françoise, ils l'ont racheté à leurs dépens, & l'ont rendu à son habitation. Ils ont fait des presens considerables, afin qu'on leur donnât des François pour hiverner avec eux, & être les témoins de leur fidelité. On leur en a donné deux qui se sont volontairement offerts. Durant tout le temps qu'ils ont demeuré parmi eux, ils les ont cheri & aimez extraordinairement, & enfin ils les ont ramenez au Printemps portant avec eux des Lettres des Hollandois qui assurent que c'est tout à bon que les Hiroquois demandent la paix.

Tout le long de l'année les François, les Hurons, les Algonguins, & les Montagnez ont vécu ensemble comme freres. L'on a fait les semences, les recoltes, & le trafic avec une entiere liberté; & cependant les pauvres Sauvages en general n'osent se fier aux Hiroquois aprés tant d'experiences qu'ils ont de leur infidelité. Ils disent sans cesse à nos François, que les Hiroquois sont des fourbes, & que toutes les propositions de paix qu'ils font, ne sont que des déguisemens, qui tendent à nous perdre. Ils le disent encore aux Hiroquois mêmes, ce qui a pensé tout gâter & rompre plus que jamais. Mais enfin les Hiroquois ont poursuivi avec tant d'instance, qu'on s'est rendu à leur priere. C'est une chose admirable de les entendre haranguer sur les affaires de la paix; car ils ne se sont voulu servir que des personnes les plus considerables d'entre eux, pour être les Ambassadeurs de ce traitté, & ceux qui les ont entendus, avoüent qu'ils ont beaucoup d'esprit & de conduite.

Au mois de Juillet dernier ils sont venus trouver Monsieur le Gouverneur de la nouvelle France, & les Reverends Peres, où aprés plusieurs conseils & presens, ausquels on a répondu de part & d'autre, on leur a accordé qu'un Pere les iroit visiter, & qu'il feroit le tour de leurs cinq nations pour connoître s'ils conspiroient tous dans le desir de la paix. Le Reverend Pere le Moine qu'ils appellent en leur langue Ondeson fut nommé pour cela avec un honnête jeune homme François qui s'offrit pour l'accompagner. Ils partirent avec les Ambassadeurs, qui promirent de les ramener dans cinquante jours. Ils ne furent pas à mi-chemin que des Méssagers coururent comme des Cerfs par tous les villages des cinq Nations, criant à haute voix: Ondeson vient, Ondeson vient. A ce bruit il se fit un concours de peuple pour lui venir au devant afin de lui faire honneur. L'on n'a jamais rien veu de semblable parmi ces Barbares. Ce n'étoit que festes & festins. Chez les Hurons & parmi les autres Nations les Reverends Peres n'osoient quasi parler dans les commencemens; il leur falloit souffrir des gênes extrêmes jusqu'à ce qu'ils les eussent apprivoisez. Mais ceux-ci ont honoré le Pere dés l'abord, lui donnant par tout la premiere place, & le priant de presider en tous leurs conseils.

Ils lui disoient: Prie le Maître de nos vies: Fais ce que tu sçais qu'il faut faire; car nous-autres nous ne sommes que des bêtes. Nous te declarons que nous voulons embrasser la Foi, & croire en celui qui est le Maître de nos vies. Nous aimons les robes noires, parce qu'ils aiment la pureté, & qu'ils ont la veracité, & qu'ils s'interessent dans les affaires de leurs troupeaux. Ils disoient cela, parce qu'ils avoient veu comme ils s'étoient exposez à la mort chez les Hurons, afin de les secourir. Ceux-là méme qui avoient fait mourir les Peres de Brebeuf & Garnier lui donnerent les livres qu'ils leur avoient ôtez au temps de leur martyre, & qu'ils avoient gardez depuis comme des choses dont ils faisoient estime. On apporta ensuite plusieurs enfans au Pere, afin qu'il les baptizât. Une Esclave Huronne fort bonne Chrétienne, aïant instruit une grande fille durant le temps de sa captivité, la presenta aussi pour être baptisée. Le Pere lui dit: Pourquoi, ma Sœur, ne l'as-tu pas baptisée? Ne t'ai-je pas autrefois instruite sur ces matieres? Elle repartit: Je ne croiois pas, mon Pere, que mon pouvoir se pût étendre sur de grandes personnes, mais seulement sur des enfans malades. Alors le Pere la trouvant suffisamment instruite, la baptisa.

Dans ce Bourg qui étoit celui des Onontageronons, & le capital de la Nation, le Pere trouva parmi les esclaves les Hurons, qui composoient autrefois son troupeau au Bourg de saint Michel. Ces pauvres Captifs voïant leur bon Pere, furent comme ressuscitez de mort à vie, & pour leur donner la joïe entiere, il les confessa, & leur administra les Sacremens. Considerez, je vous prie, les ressorts admirables de la divine Providence. Dieu a permis que ces pauvres Chrétiens aïent été pris par ces Barbares pour le salut de leur Nation: Car ce sont eux qui leur ont donné la connoissance de Dieu, & qui ont jetté parmi eux les premieres semences de la Foi. C'est par eux qu'ils ont connu & les Peres & nous qu'ils appellent les Filles saintes. Aussi leurs Ambassadeurs n'ont pas manqué de nous rendre visite. Ils ont admiré nos Seminaristes sauvages, les entendant chanter les loüanges de Dieu en trois langues differentes. Ils étoient ravis de les voir si bien

DE LA M. MARIE DE L'INCARNATION. 511
dreſſées à la Françoiſe. Mais ce qui les toucha le plus, fut de voir que ne nous touchant en rien, nous en faiſions eſtime, les aimant & careſſant comme les meres aiment & careſſent leurs enfans. Mais je retourne au Pere que j'ai laiſſé parmi les Hiroquois.

Ces peuples donc firent de beaux preſens & en grande quantité; mais le plus precieux fut celui qui ſignifioit qu'ils vouloient croire en Dieu, & un autre pour être preſenté à Achiendaſé, c'eſt ainſi qu'ils appellent le Reverend Pere Superieur des Miſſions, afin qu'il envoiât des Peres en leur païs pour y faire une maiſon fixe. Dés lors ils deſignerent une tres-belle place ſur le bord d'une grande riviere, où eſt l'abord de toutes les Nations. Lors qu'ils jettoient les projets de cette habitation il arriva une choſe remarquable. Il y a proche de ce lieu une groſſe fontaine qui ſe décharge dans un grand baſſin que la Nature a formé pour recevoir ſes eaux. Nos François en aïant goûté, ont trouvé qu'elle étoit ſalée: Ils en ont fait boüillir de l'eau, & ont trouvé que c'eſt une ſaline qui fait de tres-beau & tres-bon ſel. Les Sauvages qui fuïoient cette eau, & la prenoient pour un poiſon, trouverent admirable cette façon de faire du ſel d'une choſe ſi méchante, & tiennent cela pour un miracle des François. Ce n'eſt pas un miracle, mais ce ſera un treſor pour les François, qui doivent y aller habiter.

Lors que le Pere étoit là, on levoit une compagnie de deux mille hommes, pour aller en guerre contre la Nation du Chat. Le Capitaine qui la devoit commander, étoit l'un des Ambaſſadeurs qui étoit venu demander la paix. Lors qu'il fut prêt de partir, il vint prier le Pere qui l'avoit inſtruit en chemin, de le vouloir baptiſer. Mais il y trouva de la difficulté, & lui dit: qu'il lui confereroit ce Sacrement à ſon retour de la guerre. Mais, mon frere, repartit le Sauvage, tu ſçais que je vas en guerre, & que j'y puis être tué: ſi je meurs, me promets-tu que je n'irai point dans les feux. A ces paroles, le Pere le baptiſa.

Le Pere étant à Onontagé, il arriva un accident qui penſa tout rompre. Le feu prit dans le Bourg, ſans qu'on ſçût comment, où il brûla vingt cabanes chacune de cinquante ou ſoixante piez de long. C'étoit pour faire croire à ces Barbares que le Pere étoit ſorcier, & qu'il avoit fait venir le Diable pour les brûler. Il commençoit déja de ſe diſpoſer à la mort, connoiſſant l'humeur de ces Payens. Il s'aviſa neanmoins d'un moïen qui lui reüſſit, ſçavoir de les aller conſoler par le moïen de ſon Hôte, & de leur offrir un preſent pour eſſuier leurs larmes : ils se sentirent si obligez de cette compassion, que le Pere leur témoignoit, que bien loin de s'irriter contre luy, ils demeurerent pleinement confirmez que les François & les Peres étoient leurs amis.

Les Hiroquois ont ramené le Pere selon leur promesse dans le temps qu'ils avoient marqué. Il n'est pas croiable combien les François & nos nouveaux Chrétiens ont été ravis de son retour, & de l'heureux succez de son voiage. Il restoit seulement une difficulté qui empêchoit que la joie ne fut entiere. C'est que les Agnerognons n'avoient point paru dans tous les conseils qui furent tenus à Onontagé, ce qui faisoit craindre qu'ils ne couvassent quelque mauvais dessein. Mais les Hurons qui y avoient été envoiez, & qui sont de retour du jour d'hier, ont rapporté qu'ils sont du parti de la paix, & qu'il n'y a nul sujet de craindre de leur part : Que s'ils ne se sont pas trouvez aux assemblées, ils en ont fait des excuses, disant qu'ils en ont été empéchez par la guerre qu'ils avoient contre les Sauvages de la nouvelle Angleterre.

Toutes les parties conspirant donc dans le méme dessein, il a été conclu que les Reverends Peres iront au printemps de l'année prochaine avec trente François. Dés cette heure il y a des dispositions pour cinq Missions, qui trouveront abondamment à y exercer leur emploi : Et, ce qui leur sera avantageux, c'est que les Hiroquois sçavent la langue Huronne, les Peres qui y doivent aller la sçavent aussi, & par ce moien l'on peut dire que tout est prest ; dés à present le Pere le Moine y retourne pour hiverner & pour disposer toutes choses.

Si cette paix dure, comme il y a lieu de l'esperer, ce païs sera tres-bon & tres-commode pour l'établissement des François, qui se multiplient beaucoup & font assez bien leurs affaires par la culture des terres qui deviennent bonnes à present que l'on abat ces grandes forests qui la rendoient si froide. Aprés trois ou quatre années de labour, elle est aussi-bonne, & par endroits meilleure qu'en France. L'on y nourrit des bestiaux pour vivre & pour avoir des laitages. Cette paix augmente le commerce, particulierement des Castors dont il y a grand nombre cette année, parce qu'on a eu la liberté d'aller par tout à la chasse sans crainte. Mais le trafic des ames est le contentement de ceux qui ont passé les mers pour les venir chercher, afin de les gagner à Jesus-Christ. L'on en espere une grande moisson par l'ouverture des Hiroquois. Des Sauvages fort éloignez disent qu'il y a au dessus de leur païs une Riviere fort spacieuse

DE LA M. MARIE DE L'INCARNATION.

cieuse qui aboutit à une grande mer que l'on tient être celle de la Chine. Si avec le temps cela se trouve veritable, le chemin sera fort abbregé, & il y aura facilité aux ouvriers de l'Evangile d'aller dans ces Royaumes vastes & peuplez : le temps nous rendra certains de tout.

Voila un petit abbregé des affaires generales du païs. Quant à ce qui regarde nôtre Communauté & nôtre Seminaire, tout y est en assez bonne disposition, graces à nôtre Seigneur. Nous avons de fort bonnes Seminaristes que les Ambassadeurs Hiroquois ont veües à chaque fois qu'ils sont venus en Ambassade. Comme les Sauvages aiment le chant, ils étoient ravis, comme j'ay déja dit, de les entendre si bien chanter à la Françoise, & pour marque de leur affection, ils leur rendoient la pareille par un autre chant à leur mode, mais qui n'étoit pas d'une mesure si reglée. Nous avons des Huronnes que les Reverends Peres ont jugé à propos que nous élevassions à la Françoise : car comme tous les Hurons sont à present convertis, & qu'ils habitent proche des François, on croit qu'avec le temps ils pourront s'allier ensemble, ce qui ne se pourra faire que les filles ne soient francisées tant de langage que de mœurs. Dans le traitté de paix on a proposé aux Hiroquois de nous amener de leurs filles, & le R. Pere le Moine à son retour de leur païs nous devoit amener cinq filles des Capitainesses, mais l'occasion ne lui en fut pas favorable. Ces Capitainesses sont des femmes de qualité parmi les Sauvages qui ont voix deliberative dans les Conseils, & qui en tirent des conclusions comme les hommes, & méme ce furent elles qui deleguerent les premiers Ambassadeurs pour traiter de la paix.

Enfin la moisson va être grande, & j'estime qu'il nous faudra chercher des ouvriers. L'on nous propose & l'on nous presse de nous établir à Mont-Real, mais nous n'y pouvons entendre si nous ne voions une fondation, car on ne trouve rien de fait en ce païs, & l'on n'y peut rien faire qu'avec des frais immenses ; ainsi quelque bonne volonté que nous aions de suivre l'inclination de ceux qui nous y appellent, la prudence ne nous permet pas de faire autrement. Aidez-nous à benir la bonté de Dieu de ses grandes misericordes sur nous, & de ce que non seulement il nous donne la paix, mais encore de ce que de nos plus grands ennemis il en veut faire ses enfans, afin qu'ils partagent avec nous les biens d'un si bon Pere.

De Quebec le 24. Septembre 1654.

LETTRE LI.
AU MESME.

Trahison d'une Nation Hiroquoise, & soumission de toutes les autres à la foy.

MOn tres-cher Fils. Je vous ay déja écrit une lettre des nouvelles du païs. Depuis ce temps-là deux des Nations Hiroquoises se sont mises mal ensemble. Le sujet de leur different est que toutes deux avoient demandé des Peres: L'une, qui est celle des Agnerognons demandoit le Pere Chaumonnot, & que les Hurons se donnassent à elle pour vivre ensemble & ne faire plus qu'un peuple, mais elle ne vouloit pas qu'on parlast de la foy. Les Annontageronons demandoient aussi les Hurons avec des Peres, & vouloient recevoir la foy. Les Hurons qui sont libres ne voulant pas s'engager promirent successivement aux uns & aux autres qu'avec le temps ils les iroient visiter, & cependant qu'ils prissent patience. Ils firent cette réponse pour se défaire adroitement de ces peuples à qui ils ne se peuvent fier aprés tant d'experiences qu'ils ont de leur infidelité. Un Pere donc fut envoié aux Annontageronons avec ordre de visiter aussi les Agnerognons. Mais le temps lui aiant manqué, il ne put rendre visite à ceux-cy, mais il demeura chez les premiers où les autres Nations Hiroquoises s'étoient renduës, & convinrent de recevoir la foy. Le Pere apporta ici cette bonne nouvelle qui donna bien de la joie à tout le monde, & pour executer un si bon dessein on jugea à propos qu'il y retournast lui-même. Lors qu'il étoit en chemin les Agnerognons piquez de jalousie lui furent à la rencontre feignant d'être amis, mais par une fourberie digne d'une Nation barbare, lors qu'ils furent à la portée du fusil, ils firent une decharge sur sa compagnie. Un Capitaine qui l'accompagnoit par honneur fut tué, plusieurs Hurons furent blessez, & les autres faits prisonniers. Un autre Capitaine qui restoit leur dit: Mes freres qu'avez vous fait? Je vous declare la guerre. Ils ne se mirent pas beaucoup en peine de cette declaration; mais s'adressant au Pere ils lui dirent qu'il n'avoit point d'esprit d'avoir preferé les autres à eux, & lui aiant fait ce reproche ils le laisserent disant qu'ils ne vouloient point de mal aux

DE LA M. MARIE DE L'INCARNATION.

François, mais aux Hurons & aux Algonguins, & qu'ils les vouloient tous tuer. En effet ils font tout leur possible pour executer leur dessein. Nous avons pourtant apris que ce ne sont pas les anciens de la Nation qui ont fait ce coup, & même qu'ils l'ignorent; mais que c'est un bâtard d'un Holandois & d'une Hiroquoise, lequel vit en Hiroquois, car ces sauvages sont voisins de la nouvelle Hollande. C'est un homme fort bien fait, subtil & vaillant, qui ressemble à un European, excepté qu'il n'a point de barbe. Voila prés de cent cinquante hommes tant Hurons qu'Algonguins, qui le poursuivent; s'ils le peuvent prendre, c'est fait de lui, car c'est un mal-heureux qui s'oppose à la foy & à la paix. Mais je reviens au Pere. Il poursuivit son chemin jusqu'à Mont-Real, où il ne fut pas plûtôt arrivé que les autres Nations Hiroquoises lui envoierent des Deputez pour le complimenter & lui faire des presens. Ils lui firent de nouvelles protestations qu'ils vouloient croire en Dieu, & le prierent de se disposer avec ses freres de les venir instruire. Ils lui firent sur tout un present pour le convier d'ouvrir les yeux pour bien considerer ce qu'ils alloient faire aux Agnerognons pour le venger de l'injure qu'ils lui avoient faite. Voila l'état où sont les affaires: Mais comme vous avez fort bien remarqué, il n'y a point d'assurance à des Sauvages, sur tout quand ils sont infideles. Quoique l'on vive bien avec eux, on ne laisse pas de se tenir sur ses gardes. Les Peres vont & viennent chez ces peuples; & eux reciproquement vont & viennent ici, mais toujours avec defiance. Prions le Dieu de paix qu'il la donne à vous & à moy & à tous ces peuples. C'est de lui seul que nous la devons attendre, le monde ne la peut donner.

De Quebec le 18. d'Octobre 1654.

LETTRE LII.

AU MESME.

Les Hiroquois Agnerognons continuent leur hostilité. Ils demandent la paix laquelle enfin devient universelle.

MOn tres-cher Fils. Je ne serois pas satisfaite, si voiant un vent Nord-est, qui arrête le navire à nôtre port, je ne prenois un moment de loisir pour vous dire un mot des bontez de Dieu sur nous

& sur ce païs, qui ne subsiste que sur l'appuy de sa divine providence. Je vous en ay dit quelque chose par le premier vaisseau, mais nous ne sçavions pas encore tout ce que nôtre bon JESUS faisoit pour nous. Nous l'avons sceu & experimenté depuis. Ce que vous aprîtes l'an passé est donc veritable, que les Hiroquois avoient fait la paix avec nous, excepté une qui piquée de jalousie de ce qu'un Pere avoit visité une autre plûtôt qu'elle, leva les armes pour se venger sur les François & sur les Sauvages leurs alliez. Les autres ont toujours été fideles dans les paroles de paix qu'ils avoient données: Celle-cy a continué son hostilité jusqu'au commencement de Juillet avec tant d'opiniatreté, qu'à peine pouvoit-on trouver un lieu où l'on peut être en assurance. Aprés la fonte des neges, ils ont fait plusieurs massacres tant des François que des Sauvages qu'ils ont trouvez à l'écart. Ils ont penetré jusques dans des lieux où on ne les attendoit pas, dans la pensée qu'ils leur étoient inconnus & inabordables : mais ils y ont été conduits par des Renegats, qui en sçavoient le secret. Ils n'ont pû rien faire au gros des François, parceque durant l'hiver on a fait diverses courses sur les neges dont des chemins battus leur ont fait peur, & les ont obligez de se retirer, car ils sont plus traitres que vaillans. D'ailleurs les Algonguins voiant les François prendre cœur, se sont aussi animez, & dans les courses qu'ils ont faites, ils ont pris plusieurs Barbares de consideration. Ils en ont brûlé ici quatre tous vifs avec des tourmens horribles, & cependant ce ne sont que des roses en comparaison de ce qu'ils font souffrir aux François & à nos Sauvages quand ils en peuvent attraper. Ces quatre patiens dont je viens de parler se sont convertis à la foy & ont été baptisez avant leur mort. Leur conversion a été facile, parce qu'ils avoient déja entendu parler de la foy à des Chrétiens qui avoient été captifs en leur païs, de sorte qu'ils se ressouvenoient facilement de nos mysteres, & des choses necessaires au salut, lorsque le R. Pere Chaumonnot les assistoit au supplice.

 Une femme Algonguine aiant été enlevée par les Hiroquois avec toute sa famille, son mari qui étoit étroitement lié de toutes parts, lui dit que si elle vouloit elle les pouvoit sauver tous. Elle entendit bien ce que cela vouloit dire, c'est pourquoi elle prit son temps pour se saisir d'une hache, & avec un courage nonpareil elle fend la tête au Capitaine, coupe le col à un autre, & fit tellement la furieuse qu'elle mit tous les autres en fuite: Elle delie son mari & ses enfans & se retirent tous sans aucun mal en un lieu d'assurance.

DE LA M. MARIE DE L'INCARNATION.

Les Algonquins ont fait plusieurs bons coups semblables, étant envenimez au dernier point contre les Hiroquois, & avec raison, parce qu'ils ont quasi aneanti toute leur Nation par leur ferocité. Les Hurons de leur côté les ont aussi attaquez, & se sont furieusement battus. Ces Barbares sont encore venus aux prises avec les François de Mont-Real & des trois Rivieres, où ils ont été si malmenez qu'ils disent: N'allons plus là, parce que ce sont des Demons. Le grand nombre de gens qu'ils ont perdus dans tous ces demélez, ne leur a pas permis d'attaquer les habitations, mais seulement quelques familles écartées. Le coup le plus funeste qu'ils ayent fait, a été à l'Isle aux Oyes, où un honnête Bourgeois de Paris nommé Monsieur Moyen, qui avoit acheté cette place, s'étoit établi avec toute sa famille. Il fut surpris le jour du saint Sacrement, tous ses gens étant à l'écart. Lui & sa femme furent massacrez, & leurs enfans avec ceux d'un honnête Habitant emmenez prisonniers. Dans un autre lieu quatre serviteurs de Monsieur Denis Bourgeois de Tours établis en ce païs, ont aussi été surpris & massacrez. Plusieurs autres l'ont encore été entre lesquels s'est trouvé un Frere de la compagnie qui faisoit chemin. Tout cela s'est fait par trahison: de sorte qu'on a eu toutes les peines imaginables à faire les semences pour cette année, chacun étant si effrayé, sur tout de ce qui est arrivé à Monsieur Moyen, que l'on n'avoit ny vigueur, ny courage. Deplus il étoit venu un bruit que les Anglois étoient à l'Acadie avec quatre vaisseaux de guerre, & qu'ils avoient encore quelques Navires qui croisoient l'entrée du fleuve de saint Laurent, pour arrêter les vaisseaux que nous attendions, & venir ensuite se rendre Maîtres de Quebec. N'eut-on pas dit qu'étant ainsi entre deux écueils, nous étions tous perdus? On le disoit, & pour mon particulier, quoi que je ne veille que ce que nôtre bon Dieu voudra, je vous confesse que voyant le Christianisme à deux doigts de sa ruïne, mon cœur souffroit une agonie que je ne puis exprimer; & il faut avoüer qu'il n'y a point de croix pareilles à celles qui viennent de la gloire de Dieu interessé au sujet du salut des ames.

En Juillet un vaisseau Nantois parut ici sans nous apporter aucunes Lettres. Mais il nous donna bien de la joïe nous apprenant que l'Anglois n'étoit pas si proche de nous, mais seulement qu'il étoit à l'Acadie pour des affaires de Marchands. Ils se sont neanmoins saisis de ce païs-là, pour se recompenser de ce qui leur est deu, & ils ont emmené Monsieur de la Tour, à qui ce païs appartenoit, prisonnier en Angleterre. Ainsi une de nos peines fut levée, & le peuple commença à respirer. Il arriva au même-temps que plusieurs Hiroquois, entre lesquels il y avoit de leurs Capitaines, furent pris par les François, tant de Mont-Real que des trois Rivieres, ce qui humilia ces Barbares au dernier point. On ne fit point de mal neanmoins aux captifs sinon de les enfermer en prison les fers aux pieds, ce qui leur sembloit doux en comparaison du feu. Eux de leur côté sçachant que nous avions de leurs principaux Capitaines, traitterent les nôtres doucement, & même les ramenerent d'eux mêmes, demandant de renoüer la paix. Ils étoient si empressez en cette demande, qu'ils mirent nos prisonniers en liberté sur la gréve, sans demander les leurs, afin de témoigner par cette confiance que c'étoit avec sincerité qu'ils recherchoient l'alliance des François. On leur rendit neanmoins tous leurs gens, afin de les gagner encore davantage.

Au même temps les autres Nations Hiroquoises qui avoient toujours été fideles, parurent par leurs Ambassadeurs, disant qu'elles avoient toujours vécu en amis, sans exercer aucun acte d'hostilité depuis le traitté de l'Automne. Deplus les Agnerognons apporterent des lettres des Hollandois, qui témoignoient que c'étoit sans feintise qu'ils nous recherchoient de paix. Et enfin un François natif des trois Rivieres, mais qui s'étoit établi parmi eux, les accompagnoit & assuroit qu'ils parloient avec sincerité.

Les Agnerognons declarent donc qu'ils veulent la paix, mais avec cette restriction qu'ils ne la veulent qu'avec les François, & non avec les Hurons & les Algonguins. Cela ne leur a pas été entierement accordé, mais seulement jusques à de certaines limites, hors lesquelles il leur sera permis d'exercer toute sorte d'hostilité, en sorte neanmoins qu'ils ne les pourront attaquer dans nos habitations Françoises. Cela a été accordé, & il s'observe; mais je n'y vois gueres d'assurance, parce que ces Nations se haïssent au dernier point, à cause des massacres qu'ils ont fait les uns sur les autres. C'est là la cause du mal que souffrent nos François, car comme ils sont obligez de soûtenir nos nouveaux Chrêtiens, ils sont souvent enveloppez dans leurs querelles & dans leurs differens.

Ces Sauvages neanmoins ont persisté de demander un Missionnaire. On leur a donné le Reverend Pere le Moine, qui est parti avec eux accompagné de deux François. Depuis leur départ, l'on a toujours été en paix, & les François se sont retirez dans leurs habitations qu'ils avoient presque tous abandonnez pour se refugier ici. L'on a fait avec liberté la recolte des grains, on a fauché les prez, & on a fait la pêche de l'anguille, ce qui a causé une joïe universelle à tout le païs. De plus un second vaisseau est arrivé, & nous a apporté nos autres necessitez. En tout cela nous voions une providence admirable sur nous tous, qui nous fait revivre, lors que nous pensions être au tombeau.

Ceux-ci étant partis, les Ambassadeurs des Onontageronons & des autres Nations Hiroquoises sont arrivez ici, & nous ont dit qu'ils avoient rencontré le Reverend Pere le Moine, qui en effet a écrit, & que les Agnerognons leur ont raconté tout ce qu'ils avoient fait, mais qu'ils leur ont reparti qu'ils ne vouloient point de paix avec restriction, mais entierement, & avec tout le monde, ce que le Reverend Pere nous confirme par sa lettre. Or ceux-ci sont bien avec nos Chrétiens, ce qui nous console à un point que je ne vous puis dire. Il s'est fait de part & d'autre un grand nombre de presens pour affermir cette paix, dont je n'ai pas le loisir de vous faire le détail. Le tout s'est passé à Quebec avec beaucoup de magnificence en presence de cinq à six cens François, & de tous les Sauvages de ces contrées. L'une des principales circonstances de cette paix, est que ces peuples ont declaré qu'ils vouloient se faire Chrétiens, & que les François allassent s'établir en leur païs, c'est-à-dire, qu'on y fît des Missions, & que l'on y bâtît une maison fixe pour les Reverends Peres, comme on leur en avoit fait faire une aux Hurons, & enfin qu'on leur donnât dés à present cinquante François pour jetter les fondemens d'une bonne alliance. Tout cela leur a été accordé, excepté ce dernier point dont on a remis l'execution au printemps. On leur a seulement donné deux Peres avec un François pour les instruire dans la Foy; Les Reverends Peres d'Ablon & Chaumonnot sont ceux sur qui le sort est tombé: Ils s'estiment heureux d'avoir été choisis pour cette entreprise, & il ne se peut dire avec combien de zele & de ferveur ils s'abandonnent aux hazards qui en peuvent arriver. Car sans parler des dangers de mort où la ferocité de ces peuples les peut jetter, ils vont endurer des travaux qui ne sont pas imaginables aux personnes qui ne sçavent pas ce que c'est que d'être dans un païs barbare dénüé de tous les secours dont les Europeans semblent ne se pouvoir passer. Cependant ces braves ouvriers de l'Evangile y volent comme s'ils alloient en Paradis, & quand il s'agit de gagner des ames à JESUS-CHRIST, c'est en cela qu'ils mettent leur bonheur, s'oubliant eux-mêmes & tous les interests de la nature.

Pendant le sejour de tous ces Ambassadeurs à Quebec, ils nous ont visitées plusieurs fois, comme aussi une Capitainesse avec sa compagnie. Nous les avons regalez deux fois splendidement à leur mode, car c'est ainsi qu'il les faut attirer. Ils ont pris un singulier plaisir à voir & à entendre nos Seminaristes, & entr'autres une petite Huronne de dix à onze ans que nous Francisons. Elle sçait lire, écrire & chanter en trois langues, sçavoir en Latin, en François, & en Huron. Aprés qu'elle eut fait le Catechisme à ses compagnes en leur presence, elle fut faire une petite harangue au chef de la troupe, luy témoignant le plaisir qu'elle avoit de la paix, & de ce qu'il emmenoit des Peres, qu'elle le prioit de nous envoier des filles Hiroquoises pour être instruites parmi celles du Seminaire, & qu'elle les tiendroit comme ses sœurs. Il agrea sa proposition recevant un petit present qu'elle luy fit, & admirant l'esprit & l'adresse de cette jeune fille. Elle en fit autant à la Capitainesse qui luy promit sa fille en luy faisant des caresses tout à fait extraordinaires à des Sauvages. Le R. Pere Chaumonnot en aiant catechisé trois durant quelque temps, deux ont été baptisez en nôtre petite Eglise. Ce sont les premiers du Christianisme des Sonnontsaeronnons & des Onnontageronnons. Je vous laisse à juger si nous avons chanté de bon cœur le *Te Deum* dans cette Ceremonie : Nous l'avons fait les larmes aux yeux & la jubilation dans le cœur, voiant ceux qui ci-devant détruisoient le Christianisme l'embrasser avec tant de devotion & devenir enfans de Dieu.

Le Reverend Pere Chaumonnot m'a écrit de Mont-Real, d'où il va partir pour Onnontagé, & me mande qu'il a déja six Catecumenes & une petite Eglise volante, ce sont ceux qui ont été baptisez icy; Il me dit que la Capitainesse que nous avons veuë icy, luy a donné charge de me mander qu'elle prie Dieu, & même qu'elle y invite les autres; que je prenne courage, & qu'elle m'envoiera sa sœur, sa fille, qu'elle nous avoit promise icy, étant encore trop petite : Elle le repere deux fois, tant elle a le cœur à cela. Il est vray que je luy ay envoié une robe pour sa fille, avec d'autres presens pour les femmes de sa suite. Ils ont fait le recit à une troupe de leur compagnie qu'ils avoient laissée à Mont-Real du bon accueil qu'on leur avoit fait icy : ils en ont été si touchez qu'ils sont venus exprés pour nous voir. Les femmes sont entrées dans le Seminaire où nous leur avons fait festin, & donné des presens selon leur genie. Vous seriez surpris des adresses qu'il faut avoir pour attirer ces ames égarées à la foy : Ah ! qu'il nous tarde que nous ne voyons une troupe d'Hiroquoises en nôtre Seminaire ! ô, combien nous les cheririons pour l'amour de celuy, qui a répandu

DE LA M. MARIE DE L'INCARNATION.

pandu son sang pour elles aussi bien que pour nous ; Il est important que nous en aions pour servir d'hostage, à cause des Reverends Peres qui sont à leur païs. Entre les presens publics il y en a un pour ce sujet, sans avoir neanmoins témoigné que c'est pour servir d'hostage, mais seulement que c'est pour la foy ; aussi est-ce le principal motif. Nous avons avec nos nouveaux Chrêtiens Hurons une troupe d'Hiroquois qui n'ont pas voulu s'en retourner avec leurs Ambassadeurs, afin de se faire instruire en la Foy, ravis du bon exemple que nos Chrêtiens leur ont donné.

Le R. Pere Chaumonnot a mandé que la Capitainesse dont j'ay parlé, sçait déja chanter à la Messe, comme le font nos Chrêtiennes Huronnes, & qu'elle est si zelée, qu'elle va convoquer les autres pour venir à la prière. Le R. Pere d'Ablon ne faisant que d'arriver de France, & par consequent ne sçachant pas bien la langue, elle est continuellement auprés de luy afin de la luy enseigner & de luy apprendre des mots. Je ne puis vous parler plus en détail de ces affaires, non plus que des ferveurs de nos bons Chrêtiens, & des vertus heroïques qu'ils pratiquent, lesquelles donnent de la confusion à ceux qui sont nez dans le Christianisme. Priez pour eux, priez pour la conversion des Hiroquois, priez pour les ouvriers de l'Evangile ; enfin priez pour moy, afin qu'il plaise à la bonté Divine, me faire misericorde, en me pardonnant mes pechez, & qu'elle me donne la grace de la perseverance dans ma vocation que j'estime plus que toutes les choses de la terre. Je la prie de vous faire saint.

De Quebec le 12. d'Octobre 1655.

Vuu

LETTRE LIII.
A LA SUPERIEURE DES URSULINES DE TOURS.

Elle fait un veritable recit de tout ce qui s'est passé dans l'union des Religieuses de Tours & de Paris en Canada, & dans le changement des Constitutions de ces deux Congregations. Elle justifie sa Communauté de quelques plaintes qu'on avoit fait contre-elle.

A la M. Ursule de sainte Catherine.

MA Reverende & tres-honorée Mere, vôtre sainte benediction. C'est ici la réponse à vôtre lettre de confiance pour laquelle je vous la demande entiere avec le secret, excepté à ma Reverende Mere Françoise de S. Bernard, pour laquelle non plus que pour vous, je n'ay rien de caché. Tous les interests de vôtre maison sont les miens, & N. a eu raison de dire qu'ils m'ont beaucoup coûté depuis que j'en suis absente : mais elle y mêle une certaine confusion de faits qui m'oblige à vous en donner un veritable éclaircissement.

Il est vray que durant les six années de ma premiere Superiorité j'ay eu des peines qui ne sont pas imaginables pour soûtenir nôtre droit, quoy que chacun crût chercher Dieu & luy rendre un grand service. Je vous diray que le R. Pere Vimond dans la compagnie duquel nous passames en Canada avoit connoissance d'une maison de nôtre Congregation, de la Superieure de laquelle il avoit reçu un déplaisir assez notable. Cette action luy avoit fait une telle impression qu'il craignoit que toutes nos Maisons ne fussent semblables à ce qu'il avoit veu en celle-là. Il étoit neanmoins tres-satisfait de nôtre chere defunte & de moy, nous voiant par la misericorde de Dieu dans une tres-exacte regularité. La premiere année il ne fut question que d'un petit Reglement du jour ; voilà la pure verité. La bonne Mere de sainte Croix se laissa conduire comme un enfant, & sans autre examen elle prit nôtre habit, afin de se conformer à nous.

Mais pour prendre la chose de plus haut, je vous feray ressouvenir de ce qui étoit arrivé à Paris où le R. P. Vimond eut un sensible déplaisir de ce que la Mere de S. Hierôme ne nous fut pas accordée : Nous n'en n'eûmes pas moins que luy, parce que nous allions simplement en ce que nous faisions, veu même que le R. P. Dom Raimond

DE LA M. MARIE DE L'INCARNATION. 523

m'avoit dit que puisqu'il falloit faire cette union, il la falloit faire de bonne grace: Nous entrâmes dans son sentiment, & nous aimions autant l'executer d'abord que d'attendre à un autre temps. Le R. Pere Vimond se voiant donc privé de ce qu'il desiroit n'insista pas davantage, mais il témoigna que l'année suivante pour une il en feroit passer deux assurément.

Cependant, comme vous dites, les Meres de Paris apprehendoient autant le mélange que vous, car elles vont droit, & se sont des personnes d'experience qui ne se laissent pas facilement aller à la passion, mais qui pourvoient prudemment à leurs affaires, afin de se conserver la paix, & d'éviter les mauvaises suites qui la pourroient troubler. C'est pourquoy la chose étant tombée en d'autres mains en premier ressort; je veux dire que le sort pour le Canada étant tombé sur nous, elles abandonnoient le tout entre les mains de Dieu. Leurs amis neanmoins s'interressoient pour elles, à cause des services qu'elles avoient toujours rendus à la Mission. Ce fut ce qui les obligea de prier le R. Pere de la Haïe, que Monseigneur nôtre Archevêque avoit chargé de nos personnes & de nos affaires, de me proposer de passer ma compagne & moy dans la Congregation de Paris. Le R. Pere leur repartit qu'il se donneroit bien de garde de nous faire faire un si lâche coup. On ne le pressa pas davantage se promettant que quand nous serions à Quebec abandonnée à nôtre propre conduite, je ferois tout ce qu'on voudroit. J'avois déja dit mes pensées sur ce point au R. P. de la Haïe qui m'avoit donné avis de tout ce projet, en suite de quoy nous ne pensâmes plus qu'à faire le voiage. Voila tout ce qui se passa en France.

Quand nous fûmes à Quebec on recommença à penser aux moiens d'executer le dessein, & de faire passer des Sœurs l'année suivante. Madame nôtre Fondatrice & nous n'y voulûmes pas consentir que dans l'égalité, à quoy l'on s'accorda volontiers. Vous sçavez ce qui se passa, & les Lettres qui furent écrites à Rome, lesquelles bien qu'elles eussent été envoiées à bonne intention, m'ont causé une partie des croix que j'ay souffertes. Les deux bonnes Meres qui nous furent envoiées de Paris à l'exclusion des nôtres de Tours, ignoroient tout ce qui s'étoit passé, sinon qu'elles croioient simplement que nous allions passer dans leur Congregation & prendre leurs Reglemens & tout ce qui s'ensuit. Ce fut en cette occasion qu'il fallut développer toute l'affaire & se declarer, non publiquement, mais dans une consulte particuliere; car graces à nôtre Seigneur, nous

Vuu ij

n'avons jamais eu de picques ni de prises par ensemble dans nôtre petite Communauté pour tous nos accommodemens : Ces bonnes filles aiant été tres-bien élevées dans une maison fort reguliere, ont toujours été dans le devoir d'une observance & d'une obeïssance pleine d'edification. Elles prenoient conseil & avis des Reverends Peres, & nous aussi : elles leur communiquoient leurs griefs & leurs affaires, & nous les nôtres. Elles croioient donc, comme je viens de dire, que nous allions passer dans leur Congregation ; l'on m'en porta la parole à laquelle je repartis que c'étoit une union que nous voulions faire avec elles, & non pas un changement de nôtre Ordre dans le leur : Que pour executer cette union, elles prissent nôtre habit, & que nous ferions comme elles le quatriéme vœu d'instruire ; & qu'ensuite de ces deux principaux points nous ferions un accommodement propre pour le païs, par le conseil & le jugement des Reverends Peres & avec le consentement des Communautez dont nous étions sorties. Ce fut en cette rencontre qu'il me fallut soûtenir un grand combat, & faire voir que je n'étois pas si flexible en un point si important qu'on se l'étoit imaginé. Je me comporté dans tous les respects possibles, mais toujours avec vigueur & fermeté : Aprés tout il en fallut demeurer à mes deux propositions, & l'on me dit qu'on ne me presseroit pas davantage sur ce point ; aussi ne l'a-t'on pas fait.

Combien pensez-vous que ce fut un grand sacrifice à ces deux bonnes filles de quitter l'habit dans lequel elles avoient fait profession ? Cela leur fut assurement tres-difficile, sur tout le faisant sans la participation ni le consentement de leurs Meres. Dans leur Congregation outre leurs Constitutions elles ont un tres-grand nombre de Reglemens jusques sur les moindres choses, de sorte que dans les grandes, & dans les petites, elles sont aussi reglées dés leur Noviciat que les anciennes. De jeunes filles ainsi elevées & aiant pris un ply d'observance sur toutes choses, sont bien empêchées quand il leur faut quitter leurs coûtumes, & celles-cy étant éloignées de leurs Meres devoient sans doute être genereuses & hardies, pour prendre ou laisser les choses necessaires à une union. Elles passerent neanmoins ce premier point prenant nôtre habit, que la Mere de sainte Croix avoit déja pris, comme j'ay dit, dés nôtre arrivée avec une simplicité d'enfant. Afin de leur donner courage à faire ce premier pas, nous fimes nôtre chere defunte & moy leur quatriéme veu, conditionné neanmoins & pour autant de temps que nous demeurerions en ce païs.

Cela se fit le soir en la presence seulement du R. Pere Vimond: Et dés le lendemain matin elles prirent les habits, que j'avois tenu tous prests, avec beaucoup de douceur & sans faire paroître aucun signe de mécontentement. Ensuite de cette action faite de part & d'autre nous demeurâmes toutes fort tranquilles.

Ces bonnes filles firent bien paroître leur vertu en cette rencontre, car outre qu'il n'y avoit rien dans leur habit qui aprochât du nôtre, étant entierement dissemblable, elles se virent bien éloignées de leur attente. On leur avoit fait entendre que nous ferions ce qu'avoit fait quelqu'autre Religieuse qui quittant son Ordre étoit entrée dans le leur, & qui pour cet effet avoit refait solemnellement ses vœux à la grille. Mais je vous laisse à penser si la chere defunte & moy qui étois en charge eussions fait un si lâche tour à nôtre Congregation & à nôtre Maison de Tours: Je fusse plûtôt retournée en France si la violence y fut survenuë & qu'elle eût passé plus avant. Mais, comme je vous ay fait remarquer, lors qu'on me vit constante en ma resolution, on me laissa en paix. Je portois tous les coups, car nôtre chere compagne étant jeune on croioit que quand je serois abbatuë, on en viendroit facilement à bout. Je ne l'affligeois point de mes croix, parceque je voiois que nôtre Seigneur l'affligeoit d'ailleurs. En ce point neanmoins je me sentis obligée de lui faire connoître l'importance de l'affaire: Elle en demeura vivement touchée, & avec une constance & fermeté digne de son esprit elle declara sa volonté quand il fut temps & à qui il apartenoit. Je ris encore dans mon cœur, quand je pense aux réponses qu'elle fit, qui surpassoient en prudence & en sagesse une personne de son âge; & toujours avec tant de modestie & de retenuë, qu'elle fit voir qu'elle n'avoit pas moins de vertu que de jugement.

Cette affaire étant vidée, il fallut passer à nos petits Reglemens, qui changeoient toutes les coûtumes & les façons d'agir de nos cheres filles, ce qui leur fut encore une circoncision bien rude, quoique le tout fût dans une tres-grande justice & equité. Les personnes que leurs Meres avoient chargées de leurs affaires, eussent bien desiré de les contenter, mais aussi ne vouloient-ils pas nous contraindre ouvertement dans les choses qui nous eussent fait tort: Mais par sous main j'en étois pressée par diverses persuasions, qui m'étoient plus penibles & crucifiantes qu'une violence manifeste, laquelle enfin eut tout d'un coup son éclat. Ce fut en cette rencontre qu'il me fallut faire à moy-même une violence des plus grandes que j'aye souffertes en ma vie : Car avoir des demêlez avec des saints pour qui l'on a toute la creance & toute l'affection possible ; ne pas acquiescer à leurs raisons capables d'ébranler à cause de leur solidité ; en un mot, se voir dans un état actuel & dans une obligation precise de leur resister, c'est une croix nonpareille & d'un poids insuportable. Il en fallut neanmoins venir là, & faire de petits Reglemens dans une juste egalité en attendant une personne qui nous pût aider à passer plus avant, n'en voiant pas ici de propres pour le faire.

 Tout cela s'est passé dans ma premiere Superiorité, à la fin de laquelle Dieu nous a envoié le R. Pere Hierôme Lalement que je consulté sur tout ce qui s'étoit passé & lui declaré l'état present de nôtre affaire. Il la posseda parfaitement, en aiant manié d'autres en France qui y avoient bien du raport, & qui étoient même plus épineuses. Il entra dans les veritables sentimens d'union, s'éloignant de toute partialité & se comportant en toutes choses comme un homme juste & veritablement desinteressé. Je me sentis soulagée le voiant dans ces dispositions, & Dieu me donna une si grande ouverture de cœur à ce saint homme, que mes croix perdirent beaucoup de leur pesanteur. Car je vous dirai, mon intime Mere, qu'outre celles que cette affaire me causoit, depuis que je vous eu quittée, la bonté divine m'avoit exercée d'une maniere si épouventable, que je ne trouvois aucun soulagement par le moien des creatures, mais plûtost le mal augmentoit quand elles vouloient y apporter du remede. Or ce grand serviteur de Dieu me fut un autre Dom Raimond à qui mon ame se sentit liée pour suivre les voies de Dieu. Ce genre de croix m'a bien duré sept ans, les autres que j'ay portées depuis ont été d'une autre nature, car la croix est mon partage ; partage que je ne regarde qu'avec veneration & avec amour.

 Il fut donc question de faire nos Constitutions ; ce qui se passa avec beaucoup de douceur, chacune aiant eu une entiere liberté de dire ses sentimens aprés y avoir fait une exacte reflexion, parceque toutes ont eu par trois fois le cahier en leur disposition. Aprés tant d'examens & de reflexions toutes les ont reçües par suffrages secrets, afin de laisser la liberté qui n'auroit pas été si grande par la voie de la parole : je vous dirai cy-aprés les difficultez que quelques-unes ont eües sur ces Reglemens.

 Je ne sçay comme N. vous a peu dire que nous avions presque tout pris de Paris & rien de Tours. Examinez le tout, & vous avoüerez que dans le substanciel il y a beaucoup plus de Tours que de Paris.

Je le repete, comparez toutes choses & vous verrez que je dis la verité. Il y a aussi des choses qui ne sont ni de Paris ni de Tours, mais qu'il a fallu établir de nouveau, tant par la necessité du climat, que pour l'edification des peuples ausquels nous aurions été inutiles, si nous avions voulu faire toutes choses comme en France : Mais dans ce qui regarde ces Constitutions & Reglemens, nulle n'a été contrainte, je vous en assure, ma tres-chere Mere. Mais passons aux griefs qu'elle & sa compagne ont proposez contre nous. Pour moy je me confesse fort coupable, mais vous souffrirez bien que je justifie une Communauté qui cherche Dieu en verité; & je croy être obligée de le faire.

Lors qu'elles arriverent ici nous n'avions qu'un Reglement propre pour le jour, le vœu d'instruire, la forme de nôtre habit de Tours, nôtre chant, & nôtre jeûne du Samedi. Les autres observances se pratiquoient selon le Reglement du jour. Mais comme ce n'étoit qu'un Reglement excepté ces quatre points essentiels, elles ne croioient pas être obligées de le garder non plus que d'obeïr aux Superieurs d'ici. Par cette erreur, quelque bonne fut leur conscience, il ne se pouvoit faire qu'elles ne tombassent quelquefois en des fautes exterieures, qui pour être petites, ne laissoient pas d'être de matieres de croix, quelquefois assez pesantes à nôtre chere defunte & à moy, qui eussions bien souhaité de les voir dans un état parfait.

Il nous fallut donc travailler à nos Reglemens : Et quand nous fumes à regler nos Classes, les Meres de Paris, qui dans leurs pensionnaires, ont une Premiere & une Seconde, & au dessus de ces deux-là une Generale, eussent bien souhaité que puisque nous avions pris le vœu d'enseigner, nous prissions le Reglement entier. Mais ces deux bonnes filles firent instance à ce qu'il y eût deux Sœurs egales, & des aides autant qu'il en seroit besoin, & au dessus de toutes une Directrice ou Prefaite des Classes. Comme la Mere N. fut de ce sentiment, tout cela fut accordé avec beaucoup de douceur par les Meres de Paris. Cependant je voiois clairement que celles qui pressoient si fort pour l'egalité des Maîtresses changeroient bien-tôt de sentiment, ce qui est en effet arrivé. Le Reglement neanmoins fut fait & en suite executé. Une Sœur qui ne venoit que de faire profession, fut mise egale avec la Mere de sainte Croix, qui a vingt-huit ans de profession, laquelle s'y comporta tres-bien. Moy qui sortois de charge, j'y fus mise avec la Mere Anne de nôtre-Dame qui agissoit avec autant ou plus d'autorité que moy : Mais je n'y fus que fort peu de temps, parce qu'il me fallut prendre le soin des Novices. Cette égalité d'autorité dans une si grande inégalité d'âge & de profession commença à leur ouvrir les yeux. Elle virent encore plus clair quand elles y furent elles-mêmes employées avec de plus jeunes qu'elles ; & elles reconnurent que quand elles firent tant d'instances sur ce point, elles manquoient d'experience. Cependant la chose étoit faite, & cette égalité est bonne, si nous avions toujours de jeunes filles, parce qu'en donnant deux pour aides à une qui seroit Maîtresse en chef, on satisferoit à tout ; & c'est ainsi que nous en usons aujourd'huy. Neanmoins encore que le Reglement soit bon, & qu'il fût mis en pratique dés qu'il fut fait, l'experience qu'elles en eurent leur fit changer de sentiment, & les porta à vouloir défaire ce qu'elles-mêmes avoient fait. Mais on ne les voulut pas écouter : car, ma chere Mere, si nous venons à changer les Reglemens & les Constitutions à mesure qu'elles nous incommodent, que sera-ce de la Religion ? Voila pourtant le premier grief qu'elles exposent contre nous pour excuser leur retour. Quoy qu'il en soit, depuis qu'elles nous ont quittées, nous sommes dans une paix toute pleine de l'esprit de Dieu, & chacune garde sa Regle avec benediction.

Leur second grief est que nous sommes icy, ainsi qu'elles disent, deux Congregations. Pardonnez-moy, ma tres-bonne Mere, nous ne sommes pas icy deux Congregations, mais nous sommes une Congregation composée de deux dans une tres-étroite & tres-intime union de l'esprit de Dieu : Et je vous assure qu'elles sont si bien unies, que nous n'y faisons pas plus de reflexion, que si nous étions toutes sorties d'une même Communauté. Quand nous pensons à nos Congregations de France, ce n'est que pour les aimer, & nous lier à elles par une charité mutuelle, & par une association de prieres. Le temps fera connoître que cette union a été voulüe & ordonnée de Dieu. Il est bien vray que dans les apparences humaines, si nous fussions toutes sorties d'une même maison, nous n'aurions point eu d'affaires pour nous unir. Mais, mon intime Mere, qui nous auroit soûtenuës & fait subsister icy ? Car de ce que j'ay veu & experimenté, il y a plus de dix ans qu'il nous auroit fallu retourner en France, n'y aiant eu que vous & nos Meres d'Angers de nôtre Congregation qui nous aient assistées. Ce n'est pas qu'il faille regarder à ce temporel ; car si Dieu en avoit ordonné autrement, il nous auroit donné ce que nous n'avons pas veu jusques icy : Mais aujourd'huy je voy deux corps unis en nos personnes pour prier pour nous, sans
parler

parler de l'assistance temporelle qui nous aide à garder nos Regles, & nôtre Institut à l'edification de cette nouvelle Eglise.

Le troisiéme grief ou pretexte est que nous ne faisons rien ici, & que nous sommes inutiles au Canada. Les Superieurs & tout le païs sont des témoins irreprochables de la verité. Elles avoient peut-être un grand courage, & tout ce que nous faisions, pour grand qu'il fût, paroissoit petit à leur zele. Cela regarde l'interieur, dont le jugement appartient à Dieu, & je n'y veux point penetrer. Mais pour le dehors, c'est une verité publique, que depuis nôtre rétablissement aprés nôtre incendie, le Seminaire est sensiblement augmenté. Le nombre de nos filles a tellement accru, & nous avons été si surchargées, que j'ai été contrainte (à mon grand regret) d'en refuser plusieurs qui s'en alloient les larmes aux yeux, tandis que je pleurois dans le cœur. Je vous dis devant Dieu la verité, ma tres-chere Mere, & je vous assure que nous sommes tellement surchargées, que sans un miracle nous ne pourrions subsister. Cela est veu & connu de tout le monde; il est encore plus veu & plus connu de Dieu; cela nous suffit. Il nous assistera par les voïes qu'il plaira à sa providence d'ordonner. Je finis étant pressée; aussi je croi que cela suffit pour justifier nôtre Communauté auprés de vous & de nos cheres Meres. Vous étes justes & équitables; Jugez-en, s'il vous plaist, mon intime Mere. Je suis toute à vous dans l'amour de nôtre bon JESUS.

De Quebec le   1656.

LETTRE LIV.

A SON FILS.

Etablissement de la Foi aux Nations Hiroquoises superieures, & les nouvelles hostilitez des Hiroquois Agnerognons.

MOn tres-cher Fils. JESUS soit nôtre vie & nôtre amour pour le temps & pour l'éternité. Comme les vaisseaux sont arrivez ici dés le mois de Mai, aussi s'en retournent-ils promptement. Celui par lequel je vous écris, leve l'ancre, un autre est déja parti, & comme je ne vous dis rien dans mes autres Lettres de l'état de nôtre nouvelle Eglise, j'ai cru pour vôtre consolation vous en devoir dire quelque chose par celle-ci.

Dés l'année derniere on fit un traitté de paix avec les cinq Nations Hiroquoises, l'une desquelles qui est voisine des Hollandois, eut de grandes difficultez que les Hurons & les Algonguins fussent compris dans le traitté. Ils y consentirent neanmoins à de certaines conditions, sçavoir qu'ils garderoient la paix avec eux jusques à de certaines limites, hors lesquelles il leur seroit libre d'exercer leurs hostilitez comme auparavant. Quant aux François la paix étoit sans restriction & sans limites. Tout cela s'est observé jusques au Printemps que les Agnerognons, c'est le nom de cette Nation, toujours fourbes & méchans nous ont fait voir ce que l'on peut attendre d'une Nation infidele, & qui ne connoist point JESUS-CHRIST.

Au même temps que la paix fut concluë, deux de nos Reverends Peres furent envoiez aux Hiroquois superieurs, qui les avoient demandez avec beaucoup d'instance. Ils partirent avec leurs Ambassadeurs à la veuë des Agnerognons toujours envieux, mais qui dissimulerent alors leur envie. Ces Peres furent reçus par tout avec de grands témoignages d'estime & d'affection, tous ces peuples leur allant au devant de giste en giste, afin de les bien traitter. Dés qu'ils furent arrivez, les principaux des Nations s'assemblerent, & les firent asseoir les premiers dans leurs Conseils. Ils furent reçus & regalez de tous tour-à-tour d'une maniere extraordinaire, parce qu'on les regardoit comme des hommes venus du Ciel. Dés l'heure le Reverend Pere Chaumonnot commença à parler de la Foi, & à enseigner à faire des prieres publiquement. Il fut écouté & admiré de tous, en sorte qu'on le tenoit pour un homme prodigieux. Ces exercices ont continué tout l'Hiver avec tant d'assiduité, que depuis le matin jusques au soir, la chappelle d'écorce que Jean Baptiste le premier Chrétien de cette Eglise avoit faite dés l'abord, ne desemplissoit point, les Peres ne pouvant trouver de temps pour dire la Messe & leur Office que celui de la nuit. En arrivant ils trouverent une Eglise formée, parce que dans leur chemin, ils firent quantité de Catecumenes, qui furent baptisez en leur païs avec un grand nombre d'autres tant enfans qu'adultes.

Le Carême dernier dans un Conseil qui fut tenu, l'on conjura les Peres de presser Monsieur le Gouverneur & le R. Pere Superieur des Missions d'envoier un plus grand nombre de Peres, afin de les distribuer dans les Bourgs, & tout ensemble une peuplade de François pour

DE LA M. MARIE DE L'INCARNATION.

faire une habitation fixe. L'on est convenu à cet effet d'un lieu commode à l'abord des Nations, qui viendront trouver les Reverends Peres, pour communiquer avec eux de la Religion, & les François pour traitter d'affaires. Le Reverend Pere Dablon partit aussi-tôt avec quelques Onontageronons & Sonontyaeronons, qui sont les plus grandes & les principales Nations de ces Peuples, & aprés bien des fatigues ils arriverent ici au temps de la passion. Ils firent leur demande à Monsieur le Gouverneur & au Reverend Pere Superieur, qui aïant appris les beaux commencemens de cette Mission, & les grandes merveilles que Dieu y avoit operées en si peu de temps, conclurent qu'il la falloit fortifier par le secours d'un plus grand nombre de Missionnaires. Alors ce Reverend Pere, qui est un Homme vraiment Apostolique, fit de si puissans efforts pour cette glorieuse entreprise, qu'en peu de temps cinquante-cinq François, y compris quatre Peres & trois Freres furent prêts. Ils partirent d'ici en Mai avec un zele & une ferveur nonpareille. Dans cette compagnie il y avoit quelques Soldats de la garnison que Monsieur Dupuis honnête Gentil-homme, & qui avoit commandement dans le fort, s'étoit offert de conduire. Lors qu'il me fit l'honneur de me dire à Dieu, il m'assura avec une ferveur qui ne ressentoit point son homme de guerre, qu'il exposoit volontiers sa vie, & qu'ils estimeroit heureux de mourir pour un si glorieux dessein. Tout cela ne se fait qu'avec des frais immenses, mais les Reverends Peres sacrifient tout pour le service de Dieu, & pour le salut des ames. Et pour moi, je ne puis comprendre la grandeur de leur courage en ces rencontres, car rien ne leur coûte quand il s'agit de gagner des ames à JESUS-CHRIST.

Les Agnerognons aïant appris que le dessein étoit formé d'envoier des Peres & des François aux Nations superieures, afin d'y faire une habitation & une maison fixe, devinrent tout furieux, & renouvellerent leur envie dans la pensée que cette alliance des François, Hurons & Algonguins avec leurs voisins feroit leur ruïne avec le temps. Afin donc d'en traverser l'execution, ils se cacherent dans un bois au nombre de quatre cens, afin de les surprendre au passage. Ils laisserent neanmoins passer le Reverend Pere Superieur avec sa troupe, mais quand il fut éloigné, en sorte qu'ils ne pouvoient plus être veus, ils se jetterent sur un grand nombre de canots qui suivoient, conduits par le Reverend Pere Mesnard & un Frere, & sans rien dire, ni écouter, pillent & battent outrageusement tous ceux qui se trouverent sous leurs mains, feignant de ne les pas connoître : Puis comme s'ils se fussent relevez d'un songe, & faisant les étonnez, ils s'arrêterent tout-à-coup, & leur dirent: Hé quoi, c'est donc vous! Helas, vous êtes nos freres, nous pensions que vous fussiez Algonguins & Hurons, que nous avons droit d'attaquer hors les limites designées. Nos François voïant bien que ce n'étoit qu'une fiction, les appellerent fourbes & perfides, leur disant qu'ils auroient guerre ensemble; & voiant que la partie n'étoit pas égale, ils se separerent.

Ces Barbares continuant leur rage & leur dépit vinrent de nuit, & sans être veus dans l'Isle d'Orleans, & le matin voiant une troupe d'hommes, de femmes & d'enfans tous Hurons, qui plantoient leur bled d'Inde, ils se ruerent sur eux, en tuerent six, & enleverent tous les autres au nombre de quatre-vingt-cinq, qu'ils lierent dans leurs canots. Tout cela se fit sans que les François en eussent connoissance, & même s'ils eussent encore tardé cinq ou six heures à faire leur coup leur capture eût été bien plus grande, parce qu'ils en eussent enlevé trois ou quatre cens, qui étoient venus entendre la Messe, & qui devoient ensuite s'en retourner en leur desert, mais qui apprenant des fugitifs ce qui s'étoit passé, se retirerent dans le fort. Nous fûmes tous surpris de voir le fleuve couvert de canots qui venoient vers Quebec, sur tout quand on sceut que c'étoient des Agnerognons, qui par le traitté de paix, & encore selon la parole qu'ils avoient donnée tout nouvellement aux Reverends Peres, ne devoient point passer les trois Rivieres. Cela fit croire qu'ils étoient aussi bien ennemis des François que des Sauvages. C'est pourquoi les maisons écartées demeurerent desertes chacun se retirant à Quebec, où neanmoins il n'y avoit pas de forces chacun étant allé à ses affaires. Ils passerent devant le fort, où l'on crut qu'ils alloient aborder, mais faisant signe qu'ils étoient des amis, ils passerent outre, & continuerent leur chemin, jusqu'à ce qu'ayant veu des maisons abandonnées, ils crurent qu'on s'étoit retiré par défiance qu'on avoit d'eux, dont ils furent tellement choquez, qu'ils enfoncerent les portes, pillerent tout ce qu'ils rencontrerent, puis s'en allerent aux trois Rivieres chercher à qui vendre leur picorage.

Nous avons sceu par un Chrêtien, qui s'est sauvé de leurs mains demi-brûlé, & deux doigts coupez, qu'ils ont emmené nos captifs en leur païs, & qu'ils leur ont donné la vie, excepté à six des principaux Chrétiens, qu'ils ont condamné au feu. L'un d'eux nommé Jacques tres-excellent Chrétien, & qui étoit Prefet de la Congregation, a signalé sa mort par sa foi & par sa patience: Parce qu'on remarquoit

DE LA M. MARIE DE L'INCARNATION.

en lui une pieté plus éclatante que dans les autres, on l'a fait brûler trois jours de suite, durant lesquels il pria & invoqua sans cesse le saint nom de JESUS, exhortant de paroles & par son exemple ses compagnons de supplice. Quelque violent qu'ait été son martyre, l'on n'a pas entendu de sa bouche une seule plainte. Enfin il a expiré en Saint, & nous l'estimons tel. Celui qui nous a rapporté cette histoire, aprés s'être sauvé du feu, courut plusieurs jours, jusques à ce que par une providence de Dieu il fit rencontre du R. Pere Superieur & de sa troupe à quatre journées d'Onnontagé, qui est le lieu où se doit faire l'habitation françoise. Ce pauvre homme s'en alloit mourir, ayant fait plus de quatre-vingt lieuës en perdant son sang: mais le Reverend Pere fit à son égard tout ce qu'il falloit faire dans une semblable rencontre, & aprés l'avoir mis en état de marcher, il lui donna escorte pour le conduire à Mont-Real. Nous attendons de jour à autre les nouvelles de l'arrivée de nos Reverends Peres. Priez pour toutes ces affaires, mon tres-cher Fils, comme aussi pour nos bons Chrétiens Sauvages qui se sont tous refugiez à Quebec, en attendant qu'il plaise à Dieu de calmer cette tempête.

De Quebec le 14. d'Aoust 1656.

LETTRE LV.

AU MESME.

Progrés de la Foi dans les Nations Hiroquoises. Affaires domestiques touchant le passage des Religieuses de France en Canada.

MOn tres-cher Fils. La vie & l'amour de JESUS soient nôtre vie & nôtre amour. J'ai receu de trop bonnes nouvelles des Missions Hiroquoises pour ne vous en pas faire part. J'ai appris depuis trois jours que le progrés de l'Evangile y est grand. Le Reverend Pere Mesnard seul a baptisé à Oneiou & à Oioyen quatre cens personnes. Les autres Missionnaires en ont baptisé à proportion dans les lieux de leur Mission. Le Diable qui enrage de ces commencemens, & qui craint encore plus pour l'avenir, a suscité un trouble pour détruire ce que les Peres ont édifié. Il rend la jeunesse, qui de soi est déja guerriere extrémement revêche, la portant à nuire aux Chrétiens en tout ce qu'ils peuvent. Et parce qu'ils n'ofent pas encore s'élever contre ceux de leur nation, ils fe jettent fur les Hurons leurs anciens ennemis. Ils en ont tué treize tant petits que grands, & en ont fait quarante autres prifonniers. Les anciens en ont bien du déplaifir, mais les jeunes ne les craignent pas, n'y ayant point de police parmi ces peuples.

Pour ce qui regarde nôtre Monaftere, j'écris à nos Meres de Tours à l'occafion de deux Sœurs de nôtre Congregation, que l'on doit prendre en Bretaigne, pour nous les envoier à la prochaine flotte. Je les remercie pour cette année, à caufe de quelques changemens d'affaires qui font furvenus à nôtre maifon, & particulierement pour les grandes pertes que nous avons faites cette année. Il eft vrai que je goûte fort l'avis que vous nous donnez au fujet du paffage des Religieufes de France, & que des Filles du païs nous feroient plus propres pour nôtre efprit, que d'autres qui y apportent un efprit étranger. Tout cela eft vrai, & nous l'experimentons: mais il ne fe trouve pas encore affez de fujets en ce païs. Ou bien on les marie fort jeunes, ou elles n'ont pas de vocation, ou elles ne peuvent apporter de quoi fubfifter, ce qui eft neceffaire abfolument, nôtre Communauté étant tres-pauvre, & ne pouvant recevoir des Sœurs de chœur qu'à cette condition; car pour des Converfes, nous en avons reçu trois ou quatre pour rien. Cette neceffité nous oblige de recourir en France, outre que pour le prefent nous avons befoin de perfonnes faites, & qui foient en état de fervir, au lieu qu'en recevant des Novices, il faut attendre long-temps, & encore aprés avoir bien attendu, il eft incertain fi elles auront les talens neceffaires pour les emplois d'une Communauté. L'année derniere nous en demandâmes deux, une de chaque Congregation. Celle de Paris fe trouva prête, celle de Tours nous a manqué. Par où vous voïez qu'il n'a pas tenu à nous, que tout n'ait été égal, & que nos Meres de Tours ne nous peuvent blâmer de manquer d'affection pour elles, Nous avons cinq Profeffes d'ici, fçavoir une du païs & quatre qui font venuës de France en leur habit feculier. Nous avons actuellement deux Novices, & deux de nos Penfionnaires qui poftulent. Nous avons quatre Profeffes de la Congregation de Paris. Et quoi que nous foïons ainfi affemblées de divers endroits nous vivons enfemble comme fi nous étions Profeffes d'une même Congregation, & d'une même maifon, fous la conduite de ma Reverende Mere de S. Athanafe qui m'a fuccedée dans la charge. Mais quelque union que nous aïons enfemble, fi nous trouvions des fujets propres dans le païs, nous n'en demanderions point du tout en France pour le bien de nôtre Communauté, & pour éviter les inconveniens, dont vous me parlez, qui sont reels & veritables. Mais enfin Dieu est le Maître de tout : Il est nôtre veritable Superieur, & en cette qualité c'est à lui à pourvoir aux necessitez de sa Communauté, & à lui chercher où il lui plaira des sujets propres à le servir dans les desseins qu'il a sur nous dans ce bout du monde.

De Quebec le 15. d'Octobre 1657.

LETTRE LVI.
AU MESME.

Conjuration secrete des Hiroquois contre les Reverends Peres Jesuites & les François, qui en étant avertis, se retirent secretement à Mont-Real. Projet des mêmes Peres de retourner aux Hiroquois.

MOn tres-cher Fils. L'amour & la vie de Jesus soient nôtre vie & nôtre amour pour le tems & pour l'éternité. Dans celles que je vous ai écrites de ce qui s'est passé, je ne vous ai point parlé de cette nouvelle Eglise. Je ne veux pas laisser partir ce vaisseau sans vous en dire un mot en attendant la relation qui vous en parlera plus au long. Celle de l'année derniere vous apprit l'esperance qu'il y avoit d'un grand progrés de nôtre sainte Foi ; mais à la fin vous vîtes une lettre, qui donnoit sujet de craindre ce qui est arrivé. Lors que les affaires de Dieu étoient dans la plus belle disposition du monde, une troupe d'Hiroquois forma une conspiration de massacrer tous les Reverends Peres & tous les François de leur maison & de la garnison. C'étoit un ouvrage des demons enragez de ce qu'on leur arrachoit tant d'ames. Ce dessein barbare eût reüssi sans doute, si un Hiroquois Chrêtien n'en eût averti les Peres en secret, & de mettre ordre au plutôt à leurs affaires. Comme l'on connoît le genie des Sauvages, l'on vit bien que le dessein alloit plus loin, & que la resolution étoit aprés avoir défait les François qui étoient sur le lieu, de venir ici sous une amitié déguisée, pour mettre tout à feu & à sang. C'est pourquoi les Peres donnerent aussi-tôt avis en ces quartiers de ce qui se passoit pendant qu'ils cherchoient les moyens de se sauver. Cela leur étoit assez difficile, ne le pouvant faire sans canots; mais parce qu'ils n'en avoient point, & qu'ils n'en pouvoient faire sans le secours des Sauvages, ils prirent la resolution de faire de petits bateaux semblables à ceux de nôtre Loire. L'on y travailloit sans cesse dans le grenier, & cependant l'on donna avis aux Peres qui étoient dispersez en Mission, de se trouver à jour nommé. Il est à remarquer que depuis le matin jusques au soir la maison des Peres étoit continuellement pleine de monde, à cause du grand abord des Nations Hiroquoises. C'étoit là que se tenoit le Conseil des Anciens, & le jour designé pour partir, il s'y devoit faire une assemblée generale extraordinaire des Sauvages. Afin de les surprendre on s'avisa de leur faire un festin. A cet effet un jeune François, qui avoit été adopté par un fameux Hiroquois, & qui avoit appris leur langue, dit à son pere qu'il avoit songé qu'il falloit qu'il fit un festin à tout manger, & que s'il en restoit un seul morceau, infailliblement il mourroit. Ah! répond cet Homme, tu es mon Fils, je ne veux pas que tu meures: Fais-nous ce festin, nous mangerons tout. Les peres donnerent les porcs qu'ils faisoient nourrir, pour en conserver l'espece dans le païs, & afin de vivre en partie à la Françoise. Ils donnerent encore les provisions qu'ils avoient d'oudardes, de poisson & autres, & tout cela joint avec ce que le jeune François avoit pû avoir d'ailleurs, fut mis en de grandes chaudieres pour preparer le banquet à la mode des Sauvages. Tout étant prêt ils commencerent à manger pendant la nuit: Ils se remplirent de telle sorte qu'ils n'en pouvoient plus: Ils disoient au jeune homme qui faisoit le festin: Aies pitié de nous, envoïe nous reposer. L'autre répondoit: Je mourrai donc. A ce mot, mourir, ils se crevoient de manger, afin de l'obliger. Il faisoit en même temps joüer les flûtes, trompettes, tambours, afin de les faire danser & de charmer l'ennui d'un si long repas. Cependant les François se preparoient à sortir. Ils faisoient décendre les bateaux, & embarquer tout ce que l'on avoit dessein d'emporter, & tout cela se fit si secretement, qu'aucun Sauvage ne s'en aperçut. Tout étant disposé, l'on dit au jeune François qu'il falloit adroitement terminer le festin. Alors il dit à son pere: S'en est fait, j'ai pitié de vous, cessez de manger, je ne mourrai pas: Je m'en vais faire joüer d'un doux instrument pour vous faire dormir, mais ne vous levez que demain bien tard: dormez jusqu'à ce qu'on vous vienne éveiller pour faire les prieres. A ces paroles on joüa d'une Guittarre, & aussi-tôt les voila endormis du plus profond sommeil. Alors les François qui étoient presens, se separerent, & se vinrent embarquer avec les

autres

DE LA M. MARIE DE L'INCARNATION. 537
autres qui les attendoient. Remarquez, s'il vous plaît, que jamais ce grand Lac ou Fleuve n'avoit porté de batteau, à cause des sauts & rapides d'eau qui s'y rencontrent, & même pour le traverser, il falloit porter les canots & le bagage avec beaucoup de peine. Il survint encore un nouvel accident, sçavoir que le Lac commençoit à glacer. Cependant les batteaux de nos fugitifs voguoient avec une vitesse nonpareille parmi tous ces perils & entre les bans de glace qu'ils avoient des deux côtez; Ils se suivoient tous en queuë, parce que la riviere étant prise, il falloit suivre le premier qui ouvroit le chemin. Enfin par un secours de Dieu que l'on estime miraculeux, ils se sont rendus en dix jours de temps à Mont-Real, qui est une tres-grande diligence, sans qu'il leur soit arrivé aucun accident, soit de la part des Hiroquois, soit du côté des glaces, & des autres dangers de la navigation.

Les Barbares étant éveillez, & voiant que le jour se passoit contre l'ordinaire sans entendre parler de la priere, ni faire aucun bruit dans la maison des Peres, furent bien surpris. Ils le furent encore davantage, lors qu'étant entrez dans la maison, ils ne trouverent ny personnes, ny meubles, ny bagages. Ils crurent alors que les François s'étoient retirez; ce qui les étonna fort, car ils avoient si bien caché leur conspiration, qu'ils ne croioient pas que personne du monde en eût la connoissance. Mais la maniere de leur retraite les étonna plus que tout le reste; car sçachant que les François n'avoient point de canots & d'ailleurs le fleuve se trouvant glacé, ils ne sçavoient que penser. Il survint encore un accident qui porta leur étonnement à l'extremité; car il negea toute la nuit, & ne voiant point de vestiges d'hommes sur la nege, ils ne purent s'imaginer autre chose, sinon que les Peres & les François s'étoient envolez.

Les Sauvages voiant leur conjuration découverte, & se doutant bien que les François iroient à main forte leur faire la guerre, envoierent au plûtôt des presens aux Nations voisines qui leur étoient alliées, afin d'en tirer du secours au temps de la necessité. Les François de leur côté étoient ici dans la crainte que les cinq Nations Hiroquoises ne s'unissant ensemble pour nous venir ravager, & avant même que les Peres fussent arrivez, ils faisoient garde continuelle de crainte de surprise, sur tout aiant apris que trois François avoient été tuez proche de Mont-Real par les Hiroquois Onneiusteronons. Voila donc la guerre declarée de part & d'autre. Chacun est dans la crainte, chacun neanmoins attaque & se défend. L'on a pris plusieurs de

Yyy

ces Barbares, & plusieurs ont été tuez. Eux de leur part ont tu´ une femme Algonguine, & en ont pris deux autres avec leurs enfans. L'une des deux fut si courageuse qu'elle perça le ventre de son Hiroquois de son coûteau. Ses compagnons en furent si effrayez qu'ils laisserent armes, bagage, les femmes & les enfans qu'ils tenoient & s'enfuïrent. Ces captives étant ainsi délivrées apporterent leur butin aux pieds de Monsieur le Gouverneur, qui tient en ses prisons vingt-&-un des plus fameux de toutes les nations Hiroquoises, qui sont bien étonnez de se voir si à l'étroit, quoy qu'on ait soin de les bien traitter. Ils ont prié Monsieur le Gouverneur d'envoyer un d'entre eux en leur païs pour renoüer la paix & y faire retourner les Peres. Cela leur a été accordé, & l'on en espere un bon succés.

Le Chef de ces prisonniers faisoit ses plaintes il y à peu de jours au R. Pere Chaumonnot, luy disant qu'il n'avoit point d'esprit de les avoir quittez, & que c'étoit luy qui étoit la cause de tout le mal: qu'on le regardoit comme le premier homme du monde, & qu'en cette qualité on le faisoit presider dans tous les Conseils: Qu'on les blâmoit, mais que c'étoit à luy qu'on devoit attribuer tout le blâme: Que pour l'acte d'hostilité qui s'étoit exercé, il n'étoit pas venu de lui ni des Anciens, mais de quelques jeunes broüillons qui n'avoient point d'esprit; Puis il ajoûta, parlant de Monsieur le Gouverneur, Onontio nous méprise, nous sommes maintenant ses chiens d'attache; encore s'il nous faisoit ses chiens domestiques en sorte que nous pussions aller par la maison, cela seroit supportable. Mais quelques plaintes que fasse ce Sauvage, il est necessaire de les tenir à l'attache, car ils prendroient bien-tôt la clef des champs si on les faisoit chiens domestiques, ainsi qu'ils disent. L'on a dressé des articles de paix dont les Ambassadeurs sont les porteurs. Le plus essentiel de tous est qu'on ne leur accordera point le retour des Peres, qu'ils ne donnent des hostages, sçavoir des filles pour être gardées dans nôtre Seminaire: car pour des hommes ou des garçons, il n'y a nulle assurance.

Vous apprîtes l'an passé ce qui étoit arrivé aux pauvres Hurons que le R. Pere Ragueneau menoit à Onontagé sous la bonne foi des Hiroquois & de quelle maniere ils furent massacrez. En cette troupe il y avoit de bonnes Huronnes qui avoient été nos Seminaristes, & qui étoient encore tres-excellentes Chrêtiennes. Il y avoit sur tout une jeune veuve qu'on menoit exprés pour donner bon exemple aux femmes Hiroquoises. Elle fut prise captive par un Barbare qui luy voulut ravir son honneur à une décente qu'on fit à terre. Cette femme quoique foible & delicate se dégagea de ses mains, & prit sa course dans le bois, en sorte que ne la pouvant suivre il fut contraint de l'abandonner. Il se rembarque avec sa compagnie, & elle cependant demeura perduë dans cette immense forest où jamais homme n'a habité, mais seulement toute sorte de bêtes sauvages. Elle fut bien trente jours sans manger autre chose que des racines d'herbes sauvages. Enfin se voiant à deux doigts de la mort, elle se traîna le mieux qu'elle put sur une roche au bord de l'eau s'abandonnant à la providence de Dieu. Comme c'est une personne d'oraison & de vertu, elle s'entretenoit sur la roche avec Dieu en attendant la disposition de sa volonté. Mais ce divin Pere des abandonnez qui ne la vouloit pas perdre, permit que de quelques canots que le R. Pere Duperron conduisoit aux Hiroquois, on apperçût quelque chose remuer sur la roche : Il y voulut aller, mais il fut prevenu par un Hiroquois qui la mit dans son canot, disant qu'elle étoit sa captive. Elle ne fut pas neanmoins long-temps en son pouvoir, parce que le R. Pere la rachetta, & aprés l'avoir fortifiée il luy donna la liberté. Quand elle fut arrêtée ses Sœurs & sa Niéce furent massacrées, & comme c'étoient d'excellentes Chrétiennes je croy qu'elles sont bien avant dans le Ciel. Elle seule fut ramenée des Hiroquois où les Reverends Peres ont laissé environ cinq cens Chrétiens sans pouvoir faire autrement, & c'est le sujet de leur douleur, car ces bons Neophites sont dans un danger éminent de perdre ou la foy ou la vie. Cela fait qu'ils soûpirent aprés leur retour afin de les aider, & de risquer leurs vies avec celles de leurs enfans en JESUS-CHRIST. Ils ne les auroient jamais abandonnez, si la necessité ne les eût obligez de venir mettre en asseurance les François de nos habitations. Car ces Barbares avoient resolu aprés avoir défait ceux qui étoient en leur païs, de venir sous ombre d'amitié fondre dans toutes les habitations, & par trahison y mettre tout à feu, aprés avoir tout pillé. Vous voiez, mon tres-cher fils, de quel accident nôtre Seigneur nous a délivrées, & comme il ne fait gueres bon se fier à des Barbares lorsque les demons leur possedent le cœur ; car il est sans doute que cette conjuration est un ouvrage de ces princes des tenebres, qui envieux du grand progrés qui s'étoit fait en si peu de temps, vont étouffer cette nouvelle Eglise dans son berceau. Les Hiroquois Agnerognons n'ont fait aucun acte d'hostilité depuis quatre ans au regard des François. Les Hollandois même de la nouvelle Hollande dont ils sont voisins, demandent des Peres pour les assister, parce qu'en certains cantons le nombre des Catholiques y est plus grand que celui des heretiques. De plus il y a une colonie d'Anglois Catholiques dans une terre nouvellement découverte, qui étant fugitifs de leur païs pour la foy, s'y sont venus établir: il n'y a de la nouuelle Hollande chez eux que pour deux fois vingt-quatre heures de trajet. En general les Hollandois ont tres-bien reçu le R. Pere le Moine, quoi qu'il fut dans son habit de Jesuite, ce qui facilitera beaucoup la communication aux Agnerognons. Parce que le commerce est grand entre les François & les Hollandois, & actuellement voilà à nôtre port une barque de ce païs là qui s'y en retourne. Pour nôtre Colonie Françoise, elle multiplie de telle sorte que le païs n'est plus reconnoissable pour le nombre des habitans. Dieu a tellement beni les labours que la terre donne des bleds tres-bons & en assez grande quantité pour nourrir ses habitans. L'air y est plus chaud à present que la terre est plus decouverte & moins ombragée de ces grandes forests qui la rendoient si froide. L'hiver neanmoins y a été long cette année, & comme les semences ont été tardives, il y a encore à present des bleds à couper. Voilà, mon tres-cher Fils, en abbregé ce que vous verrez plus au long dans la Relation, si vous vous voulez donner la peine de la lire. Continuez, je vous prie, de me recommander à nôtre Seigneur; & sur tout n'oubliez pas nos pauvres Chrétiens qui sont aux Hiroquois, non plus que le dessein que les Reverends Perés ont pris de les aller secourir au peril de leur vie. Je n'ay pas le temps de relire ma lettre, excusez mes fautes & l'empressement.

De Quebec le 4. Octobre 1658.

LETTRE LVII.

AU MESME.

Arrivée d'un Evéque à Quebec. Accroissement notable de la colonie de Mont-Real. Les Hiroquois continuent leurs hostilitez. La mort du R. Pere de Quén Jesuite.

MOn tres-cher & bien-aimé Fils. Ce m'a été une grande privation de voir un Navire arrivé, & de ne point recevoir de lettres de vôtre part. J'ay pourtant été toujours persuadée que vous m'aviez écrit; mais j'ay cru, & je ne me suis pas trompée, que vos lettres étoient dans le premier vaisseau, qui nous apportoit la nouvelle que nous aurions un Evêque cette année, mais qui n'a paru que long-temps aprés les autres. Ce retardement a fait que nous avons plûtôt reçu l'Evêque que la nouvelle qui nous le promettoit. Mais ça été une agreable surprise en toutes manieres : Car outre le bonheur qui revient à tout le païs d'avoir un Superieur Ecclesiastique, ce lui est une consolation d'avoir un homme dont les qualitez personnelles sont rares & extraordinaires. Sans parler de sa naissance qui est fort illustre, car il est de la maison de Laval, c'est un homme d'un haut merite & d'une vertu singuliere. J'ay bien compris ce que vous m'avez voulu dire de son élection ; mais que l'on dise ce que l'on voudra, ce ne sont pas les hommes qui l'ont choisi. Je ne dis pas que c'est un saint, ce seroit trop dire : mais je dirai avec verité qu'il vit saintement & en Apôtre. Il ne sçait ce que c'est que respect humain. Il est pour dire la verité à tout le monde, & il la dit librement dans les rencontres. Il falloit ici un homme de cette force pour exstirper la medisance qui prenoit un grand cours, & qui jettoit de profondes racines. En un mot sa vie est si exemplaire qu'il tient tout le païs en admiration. Il est intime ami de Monsieur de Bernieres avec qui il a demeuré quatre ans par devotion ; aussi ne se faut-il pas étonner si aiant frequenté cette échole il est parvenu au sublime degré d'oraison où nous le voions. Un Neveu de Monsieur de Bernieres l'a voulu suivre. C'est un jeune Gentilhomme qui ravit tout le monde par sa modestie. Il se veut donner tout à Dieu à l'imitation de son Oncle, & se consacrer au service de cette nouvelle Eglise : Et afin d'y reüssir avec plus d'avantage, il se dispose à recevoir l'Ordre de Prêtrise des mains de nôtre nouveau Prelat. Je vous ay dit que l'on n'attendoit pas d'Evêque cette année. Aussi n'a-t'il rien trouvé de prest pour le recevoir quand il est arrivé. Nous lui avons prêté nôtre Seminaire qui est à un des coins de nôtre clôture & tout proche la Parroisse. Il y aura la commodité & l'agréement d'un beau jardin : Et afin que lui & nous soions logez selon les Canons ; il a fait faire une clôture de separation. Nous en serons incommodées, parce qu'il nous faut loger nos Seminaristes dans nos apartemens ; mais le sujet le merite & nous porterons cette incommodité avec plaisir jusqu'à ce que sa Maison Episcopale soit bâtie.

Dés qu'il fut sacré Evêque à Paris ; il demanda au R. Pere General des Jesuites le Pere Lallemant, qui depuis trois mois étoit Recteur de la Fleche, afin de l'accompagner. C'est un bien pour tout le païs,

& pour nous en particulier ; pour moy encore plus que pour tout autre : Car je vous dirai en confiance que je souffrois dans la privation d'une personne à qui je puisse commuiquer de mon interieur. Toute l'année j'ay eu un mouvement interieur que nôtre Seigneur m'envoiroit du secours. Il l'a fait lors qu'il étoit temps ; que son saint nom en soit eternellement beni.

Vous sçavez ce qui s'est passé les années dernieres au sujet de Monsieur l'Abbé de Quellus. Il est à present Directeur d'un Seminaire de Prêtres de saint Sulpice de Paris que Monsieur de Bretonvilliers a entrepris de bâtir à Mont-Real avec une tres-belle Eglise. Cet Abbé, dis-je, est descendu de Mont-Real pour saluër nôtre Prelat, il étoit établi Grand-Vicaire en ce lieu-là par Monseigneur l'Archevêque de Roüen, mais aujourd'huy tout cela n'a plus de lieu, & son autorité cesse. Les progrés neanmoins de la Mission y sont grands : Il y est venu des Hospitalieres de la Fleche, l'on y va faire tout d'un coup l'établissement de trente familles, le dernier vaisseau aiant amené à cet effet un grand nombre de filles. On nous presse aussi de nous y établir, mais nous ne sommes pas en état de le faire. Monseigneur nôtre Prelat aura l'inspection sur tout cela, quoi qu'il ne soit ici que sous le titre d'Evêque de Petrée & non pas de Quebec ou de Canada. Ce titre a bien fait parler du monde : Mais cela s'est fait de la sorte au sujet d'un different qui est entre la Cour de Rome & celle de France. Le Roy veut que l'Evêque de Canada depende de lui & lui prête Serment de fidelité comme les autres de France : Et le saint Pere pretend avoir quelque droit particulier dans les Nations étrangeres ; c'est pour cela qu'il nous a envoié un Evêque, non comme Evêque du païs, mais comme Commissaire Apostolique, sous le titre étranger d'Evêque de Petrée.

Vous étes en peine des affaires de ce païs. Elles sont comme elles étoient avant que les Hiroquois eussent fait la paix, car ils l'ont rompuë, & ont déja tant pris que tué neuf François dans une rencontre où on ne les attendoit pas, & où méme on ne croioit pas qu'ils eussent de mauvais desseins contre les François. Ils ont déja fait brûler tout vif un de leurs prisonniers, ce sera merveille si les autres ont un meilleur traitement. L'on a aussi depuis tué onze de leurs gens, & l'on se donne de garde des autres : Car l'on a apris d'un Huron captif qui les a quittez, qu'ils preparent une puissante armée pour venir enlever nos nouveaux Chretiens, & comme je croi, autant de François qu'ils pourront. Ce Huron s'est sauvé en cette sorte. Un canot d'Hiroquois où il étoit, voiant un canot de Hurons qui alloient harponner de l'anguille, le laissa passer pour se jetter dessus quand ils ne seroient plus unis & en état de se defendre. Ce captif touché de tendresse pour ceux de sa Nation, se deroba de ses Maîtres, qui étoient décendus à terre, & retourna sur ses pas donner avis à ses compatriotes du dessein des Hiroquois, & du danger où ils étoient. Ils s'embarquerent au plûtôt & lui avec eux, & tous ensemble vinrent en diligence à Quebec, où ils donnerent avis des entreprises des Hiroquois; sans cela il y auroit eu bien des têtes cassées, car outre les Hurons qui n'auroient pu eviter leur rage, ils se seroient glissez parmi les moissonneurs qui sous la bonne foy de la paix travailloient sans crainte & sans defiance. En effet cela est arrivé aux trois Rivieres où ils ont pris les neuf François dont je viens de parler. A l'heure que j'écris cecy Monsieur nôtre Gouverneur est en campagne pour leur donner la chasse ou pour en prendre quelqu'un. Ce qui l'a fait sortir est que les Hiroquois qu'il tenoit prisonniers entre de bons murs fermez de portes de fer, aiant apris que leur Nation avoit rompu la paix, & croiant qu'on ne manqueroit pas de les brûler tous vifs, ont forcé cette nuit leur forteresse, & ont sauté les murailles du Fort. La sentinelle les voiant a fait le signe pour avertir, & aussi-tôt l'on a couru aprés. Je ne sçay pas encore si on les a pris, car ces gens-là courent comme des Cerfs.

Vous m'étonnez de me dire que nos Meres nous vouloient rappeller: Dieu nous preserve de cet accident. Si nous n'avons pas quitté aprés nôtre incendie & pour toutes nos autres pertes, nous ne quitterons pas pour les Hiroquois, à moins que tout le païs ne quitte ou qu'un Superieur ne nous y oblige, car nous sommes filles d'obeïssance, & il la faut preferer à tout. Je suis neanmoins trompée si jamais cela arrive. L'on dit bien qu'une armée des ennemis se prepare pour venir ici, mais à present que leur dessein est eventé cela ne leur sera pas facile. Si neanmoins nôtre Seigneur les laissoit faire, ils nous auroient perdus il y a long-temps, mais sa bonté renverse leurs desseins nous en donnant avis, afin que nous nous en donnions de garde. Si les affaires étoient en hazard, je serois la premiere à vous en donner avis, afin de vous faire pourvoir à nos suretez, puisque nos Meres vous en confient leur sentiment. Mais graces à Dieu nous ne voions & ne croions pas que cela arrive. Si pourtant il arrivoit contre nos sentimens, ne serions nous pas heureuses de finir nos vies au service de nôtre Maître & de les rendre à celui qui nous les a données. Voila mes sentimens que vous ferez sçavoir à nos Meres, si vous le jugez à propos.

Mon sentiment particulier est que si nous souffrons en Canada pour nos personnes, ce sera plûtôt par la pauvreté que par le glaive des Hiroquois. Et pour le païs en general, sa perte, à mon avis, ne viendra pas tant du côté de ces barbares que de certaines personnes qui par envie ou autrement écrivent à Messieurs de la Compagnie quantité de choses fausses contre les plus saints & les plus vertueux, & qui dechirent méme par leurs calomnies ceux qui y maintiennent la justice, & qui le font subsister par leur prudence. Comme ces mauvais coups se font en cachette on ne les peut parer; & comme la nature corrompuë se porte plûtôt à croire le mal que le bien, on les croit facilement. Delà vient que lors qu'on y pense le moins on reçoit ici des ordres & des arrests tres-facheux. En tout cela Dieu est tres-griévement offensé, & il nous feroit une grande grace s'il purgeoit le païs de ces esprits pointilleux & de contradiction.

Le dernier vaisseau s'est trouvé à son arrivée infecté de fievres pourprées & pestilentielles. Il portoit deux cens personnes qui ont presque tous été malades. Il en est mort huit sur mer, & d'autres à terre. Presque tout le païs a été infecté, & l'Hôpital rempli de malades. Monseigneur nôtre Prelat y est continuellement pour servir les malades, & faire leurs licts. On fait ce que l'on peut pour l'en empêcher & pour conserver sa personne, mais il n'y a point d'eloquence qui le puisse detourner de ces actes d'humilité. Le R. Pere de Quen par sa grande charité a pris ce mal & en est mort. C'est une perte notable pour la Mission : Car c'étoit l'ancien Missionnaire des Algonquins où il avoit travaillé depuis vingt-cinq ans avec des fatigues incroiables. Enfin quittant la charge du Superieur des Missions, il a perdu la vie dans l'exercice de la charité. Deux Religieuses Hospitalieres ont été fort malades de ce mal; graces à Dieu, nôtre Communauté n'en a point été attaquée : Nous sommes ici dans un lieu fort sain & exposé à de grands vents qui nettoient l'air. Pour mon particulier ma santé est tres-bonne : Je ne laisse pas de soûpirer puissamment aprés l'Eternité, quoique je sois disposée à vivre tant qu'il plaira à nôtre Seigneur.

De Quebec le 1659.

DE LA M. MARIE DE L'INCARNATION.

LETTRE LVIII.
AU MESME.

Dessein des Hiroquois sur Quebec. Défaite des François, Algonquins & Hurons par ces Barbares.

MOn tres-cher Fils. Comme voila un Navire qui va partir en grande diligence pour porter en France la nouvelle des accidens qui nous sont arrivez cette année de la part des Hiroquois, & pour aller querir des farines, de crainte que cet ennemi ne ravage nos moissons, je n'ai pas voulu manquer de vous faire un abregé de ce qui s'est passé, afin que vous nous aidiez à rendre graces à Dieu de sa protection sur nous, & à lui demander son assistance pour l'avenir.

Pour commencer, vous sçaurez que les Algonquins, qui sont tres-genereux, aïant pris quelques prisonniers sur les Hiroquois, en ont fait brûler quelques-uns selon leur justice ordinaire tant ici qu'aux trois Rivieres. C'est la coûtume des Captifs quand ils sont dans les tourmens de dire tout ce qu'ils sçavent. Il en fut brûlé un le Mercredi de la Pentecôte, qui étant examiné par le Reverend Pere Chaumonot, dit qu'il y avoit une armée de huit mil hommes, qui avoient leur rendez-vous à la Roche-percée proche de Mont-Real, où quatre cens autres les devoient venir joindre pour venir ensuite tous ensemble fondre sur Quebec. Il ajoûtoit que leur dessein étoit d'enlever la tête à Onontio qui est Monsieur le Gouverneur, afin que le Chef étant mort, ils pussent plus facilement mettre tout le païs à feu & à sang. Il dit jusques là qu'à l'heure qu'il parloit, ils devoient être ou dans les Isles de Richelieu ou à Mont-Real, ou aux trois Rivieres, & qu'assurément quelqu'un de ces lieux étoit assiegé. En effet on a sçeu depuis qu'ils étoient à Richelieu, attendant le temps & la commodité de nous perdre tous, & de commencer par Quebec. Je vous laisse à penser si cette nouvelle nous surprit. Ce même jour le saint Sacrement étoit exposé dans nôtre Eglise, où la Procession de la Parroisse vint pour continuer les devotions qu'on avoit commencées pour implorer le secours de Dieu, dés qu'on sçeut qu'il y avoit des Hiroquois en campagne. Mais la nouvelle de cette grosse armée qu'on estimoit proche, donna une telle apprehension à Monseigneur nôtre Evêque qu'il

L'original dit 8000. hommes qui apparemment est une surprise d'écriture. Peut-être qu'elle a mis ce nombre au lieu de 800.

n'arrivât mal aux Religieuses, qu'il fit emporter le saint Sacrement de nôtre Eglise, & commanda à nôtre Communauté de le suivre. Nous ne fûmes jamais plus surprises : Car nous n'eussions pû nous imaginer qu'il y eût eu sujet de craindre dans une maison forte comme la nôtre. Cependant il fallut obeïr. Il en fit de même aux Hospitalieres. Le saint Sacrement fut pareillement ôté de la Paroisse.

Aprés les depositions du prisonnier, il fut arrêté qu'on feroit la visite des maisons religieuses, pour voir si elles étoient en état de soûtenir. Elles furent visitées en effet plusieurs fois par Monsieur le Gouverneur & par des Experts; & ensuite l'on posa deux corps de garde aux deux extrêmitez de nôtre maison. La faction s'y faisoit regulierement. L'on fit quantité de redoutes, dont la plus forte étoit proche de nôtre écurie, pour défendre la grange d'un côté, & l'Eglise de l'autre. Toutes nos fenêtres étoient garnies de poutreaux & murailles à moitié avec des meurtrieres. L'on avoit fait des défenses sur nos perrons. Il y avoit des ponts de communication d'un appartement à un autre, & même de nôtre maison à celle de nos domestiques. Nous ne pouvions même sortir dans nôtre cour que par une petite porte à moulinet, où il ne pouvoit passer qu'une personne à la fois. En un mot nôtre Monastere étoit converti en un fort gardé par vingt quatre hommes bien resolus. Quand on nous fit commandement de sortir, les corps de garde étoient déja posez. J'eus la permission de ne point sortir, afin de ne pas laisser nôtre Monastere à l'abandon de tant d'hommes de guerre, à qui il me falloit fournir les munitions necessaires, tant pour la bouche que pour la garde. Trois autres Religieuses demeurerent avec moi; mais il faut que je vous avouë que je fus sensiblement touchée, voiant qu'on nous ôtoit le saint Sacrement, & qu'on nous laissoit sans lui. Une de nos Sœurs nommée de sainte Ursule, en pleuroit amerement, & demeura inconsolable. J'acquiescé neanmoins à la privation la plus sensible qui me pouvoit arriver.

Nôtre Communauté & celle des Hospitalieres étant sorties, elles furent conduites chez les Reverends Peres, où le Pere Superieur leur donna des appartemens separez de leur grand corps de logis, sçavoir à la nôtre le logis de la Congregation, & aux Hospitalieres un autre qui en est assez proche. Tout cela est comme un fort fermé de bonnes murailles, où l'on étoit en asseurance. Les Sauvages Chrétiens étoient cabanez dans la court, & à couvert de leurs ennemis.

Quand les Habitans nous virent quitter une maison aussi forte que la nôtre, car celle de l'Hôpital est mal située au regard des Hiroquois, ils furent si épouvantez, qu'ils crurent que tout étoit perdu. Ils abandonnerent leurs maisons & se retirerent, les uns dans le fort, les autres chez les Reverends Peres, les autres chez Monseigneur nôtre Evêque, & les autres chez nous où nous avions six ou sept familles logées tant chez nos domestiques, que dans nos parloirs, & offices exterieurs. Le reste se barricada de tous côtez dans la basse Ville, où l'on posa plusieurs corps de garde.

Le lendemain, qui fut le Jeudi de la Pentecôte, le Reverend Pere Superieur ramena nôtre Communauté, c'étoit le jour auquel nous devions élire une Superieure, si le trouble ne nous eût obligées de le differer. L'on en usa de même huit jours de suite : le soir on emmenoit les Religieuses, & le matin sur les six heures on les ramenoit; mais nous fûmes privées du saint Sacrement jusques au jour de sa Fête que Monseigneur nôtre Evêque eut la bonté de nous le rendre, par ce que la visite de nôtre Monastere aiant été faite, on jugea que les Religieuses y pouvoient demeurer en seureté & sans crainte des Hiroquois, & neanmoins qu'on ne laisseroit pas d'y faire la garde jusques à ce que l'on eût reçu des nouvelles des habitations superieures, que l'on croioit être assiegées.

Au commencement de Juin huit Hurons Renegats & Hiroquoisez furent vers le petit Cap, qui est environ six lieuës au dessous de Quebec: Et au même temps un honnête veuve, qui s'étoit retirée icy s'avisa d'aller visiter sa terre avec sa famille. Comme elle travailloit avec son gendre à son desert, sa fille & quatre enfans, qui étoient restez au logis, furent surpris par ces Infideles, qui les enleverent, & les chargerent dans leurs canots. La nouvelle en fut aussi-tôt apportée à Monsieur nôtre Gouverneur, qui avec le zele infatigable qu'il a pour la conservation du public, envoia une troupe de François & d'Algonguins, pour poursuivre ces Barbares. Les Algonguins qui sçavent les routes, se mirent en embuscade justement où il falloit, & ils avoient donné un certain mot du guet aux François, pour les distinguer de l'ennemi, car c'étoit au commencement de la nuit, où ils eussent pû se prendre les uns les autres pour les ennemis. Enfin le canot parut, & les Algonguins aiant dit : qui va là ? les ennemis voulurent prendre la fuite, mais nos gens se jetterent dessus, & tirerent tant de coups que le canot en fut percé, & coula à fond avec un de ces Barbares. Les autres furent pris, & la femme, & les enfans delivrez. Cette captive aiant entendu des voix qu'elle croioit lui devoir être favorables, eut tant de joïe qu'elle leva la tête, car ses ravisseurs l'avoient tellement cachée qu'elle ne pouvoit voir, ni être veuë auparavant. Sa joïe fut courte, car elle fut blessée à mort, & un petit enfant qu'elle avoit à la mammelle, eut un coup de balle à un orteil. Elle mourut saintement peu de jours aprés, loüant Dieu de l'avoir sauvée du feu des Hiroquois qui lui étoit inévitable. Nos gens s'en revinrent victorieux, amenant leurs prisonniers avec des cris de joïe. On donna la vie à un qui n'avoit pas plus de 15. ans: les autres furent brûlez, & s'étant convertis, moururent chrêtiennement & dans l'esperance de leur salut. Ils ont confirmé à la mort ce que l'autre avoit dit, qu'ils s'étonnoient que l'armée tardoit tant, & qu'il falloit que les trois Rivieres fussent assiegées. Cela sembloit dautant plus probable que l'on n'entendoit point de nouvelles d'une chaloupe pleine de soldats que Monsieur le Gouverneur avoit envoïée pour faire quelque découverte, non plus que de deux autres qui étoient montées il y avoit quelque temps.

Le huitiéme du même mois on nous vint dire que l'armée étoit proche, & qu'on l'avoit veuë. En moins de demi-heure chacun fut rangé en son poste, & en état de se défendre. Toutes nos portes furent de nouveau barricadées, & je munis tous nos soldats de ce qui leur étoit necessaire. En ces momens un de nos gens arriva de la pêche, & nous assura avoir veu un canot, où il y avoit huit hommes debout, & que ce canot étoit du saut de la chaudiere, qui est une retraite des Hiroquois. Cela fit croire que l'allarme étoit vraie, qui neanmoins se trouva fausse. Les François étoient si encouragez qu'ils souhaittoient que l'affaire fut veritable: car Monsieur le Gouverneur avoit mis si bon ordre à toutes choses, & sur tout à son fort, qu'il l'avoit rendu comme imprenable, & chacun à son exemple avoit quitté toute frayeur: Je dis pour les hommes, car les femmes étoient tout-à-fait effrayées. Pour moi je vous avoüe que je n'ai eu aucune crainte, ni dans l'esprit, ni à l'exterieur. Je n'ai pourtant guéres dormi durant toutes ces allarmes. Mon oreille faisoit le guet toute la nuit, afin de n'être pas surprise, & d'être toujours en état de fournir à nos soldats les choses dont ils eussent eu besoin en cas d'attaque.

Le lendemain on vit arriver les chaloupes, dont on étoit en peine. Elles apporterent les tristes nouvelles de la mort de nos François de Mont-Real, qui étant allez au nombre de dix-sept, accompagnez de quarante tant Hurons qu'Algonguins, pour surprendre quelques Hiroquois, furent pris eux-mêmes & mis en pieces par ces Barbares.

DE LA M. MARIE DE L'INCARNATION. 549

L'action est genereuse, quoi que l'issuë n'en ait pas été favorable. Voici comme le Reverend Pere Chaumonnot en parle dans une lettre qu'il écrit sur la déposition d'un Huron qui s'est sauvé, & qui a veu tout ce qui s'est passé.

Dés le mois d'Avril 1660. dix-sept braves François volontaires de Mont-Real, prirent le dessein de se hazarder pour aller faire quelque embuscade aux Hiroquois, ce qu'ils firent avec l'approbation & l'agrément de ceux qui commandoient. Ils partirent accompagnez de quarante Sauvages tant Hurons qu'Algonguins bien munis de tout ce qui leur étoit necessaire. Ils arriverent le premier jour de Mai suivant en un fort qui avoit été fait l'Automne passé par les Algonguins au pied du long saut au dessus de Mont-Real. Le lendemain jour de Dimanche deux Hurons, qui étoient allés à la découverte, rapporterent qu'ils avoient veu cinq Hiroquois, qui venoient vers eux aussi pour découvrir. L'on consulte là-dessus ce qui est à faire. Un Huron opina qu'il falloit décendre à Mont-Real, parce que ces Hiroquois pouvoient être les Avantcoureurs de l'armée qu'on nous avoit menacé devoir venir fondre sur nous, ou que s'ils n'étoient pas des espions de l'armée, ils étoient au moins pour avertir les Chasseurs de cette embuscade, & par cet avis la rendre inutile. Annotacha fameux Capitaine Huron resista fortement à cette proposition, accusant de couardise & de lâcheté celui qui l'avoit faite. On suivit le sentiment de ce dernier, & l'on demeura dans ce lieu, dans le dessein de faire le jour suivant une contrepalissade pour fortifier celle qu'ils avoient trouvée, & qui n'étoit pas de défense. Mais les Hiroquois qui étoient les Onnontageronons ne leur en donnerent pas le loisir, car peu de temps aprés on les vit descendre sur la Riviere au nombre de deux cens. Nos gens qui faisoient alors leurs prieres, étant surpris, n'eurent le loisir que de se retirer dans cette foible retraite, laissant dehors leurs chaudieres qu'ils avoient mises sur le feu pour preparer leur repas. Aprés les huées & les salves de fuzils de part & d'autre, un Capitaine Onnontageronon avança sans armes jusques à la portée de la voix pour demander quels gens étoient dans ce fort, & ce qu'ils venoient faire. On lui répond que ce sont des François, Hurons & Algonguins au nombre de cent hommes, qui venoient au devant des nez percez. Attendez, replique l'autre, que nous tenions conseil entre nous, puis je vous viendrai revoir; cependant ne faites aucun acte d'hostilité, de crainte que vous ne troubliez les bonnes paroles que nous portons aux François à Mont-Real. Retirez-vous donc, dirent

Zzz iij

les nôtres à l'autre bord de la Riviere, tandis que nous parlementerons de nôtre part. Ils defiroient cet éloignement de l'ennemi, pour avoir la liberté de couper des pieus, afin de fortifier leur paliffade. Mais tant s'en faut que les ennemis allaffent camper de l'autre côté, qu'au contraire ils commencerent à dreffer une paliffade vis-à-vis de celle de nos gens, qui à la veuë de leurs Ouvriers ne laifferent pas de fe fortifier le plus qu'ils purent, entrelaffant les pieus de branches d'arbres & rempliffant le tout de terre & de pierres à hauteur d'homme, en forte neanmoins qu'il y avoit des meurtrieres à chaque pieu gardées par trois fuzeliers. L'ouvrage n'étoit pas encore achevé que l'ennemy vint à l'affaut. Les affiegez fe défendirent vaillamment, tuërent & bleffèrent un grand nombre d'Hiroquois fans avoir perdu un feul homme. La fraïeur fe mit dans le camp de l'ennemy qui leur fit à tous prendre la fuite, & les nôtres s'eftimoient déja heureux de fe voir quittes à fi bon marché. Quelques jeunes gens fauterent la paliffade pour couper la tête au Capitaine Sonnontatonan qui venoit d'être tué & l'érigerent en trophée au bout d'un pieu fur la palliffade. Les ennemis étant revenus de la fraieur extraordinaire dont ils avoient été faifis, fe rallierent, & durant fept jours & fept nuits entieres grêlerent nos gens de coups de fufils. Durant ce temps-là ils briferent les canots des nôtres, & en firent des flambeaux pour brûler les paliffades, mais les décharges étoient fi frequentes qu'il ne leur fut jamais poffible d'en approcher. Ils donnerent encore une feconde attaque plus opiniâtre que la premiere, mais les nôtres la foûtinrent fi courageufement qu'ils prirent la fuite pour la feconde fois. Vingt d'entr'eux fe retirerent fi loin qu'on ne les revit plus depuis. Quelques Onontageronons dirent depuis à Jofeph qu'ils tenoient captif que fi les nôtres les euffent fuivis les battant en queuë, ils les euffent tous perdus. Hors le temps des deux attaques les coups que tiroit l'ennemy fur la paliffade n'étoient que pour empêcher les affiegez de fuïr & pour les arrêter en attendant le fecours des Onnieronons qu'ils avoient envoié querir aux Ifles de Richelieu. Que d'incommoditez fouffroient cependant nos François! le froid, la puanteur, l'infomnie, la faim, & la foif les fatiguoient plus que l'ennemy. La difette d'eau étoit fi grande qu'ils ne pouvoient plus avaller la farine épaiffe dont les gens de guerre ont coûtume de fe nourrir en ces extremitez. Ils trouverent un peu d'eau dans un trou de la paliffade, mais étant partagée à peine en eurent-ils pour fe rafraichir la bouche. La jeuneffe faifoit de temps en temps quelques forties par defsus les pieux, car il n'y avoit point de portes, pour aller querir de l'eau à la riviere à la faveur de quantité de fusiliers qui repoussoient l'ennemy; mais comme ils avoient perdu leurs grands vaisseaux, ils n'en portoient que de petits qui ne pouvoient fournir à la necessité de soixante personnes, tant pour le boire que pour la sagamité. Outre cette disette d'eau, le plomb commença à manquer; car les Hurons & les Algonguins voulant répondre à chaque décharge des ennemis tant de jour que de nuit eurent bien-tôt consumé leurs munitions. Les François leur en donnerent autant qu'ils purent, mais enfin ils furent épuisez comme les autres. Que feront-ils donc à l'arrivée de cinq cens Agnieronons & Onnieronons qu'on est allé querir? Ils sont resolus de combattre en genereux François & de mourir en bons Chrétiens. Ils s'étoient déja exercez à l'un & à l'autre l'espace de sept jours durant lesquels ils n'avoient fait que combattre & prier Dieu; car dés que l'ennemi faisoit tréve, ils étoient à genoux, & si-tôt qu'il faisoit mine d'attaquer, ils étoient debout les armes à la main.

Aprés les sept jours de siege on vit paroître les canots des Agnieronons & des Onneistronnons, qui étant devant le petit fort de nos François firent une huée étrange, accompagnée d'une décharge de 500. coups de fusils ausquels les 200. Onnontageronnons répondirent avec des cris de joïe, & avec toute leur décharge, ce qui fit un tel bruit que le Ciel, la terre & les eaux en resonnerent fort long-temps. Ce fut alors que le Capitaine Annothacha dit : Nous sommes perdus, mes Camarades : Et le moien de resister à 700. hommes frais avec le peu de monde que nous sommes fatiguez & abbatus. Je ne regrete pas ma vie, car je ne sçaurois la perdre dans une meilleure occasion que pour la conservation du païs. Mais j'ay compassion de tant de jeunes enfans qui m'ont suivy. Dans l'extremité où nous sommes je voudrois tenter un expedient qui me vient en l'esprit pour leur faire donner la vie. Nous avons icy un Oneistronnon, je serois d'avis de l'envoier à ses parens avec de beaux presens, afin de les adoucir, & d'obtenir d'eux quelque bonne composition. Son sentiment fut suivy, & deux Hurons des plus considerables s'offrirent à le remener. On les charge de beaux presens, & après les avoir instruits de ce qu'ils avoient à dire, on les aida à monter sur la pallissade pour se laisser glisser en suite le long des pieux. Cela fait on se met en prieres pour recommander à Dieu l'issue de cette Ambassade. Un Capitaine Huron nommé Eustache Thavonhohvi commença au nom de tous à apostropher tous les Saints & les Bien-heureux du Paradis d'un ton de Predicateur, à ce qu'ils leur fussent propices dans un danger de mort si évident : Vous sçavez, dit-il, ô Bien-heureux habitans du Ciel ce qui nous a conduit icy : Vous sçavez que c'est le desir de reprimer la fureur de l'Hiroquois, afin de l'empêcher d'enlever le reste de nos femmes & de nos enfans, de crainte qu'en les enlevant ils ne leur fassent perdre la Foy, & en suite le Paradis les emmenant captifs en leur païs. Vous pouvez obtenir nôtre délivrance du grand Maître de nos vies, si vous l'en priez tout de bon. Faites maintenant ce que vous jugerez le plus convenable ; car pour nous, nous n'avons point d'esprit pour sçavoir ce qui nous est le plus expedient. Que si nous sommes au bout de nôtre vie, presentez à nôtre grand Maître la mort que nous allons souffrir en satisfaction des pechez que nous avons commis contre sa Loy, & impetrez à nos pauvres femmes, & à nos enfans la grace de mourir bons Chrétiens, afin qu'ils nous viennent trouver dans le Ciel. Pendant que les assiegez prioient Dieu, les Deputez entrerent dans le camp de l'ennemy. Ils y furent reçûs avec une grande huée, & au même-temps un grand nombre de Hurons qui étoient mêlez parmy les Hiroquois, vinrent à la pallissade soliciter leurs anciens Compatriotes de faire le même que leurs Deputez, sçavoir de se venir rendre avec eux, n'y aiant plus, disoient-ils, d'autre moien de conserver leur vie que celuy-là. Ah, que l'amour de la vie & de la liberté est puissant ! A ces trompeuses sollicitations on vid envoler vingt-quatre de ces timides poulles de leur cage, y laissant seulement quatorze Hurons, quatre Algonguins & nos dix-sept François. Cela fit redoubler les cris de joie dans le camp de l'ennemy qui pensoit déja que le reste alloit faire de même. C'est pourquoy ils ne se mirent plus en peine d'écouter, mais ils s'approcherent du Fort à dessein de se saisir de ceux qui voudroient prendre la fuite. Mais nos François bien loin de se rendre commencerent à faire feu de tout côtez, & tuërent un bon nombre de ceux qui étoient plus avancez. Alors Annotacha crie aux François: Ah, Camarades vous avez tout gâté, encore deviez-vous attendre le resultat du conseil de nos ennemis. Que sçavons-nous s'ils ne demanderont point à composer, & s'ils ne nous accorderont point de nous separer les uns des autres sans acte d'hostilité, comme il est souvent arrivé en de semblables rencontres ? Mais à present que vous les avez aigris, ils se vont ruer sur nous d'une telle rage que sans doute nous sommes perdus. Ce Capitaine ne raisonna pas mal,

car

DE LA M. MARIE DE L'INCARNATION.

car les Hiroquois voiant leurs gens tuez lorsqu'ils s'y attendoient le moins furent transportez d'un si grand desir de se vanger, que sans se soucier des coups de fusils qu'on tiroit incessamment, se jetterent à corps perdu à la pallissade, & s'y attacherent au dessous des canonnieres où on ne leur pouvoit plus nuire, parce qu'il n'y avoit point d'avance d'où l'on les pût battre. Par ce moien nos François ne pouvoient plus empêcher ceux qui coupoient les pieux. Ils démontent deux canons de pistolets qu'ils remplissent jusqu'au goulet, & les jettent sur ces mineurs aprés y avoir mis le feu : Mais le fracas ne les aiant point fait écarter, ils s'aviserent de jetter sur eux un barril de poudre avec une meche allumée. Mais par mal-heur le barril n'aiant pas été poussé assez rudement par dessus la palissade au lieu de tomber du côté des ennemis tomba dans le fort où prenant feu, il brûla aux uns le visage, aux autres les mains, & à tous il ôta la veuë un assez long-temps, & les mit hors d'état de combattre. Les Hiroquois qui étoient à la sappe s'aperçûrent de l'avantage que cet accident leur donnoit. Ils s'en prevalent & se saisirent de toutes les meurtrieres que ces pauvres aveugles venoient de quitter. On vid bien-tôt tomber de côté & d'autre, tantôt un Huron, tantôt un Algonguin, tantôt un François, en sorte qu'en peu de temps une partie des assiegez se trouverent morts, & le reste blessez. Un François craignant que ceux qui étoient blessez à mort n'eussent encore assez de vie pour experimenter la cruauté du feu des Hiroquois acheva d'en tuer la plus grande partie à coups de hache par un zele de charité qu'il estimoit bien reglé. Mais enfin les Hiroquois grimpans de tous côtez entrerent dans la palissade & prirent huit prisonniers qui étoient restez en vie de trente qui étoient demeurez dans le fort, sçavoir quatre François, & quatre Hurons. Ils en trouverent deux parmi les morts qui n'avoient pas encore expiré : ils les firent brûler inhumainement.

Aiant fait le pillage ils dresserent un grand échaffaut sur lequel ils firent monter les prisonniers, & pour marque de leur perfidie, ils y joignirent ceux qui s'étoient rendus volontairement. Ils tourmenterent cruellement les uns & les autres. Aux uns ils faisoient manger du feu, ils coupoient les doigts aux autres, ils en brûloient quelques-uns, ils coupoient à d'autres les bras & les jambes. Dans cet horrible carnage un Oneisteronnon tenant un gros bâton, s'écrie à haute voix : qui est le François assez courageux pour porter cecy ? A ce cry un qu'on estime être René, quitte genereusement ses habits pour recevoir à nud les coups que l'autre lui voudroit donner. Mais un Huron nommé Annieston prenant la parole dit à l'Hiroquois : pourquoi veux-tu mal traitter ce François qui n'a jamais eu que de la bonté pour toy ? Il m'a mis les fers aux pieds, dit le Barbare. C'est pour l'amour de moi, replique Annieston, qu'il te les a mis, ainsi décharge sur moi ta colere & non sur luy. Cette charité adoucit le Barbare qui jetta son bâton sans fraper ni l'un ni l'autre. Cependant les autres étoient sur l'échaffaut où ils repaissoient les yeux & la rage de leurs ennemis qui leur faisoient souffrir mille cruautez accompagnées de brocards. Aucun ne perdit la memoire des bonnes instructions que le Pere qui les avoit gouvernez leur avoit données. Ignace Thayenhohyi commença à haranguer tout haut ses captifs : Mes Neveux & mes Amis, dit-il, nous voila tantôt arrivez au terme que la Foi nous fait esperer. Nous voila presque rendus à la porte du Paradis. Que chacun de nous prenne garde de ne pas faire naufrage au port : Ah ! mes chers captifs que les tourmens nous arrachent plûtôt l'ame du corps que la priere de la bouche, & JESUS du cœur. Souvenons-nous que nos douleurs finiront bien tôt, & que la recompense sera eternelle. C'est pour défendre la Foi de nos femmes & de nos enfans contre nos ennemis que nous nous sommes exposez aux maux que nous souffrons à l'exemple de JESUS, qui s'offrit à la mort pour délivrer les hommes de la puissance de Sathan leur ennemi : Aions confiance en lui ; ne cessons point de l'invoquer, il nous donnera sans doute du courage pour supporter nos peines. Nous abandonneroit-il au temps où il voit que nous lui sommes devenus plus semblables, lui qui ne refuse jamais son assistance aux plus contraires à sa doctrine quand ils ont recours à lui avec confiance ? Cette courte exhortation eut un tel pouvoir sur l'esprit de ces pauvres patiens, qu'ils promirent tous de prier jusques au dernier soûpir. Et defait, le Huron échapé huit jours après des mains des Hiroquois, a assuré que jusques à ce temps-là, ils ont prié Dieu tous les jours, & qu'ils s'exhortoient l'un l'autre à le faire toutes les fois qu'ils se rencontroient.

Jusques ici est la déposition du Huron qui s'est sauvé, sansquoi l'on ne sçauroit rien de cette sanglante tragedie. Il y a sujet d'esperer qu'il s'en sauvera encore quelque autre qui nous dira le reste. Ce Huron qui qui se nomme Louïs, & qui est un excellent Chrétien étoit reservé pour être brûlé dans le païs ennemi, & pour cela il étoit gardé si exactement qu'il étoit lié à un Hiroquois, tant on avoit peur de le perdre, aussi bien qu'un autre Huron qui couroit le même sort. Ils ont invoqué Dieu & la sainte Vierge avec tant de ferveur & de confiance, qu'ils se sont échapez comme miraculeusement, vivant en chemin de limon & d'herbe, & courant sans respirer jusques à Montreal: Louïs m'a raconté à nôtre parloir sa grande confiance à la sainte Vierge, & que comme il étoit lié à l'Hiroquois endormi, un de ses liens se rompit de lui-même, & qu'étant ainsi demi libre, il rompit doucement les autres, & se mit entierement en liberté. Il traversa toute l'armée, quoique l'on y fît le guet, sans aucune mauvaise rencontre, & se sauva de la sorte. Ils ont rapporté qu'un Hiroquois aiant rencontré un François, il lui dit: Je t'arrête, & que le François qu'on dit être celui qui par commiseration acheva de tuër les moribonds, & qui avoit un pistolet en son sein, dont les ennemis ne s'étoient pas aperçûs, le tira, en disant du même ton: Et moi, je te tuë, & le tua en effet.

Sans les connoissances que ces Hurons fugitifs nous ont données, on ne sçauroit point ce que nos François & nos Sauvages seroient devenus, ny où auroit été l'armée des ennemis, qui aprés la defaite dont je viens de parler s'en sont retournez en leurs païs enflez de leur victoire, quoi qu'elle ne soit pas grande en elle-même. Car sept cens hommes ont-ils sujet de s'en orgueillir pour avoir surmonté une si petite troupe de gens. Mais c'est le genie de ces Sauvages, quand ils n'auroient pris ou tué que vingt hommes, de s'en retourner sur leurs pas pour en faire montre en leur païs. L'on avoit conjecturé ici que l'issuë de cette affaire seroit-telle qu'elle est arrivée, sçavoir que nos dix-sept François & nos bons Sauvages seroient les victimes qui sauveroient tout le païs; car il est certain que sans cette rencontre, nous étions perdus sans resource, parce que personne n'étoit sur ses gardes, ni même en soupçon que les ennemis dussent venir. Ils devoient neanmoins être ici à la Pentecôte, auquel temps les hommes étant à la campagne, ils nous eussent trouvez sans forces & sans défense; il eussent tué, pillé & enlevé hommes, femmes, enfans, & quoiqu'ils n'eussent pu rien faire à nos maisons de pierre, venant fondre neanmoins avec impetuosité, ils eussent jetté la crainte & la fraieur par tout. On tient pour certain qu'ils reviendront à l'Automne ou au Printemps de l'année prochaine; c'est pourquoi on se fortifie dans Quebec, & pour le dehors Monsieur le Gouverneur a puissamment travaillé à faire des reduits ou villages fermez, où il oblige chacun de bâtir une maison pour sa famille, & contribuer à faire des granges communes pour assurer les moissons, à faute dequoi il sera mettre le feu dans les maisons de ceux qui ne voudront pas obeïr. C'est une sage police & necessaire pour le temps, autrement les particuliers se mettent en danger de perir avec leurs familles. De la sorte il se trouvera neuf ou dix reduits bien peuplez, & capables de se defendre. Ce qui est à craindre, c'est la famine, car si l'ennemi vient à l'Automne, il ravagera les moissons; s'il vient au Printemps, il empéchera les semences.

Cette crainte de la famine fait faire un effort au vaisseau qui n'est ici que du 13. de ce mois pour aller en France querir des farines, afin d'en avoir en reserve pour le temps de la necessité, car elles se gardent ici plusieurs années quand elles sont bien preparées, & quand le païs en sera fourni on ne craindra pas tant ce fleau. Ce vaisseau fera deux voiages cette année qui est une chose bien extraordinaire, car quelque diligence qu'il fasse, il ne peut être ici de retour qu'en Octobre, & il sera obligé de s'en retourner quasi sans s'arrêter.

L'hiver a été cette année extraordinaire, en sorte que personne n'en avoit encore jamais veu un semblable tant en sa rigueur qu'en sa longueur. Nous ne pouvions échauffer, nos habits nous sembloient legers comme des plumes, quelques-unes de nous étoient abandonnées à mourir de froid; à present il n'y paroît point, nulle de nous n'étant incommodée. L'armée des Hiroquois est venuë en suite, mais nous n'en avons eu que la peur, si peur se peut appeller, car je n'ay pas veu qu'aucune de nous ait été hors de sa tranquillité. Le bruit même de la garde ne nous donnoit nulle distraction. Nos gens n'entroient dans nôtre clôture que le soir: ils en sortoient le matin pour aller à leur taavail, nôtre dortoir étant toujours bien fermé. La nuit on leur laissoit les passages d'en bas & les offices ouverts, pour faire la ronde & la visite. Toutes les avenües des Cours étoient barricadées, outre environ une douzaine de grands chiens qui gardoient les Portes de dehors, & dont la garde valloit mieux, sans comparaison, que celle des hommes pour écarter les Sauvages; car ils craigent autant les chiens François que les hommes, parce qu'ils se jettent sur eux, & les dechirent quand ils les peuvent attraper. Voila un abregé de ce qui s'est passé en cette nouvelle France depuis la fin d'Avril; s'il arrive quelque chose de nouveau, nous vous le ferons sçavoir par les derniers vaisseaux. J'ajoûterai à tout ce que dessus, que Monsieur Dailleboust est mort de sa mort naturelle, c'est une grande perte pour Mont-Real dont il étoit Gouverneur. Je le recommande à vos prieres.

De Quebec le 25. Iuin 1660.

DE LA M. MARIE DE L'INCARNATION.

LETTRE LIX.
AU MESME.

Etat des affaires du Canada depuis le mois de Juin jusqu'en Novembre. Desseins des Hiroquois découverts. Mort chrêtienne de quelques François par les mains de ces Barbares.

MOn tres-cher & bien-aimé Fils. Je vous ay écrit par tous les vaisseaux. Voici le dernier que je ne puis laisser partir sans me consoler avec vous, vous disant adieu pour cette année. Plusieurs des plus honêtes gens de ce païs sont partis pour aller en France: Et particulierement le R. P. le Jeune y va pour demander du secours au Roy contre nos ennemis que l'on a dessein d'aller attaquer en leurs païs. L'on espere que Sa Majesté en donnera, & en cette attente l'on fait ici un grand nombre de petits batteaux qui ne sont gueres plus grands que les canots des Hiroquois, c'est à dire, propres à porter quinze ou vingt hommes. Il est vray que si l'on ne va humilier ces barbares, ils perdront le païs, & ils nous chasseront tous par leur humeur guerriere & carnaciere. Ils chasseront, dis-je, ceux qui resteront, car avant que d'en venir là, ils en tuëront beaucoup, & tous si on les laisse faire. Il n'y a nulle assurance à leur paix, car ils n'en font que pour allonger le temps, & prendre l'occasion de faire leur coup, & d'executer leur dessein, qui est de rester seuls en toutes ces contrées, afin d'y vivre sans crainte, & d'avoir toutes les bêtes pour vivre & pour en donner les peaux aux Hollandois: Ce n'est pas qu'ils les aiment, mais parce qu'ils ont besoin de quelques-uns par le moien desquels ils puissent tirer leurs necessitez de l'Europe; & comme les Hollandois sont plus proche d'eux, ils traitent plus facilement, non sans leur faire mille indignitez que les François ne pourroient jamais souffrir: Mais l'amour des biens de la terre, & le desir d'avoir des Castors, font que les Hollandois souffrent tout.

Voila le veritable dessein des Hiroquois, comme nous l'avons apris d'un Huron Chrétien de la derniere defaite qui s'est sauvé d'une bande de six cens de ces barbares, qui venoient ici à cette Automne pour nous surprendre & pour ravager nos moissons. Il ajoûte que pour retirer quatorze Oioʊeronons qui sont dans les fers à Mont-Real, ils alloient paroître en petit nombre devant l'habitation avec un pavillon blanc, qui est le signe de la paix, feignant la vouloir demander: Car ils disent que les robes noires voiant ce signe ne manqueront pas d'aller au devant avec quelques François, qu'ils prendront les uns & les autres afin de les échanger avec leurs prisonniers, & que l'échange fait, ils se jetteront sur les François, afin de les détruire. Mais avant que de les exterminer, ils ont envie d'enlever les femmes & les filles pour les emmener en leur païs.

Le Huron fugitif ajoûte à tout cela, qu'il est arrivé à ces six cens Barbares un accident qui pourra bien les faire retourner sur leurs pas sans rien faire. Comme ils se divertissoient en chassant à l'eau un Cerf ou vache sauvage, l'un d'entre eux voulant tirer sur la bête pour l'arrêter, tira sur le chef de l'armée & le tua; & comme ces gens là sont fort superstitieux, ils ont tiré un augure de ce coup, que leur guerre n'iroit pas bien pour eux, & qu'assurement il leur arriveroit du malheur. Dans cette pensée qui passoit en leur esprit pour une conviction ils commencerent à defiler, & le captif prit occasion de là de s'enfuir, aiant les plaies de ses doigts coupez & brûlez encore toutes fraiches.

C'est ce méme captif qui nous a apris la fin de nos François & de nos Sauvages Chrétiens qui avoient été pris au Printemps dernier, aprés s'être defendus jusqu'à l'extremité. Il dit qu'ils les ont tous fait brûler avec des tourmens & des ignominies horribles. Ils ont souffert la mort avec une generosité qui épouventoit leurs tyrans. Le dernier mort à qui l'on hachoit les doigts peu à peu, se jettoit à genoux à chaque piece qu'on lui coupoit pour remercier Dieu & le benir. Avec tout cela il étoit demi-rôti, car on les a fait brûler à petit feu, ces barbares étant pires & plus demons en cruauté que les demons mémes.

Toutes ces connoissances ont tellement animé les François qu'ils sont resolus de détruire ces miserables par eux & par le secours qu'ils attendent de France. Ils ne peuvent plus differer leur perte aprés tant d'hostilitez & de ruptures de paix. Autant qu'ils en prenent ils les mettent entre les mains des Algonquins, qui sont gens de cœur, fort bons Chrétiens & tres fideles aux François, qui les traitent comme ils sont traitez quand ils sont pris. Vous vous étonnez de cette resolution, & vous dites que cela repugne à l'esprit de l'Evangile & des Apôtres qui ont exposé leur vie pour sauver les infideles, & ceux méme qui les faisoient souffrir. Monseigneur nôtre Prelat a été de vô-

DE LA M. MARIE DE L'INCARNATION.

tre sentiment, il a méme fait apprendre la langue à Monsieur de Bernieres pour les aller instruire; vous sçavez combien de fois nos Reverends Peres y sont allez pour le méme sujet; tout nouvellement ils ont voulu y aller pour faire un dernier effort, mais on les a retenus comme par violence, le peril étant trop evident & inevitable. Aprés tant d'efforts inutiles & d'experiences de la perfidie de ces infideles, Monseigneur a bien changé de sentiment, & il tombe d'accord avec toutes les personnes sages du païs, ou qu'il les faut exterminer, si l'on peut, ou que tous les Chrétiens & le Christianisme du Canada perisse. Quand il n'y aura plus de Christianisme ni de Missionnaires quelle esperance y aura-t'il de leur salut ? Il n'y a que Dieu qui par un miracle bien extraordinaire les puisse mettre dans la voie du Ciel. Il est tout puissant pour le faire. Priez-le de cela, si c'est pour sa gloire, & s'il y a encore parmi ces Barbares quelque ame predestinée qu'il veüille sauver, comme il en a sauvé six ou sept cens ces dernieres années, que les Reverends Peres y ont préché, & fait les fonctions d'Apôtres avec des travaux incroiables.

Dans le deplorable état où sont les affaires communes du païs, peut-être que nos Meres seront en peine de nous, & qu'elles penseront à nous rappeller auprés d'elles. Si elles sont dans cette disposition, je vous supplie, mon tres-cher Fils, d'en détourner le coup, car outre que nous ne sommes pas en danger pour nos personnes, nous n'avons point de peur. Et de plus soiez assuré, & assurez-les que s'il y avoit quelque peril evident, Monseigneur nôtre Prelat, n'en feroit pas à deux fois; il feroit mettre les Hospitalieres & les Ursulines dans un méme vaisseau, & nous renvoiroit en France. Mais graces à nôtre Seigneur le mal n'est pas à cette extremité: Et quoique l'intention des Hiroquois soit de nous chasser ou de nous détruire, je croi que celle de Dieu est de nous arrêter, & de faire triompher cette nouvelle Eglise de ses ennemis. Adieu pour cette année.

De Quebec le 2. Novembre 1660.

LETTRE LX.
AU MESME.

François massacrez par les Hiroquois Agneronnous. Les Hiroquois superieurs demandent la paix. Accidens & presages funestes.

MOn tres cher fils. Enfin aprés avoir long-temps attendu les vaisseaux : ils ont paru à nôtre port au mois de Septembre, & ils nous ont amené Monsieur le Baron du Bois d'Avangour, qui vient ici pour être nôtre Gouverneur. J'avois déja appris de vos nouvelles par un navire pêcheur ; sans cela j'aurois été en peine de vous ; mais Dieu soit beni de ce qu'elles sont bonnes, & que je vous sçai dans les dispositions que sa divine bonté demande de vous.

Je ne doute point que vous n'aiez été en peine à nôtre sujet, à cause des mauvaises nouvelles qui furent portées en France l'année derniere touchant la persecution des Hiroquois. Ils ont encore fait pis cette année que toutes les precedentes, aiant tant tué que pris captifs plus de cent François depuis Mont-Real, où ils ont commencé leurs ravages, jusques au Cap de tourmente, qui est la derniere des habitations Françoises. Ils sont venus dans l'Isle d'Orleans, d'où les Habitans se sont presque tous retirez pour éviter les carnages qu'ils ont veu chez leurs voisins. De là ils ont été au delà de Tadoussac pour courir aprés nos nouveaux Chrêtiens, qui au nombre de plus de quatre-vingt canots étoient allez en traitte, accompagnez de deux de nos Reverends Peres, & de quelques François, à la Nation des Chiristinons, qu'on dit être fort nombreuse. Ces bons Neophites, & sur tout nos Reverends Peres ont rencontré en leur chemin un grand nombre de Sauvages, à qui ils ont annoncé la parole de Dieu ; mais il ne leur a pas été possible de passer outre, les Hiroquois aiant été jusques à cette Nation qu'il a écartée & fait fuïr comme les autres en des lieux qu'on ne sçait pas encore. C'est par une protection toute particuliere de la divine Bonté que nos Peres & nos Chrêtiens ont été conservez : car ces Barbares alloient de lieu en lieu pour les guetter & les surprendre. Nos gens trouvoient leurs pistes toutes fraiches & leurs feux encore allumez, & parmi tous ces dangers, ils sont arrivez à bon port, extrêmement fatiguez de leurs travaux, dont la faim n'a pas
été

été le moindre ; car ils ont pensé mourir faute de vivres, n'osant chasser à cause de l'ennemi.

Entre les François qui ont été tuez, Monsieur le Senéchal fils aisné de Monsieur de Lozon, est le plus considerable. C'étoit un homme tres-genereux, & toujours prét à courir sur l'ennemi, & toute la jeunesse se suivoit avec ardeur. Lors que l'on eut apris la nouvelle des meurtres arrivez en l'Isle d'Orleans & à Beaupré, il y vouloit aller à toute force pour chasser l'ennemi ; on l'en empécha avec raison. Mais la sœur de Madame sa femme, aiant son mari proche de l'Isle, où il étoit allé à la chasse, n'eut point de repos qu'elle n'eût trouvé quelque ami pour l'aller dégager. M. le Senéchal voulut en cette rencontre signaler l'amitié qu'il lui portoit. Il part lui septiéme dans une chaloupe, qui étant vis-à-vis de la maison du sieur Maheu, qui est au milieu de l'Isle, & qui avoit été abandonnée depuis quelques jours, il la fit échoüer à marée baissante entre deux rochers qui font un sentier pour aller à cette maison. Il y envoia deux de sa compagnie, pour découvrir s'il n'y avoit point d'Hiroquois. La porte étant ouverte, l'un d'eux y entra, & y trouva quatre-vingt Hiroquois en embuscade, qui le tuerent, & coururent aprés l'autre, qui aprés s'étre bien défendu, fut pris tout vif. Ils allerent ensuite assieger la chaloupe, où il n'y avoit plus que cinq hommes qui se défendirent jusques à la mort. Monsieur le Senéchal qu'ils ne vouloient pas tuer, afin de l'emmener vif en leur païs, se défendit jusqu'au dernier soupir. On lui trouva les bras tout meurtris & hachez des coups qu'on lui avoit donnez pour lui faire mettre les armes bas, ils n'en purent venir à bout, & jamais ils ne le purent prendre. Aprés sa mort, ils lui couperent la téte qu'ils emporterent en leur païs. Ainsi nos sept François furent tuez, mais ils tuerent un bien plus grand nombre d'Hiroquois, dont on trouva les ossemens quand on alla lever les corps des nôtres, leurs gens ayant fait brûler les corps de leurs morts selon leur coûtume, & laissé ceux de nos François entiers.

Aprés cette expedition, ces Barbares se retirerent à la hâte, voiant venir le secours, que Monsieur nôtre Gouverneur envoioit, mais trop tard : car il n'eut nouvelle de cette rencontre que par Monsieur de l'Espinay, qui est celui pour qui l'on s'étoit mis au hazard, lequel aïant entendu le bruit des fuzils fit voile vers Quebec pour avertir qu'il y avoit du malheur. Mais quand il sçut que c'étoit pour lui que l'on s'étoit exposé, il pensa mourir de douleur. Son frere étoit du nombre des sept, & les autres étoient des principaux habitans qui voulurent rendre service en cette occasion à Monsieur le Senéchal.

Depuis ce temps l'on n'a encore veu que des massacres. Le fils de Monsieur Godefroi étant parti des trois Rivieres pour aller aux Attikamek avec une troupe d'Algonquins, ils furent attaquez & mis à mort par les Hiroquois, aprés s'être vaillamment défendus, & avoir tué un grand nombre d'ennemis.

Ces Barbares ont fait beaucoup d'autres coups semblables ; mais Mont-Real a été le principal theatre de leurs carnages. Madame Daillebouft, qui a fait un voiage ici, m'a rapporté des choses tout-à-fait funestes. Elle m'a dit que plusieurs Habitans furent tuez par surprise dans les bois, sans qu'on sceût où ils étoient, ni ce qu'ils étoient devenus. On n'osoit les aller chercher, ni même sortir, de crainte d'être enveloppez dans un semblable malheur. Enfin l'on découvrit le lieu par le moien des chiens que l'on voioit revenir tous les jours saouls & pleins de sang. Cela fit croire qu'ils faisoient curée des corps morts, ce qui affligea sensiblement tout le monde. Chacun se mit en armes, pour en aller reconnoître la verité. Quand on fut arrivé au lieu, l'on trouva çà & là des corps coupez par la moitié, d'autres tout charcutez & décharnez, avec des têtes, des jambes, des mains éparses de tous côtez. Chacun prit sa charge, afin de rendre aux défunts les devoirs de la sepulture chrétienne. Madame Daillebouft, qui m'a raconté cette histoire, rencontra inopinément un homme, qui avoit attaché devant son estomach la carcasse d'un corps humain ; & les mains pleines de jambes & de bras. Ce spectacle la surprit de telle sorte qu'elle pensa mourir de frayeur. Mais ce fut toute autre chose quand ceux qui portoient ces restes de corps furent entrez dans la ville, car l'on n'entendoit que des cris lamentables des femmes & des enfans de ces pauvres défunts.

Nous venons d'apprendre qu'un Ecclesiastique de la compagnie de Messieurs de Mont-Réal, venant de dire la sainte Messe se retira un peu à l'écart, pour dire ses Heures en silence & recueillement, assez proche neanmoins de sept de leurs domestiques qui travailloient. Lors qu'il pensoit le moins à l'accident qui lui arriva, soixante Hiroquois qui étoient en embuscade, firent sur lui une décharge de fuzils. Tout percé qu'il étoit, il eut encore le courage de courir à ses gens pour les avertir de se retirer, & aussi-tôt il tomba mort. Les ennemis le suivirent, & y furent aussi-tôt que lui. Nos sept François se défendirent en retraite, mais ils ne pûrent si bien faire qu'un d'eux ne fût tué, & un autre pris. Alors ces Barbares firent des huées

DE LA M. MARIE DE L'INCARNATION.

extraordinaires pour marque de la joie qu'ils avoient d'avoir tué une robe noire. Un Renegat de leur troupe le dépoüilla, & se revêtit de sa robe, & aiant mis une chemise par dessus en forme de surplis, faisoit la procession au tour du corps, en derision de ce qu'il avoit veu faire dans l'Eglise aux obseques des défunts. Enfin ils lui couperent la tête qu'ils emporterent, se retirant en diligence de crainte d'être poursuivis par les soldats du Fort. Voila la façon dont ces Barbares font la guerre: Ils font leur coup, puis ils se retirent dans les bois, où les François ne peuvent aller.

Nous avons eu des presages funestes de tous ces malheurs. Depuis le départ des vaisseaux de 1660. il a paru au Ciel des signes qui ont épouvanté bien du monde. L'on a veu une Comete, dont les verges étoient pointées du côté de la terre. Elle paroissoit sur les deux à trois heures du matin, & disparoissoit sur les six à sept heures à cause du jour. L'on a veu en l'air un homme en feu, & enveloppé de feu. L'on y a veu encore un canot de feu, & une grande couronne aussi de feu du côté de Mont-Real. L'on a entendu dans l'Isle d'Orleans un enfant crier dans le ventre de sa mere. De plus l'on a entendu en l'air des voix confuses de femmes & d'enfans avec des cris lamentables. Dans une autre rencontre l'on entendit en l'air une voix tonante & horrible. Tous ces accidens ont donné de l'effroi au point que vous pouvez penser.

Deplus l'on a découvert qu'il y a des Sorciers & Magiciens en ce païs. Cela a paru à l'occasion d'un Meusnier, qui étoit passé de France au même temps que Monseigneur nôtre Evêque, & à qui sa grandeur avoit fait faire abjuration de l'heresie, parce qu'il étoit Huguenot. Cet homme vouloit épouser une fille qui étoit passée avec son pere & sa mere dans le même vaisseau, disant qu'elle lui avoit été promise: mais parce que c'étoit un homme de mauvaises mœurs, on ne le voulut jamais écouter. Aprés ce refus, il voulut parvenir à ses fins par les ruses de son art diabolique. Il faisoit venir des Demons ou esprits folets dans la maison de la fille avec des spectres qui lui donnoient bien de la peine & de l'effroi. L'on ignoroit pourtant la cause de cette nouveauté; jusqu'à ce que le Magicien paroissant, l'on eut sujet de croire qu'il y avoit du malefice de la part de ce miserable: car il lui paroissoit jour & nuit, quelque fois seul, & quelque fois accompagné de deux ou trois autres, que la fille nommoit, quoi qu'elle ne les eût jamais veus. Monseigneur y envoia des Peres, & il y est allé lui-même pour chasser les demons par les prieres de l'Eglise. Cependant rien n'avançoit, & le bruit continuoit plus fort qu'auparavant. L'on voioit des phantômes, l'on entendoit joüer du tambour & de la flûte, l'on voioit les pierres se détacher des murs, & voler çà & là, & toujours le Magicien s'y trouvoit avec ses compagnons pour inquieter la fille. Leur dessein étoit de la faire épouser à ce mal-heureux qui le vouloit bien aussi, mais qui la vouloit corrompre auparavant. Le lieu est éloigné de Quebec, & c'étoit une grande fatigue aux Peres d'aller faire si loin leur exorcisme. C'est pourquoi Monseigneur voiant que les diables tâchoient de les fatiguer par ce travail, & de les lasser par leurs boufonneries, ordonna que le Meusnier & la fille fussent amenez à Quebec. L'un fut mis en prison, & l'autre fut enfermée chez les Meres Hospitalieres. Voila où l'affaire en est. Il s'est passé dans cette affaire bien des choses extraordinaires que je ne dis pas pour éviter la longueur, & afin de finir cette matiere. Pour le Magicien & les autres Sorciers, ils n'ont encore rien voulu confesser: On ne leur dit rien aussi, car il n'est pas facile de convaincre des personnes en cette nature de crime.

Aprés cette recherche des Sorciers, tous ces païs ont été affligez d'une maladie universelle, dont on croit qu'ils sont les Auteurs. C'a été une espece de Cocqueluches ou Rheumes mortels, qui se sont communiquez comme une contagion dans toutes les familles, en sorte qu'il n'y en a pas eu une seule d'exempte. Presque tous les enfans des Sauvages, & une grande partie de ceux des François en sont morts. L'on n'avoit point encore veu une semblable mortalité: car ces maladies se tournoient en pleuresies accompagnées de fievres. Nous en avons été toutes attaquées; nos Pensionnaires, nos Seminaristes, nos Domestiques ont tous été à l'extrêmité. Enfin je ne croi pas qu'il y ait eu vingt personnes dans le Canada qui aient été exemptes de ce mal; lequel étant si universel, on a eu grand fondement de croire que ces miserables avoient empoisonné l'air.

Voila deux fleaux, dont il a plû à Dieu d'exercer cette nouvelle Eglise, l'un est celui dont je viens de parler, car l'on n'avoit jamais tant veu mourir de personnes en Canada comme l'on a veu cette année: l'autre est la persecution des Hiroquois, qui tient tout le païs dans des apprehensions continuelles: car il faut avoüer que s'ils avoient l'adresse des François, & s'ils sçavoient nôtre foible, ils nous auroient déja exterminez; mais Dieu les aveugle par la bonté qu'il a pour nous, & j'espere qu'il nous favorisera toujours de sa protection contre nos ennemis quels qu'ils soient; je vous conjure de l'en prier.

De Quebec le   Septembre 1661.

LETTRE LXI.

AU MESME.

Les Hiroquois Agnerognons continuent leurs hostilitez, & les Onnontageronons demandent la paix. Elle justifie la conduite de Monsieur d'Argençon dans son Gouvernement de la nouvelle France.

MOn tres-cher Fils. Je vous ai écrit une grande Lettre, par laquelle vous avez pû aprendre une partie de ce qui s'est passé cette année dans nôtre Canada. Depuis les evenemens que je vous ai écrits, quelques François & Sauvages se sont sauvez du côté des Onnontageronons où les Peres s'étoient établis avant la rupture de ces peuples. Ils nous ont rapporté qu'il y a dans cette Nation plus de vingt François, à qui elle a donné la vie. Ils ajoûtent que les Hiroquois superieurs n'ont pas entierement perdu les sentimens de Religion que les Peres leur ont inspirez; ils ont emporté la cloche chez eux, & l'ont suspenduë dans une cabane qu'ils ont convertie en Chappelle. Ils y font souvent les prieres comme les Peres faisoient: Ils obligent les François de s'y trouver, & s'ils y manquent, ils les battent & les contraignent de faire leur devoir. Ils disent encore que quand les Peres quitterent le païs, les femmes qui ont voix deliberative dans les Conseils, au moins celles qui sont choisies pour cela, pleurerent sept jours entiers la perte qu'elles faisoient; les enfans firent le méme: il étoit temps neanmoins que les Missionnaires & les François quittassent, parce que la conspiration étoit formée, & sur le point de s'executer. Voila ce que les Captifs, qui se sont sauvez, nous ont rapporté.

Peu de temps après, les Ambassadeurs de ces Nations superieures sont venus ici prier qu'on leur donnât des Peres; & pour marque de la sincerité de leur demande, ils ont encore rendu quelques François qui nous ont confirmé ce que les premiers nous avoient dit. L'on fait des recherches pour sçavoir si ces Sauvages ne se mêlent point avec les Agnerognons, mais l'on n'a pû encore rien découvrir. L'on a souvent tenu conseil sur ces affaires, de crainte de surprise. Enfin il a été resolu que le Pere le Moine iroit avec eux en leur païs, pour tâcher de découvrir si la paix qu'ils demandent, n'est point un piege pour nous surprendre. Il est donc parti avec eux, avec ordre de se rendre ici en leur compagnie à un jour destiné, afin de faire son rapport. S'il y a de la sincerité dans la recherche qu'ils font de la paix, on la concluëra avec eux, & avec trois autres Nations qui leur sont alliées, & où il y a plus de quatre cens captifs Chrêtiens. Cependant l'experience que l'on a des trahisons de ces Peuples, nous ont fait craindre qu'ils ne tuassent le Pere, & qu'ils ne se joignissent ensuite aux Agneronons, pour venir détruire nos habitations, lors qu'ils se reposeroient dans l'attente de la paix; ce qui a fait que l'on s'est toujours tenu sur ses gardes, comme si l'on eût été dans une pleine guerre. Et en effet nous avons apris que les Agneronons ont fait des presens à celui qui conduisoit le Pere afin de le tuer en chemin, ce que lui ni aucun de sa suite n'a voulu faire, mais ils lui ont fait un fort bon traitement, & l'ont mené en assurance en leur païs, où il a été reçu avec tout l'appareil & toutes les acclamations possibles.

Le Pere est de retour avec ses conducteurs, qui pour marque de leur sincerité nous ont encore amené de nos François captifs avec promesse de nous en rendre encore dix au Printemps. Tous ces captifs n'ont point été mutilez, mais plûtôt ils nous assurent que ces Peuples les ont traittez comme leurs enfans, & qu'ils ont même racheté de nos gens des mains de nos ennemis, afin de nous les rendre. Ils demandent tous instamment qu'on leur envoie des Peres pour les instruire : je croi qu'on ne leur manquera pas ; mais aprés tout Dieu est le Maître des cœurs des hommes, & lui seul sçait les momens de leur conversion. Si l'on avoit la paix avec ceux-ci, qui ont plus de seize cens hommes de guerre sur pied, l'on pourroit humilier les Agneronons, qui n'en ont pas plus de quatre cens. C'est ce que l'on a dessein de faire l'an prochain, si le Roi envoie le Regiment qu'il a fait esperer ; car ils ont fait des assemblées publiques, où ils ont conclu, & protesté de ne faire jamais de paix avec les François.

Vous avez raison de dire que si nous sommes attaquez par ces Barbares, lors qu'il n'y a plus de Navire à nôtre port, il nous seroit impossible de nous sauver, car il n'y a point ici de porte de derriere pour fuïr. Et où fuiroit-on ? dans les bois ? où l'on se perdroit, & dont les Sauvages sçavent les retraittes. Les Hiroquois neanmoins tous ensemble ne pourroient avoir le temps avec une armée sur les bras de détruire nos maisons de pierre, pourveu qu'on eût des vivres, & quelques gens pour nous garder, & pour les empêcher de mettre le feu ; car c'est ce que l'on apprehende le plus, les couvertures

DE LA M. MARIE DE L'INCARNATION. 567

étant de bois, & à la portée de la main. Les nôtres sont à deux étages, & ainsi il y a moins à craindre, & l'on pourroit attendre le secours ordinaire des vaisseaux qui sont ici deux ou trois mois l'Eté. De plus ces Barbares viennent ordinairement au Printemps, aux mois de Mai & de Juin, & à l'Automne, & ils veulent expedier leurs affaires en trois ou quatre jours, car comme ils ne portent que fort peu de vivres, ils souffriroient la disette, & se détruiroient eux-mêmes. Enfin j'espere que la bonté de Dieu nous fera la grace de mourir à son service en ce païs. Monsieur nôtre Gouverneur aiant interrogé un de nos François sur tout ce qu'il avoit veu dans sa captivité, il a apris qu'il n'étoit pas bien difficile d'aller detruire les Agneronons par ce côté ici, c'est ce qui l'a obligé d'écrire au Roi, aux Reines, & aux Seigneurs de la Cour d'envoier le secours directement à Quebec, & de changer le premier dessein qui étoit d'aller attaquer ces Barbares par le côté des Hollandois. Priez nôtre Seigneur pour l'execution de ce dessein, & pour la conversion des autres qui demandent la paix.

Enfin Monsieur le Vicomte d'Argençon nous a quittez, ne pouvant attendre davantage, à cause de ses infirmitez qui lui ont fait demander son retour en France. Oûtre cette raison, je vous dirai en confiance, qu'il a eu à souffrir en ce païs, dont il a été chargé, sans avoir pû avoir du secours de France: si bien que l'impuissance, où il s'est vû de resister aux Hiroquois, ne voulant pas degarnir la garnison de Quebec, de crainte que par quelque surprise les ennemis ne vinssent s'emparer du fort, lui a donné du chagrin, qui a pu beaucoup contribuer à ses infirmitez. Il s'est trouvé des esprits peu consiederez, qui ont murmuré de sa conduite, & qui en ont fait de grosses plaintes capables d'offenser un Homme de sa qualité & de son merite. Il a souffert tout cela avec beaucoup de generosité. L'impuissance neanmoins où il s'est veu de secourir le païs, le défaut de Personnes de conseil, à qui il pût communiquer en confiance de certaines affaires secretes, le peu d'intelligence qu'il avoit avec les premieres Puissances du païs, & enfin ses indispositions qui commençoient à devenir habituelles, l'ont porté à se procurer la paix par sa retraite. Son successeur l'a laissé commander jusques au jour de son embarquement, & cependant il a fait la visite de tout le païs qu'il a trouvé tres-beau à qui auroit de la dépense à y faire; mais le peuple estant pauvre il n'y a qu'une Puissance souveraine qui le puisse mettre en valeur. Aprés sa visite il est venu rejoindre Monsieur d'Argençon, à qui il a dit tout haut, que si l'on ne lui envoioit l'année prochaine les troupes qu'on lui avoit promises, il s'en retourneroit sans attendre qu'on le rappellât, qu'il le prioit d'en donner avis à Sa Majesté; & qu'à son égard il s'étonnoit comme il avoit pû garder le païs, & subsister dans son Gouvernement avec si peu de forces. Pour nôtre particulier nous perdons beaucoup en Monsieur d'Argençon, car c'étoit un homme tres-charitable à nôtre égard, & qui ne laissoit passer aucune occasion de nous obliger. Il me faisoit souvent l'honneur de me visiter en vôtre consideration, ainsi l'obligation étant commune à vous & à moi, je vous prie de lui témoigner vos remercimens & les miens.

De Quebec le   d'Octobre 1661.

LETTRE LXII.

AU MESME

Mortalité arrivée en France. Trahison des Hiroquois découverte. Zele merveilleux de la Mere de l'Incarnation pour le salut des ames, & à pourvoir aux moiens de les instruire.

MOn tres-cher Fils. J'ay reçu trois de vos lettres seulement depuis peu de jours, les deux vaisseaux qui sont à nôtre port il y a deux mois ne nous aiant apporté ni lettres ni nouvelles de vôtre part ni de nos cheres Meres de Tours. Nous avons seulement apris que les calamitez de la famine, & des maladies mortelles qui ont couru par toute la France ont particulierement fait leurs ravages sur la Riviere de Loire. Ces bruits que les passagers ont fait courir, m'ont fait penser que vous & nos Meres pouviez être envelopez dans une mortalité si universelle. Mais enfin vos lettres m'ont ôté de peine, & m'ont apris que vous vivez encore & elles aussi. Il n'y a que ma chere Mere Françoise de saint Bernard & mon tres-bon Pere D. Raimond qui ont paié le tribut, & qui sont dans la patrie qu'ils ont tant desirée. Quoique leur mort m'ait été tres-sensible, la premiere m'aiant donné l'entrée dans la sainte Religion, & l'autre m'aiant élevée & conduite fort long-temps dans la vie spirituelle, je ne laisse pas d'envier leur bonheur, étant persuadée qu'il n'y a rien de plus agreable ni de plus souhaittable que de quitter le corps pour aller joüir de Dieu.

Les Hiroquois ont recommencé leurs meurtres aux environs de Mont-Real

DE LA M. MARIE DE L'INCARNATION.

Mont-Real dés le commencement de l'Automne, nonobstant leurs beaux pourparlers de paix. Ceux neanmoins qui tuent sont les Agneronons, & ceux qui demandent la paix sont les Onnontageronons & les Oiogneronons; mais il n'y a pas lieu de se fier aux uns ni aux autres. Le R. Pere le Moine est avec ces derniers qui avoient promis de le ramener l'Automne derniere: ils n'en ont rien fait, & nous avons apris qu'il est aussi captif parmi eux que les captifs mêmes; & à present l'on ne sçait s'il est mort ou vif. Au commencement de l'été un de leurs Capitaines ramena un captif & dit que quatre cens de leurs gens vouloïent le ramener. L'on envoia ici ce Capitaine pour voir Monsieur le Gouverneur qui reconnut à sa contenance & à celle de ses gens qu'il y avoit quelque fourberie cachée. Cela fit qu'on se defia d'eux, & qu'on les traitta avec reserve, ce qu'ils remarquerent bien & s'en retournerent assez mecontens. Quelques-uns de la compagnie s'étant arrêtez à Mont-Real, & étant un peu gaillards declarerent aux François le dessein de leurs compatriotes, qui étoit, qu'en effet quatre cens des leurs doivent ramener le Pere & le reste des captifs François, puis faire bonne mine comme amis, se familiarisant & allant de maison en maison afin de s'insinuer, & tout d'un coup faire main basse par tout. Les Ambassadeurs eurent le vent que leur dessein étoit decouvert & firent leur possible pour faire passer les autres pour menteurs. Cet avis neanmoins a obligé Monsieur le Gouverneur de grossir sa garnison, & celle des trois Rivieres, afin de se tenir toujours sur ses gardes.

Cependant les Agneronons continuent leur carnage. Monsieur Vignal qui avoit été nôtre Confesseur & à qui nous avions des obligations incroiables est tombé entre leurs mains, & a été mis à mort par ces barbares avec trois hommes de sa compagnie. Monsieur Lambert Major, un des vaillans hommes qui aient été en ce païs, a été tué dans un combat & douze François avec lui. Ils ont encore massacré quatre-vingts Sauvages Algonquins & Montagnez qui s'étoient cachez dans les montagnes; mais ces Barbares les y ont bien sceu trouver. Nous ne sçavons encore ce qui est arrivé au R. Pere le Moine ni à nos captifs François, non plus qu'au R. Pere Mesnard, qui est chez les stavak, avec lesquels il devoit faire un tour cette année en ces quartiers, où ils devroient déja être rendus. Les Hiroquois qui en ont eu le vent se sont cantonnez par toutes les avenües, afin de les enlever avec toute leur peltrie. On dit qu'ils devoient venir trois ou quatre cens de compagnie. S'ils viennent heureusement, les Marchands de France qui sont venus dans cette attente gagneront beaucoup ; comme au contraire s'ils sont détruits, nos Marchands perdront leur voiage. L'un d'eux m'a dit aujourd'huy qu'il y perdra pour sa part plus de vingt-mille livres. Mais helas ! tout consideré, ce qui est à déplorer ce sont les ames de ces peuples, dont la plus part ne sont pas encore Chrétiens. S'ils fussent venus ici, ils y eussent hiverné, & l'on eût eu le loisir & la commodité de les instruire pour les baptiser. Chacun tend à ce qu'il aime ; les Marchands à gagner de l'argent, & les Reverends Peres & nous à gagner des ames. Ce dernier motif est un puissant aiguillon pour picquer & animer un cœur. J'avois l'hiver dernier trois ou quatre jeunes Sœurs continuellement auprés de moy pour assouvir le desir qu'elles avoient d'aprendre ce que je sçay des langues du païs. Leur grande avidité me donnoit de la ferveur & des forces pour les instruire de bouche & par écrit de tout ce qui est necessaire à ce dessein. Depuis l'Advent de Noel, jusqu'à la fin de Fevrier je leur ai écrit un Catechisme Huron, trois Catechismes Algonguins, toutes les prieres Chrétiennes en cette langue & un gros Dictionaire Algonguin. Je vous assure que j'en étois fatiguée au dernier point, mais il falloit satisfaire des cœurs que je voiois dans le desir de servir Dieu dans les fonctions où nôtre Institut nous engage : Priez la divine bonté que tout cela soit pour sa plus grande gloire.

 Nous attendons de jour à autre deux vaisseaux du Roi, où il n'y a que deux cens hommes d'armes, le reste étant des familles & des gens de travail que Sa Majesté fait passer *Gratis*, afin que le païs en soit soulagé : Mais elle nous fait esperer un puissant secours l'an prochain pour détruire entierement l'Hiroquois. La tres-sainte volonté de Dieu soit faite. Nous n'avons pas été trop inquietez dans ces quartiers de Quebec par ces Barbares, toute leur attention étant à Mont-Real, & à guetter les stasak. Priez pour nous, je vous en conjure, car nous avons encore une autre croix bien plus pesante que celle des Hiroquois, parce qu'elle tend à perdre le Christianisme. Je vous en parlerai dans une autre lettre l'empressement de ce vaisseau qui part m'obligeant de finir, & de me dire.

De Quebec le 10. d'Aoust 1662.

LETTRE LXIII.
AU MESME.

Defordre effroiable caufé par les boiffons du vin & de l'eau de vie. Monfieur l'Evêque de Petrée va en France pour y apporter le remede.

MOn tres-cher Fils. Je vous ay parlé dans une autre lettre d'une croix que je vous difois m'être plus pefante que toutes les hoftilitez des Hiroquois. Voici en quoi elle confifte. Il y a en ce païs des François fi miferables & fans crainte de Dieu, qu'ils perdent tous nos nouveaux Chrêtiens leur donnant des boiffons tres-violentes, comme de vin & d'eau de vie pour tirer d'eux des Caftors. Ces boiffons perdent tous ces pauvres gens, les hommes, les femmes, les garçons & les filles même; car chacun eft maître dans la Cabane quand il s'agît de manger & de boire, ils font pris tout auffi-tôt & deviennent comme furieux. Ils courent nuds avec des épées & d'autres armes, & font fuir tout le monde, foit de jour foit de nuit, ils courent par Quebec fans que perfonne les puiffe empêcher. Il s'enfuit de là des meurtres, des violemens, des brutalitez monftrueufes & inouïes. Les Reverends Perès ont fait leur poffible pour arrêter le mal tant du côté des François que de la part des Sauvages, tous leurs efforts ont été vains. Nos filles Sauvages externes venant à nos claffes, nous leur avons fait voir le mal où elles fe precipitent en fuivant l'exemple de leurs parens, elles n'ont pas remis depuis le pied chez-nous. Le naturel des Sauvages eft comme cela : Ils font tout ce qu'ils voient faire à ceux de leur Nation en matiere de mœurs, à moins qu'ils ne foient bien affermis dans la morale Chrêtienne. Un Capitaine Algonguin excellent Chrétien & le premier baptifé du Canada nous rendant vifite fe plaignoit difant : Onontio, c'eft Monfieur le Gouverneur, nous tuë, de permettre qu'on nous donne des boiffons. Nous lui répondimes : dis-lui qu'il le defende. Je lui ay déja dit deux fois, repartit-il, & cependant il n'en fait rien : Mais priez-le vous-même d'en faire la defenfe, peut-être vous obeïra-t'il.

C'eft une chofe deplorable de voir les accidens funeftes qui naiffent de ce trafic. Monfeigneur nôtre Prelat a fait tout ce qui fe peut imaginer pour en arrêter le cours comme une chofe qui ne tend à rien moins qu'à la destruction de la foy & de la Religion dans ces contrées. Il a emploié toute sa douceur ordinaire pour détourner les François de ce commerce si contraire à la gloire de Dieu, & au salut des Sauvages. Ils ont méprisé ses remonstrances, parce qu'ils sont maintenus par une Puissance seculiere qui a la main forte. Ils lui disent que par tout les boissons sont permises. On leur répond que dans une nouvelle Eglise, & parmi des peuples non policez, elles ne le doivent pas être, puisque l'experience fait voir qu'elles sont contraires à la propagation de la foy, & aux bonnes mœurs que l'on doit attendre des nouveaux convertis. La raison n'a pas fait plus que la douceur. Il y a eu d'autres contestations tres-grandes sur ce sujet: Mais enfin le zele de la gloire de Dieu a emporté nôtre Prelat & l'a obligé d'excommunier ceux qui exerceroient ce trafic. Ce coup de foudre ne les a pas plus étonnez que le reste: Ils n'en ont tenu conte disant que l'Eglise n'a point de pouvoir sur les affaires de cette nature.

Les affaires étant à cette extremité, il s'embarque pour passer en France, afin de chercher les moiens de pourvoir à ces desordres qui tirent aprés eux tant d'accidens funestes. Il a pensé mourir de douleur à ce sujet, & on le voit seicher sur le pied. Je croi que s'il ne peut venir à bout de son dessein, il ne reviendra pas, ce qui seroit une perte irreparable pour cette nouvelle Eglise, & pour tous les pauvres François: Il se fait pauvre pour les assister, & pour dire en un mot tout ce que je conçois de son merite, il porte les marques & le caractere d'un saint. Je vous prie de recommander, & de faire recommander à nôtre Seigneur une affaire si importante, & qu'il lui plaise de nous renvoier nôtre bon Prelat, Pere & veritable Pasteur des ames qui lui sont commises.

Vous voïez que ma lettre ne parle que de l'affaire qui me presse le plus le cœur, parceque j'y voi la majesté de Dieu deshonorée, l'Eglise méprisée, & les ames dans le danger evident de se perdre. Mes autres lettres répondront aux vôtres.

De Quebec le 10. d'Aoust 1662.

LETTRE LXIV.
AU MESME.

Le Roy envoie des Commissaires dans la nouvelle France pour prendre possession du port de Plaisance, & pour examiner la nature & la qualité du païs.

Mon tres-cher fils. L'on me vient de donner avis qu'une chaloupe va partir pour aller trouver les vaisseaux du Roy qui se sont arrêtés à soixante lieuës d'icy, sans qu'on ait jamais pû faire obeïr le Capitaine, quoy qu'on lui ait commandé de la part du Roy de venir à Quebec. Il s'excuse sur la saison qu'il dit être trop avancée, aucun navire n'aiant jamais monté si tard jusques à Quebec, ajoûtant que son vaisseau étant de quatre cens tonneaux, il risqueroit trop dans le fleuve. Mais la veritable raison est qu'il a peur qu'on ne le châtie de sa mauvaise conduite dans le temps de sa navigation, aiant fort mal-traité le Gentilhomme que Sa Majesté envoie pour reconnoître le païs, comme aussi Monsieur Boucher qui étoit le porteur des lettres du Roy, & enfin tous les Passagers qu'il a presque fait perir de faim & de soif, comme en effet il en est mort prés de quarante. Il n'avoit des vivres que pour deux mois, & il en a été quatre en chemin. Il a aussi arrêté au même lieu l'autre vaisseau qui n'étant qu'une flute eut pu monter jusques ici, & s'en retourner même aprés la saint Martin, d'autres semblables en étant partis plus tard les années dernieres. Monsieur de Monts qui est le Gentilhomme dont j'ai parlé, est venu ici dans une chaloupe, & il est retourné pour débarquer trois ou quatre cens personnes qui sont dans ces grands vaisseaux, & les vivres qui sont necessaires pour leur hivernement. Toutes les chaloupes & barques de ce païs y sont allées, ce qui nous cause une confusion que l'on n'avoit point encore veuë. Comme nous ne recevons nos pacquets que peu à peu, nous ne faisons aussi nos réponses que par de petits mots par les chaloupes qui vont file à file aux grands vaisseaux. C'est donc par la chaloupe qui va partir que je vous écris celle-ci pour vous dire ce que Monsieur de Monts à fait dans sa commission. Il a pris possession en chemin du fort de Plaisance aux terres neuves, où il y a pécherie de Mouruës dans un détour à six cens lieuës de France, & dont les Anglois ou Hollandois se vouloient rendre les Maîtres. Il y a laissé trente hommes de guerre pour le garder avec un Ecclesiastique, & des vivres pour l'hiver.

 Depuis ce lieu-là il a consideré les terres, les montagnes, les fleuves, les rivages & leurs avenuës. Il est venu à Quebec dont il a visité les ports & les environs de l'habitation. A la faveur d'un vent Nordest, il est monté en un jour aux trois Rivieres, où il a établi pour Gouverneur Monsieur Boucher qui avoit déja commandé en ce lieu. C'est lui qui a porté en France les Lettres & les Commissions de Monsieur le Gouverneur & qui les a presentées au Roy, qui l'a écouté avec une bonté extraordinaire, & qui lui a promis d'envoier ici un Regiment l'année prochaine avec de petits bâteaux pour voguer sur la riviere des Hiroquois Agneronons que Sa Majesté veut détruire afin de se rendre le Maître de tout le païs. Nous estimons que c'est pour cela que Sa Majesté a envoyé Monsieur de Monts en commission pour faire la visite du païs. Aprés que ce Gentilhomme a examiné toutes choses, il est tombé d'accord de tout ce que Monsieur le Gouverneur avoit mandé au Roy, & que Monsieur Boucher lui avoit confirmé de bouche, que l'on peut faire en ce païs un Roiaume plus grand & plus beau que celui de France. Je m'en rapporte; mais c'est le sentiment de ceux qui disent s'y connoître. Il y a des mines en plusieurs endroits, les terres y sont fort bonnes, il y a sur tout un grand nombre d'enfans. Ce fut un des points sur lesquels le Roy questionna le plus Monsieur Boucher, sçavoir si le païs étoit fecond en enfans. Il l'est en effet, & cela est étonnant de voir le grand nombre d'enfans tres-beaux & bien faits, sans aucune disformité corporelle, si ce n'est par accident. Un pauvre homme aura huit enfans & plus, qui l'hiver vont nuds pieds & nuds têtes, avec une petite camisole sur le dos, qui ne vivent que d'anguilles, & d'un peu de pain, & avec tout cela ils sont gros & gras. Monsieur de Monts s'en retourne bien content, & se promet bien de nous venir revoir dans huit mois pour continuer les desseins de Sa Majesté. Priez la Majesté souveraine que tout reussisse pour sa gloire.

De Quebec le 6. Novembre 1662.

LETTRE LXV.
AU MESME.

Relation du tremblement de terre arrivé cette année en Canada, & de ses effets merveilleux.

MOn tres-cher fils. J'ai reservé à vous faire separément le recit du tremblement de terre arrivé cette année dans nôtre nouvelle France, lequel a été si prodigieux, si violent & si effroiable, que je n'ay pas de paroles assez fortes pour l'exprimer : Et je crains même que ce que j'en dirai ne passe pour incroiable & pour fabuleux.

Le troisiéme jour de cette année 1663. une femme Sauvage, mais tres-bonne & tres-excellente Chrétienne étant éveillée dans sa cabane, tandis que tous les autres dormoient, entendit une voix distincte & articulée qui lui dit : dans deux jours il doit arriver des choses bien étonnantes & merveilleuses. Et le lendemain la même femme étant dans la forest avec sa sœur pour faire sa provision journaliere de bois, elle entendit distinctement la même voix qui lui dit ; Ce sera demain entre les cinq & six heures du soir que la terre sera agitée & qu'elle tremblera d'une maniere étonnante. Elle rapporta ce qu'elle avoit entendu à ceux de sa cabane qui prirent avec indifference ce qu'elle disoit comme un songe, ou comme un effet de son imagination. Cependant le temps fut assez calme ce jour-là, & encore plus le jour suivant.

Le cinquiéme jour fête de sainte Agate Vierge & Martyre sur les cinq heures & demie du soir, une personne d'une vertu approuvée, & qui a de grandes communications avec Dieu, le vid extremement irrité contre les pechez qui se commettent en ce païs, & en même-temps elle se sentit portée à lui en demander justice. Pendant qu'elle offroit ses prieres à la divine Majesté pour cette fin, & aussi pour les ames qui étoient en peché mortel, afin que sa justice ne fût pas sans misericorde ; suppliant encore les Martyrs du Japon, dont l'on faisoit la Fête ce jour-là, d'en vouloir faire l'application selon qu'il seroit le plus convenable à la gloire de Dieu, elle eut un pressentiment, ou plûtôt une assurance infaillible que Dieu étoit prêt de punir le païs pour les pechez qui s'y commettent, sur tout pour le mépris qu'on y fait des ordonnances de l'Eglife. Elle ne put s'empêcher de defirer ce châtiment, quel qu'il pût être, puifqu'il étoit arrêté dans le decret de Dieu, fans qu'elle eût aucune veuë de ce que ce pourroit être. Incontinent aprés, & un peu devant que le tremblement arrivât, elle apperçut quatre Demons furieux & enragez aux quatre coins de Quebec qui ébranloient la terre avec tant de violence, qu'ils témoignoient vouloir tout renverfer. Et en effet ils en fuffent venus about, fi un Perfonnage d'une beauté admirable & d'une majefté raviffante, qu'elle vid au milieu d'eux, & qui lâchoit de temps en temps la bride à leur fureur, ne l'eût retenuë lors qu'ils étoient fur le point de tout perdre. Elle entendit la voix de ces Demons qui difoient : Il y a maintenant bien du monde effrayé ; nous voions bien qu'il y aura beaucoup de converfions, mais cela durera peu, nous troverons bien le moien de ramener le monde à nous : Cependant continuons à ébranler la terre, & faifons nôtre poffible pour tout renverfer.

Le temps étoit fort calme & ferein, & la vifion n'étoit pas encore paffée, que l'on entendit de loin un bruit & bourdonnement épouventable, comme fi un grand nombre de carroffes roulloient fur des pavez avec viteffe & impetuofité. Ce bruit n'eut pas plutôt reveillé l'attention, que l'on entendit fous terre & fur la terre & de tous côtez comme une confufion de flots & de vagues qui donnoient de l'horreur. L'on entendoit de toutes parts comme une grêle de pierre fur les toits, dans les greniers, & dans les chambres. Il fembloit que les marbres dont le fond de ce païs eft prefque tout compofé, & dont nos maifons font bâties, s'alloient ouvrir & fe mettre en pieces pour nous engloutir. Une pouffiere épaiffe voloit de tous côtez. Les portes s'ouvroient d'elles-mêmes, d'autres qui étoient ouvertes fe fermoient. Les cloches de toutes nos Eglifes, & les timbres de nos horloges fonnoient toutes feules, & les clochers auffi bien que nos maifons étoient agitez comme des arbres quand il fait vent ; & tout cela dans une horrible confufion de meubles qui fe renverfoient, de pierres qui tomboient, de planchers qui fe feparoient, de murs qui fe fendoient. Parmi tout cela l'on entendoit les animaux domeftiques qui hurloient, les uns fortoient des maifons, les autres y rentroient. En un mot l'on étoit fi effraïé, que l'on s'eftimoit être à la veille du jugement, puifque l'on en voioit les fignes.

Un accident fi inopiné & en un temps auquel les jeunes gens fe preparoient à paffer le carnaval dans des excés, fut un coup de tonnerre

DE LA M. MARIE DE L'INCARNATION.

terre sur la tête de tout le monde qui ne s'attendoit à rien moins. Ce fut plutôt un coup de la misericorde de Dieu sur tout le païs, comme on la veu par les effets dont je parlerai ailleurs. Dés cette premiere secousse la consternation fut universelle. Et comme l'on ignoroit ce que c'étoit, les uns crioient au feu, croiant que ce fut un incendie, les autres couroient à l'eau pour l'éteindre : d'autres se saisirent de leurs armes croiant que ce fût une armée Hiroquoise. Mais comme ce n'étoit rien de tout cela, ce fut à qui sortiroit dehors pour éviter la ruine des maisons qui sembloient aller tomber. On ne trouva pas plus d'assurance dehors que dedans, car par le mouvement de la terre, qui tremoussoit sous nos pieds comme des flots agitez sous une chaloupe, on reconnût aussi tôt que c'étoit un tremblement de terre. Plusieurs embrassoient des arbres qui se mélans les uns dans les autres ne leur causoient pas moins d'horreur que les maisons qu'ils avoient quittées : d'autres s'attachoient à des souches qui par leurs mouvemens les frappoient rudement à la poitrine. Les Sauvages extrememment effraiez disoient que les arbres les avoient bien battus. Quelques uns d'entre eux disoient que c'étoient des demons dont Dieu se servoit pour les châtier, à cause des excés qu'ils avoient faits en beuvant de l'eau de vie que les mauvais François leur avoient donnée. D'autres Sauvages moins instruits qui étoient venus à la chasse en ces quartiers, disoient que c'étoient les ames de leurs ancêtres qui vouloient retourner dans leur ancienne demeure : Prevenus de cette erreur, ils prenoient leurs fusils, & faisoient des décharges en l'air contre une bande d'esprits qui passoit, à ce qu'ils disoient. Mais enfin nos Habitans aussi bien que nos Sauvages ne trouvant nul azile sur la terre non plus que dans les maisons, tomboient la plusparten défaillance, & prenant un meilleur conseil, entroient dans les Eglises pour avoir la consolation d'y perir aprés s'être confessez.

Cette premiere secousse, qui dura prés d'une demi-heure, étant passée, on commença à respirer, mais ce fut pour peu de temps, car sur les huit heures du soir il recommença, & dans une heure il redoubla deux fois. Nous disions Matines au Chœur, les recitant partie à genoux dans un esprit humilié, & nous abandonnant au souverain pouvoir de Dieu. Le redoublement vint trente-deux fois cette nuitlà, à ce que m'a dit une personne qui les avoit contez, je n'en conté pourtant que six ; parce que quelques-uns furent foibles, & quasi imperceptibles. Mais sur les trois heures il y en eut un fort violent & qui dura long-temps.

Ces secousses ont continué l'espace de sept mois, quoi qu'avec inégalité. Les unes étoient frequentes, mais foibles; les autres étoient plus rares, mais fortes & violentes: ainsi le mal ne nous quittant que pour fondre sur nous avec plus d'effort, à peine avions nous le loisir de faire reflexion sur le malheur qui nous menaçoit, qu'il nous surprenoit tout d'un coup, quelquefois durant le jour, & plus souvent durant la nuit.

Si la terre nous donnoit tant d'allarmes, le Ciel ne nous en donnoit pas moins, tant par les hurlemens & les clameurs qu'on entendoit retentir en l'air, que par des voix articulées qui donnoient de la fraïeur. Les unes disoient des helas: les autres, allons, allons; les autres, bouchons les rivieres. L'on entendoit des bruits tantôt comme de cloches, tantôt comme de canons, tantôt comme de tonnerres. L'on voioit des feux, des flambeaux, des globes enflammez qui tomboient quelquefois à terre, & qui quelquefois se dissipoient en l'air. On a veu dans l'air un feu en forme d'homme qui jettoit les flammes par la bouche. Nos domestiques allant par necessité durant la nuit pour nous amener du bois, ont veu cinq ou six fois pour une nuit de ces sortes de feux. L'on a vû des spectres épouventables: Et comme les demons se mêlent quelquefois dans le tonnerre, quoi que ce ne soit qu'un effort de la nature, on a facilement cru qu'ils se sont mêlez dans ce tremblement de terre pour accroître les fraïeurs que la nature agitée nous devoit causer.

Parmi toutes ces terreurs on ne sçavoit à quoi le tout aboutiroit. Quand nous nous trouvions à la fin de la journée, nous nous mettions dans la disposition d'être englouties en quelque abyme durant la nuit. Le jour étant venu, nous attendions la mort continuellement, ne voïant pas un moment assuré à nôtre vie. En un mot, on seichoit dans l'attente de quelque malheur universel. Dieu même sembloit prendre plaisir à confirmer nôtre crainte. Une Personne contemplative étant devant le S. Sacrement pour tâcher d'appaiser la colere de Dieu, & s'offrant à luy d'un grand cœur pour être la victime de tous les maux qui menaçoient son peuple; Elle fut soudain saisie de fraïeur, comme aux approches d'une personne d'une grande Majesté, & aussitôt elle apperçut un Personnage extrémement redoutable, revêtu d'un habit tout couvert de cette devise: *Quis ut Deus?* Il tenoit en sa main gauche une balance dont les bassins étoient remplis, l'un de vapeurs, & l'autre d'écriteaux qui disoient: *Loquere ad eos Jerusalem, quia completa est malitia ejus, & dimissa est iniquitas illius.* Dans la

DE LA M. MARIE DE L'INCARNATION.

main droite il avoit trois flêches, au bout desquelles elle lut ces paroles: Impieté, impureté, défaut de charité. Là-dessus redoublant ses prieres, elle vit sortir de la bouche de l'Ange ces deux mots: *Deus non irridetur.* La vision disparut, & elle se trouva dans un grand desir de prier Dieu, qu'il attendît encore à punir son peuple; mais cependant nous entendions toujours l'ennemi rouller sous nos piez, nous voïant sur le panchant du precipice entre la vie & la mort, entre la crainte & l'esperance selon les redoublemens ou la cessation des secousses. Une ame sainte & fort adonnée à l'oraison aperçut un jour dans sa chambre une lueur qui representoit la figure & l'éclat d'une épée nuë, & en même temps elle entendit une voix éclatante, qui disoit: Sur qui, Seigneur, sur qui? Elle n'entendit pas la réponse, mais une grande confusion de plaintes & de hurlemens qui suivirent cette premiere voix.

Un mois se passa de la sorte dans la crainte & dans l'incertitude de ce qui devoit arriver; mais enfin les mouvemens venant à diminuer, étant plus rares & moins violens, excepté deux ou trois fois qu'ils ont été tres-forts: l'on commença à découvrir les effets ordinaires des tremblemens de terre, quand ils sont violens, sçavoir quantité de crevasses sur la terre, de nouveaux torrens, de nouvelles fontaines, de nouvelles collines, où il n'y en avoit jamais eu; la terre applanie, où il y avoit auparavant des montagnes; des abîmes nouveaux en quelques endroits, d'où sortoient des vapeurs ensouffrées, & en d'autres de grandes plaines toutes vuides, qui étoient auparavant chargées de bois & de haliers: des rochers renversez, des terres remuées, des forêts détruites, les arbres étant en partie renversez, & partie enfoncez en terre jusques à la cime des branches. L'on a veu deux rivieres disparoître, l'on a trouvé deux fontaines nouvelles, l'une blanche comme du lait, & l'autre rouge comme du sang. Mais rien ne nous a plus étonnez que de voir le grand fleuve de saint Laurent, qui pour sa profondeur prodigieuse ne change jamais, ni par la fonte des neiges, qui fait ordinairement changer les Rivieres, ni par la jonction de plus de cinq cens Rivieres, qui dégorgent dedans sans parler de plus de six cens fontaines tres-grosses pour la plûpart, de voir, dis-je, changer ce fleuve, & prendre la couleur de souffre, & la retenir durant huit jours.

Quelques Sauvages que la crainte avoit chassez des bois voulant retourner dans leur cabane, la trouverent abîmée dans un lac, qui se fit en ce lieu-là. L'on a veu une grange proche de nous se coucher sur un côté, puis sur l'autre, & enfin se replacer en son assiette. A l'Eglise de Beaupré qui est celle du Chasteau-richer la terre trembla si rudement le Mercredi des Cendres, que l'on voioit trembler les murailles comme si elles eussent été de carte. Le saint Sacrement, qui étoit exposé, trembloit de même : Il ne tomba pas neanmoins, aïant été retenu par une petite couronne de fleurs contrefaites. La lampe qui étoit éteinte tomba trois fois, mais l'Ecclesiastique qui avoit le soin de cette Eglise, l'aïant fait allumer & remonter en son lieu, elle ne tomba plus.

Nous avons apris de ceux qui sont venus de Tadoussac, que le tremblement y a fait d'étranges fracas. Durant l'espace de six heures il a plu de la cendre en si grande quantité, que sur la terre & dans les barques il y en avoit un pouce d'épais. L'on infere de là que le feu qui est enfermé dans la terre, a fait joüer quelque mine, & que par l'ouverture qu'il s'est faite, il a jetté ces cendres, qui étoient comme du sel brûlé. Ces Messieurs disent que les premieres secousses de la terre les épouvanterent extrêmement à cause des étranges effets qu'elles causerent : mais que ce qui les effraia le plus, & qui parut aussi le plus extraordinaire, fut que la marée, qui a les heures reglées pour monter & décendre, & qui baissoit pour lors il y avoit peu de temps, remonta tout-à-coup avec un effroiable bruit.

Trois jeunes hommes étoient allez de compagnie chercher des Sauvages pour leur traitter de l'eau de vie ; l'un d'eux s'étant écarté pour quelque necessité, il lui apparut un spectre effroiable, qui de sa seule veuë le pensa faire mourir de fraieur : il retourna aussi-tôt, quoiqu'avec peine, joindre les deux autres, qui le voïant ainsi effraié commencerent à le railler. Il y en eut un neanmoins qui rentra en soi-même, & qui dit : il n'y a pas pourtant ici de quoi rire ; nous portons des boissons aux Sauvages contre la défense de l'Eglise, & Dieu nous veut peut-être punir de nôtre desobeïssance : à ces paroles, ils retournerent sur leurs pas ; le soir à peine furent-ils cabanez, que le tremblement emporta leur cabane à leur veuë, en sorte qu'ils eurent eux-mêmes bien de la peine à se sauver. Cet accident joint au premier leur fit croire que le Ciel les persecutoit, & vouloit empêcher leur dessein.

Au milieu du chemin d'ici à Tadoussac il y avoit deux grands Caps qui donnoient du vent, & incommodoient fort les vaisseaux. Ils sont à present abîmez & enfoncez au niveau du rivage. Et ce qui est merveilleux, ils se sont avancez dans le grand fleuve plus avant que la Ri-

DE LA M. MARIE DE L'INCARNATION.

viere de Loire n'est large dans ses plus grandes crües. Ils ont retenu leurs arbres & leur verdure, & aujourd'hui c'est un plat païs: Je ne sçai pas pourtant qui osera y marcher le premier, quoy que l'assiette ait belle apparence. Un jeune homme de nos voisins allant en traitte, voulut descendre au bord d'une riviere, qui n'avoit point encore paru, curieux de voir comme les choses s'étoient faites. Dés les premiers pas, il enfonça si avant qu'il alloit perir, si on ne l'eut retiré, ce que l'on fit avec peine.

Voila le Lieutenant de Monsieur le Gouverneur, qui arrive de Tadoussac. Il rapporte que les tremblemens y sont encore aussi frequens & aussi furieux que dans leurs commencemens. Ils arrivent plusieurs fois le jour, & plusieurs fois la nuit. Cependant j'écris ceci le dixième de Juin, c'est-à-dire, qu'il y a déja quatre mois & demi que ce fleau dure.

La chaloupe, qui est arrivée à nôtre port il y a peu de jours, aiant laissé le grand vaisseau à Gaspé pour prendre le devant, se trouva fort en peine, étant proche de Tadoussac. Nous avons apris du Secretaire de Monsieur le Gouverneur, & d'un jeune homme de nos voisins, qui retournoient de France, qu'elle sautoit & trembloit d'une étrange maniere, s'élevant par intervalles haut comme une maison; ce qui les effraia d'autant plus qu'ils n'avoient jamais rien experimenté de semblable dans la navigation. Dans cette fraieur ils tournerent la veuë vers la terre, où il y avoit une grande & haute montagne: Ils la virent soudain remuer & tournoyer comme piroüettant, & tout d'un coup s'enfoncer & s'abîmer, en sorte que son sommet se trouva au ras de la terre uni comme une glace. Cette rencontre leur fit bien viste prendre le large de la Riviere, de crainte que le débris n'arrivât jusques à eux.

Le grand Navire prenant quelque temps après la même route, fut surpris du tremblement. Un honnête homme, qui étoit dedans, m'a dit que tous ceux du vaisseau croient être morts, & que ne se pouvant tenir debout pour l'effort de l'agitation, ils se mirent tous à genoux, & se prosternerent sur le tillac pour se disposer à la mort. Ils ne pouvoient comprendre la cause d'un accident si nouveau: car tout le grand fleuve, qui en ce lieu-là est profond comme une mer, trembloit comme la terre. Pour marque que la secousse étoit grande, le gros cable du Navire se rompit, & ils perdirent une de leurs ancres, ce qui leur fut une perte bien notable. J'ai sçeu de ceux qui sont arrivez dans ces vaisseaux qu'en plus de douze endroits d'ici à Tadoussac,

Dddd iij

qui est distant de Québec de trente lieuës, les grands fracas causez par les secousses de la terre, en plusieurs endroits, principalement vers les deux Caps, dont j'ai parlé, les montagnes de roches se sont ouvertes: Ils ont veu quelques petites côtes ou éminences, qui se sont détachées de leur fondement, & qui ont disparu, faisant de petites ances, où les Barques & les Chaloupes se pourront mettre à l'abri durant les tempêtes. C'est une chose si surprenante qu'on ne la peut quasi concevoir, & tous les jours on aprend de semblables prodiges. L'on avoit beaucoup de crainte que ces boulversemens arrivez sur les côtes du grand fleuve, n'en empêchassent la navigation, mais enfin on ne croit pas qu'ils puissent nuire, pourveu qu'on ne vogue point durant la nuit, car alors il y auroit du peril.

Si les debris ont été si terribles du côté de Tadoussac, ils ne l'ont pas moins été du côté des trois Rivieres. Une personne de foi & de nos amis nous en a écrit des particularitez étonnantes. Et je n'en sçaurois faire plus fidelement le recit, qu'en rapportant ses propres paroles. Les voici.

La premiere & la plus rude secousse arriva ici le cinquiéme de Fevrier sur les cinq heures & demie du soir. Elle commença par un bruissement, comme d'un tonnerre qui grondoit sourdement. Les maisons étoient dans la même agitation que les arbres dans une tempête, avec un bruit qui faisoit croire à plusieurs que le feu petilloit dans les greniers. Les pieus de nôtre palissade & des clôtures particulieres sembloient danser, & ce qui étoit le plus effroiable, fut que la terre s'élevoit à l'œil de plus d'un grand pied au dessus de sa consistence ordinaire, bondissant & roullant comme des flots agitez. Ce premier coup dura bien une demi-heure. Il n'y eut personne qui ne crut que la terre se devoit ouvrir pour nous engloutir. Neanmoins comme les maisons sont toutes de bois, car il n'y a pas de pierre au trois Rivieres, l'effet exterieur se termina à la chûte de quelques cheminées. Mais les effets qui paroissent les plus considerables, se sont faits dans les consciences, qui ont heureusement continué jusques à present. Au reste nous avons remarqué divers symtomes de cette maladie de la terre, s'il faut ainsi parler. Comme les tremblemens sont quasi sans relâche, aussi ne sont-ils pas dans la même égalité. Tantôt ils imitent le branle d'un grand vaisseau, qui se meut lentement sur ses ancres, ce qui cause à plusieurs des étourdissemens de tête: tantôt l'agitation en est reguliere, & precipitée par des élancemens qui font craquer les maisons sur tout durant la nuit, que plusieurs sont sur pied & en prieres:

DE LA M. MARIE DE L'INCARNATION.

Le mouvement le plus ordinaire est un tremoussement de trepidation ce qu'on pourroit attribuer à des feux souterrains, qui causent encore un autre effet : car comme ils se nourrissent de matiere bituminense & ensouffrée qu'ils consument, ils forment en même temps dessous nos pieds de grandes concavitez, qui resonnent quand on frape la terre, comme l'on entend resonner des voûtes, quand on frappe dessus. Voila ce que l'on nous écrit des trois Rivieres.

L'on assure aussi que l'on a veu un spectre en l'air portant un flambeau à la main, & passant de l'Ouest à l'Est pardessus la grande redoute de ce Bourg des trois Rivieres.

Ce qui est hors de doute, selon le rapport de plusieurs de nos Sauvages & de nos François des trois Rivieres témoins oculaires, est qu'à cinq ou six lieuës d'ici les côtes de part & d'autre de la Riviere, quatre fois plus hautes que celles d'ici, ont été enlevées de leurs fondemens, & deracinées jusques au niveau de l'eau, dans l'étenduë d'environ deux lieuës en longueur, & de plus de dix arpens en profondeur dans la campagne, & qu'elles ont été renversées avec leurs forêts jusques dans le milieu du canal, y formant une puissante digue qui obligera ce fleuve à changer de lict, & à se répandre sur ces grandes plaines nouvellement découvertes. Il mine neanmoins, & bat sans cesse par la rapidité de son cours cette Isle étrangere la demêlant peu-à-peu avec son eau, qui est encore aujourd'hui si trouble & si épaisse, qu'elle n'est plus potable. Dans ce violent transport il s'est fait un tel debris, qu'à peine un arbre est demeuré entier, étant pour la plûpart debitez en longueur comme des mats de Navire.

Le premier sault si renommé n'est plus, étant tout-à-fait applani. Le ravage est encore plus grand & avec des circonstances plus surprenantes vers la riviere de Batiscan. Il y avoit alors cinquante personnes de ces quartiers tant François que Sauvages dans les lieux, où le tremblement a fait de plus grands ravages, & creusé de plus profonds abîmes : comme ils ont tous été dans l'effroi, & contraints de s'écarter pour se garentir des precipices qui s'ouvroient sous leurs piez, je remarquerai seulement quelques circonstances que j'ai tirées de quelques particuliers, car chacun n'étoit attentif qu'à soi-même, & aux moiens de se sauver des ouvertures qui se faisoient à leurs côtez.

Ces mines naturelles aïant donc commencé à joüer en ce lieu, aussi bien qu'ici sur le couchant du Soleil le cinquiéme de Fevrier, continuerent leurs ravages toute la nuit jusqu'à la pointe du jour avec des bruits comme d'un grand nombre de canons & de tonnerres effroiables, qui mêlez avec celui des arbres de ces Forêts immenses, qui s'entrechoquoient, & tomboient à centaines de tous côtez dans le fond de ces abîmes, faisoient dresser les cheveux à la tête de ces pauvres errans. Un Sauvage d'entre eux étant à demi engagé dans une ouverture qui se fit dans sa cabane, en fut retiré avec beaucoup de peine par ses compagnons. Un François s'étant échapé du même danger, & étant retourné pour prendre son fuzil, que la crainte lui avoit fait oublier, fut obligé de se mettre dans l'eau jusques à la ceinture, en un lieu où ils avoient auparavant fait leur feu : Il s'exposa à ce peril, parceque sa vie dépendoit de son fuzil. Les Sauvages attribuans tous ces desordres aux demons, qui voloient en l'air, à ce qu'ils disoient, faisoient de temps en temps des décharges de leurs fuzils avec de grandes huées pour les épouvanter, & leur donner la chasse. Cette soirée & toute la nuit ils sentirent des bouffées de chaleur étouffantes. D'autres m'ont assuré qu'ils avoient veu des montagnes s'entrechoquer, & disparoître à leurs yeux. D'autres ont veu des quartiers de rocher s'élever en l'air jusques à la cime des arbres. J'ai parlé à un qui courut toute la nuit, à mesure qu'il voioit la terre s'ouvrir. Ceux qui étoient plus éloignez & au delà du grand debris, assurent qu'en retournant ils ont côtoyé plus de dix lieuës sans en avoir pu découvrir, ni le commencement, ni la fin, ni sonder la profondeur ; & ils ajoûtent que côtoyant la Riviere de Batiscan, ils ont trouvé de grands changemens, n'y aiant plus de sauts où ils en avoient veu auparavant & les collines étant tout-à-fait enfoncées dans la terre. Il y avoit cidevant une haute montagne, aujourd'hui elle est abîmée & reduite à un plat païs aussi uni que si la herse y avoit passé : l'on voit seulement en quelques endroits quelques extrêmitez des arbres enfoncez, & en d'autres des racines qui sont demeurées en l'air, la cime étant abîmée dans la terre.

A la côte de Beaupré un Maître de famille aiant envoié un de ses Domestiques à sa ferme, cet homme vit soudain un feu grand & étendu comme une ville : quoi que ce fût en plein jour, il pensa mourir de fraieur, & tout le voisinage, qui vit la même chose, en fut extrêmement épouvanté, croiant que tout alloit perir. Ce grand feu neanmoins se jetta du côté du fleuve, le traversa & s'alla perdre dans l'Isle d'Orleans. Un homme qui l'a veu, m'en a assuré, & c'est une personne digne de foi.

La terre n'est pas encore affermie, & cependant nous sommes au sixiéme de Juillet, car je n'écris que par reprises, & à mesure que
j'aprens

DE LA M. MARIE DE L'INCARNATION.

j'aprens les choses. Les exhalaisons brûlantes, qui sont continuellement sorties de la terre, avoient causé une si grande secheresse, que toutes les semences avoient jauni : mais depuis quelques jours il y a eû des tourbillons & des orages furieux du côté du Cap de Tourmente, cela surprit tout le monde, car il arriva durant la nuit. Ce fut un bruit épouvantable causé par un deluge d'eau, qui tomba des montagnes avec une abondance & une impetuosité incroiable. Les moulins furent détruits, & les arbres des forêts deracinez & emportez. Ces nouvelles eaux firent changer le cours de la Riviere, son premier lit demeurant en sable & à sec. Une fort belle grange, qui étoit toute neuve, fut emportée toute entiere à deux lieuës de là, où elle se brisa enfin sur des roches. Tous les bestiaux de ces côtez-là, qui étoient en grand nombre à cause des belles & vastes prairies du païs, furent emportez par la rapidité des eaux. Plusieurs neanmoins ont été sauvez à la faveur des arbres, parmi lesquels s'étant trouvé mêlez, on les a retirez aprés que le fort du torrent a été passé. Les bleds en verd ont été entierement ruinez : Et non seulement les bleds, mais encore toute la terre d'une piece de douze arpens a été enlevée, en sorte qu'il n'y est resté que la roche toute nuë. Un honnête homme de nos voisins, qui étoit alors en ce lieu-là, nous a assuré qu'en six jours qu'il y a resté, il n'a pas dormi deux heures, tant les tremblemens & les orages lui ont donné de fraieur.

Au même moment que le tremblement a commencé à Quebec, il a commencé par tout, & a produit les mêmes effets. Depuis les Monts de nôtre Dame jusques à Mont-Reàl, il s'est fait ressentir, & tout le monde en a été également effraié.

La nouvelle Hollande n'en a pas été exempte, & les Hiroquois qui en sont voisins, ont été enveloppez dans la même consternation que les Sauvages de ces quartiers. Comme ces secousses de la terre leur étoient nouvelles, & qu'ils ne pouvoient deviner la cause de tant de fracas, ils se sont adressez aux Hollandois pour la demander. Ils leur ont fait réponse que cela vouloit dire que le monde ne dureroit plus que trois ans. Je ne sçai d'où ils ont tiré cette Prophetie.

Ce 29. de Juillet, il est arrivé à nôtre port de Quebec une barque de la nouvelle Angleterre. Les personnes qui sont descenduës de ce vaisseau disent, qu'étant à Buston, qui est une belle Ville que les Anglois ont bâtie, le Lundi gras à cinq heures & demie ils eurent le tremblement comme nous l'avons eu ici, & qu'il redoubla plusieurs fois. Ils rapportent le même de l'Acadie & du Port-Roial, place qui a autrefois appartenu à Monsieur le Commandeur de Rasilly, & qui a depuis été emportée par les Anglois. L'autre costé de l'Acadie, qui appartient à Messieurs de Cangé & Denys de nôtre Ville de Tours, a ressenti les secousses comme par tout ailleurs. Cette barque nous a ramené cinq de nos Prisonniers François, qui étoient captifs aux Hiroquois Agnerognons, & qui se sont sauvez à la faveur des Hollandois, qui les ont traittez fort humainement, comme ils font tous ceux qui se retirent chez eux.

Des Sauvages d'un païs tres-éloigné ont été pressez de se retirer en ces quartiers plûtôt pour se faire instruire & assurer leurs consciences, que pour éviter les tremblemens qui les suivoient par tout. Ils ont découvert une chose qu'on recherchoit depuis long-temps, sçavoir l'entrée de la grande Mer du Nord, aux environs de laquelle il y a des peuples immenses, qui n'ont point encore entendu parler de Dieu : Ce sera un grand champ aux Ouvriers de l'Evangile pour satisfaire à leur zele & à leur ferveur. On tient que cette mer conduit à la Chine & au Japon ; Si cela est, le chemin en sera bien abregé.

Je reviens à nos quartiers, où nous sommes toujours dans les fraieurs, quoi que nous commencions à nous y accoûtumer. Un honnête homme de nos amis avoit fait bâtir une maison avec un fort beau moulin, sur la pointe d'une roche de marbre : la roche dans une secousse s'est ouverte, & le moulin & la maison ont été enfoncez dans l'abîme qui s'est faite. Nous voici au treiziéme d'Aoust : cette nuit derniere la terre a tremblé fort rudement ; nôtre Dortoir & nôtre Seminaire en ont eu une forte secousse, qui nous a réveillées de nôtre sommeil, & qui a renouvellé nôtre crainte.

Je ferme cette relation le vingtiéme du même mois, sans sçavoir à quoi se termineront tous ces fracas, car les tremblemens continuent toujours. Mais ce qui est admirable parmi des debris si étranges & si universels, nul n'a peri, ni même été blessé. C'est une marque toute visible de la protection de Dieu sur son peuple, qui nous donne un juste sujet de croire qu'il ne se fâche contre nous, que pour nous sauver. Et nous esperons qu'il tirera sa gloire de nos frayeurs, par la conversion de tant d'ames qui étoient endormies dans leurs pechez, & qui ne se pouvoient éveiller de leur sommeil par les simples mouvemens d'une grace interieure.

De Quebec le 20. d'Aoust 1663.

LETTRE LXVI.

A UNE RELIGIEUSE DU CALVAIRE.

Elle lui fait le recit de la translation du corps de la Mere Marie de saint Joseph sa Sœur, de ses anciens cercueils en d'autres nouveaux.

A la Mere de la Troche, depuis est morte Generale de son Ordre.

MA Reverende Mere. Vous avez bien de la bonté de vouloir vous souvenir de moy, & de me continuer l'honneur de vôtre affection. De ma part je vous assure que la mienne est entiere pour vôtre chere personne, à laquelle, puisque vous le voulez bien, je suis ce que j'étois à ma chere Mere Marie de saint Joseph vôtre tres aimable Sœur & ma tres-fidele compagne. Je vous dirai une chose que vous ne serez pas marrie de sçavoir, qui est que nôtre petite Eglise étant faite, nous avons enlevé son corps du lieu où il étoit, pour le mettre dans un Cimetiere que nous avons fait faire sous nôtre Chœur. Nous avons eu la curiosité ou plûtôt la devotion de voir en quel état étoit son corps. La necessité de le changer de cercueil a favorisé nôtre dessein : car encore qu'il fut enfermé en deux cercueils, le premier étoit pourri ; l'autre qui étoit de cendre ne l'étoit pas. Nous trouvâmes toute sa chair consumée & changée en une pâte blanche comme du laict de l'epaisseur d'un doigt. Son cœur qui avoit eu tant de saints transports pour son Epoux, & son cerveau qui avoit été l'organe de tant de saintes pensées étoient encore entiers. Tous ses ossemens étoient placez chacun en son lieu naturel : Le tout sans aucune mauvaise odeur. Au méme temps que nous fimes l'ouverture, nous nous sentimes remplies d'une joïe & d'une suavité si grande que je ne vous la puis exprimer. Dans la crainte que nous avions de trouver de la corruption, ou quelque chose qui pût donner de la fraieur à nos jeunes Sœurs, nous voulûmes visiter le tout en secret. Mais aiant trouvé les choses dans l'état que je viens de dire, nôtre Reverende Mere fit appeler toute la Communauté pour lui faire part de la consolation dont nous étions intimement penetrées. Et pour rendre à cette chere defunte nos derniers devoirs de charité & d'affection l'on se mit à lever les ossemens. Les mains de celles qui les touchoient sentoient une odeur comme d'Iris. Les ossemens étoient comme huileux, & aiant été lavez & essujez, les mains & les linges avoient la

Eeee ij

même odeur. Ni la veuë, ni le maniement des os, ni cette masse blanche ou chair consumée, n'ont donné nulle fraieur, comme font ordinairement les cadavres des morts ; mais plûtôt elle inspiroit des sentimens d'union & d'amour pour la defunte. C'étoit à qui baiseroit ses ossemens, & à qui lui rendroit la premiere ce dernier devoir de pieté. Aprés avoir satisfait nôtre affection, nous remimes ses os dans un nouveau cercueil avec un écrit en parchemin qui fait mention des principales vertus de cette chere Mere, de son zele pour la conversion des ames, de sa maison, de ses parens; puis aiant enfermé ce cercueil dans un autre, nous l'avons posé sur des soubassemens, afin que si un jour par quelque renversement d'affaires, il nous falloit retourner en France, nous le puissions facilement emporter. Le R. Pere Superieur des Missions, dans le service que nous fimes en cette action, nous fit une tres-belle exhortation sur ce changement de cercuëil, sur l'odeur de ces ossemens, sur cette pâte blanche, & principalement sur les vertus heroïques de cette ame sainte. C'est l'unique de nôtre Communauté qui soit morte en ce païs depuis vingt-quatre ans que nous y habitons. J'ay pensé vous envoier de ses ossemens pour être mélez avec les vôtres, lorsque vous irez au tombeau, mais j'ay eu crainte qu'ils ne fussent perdus avant que d'arriver jusques à vous. Chere Mere, il falloit vous faire ce recit pour vôtre consolation & pour celle de toute vôtre illustre famille, au sujet de ma tres-chere compagne, dont la memoire nous est & nous sera toujours precieuse & en odeur de benediction. Je finis en vous assurant de la sincerité de mon cœur & de l'affection avec laquelle je suis.

Le cercueil de cette excellente Religieuse fut ouvert le 3. de Novembre 1661. par la permission de l'Evêque. Outre ce qui est rapporté en cette lettre, on a remarqué que cette pâte blanche étant mise sur un fer chaud ou sur des charbons ardens, elle fondoit comme de la cire ou de l'encens, & exhaloit une tres-douce odeur. Il en étoit de même des morceaux de son cœur que l'on mettoit sur le feu. Et une Religieuse qui avoit aidé à laver ses ossemens s'étant saisie d'un morceau de ce cœur pour le porter sur le sien par devotion, durant le temps qu'elle le porta, on ressentit l'odeur d'Iris dés qu'on s'approchoit d'elle. Dans cette ceremonie le R. Pere Lallement fit une exhortation touchante dans laquelle il prit pour theme ces paroles du 16. chapitre de l'Epitre aux Romains : *Saluons Marie qui a beaucoup travaillé parmi nous*. Aprés avoir rapporté les vertus heroïques de cette fille & donné une explication morale de cette pâte blanche, de cette odeur d'Iris, & des quatre nœuds de sa ceinture qui étoient les symboles de ses quatre vœux, & qui étoient aussi demeurez sans corruption ne fit point de difficulté de l'appeller sainte, disant qu'il l'a croioit au Ciel dans un tres-haut degré de gloire. Quelques années après l'occasion s'étant presentée d'ouvrir son cercueil, il ne se trouva point de corruption dans la substance de son cerveau, mais on la trouva reduite à deux petites boulles qui étoient dures comme de la pierre. Voiez plus bas la lettre du 19. d'Aoust 1664.

De Quebec le   1663.

LETTRE LXVII.
A SON FILS.

Le Roy se rend le Maître du Canada, où il envoie un Intendant pour recevoir en son nom les hommages des habitans, & y établir des Officiers pour y exercer la justice, & y maintenir la police.

MOn tres-cher Fils. Un vaisseau qui vient d'arriver & qui se dispose à un prompt retour m'oblige de vous écrire un mot encore que je n'aie point reçu de vos nouvelles ni d'aucun de nos Monasteres de France. Je croi que vous sçavez que le Roy est à present le Maître de ce païs : Messieurs de la Compagnie aiant apris qu'il avoit dessein de le leur ôter, ils sont allez au devant & le lui ont offert. Il les a pris au mot avec promesse de les dedommager, & ainsi ce changement s'est fait sans beaucoup de peine. Les navires du Roy nous ont ramené Monseigneur nôtre Prelat qu'on nous dit avoir eu bien du demélé en France au sujet des boissons qu'on donnoit aux Sauvages, & qui ont pensé perdre entierement cette nouvelle Eglise. Il a fait le voiage en la compagnie d'un nouveau Gouverneur que Sa Majesté nous envoie, son Predecesseur qui ne l'a été que deux ans, étant parti avant son arrivée. Le Roy a encore envoié avec eux un Intendant, qui depuis son arrivée a reglé toutes les affaires du païs. Il a établi des Officiers pour rendre la justice selon les regles du droit. Il a encore établi la police pour le commerce, & pour l'entretien de la societé civile. Il s'est fait rendre foy & hommages generalement de tous les habitans du païs qui ont confessé tenir du Roy à cause de son Château de Quebec. Dans les Reglemens qui ont été faits, Quebec se nomme ville, & la nouvelle France, Province ou Royaume. L'on a élu un Maire & des Echevins; & generalement tous les Officiers, qui sont gens d'honneur & de probité ont été faits par election. On remarque entre tous une grande union, Monseigneur l'Evêque & Monsieur le Gouverneur sont nommez les Chefs du Conseil. On parle de faire bâtir un Palais pour rendre la justice, & des prisons pour enfermer les criminels, les lieux qui servent à cela étant trop petits & incommodes. Monsieur nôtre Gouverneur qui se nomme Monsieur de Mesy est un Gentilhomme de Normandie tres-pieux & tres-sage, intime ami à feu Monsieur de Bernieres, qui durant sa vie n'a pas peu servi à le gagner à Dieu.

L'on a pareillement établi l'usage des Dixmes, qui sont destinées pour l'entretien d'un Seminaire fondé par nôtre Evêque, qui doit par ce moien faire bâtir des Eglises par tout où il sera necessaire, & y entretenir des Prêtres pour les deservir. Ces Eglises seront comme des Parroisses, mais ceux qui y presideront, au lieu de Curez seront appellez Superieurs dont l'Evêque sera le Chef: le surplus des dixmes doit aller à l'entretien des pauvres. Ce digne Prelat a déja fait bâtir une maison à Quebec pour l'Evêque, & pour loger le gros de son Seminaire. Enfin tout cela sonne gros & commence bien, mais il n'y a que Dieu qui voie quelles en seront les issuës, l'experience nous faisant voir que les succez sont souvent bien differens des idées que l'on conçoit.

Les épouvantables tremblemens de terre que l'on a experimentez dans tout le Canada contribuent beaucoup à l'union des personnes, car comme ils tiennent tout le monde dans la crainte, & dans l'humiliation, tout le monde aussi demeure dans la paix. On ne sçauroit croire le grand nombre de conversions que Dieu a operées, tant du côté des infideles qui ont embrassé la foy, que de la part des Chrétiens qui ont quitté leur mauvaise vie. Au même temps que Dieu a ébranlé les montagnes, & les rochers de marbre de ces contrées, on eût dit qu'il prenoit plaisir à ébranler les consciences; les jours de carnaval ont été changez en des jours de penitence & de tristesse: Les prieres publiques, les processions, les pelerinages ont été continuels; les jeûnes au pain & à l'eau fort frequens; les Confessions generales plus sinceres qu'elles ne l'auroient été dans l'extremité des maladies. Un seul Ecclesiastique qui gouverne la Parroisse de Château-Richer nous a assuré qu'il a fait faire lui seul plus de huit cens Confessions generales. Je vous laisse à penser ce qu'ont pu faire les Reverends Peres qui jour & nuit étoient dans les Confessionnaux. Je ne croi pas que dans tout le païs il y ait un habitant qui n'ait fait une Confession generale. Il s'est trouvé des pecheurs inveterez qui pour assurer leurs consciences ont recommencé la leur plus de trois fois. On a veu des reconciliations admirables, les ennemis se mettant à genoux le uns devant les autres pour se demander pardon avec tant de douleur qu'il étoit aisé de voir que ces changemens étoient des coups du Ciel & de la misericorde de Dieu, plûtôt que de sa justice. Au Fort de saint François Xavier, qui est de la Parroisse de Sillery

DE LA M. MARIE DE L'INCARNATION.

Il y avoit un Soldat de la garnison venu de France dans les navires du Roy, le plus méchant & le plus abominable homme du monde. Il se ventoit impudamment de ses crimes comme un autre pourroit faire d'une action digne de loüange. Lorsque le tremblement de terre commença, il fut saisi d'une fraieur si étrange qu'il s'écria devant tout le monde : Qu'on ne cherche point d'autre cause de ce que vous voiez, que moy ; c'est Dieu qui veut châtier mes crimes. Il commença en suite à confesser tout haut ses pechez, sans rien avoir devant les yeux que la justice de Dieu qui l'alloit, à ce qu'il croioit, precipiter dans les enfers. Ce Fort est à un quart de lieuë de Sillery, où il le fallut porter à quatre pour se confesser, la peur l'aiant fait devenir comme perclus. Dieu a fait en lui une si heureuse & si entiere conversion, qu'il est aujourd'huy un modele de vertu & de bonnes œuvres.

Voila l'état du Canada, tant pour le spirituel, que pour le temporel. A quoi j'ajoûterai que le Roy ne nous a pas envoié des troupes, comme il l'avoit fait esperer, pour détruire les Hiroquois. On nous mande que les demélez qu'il a dans l'Italie en sont la cause. Mais il a envoié en la place cent familles qui sont cinq cens personnes : Il les defraie pour un an, afin qu'elles puissent facilement s'établir, & subsister en suite sans incommodité : Car quand on peut avoir une année d'avance en ce païs, on peut defricher & se faire un fond pour les années suivantes.

De Quebec le 1663.

LETTRE LXVIII.

AU MESME.

Restes des tremblemens de terre. Le Roi continuë de peupler le païs. Les Hiroquois exercent toujours leurs hostilitez : ils sont defaits par les Algonquins. Entrée de la foy aux Papinachois. Recommandation de la foy à une femme Sauvage.

MOn tres-cher Fils. Je vous écrivis l'année derniere ce qui s'étoit passé en ce païs touchant les tremblemens de terre.

Vous ferez peut-être bien-aise d'aprendre s'il en reste quelque chose, & s'ils n'ont point causé quelques accidens funestes. Pour le premier, la terre a encore tremblé en quelques endroits, mais legerement, & ce ne sont que des restes des grandes secousses de l'année derniere.

Pour l'autre nous craignions la peste ou la famine; Dieu nous a prefervez de l'un & de l'autre. Il se trouva qu'aprés les grandes secousses, & les feux tant souterrains, que ceux qui étoient sortis par les ouvertures de la terre, une extrême secheresse avoit comme brûlé la surface de la terre & consumé toutes les semences. En suite de ces ariditez Dieu permit qu'il tombât des pluies en si grande abondance, que les torrens sembloient avoir emporté tout le reste de l'herbe & tout ensemble l'esperance de faire aucune moisson. Le contraire est arrivé, car la moisson a été si abondante, que jamais l'on n'a recueilli tant de bled, ni d'autres grains dans ce païs. Et pour les maladies, il n'y en a eu aucunes, sinon celles que les vaisseaux du Roy nous apporterent. Il mourut bien cent personnes du debarquement: mais il n'y eut point d'autres malades, sinon quelque peu de personnes qui prirent ce mauvais air, & sur tout les Meres Hospitalieres qui s'étant rendues infatigables à servir ces nouveaux venus ont été extrêmement incommodées: Aucune neanmoins n'en est morte. Vous voiez par là que Dieu ne blesse que pour guerir, & que ses fleaux que nous avons experimentez ne sont que les châtimens d'un bon Pere.

Le Roy voulant continuer de peupler ce païs a envoié cette année trois cens hommes tous défraïez pour le passage, à condition qu'ils serviront les habitans qui leur païeront leurs gages, & aprés trois ans de service, ils seront en droit de se faire habitans. On nous dit que Sa Majesté continuera à faire le même l'année prochaine & les suivantes.

L'on attend ici au Printemps Monsieur de Tracy que Sa Majesté a envoié pour prendre possession des Isles de toute l'Amerique, tant Meridionale que Septentrionale. Il vient en la place de Monsieur d'Estrade qui en est vice-Roy, afin d'ordonner de tout en ses contrées, comme il a fait dans les autres endroits. Il a commandé par avance qu'on fît les preparatifs necessaires pour aller faire la guerre aux Hiroquois, c'est ce que l'on fait à present. Il vient avec un grand équipage, & il fait état de venir hiverner ici; mais ceux qui sçavent la navigation disent, que cela lui est impossible, c'est pourquoi on ne l'attend qu'au Printemps. Nous avons veu l'imprimé des pouvoirs

que

que le Roy lui donne ; ils nous étonnent, parce qu'ils ne peuvent être plus grands ni plus étendus, à moins d'être Roy lui-même & abſolu.

Encore que les Hiroquois ſoient fort humiliez, tant par les guerres qu'ils ont ſur les bras, que par les maladies & les mortalitez que Dieu leur envoie, ils ont neanmoins fait des courſes en ces quartiers lors qu'on ne les y attendoit pas. Ils ont enlevé deux grandes filles Françoiſes avec quelques François & Sauvages, puis en aiant tué quelques-uns, ils ont pris la fuite ſelon leur coûtume.

Au même temps que cette troupe faiſoit ſon ravage pluſieurs des principaux des nations Hiroquoiſes approchoient de Mont-Real pour demander la paix aux François, & du ſecours contre leurs ennemis. Ils étoient chargez de grands & riches preſens pour des Sauvages, car on tient qu'il y en avoir pour huit ou dix mille livres. Monſeigneur nôtre Evêque & Monſieur le Gouverneur y étoient allez pour les recevoir & pour entendre leurs propoſitions. Cependant les Algonquins qui en eurent le vent les allerent attendre au paſſage, & dreſſerent ſi bien leur embuſcade qu'ils tomberent dedans. Les Hiroquois firent des clameurs étranges, diſant qu'ils venoient faire la paix avec eux, auſſi bien qu'avec les François. Les Algonquins qui ſont leurs ennemis mortels, s'en mocquerent aprés avoir tant de fois experimenté leur perfidie & mauvaiſe foy. Ainſi ſans les écouter ils en taillerent en pieces autant qu'ils purent, lierent les autres, & enleverent tout le butin. On eut bien de la peine à ſauver ceux qui avoient pris le devant à Mont-Real; & il fut neceſſaire que les François leur fiſſent eſcorte aſſez loin, & juſqu'à ce qu'ils fuſſent hors de l'incurſion des Algonquins. Les uns diſent qu'ils vouloient la paix tout à bon, & les autres qu'ils venoient pour tromper comme par le paſſé: Dieu ſeul ſçait ce qui en eſt. Encore que les François n'aient nullement trempé dans cette affaire, tous les Hiroquois neanmoins croiront que ce ſont eux qui ont fait joüer ce reſſort pour les détruire, & il ne faut point douter qu'ils ne faſſent leur poſſible pour s'en vanger ſur nos habitations, ſi ce n'eſt que la crainte qu'ils ont des François, qu'on leur a dit qui ſe diſpoſent à leur aller faire la guerre, ne les retienne, ou plutôt que la protection de Dieu ſur nous ne les empêche.

Les Hiroquois fermant les oreilles aux paroles de l'Evangile, & endurciſſant leurs cœurs à la grace que Dieu leur preſente, ſa bonté divine en appelle d'autres qui ſeront plus fideles & en feront mieux leur profit. Ce ſont des peuples qui habitent vers la mer du Nord qu'on tâche de découvrir depuis si long-temps. Le R. P. Nouvel de la Compagnie s'étant embarqué l'Automne dernier avant que les glaces fussent dans les rivieres, afin d'aller hiverner chez les montagnez, la chaloupe où il étoit, s'entrouvrit lors qu'on y pensoit le moins, en sorte que lui & toute sa compagnie voiant que le mal étoit sans remede & qu'ils alloient couler à fond, ils ne pensoient plus qu'à se disposer à bien mourir. Le Pere neanmoins eut un mouvement de faire vœu à la sainte famille, à laquelle tout le païs a une tres-grande devotion pour beaucoup de raisons.

Le vœu ne fut pas plutôt fait qu'ils se trouverent hors de peril d'une maniere si extraordinaire, qu'on la tient pour un effet miraculeux. Par cette même protection ils furent encore sauvez de la main des Hiroquois, qui leur dressoient par tout des embuscades. Enfin sa compagnie le conduisit aux Papinachois qui avoient déja veu quelques Europeans pour la traite dans les Nations plus proches où ils s'étoient avancez. Le Pere les catechisa, & trouva en eux des cœurs si disposez à recevoir la semence de l'Evangile, qu'il les instruisit sans difficulté. Ils étoient ravis de lui entendre parler de la Foi & encore plus de l'embrasser. Ceux-ci lui offrirent de le mener en d'autres Nations plus peuplées. Il s'y accorda nonobstant les grandes difficultez du chemin dans lequel on rencontre jusqu'à douze portages. Mais cet excellent Pere surmonta tout cela par l'ardeur de son zele, & trouva de la douceur dans toutes ces fatigues dans l'esperance de gagner des ames à JESUS-CHRIST. Il entra dans ce païs où il n'avoit jamais été d'European: Ce peuple neanmoins avoit entendu dire qu'il y avoit un Dieu Createur du Ciel & de la Terre, & qu'il y avoit un Paradis, pour recompenser les bons, & un Enfer pour punir les méchans. Au même-temps que le Pere leur eut fait l'ouverture de nôtre sainte Religion & de ce qu'elle contient, leurs cœurs & leur sesprits ravis d'aise se rendirent traitables & dociles comme des agneaux. Ils sont de langue montagnaïse, qui est en usage en nos quartiers, ce qui fut un grand avantage pour le Pere. Lors qu'il leur montra dans un grand tableau les fins dernieres de l'homme, & particulierement l'Enfer qui est destiné pour les méchans, & pour ceux qui ne croient pas: Il s'écrierent: cache ce lieu-là, il nous épouvante, nous n'y voulons pas aller; mais bien en celui-là, montrant le Paradis. Ils étoient affamez d'entendre parler de nos Mysteres. Il y en eut un qui dans le ressentiment qu'il eut des douleurs & des souffrances de nôtre Seigneur pour le salut des hommes, prit une discipline qu'il

DE LA M. MARIE DE L'INCARNATION.

apperçut parmi les meubles du Pere, & s'encourut dans le bois où il se traitta d'une étrange maniere. Il s'en vint trouver sa femme à qui il presenta la discipline; elle la prit, & en alla faire autant, puis elle retourna en sa cabane où son frere s'étant apperçû de ce que son mari & elle avoient fait, prit cet instrument & alla faire le même.

Ils se sont tous fait instruire, & le Pere les aiant trouvez disposez, a baptisé plusieurs adultes, & un grand nombre d'enfans. Ils l'ont prié d'aller hiverner avec eux; comme la moisson est grande, il ira avec un second selon la promesse qu'il leur en a faite. Peut-être passeront-ils plus avant, car ces bons Sauvages lui ont promis de le conduire à la grande mer du Nord, sur les rives de laquelle il y a beaucoup de peuples sedentaires. Il n'y a que pour un mois de chemin de ce lieu-là, & qui est fort aisé. Voila une conquête bien precieuse, priez la bonté divine qu'il y donne sa benediction, & des forces aux ouvriers de son saint Evangile pour supporter les grands travaux qui se rencontreront dans son execution.

Il est bien juste que je vous dise quelque chose de nôtre petit Seminaire. Nous y avons eu cette année une bonne veuve assez âgée, nommée Geneviéve Algonguine Nepisirinienne de nation, laquelle sçachant que nous ne recevions point des personnes de son âge, nous fit prier par des personnes que nous ne pouvions refuser. Elle me vint trouver pour me dire, que c'étoit le grand desir qu'elle avoit d'être instruite qui lui faisoit faire tant de poursuites; qu'elle avoit des sœurs ignorantes qu'elle se vouloit rendre capable d'instruire, n'y aiant point de robes noires en son païs pour le faire; que son dessein étoit de jeuner le Carême comme nous, & de prier durant tout ce temps-là, ce qu'elle ne pouvoit pas faire dans sa cabane. Je lui accordé enfin sa demande voiant le zele avec lequel elle parloit: car depuis vingt-cinq ans que nous sommes en ce païs, je n'ai point veu de Sauvagesses serventes comme celle-là. Elle nous suivoit tout le jour aux observances du Chœur, où elle n'étoit point satisfaite qu'elle ne fit comme nous, & quand elle ne le pouvoit faire, elle disoit plusieurs chapelets où elle faisoit des oraisons jaculatoires toutes pleines de feu. Elle ne se lassoit point de prier, ny de se faire instruire sur les Mysteres de nôtre Foy. Madame Dailleboust aiant hiverné chez nous, elle l'alloit souvent trouver pour apprendre d'elle quelque priere, ou quelque point de Catechisme. Elle me suivoit en nôtre chambre, afin que je luy parlasse de nos saints Mysteres. Durant même nos recreations elle ne nous pouvoit laisser libres, sans lui parler de Dieu ou répondre à ses demandes.

Elle me faisoit souvent le recit de ses avantures, & un jour entre autres elle me dit : J'ay beaucoup de fois experimenté le secours de Dieu dans la ferme creance que j'ay en lui. Il m'a gardée par tout revenant de mon païs en celui-cy pour me faire instruire. Nous fimes rencontre des Hiroquois qui donnerent bien de la crainte à mon frere & à toute nôtre troupe. Je me jettté contre terre dans les herbiers, où je disois à mon frere : Prens courage, mon frere, crois en celui qui a tout fait, & il nous sauvera des mains de nos ennemis. Je l'exhortois sans cesse pendant que les balles des fusils siffloient à nos oreilles tout au tour de nous, & Dieu nous protegea si puissamment en cette rencontre qu'il n'y eut pas un seul de nôtre troupe de blessé ni même aperçu de l'ennemi que nous voions tout prés de nous.

Son Mari étant mort en son païs, qui est à plus de cinq cens lieües d'ici, n'y aiant plus d'Eglise, elle ne voulut pas y laisser son corps, mais avec une generosité nonpareille, elle prit la resolution de l'apporter ici pour le faire enterrer dans le cimetiere des Chrétiens, afin qu'au jour du jugement il ressuscitât avec eux. L'effet suivit la resolution, car elle apporta le corps, partie sur son dos, partie en canot jusqu'aux trois Rivieres, où elle le fit enterrer le plus honorablement qu'elle put, faisant dire des Messes pour le repos de son ame. Elle est inconsolable quand elle pense que ses enfans sont morts sans baptéme, & sa douleur est un peu soulagée quand elle fait reflexion qu'étant dans les Limbes au moins ils ne brûleront pas comme les adultes qui meurent sans être Chrêtiens. Un seul lui est resté qui est mort Chrêtien à l'âge de dix ans ; mais parce qu'avant sa mort, elle l'a veu parler à un Jongleur, elle craint qu'il ne soit damné pour ce peché là. Elle fait des prieres & des aumônes, afin qu'il plaise à Dieu de lui faire misericorde. Elle a fait present à nôtre Seminaire d'un Castor qui avoit servi de robe à ce fils, afin que nous joignions nos prieres aux siennes pour le repos de son ame.

Cette bonne Sauvage admiroit toutes nos fonctions religieuses, y remarquant quelque chose de saint, & nous considerant, elle disoit à Dieu : Conservez ces bonnes filles qui depuis le matin jusqu'au soir sont toujours auprés de vous, & qui ne font autre chose que vous servir. Lors qu'elle rencontroit quelque instrument de penitence elle s'en vouloit servir, sur tout de la ceinture de fer, mais nous moderions sa ferveur, & ne lui laissions pas faire tout ce qu'elle eût bien desiré.

Le jour du Vendredi saint, elle fut puissamment touchée dans la consideration de la Passion de nôtre Seigneur. Durant nos Tenebres, elle fondoit en larmes, par l'impression que Dieu lui donna, de l'amour qu'il avoit porté aux hommes en endurant pour eux de si extremes tourmens. Etant revenuë à soy, je ne sçay, dit elle, où j'en suis, mais je n'ay jamais experimenté chose pareille; le Diable ne me voudroit-il point tromper? Je l'emmené en nôtre chambre pour l'entretenir sur ce grand Mystere : Là j'achevé de la combler, ou plûtôt Dieu par mon moien, de douleur & de consolation.

Elle consideroit avec attention nos ceremonies du Chœur, qu'il lui falloit expliquer, aprés quoi elle ne pouvoit sortir de son admiration & disoit que nous imitions les Anges & les Saints qui sont au Ciel.

Elle voioit fort clair dans son interieur : Un jour qu'elle étoit fort pensive, on lui en demanda le sujet ; je considere, dit-elle, que je suis bien méchante : Il me semble que je fais ce que je puis pour ne point offenser celui qui a tout fait, & cependant je me voi toute remplie de pechez. Depuis peu un homme m'avoit derobé une robe de Castor en ma presence sous pretexte de me la garder. Je courus aprés lui pour la retirer ; je n'étois pas neanmoins en colere, & je ne lui voulois point de mal : Cependant je sentois en moy une malice qui me vouloit tromper. Elle vouloit distinguer par ces paroles l'effet de la grace d'avec l'inclination de la nature corrompuë.

Le Carême dernier, Monseigneur nôtre Prelat administra le Sacrement de Confirmation. Elle n'en avoit point encore entendu parler, parce qu'elle n'étoit pas en ce païs la premiere fois qu'il le confera. C'étoit dans nôtre Eglise que la ceremonie se devoit faire. Elle voioit que l'on instruisoit plusieurs de nos Pensionnaires pour recevoir ce Sacrement, & le serieux avec lequel on agissoit lui fit croire que c'étoit quelque chose de saint & de grande importance. Elle alloit & venoit par la maison cherchant quelqu'un qui lui put dire ce que c'étoit. Ne trouvant personne, parceque toutes étoient occupées, helas ! dit-elle, on ne m'instruit point & voila qu'on instruit les enfans. Je m'attaché à elle pour lui donner l'instruction necessaire. Elle étoit ravie de tout ce que je lui disois, sur tout de ce que par la vertu de ce Sacrement, elle seroit plus forte contre les tentations du Demon, plus forte & courageuse dans la foy, & qu'elle en porteroit la marque dans le Ciel aussi-bien que du saint Baptême. Dés qu'elle eût reçu le Sacrement, elle demanda congé d'aller à Sillery pour faire part de son bonheur à ses parens & à ses amis Sauvages. Elle les prêcha avec tant de ferveur, qu'ils n'avoient point de paroles. Enfin son frere revenant à soy lùi dit: helas! Nous sommes de belles creatures, pour concevoir & experimenter de si grandes choses.

Elle étoit continüellement auprés de ce frere pour l'empecher de traiter de l'eau de vie. Un François se voulant servir de lui pour en porter un barril en cachette aux trois Rivieres : Elle n'eût point de repos qu'il ne l'eût quitté : Tu periras, lùi disoit-elle, Dieu t'abandonnera & le Diable sera par tout avec toy : Enfin elle vint à bout de son dessein. Elle nous quitta pour aller aux trois Rivieres chercher des femmes de sa Nation, pour les empêcher de se jetter dans une occasion qui les eût pu écarter de Dieu & des pratiques Chrêtiennes.

De Quebec le 18. d'Aoust 1664.

LETTRE LXIX.

A UNE URSULINE DE TOURS.

Nouvel Eloge de la Mere Marie de saint Joseph.

MA Reverende Mere. Vous me témoignez de la joie de ce que j'ay mandé l'année derniere à vôtre sœur Religieuse du Calvaire touchant la découverte de la Mere Marie de saint Joseph vôtre sœur & la sienne, & ma tres-chere & tres-fidele compagne. Je vous assure que je ressens tous les jours un plaisir singulier dans le seul ressouvenir de ses vertus & de la douce conversation que nous avons euë ensemble, lors qu'elle vivoit parmi nous. J'en ressens encore un plus grand dans le sentiment que j'ay de sa felicité, ne doutant point qu'elle ne jouïsse de Dieu & de sa gloire. Nous avons ici une Sœur qui a recours a elle en tout ce qu'elle entreprend, & elle m'assure qu'elle ne lui recommande rien qu'elle ne l'obtienne de Dieu en sa faveur. Elle lui attribuë aussi la grace de sa vocation religieuse qu'elle dit avoir reçuë de Dieu par ses prieres, en levant les obstacles qui l'attachoient dans le siecle. Nous experimentons tres-souvent son secours : Et depuis que nous sommes sorties d'une affaire tres-épineuse que nous lui avions recommandée auprés du grand saint Joseph.

Vous me demandez une chose que je ne vous puis accorder, puis qu'elle n'est pas en ma puissance; c'est de cette pâte blanche, qui

DE LA M. MARIE DE L'INCARNATION. 599

étoit au tour de son corps. Je vous dirai que comme nous avions ouvert son cercüeil en secret, aiant seulement permission de le changer de lieu, aprés que nous eûmes lavé ses ossemens, nous les renfermâmes aussi-tôt avec son cœur & cette pâte blanche dans un double cercüeil neuf. Nous reservâmes neanmoins quelques petits ossemens dans un boëte, parceque les Meres Hospitalieres qui avoient aussi changé leurs Sœurs defuntes de cercüeil & de cimetiere, & qui nous avoient aussi envoié de leurs ossemens pour les mettre dans un coin du cercüeil de nôtre chere Mere, nous avoient aussi demandé des siens pour les mettre avec ceux de leurs Sœurs, pour marque de l'étroite union que nous avons ensemble. Nous en avons aussi retenu pour nous par devotion, & pour l'amour que nous portons à cette fidele Epouse de Jesus-Christ. C'est ce qui me fit dire l'année derniere à vôtre chere Sœur, que j'avois pensé lui en envoier pour les mettre avec les siens, quand nôtre Seigneur l'appelleroit de ce monde. J'avois la même pensée pour ma Reverende Mere de saint Bernard, parceque c'étoit sa chere Mere aussi-bien que la mienne. Mais aiant apris qu'elle avoit païé le tribut à la nature, je n'ai pas cru devoir passer plus avant. Non que j'eusse la pensée d'envoier des reliques comme d'une sainte; car quelque estime que nous aions de sa vertu, il n'y a que Dieu qui sçache assurement si elle l'est, ni que l'Eglise qui la puisse declarer telle. Mon dessein étoit seulement de les envoier, afin qu'on les conservât comme l'on conserve les meubles rares que l'on a heritez des personnes que l'on aime beaucoup. Pour mon particulier je l'invoque tous les jours, & son souvenir m'est en benediction, aussi-bien qu'à toutes mes Sœurs. Recevez-donc ce que je vous envoie de cette tres-chere & tres-aimable Sœur; & je vous l'envoie parceque vous me l'avez demandé, car je n'aurois osé le faire autrement, quelque estime que j'en fasse, & pour persuadée que je sois que la vie de cette chere Mere ait été toute cachée en Jesus-Christ par sa grande humilité, par sa patience heroïque, par sa mortification continuelle, & par sa tres-intime union avec Dieu. Agréez, s'il vous plaît le tres-humble salut de toutes nos Sœurs, & le mien en particulier.

De Quebec le 19. d'Aoust 1664.

LETTRE LXX.
A SON FILS.

Arrivée de Monsieur de Tracy à Quebec. Il se dispose à combattre les Hiroquois. Divers Metheores & Phenomenes, qui ont paru cette année.

MOn tres-cher Fils. Comme il vient cette année un grand nombre de vaisseaux en Canada, qui doivent aussi s'en retourner en France, nous avons le moien de vous donner plus souvent & plûtôt de nos nouvelles que les années dernieres. Il en est déja arrivé cinq, dont deux sont partis pour s'en retourner, & un troisiéme doit lever l'ancre dans deux jours. Monsieur de Tracy Lieutenant General pour Sa Majesté dans toute l'Amerique, est arrivé il y a plus de quinze jours avec un grand train, & quatre compagnies, sans parler de deux cens hommes de travail qui sont divisez dans les vaisseaux. Enfin il doit y avoir deux mille personnes tant en ce qui est venu, qu'en ce qui reste à venir. Les compagnies, qui sont arrivées, sont déja parties avec cent François de ce païs, & un grand nombre de Sauvages pour prendre le devant, & s'emparer de la riviere des Hiroquois, & pour y faire des forts, & les garnir de munitions. L'on fait cependant ici un grand appareil de petits & de grands batteaux plats pour passer les boüillons de l'eau, qui se rencontrent dans les sauts. Les provisions de vivre & les munitions de guerre sont toutes prêtes, le Roi aiant tout défraié. Il y a un grand nombre d'Officiers à cet effet.

Monsieur de Tracy a déja fait de tres-beaux reglemens: je croi que c'est un homme choisi de Dieu pour l'établissement solide de ces contrées, pour la liberté de l'Eglise, & pour l'ordre de la justice. Il a voulu établir la police sur toutes choses, mais il ne l'a pas pu encore faire que sur le bled, qui de cinq ou six livres que valoit le minot, ne se vend plus que trois; le minot contient trois boisseaux de France. Avec le temps il apportera l'ordre à tout le reste. C'est un homme d'une haute pieté; toute sa Maison, ses Officiers, ses Soldats imitent son exemple. Cela nous ravit, & nous donne beaucoup de joïe. Ce qui les anime tous, est qu'ils vont à une guerre sainte, & qu'ils vont

combattre

DE LA M. MARIE DE L'INCARNATION.

combattre pour la foi. Le Reverend Pere Chaumonnot accompagne cette premiere armée, car il parle auſſi bien les langues Hiroquoiſe, & Huronne que les naturels du païs. Le Reverend Pere Albanel l'accompagne pour aider les Algonguins, les Montagnez & les François. Quand le gros de l'armée partira, l'on y joindra d'autres Peres avec des Eccleſiaſtiques, pour lui donner les ſecours ſpirituels. Monſieur de Tracy, quoi qu'âgé de ſoixante-deux ans, y veut aller en perſonne, afin que rien ne manque pour aſſurer cette expedition. Il a fait des merveilles dans les Iſles de l'Amerique, où il a reduit tout le monde à l'obeïſſance du Roi; nous eſperons qu'il ne fera pas moins dans toutes les Nations du Canada. Voila l'état des choſes pour le gouvernement des hommes.

Pour celui de Dieu, le dix-huit de Decembre de l'année derniere il parut une Comete à Quebec environ la minuit, laquelle parut juſques à ſix heures du matin, & continua quelque temps. L'Etoile ou la tête de ce Metheore paroiſſoit carrée, ſa queuë étoit comme des raïons, qui par ſaillies ſembloient jetter des influences. Ces raïons étoient tournez du côté de la terre entre le Nord & le Nord-Oueſt. Elle montoit encore, & venant du côté du Sud, elle portoit ſa queuë à côté d'elle. On a remarqué qu'un matin on lui vit porter ſa queuë du côté du Sud, puis elle ſembla tomber à terre, & ſes raïons tournez vers le Ciel: Depuis ce temps-là elle n'a plus paru. Le même jour le Soleil a paru en ſe levant entouré d'un Iris avec ſes couleurs ordinaires: Et une vapeur noire ſortit du Soleil, & de cette vapeur un bouton de feu.

Le vingtiéme de Decembre ſur les trois heures aprés midi, l'on vit paroître trois Soleils éloignez les uns des autres d'environ un quart de lieuë, ils ont duré environ une demi-heure, puis ils ſont venus ſe rejoindre au Soleil ordinaire.

L'on a encore ſenti la terre trembler pluſieurs fois en ces quartiers, mais legerement & aſſez peu de temps. A Tadouſſac & dans les Forêts voiſines elle a tremblé plus ſouvent, & auſſi fortement qu'elle fit il y a deux ans.

Le deuxiéme de Janvier l'on découvrit une ſeconde Comete ſemblable à la premiere. Sa queuë étoit longue de ſoixante pieds ou plus; elle differoit de la premiere en ce qu'elle portoit ſa queuë devant elle. Il en a paru une troiſiéme au mois de Fevrier preſque ſemblable, excepté qu'elle portoit ſa queuë aprés elle, & qu'elle paroiſſoit le ſoir, ſur les ſix heures, au lieu que les autres paroiſſoient le matin.

Gggg

L'on a veu plusieurs fois des feux voler par l'air. Ce sont peut-être des restes des tremblemens de terre, laquelle étant demeurée ouverte en plusieurs endroits, a laissé aux feux souterrains des issuës libres pour s'élever en l'air. On a aussi remarqué une espece de dard fort élevé en l'air ; & parce qu'il étoit directement entre nous & la Lune, en sorte qu'il sembloit qu'il fut dans la Lune même, il y en a qui ont cru, & qui ont dit, qu'on avoit veu la Lune percée d'une fléche.

Les Hiroquois ont fait l'Hiver & au Printemps plusieurs meurtres sur les François & sur les Sauvages tant à Mont-Real que dans les bois.

Quelques Algonguins Nipisiriniens venant ici en traitte au nombre de vingt-cinq canots, eurent prise avec les Hiroquois, qui leur vinrent à la rencontre. Quelques-uns d'entr'eux, qui furent pris & emmenez, s'étant sauvez depuis, ont rapporté que les Hiroquois avoient transporté leur principal village de l'autre côté de la Riviere, & que quand leurs femmes vont aux champs pour travailler, il y a toujours quelque nombre considerable de leurs jeunes Guerriers, qui les devancent & qui les gardent durant leur travail. Cette precaution nous fait croire qu'ils sont avertis que les François ont dessein de leur faire la guerre. Ce ne sont plus les Hollandois qui sont leurs voisins, mais bien les Anglois, qui se sont rendus les Maîtres de tout ce qu'ils possedoient & qui les ont chassez. Cette conquête s'est faite par ceux de la nouvelle Angleterre, qui sont devenus si forts, qu'on dit qu'ils sont plus de quarante mille. Ils reconnoissent le Roi d'Angleterre pour leur Prince, mais ils ne veulent pas lui être tributaires. Un Habitant d'ici, mais qui n'y étoit pas bien voulu, parceque c'étoit un esprit de contradiction & de mauvaise humeur, se retira chez les Anglois il y a environ deux ans, & leur donna, à ce que l'on croit, la connoissance de beaucoup de choses du païs des Hiroquois, & du grand profit qu'ils en pourroient tirer pour la traitte, s'ils en étoient les Maîtres. On croit que ce peut être la raison qui les a portez à attaquer la nouvelle Hollande. Voila ce que nous avons pu apprendre de nouveau jusques à ce jour. Je vous prie de ne me point oublier en vos prieres.

De Quebec le 28. du Iuillet 1665.

DE LA M. MARIE DE L'INCARNATION.

LETTRE LXXI.
AU MESME.

Embrasement de l'Eglise & du Fort de Tadoussac. Accident funeste survenu aux Ursulines. Arrivée de l'armée Françoise à Quebec. Quelques effets miraculeux par la devotion à la sainte Famille.

MOn tres-cher Fils. Je me suis donné la consolation de vous écrire plusieurs Lettres. Par celle-ci, qui est la quatriéme, je vous dirai que nôtre Seigneur nous a envoié cette année des sujets d'affliction aussi bien que de consolation & de joïe. Nous venons d'apprendre que le Fort de Tadoussac est brûlé par accident avec l'Eglise & la maison. C'est une tres-grande perte, parce que c'étoit une retraite pour le trafic & un refuge pour les François & pour les Sauvages. C'est pourquoi comme il n'y a nulle apparence d'abandonner les uns & les autres aux incursions des ennemis, je croi que l'on sera obligé de rétablir le tout au Printemps prochain.

Depuis quelques jours il nous est arrivé une affaire bien épineuse. Deux de nos domestiques ont fait un mauvais coup, d'où il s'est ensuivi la mort d'un homme. Comme cela s'est passé dans la maison où nous logeons nos domestiques, de neuf qui y étoient restez, on en enleva six tout à la fois, qu'on mena en prison dans le Château. Trois de la compagnie étant malades, on les laissa, mais on y envoia une garnison de Soldats pour les garder. Nous en avons retiré quatre à la faveur de nos amis, lesquels ont été déchargez aussi bien que les trois malades. L'on differe le jugement des deux autres, jusqu'à ce que l'on ait attrapé les deux coupables, qui aprés avoir fait le coup avoient pris la fuite. Les deux qui sont en prison, seroient déja executez, sans la faveur des Personnes puissantes que nous emploions, afin qu'on ne fasse rien sans prendre une veritable & entiere connoissance du mal : Nous ne pouvons dire encore ce qui arrivera.

Si Dieu nous frape d'une main, il nous console de l'autre. Enfin tous les vaisseaux sont arrivez, & nous ont amené le reste de l'armée avec les personnes les plus considerables que le Roi envoie pour secourir le païs. Ils ont pensé tous perir à cause des tempêtes qui les ont arrêtez quatre mois dans le traiet. Aux approches des terres, impatiens d'une si longue navigation, ils ont trop tôt ouvert les sabords de leurs navires, ce qui a fait que l'air y étant trop tôt entré, la maladie s'y est mise, qui a causé bien de la desolation. D'abord il en est mort vingt, & cent trente qu'il a fallu mettre à l'Hôpital, entre lesquels il y avoit plusieurs Gentils-hommes volontaires, que le desir de donner leur vie pour Dieu avoit fait embarquer. La sale de l'Hôpital étant pleine, il en a fallu mettre dans l'Eglise; laquelle étant remplie jusques aux ballustres, il a fallu avoir recours aux maisons voisines, ce qui a extraordinairement fatigué toutes les Religieuses, mais ce qui a aussi excellemment augmenté leur merite.

Les vaisseaux, quoi qu'en grand nombre étant remplis d'hommes & de bagage, nos necessitez & rafraîchissemens sont demeurez en France pour la plûpart. Nous en serons tres-incommodées, mais il faut un peu patir avec les autres. Je benis Dieu de nous avoir mises dans un païs ou plus qu'en aucun autre il faut dépendre de sa divine Providence. C'est là où mon esprit trouve sa consolation, car parmi tant de privations nous n'avons encore manqué ni de vivres, ni de vétement, mais plûtôt il me semble dans mon cœur que nous sommes toujours trop bien.

Quant au reste de l'armée, elle est en bonne resolution de signaler sa foi & son courage. On leur fait entendre que c'est une guerre sainte où il ne s'agit que de la gloire de Dieu, & du salut des ames, & pour les y animer, on tâche de leur inspirer de veritables sentimens de pieté & de devotion. C'est en cela que les Peres font merveille. Il y a bien cinq cens Soldats, qui ont pris le Scapulaire de la sainte Vierge. C'est nous qui les faisons, à quoi nous travaillons avec bien du plaisir. Ils disent tous les jours le Chapelet de la sainte Famille avec tant de foi & de devotion que Dieu a fait voir par un beau miracle, que leur ferveur luy est agreable. C'est en la personne d'un Lieutenant, qui ne s'étant pû trouver à l'assemblée pour le reciter, s'étoit retiré dans un buisson pour le dire en son particulier. La Sentinelle ne le distinguant pas bien, crut que c'étoit un Hiroquois qui s'y étoit caché, & dans cette creance le tira quasi à brûle-pourpoint, & se jette aussi-tôt dessus croiant trouver son homme mort. Il le devoit être en effet, la balle lui aiant donné dans la tête deux doits au dessus de la temple. Mais la Sentinelle fut bien étonnée de trouver son Lieutenant à terre tout en sang au lieu d'un Hiroquois. On le prend, on fait son procés: mais celui qu'on croioit mort, se leva, disant qu'il demandoit sa grace, & que ce ne seroit rien. Et en effet on le visita, & on trouva la balle enfoncée mais l'homme sans peril, ce qui a été approuvé miracle. Cette occasion a beaucoup augmenté la devotion dans l'armée où les Reverends Peres de la Compagnie font merveille.

Nous voions encore d'autres miracles sur les devots de la sainte Famille. A sept lieuës d'ici il y a un bourg appellé le petit Cap, où il y a une Eglise de sainte Anne dans laquelle nôtre Seigneur fait de grandes merveilles en faveur de cette sainte Mere de la tres-sainte Vierge. On y voit marcher les paralitiques, les aveugles recevoir la veuë, & les malades de quelque maladie que ce soit recevoir la santé. Or depuis quelques jours une personne qui avoit perdu la veuë, & qui avoit une particuliere devotion à la sainte Famille, fut menée à cette Chapelle pour demander à Dieu sa guerison par l'intercession de sainte Anne. Mais cette grande sainte ne voulut pas lui accorder cette grace qu'elle sçavoit estre reservée à l'invocation de la sainte Famille. On la ramene donc à Quebec devant l'Autel de cette famille Sainte où la veuë lui fut rétablie. Voila ce qui se passe à present en ces quartiers. Dieu est bon & misericordieux dans tous les endroits du monde envers ceux qui le veulent aimer & servir: Aimons le donc de tout nôtre cœur; servons le de tout nôtre pouvoir, & il versera sur nous ses bontez & ses misericordes.

De Quebec le 30, Septembre 1665.

LETTRE LXXII.
AU MESME.

Naufrage du Vice-Amiral retournant en France. Le pays se peuple & devient meilleur de jour en jour.

MOn tres-cher fils. Si les lettres que je vous ay écrites cette année sont arrivées jusques à vous, c'est ici la cinquiéme que vous devez avoir receuë de moi. Mais je suis fort en doute que le grand nombre que j'ay écrites en diverses villes de France y soient arrivées, parce que le Vice-Amiral de la flotte du Roy où étoient nos plus considerables réponses, & les papiers de nos plus importantes affaires, a fait naufrage à deux cens lieuës d'ici. Ce que nous sçavons de certain de cet accident, est qu'il n'étoit pas encore hors des terres, qu'il s'eſt briſé ſur des roches. Tout le monde neanmoins s'eſt ſauvé à la reſerve d'un matelot. L'on a pareillement ſauvé une bonne partie du bagage, ce qui me laiſſe quelque eſperance que nos lettres & nos memoires auront échappé du naufrage. Cet accident arriva la nuit, tout le monde étant couché & en repos, excepté les pilotes, & tout d'un coup le vaiſſeau coula à fond entre deux roches. Il y avoit trois honêtes Dames qui alloient en France pour leurs affaires; il les fallut tirer du peril par des poulies attachées au haut du mas, puis les enlever par le moien des cordes, avec des peines nompareilles pour les mettre ſur des roches. Tous ſe ſont retirez ſur les monts de nôtre Dame qui eſt le lieu le plus ſterile, & le plus froid de l'Amerique, n'aiant que pour douze jours de vivres qu'ils avoient ſauvez du débris. Monſieur de Tracy a ordonné à trois vaiſſeaux du Roy qui ſont partis de prendre tout ce monde en paſſant, ou au cas qu'ils ne puiſſent aborder, & qu'on ſoit contraint de les laiſſer hiverner ſur les roches de leur envoier des vivres pour huit mois. Il a encore envoié du monde pour leur donner ſecours: nul n'eſt encore de retour; nous en attendons des nouvelles.

Nous avons été affligez de cet accident, mais nous n'en avons pas été ſurpris; parce que depuis que nous ſommes en ce païs, l'on n'avoit point encore veu de ſi grandes tempêtes ſur la mer ni dans le grand fleuve que cette année. Les douze vaiſſeaux qui ſont arrivez, ont penſé perir. Le treiziéme qui étoit la fregate de Monſieur de Tracy a coulé à fond à l'entrée du fleuve où on l'avoit veuë. Tous ſes gens, toutes ſes proviſions, tout ſon bagage a peri, ce qui le recule un peu dans ſes affaires, à cauſe des grandes dépenſes qu'il eſt obligé de faire, & du grand train qu'il doit entretenir. Voila, mon tres cher fils, les accidens de la vie humaine, qui nous apprennent qu'il n'y a rien d'aſſuré dans le monde, & que nous ne devons attacher nos cœurs qu'aux biens de l'Eternité.

L'argent qui étoit rare en ce païs, y eſt à preſent fort commun, ces Meſſieurs y en aiant beaucoup apporté. Ils païent en argent tout ce qu'ils achettent, tant pour leur nourriture que pour leurs autres neceſſitez, ce qui accommode beaucoup nos habitans.

Les cent filles que le Roy a envoiées cette année, ne font que d'arriver, & les voila déja quaſi toutes pourveuës. Il en envoira encore deux cens l'année prochaine, & encore d'autres à proportion les années ſuivantes. Il envoie auſſi des hommes pour fournir aux mariages, & cette année il en eſt bien venu cinq cens, ſans parler de ceux qui composent l'armée. De la sorte c'est une chose étonnante de voir comme le païs se peuple & multiplie : Aussi dit-on que Sa Majesté n'y veut rien épargner, y étant excité, par ces Seigneurs qui sont ici, & qui trouvent le païs & le séjour ravissant en comparaison des Isles de l'Amerique d'où ils viennent, & où la chaleur est si extréme qu'à peine y peut-on vivre. Ce païs-là est riche, à cause des sucres & du tabac que l'on en transporte, mais il n'y peut venir de bled, leur pain étant fait d'une certaine racine dont la necessité les oblige de se passer. Mais ici les bleds, les legumes, & toutes sortes de grains y croissent en abondance : La terre est une terre à froment, laquelle plus on la découvre des bois, plus elle est fertile & abondante. Sa fertilité a bien paru cette année, parce que les farines de l'armée s'étant gâtées sur la mer, il s'est trouvé ici des bleds pour fournir à sa subsistance sans faire tort à la provision des habitans. Cette abondance neanmoins n'empêche pas qu'il n'y ait ici un grand nombre de pauvres; & la raison est que quand une famille commence une habitation, il lui faut deux ou trois années avant que d'avoir de quoi se nourrir, sans parler du vêtement, des meubles & d'une infinité de petites choses necessaires à l'entretien d'une maison : Mais ces premieres difficultez étant passées ils commencent à être à leur aise, & s'ils ont de la conduite, ils deviennent riches avec le temps, autant qu'on le peut-être dans un païs nouveau comme est celui-ci. Au commencement ils vivent de leurs grains, de leurs legumes, & de leur chasse qui est abondante en hiver. Et pour le vêtement & les autres utenciles de la maison, ils font des planches pour couvrir les maisons, & debitent des bois de charpante qu'ils vendent bien cher. Aiant ainsi le necessaire, ils commencent à faire trafic, & de la sorte ils s'avancent peu à peu.

Cette petite économie a tellement touché ces Messieurs les Officiers, qu'ils ont obtenu des places pour y faire travailler, ainsi il est incroiable combien ce païs se découvre, & se peuple par tout. Mais ce que l'on recherche le plus, est la gloire de Dieu & le salut des ames. C'est à cela qu'on travaille, comme aussi à faire regner la devotion dans l'armée, faisant entendre aux soldats qu'il s'agit ici d'une guerre sainte, où il y a plus de profit à faire pour le Ciel, que de fortune pour la terre. Il y en a bien cinq cens qui ont pris le Scapulaire de la sainte Vierge, & beaucoup d'autres qui disent le chapelet de la sainte Famille tous les jours. Ils ont tant de devotion à cette Famille sainte que Dieu pour recompense de leur foi, & pour accroître leur ferveur a bien voulu faire des miracles. Je vous en ai parlé ailleurs, c'est pourquoi je ne le repete point ici.

Je vous ai dit dans une autre lettre qu'une partie de l'armée a pris le devant pour se saisir de la Riviere des Hiroquois, & faire des forts sur ses rivages dans les passages les plus avantageux. A quoi j'ajoûte que nos Chrétiens Algonguins sont allé camper avec leurs familles à l'abri des forts & de ceux qui les gardent. Ils font de grandes chasses où leurs ennemis avoient coûtume d'en faire, & d'enlever la meilleure part de leur pelleterie. Leur chasse est si abondante qu'on dit que chaque jour ils prennent plus de cent Castors, sans parler des Orignaux, & autres bêtes fauves. En quoi les François & les Sauvages s'aident mutuellement: Les François défendent les Sauvages, & les Sauvages nourrissent les François des chairs des bêtes qu'ils prennent, aprés en avoir enlevé les peaux, qu'ils portent aux magazins du païs. Monsieur de Tracy me dit il y a peu de jours qu'il avoit mandé tout cela au Roi, avec les autres avantages que l'on a pour faire la guerre à l'ennemi juré de nôtre Foi. Joignez vos prieres aux nôtres, afin que Dieu verse ses Benedictions sur une entreprise si avantageuse à sa gloire.

De Quebec le 29. d'Octobre 1665.

LETTRE LXXIII.
AU MESME.

Ceremonie remarquable faite à Quebec en la translation des corps de S. Flavian & de sainte Felicité. Arrivée de l'armée Françoise au païs des Hiroquois.

MOn tres-cher Fils. Je vous suis extremement obligée du riche present des saintes reliques que vous m'avez envoiées: Nous les garderons precieusement & avec veneration dans un lieu destiné à cet effet, où nous avons quatre chasses que nous exposons sur l'Autel aux fêtes solemnelles. Dans la translation qui a été faite des saints corps de saint Flavian martyr & de sainte Felicité que nôtre saint Pere a donnez à Monseigneur nôtre Evêque pour ce païs, nous en avons eu nôtre part aussi-bien que les deux autres Maisons religieuses. Il ne s'étoit point encore veu dans ces contrées une si belle ceremonie. Il y avoit à la procession quarante-sept Ecclesiastiques

DE LA M. MARIE DE L'INCARNATION.

en Surplis, Chappes, Chasubles & Dalmatiques. Comme il falloit porter les reliques dans les quatre Eglises de Quebec, nous eumes la consolation de voir cette magnifique ceremonie. Monsieur de Tracy Vice-Roy, Monsieur de Courcelles Gouverneur, avec les deux plus considerables de la noblesse portoient le dais. Les plus élevez en dignité d'entre les Ecclesiastiques portoient les quatre grandes Chasses sur des brancards magnifiquement ornez. La Procession sortant d'une Eglise y laissoit une Chasse. La Musique ne cessa point, tant dans les chemins que dans les stations. Monseigneur suivoit les saintes Reliques & la Procession en ses habits Pontificaux. Peu de jours auparavant il avoit consacré & dedié l'Eglise Cathedrale avec une pompe magnifique, & il espere consacrer la nôtre l'année prochaine. Je n'aurois jamais osé esperer de voir une si grande magnificence dans l'Eglise du Canada, où quand j'y suis venuë je n'avois rien veu que d'inculte & de barbare. C'est une chose ravissante de voir Monsieur de Tracy dans une exactitude merveilleuse à se rendre le premier à toutes ces saintes ceremonies, car il n'en perdroit pas un moment. On l'a veu plus de six heures entieres dans l'Eglise sans en sortir. Son exemple a tant de force que le monde le suit comme des enfans suivent leur Pere. Il favorise & soûtient l'Eglise par sa pieté & par le credit qu'il a universellement sur tous les esprits : Ce qui nous fait craindre que le Roy ne le rappelle l'année prochaine, comme en effet on nous a donné avis que Sa Majesté lui fait equiper un vaisseau magnifique pour le faire retourner en France avec l'honneur qu'il s'est merité dans ses grandes commissions.

Il est parti pour se trouver en personne à la guerre contre les Hiroquois de la nouvelle Hollande qui sont ceux qui empéchent les autres Nations de croire. Il a fait son possible pour les gagner par douceur, mais ce sont des brutaux qui n'ont pû se laisser vaincre par ce charme, qui gagne tous ceux qui ont quelque reste de raison. Selon la supputation de la marche de l'armée, le combat a du être livré ces trois derniers jours passez dans le premier bourg : Si Dieu benit ce premier effort les deux autres seront attaquez ensuite. Ils ont de bons Forts, ils ont du canon, ils sont vaillans, & sans doute ils donneront de la peine. Mais nos soldats François sont si fervans qu'ils ne craignent rien, & il n'y a rien qu'ils ne fassent & qu'ils n'entreprennent. Ils ont entrepris de porter des canons sur leur dos dans des sauts & partages fort difficiles : Ils ont porté méme des chaloupes qui est une chose inoüie. Il semble à toute cette milice qu'elle va assieger le Paradis, & qu'elle espere le prendre & y entrer, parce que c'est pour le bien de la Foy & de la Religion qu'elle va combattre. Nous avons apris ces nouvelles depuis quelques jours, & l'on nous assure de plus que toute l'armée est en bonne santé; que Monsieur le Gouverneur conduit l'avant-garde, & Monsieur de Chamblay tient l'arriere garde. Monsieur de Saliere est le Colonel du Regiment, & Monsieur de Tracy comme Generalissime commande à tout le corps. Nos nouveaux Chrétiens Sauvages suivent l'armée Françoise avec tous nos jeunes François-Canadois qui sont tres-vaillans, & qui courent dans les bois comme des Sauvages. Nous ne sçaurions avoir de nouvelles du combat de plus de quinze jours: Cependant toute cette nouvelle Eglise est en prieres, & l'on fait l'oraison de quarante heures, qui continuë dans les quatre Eglises tour à tour, parceque du bon ou du mauvais succez de cette guerre depend le bien & le mal de tout le païs. Voici la troisieme fois que nos François sont allez en leur païs depuis le mois de Fevrier, au grand étonnement des Anglois & des Hiroquois méme, qui ne peuvent comprendre comme ils ont seulement osé entreprendre ce voiage. Monsieur de Tracy n'est parti d'ici avec le gros de l'armée, que le jour de l'Exaltation de sainte Croix, & l'on tient qu'ils sont arrivez là aprés un mois de chemin. Je vous dirai plus au long des nouvelles de cette expedition aprés leur retour, ou si-tôt que nous en aurons apris par des voies certaines. Pour le present je vous prie de trouver bon que je finisse pour prendre un peu de repos étant fort fatiguée du grand nombre de lettres que j'ay écrites: Il ne m'en reste pas plus de quarante à écrire, que j'espere envoyer par le dernier vaisseau. Ne cessez point de prier pour nous.

De Quebec le 16. Octobre 1666.

DE LA M. MARIE DE L'INCARNATION.

LETTRE LXXIV.

A UNE DE SES SOEURS.

Aprés lui avoir dit les dispositions de son corps & de son esprit, elle lui fait sçavoir le depart de l'armée & les dispositions de la guerre contre les Hiroquois.

MA tres-chere & bien-aimée Sœur. JESUS soit nôtre vie pour l'Eternité Je me suis donné la consolation de vous écrire par la premiere voie : Je ne veux pas laisser partir celle-cy sans vous donner encore un témoignage de mon souvenir, & de la sincere affection de mon cœur pour vôtre chere personne. Je vous assure par ce petit mot que ma santé est assez bonne, graces à la divine bonté. Je me sens neanmoins encore de ma maladie par de frequentes coliques, lesquelles, quoique sensibles, ne m'empéchent pas de faire ma charge ni de garder mes Regles. Ce m'est un grand plaisir de souffrir quelques petites douleurs en ce monde, où nôtre bon JESUS en a souffert de si atroces pour nôtre amour. Remerciez-le, je vous prie, de la grace & de l'honneur qu'il me fait, de me faire part de sa croix.

J'avois dessein de vous mander des nouvelles de l'armée qui est allée aux Hiroquois, mais nous n'en avons encore rien apris. J'espere que j'aurai quelques momens, soit de nuit, soit de jour, pour en écrire quelques particularitez à quelqu'un qui vous en fera part. L'on a ici au Château de Quebec plusieurs de ces barbares captifs, qui pleurent comme des enfans voiant qu'on est allé détruire leur Nation. Ce qui leur fait encore plus de depit, est, qu'on leur fait faire un grand nombre de raquettes pour aller contre leurs gens, c'est à dire, qu'ils font des armes pour se faire battre ; quoi qu'ils travaillent contre leur gré, & qu'on les fasse obeïr, on ne les moleste pas neanmoins, & en cela ils admirent la bonté des François. Le bâtard Flamant, qui est un fameux Hiroquois, est traitté à la table de Monsieur l'Intendant comme un grand Seigneur, Monsieur de Tracy lui a donné un bel habit à son usage, afin de l'honorer, & lui a promis la vie avant que de partir pour l'armée. Il n'est point aux fers comme les autres, & il a la liberté de se promener, mais il est gardé de plusieurs soldats qui ne le quittent point. On le traite avec cette honêteté, parce qu'aiant pris un proche parent de Monsieur de Tracy avec quelques autres Gentils-hommes, il ne leur a fait aucun mauvais traitement, mais il les a ramenez dans une entiere disposition. Lorsque l'armée fut rangée pour partir, Monsieur de Tracy la fit passer devant lui, & lui dit : Voila que nous allons chez toy, qu'en dis-tu? Les larmes lui tomboient des yeux, voiant de si belles troupes & en un si bel ordre. Il repartit neanmoins : Onontio, c'est à dire, Grand Capitaine, je voi bien que nous sommes perdus, mais nôtre perte te coûtera cher : nôtre Nation ne sera plus, mais je t'avertis qu'il y demeurera beaucoup de ta belle jeunesse, parceque la nôtre se defendra jusqu'à l'extremité : Je te prie seulement de sauver ma femme & mes enfans qui sont en un tel endroit. On lui promit de le faire si on la pouvoit reconnoître, & de la lui amener avec toute sa famille. Nous ne sçavons pas encore le succez de cette entreprise ; Dieu qui est le Dieu des armées le sçait : S'il a combattu pour nous, nous avons la victoire. Que sa tres-sainte volonté soit faite, parceque dans l'ordre de cette volonté, il est glorifié par nos pertes aussi-bien que par nos prosperitez.

De Quebec le 2. Novembre 1666.

LETTRE LXXV.
A SON FILS.

Les François s'emparent des Villages des Hiroquois, les pillent, & y mettent le feu.

MOn tres-cher Fils. Je vous ai ci-devant écrit les dispositions de la guerre contre les ennemis de Dieu & du repos public, me reservant à vous en dire l'issuë quand j'en aurois appris des nouvelles certaines. C'est ce que je vais faire par celle-ci. Monsieur de Tracy, Monsieur nôtre Gouverneur & Monsieur de Chaumont partirent d'ici en personne pour aller au païs des Hiroquois Agneronons, qui touche la nouvelle Hollande possedée à present par les Anglois. L'armée étoit composée de treize cens hommes d'élite, qui tous alloient au combat comme au triomphe. Ils ont marché par des chemins des plus difficiles qu'on se puisse imaginer : parce qu'il y faut

DE LA M. MARIE DE L'INCARNATION.

passer à gué plusieurs rivieres, & faire de longs chemins par des sentiers qui n'ont pas plus d'une planche de large pleins de souches, de racines & de concavitez tres-dangereuses. Il y a cent cinquante lieuës de Quebec aux Forts qu'on a fait sur la riviere des Hiroquois. Ce chemin est assez facile, parce que l'on y peut aller en canot & en chaloupe, y aiant peu de portages ; mais passer au delà, c'est une merveille que l'on en puisse venir à bout, parce qu'il faut porter les vivres, les armes, le bagage & toutes les autres necessitez sur le dos. Monsieur le Chevalier de Chaumont m'a assuré que pour avoir porté son sac où il y avoit un peu de biscuit, il lui vint une grosse tumeur sur le dos ; car il faut que les Chefs se chargent aussi bien que les autres, aucune béte à charge ne pouvant aller par des lieux si étroits & si dangereux. Ils se sont veus en des perils extrêmes dans des rivieres & rapides d'eaux, ou à cause de la profondeur, & de l'incertitude du fond ils ont été obligez de se faire porter par des Sauvages. Un Suisse voulut porter dans un mauvais pas Monsieur de Tracy, qui est un des plus grands Hommes que j'aie veu : quand il fut au milieu où heureusement il se trouva une roche, il le jetta dessus, étant sur le point de tomber en défaillance. Un Huron fort & courageux se jetta aussi-tôt dans l'eau, pour le retirer du danger, & le porter à l'autre bord.

Dieu les favorisa beaucoup dans une autre Riviere, où il y avoit de l'eau jusques à la ceinture : toute l'armée passa en deux heures de temps. Dés qu'elle fut passée, la Riviere haussa de neuf pieds. Si cette cruë fut arrivée deux heures plûtôt, tous les desseins eussent été renversez, & l'armée eut été contrainte de revenir sans rien faire. Cet accident étant évité, il fallut faire beaucoup de chemin par des montagnes & par des vallées, & ensuite passer un grand Lac, à la faveur de plusieurs Cayeux que l'on fit. L'on fut ensuite en terre ferme jusques aux Hiroquois, mais l'on se trouva dans une peine bien fâcheuse : Le pain manqua, & l'on fut reduit à la famine. Mais nôtre Seigneur pour les interêts duquel on s'étoit exposé, y pourveut abondamment par la rencontre d'un grand nombre de chastaigners si chargez de fruits, que toute l'armée fut repuë de cette manne. Ces chastaignes, quoi que petites, sont meilleures que les marrons de France.

L'armée arriva proche des Hiroquois le jour de sainte Therese. Il faisoit un temps si fâcheux de pluies, d'orages, & de tempêtes, qu'on desesperoit quasi de pouvoir rien faire. Monsieur de Tracy neanmoins ne perdit pas cœur, mais il fit marcher ses troupes toute la nuit. Cependant les Hiroquois ignoroient qu'une armée Françoise les allât attaquer, & on les eût surpris sans doute, si quelques-uns des leurs, qui dans la marche avoient été rencontrez & battus par les Algonguins, n'eussent été donner avis dans les Bourgs, qu'ils avoient rencontré des François & des Algonguins, qui apparemment les venoient attaquer. L'allarme se mit aussi-tôt parmi eux, & afin de se mettre en état de se défendre, ils firent fuïr les femmes & les enfans. Nos gens avançoient tambour battant les voulant attaquer de force sans chercher d'autres ruses ou adresses que leur courage & la protection de Dieu. Les autres quelque resolution qu'ils eussent de se défendre, les voiant approcher en ordre & sans crainte, furent tellement saisis de peur, que sans attendre l'attaque ils abandonnerent leur village, & se retirerent dans un autre. Nos gens y entrerent sans resistance, le pillerent, & aprés y avoir mis le feu, poursuivirent l'ennemi dans le village où il s'étoit retiré. Les Hiroquois qui avoient monté sur la montagne, voiant l'armée qui leur paroissoit de plus de quatre mil hommes, s'écrierent à un Sauvage des nôtres : Akaroe, tu me fais pitié & tous les François aussi ; voila huit cens de nos gens au prochain Bourg, tres-bien munis, & resolus de se bien battre, croi qu'ils vont tailler en pieces tout ce monde que tu vois. L'autre lui répondit : les François iront & moi aussi. Ils disoient cela pour faire les Braves, mais dans le fond ils furent si effrayez, qu'étant allez donner avis à leur Chef de ce qu'ils avoient veu, il n'en demeura pas moins épouvanté. Il entendoit vingt tambours, qui faisoient un bruit étrange, & voioit en méme temps les François venir droit à lui téte baissée. Il ne les attendit pas, mais il fut le premier à prendre la fuite : tout le monde le suivit, en sorte que leurs quatre Bourgs demeurerent vuides d'hommes, mais si remplis de vivres, d'utenciles, & de toutes sortes de commoditez & de meubles, que rien ne leur manquoit. L'on croioit n'y trouver que des chaumines & des hutes de Bergers ou de bêtes, mais tout fut trouvé si beau & si agreable, que Monsieur de Tracy & tous ceux de sa suite en étoient surpris. L'on voioit des cabanes de menuiserie de six-vingt pieds de long, & larges à proportion, dans chacune desquelles il y avoit huit ou neuf familles.

La premiere chose que l'on fit, fut de chanter le *Te Deum*, pour loüer Dieu d'avoir surmonté lui-même ses ennemis par la fraieur. Les quatre Ecclesiastiques, qui accompagnoient l'armée, dirent la sainte Messe ; aprés quoi l'on planta par tout la sainte Croix avec les armes de France pour prendre poſſeſſion de toutes ces contrées pour Sa Majeſté. Pour feu de joie, l'on mit le feu aux quatre Bourgs, dans toutes les cabanes, dans tous les forts; & dans tous les grains tant ceux qui étoient amaſſez, que ceux qui étoient encore ſur pied dans les campagnes. Les cabanes & reſervoirs étoient ſi remplies de vivres, qu'on tient qu'il y en avoit pour nourrir tout le Canada deux années entieres. L'on brûla tout aprés que l'on eut retenu le neceſſaire pour la ſubſiſtance de l'armée. Les Bourgs n'étoient diſtans les uns des autres, que de trois ou quatre lieuës, & l'on avoit fait entendre à Monſieur de Tracy, qu'il n'y en avoit que deux. Mais il ſe trouva heureuſement une femme Algonguine dans la troupe de nos Algonguins qui en ſa jeuneſſe avoit été captive aux Hiroquois, & qui dans une autre rencontre avoit été repriſe par ceux de ſa Nation : Elle dit à Monſieur de Courcelles nôtre Gouverneur, qu'il y en avoit quatre, ce qui le fit paſſer outre avec Mr. le Chevalier de Chaumont. Il étoit preſque nuit, quand le troiſiéme fut pris, en ſorte qu'il ſembloit impoſſible d'aller au quatriéme, particulierement à des perſonnes qui ne ſçavoient pas les chemins ni les avenuës. Cette femme neanmoins prit un piſtolet d'une main, & Mr. de Courcelles de l'autre, lui diſant : Viens, je m'en vais tout droit t'y conduire. Elle les y mena en effet ſans peril, & afin de ne ſe point trop engager temerairement, l'on envoia des gens pour épier ce qui étoit dedans. Il ſe trouva que tous venoient de prendre la fuite à la nouvelle qu'ils avoient entenduë, que l'armée alloit fondre ſur eux. Voici comme on le ſçeut. L'on trouva là deux vieilles femmes avec un vieillard & un jeune garçon : Monſieur de Tracy leur voulut donner la vie, mais les deux femmes aimerent mieux ſe jetter dans le feu, que de voir brûler leur Bourg, & perdre tous leurs biens. Le jeune enfant, qui eſt fort joli, a été amené ici. L'on trouva le vieillard ſous un canot, où il s'étoit caché quand il entendit les tambours, s'imaginant que c'étoient des Demons, & ne croiant pas que les François les vouluſſent perdre, mais qu'ils ſe ſervoient de leurs Demons, c'eſt ainſi qu'ils appelloient leurs tambours, afin de les épouvanter & de leur donner la chaſſe. Il raconta donc que les Hiroquois des autres villages s'étoient retirez en ce dernier qui étoit le meilleur & le plus fort, qu'ils l'avoient muni d'armes & de vivres, pour reſiſter aux François, & qu'ils y avoient méme fait de grandes proviſions d'eau, pour éteindre le feu, en cas qu'on l'y allumât : mais que quand ils eurent veu cette groſſe armée, qui paroiſſoit de plus de quatre mille hommes, ils furent ſi effraiez que le

Capitaine se leva, & dit aux autres : Mes Freres, sauvons-nous, tout le monde est contre nous. Disant cela, il prit la fuite le premier, & tous les autres le suivirent. Ils ne se trompoient pas de croire l'armée si nombreuse; elle paroissoit telle même à nos François, & Monsieur de Repantigny, qui commandoit nos Habitans François, m'a assuré qu'étant monté sur la montagne pour découvrir s'il n'y avoit point quelques ennemis, il jetta la veuë sur nôtre armée qui lui parut si nombreuse, qu'il crut que les bons Anges s'y étoient joints, dont il demeura tout éperdu, ce sont ses termes. Quoi qu'il en soit, Dieu a fait à nos gens ce qu'il fit autrefois à son peuple, qui jettoit l'épouvante dans l'esprit de ses ennemis, en sorte qu'ils en demeuroient victorieux sans combattre. Il est certain qu'il y a du prodige dans toute cette affaire, parceque si les Hiroquois avoient tenu ferme, ils auroient bien donné de la peine, & auroient fait un grand déchet à nôtre armée, étant fortifiez & munis comme ils étoient, hardis & orgüeilleux comme ils sont : Car nous avons l'experience que les Agneronons, qui est la Nation Hiroquoise, dont nous parlons, ne cedent à personne, tous leurs voisins n'osoient les contredire, il falloit que tous se soumissent à leurs conseils, & ils venoient à bout de toutes leurs entreprises par malice & par cruauté. Mais cette déroute les a reduits à la derniere des humiliations, où une Nation peut être reduite. Que deviendront-ils? où iront-ils? L'on a brûlé leurs Bourgs; l'on a sacagé leur païs, la saison est trop avancée pour se rebâtir, le peu de grain qui est resté de l'incendie des moissons, ne sera pas capable de les nourrir étant au nombre de trois mille. S'ils vont chez les autres Nations, on ne les recevra pas, de crainte de s'attirer une famine; & de plus ils se rendroient méprisables, parce qu'ils les ont empéchées de faire la paix avec les François, & qu'à leur sujet ils ont encouru leur indignation, & se sont mis en danger de tomber dans un semblable malheur. L'on ne sçait encore où ils se sont retirez, si dans leur fuite ils rencontrent la Nation des Loups leurs ennemis, ils sont perdus sans resource.

Toutes ces expeditions étant faites, les François chargez de butin & des vivres necessaires pour aller jusques à un fort au de là du Lac où ils en avoient laissé en reserve, se mirent en chemin pour leur retour. Monsieur de Tracy avoit bien envie d'aller à Oneioÿ pour en faire autant qu'à Agnié, mais la saison étoit trop avancée, & il y avoit sujet de craindre que les rivieres ne vinsent à se glacer. Estant arrivez au bord du lac, ils se trouverent dans une peine extréme, car ils le trouverent ſi enflé qu'il n'étoit pas poſſible de le traverſer même avec des machines. Mais Dieu qui leur avoit donné tant de marques de ſon aſſiſtance en d'autres rencontres ne les abandonna pas en celle-cy. Comme l'on alloit & venoit, l'on apperçut dans les herbiers de grands arbres creuſez en batteaux que l'on crût y avoir été cachez par les Hiroquois. On les tira, & les aiant trouvez propres pour voguer, on s'en ſervit pour paſſer toute l'armée. Je vous laiſſe à penſer ſi l'on rendit grace à la divine bonté d'une faveur qu'elle avoit faite ſi à propos. On fit bruler les batteaux, & l'on repaſſa les autres lieux effroiables dont j'ay parlé, de la même maniere qu'on les avoit paſſez.

C'eſt une choſe merveilleuſe d'entendre parler de la beauté & de la bonté de ce païs-là. Il y a une tres-grande étenduë toute défrichée, on y voit de tres-belles prairies où l'herbe croît haute comme des hommes, les cannes ou tuyaux de bled d'inde ſont de dix, de douze & de treize pieds de hauteur, les épics ont une grande coudée, & il y a à chaque épic plus de quatre cens grains. Les citroüilles qui valent les pommes de rainetes de France, & qui en ont le goût, & les faiſoles y croiſſent à foiſon. Les Hiroquois étoient pourvûs de tout cela, & comme j'ay déja dit, ils en avoient pour nourrir deux ans tout le Canada. Nous ſommes ici dans un bon terroir, mais celui-là vaut mieux incomparablement: L'on ſçaura ſi le Roy deſire que l'on y établiſſe des colonies Françoiſes.

Les cabanes qu'on a ſacagées & brûlées étoient bien bâties, & magnifiquement ornées; jamais on ne l'eût crû. Ils étoient garnis d'outils de menuiſerie & d'autres dont ils ſe ſervoient pour la décoration de leurs cabanes & de leurs meubles. On leur a enlevé tout cela avec bien quatre cens chaudieres, & le reſte de leurs richeſſes.

Nôtre Seigneur a exaucé par ſa bonté les prieres que nous faiſions ici pour le ſuccés de cette guerre. L'oraiſon de quarante heures a été continuelle depuis le premier d'Octobre, juſques au ſecond de Novembre que nous avons apris des nouvelles de Monſieur de Tracy & de l'armée. Les prieres n'étoient pas moins continuelles dans les familles en particulier, que dans les Egliſes pour le public: Mais aiant apris la nouvelle de la déroute des ennemis nous avons changé nos prieres en actions de graces, & le *Te Deum* a été chanté avec beaucoup de pompe & de ſolemnité. Il y avoit ici pluſieurs captifs des nations Hiroquoiſes: Monſieur de Tracy au retour de l'armée en a fait pendre un, faiſant entendre aux autres que c'eſt parce qu'il a été infracteur de la paix, & qu'il étoit cause du malheur qui est arrivé aux Agneronons par les mauvais conseils qu'il leur avoit donnez. Cela étonna étrangement ces Barbares qui trembloient comme des enfans dans la crainte qu'ils avoient qu'on ne leur en fit autant. Le bâtard Flamant craignoit plus que les autres, parce qu'il étoit le plus fameux d'entre les Hiroquois. Monsieur de Tracy neanmoins lui a donné la vie & l'a renvoié chercher ses gens fugitifs, avec ordre de leur dire, que s'ils remuent davantage, il les ira voir de rechef, mais qu'ils n'en seront pas quittes à si bon marché. Il en a encore envoié trois ou quatre de chaque nation, pour leur porter la nouvelle de ce qui est arrivé aux Agneronons, & leur dire qu'ils aient à faire sçavoir leurs intentions, à faute de quoi il fera pendre tous ceux qui restent ici de leurs gens. Ils ont fait de belles promesses en partant, je ne sçai s'ils les garderont.

Je vous écris ce petit abbregé pour vous faire benir Dieu de ses grandes assistances sur nos François qui sont tous de retour en bonne disposition, & sans aucune perte de leur bagage, sinon que deux canots ont tourné dans les boüillons d'eau.

Au même temps que nos François faisoient brûler les Bourgs des Hiroquois, il sembloit que Dieu nous en voulût donner lui-même des nouvelles par plusieurs feux qui ont paru dans les forts, & même en celui de Quebec. En l'un de ceux que l'on avoit fait sur le chemin des Hiroquois, les Soldats qui le gardoient penserent mourir de fraieur. Ils virent en l'air une grande ouverture, & dans cette ouverture des feux d'où sortoient aussi des voix plaintives avec des hurlemens effroiables. C'étoient peut-être les Demons qui étoient si enragez de ce que l'on avoit dépeuplé un païs, dont ils avoient été si grands Maîtres depuis un si long temps, & de ce que l'on avoit dit la Messe & chanté les loüanges de Dieu dans un lieu où il n'y avoit jamais eu que des impuretez & de l'abomination. Je recommande à vos prieres la conversion de cette barbarie. Dieu les a détruits, sans qu'il y en ait eu un seul de perdu, peut-être ne les a-t-il humiliez que pour leur salut.

De Quebec le 12. Novembre 1666.

LETTRE LXXVI.
AU MESME.

Les Hiroquois demandent la paix aux François. Mission aux Otaouaks, & autres Nations plus éloignées. Retour de Monsieur de Tracy en France.

MOn tres-cher Fils. Je vous ai fait sçavoir par une autre Lettre ce qui s'est passé cette année au sujet des Hiroquois, & comme par la sage conduite de Monsieur de Tracy ils sont venus aprés leur déroute nous demander la paix. Deux Nations éloignées de soixante lieuës l'une de l'autre, & qui étoient les plus orgüeilleuses & les plus cruelles, ont les premieres fait cette démarche. Celles-ci & toutes les autres ont été si effraiées de la perte des Agneronons, & du grand courage des François, qu'ils n'avoient regardez jusques alors que comme des poulles, qu'ils s'imaginoient qu'une armée Françoise étoit toujours à leur trousse, & les suivoit partout. Dans cette fraieur ils ont été heureux d'avoir entrée pour demander la paix, de telle sorte qu'ils ont acquiescé à toutes les conditions qui leur ont été proposées: sçavoir de ramener tous nos captifs de l'un & l'autre sexe, & d'amener ici de leurs familles pour hôtages des Peres & des François qui seront envoiez dans leur païs. Tout cela s'est executé de point en point. Les Peres sont partis avec quelques François & quelques Hiroquois, qui durant leur captivité s'étoient fait instruire, & qui sont à present bons Chrétiens. L'on instruit ici leurs familles sedentaires & d'hôtage, dont plusieurs doivent être baptizez le jour de la Conception de la sainte Vierge, qui est la Fête de toutes ces contrées. Une femme Hiroquoise nous a donné sa fille, à condition qu'elle seroit Françoise comme nous. Cette enfant qui a beaucoup d'esprit, a tellement pris goût aux mysteres de la Foi & à l'humeur Françoise, qu'elle ne veut plus retourner chez ses parens. Elle tient de l'humeur des femmes de sa nation, qui sont les creatures du monde les plus douces & les plus dociles. Le zele & la charité de Mr. de Tracy se sont signalez dans cette transmigration, car outre celles de la Nation Hiroquoise il nous a encore donné d'autres femmes & filles sauvages, qui y étoient captives, & qui dans leur captivité avoient oublié nôtre langue & tous nos mysteres; il les a habillées, & nous a genereusement paié leur pension. De nôtre part nous n'avons pas perdu nôtre travail ni nos soins, car nous avons avec l'aide de la Grace réveillé leurs premieres connoissances, & resuscité la Foi, qui étoit quasi éteinte dans leurs ames. L'on en a marié une à un François qui a une bonne habitation, & une autre qui est Algonguine à un Hiroquois, à condition qu'il se feroit Chrêtien. Cet homme la tenoit en son païs comme sa femme, quoi qu'elle fût sa captive, & il avoit une telle passion pour elle qu'il étoit continuellement à nôtre parloir, de crainte que les Algonguins ne l'enlevassent. Enfin on fut contraint de la lui rendre à la condition que je viens de dire, & pour le bien de la paix. Je n'eusse jamais cru qu'un Barbare eut pu avoir une si grande amitié pour une étrangere. On le voioit se lamentant perdre la parole, lever les yeux, fraper du pied, aller & venir comme un insensé. Cette jeune femme cependant ne faisoit que se rire de lui, & tout cela ne l'offençoit point.

Ceux avec qui nous avons la paix sont les Agneronnons & les Oneigsteronnons. Il y a encore les Onontageronnons, les Oiogneronnons & les Sonnontyeronnons, qui n'ont point encore paru. Ils disent pour raison qu'ils se preparent à la paix, & ils s'excusent, disant qu'ils ont déja fait ici onze ambassades, sans qu'on leur ait donné satisfaction. La verité est que ces peuples étant naturellement orgueilleux, ils ont de la jalousie de ce que les autres les ont devancez; & de plus ils ont une grande guerre contre les Andastageronnons de la nouvelle Suede: Ils donnent neanmoins esperance pour le Printemps prochain, & voila où nous en sommes pour les Hiroquois.

Si la nouvelle Hollande aujourd'hui occupée par les Anglois, appartenoit au Roi de France, on seroit Maître de tous ces peuples, & on y feroit une colonie Françoise admirable. Les forts, qui ont été faits sur le chemin des Hiroquois sont demeurez avec leurs garnisons: l'on y défriche beaucoup, sur tout au fort de Chamblay, & à celui de Soret. Ces Messieurs qui sont fort honnêtes gens, sont pour établir (avec la permission du Roi) des Colonies Françoises. Ils y vivent de ménage, y aiant des bœufs, des vaches, des vollages. Ils ont de beaux lacs fort poissonneux tant en Hiver qu'en Eté, & la chasse y est abondante en tout temps. Tous vivent en bons Chrétiens. Les Reverends Peres & Messieurs les Ecclesiastiques y vont faire des Missions, outre que Monsieur l'Abbé de Carignan Aumonier du Regiment fait sa residence au fort de Chamblay, autrement de sainte Therese. L'on a fait des chemins pour communiquer des uns aux autres, parce que

DE LA M. MARIE DE L'INCARNATION.

les Officiers y font de fort belles habitations, & font bien leurs affaires par les alliances qu'ils font avec les familles du païs. Il est venu cette année 92. Filles de France qui sont déja mariées pour la plûpart à des Soldats, & à des gens de travail, à qui l'on donne une habitation & des vivres pour huit mois, afin qu'ils puissent défricher des terres pour s'entretenir. Il est aussi venu un grand nombre d'hommes au dépens du Roi, qui veut que ce païs se peuple. Sa Majesté a encore envoié des chevaux, quevales, chevres, moutons, afin de pourvoir le païs de troupeaux & d'animaux domestiques. On nous a donné pour nôtre part deux belles quevales & un cheval tant pour la charruë que pour le charrois. On dit que les troupes s'en retourneront l'an prochain, mais il y a apparence que la plus grande partie restera ici, comme habitans, y trouvant des terres qu'ils n'auroient peut-être pas dans leur païs.

Quant aux Missions, les Reverends Peres y sont extrêmement zelez. Le Reverend Pere Dalois qui a été deux ans aux ꙋtaꙋak, sans qu'on ait pu apprendre de ses nouvelles, est revenu au mois d'Aoust dernier avec des gens de cette nation, qui a fait le voiage pour la traitte. Ce bon Pere a rapporté que ne pouvant gagner le cœur des ꙋtaꙋak pour la Foi, il se resolut d'aller chercher un autre peuple plus susceptible de cette grace. Il a fait à ce dessein quatorze ou quinze cens lieuës de chemin: en sorte qu'il en a trouvé un tres nombreux qui s'est rendu tres-docile, & qui a reçu sans resistance la semence de l'Evangile. Il en a baptisé trois cens quarante, dont trois cens sont morts après avoir reçu le Baptême. Ceux-là étoient des vieillards & des enfans, car on ne confie pas ce Sacrement aux autres qu'après de grandes dispositions & des marques de perseverance. Voiez quelle grace Dieu a fait à ceux-là qui seroient à present dans l'Enfer pour l'éternité. Ce Pere a extrêmement souffert dans cette mission : Durant deux ans il n'a presque vécu que de glan & de limon qu'il ratissoit sur des roches. Je lui demandé comment il avoit pû vivre de cette mauvaise nourriture, & quel goût il y trouvoit. Tout semble bon, me dit-il, à celui qui a faim. Pour manger cette mauvaise viande, il la faisoit boüillir dans de la lexive pour diminuer l'amertume du glan, auquel il mêloit ensuite son limon : & cela composoit une sagamité noire comme de l'ancre, & gluante comme de la poix. Voila le festin de cet Ouvrier de l'Evangile sans parler du pain de douleur, je veux dire des autres travaux de la Mission. Il est donc venu querir du secours pour travailler avec lui dans cette grande nation. Il a trouvé des Peres difposez à cela, avec lefquels il eft parti, n'aiant refté que trois jours. Ils font allez d'abord à Mont-Real, pour faire le voiage avec les ꝛtaꝛak, de qui ils n'ont pas eu peu à fouffrir; parce qu'aiant fait embarquer leur bagage, ces Barbares, par je ne fçai quelle quinte le rejetterent à terre avec les Peres & les François, quelque recompenfe qu'on leur pût promettre. Ces Peres furent extrêmement affligez de fe voir dans l'impuiffance de paffer outre. Deux neanmoins d'entre eux, fçavoir le Pere Dalois, & le Pere Nicolas fe jetterent à la dérobée dans deux canots feparez fans autre bagage ni provifion que leurs écrits des langues fauvages, en forte que fi Dieu ne fait un miracle en leur faveur, adouciffant le cœur de ces Barbares, ils mourront de faim & de mifere, aiant trois cens lieuës à faire en leur compagnie. S'ils peuvent arriver au païs, ils vivront de leur glan & de leur limon, & fe couvriront de quelques peaux, quand leurs habits feront ufez, ainfi ils fe pafferont des ꝛtaꝛak. Le R. Pere Superieur neanmoins eft dans la refolution de leur envoier du fecours l'Eté prochain, fi quelques François prennent la refolution d'y aller pour la traitte. Priez pour tous ces bons Peres qui font difperfez de côté & d'autre pour la gloire de Dieu, & pour le falut des ames. Priez auffi pour le falut de la mienne.

Nous allons perdre Monfieur de Tracy. Le Roi qui le rapelle en France a envoié un grand vaiffeau de guerre pour l'emmener avec honneur. Cette nouvelle Eglife, & tout le païs y fera une perte qui ne fe peut dire, car il a fait ici des expeditions qu'on n'auroit jamais ofé entreprendre ni efperer. Dieu a voulu donner cela à la grande pieté de fon Serviteur, qui a gagné tout le monde par fes bonnes œuvres & par les grands exemples de Vertu & de Religion qu'il a donnez à tout le païs. Nous perdons beaucoup pour nôtre particulier: Il nous fait faire une Chappelle qui lui coûtera plus de deux mille cinq cens livres. C'eft le meilleur ami que nous aions eu depuis que nous fommes en ce païs. Nous fouhaitterions pour le bien de l'Eglife & de tout le Canada, que Sa Majefté le voulût renvoier: Nous prirons pour cela, joignez vos prieres aux nôtres.

De Québec le 18. d'Octobre 1667.

LETTRE LXXVII.

A LA SUPERIEURE DES URSULINES DE DIJON.

Elle lui parle du progrés de la foy en Canada, & lui dit son sentiment touchant la venerable Mere de saint François Xavier, dont elle lui avoit envoié la vie.

MA Reverende & tres-honorée Mere. Jesus soit nôtre vie & nôtre tout pour l'Eternité. J'ai eu la consolation de recevoir vôtre chere lettre par la premiere voie, dont je vous suis infiniment redevable. Je ne doute point, ma tres-chere Mere, que les gens de guerre qui ont été si long-temps proche de vôtre païs, ne vous aient causé de grandes incommoditez & des pertes fort considerables. Il en a été de même en ces contrées, où nous ne pouvions plus subsister, si la divine bonté ne nous eut donné la paix. Cette grace du Ciel continuë & a ouvert la porte à l'Evangile de tous les côtez de cette Amerique, où les Missionnaires de la Compagnie de Jesus se sont repandus d'un courage qui ne se peut exprimer. En voila encore une troupe qui va partir pour les Hiroquois, où l'on instruit avec liberté ces Nations qui étoient si feroces & si cruelles, non seulement aux François, mais encore aux Sauvages Chrétiens. C'est un miracle de la toute-puissance de Dieu, de les voir aujourd'huy si doux & si traitables, qu'ils vivent avec nous comme si nous n'étions qu'un peuple. Priez nôtre Seigneur, ma tres-aimée Mere, qu'il donne de grands succez à de si heureux commencemens. Le Diable y met de grands obstacles, mais tous ces efforts sont moins que des toiles d'araignées contre les desseins de Dieu.

Nous avons reçu avec joie & avec consolation la vie de la venerable Mere de saint François Xavier : Elle nous a paru ravissante, & il est evident que cette bien-heureuse Mere étoit remplie de l'esprit de Dieu. Monseigneur nôtre Prelat & Messieurs ses Ecclesiastiques, aussi-bien que nos Reverends Peres, l'ont luë avec satisfaction, & avec action de graces à nôtre Seigneur d'avoir donné au monde une si sainte ame, qui avoit tant d'amour & tant de zele pour cette nouvelle Eglise. On la regarde ici comme l'une de ses protectrices, à present qu'elle est dans le Ciel, & en état de la proteger. Enfin nous l'avons communiquée aux personnes de la plus haute pieté de ces contrées, qui l'ont luë avec veneration & qui loüent Dieu des benedictions qu'il a repanduës sur sa servante. Je vous remercie de nouveau du present qu'il vous a pleu nous faire d'une si sainte vie. Je vous rend graces pareillement de vôtre charitable aumône: Vous étes une de nos principales bienfaitrices par la continuation de vos bienfaits; les autres se lassent quelquefois de nous en faire, ou du moins ils les interrompent, vous étes infatigable & vous ne vous lassez point. Nos Seminaristes & nous offrons à Dieu nos prieres pour vous; en reconnoissance, donnez-nous s'il vous plaît, part aux vôtres, & agréez les tres-humbles respects avec lesquels je suis.

De Quebec le 9. d'Aoust 1668.

LETTRE LXXVIII.

A SON FILS.

Alliance des François avec les Anglois établis dans la nouvelle Hollande. Progrez des Missions dans les Nations Hiroquoises, Montagnezes, Ȣaȣak & autres plus eloignées. Nouvelle Comete. Nouveau tremblement de terre.

MOn tres-cher Fils. Celle-cy est pour vous donner des nouvelles de cette Eglise, en attendant que vous en receviez de plus amples par la Relation. Avant la fonte des neiges le R. Pere Pierron arriva à Quebec où il apporta la nouvelle de ce qui s'étoit passé chez les Hiroquois. Il a souffert des fatigues extremes dans son voiage; parceque ne pouvant marcher avec des raquettes, il tomboit souvent dans des trous dont ses jambes ont été blessées: Mais comme c'est un homme genereux il a surmonté toutes ces difficultez, en sorte méme que l'on n'en auroit rien sceu sans l'homme qui l'accompagnoit.

Il a rapporté que c'étoit une chose assurée, que les Anglois s'étoient emparez de la nouvelle Hollande & de l'Acadie. Il le sçait d'original, parceque le Commandant l'envoia querir aux Hiroquois, où il étoit en Mission, & l'étant allé trouver il le reçut avec beaucoup de civilité, l'assurant de sa protection tandis qu'il demeureroit dans le païs. Il y avoit deux ans qu'on ne lui avoit rien apporté de l'Europe,

&

DE LA M. MARIE DE L'INCARNATION.

& qu'il n'en avoit apris aucunes nouvelles. Le Pere lui en aprit & lui donna esperance de la paix, & que les armées navalles s'écartant, il pourroit recevoir des rafraichissemens, car il étoit dans la disete de beaucoup de choses aussi bien que ses troupes. Ils eurent ensemble un grand entretien de controversés, aprés quoi ils se separerent avec de grandes demonstrations d'amitié. Le dessein de ce General, ainsi que nous l'avons apris, étoit principalement de sonder dans le Pere les intentions des François, parce qu'il craignoit qu'une armée Françoise ne l'allat attaquer, comme elle avoit fait les Hiroquois, ainsi que l'on en avoit fait courir le bruit.

Le Pere a rapporté que les Hiroquois l'ont traitté & tous ceux de sa suite avec beaucoup de douceur, qu'ils écoutent la parole de Dieu avec ardeur, qu'ils voient avec plaisir baptiser leurs enfans & leurs moribons, & méme que plusieurs adultes reçoivent ce Sacrement: Ils se trouvent exactement à la Chappelle aux heures ordonnées pour les prieres, & pour marque de leur zele ils ont eux-mémes fait la Chappelle & les logemens des Peres dans les bourgs où ils resident. Le Pere est déja retourné, & en a méme quatre autres avec lui: Voila ce qui regarde les Agneronnons où sont les Peres Fremin & Perron.

Les Reverends Peres Brias & Carhait sont aux Onneiousteronnons où ils n'ont pas été reçus avec moins d'accueil. Les Sauvages les traittent avec tout le respect possible, & se font instruire avec une docilité merveilleuse. Ils les regalent de leurs citroüilles & faisoles, & de bled d'Inde assaisonné de poisson boucané, qui sont leurs plus grands festins, car il n'y a point de chair ni de poisson en ce païs sinon lorsqu'on fait actuellement la chasse ou la péche. Ces deux Peres aussi-bien que les deux autres font de grands progrez dans la foy, mais il y a un malheur qui les traverse étrangement; c'est que les Anglois & les Hollandois traittent à ces peuples une prodigieuse quantité d'eau de vie, & de vin, dont ils s'enyvrent sans cesse. Il s'ensuit de là des batteries & des meurtres continuels: Car cette sorte d'yvresse les rend brutaux & insensez, en sorte que les Peres mémes en quelques occasions en souffrent de grandes insolences. Ces insultes faites aux Peres donnent bien de la peine aux anciens qui craignent qu'on ne les quitte, & que l'on ne prenne de là occasion de rompre la paix: Ils en ont fait des excuses, & tout ce qu'ils ont pu pour essujer cette faute. Ces sortes de boissons sont de grands obstacles à la foy, & elles mettent les choses en état de ne baptiser que les viellards, les enfans & les moribonds, jusqu'à ce que ce desordre soit cessé & diminué. Les cinq

Kkkk

Nations Hiroquoises & tous leurs bourgs sont infectez de ce poison. Si Manate, Orange & les lieux circonvoisins appartenoient au Roy de France l'on feroit de toutes ces contrées une magnifique Eglise.

Voici une seconde nouvelle que nous venons d'apprendre par le moien des Hiroquois qui la tiennent des Anglois leurs voisins; sçavoir que la paix est faite entre les Couronnes, & que par le traitté la nouvelle Hollande demeure aux Anglois, & que l'Acadie est renduë au Roy de France. Il y a donc un nouveau General Anglois à Manate qui a écrit plusieurs lettres aux Peres pour les prier d'envoier des Hiroquois pour nous apprendre les nouvelles de cette paix, & nous dire qu'il est ami des François. Il a écrit méme à Monsieur notre Gouverneur une lettre toute pleine d'amitié. Il ne s'oppose point que les Peres préchent la foy de nos mysteres aux Hiroquois, mais il n'est pas content que les François de Mont-Real traitent avec eux, parceque cela diminuë leur pelleterie, & par consequent leur revenu: Voila comme chacun cherche ses interests.

Le R. Pere Garnier étant heureusement arrivé à Onontaé, y a été reçu avec tous les applaudissemens possibles. La premiere marque de bienveillance qu'on lui a renduë a été de lui faire une belle Chappelle d'ecorce & un logement de méme. Tous se font instruire avec empressement, & font de grandes instances à ce qu'Achiendasé, c'est ainsi qu'ils appellent le Reverend Pere Superieur des Missions, aille aussi demeurer avec eux. Le Pere leur a dit qu'Achiendasé ne pouvoit aller en leur païs, mais que son frere qui lui ressemble étoit arrivé à Quebec & qu'ils deputassent un Ambassadeur pour l'aller querir. Au méme temps le plus considerable de leurs anciens, & fort ami des François, se met en chemin avec ses gens. Etant arrivé ici & aiant declaré le sujet de son ambassade on lui a accordé le R. Pere Millet nouvellement arrivé de France; & pour lui donner une plus grande marque de reconnoissance de son zele pour la foy, Monsieur le Gouverneur lui a fait present d'une magnifique casaque d'écarlate chamarrée d'argent, lui recommandant les Reverends Peres Missionnaires, & le priant de soûtenir la foi par son autorité. Dans cette assemblée un excellent Chrétien Huron de Nation fit une belle harangue dans laquelle il dit aux Hiroquois qu'ils ne s'imaginassent pas que les François les considerassent ici comme des esclaves; mais que l'Onontio d'ici, qui est Monsieur le Gouverneur, & le Grand Onontio de France, qui est le Roy, vouloient que leurs enfans & ceux des François s'alliassent ensemble, afin de ne faire qu'un méme peuple. Il fit cette proposition sur ce qu'il a apris que Sa Majesté veut, à ce que l'on dit, que les Reverends Peres élevent un nombre de petits garçons Sauvages & nous un nombre de petites filles à la Françoise. Si Sa Majesté le veut nous sommes prétes de le faire par l'obeïssance que nous lui devons, & surtout, parceque nous sommes toutes disposées de faire ce qui sera à la plus grande gloire de Dieu. C'est pourtant une chose tres-difficile, pour ne pas dire impossible de les franciser ou civiliser. Nous en avons l'experience plus que tout autre, & nous avons remarqué de cent de celles qui ont passé par nos mains à peine en avons nous civilisé une. Nous y trouvons de la docilité & de l'esprit, mais lors qu'on y pense le moins elles montent par dessus nôtre clôture & s'en vont courir dans les bois avec leurs parens, où elles trouvent plus de plaisir que dans tous les agréemens de nos maisons Françoises. L'humeur Sauvage est faite de la sorte, elles ne peuvent être contraintes, si elles le sont, elles deviennent melancholiques, & la melancholie les fait malades. D'ailleurs les Sauvages aiment extraordinairement leurs enfans, & quand ils sçavent qu'ils sont tristes ils passent par dessus toute consideration pour les r'avoir, & il les faut rendre. Nous avons eu des Huronnes, des Algonquines, des Hiroquoises; celles-cy sont les plus jolies & les plus dociles de toutes: Je ne sçay pas si elles seront plus capables d'être civilisées que les autres, ni si elles retiendront la politesse Françoise dans laquelle on les éleve. Je n'attens pas cela d'elles, car elles sont Sauvages, & cela suffit pour ne le pas espérer. Mais je reviens à nos Missionnaires.

Voila le R. Pere Millet qui part pour les Hiroquois. C'est celui qui vous a rendu visite à Roüen. Il m'a visitée plusieurs fois à vôtre consideration & m'a donné le pacquet dont vous l'aviez chargé. Il s'en va offrir son sacrifice avec autant de joie que s'il alloit en Paradis. Les Sauvages l'emmenent sous la qualité d'Achiendasé, c'est à dire celui qui est honoré. En voila déja six qui l'ont devancé de seize que l'on demande, il faut un peu attendre pour le reste; car un Ouvrier de l'Evangile n'est pas si-tôt formé pour ces peuples barbares.

Vous vous souvenez bien des travaux que le R. Pere Dalais a souffert les années dernieres dans les contrées des Stasak, & comment il fut rejetté avec son Compagnon des Sauvages de cette Nation, quand il se voulut embarquer pour y retourner. On croioit qu'il fut mort avec le R. Pere Nicolas & un bon Frere, parceque l'on n'en avoit point entendu de nouvelles. L'on a apris depuis que ces barbares les reprirent dans leurs barques, mais sans provisions ni commoditez. Enfin Dieu les a protegez, & aprés des peines inconcevables ils sont arrivez dans ces grands & vastes païs. Delà ils pousserent vers les Nations qu'ils avoient déja en partie catechisées où ils ont gagné beaucoup d'ames à Dieu. Le R. Pere Nicolas nonobstant ses fatigues est revenu sur ses pas pour amener ici une Nation de Sauvages qui n'avoient jamais vû d'Europeans. Ils ont tous le nez percé avec quelques grains ou poils de bêtes d'une belle couleur qui y sont pendus. Ils étoient tres-chargez de Castors qui ont bien accommodé nos Marchands. Ils ont été si satisfaits des François, qu'ils sont resolus de venir cy-aprés faire leur traite avec eux. Les stayak leur avoient fait entendre que les François les feroient brûler s'ils passoient outre, mais ils ont reconnu depuis que ces barbares les entretenoient dans cette crainte, afin d'avoir leur pelleterie pour rien & de les venir traiter eux-mêmes. Les Peres les ont desabusez, & c'est pour cela que le Pere Nicolas les a amenez lui-méme pour leur fraier le chemin & les retirer de la crainte où ils étoient. Admirez cette charité, il y a trois cens lieües d'ici, & il a entrepris ce long voiage dans la seule esperance de gagner ces ames à Dieu. Il les a ramenez avec un autre Pere & un Frere Coadjuteur, & comme cette moisson est grande, il y en a encore d'autres qui se preparent pour les suivre.

La Mission du R. Pere Nouvel aux Montagnez & aux Nations du Nord est florissante. Ce sont les Sauvages les plus soûmis & les plus dociles pour nos saints mysteres que l'on ait encore rencontrez. Il y a peu de temps qu'il en amena cinq cens à Tadoussac qui temoignerent une extreme passion de voir Monseigneur nôtre Prelat. Si tôt que sa Grandeur en fut avertie elle partit pour les aller visiter & les feliciter de leur soûmission à la foy, & pour ne pas perdre une occasion si favorable elle donna le Sacrement de Confirmation à ceux qui se trouverent disposez pour le recevoir. Sa charité l'avoit portée peu de temps auparavant d'aller visiter tous les Forts jusqu'à celui qui est le plus proche des Hiroquois où il confera le méme Sacrement à ceux qui ne l'avoient point reçu. D'autres Peres vont joindre le Pere Nouvel pour accompagner les Sauvages dans les bois durant leurs chasses & dans leur hivernement. Les autres Sauvages Hurons, Hiroquois, Algonguins, Montagnez seront assistez par nos Reverends Peres depuis Mont-Real jusqu'au Cap de Tourment & aux environs durant leur hiver. Ceux qui ne peuvent plus aller à la chasse resteront à Quebec, où ils seront soulagez selon le corps & selon l'ame:

DE LA M. MARIE DE L'INCARNATION.

Voila la difposition de cette Eglife pour cette année.

L'on a veu en ce païs une Comete en forme de lance : Elle étoit rougeatre & enflammée & fi longue que l'on n'en pouvoit voir le bout. Elle fuivoit le Soleil après fon couchant, & n'a paru que peu de temps perdant fa lueur à caufe de celle de la Lune.

La terre a tremblé affez fortement au mois d'Avril dernier, & ce tremblement a duré environ deux *Miferere*. Il a fait du debris vers le Cap de Tourmente, & on l'a reffenti dans toutes ces contrées jufques dans les Hiroquois. Nous ne nous en fommes aperçus qu'une fois à Quebec, mais il a été frequent bien avant dans les terres, où nous n'avons pas encore apris qu'il ait fait du fracas. L'hiver a été auffi doux que j'en aie veu en France, & l'été auffi chaud & auffi brûlant que dans les Ifles de l'Amerique. Il n'a prefque point plu, & neanmoins toutes ces faifons extraordinaires n'ont caufé aucun dommage aux biens de la terre. Je vous fupplie de vous reffouvenir devant Dieu des befoins de cette Eglife, de nôtre Communauté & des miens en particulier.

De Quebec le 1. *Septembre* 1668.

LETTRE LXXIX.

A UNE SUPERIEURE DU MONASTERE DE SAINT DENYS EN FRANCE,

QUI AVOIT VOCATION POUR LE CANADA.

Elle lie avec elle une union fainte, & une communication de biens fpirituels, & lui décrit la pauvreté de fon Monaftere. De quelle maniere on francife les Sauvages.

C'Eft moy, ma tres-chere Mere, qui ay perdu dans la privation de vos cheres lettres. Il y avoit long-temps que je vous connoiffois de reputation par le moien du R. Pere de la Haye & de defunte Mademoifelle de Luifnes. L'amour & l'eftime qu'ils avoient de vôtre vertu m'eft devenu commun avec eux, & fi en ce temps-là nous euffions été en état de demander des Religieufes en France, nous nous fuffions adreffées à eux pour nous aider à vous demander à vôtre fainte Communauté.

Mais Dieu ne l'a pas voulu, & il vous reservoit pour lui rendre les grands services que vous lui avez rendus depuis, & que vous lui rendez encore pour sa plus grande gloire. Par celle que vous avez eu la bonté de m'écrire, je connois que l'affection pour le Canada vous est toujours demeurée dans le cœur, puisque par vôtre bienveillance vous voulez bien en epouser les interests, & sur tout ceux de nôtre Seminaire. Cela me touche le cœur d'une nouvelle emotion d'amitié pour vous, mon aimable Mere; car je n'aurois osé presumer que vous pensassiez seulement à nous & à moy en particulier. Mais puisque nôtre bon Dieu le veut, lions donc une nouvelle & indissoluble union & communication de biens spirituels, moy avec vous, & nôtre Communauté avec la vôtre. Nous vous aimons toutes cordialement & nous ne doutons point de vôtre affection reciproque en nôtre endroit: Vôtre cordiale lettre en fait foy, comme fait aussi celle que vous avez écrite à ma Mere de saint Athanase nôtre Assistante.

Je n'ay pas manqué à ce que vous desirez de moy à l'égard de cette vertueuse Dame. Je me donne l'honneur de lui écrire, quoique je ne l'entretienne que de civilitez. S'il plaisoit à nôtre bon Dieu de l'inspirer d'aider nôtre pauvre Seminaire, elle feroit assurement une œuvre de grande charité: Car je vous dirai sincerement qu'il est fort chargé, & que pour toutes ses charges nous n'avons nulle fondation pour nos filles Sauvages, mais seulement pour quatre Religieuses qui les doivent instruire. Depuis prés de trente ans que nous sommes en ce païs, celles que nous avons nourries & entretenuës de tout dans le Seminaire, ne l'ont été que par un effet de la Divine Providence.

Nous avons francisé plusieurs filles Sauvages, tant Huronnes, qu'Algonguines, que nous avons en suite mariées à des François, qui font fort bon ménage. Il y en a une entre autres qui sçait lire & écrire en perfection, tant en sa langue Huronne, qu'en nôtre Françoise, il n'y a personne qui la put distinguer ni se persuader qu'elle fût née Sauvage. Monsieur l'Intendant en a été si ravi, qu'il l'a obligée de lui écrire quelque chose en sa langue & en la nôtre pour l'emporter en France & le faire voir comme une chose extraordinaire. Sa Majesté qui a envoié des troupes en ce païs voiant que Dieu y a beni ses armes, desire que l'on francise ainsi peu à peu tous les Sauvages, afin d'en faire un peuple poli. L'on commence par les enfans: Monseigneur nôtre Prelat en a pris un grand nombre à cet effet: Les Reverends

Peres en ont pris auſſi en leur College de Quebec; tous ſont vétus à la Françoiſe, & on leur apprend à lire & à écrire comme en France. Nous ſommes chargées des filles conformement à nôtre eſprit; mais quoique nous les aions élevées depuis que nous ſommes en ce païs, nous n'avons neanmoins franciſé que celles dont les parens l'ont bien voulu, & quelques pauvres orphelines, dont nous étions les Maîtreſſes, les autres n'étoient que paſſageres & demeuroient avec nous un mois ou un peu plus, puis elles faiſoient place à d'autres. Mais à preſent il les faut toutes franciſer & les vétir d'habits à la Françoiſe, ce qui n'eſt pas d'une petite dépenſe, car il n'y en a pas une non plus que des petits garçons qui ne coûte pour le moins deux cens livres à entretenir. Feuë Mademoiſelle de Luiſnes nous aſſiſtoit beaucoup, car elle nous envoioit des étoffes pour les vétir, & une bonne aumône pour aider à les nourrir. Elle avoit deſſein de faire une fondation à cet effet, & quand elle tomba malade elle chargea ſon teſtament d'un legs conſiderable, mais la mort l'aiant ſurpriſe avant que de le ſigner, rien n'a été executé. Par ſa mort nos filles auſſi-bien que nous ſont demeurées ſans appuy, car à preſent il n'y a que deux honétes Dames en France qui nous envoient chacune cinquante livres pour nôtre Seminaire. L'embraſement de nôtre Monaſtere arriva au méme temps, & ces deux accidens joints enſemble nous reduiſirent à la derniere pauvreté. La ſeule providence de Dieu a rétabli nôtre Monaſtere, & nous a miſes en l'état où nous ſommes à preſent. Mais quoique nous fuſſions reduites à l'Hôpital, nous reteſmes toujours nos cheres Seminariſtes que nous eſtimons nôtre plus riche treſor en ce monde, & pour lequel nous avons quitté la France, nos Meres & tous nos amis.

Voila mon intime Mere une petite partie de nos avantures paſſées & de nôtre état preſent, ſoiez l'avocate de nôtre pauvre Seminaire, ſi nôtre bon JESUS & ſa ſainte Mere nôtre vrai ſupport vous en donne les mouvemens. Nous euſſions été ravies ſi la bonne Mere de vôtre maiſon fût paſſée cette année avec celle de Roüen, mais Monſeigneur nôtre Prelat a tant veu de remiſes pour cette derniere, qu'enfin il s'eſt laſſé, & dans la neceſſité où nous étions il a bien voulu que nous priſſions des Novices de ce païs. Nous en avons donc reçu quatre, & une cinquiéme eſt ſur le point d'entrer. Mais nous voions bien que pour maintenir l'eſprit religieux en ce païs il nous y faudra toujours avoir des Religieuſes de France. C'eſt pourquoi, ma tres-chere Mere, nous nous adreſſerons à vous dans les occaſions.

Nos Reverends Peres nous ont parlé si avantageusement de la sainteté de vôtre maison, outre ce que nous en sçavons d'ailleurs, que nous ne croions pas mieux faire que de nous adresser à vos bontez, pour vous demander des filles qui soient jeunes pour pouvoir satisfaire aux devoirs de l'Institut, & qui puissent s'accoûtumer au climat froid de ce païs, où les personnes âgées ne s'accoûtument pas si facilement. Je vous reïtere, ma tres-chere Mere, la sincere affection de mon cœur pour vôtre ame ; je vous demande aussi la vôtre dans l'intime union de nôtre divin Sauveur, dans laquelle je suis vôtre.

De Quebec le 21. Septembre 1668.

LETTRE LXXX.

A SON FILS.

La paix favorise les Ouvriers de l'Evangile, & à l'imitation des Reverends Peres Jesuites les Ecclesiastiques travaillent dans les Missions. Emplois ordinaires des Sauvages, & qu'il est difficile de les polir & civiliser. Maladies universelles que l'on dit être les effets des Cometes.

Mon tres-cher Fils. Depuis que nous joüissons du bonheur de la paix, nos Missions fleurissent & prosperent avec beaucoup de benediction. C'est une chose merveilleuse de voir le zele des Ouvriers de l'Evangile. Ils sont tous partis pour leurs Missions avec une ferveur & un courage qui nous donnent sujet d'en esperer de grands succés. Cette paix des Hiroquois & des autres Nations a fait tant de bruit en France, & a tellement frapé plusieurs personnes du zele de la gloire de Dieu, que Monsieur l'Abbé de Quellus est venu cette année & a amené avec lui plusieurs Ecclesiastiques pour Mont-Real. Plusieurs d'entre eux sont de qualité & de naissance, gens bien-faits, qui portent la pieté dépeinte sur le visage. Monsieur l'Abbé de Fenelon n'a point eu de honte de se faire Compagnon d'un Ecclesiastique plus jeune que lui dans une Mission Hiroquoise à l'exemple de nos Reverends Peres. La moisson est grande ; Dieu envoye aussi des Ouvriers à proportion.

Monseigneur nôtre Prelat entretient en sa maison un certain nombre de jeunes garçons Sauvages, & autant de François, afin qu'étant élevez & nourris ensemble, les premiers prennent les mœurs des autres,

DE LA M. MARIE DE L'INCARNATION. 635
tres, & se francisent: Les Reverends Peres font le même: Messieurs du Seminaire de Mont-Real les vont imiter. Et quant aux filles, nous en avons aussi de Sauvages avec nos Pensionnaires Françoises pour la même fin. Je ne sçai à quoi tout cela se terminera, car pour vous parler franchement, cela me paroît tres-difficile. Depuis tant d'années que nous sommes établies en ce païs, nous n'en avons pu civiliser que sept ou huit, qui aient été francisées; les autres qui sont en grand nombre, sont toutes retournées chez leurs parens, quoi que tres-bonnes Chrêtiennes. La vie sauvage leur est si charmante à cause de sa liberté, que c'est un miracle de les pouvoir captiver aux façons d'agir des François qu'ils estiment indignes d'eux, qui sont gloire de ne point travailler qu'à la chasse ou à la navigation, ou à la guerre. Ils menent leurs femmes & leurs enfans à leurs chasses, & ce sont elles qui écorchent les bêtes, qui passent les peaux, qui boucanent les chairs & le poisson, qui coupent tout le bois, & enfin qui ont le soin de tout le ménage, tandis que les hommes vont chasser. Quand ils sont dans leurs cabanes, ils regardent faire leurs femmes en petunant. Tout leur travail, outre ce que je viens dire, est de faire leurs cabanes & les berceaux de leurs enfans, leurs raquettes, leurs traînes & leurs canots: Tout autre ouvrage leur paroît bas & indigne d'eux. Les enfans apprennent tout cela quasi dés la naissance. Les femmes & les filles canotent comme les hommes. Jugez de là, s'il est aisé de les changer aprés des habitudes qu'ils contractent dés l'enfance, & qui leur sont comme naturelles.

Depuis mes dernieres écrites, le païs a ressenti les effets de la Comete qui parut au mois d'Avril, sçavoir des maladies de rheumes qui ont été universels & si fâcheux que plusieurs ont été à deux doigts de la mort. Ils commençoient par des ébullitions comme de rougeolle; & ils étoient accompagnez de fiévres continuës, de maux de gorge & d'autres accidens dangereux. Personne neanmoins n'en est mort. Depuis six semaines nôtre Infirmerie a toujours été remplie. J'en ai été attaquée comme les autres, sans pourtant aller à l'Infirmerie; J'ai été seulement huit jours sans me lever à quatre heures à cause de la fievre & de la toux. L'on dit que ce sont là des effets de la Comete, mais je crois que ce sont des coups de la justice de Dieu, qui comme un bon Pere veut châtier son peuple. Quoi qu'il en soit, cette Comete n'a causé aucune malignité sur les bleds; dont la moisson a été abondante, en sorte qu'il y a sujet d'esperer que l'on trouvera de quoi nourrir tout le monde. Nous en rendons nos actions de graces à celui qui nous comble de tant de biens, & qui nourriſſant les oiſeaux du Ciel ne refuſe pas aux hommes, quoi que pecheurs, leur nourriture & leur ſoûtien.

De Quebec le 17. d'Octobre 1668.

LETTRE LXXXI.
AU MESME.

Retour de Monſieur Talon en France. Perſonnes ramaſſées & envoiées en Canada. De la nature & qualité des fruits de ce païs-là. Eloge d'un honnête Bourgeois de Quebec.

MOn tres-cher Fils. Enfin voila Monſieur Talon qui nous quitte & qui retourne en France au regret de tout le monde, & à la perte de tout le Canada : Car depuis qu'il eſt ici en qualité d'Intendant, le païs s'eſt plus fait, & les affaires ont plus avancé qu'elles n'avoient fait depuis que les François y habitent. Le Roi envoie en ſa place un nommé Monſieur Bouteroüe, dont je ne ſçai pas encore la qualité ni le merite.

Les Navires n'ont point apporté de malades cette année. Le vaiſſeau arrivé étoit chargé comme d'une marchandiſe mêlée. Il y avoit des Portugais, des Allemans, des Hollandois, & d'autres de je ne ſçai quelles nations. Il y avoit auſſi des femmes Mores, Portugaiſes, Françoiſes & d'autres païs. Il eſt venu un grand nombre de filles, & l'on en attend encore. La premiere mariée eſt la Moreſque, qui a épouſé un François. Quant aux hommes, ce ſont gens qui ont été caſſez du ſervice du Roi, & que Sa Majeſté a voulu être envoiez en ce païs. On les a tous mis au Bourg Talon à deux lieuës d'ici pour y habiter & le peupler. Quand ils auront mangé la barrique de farine & le lard que le Roi leur donne, ils ſouffriront étrangement juſques à ce qu'ils aient défriché. L'on ne veut plus demander que des filles de village propre au travail comme les hommes, l'experience fait voir que celles qui n'y ont pas été élevées, ne ſont pas propres pour ici, étant dans une miſere d'où elles ne ſe peuvent tirer.

L'eſtime que je vous fis les années dernieres des citroüilles des Hiroquois vous en a donné de l'appetit. Je vous en envoie de la graine, que les Hurons nous apportent de ce païs-là ; mais je ne ſçai ſi vôtre terroir n'en changera pas le goût. On les aprête en diverses manieres ; en potage avec du lait, & en friture : on les fait encore cuire au four comme des pommes, ou sous la braise comme des poires, & de la sorte il est vrai qu'elles ont le goût de pommes de rainettes cuites. Il vient à Mont-Real des melons aussi bons que les meilleurs de France : il n'en vient que rarement ici, parce que nous ne sommes pas tant au Sud. Il y a aussi une certaine engeance qu'on appelle des melons d'eau, qui sont faits comme des citroüilles, ils se mangent comme les melons, les uns les salent, les autres les sucrent ; on les trouve excellens, & ils ne sont point mal-faisans. Les autres plantes potageres & les legumages sont comme en France. L'on en fait la recolte comme du bled pour en user tout l'Hiver jusques à la fin de Mai, que les jardins sont couverts de neige. Quant aux arbres, nous avons des pruniers, lesquels étant bien fumez & cultivez nous donnent du fruit en abondance durant trois semaines. On ne fait point cuire les prunes au four, car il n'en reste qu'un noyau couvert d'une peau ; mais on en fait de la marmelade avec du sucre, qui est excellente. Nous faisons la nôtre avec du miel, & cet assaisonnement nous suffit pour nous & pour nos enfans. On fait encore confire des groselles vertes, comme aussi du Piminan, qui est un fruit sauvage, que le sucre rend agreable. L'on commence à avoir des pommes de Rainette & de Calville, qui viennent ici tres-belles & tres-bonnes, mais l'engeance en est venu de France. Voila nos ménages & nos delices, qui seroient comptez pour rien en France, mais qui sont ici beaucoup estimées.

 Le Porteur de la presente est Monsieur de Dombour qui va en France, pour accompagner Madame Bourdon sa mere. Je vous prie de les recevoir avec des demonstrations d'amitié, parce que c'est une famille que j'aime & cheris plus qu'aucune de ce païs. Ils n'ont pas voulu partir sans vous porter un mot de ma part, afin d'avoir la consolation de vous voir & de vous parler. Monsieur Bourdon étoit Procureur du Roi, charge qui lui fut donnée à cause de sa probité & de son merite. Il avoit avec moi une liaison de biens spirituels tres particuliere. Car sous son habit seculier il menoit une vie des plus regulieres. Il avoit une continuelle presence de Dieu & union avec sa divine Majesté. Il a une fois risqué sa vie pour faire un accommodement avec les Hollandois, à l'occasion de nos Captifs François ; car cet homme charitable se donnoit entierement au bien public. C'étoit le pere des Pauvres, le Consolateur des veuves & des Orphelins, l'exemple de tout le monde ; enfin depuis qu'il s'est établi en ce païs, il s'est consommé en toute sorte de bien & de bonnes œuvres. Il avoit quatre filles qu'il a toutes données au service de Dieu, & sa generosité a fait ce coup avec beaucoup de plaisir & de suavité. Deux ont été Hospitalieres, il y en a une de morte: les deux aînées sont Ursulines en nôtre Monastere, & sont tres-bonnes Religieuses. Il lui restoit deux fils, le plus jeune fait ses études à Quebec, & l'aîné est celui qui vous presente cette lettre : Je les considere comme mes neveux, & c'est ce qui fait que je vous recommande celui-ci avec tant d'empressement.

Quant à Madame Bourdon, elle a une grande inclination de vous voir. Cette Dame est un exemple de pieté & de charité dans tout le païs : Elle & Madame Dailleboust sont liées ensemble pour visiter les prisonniers, assister les criminels, & les porter même en terre sur un brancar. Celle dont je vous parle comme la plus agissante & portative, est continuellement occupée à ces bonnes œuvres, & à quêter pour les pauvres, ce qu'elle fait avec succés. Enfin elle est la mere des miserables, & l'exemple de toutes sortes de bonnes œuvres. Avant que de passer en Canada, où elle n'est venuë que par un principe de pieté & de devotion, elle étoit veuve de Monsieur de Monceaux, Gentil-homme de qualité. Quelque temps aprés son arrivée Monsieur Bourdon demeura veuf avec sept enfans, dont aucun n'étoit capable d'avoir soin de son pere ni de soi-même. Elle eut un puissant mouvement d'assister cette famille, & pour cet effet, elle se resolut d'épouser Monsieur Bourdon, dont la vertu lui étoit assez connuë, mais à condition qu'ils vivroient ensemble comme frere & sœur. Cela s'est fait, & la condition a été exactement observée. Elle se ravala de condition, pour faire ce coup de charité : qui fut jugé en France où elle étoit fort connuë tant à Paris qu'à la Campagne, comme une action de legereté, eu égard à la vie qu'on lui avoit veu mener bien éloignée de celle du mariage. Mais l'on a bien changé de pensée, quand on a appris tout le bien qui a réüssi de cette genereuse action : Car elle a élevé tous les enfans de Monsieur Bourdon avec une debonnaireté nonpareille, & les a mis dans l'état où ils sont à present. Je vous ai fait ce grand discours pour honorer la vertu de cette Dame & de sa pieuse Famille, & pour vous faire voir qu'il y a des personnes d'honneur & de merite en ce païs. Témoignez de l'amitié à celles-ci, elles le meritent.

De Quebec le   1668.

LETTRE LXXXII.

AU MESME

Progrez de la foy aux Hiroquois, Utaüak, & autres Nations. Industrie des Peres Jesuites pour attirer les Sauvages. Zele d'un jeune Laïque qui s'étoit devoüé au service des Missions.

MOn tres cher Fils. J'ay cru vous devoir faire un petit abbregé des nouvelles de cette Eglise en attendant que la Relation vous en donne de plus amples. Vous sçaurez-donc que les Ouvriers de l'Evangile sont repandus dans toutes les Nations Hiroquoises, où ils ont été reçus comme des personnes tres-considerables en toutes manieres. Le R. Pere Pierron qui seul gouverne les villages & les bourgs des Agneronons a tellement gagné ces peuples, qu'ils le regardent comme un des plus grands genies du monde. Il a eu de tresgrandes peines à les reduire à la raison à cause des boissons que les Anglois & les Flamans leur donnent. Il a pris la liberté d'en écrire amplement au General des Anglois, qui a aussi pouvoir sur les Hollandois, pour lui faire entendre l'importance de cette mauvaise pratique tant du côté de Dieu qui est offensé, que de celui des Sauvages qui en perdent le corps & l'esprit. Il a même interposé l'autorité du Roy lui representant que Sa Majesté ne souffriroit jamais que l'on perdit un peuple qui est soûmis à son obeïssance. Le Gouverneur a reçu benignement ses avis avec une requeste des anciens Hiroquois qui se plaignent qu'on tuë leur jeunesse & ruine leurs familles par ces boissons. Vous pouvez juger de là si le Pere n'a pas gagné le cœur de ces anciens, puis qu'il les a reduits dans une matiere si delicate & si prejudiciable à la foy, qu'on ne pouvoit aborder les hommes à cause de leur yvresse qui étoit presque continuelle. Si ce General tient sa parole, comme il a fait depuis ce temps-là, ce sera un grand obstacle levé pour l'instruction de ces peuples.

Comme le Pere a divers vices à combattre, il a aussi besoin de differentes armes pour les surmonter. Il s'en trouvoit plusieurs qui ne vouloient pas écouter la parole de Dieu, & qui se bouchoient les oreilles lors qu'il les vouloit instruire. Pour vaincre cet obstacle, il s'est avisé d'une invention admirable, qui est de faire des figures pour leur faire voir des yeux ce qu'il leur préche de parole. Il inftruit le jour, & la nuit il fait des tableaux, car il eft affez bon peintre. Il en a fait un où l'Enfer eft reprefenté tout rempli de Demons fi horribles, tant par leurs figures que par les châtimens qu'ils font fouffrir aux Sauvages damnez, qu'on ne les peut voir fans fremir. Il y a depeint une vieille Hiroquoife qui fe bouche les oreilles pour ne point écouter un Jefuite qui la veut inftruire. Elle eft environnée de Diables qui lui jettent du feu dans les oreilles & qui la tourmentent dans les autres parties de fon corps. Il reprefente les autres vices par d'autres figures convenables avec les Diables qui prefident à ces vices-là, & qui tourmentent ceux qui s'y laiffent aller durant leur vie. Il a auffi fait le tableau du Paradis où les Anges font reprefentez qui emportent dans le Ciel les ames de ceux qui meurent aprés avoir reçu le faint baptéme. Enfin il fait ce qu'il veut par le moien de fes peintures. Tous les Hiroquois de cette Miffion en font fi touchez qu'ils ne parlent dans leurs confeils que de ces matieres, & ils fe donnent bien de garde de fe boucher les oreilles quand on les inftruit. Ils écoutent le Pere avec une avidité admirable, & le tiennent pour un homme extraordinaire. On parle de ces peintures dans les autres Nations voifines, & les autres Miffionnaires en voudroient avoir de femblables, mais tous ne font pas peintres comme lui. Il a baptifé un grand nombre de perfonnes. Les Hiroquois defirent avec ardeur qu'une Colonie Françoife aille s'établir avec eux; le temps fera voir ce qui fera à faire.

Outre les villages d'Agné les quatre autres Nations Hiroquoifes font gouvernées par les Reverends Peres Jefuites. Il y a pourtant un petit bourg feparé où deux Ecclefiaftiques de Mont-Real ont hiverné. La parole de Dieu eft préchée par tout & la Miffion eft fi ample qu'il n'y a pas des Ouvriers à demi : On en a demandé en France & on en attend par les vaiffeaux qui font à venir. Tous ces bons Peres fouffrent de grands travaux, mais ils font encouragez par le fruit qu'ils voient de leur travail, & de ce que la connoiffance de Dieu & de JESUS-CHRIST fe repand par tout le monde.

Les Reverends Peres d'Alois & Nicolas ont amené cette année fix cens Stavak, qui ont apporté à nos Marchands une prodigieufe quantité de pelleterie, & qui par méme moien recherchent les occafions de faire la paix avec les Hiroquois, contre lefquels ils avoient exercé un grand acte d'hoftilité. Pour faire cette charité à cette Nation ces Reverends Peres ont fait cinq cens lieües de chemin, mais la charité fait tout entreprendre & tout fouffrir. Ils font auffi venus

DE LA M. MARIE DE L'INCARNATION. 639
pour querir du secours & des Ouvriers du saint Evangile : Car ils ont trouvé de grandes Nations tres-peuplées entre lesquelles il y en a particulierement une qui fait publiquement profession de croire & d'embraser nôtre sainte foy. Un des plus grands biens pour l'avancement de ces peuples est qu'ils ne sont point attachez à la poligamie. Cette Nation est bien au delà des Ƨtaƨak, & il y en a d'autres encore plus éloignées. Le R. Pere Claude Dablon est déja parti pour aller joindre ceux qui sont au païs & pour gouverner ces Missions là qui vont être les plus glorieuses de cette Amerique tant pour le nombre d'ames qui y habitent, que pour les grands travaux qu'il y faut supporter. Le R. Pere Dalois m'a rendu visite, & je l'ay trouvé si changé par ses grandes fatigues qu'à peine le peut on reconnoître. Avec cela il est dans une ferveur ravissante & dans un desir qui le brûle de retourner à son Eglise qui ne lui sort point de l'esprit, de crainte qu'en son absence le Diable ne lui ravisse quelqu'une de ses brebis. Il retourne seul en cette grande Mission, & les autres dans les leurs. Le R. Pere Dablon qui doit avoir l'inspection sur toutes, s'arrêtera à trois cens lieües d'ici afin de leur donner les soulagemens & les secours necessaires. Il va faire en ce lieu là une maison fixe, où les Missionnaires s'assembleront dans les necessitez pour consulter ensemble, & y trouver leurs rafraichissemens qu'on leur envoira de Quebec. Les Hiroquois poursuivent puissamment l'execution de ce dessein, afin qu'on les soulage. L'on a baptisé dans ces Missions là un grand nonbre de Sauvages adultes, mais incomparablement plus d'enfans, de malades, & de moribonds.

Au même temps que nos Reverends Peres sont partis, Monseigneur nôtre Evêque a envoié deux Ecclesiastiques de Mont-Real à quelques Nations du côté des Ƨtaƨak. Ils sont dans une ferveur admirable, aussi ont-ils besoin de cette grace, aiant à passer des lieux dangereux pour les botiïllons d'eau qui s'y rencontrent.

Monsieur l'Abbé de Fenelon aiant hiverné aux Hiroquois, nous a rendu une visite dans un voiage qu'il a fait à Quebec. Je lui ay demandé comment il avoit pu subsister n'aiant eu que de la Sagamité pour tout vivre & de l'eau pure à boire. Il m'a reparti qu'il y étoit si accoûtumé, & qu'il s'y étoit tellement fait, qu'il ne faisoit point de distinction de cet aliment à aucun autre ; & qu'il alloit partir pour y retourner & y passer encore l'hiver avec Monsieur Trouvé qu'il n'avoit laissé que pour venir querir dequoi paier les Sauvages qui les nourrissent. Le zele de ces grands serviteurs de Dieu est admirable.

LETTRES HISTORIQUES

Deux Ecclesiastiques du Seminaire de Monseigneur viennent de partir pour visiter & instruire toutes les personnes des habitations Françoises : Ils ont bien deux cens lieües à faire dans ce circuit.

Je ne fermerai pas cette matiere des Missions sans vous dire un mot du bon Boquet qui ne fait qu'aller & venir dans toutes les Missions ; aussi l'appelle-t'on par divertissement le courrier Apostolique, parceque dés son enfance il s'est devoüé au service des Missions. Il s'acquitte de son office de Courrier avec une generosité nonpareille. Il fait le circuit des lieux où sont les Peres, & à peine est-il de retour qu'il part pour recommencer ses courses, & faire des voiages immenses parmi des hazards continuels. Dieu lui donne des forces pour de si grandes fatigues. Il ne se soucie non plus de sa vie que de la paille : Il est sans cesse en danger de la perdre par quelque coup de hache. Il est connu de tous les Sauvages qui le craignent & l'estiment, car comme il sçait les langues, il leur rend sans cesse le change quand ils font quelque insolence. Il sçait parfaitement tous les chemins, c'est pourquoi il conduit nos Peres dans leurs Missions trainant à son col leurs hardes & leurs provisions. Etant arrivé il ne se repose point, il pense à pourvoir les Peres de leurs necessitez ; il va à la pêche du poisson qu'il fait secher & boucaner pour assaisonner leur Sagamité. On le nomme le Courrier Appostolique ; je le nommerois volontiers le Visiteur Evangelique, car il va de Mission en Mission visiter les Ouvriers de l'Evangile, & par tout il fait ce que je viens de dire. Il nous apporte de leurs nouvelles & leur reporte des nôtres. Il est de retour depuis huit jours & nous a apris que tous nos Peres sont en bonne santé, qu'ils font de grands fruits chacun de leur côté, & qu'ils ont baptisé beaucoup de Sauvages. Les lettres que les Peres ont écrites confirment la même chose. Je vous écrirai par une autre voie les autres nouvelles du païs.

De Quebec le 1. de Septembre 1669.

LETTRE

LETTRE LXXXIII.
AU MESME.

Le Roy continuë de peupler le Canada. Monsieur Talon part de France pour y retourner. Tempête effroiable arrivée à Quebec & sur la mer. Troubles entre toutes les Nations Sauvages & les François : Ils sont appaisez par la prudence du Gouverneur des François & du Pere Chaumonnot Jesuite. Forme de justice des Sauvages contre les homicides. Nouvelles minieres découvertes.

MOn tres-cher Fils. J'ay reçu vôtre derniere par les mains de Madame Bourdon & de son Fils, qui en même temps ont été ravis de me pouvoir dire de vos nouvelles. Ils se sentent comblez du bon accüeil que vous leur avez fait, & comme ce sont de mes meilleurs amis, & que c'est à mon occasion que vous leur avez rendu cet honneur, je vous en remercie de tout mon cœur.

Madame Bourdon a été chargée en France de cent cinquante filles que le Roy a envoiées en ce païs par le vaisseau Normand. Elles ne lui ont pas peu donné d'exercice durant un si long trajet, car comme il y en a de toutes conditions, il s'en est trouvé de tres-grossieres, & de tres-difficiles à conduire. Il y en a d'autres de naissance qui sont plus honêtes & qui lui ont donné plus de satisfaction. Un peu auparavant il étoit arrivé un vaisseau Rochelois chargé d'hommes & de filles, & de familles formées. C'est une chose prodigieuse de voir l'augmentation des peuplades qui se font en ce païs. Les vaisseaux ne sont pas plûtôt arrivez que les jeunes hommes y vont chercher des femmes, & dans le grand nombre des uns & des autres on les marie par trentaines. Les plus avisez commencent à faire une habitation un an devant que de se marier, parceque ceux qui ont une habitation trouvent un meilleur parti ; c'est la premiere chose dont les filles s'informent, & elles font sagement, parceque ceux qui ne sont point établis souffrent beaucoup avant que d'être à leur aise. Outre ces mariages, ceux qui sont établis depuis long-temps dans ce païs ont tant d'enfans que cela est merveilleux & tout en foisonne. Il y a quantité de belles bourgades, des villages, & des hameaux, sans parler des habitations solitaires & écartées : Le Roy a renvoié ici des Capitaines

& Officiers, à qui il a donné des forts, afin qu'ils s'y établissent, & qu'ils s'y pourvoient : Ils le font, & plusieurs sont déja fort avancez.

L'on attend de jour en jour Monsieur Talon que le Roy renvoie pour regler toutes choses en ce païs, & les former selon le dessein de Sa Majesté. Il a cinq cens hommes avec lui & seulement deux femmes de qualité avec leurs suivantes. L'arriere saison où nous sommes nous fait craindre avec raison qu'il ne soit arrivé quelque malheur à son vaisseau & à un autre qui l'accompagne, parceque depuis quinze jours il est survenu une si horrible tempête qu'on craint qu'il ne soit peri : Il y a pour cet effet trois bâtimens qui croisent l'embouchure de la mer, afin de voir si l'on ne decouvrira point les vaisseaux ou quelques debris. Les maisons de la basse ville de Quebec ont été fort endommagées, la marée s'étant enflée si extraordinairement, qu'elle a monté jusqu'au troisiéme étage. Il y a encore bien des maisons abbatuës dans la haute ville. La tourmente a été si violente par tout que nôtre maison trembloit comme aux tremblemens de terre. Le toict & les chevrons du logis de nos domestiques a été emporté. Nos clôtures de charpente, & celles de Monseigneur l'Evéque, des Hospitalieres, des Reverends Peres, & les autres de cette nature ont été renversées. On estime la perte que cette tempête a causée dans Quebec à plus de cent mille livres. Voila le sujet de nos inquietudes au regard de Monsieur Talon, dans lequel le païs feroit une perte irreparable s'il avoit fait naufrage : Parceque le Roy lui aiant donné tout pouvoir, il fait de grandes entreprises sans craindre la depense.

Il est vrai qu'il vient ici beaucoup de monde de France, & que le païs se peuple beaucoup. Mais parmi les honêtes gens il vient beaucoup de canaille de l'un & de l'autre sexe, qui causent beaucoup de scandale. Il auroit été bien plus avantageux à cette nouvelle Eglise d'avoir peu de bons Chrétiens, que d'en avoir un si grand nombre qui nous cause tant de trouble. Ce qui fait le plus de mal c'est le trafic des boissons de vin & d'eau de vie. On declame contre ceux qui en donnent aux Sauvages, on les excommunie, l'Evéque & les Predicateurs publient en chaire que c'est un peché mortel ; & nonobstant tout cela plusieurs se sont formez une conscience que cela se peut, & sur cette erreur volontaire, ils vont dans les bois, & portent des boissons aux Sauvages, afin d'avoir leur pelleterie pour rien quand ils sont enyvrez. Il s'ensuit delà des impuretez, des violemens, des larcins, des meurtres ; & le desordre a été si loin cette année que nous avons été à la veille de voir toutes les Nations Sauvages en combustion entre elles, ou de s'unir ensemble pour venir fondre sur les François. Voici comme les choses se sont passées.

Trois Soldats François ont tué un Capitaine Hiroquois des plus considerables de la Nation, aprés l'avoir enyvré d'eau de vie ; & aiant caché son corps, ils ont volé sa pelleterie. Ces Assassins ont été découvers & mis en prison, & de la sorte l'affaire est demeurée quelque temps assoupie. Mais elle s'est reveillée par un accident plus funeste que le premier. Trois autres miserables François ont massacré de la même maniere & pour la même fin six personnes de la Nation des Loups qui sont amis des François. A cette nouvelle toute la Nation a pris feu & ne pouvant s'imaginer que les François leurs amis fussent capables d'une si grande perfidie, ils ont cru que les Hiroquois en étoient les autheurs, parce qu'ils étoient alliez d'une Nation contre laquelle les Hiroquois étoient en guerre. Sur ce soubçon ils ont pris les armes & declaré la guerre aux Hiroquois. Les Assassins étant ici de retour avec la pelleterie des Assassinez, qui monte bien à trois mille livres, ils ont voulu faire croire qu'ils avoient fait ce gain à la chasse : Mais la justice de Dieu a permis qu'un des Assassins n'étant pas satisfait de ses associez a découvert leur crime à quelqu'un qui l'a revelé, & le bruit commençant à s'en répandre, ils ont aussi-tôt pris la fuite. Les Sauvages en ont eu le vent & ont été sur le point de rompre la paix qu'ils avoient faite avec nous & qui a tant coûté au Roy. Ce qui rendoit l'affaire plus embarrassée, c'est que nos Peres étant dispersez en toutes ces Nations là, il y avoit sujet de craindre qu'ils ne fussent égorgez avec tous les François qui les accompagnoient. Le feu qui s'étoit allumé entre les Loups & les Hiroquois commençoit à s'échauffer contre les François, ces deux Nations se sentant également offensées, & se joignant ensemble pour se venger. En voici un commencement. Quatre guerriers de la Nation des Loups ont attaqué une maison Françoise où il n'y avoit que deux Valets, le Maître étant absent. Ils feignirent de demander de l'eau de vie pour observer le monde qui y étoit, & la voiant sans beaucoup de defense, ils la pillerent, & enleverent l'eau de vie & tout ce qui étoit à leur bienseance. Ils voulurent tuer les Valets, mais ceux-cy furent assez hardis pour se saisir des armes de quelques-uns de ces Sauvages avec lesquelles ils se defendirent quelque-temps, puis s'étant saisis de l'argent de leur Maître, ils l'allerent trouver au lieu où il étoit pour lui donner avis de ce qui s'étoit passé. On va sur les lieux où l'on trouve la maison brûlée, & trois personnes mortes, sçavoir deux Sauvages que les deux Valets avoient couchez par terre en se defendant, & la Maîtresse que les autres Sauvages avoient tuée avant que de se retirer.

Ce qui a encore aigri les affaires du côté des Hiroquois, c'est que les trois soldats Assassins, dont j'ay parlé, aiant été interrogez, l'un d'eux a deposé que les deux autres avoient proposé d'empoisonner dans les occasions autant d'Hiroquois qu'ils pourroient. Ce bruit a éclaté & nous a mis dans la derniere crainte, que les Hiroquois ne fissent mourir nos Reverends Peres, & qu'ils ne vinsent détruire nos habitations écartées, comme les Loups ont fait celle que je viens de dire.

Pour comble de division & de malheurs les ʋtaʋak qui sont amis des François ont exercé un grand acte d'hostilité sur les Hiroquois, aiant tant pris que tué dix-neuf de leurs gens. Ce sont toujours des sujets d'ombrages aux Hiroquois de se voir attaquez par nos alliez, & à nous des motifs de crainte pour une rupture generale de la paix. Mais il s'est presenté une occasion qui a donné jour à rétablir toutes choses dans leur premier état. Six cens ʋtaʋak sont venus ici au mois de Juillet dernier chargez de pelleterie pour leurs traites. Ils y ont beaucoup gagné & nos Marchands encore plus. Mais ce n'est pas tant le trafic qui les a amenez que le desir de faire leur paix avec les Hiroquois par le moien des deux Peres qui les ont accompagnez depuis leur païs jusqu'ici; & il y a de l'apparence que ce sont ces deux Peres qui les ont appaisez en ce qui regarde leur interest, & qui les ont portez en suite à faire cette demarche.

Pour travailler plus fortement à cette affaire & calmer les autres remuemens dont tout le Canada étoit menacé, Monseigneur le Gouverneur s'est transporté à Mont-Real où étoit le rendez-vous de toutes les Nations interessées. Cependant l'affaire a paru si importante à Monseigneur nôtre Evéque, qu'il a fait faire des prieres publiques & des oraisons de quarante heures à l'alternative dans toutes les Eglises de Quebec. Tous ces peuples étant donc à Mont-Real, plûtôt neanmoins pour leurs chasses & pour leurs traites que par un dessein premedité de parler de la paix, Monsieur le Gouverneur a pris occasion de les assembler, & le R. Pere Chaumonnot qui est eminemment sçavant dans toutes les langues, harangua si fortement & avec tant de bonheur selon le genie des Sauvages, que moiennant des presens pour ressusciter les morts, essujer les larmes, applanir les chemins & les difficultez du commerce, tout fut appaisé de part & d'autre, & les traittez de paix renouvellez. Les Otaoak ont rendu aux Hiroquois trois de leurs Captifs avec promesse de leur en rendre encore douze qu'ils avoient laissez en leur païs, dont les Hiroquois ont voulu que Monsieur le Gouverneur se soit rendu caution.

 Les affaires étant ainsi terminées, Monsieur le Gouverneur fit passer par les armes les trois Soldats assassins en presence de toutes les Nations assemblées, afin de leur persuader que lui ni les François n'avoient point eu de part à leur crime. Ils furent tous surpris d'une justice qu'ils estimoient rigoureuse. Car vous remarquerez que parmi eux quand un Sauvage en tuë un autre, ils ne le font point mourir, mais pour resusciter le mort, l'on donne son nom à un autre, au choix des interessez, lequel prend dans la famille le rang de parentage que tenoit le défunt. C'est ce qui étonna les Hiroquois, de voir que l'on faisoit mourir trois François pour un des leurs qui avoit été tué. Ils firent même de grands presens, afin qu'on en laissât au moins vivre deux, & ne pouvoient regarder les patiens, sans pleurer de compassion & de douleur. On leur dit que c'étoit la coûtume des François d'en user ainsi, & que dans ces rencontres on en faisoit mourir deux pour la justice, & un pour celui qui avoit été tué. Il fit aussi rendre à la veuve toute la pelleterie que les Soldats avoient enlevée, & les choses étant ainsi appaisées, chacun s'en retourna en son lieu. Voiez les suites de ces miserables boissons. L'on n'avoit point encore veu par le passé les François commettre de semblables crimes, & l'on ne peut en attribuer la cause qu'à ce pernicieux trafic.

 Je reviens encore à Monsieur Talon: Si Dieu le fait arriver heureusement au port, il trouvera de nouveaux moiens d'enrichir le païs. L'on a découvert une belle mine de plomb ou d'étain à quarante lieuës au delà de Mont-Real, avec une mine d'ardoise, & une autre de charbon de terre. Mondit sieur est pour faire valoir tout cela avec avantage. Il a déja fait faire une tres-ample Brasserie avec de tres-grands frais. Il a encore fait de grands ouvrages dans Quebec, & ailleurs, & si Dieu lui inspire de retrancher le commerce des boissons, c'est ce qui achevera d'immortaliser sa memoire dans cette nouvelle Eglise. Je ne vous parle point ici de l'Eglise, ni de ses progrés, ni des travaux de ceux qui la cultivent, & qui tâchent de l'étendre dans toutes les Nations de nôtre Amerique. Je l'ai fait par un autre voie, & si j'ai omis quelque chose, vous le pourrez apprendre dans la Relation.

Voiez la Lettre du 21. d'Octobre 1669. 1. part. où il est parlé de Monsieur Talon.

De Quebec le   d'Octobre 1669.

LETTRE LXXXIV.
AU MESME.

Monsieur Talon, aprés une furieuse tempête, arrive enfin en Canada, où les Reverends Peres Recollets, qui en avoient été les premiers Missionnaires, retournent & arrivent avec lui. Progrés de la Foi dans les Nations Hiroquoises, Ktakak, & autres. Prodige miraculeux en faveur du saint Baptême. Découverte de la grande Baye du Nord par un François Tourangeau. Nouvelle Peuplade pour le Canada.

MOn tres-cher Fils. Vôtre premiere Lettre m'a apporté une tres-sensible consolation, m'apprenant que Dieu vous a rendu la santé. J'ai admiré sa bonté sur vous, de ce qu'il vous a donné des forces pour porter jusques à present les austeritez de vôtre Ordre, attendu que vous étiez d'une complexion assez delicate. Que son saint Nom soit beni de ses conduites sur vous & sur moi. Mais il faut vous dire quelque chose de l'état present du Canada.

Enfin Monsieur Talon est arrivé à Quebec. Il a pensé faire naufrage une seconde fois proche de Tadoussac, où une tempête jetta son vaisseau sur des roches, & le mit sur le côté. Tous ceux de l'équipage eurent une plus grande fraieur qu'à leur premier debris: car je croi que vous avez sceu que son vaisseau, que nous attendions toute l'année derniere avec une extrême inquietude, fut emporté de la tempête, & qu'il s'alla briser sur des roches proche de Lisbonne en Portugal. Cette année son navire est demeuré fixe entre des roches effroiables en un lieu où la marée monte & baisse. Ils demeurerent là jusques à ce qu'elle remontât. Tous commencerent à faire des vœux, & à demander misericorde à nôtre Seigneur. Ce vaisseau qui devoit être brisé en pieces, & tout le monde perdu, fut enlevé sans aucune rupture: au contraire par un bonheur inesperé, au lieu qu'il avoit fait grande eau durant toute la traverse, en sorte qu'on étoit obligé de pomper continuellement, la grande secousse qu'il avoit euë sur les roches, le resserra de telle sorte, qu'il ne fit pas une seule goute d'eau depuis.

Il a amené avec lui six Peres Recollets qui viennent se rétablir en ce païs: car ce sont les Peres de cet Ordre qui en ont été les premiers

Missionnaires. Ils y ont demeuré jusques en l'année 1625. que les Anglois s'étant rendus les Maîtres du païs, ils furent obligez de quitter, aussi bien que les Peres Jesuites qui ne faisoient que d'y arriver. Les bons Peres Recollets voulant aller aux Hurons, se noyerent, excepté quelques-uns, qui retournerent en France. Depuis ce temps-là leur maison s'est ruinée faute de reparation, & leurs terres ont été occupées par divers particuliers, qui ne croioient pas qu'ils y dussent jamais revenir. Cependant les y voila avec la permission du Roi dans le dessein de se rebâtir sur leurs anciens fondemens. Ce sont des Religieux fort zelez, que leur Provincial qui est un homme considerable parmi eux, & qui a des qualitez éminentes, est venu lui même établir. Il nous a assuré que pour le bien de la paix ils laisseront les terres aux particuliers qui les possedent, parce qu'ils font un vœu tres-étroit de pauvreté, & qu'ils se contenteront d'un fort petit espace pour se bâtir. Ils se vont rétablir sur leurs anciennes ruines, & cependant ils sont logez à nôtre porte, & nôtre Eglise est commune à eux & à nous.

Les Missionnaires, dont l'on a encore accru le nombre cette année sont répandus par tout. Ils souffrent de grands travaux, pour apprivoiser la barbarie des Hiroquois superieurs, qui sont plongez dans des superstitions extraordinaires. Ce sont les Sonontveronnons, où le Reverend Pere Firmin, qui les instruit, a besoin du courage que Dieu lui donne pour demeurer avec eux, car il y souffre la faim & la disette de tout.

Les autres Hiroquois respectent les Peres, mais les boissons que les Anglois leur donnent comme voisins (car je parle des Agneronons) les abrutit de telle sorte, qu'il n'y a nulle assurance pour la Foi, sinon aux Vieillards, aux femmes & aux enfans. Ce n'est pas qu'ils ne croient ce que les Peres leur enseignent, & qu'ils n'assistent aux prieres le matin & le soir, mais la fragilité les emporte, & ils ne sont plus à eux quand ils voient ces liqueurs. Pour les Onontageronnons, ils sont tous gagnez.

Enfin le fameux Capitaine Korakonkié a été baptisé par Monseigneur nôtre Prelat. Il a rompu les liens, qui par foiblesse humaine le retenoient, & il n'a pû vivre davantage sans être Chrétien. Il y a long-temps qu'il l'étoit dans son cœur: Il faisoit tout son possible pour la conversion de ses Compatriotes, il délivroit les Captifs François, il appaisoit tous les desordres, il protegeoit les Missionnaires, & il n'y avoit invention dont il n'usât pour entretenir la paix. Monsieur le

Gouverneur a été son Parrain, & lui a donné le nom de Daniel.

Ce sont les Algonguins qui excedent le plus en l'yvrognerie en ces cartiers par la faute des François, qui leur donnent des boissons. Et ce qui est le plus deplorable, ils y accoûtument leurs femmes & leurs enfans, de sorte que cette Nation qui se perdoit autrefois sans la Foi, si Dieu n'y met la main, se va perdre dans la Foi.

Les Missions des Otawak sont florissantes : les Missionnaires neanmoins y souffrent de grands travaux, particulierement par le défaut de vivre. Mais ils ont cette consolation que l'on ne porte point de boissons dans un païs si éloigné. Ces peuples les écoutent avec un respect incroiable. Le Reverend Pere Dallois, qui entend six Langues Sauvages, en a plus particulierement le soin : Et comme ces pauvres gens n'avoient jamais veu de François, ils vont au devant de lui les mains jointes s'inclinant & l'appellant le bon Manitu, qui est un nom d'honneur. Ces peuples sont les plus éloignez & les derniers découverts. Ce Pere qui les instruit, est un miracle de la Grace ; à le voir, on diroit qu'il n'a ni force, ni santé, & cependant il est infatigable, & on ne peut rien voir de plus laborieux. L'on a encore découvert une autre Nation qui aboutit à des Peuples innombrables. Le Reverend Pere Marquet y a été envoié, & parce que la moisson est grande, l'on a envoié tant à lui qu'aux autres, un secours considerable d'Ouvriers.

Il est arrivé une chose bien remarquable, & qui a donné une grande estime du Baptême en la Mission du Reverend Pere Dablon. Un enfant mourut incontinent aprés avoir reçu ce Sacrement ; & comme la terre étoit toute couverte de neige, en sorte que ses Parens ne le pouvoient mettre en terre, ils l'éleverent en l'air sur un échaffaut, où pour lui faire honneur, ils l'ornerent & entourerent de peaux & de pourcelaines. Une nuit les loups affamez sentant l'odeur d'un corps mort, sortirent du bois, & monterent sur l'échafaut. Ils devorerent les peaux, les pourcelaines, & tout ce qui ornoit l'enfant, mais ils ne toucherent point à ce petit Ange.

Le matin étant venu, les Sauvages vinrent voir cette merveille, & tous commencerent à loüer & estimer le saint Baptême. Ce miracle n'a pas seulement eu son effet au lieu où il est arrivé, mais s'étant répandu dans les Nations voisines, il a donné par tout un grand credit à la Foi. Cela est arrivé au lieu où l'on a fait une maison fixe pour assembler les Missionnaires de temps en temps, & où on leur porte d'ici tous leurs besoins.

DE LA M. MARIE DE L'INCARNATION. 649

Pour ce qui est des affaires temporelles, le Roi fait ici de grandes dépenses, il a encore envoié cette année cent cinquante filles, & un grand nombre de Soldats & d'Officiers avec des chevaux, des moutons & des chevres pour peupler. Monsieur Talon fait exactement garder les ordres du Roi. Il a commandé qu'on fasse des chanvres, des toiles & des serges : cela a commencé, & grossira peu à peu. Il fait faire une halle à Quebec, une brasserie, & une tannerie à cause du nombre prodigieux de bêtes qu'il y a en ce païs. Ces Manufactures n'étoient point en usage par le passé en Canada, mais si elles réüssissent elles diminuëront beaucoup les grandes dépenses qu'il faut faire pour faire tout venir de France. L'on presse tant qu'on peut les femmes & les filles d'apprendre à filer. On veut que nous l'apprenions à nos Seminaristes tant Françoises que Sauvages, & on nous offre de la matiere pour cela.

L'on introduit encore un triple commerce en France, aux Isles de l'Amerique & à Quebec. Trois vaisseaux chargez de planches de pin, de pois, & de bled d'Inde vont partir pour aller aux Isles ; là ils déchargeront leurs marchandises, & se chargeront de sucre pour la France ; d'où elles apporteront ici les choses necessaires pour fournir tout le païs : Et ce triple commerce se fera en un an. L'on fait encore la péche des moruës à cent lieuës d'ici, laquelle étant bien entretenuë produira des revenus immenses. Voila pour faire avec le tems un grand païs, qui enrichira les Marchands. Pour nous, nôtre fortune est faite ; nous sommes la portion de Jesus-Christ, & Jesus-Christ est nôtre portion, & nos gains sont de tâcher à le posseder en pratiquant nos Regles, & faisant ses volontez : Priez la divine Majesté de nous faire cette grace.

Il y a quelque temps qu'un François de nôtre Touraine nommé des Groiseliers se maria en ce païs ; & n'y faisant pas une grande fortune, il lui prit une fantaisie d'aller en la nouvelle Angleterre, pour tâcher d'y en faire une meilleure. Il y faisoit l'homme d'esprit ; comme en effet il en a beaucoup. Il fit esperer aux Anglois qu'il trouveroit le passage de la Mer du Nord. Dans cette esperance on l'équipa pour l'envoier en Angleterre, où on lui donna un vaisseau avec des gens, & tout ce qui étoit necessaire à la navigation. Avec ces avantages il se met en Mer, où au lieu de prendre la route que les autres avoient coûtume de prendre, & où ils avoient travaillé en vain, il alla à contrevent, & a si bien cherché qu'il a trouvé la grande Baie du Nord. Il y a trouvé un grand Peuple, & a chargé son navire ou ses navires de pelleterie pour des sommes immenses. Il est retourné en Angleterre, où le Roi lui a donné vingt mille écus de recompense, & l'a fait Chevalier de la Jartiere, que l'on dit être une dignité fort honorable. Il a pris possession de ce grand païs pour le Roi d'Angleterre, & pour son particulier le voila riche en peu de temps. L'on a fait une Gazette en Angleterre pour loüer cet avanturier François. Il étoit tout jeune quand il vint ici, & fit grande connoissance avec moi, tant à cause de la patrie, qu'en consideration d'une de nos Meres de Tours, chez le pere de laquelle il avoit demeuré. Sa femme & ses enfans sont encore ici.

De Quebec le 27. d'Aoust 1670.

LETTRE LXXXV.

A LA SUPERIEURE DES URSULINES DE DIJON.

Elle lui parle de la découverte des Nations les plus éloignées du côté du Nord.

MA Reverende & tres-chere Mere. Nous avons ressenti l'effet de vos prieres dans le succés de nos élections que nous fîmes le 12. de Mars dernier : ma Reverende Mere de sainte Athanase y fut éluë en ma place, & les autres Officieres ensuite. Monseigneur nôtre Prelat aiant desiré que les élections se fissent à la grille, le tout fut fait en moins d'une heure, y comprenant même le temps de la Messe : Par où vous voiez, ma tres-chere Mere, l'union que la Bonté Divine donne à nôtre Communauté.

Dieu benit de plus en plus les travaux des Ouvriers de l'Evangile. Outre cette Nation, dont je vous parlois l'année derniere, le Reverend Pere Dalois a été prés de la Mer du Nord, où il en a découvert une autre bien plus nombreuse, qui n'avoit jamais veu d'Européens. Ils furent si ravis de le voir, que tout courbez & les mains jointes, ils venoient au devant de lui, en lui disant : Bon Maintou, qui est un nom tout divin en leur langue. On ne peut rien voir de plus docile que ces Peuples, & c'est une misericorde de Dieu bien grande de voir des Barbares cachez dans les extrémitez de la terre, qui ne pensoient point à lui, recevoir par le ministere de ses serviteurs, la lumiere qui seule les peut éclairer dans le chemin du Ciel. L'on a sçeu qu'à dix jour-

DE LA M. MARIE DE L'INCARNATION.

nées au delà de ceux-ci, il y a un païs où il fait six mois de nuit, sçavoir trois mois de nuit toute noire & sans aucun jour, & trois mois d'un jour sombre comme le crepuscule. Le païs est habité, quoi que presque toujours couvert de neige tres-profonde, & il n'y a qu'un petit intervale de temps, où l'on voit la terre. Il n'y a pas un seul arbre, & les prairies n'ont pas l'herbe plus longue que le doigt. Les Habitans vivent de Cerfs, de Castors, & d'Asnes sauvages, & comme ils n'ont point de bois, ils font du feu avec les os, les peaux, & le poil des bêtes qu'ils tuent. On cherche les moiens de les aborder, pour tâcher, de demi-bêtes qu'ils sont, d'en faire des Enfans de Dieu. C'est une entreprise, ma tres-chere Mere, digne d'être recommandée à vos ferveurs, & à celles de vôtre sainte Communauté. L'on a encore découvert d'autres Nations, qui sont composées de diverses langues & peuples ramassez en ces lieux-là. Il y a plus de quarante Peres de la Compagnie, qui vont de tous côtez, & qui ne font autre chose que de chercher des ames égarées pour les gagner à Dieu. Vous seriez consolée de voir combien ils souffrent de travaux dans cette recherche & dans leurs courses. Pour ce qui regarde nôtre Seminaire, nous avons des Filles Sauvages de quatre Nations qui nous donnent une singuliere consolation par leur docilité. Ce sont les delices de nos cœurs qui nous font trouver dans nos petits travaux des douceurs que nous ne changerions pas à des Empires. Nous vous avons de tres-étroites obligations, ma tres-honorée Mere, & à vôtre sainte Communauté des charitez que vous nous faites pour nous aider à les élever; les miseres communes vous incommodent, je le sçai; & c'est ce qui nous rend doublement vos obligées, que vôtre charitable cœur se prive de ce qui vous pourroit être necessaire, afin de nous assister. Je prie la misericorde divine, qui voit vos bontez, de vous recompenser au centuple.

De Quebec le 27. de Septembre 1670.

LETTRE LXXXVI.
A SON FILS.

Elle répond à quelques demandes qu'il lui avoit faites touchant la Religion, les mœurs & la police des Sauvages.

Mon très-cher Fils. Par cette Lettre je répond distinctement aux questions que vous me faites touchant nos Sauvages. Ce que j'y avois oublié, un bon Pere y a suppleé, & vous pouvez vous assurer que tout y est veritable. Vous y verrez les absurditez des hommes, qui n'ont ni la foi, ni méme les lumieres naturelles, à cause de la Nature corrompuë, qui est toute vivante en eux avant le Baptême. Vous demandez:

I. *Si les Sauvages, avant que d'avoir veu des Europeans, avoient la connoissance du vrai Dieu; & quelle connoissance ils en avoient?*

Je répons qu'ils n'en avoient point. Il s'en trouvoit seulement quelques-uns qui faisant reflexion sur les mouvemens des Cieux, sur la disposition des Astres, & sur l'ordre constant des saisons, ont connu par la raison naturelle qu'il y avoit quelque puissant genie, qui aiant creé toutes ces choses, les gouvernoit avec tant de sagesse. J'en ai connu, qui admirant l'harmonie des choses qui sont dans la Nature, meditoient là-dessus, & disoient: Assurément il y a un Auteur de tout ce que nous voions dans le monde, car tout cela n'a pû se faire de soi-méme. Dans cette veuë, ils prioient celui qui a tout fait, & ceux qui sont Chrêtiens ont conservé cette façon de parler, en sorte que voulant prier Dieu, ils lui disent: Toi qui as tout fait, &c. Ceux-là convaincus de leur raisonnement, l'apostrophoient, comme je viens de dire, & lui offroient des presens comme de la farine de bled d'Inde & du petun qui sont les choses les plus exquises qu'ils aient. Deux Capitaines Algonguins, qui étoient de ce nombre, aiant entendu le Reverend Pere le Jeune, crurent aussi-tôt, & embrasserent la Foi. Ils ont été les deux premiers Chrêtiens, & tous deux nous donnerent leurs filles dés le lendemain de nôtre arrivée en ce païs. Il y a plusieurs exemples de cela, qui font voir & admirer la bonté de Dieu,

DE LA M. MARIE DE L'INCARNATION.

II. S'ils adoroient quelque Divinité, & quel culte ils lui rendoient?

Quelques-uns adoroient le Soleil, & lui offroient des Sacrifices; jettant dans le feu de la graisse d'Ours, d'Orignac, & d'autres bêtes, & faisant brûler du petun & de la farine de bled d'Inde. Il y en avoit qui reconnoissoient un certain Messou qui a reparé le monde. Cette connoissance est belle, & a bien rapport à la venuë du Messie, qui a été le Reparateur du monde. Mais l'aveuglement de l'infidelité a obscurci cette belle lumiere par une Fable des plus ridicules; parce que les Hurons, qui sont ceux qui avoient cette connoissance, disoient que ce Messou avoit reparé le monde par le moien d'un Rat & d'une Rate musquez. Quelques autres avoient recours à certains genies, qu'ils disoient presider sur les eaux, dans les bois, sur les montagnes, dans les vallées & en d'autres lieux. Mais tous obeïssoient aux songes comme à une Divinité, observant exactement ce qui leur avoit été representé dans le sommeil. Si un homme avoit songé qu'il tuoit un autre homme, dés qu'il étoit levé il l'alloit trouver, & le surprenant il le tuoit. Ceux qui n'ont pas la Foi, le font encore, parce qu'ils se croient obligez d'obeïr à leurs songes: Et ce mal est un des plus grands obstacles à la Foi. Je viens tout presentement d'apprendre deux nouvelles qui confirment ce que je viens de dire, & qui sont capables d'émouvoir les cœurs de ceux qui sont nez dans le Christianisme, à rendre graces à la divine Bonté d'une vocation si precieuse, si pure & si éloignée de l'erreur. Un Sauvage, qui étoit bien avant dans les Hiroquois aiant songé qu'il falloit qu'il tuât sa femme, qui étoit pour lors à Mont-Real dans une Bourgade de Sauvages, où il y a un grand nombre d'Hiroquois, se leva promptement, & vint en ce village, qui est à plus de cent lieuës de son païs, pour tuer cette femme qui est Chrétienne. Les Peres aiant appris la furie de cet homme, la font cacher dans une cabane fermée. Ce furieux neanmoins y entra tout effraié avec des chiens qui suivoient la femme à la piste, car ces animaux sont dressez à cela. On la fait monter au grenier; les chiens la suivent: Enfin elle se jette à terre, elle fuit, & on la met en la garde des Sauvages. Voiez l'aveuglement de ces Peuples infideles, de faire plus de cent lieuës de chemin pour obeïr à un songe. Un autre songea qu'il falloit qu'il enlevât une fille, & fit autant de chemin que l'autre pour obeïr à son songe. Elle s'enfuit chez les Peres qui la cacherent; l'autre jettoit feu & flâmes, menaçant de tout tuer si on ne lui donnoit cette fille. Pendant qu'un Pere l'entretenoit pour l'amuser, on la met dans un canot pour la faire évader ; l'autre court après : On la mene à Chambly, qui est un des Forts du passage des Hiroquois ; il la suit toujours : On la conduit en divers lieux ; il n'abandonne point ses poursuites : Enfin il l'attrape & l'enleve. N'est-ce pas là une étrange barbarie ? Ce qui la rend plus effroiable, ce sont les boissons que les François donnent aux Sauvages : car quand ceux-ci ont beu une fois de l'eau de vie, outre le songe, ils idolâtrent encore l'yvresse, & ces deux choses étant jointes ensemble, on ne peut rien voir de plus feroce : car ils se tuënt les uns les autres, ils se coupent le nez & les oreilles, & l'on en voit un grand nombre de mutilez ; mais revenons à nos questions.

III. *Croioient-ils l'immortalité de l'ame, & supposé qu'ils la crussent, ce que l'ame devenoit après la mort ?*

Ils croioient l'immortalité de l'ame, & l'honneur qu'ils rendoient aux corps, en est une preuve. Ils estimoient que les ames étant séparées des corps, s'en alloient au delà de la mer, où elles demeuroient en repos. Pour faire ce voiage, ils leur donnoient un Viatique, faisant brûler quelques graisses prés du tombeau du défunt. Ils leur fournissoient même quelques armes, & autres choses necessaires pour le voiage. Generalement parlant, tous les Peuples de l'Amerique croient que l'ame est immortelle, & qu'elle s'en va après la mort au lieu où le Soleil se couche, & d'où il ne se leve jamais. Ils étoient si fort en cette pensée, avant qu'ils eussent veu des Europeans, que quand on les catechisoit, & qu'on leur parloit du Paradis, ils disoient qu'ils n'y vouloient pas aller, mais au païs des ames où alloient leurs parens. Ils croioient que là elles vivoient des ames des Castors, des Originaux, & des autres animaux, dont ils avoient mangé les corps durant leur vie. Cette creance de l'immortalité des ames leur sert beaucoup pour leur conversion.

IV. *S'ils avoient quelque police pour la paix, pour la guerre, pour le gouvernement ?*

Oüi, ils en avoient : Ils envoient des Ambassadeurs les uns chez les autres pour traitter de paix, mais souvent ils tuënt les Ambassadeurs contre le droit des gens. Ils font la guerre en se surprenant les uns les autres. Ils assiegent quelquefois les Bourgs, & les prennent ; quelquefois aussi ils levent le siege. Ils se battent peu en bataille rangée. Leur gouvernement n'est pas absolu ; les Chefs dis-

DE LA M. MARIE DE L'INCARNATION.

posent de la jeunesse par humbles remontrances, mais ils sont éloquens & persuasifs pour les gagner.

V. *Avoient-ils quelque connoissance de la creation du monde & du deluge, & quelque écriture qui approchât de l'Evangile?*

Non pas du premier, sinon que par le raisonnement ils inferoient de l'harmonie du monde, qu'il y avoit quelque grand genie qui l'avoit fait & qui le conservoit dans un ordre si constant & si reglé, ainsi que j'ai déja remarqué. Pour le second, ils ont leurs fables, qui ont quelque rapport à ce que l'Ecriture dit du deluge. Les Abnakisois, qui sont des Peuples du côté du Sud parlent d'une fille Vierge, qui enfanta un grand Homme. Ces Peuples n'ont pas plûtôt connu les Europeans que les autres Nations de l'Amerique, & partant la connoissance de cette Vierge Mere est extraordinaire & surprenante. Il en est de même de ce grand Homme, dont elle est Mere, parce que c'est ce Messou, dont j'ai parlé, que les Hurons disent avoir reparé le monde par un Rat & une Rate musquez.

VI. *De quelle maniere conservoient-ils la tradition de leurs Histoires, & de ce qui étoit arrivé le temps passé: Et s'ils n'avoient point de lettres pour le faire?*

Ils conservoient la tradition de leurs Histoires par le recit que les peres en faisoient à leurs enfans, & les anciens aux jeunes gens, car ils n'ont point l'usage de l'écriture ni d'aucun caractere. Ce défaut d'écriture est cause que leurs traditions sont mêlées de beaucoup de fables & d'impertinences, qui grossissent toûjours avec le temps. Ils ne peuvent comprendre comme par les lettres nous pouvons sçavoir ce qui se passe en France, & ailleurs. Ils s'affermissent dans la Foi, quand on leur dit, que l'écriture nous enseigne nos Mysteres. S'ils sont à trois ou quatre cens lieuës d'ici, & que leurs gens qui sont venus ici en traitte, s'en retournant, portent des lettres aux Peres qui les gouvernent, ils sont tout extasiez, quand ces Peres leur disent tout ce qu'ils ont fait & dit à Quebec. Ils ne peuvent concevoir comme la lettre qu'ils ont portée, peut dire de si grandes veritez, sans jamais se tromper. Cela fait qu'ils tiennent les Peres pour des Manitoux, à qui rien n'est caché ou impossible, & cela sert beaucoup à la Foi.

VII. *De quelles armes ils se servoient en guerre, & avec quels instrumens ils les faisoient?*

Ils se servoient de massuës de bois, d'arcs & de fleches, dont la pointe étoit d'os d'Orignac, & de Caribon, ou de pierres qu'ils affiloient. Ils en portoient un faisseau derriere le dos, quand ils alloient en guerre.

VIII. *De quelle maniere ils vivoient, n'aiant point d'utenciles de cuisine, ni l'usage du feu; ou s'ils avoient du feu, comment ils le conservoient?*

Ils se servoient de plats d'écorce tres-bien faits. Avant qu'ils eussent commerce avec les Europeans, ils avoient l'usage du feu par le moien des pierres, dont ils ne manquoient pas. Et pour faire cuire leur viande, ou ils la rotissoient au feu, ou ils la faisoient boüillir dans de grands plats d'écorce, qu'ils remplissoient d'eau, puis faisant chaufer jusques à rougir un grand nombre de pierres, ils les mettoient dedans pour échauffer l'eau & la faire boüillir jusques à ce que la viande fût cuite. Pour faire rôtir les chairs, ils font des cordes d'écorce de bois tendre; ils y attachent la viande, & la suspendent, puis ils la tournent & virent devant le feu jusques à ce qu'elle soit rôtie. Ils font aussi du fil d'ortie, qu'ils filent sans fuzeau, le torsant sur le genoüil avec la paume de la main. Ils en font leurs petits ouvrages, qu'ils ornent avec du poil de Porc-épic blanc & noir, le mêlant avec d'autre boüilli en des racines, qui le font aussi beau que la Cochenille fait en France l'écarlatte. J'ai fait voir ce que je viens d'écrire à un de nos Reverends Peres fort sçavant en ces matieres, afin de ne vous rien mander qui ne soit bien assuré : Je vous l'envoie avec son approbation.

De Quebec 1670.

LETTRE LXXXVII.

AU REVEREND PERE PONCET JESUITE.

Elle lui fait le recit de la vocation de Madame de la Peltrie au Canada, & des principales vertus & actions de sa vie.

MOn Reverend Pere. Vous avez prié Madame de la Peltrie de vous mander de certaines choses que j'ay bien veu que sa vertu ne lui permettoit pas d'écrire. Je n'ay pas voulu faire de violence à sa pudeur, mais comme je sçay l'histoire, j'ay mieux aimé derober quelque peu de temps à mes occupations pour vous en faire moy-mème le recit.

Je vous dirai donc que cette Dame après la mort de Monsieur de la Peltrie son Mari, se porta d'une façon toute particuliere à la pratique de la vertu. Elle sortit de sa maison contre le gré de Messieurs ses Parens, qui avoient tant d'amitié & de tendresse pour elle, qu'à peine la pouvoient ils perdre de veuë. Elle fut demeurer à Alençon, où elle ne voulut pas demeurer chez Monsieur de Vaubougon son Pere pour eviter les sollicitations qu'il lui eût peu faire de se remarier. Etant ainsi établie à sa liberté elle faisoit beaucoup d'actions de charité, logeant & servant les pauvres, & retirant en sa maison des filles perduës pour les retirer des occasions de peché. Quelque aversion qu'elle eut du mariage son Pere ne laissa pas de lui en parler & de la presser d'y entendre une seconde fois. Comme elle donnoit autant de refus qu'il faisoit d'instances, il lui defendit l'entrée de sa maison & lui dit qu'il ne la vouloit jamais voir. Ce traitement l'obligea de se retirer quelque temps dans une maison religieuse, où elle ne fut pas exempte d'importunité à cause de la proximité de ses Parens. En ce temps-là le Reverend Pere le Jeune fit imprimer une Relation par laquelle il exhortoit ses lecteurs à donner du secours aux Sauvages, & où entre les motifs qu'il donnoit, il disoit ces paroles touchantes : Ah! Ne se trouvera-t'il point quelque bonne & vertueuse Dame qui veüille venir en ce païs pour ramasser le sang de JESUS-CHRIST en instruisant les petites filles Sauvages? ces paroles lui penetrerent le cœur en sorte que depuis ce temps là son esprit fut plus en Canada qu'en elle-même. Avec ces sentimens qu'elle conservoit en son ame elle fut obligée de retourner à Alençon, où le decez de Madame sa Mere la rappella. Elle y tomba elle-méme malade à la Mort, en sorte que les Medecins l'aiant abandonnée, ils ne la visitoient plus que par honneur & par ceremonie. Comme on l'attendoit à expirer, il lui vint un mouvement de faire vœu à saint Joseph Patron du Canada, que s'il lui plaisoit d'obtenir de Dieu sa santé, elle iroit en ce païs & y porteroit tout son bien, qu'elle y feroit une maison sous son nom & qu'elle se consacreroit elle-méme au service des filles Sauvages. Pendant que tout cela se passoit en son esprit, il y avoit là des personnes qui de la part de Monsieur son Pere lui vouloient faire rompre le testament qu'elle avoit fait, & lui-méme la pressoit fort de le faire. Pour toute réponse elle le supplia de la laisser mourir en paix, ce qui l'offença étrangement. Dans ce combat elle n'étoit soûtenuë que des Peres Capucins qu'elle avoit fait appeller pour l'aider à bien mourir. Et il est à remarquer qu'elle étoit si prés de la mort qu'on avoit passé la nuit à lui faire un habit de saint François avec lequel elle vouloit être inhumée. Elle s'endormit parmi ces contradictions, & lors qu'on l'attendoit à expirer : Mais à son reveil, contre l'attente de tout le monde, elle se trouva sans fievre & dans une forte resolution de conserver son bien pour l'execution de son dessein du Canada. Le lendemain les Medecins aiant apris qu'elle n'étoit pas morte, l'allerent visiter, & l'un d'eux lui aiant manié le pous & l'aiant trouvée sans fievre, lui dit par un certain transport : Madame, vous étes guerie, assurement vôtre fievre est allée en Canada. Il ne sçavoit pas ce qui s'étoit passé dans son interieur, mais elle qui s'en ressouvenoit fort bien le regarda & avec un petit soûris lui repartit, ouï, Monsieur, elle est allée en Canada. Ses forces étant revenües en peu de temps, son Pere lui livra de nouveaux combats, & lui dit que si elle ne lui donnoit le contentement qu'il desiroit, elle le verroit mourir de deplaisir. Plusieurs personnes de qualité & de merite, même des Religieux entroient dans le sentiment de son Pere, & lui conseilloient de se marier. Enfin elle communiqua son dessein à un de vos Reverends Peres, & lui demanda les moiens qu'elle pourroit tenir pour mettre fin à l'affliction de son Pere. Ce Reverend Pere lui dit que tout cela se pouvoit accommoder, que son Pere seroit satisfait, & qu'elle ne tomberoit point dans l'inconvenient qu'elle craignoit : Qu'il connoissoit un Gentil-homme nommé Monsieur de Bernieres Thresorier de France à Caen qui menoit une vie de saint, & qu'il le faudroit prier de la faire demander en mariage pour y vivre comme frere & sœur.

DE LA M. MARIE DE L'INCARNATION.

Cela fut conclu, & fans differer davantage, elle écrivit à Monfieur de Bernieres pour le fupplier de la demander en mariage à fon Pere avec lequel elle étoit alors en bonne intelligence, parce qu'elle lui avoit promis de lui donner le contentement qu'il defiroit.

Monfieur de Bernieres, qui étoit un homme pur comme un Ange, aiant reçu la lettre de Madame de la Peltrie, fut furpris au delà de ce qu'on fe peut imaginer, & ne fçavoit que répondre à une propofition fi peu attenduë. Il confulta fon Directeur & quelques perfonnes de pieté qui lui perfuaderent d'embraffer ce deffein, l'affurant qu'ils connoiffoient Madame de la Peltrie, qui ne le defiroit que pour en faciliter l'execution. Il m'a dit depuis qu'il fut trois jours fans fe pouvoir refoudre quelque eftime de vertu qu'on lui donnât de Madame de la Peltrie. Il fouffroit de grands combats craignant de fe hazarder dans une occafion fi perilleufe; outre que tout le monde fçavoit la refolution qu'il avoit prife de vivre chaftement & de ne fe marier jamais. Enfin aprés avoir fait beaucoup de prieres pour fçavoir la volonté de Dieu fur cette propofition, il fe refolut de paffer outre, & fans differer davantage, il écrivit à un Gentilhomme de fes amis nommé Monfieur de la Bourbonniere, pour le prier d'aller trouver Monfieur de Vaubougon, & de lui demander de fa part Madame de la Peltrie fa fille. Cet ami fe fit honneur de trouver une occafion fi favorable de rendre fervice à Monfieur de Bernieres. Aprés que Monfieur de Vaubougon l'eut entendu parler, il paffa d'une extremité à une autre & penfa mourir de joie; & ne pouvant quafi parler pour le tranfport dont fon cœur étoit faifi, il pria ce Gentilhomme de voir fa fille & de fçavoir d'elle-méme fa volonté. Il la vit & aiant tiré d'elle le confentement qu'il defiroit, ce qui ne lui fut pas difficile, il en alla donner avis à Monfieur de Bernieres, qui demeura l'homme du monde le plus empéché, parce qu'il falloit aller à Alençon pour l'execution du mariage. Monfieur de Vaubougon, qui étoit au lict malade des gouttes, preffoit de fon côté fa fille de terminer l'affaire au plûtôt: Il faifoit tapiffer & parer la maifon pour recevoir Monfieur de Bernieres, & infpiroit à fa fille les paroles qu'elle lui devoit dire pour les avantages de ce mariage. Cependant Monfieur de Bernieres qui ne fe preffoit pas, ce qui faifoit languir ce bon vieillard, qui voiant que le temps fe paffoit, commença d'entrer en foubçon que fa fille fe mocquoit de lui en forte qu'il vouloit lui faire figner un papier qui lui devoit caufer une perte de plus de quarante mille livres. Elle le flatoit, lui difant que Monfieur de Bernieres étoit un homme d'honneur qui ne manqueroit pas à sa parole, mais qu'il lui avoit fait sçavoir que ses affaires ne lui pouvoient permettre de faire le voiage de six semaines. Elle le fit neanmoins venir à Alençon en secret, & le fit loger en la maison d'un de ses amis qui lui étoit fidele, & à qui elle avoit confié tout le secret du Canada. Ils confererent ensemble de ce qu'ils pourroient faire pour ce mariage. Le conseil des personnes doctes étoit qu'ils se pouvoient marier & vivre en chasteté : mais pour les interests temporels, l'on assuroit que ce mariage eût porté prejudice aux affaires du Canada à cause du bien de Madame de la Peltrie, dont les heritiers eussent pu avec le temps faire de la peine à Monsieur de Bernieres. La resolution fût qu'ils ne se marieroient pas, mais qu'ils feroient semblant de l'être, & là dessus Monsieur de Bernieres retourna en sa maison. Au même temps Monsieur de Vaubougon fût saisi d'une grosse maladie dont il mourut, ce qui fit changer les affaires de face. Madame de la Peltrie demeura libre de ce côté là, mais il lui survint un autre embarras. Sa Sœur ainée & son Beaufrere ne voulurent pas qu'elle entrât en partage du bien de leur Pere, & ils la vouloient faire enlever & mettre en interdiction, disant qu'elle donnoit son bien aux pauvres, & que par sa mauvaise conduite elle auroit bien-tôt tout dissipé. Elle fut à Caen en secret pour consulter Monsieur de Bernieres, qui l'encouragea puissamment, & par le conseil duquel elle appella au Parlement de Rouen. Elle y fut avec son homme d'affaires qui lui conseilloit de faire serment d'une chose tres-juste, & qu'il l'assuroit qu'elle gagneroit son procez. Comme elle étoit fort craintive, elle ne le voulut pas ; mais elle s'adressa à Dieu & au glorieux saint Joseph lui reiterant le vœu qu'elle avoit fait de se donner avec tout son bien au service des filles Sauvages, & de fonder à cet effet une Maison d'Ursulines en Canada. Dés le lendemain un Deputé lui vient dire qu'elle avoit gagné son procez, & qu'elle étoit declarée capable du maniement de son temporel. Comme l'on avoit eu quelque connoissance de la recherche de Monsieur de Bernieres, on croioit quelle s'alloit marier, & on la montroit au doigt : Et même des personnes Religieuses lui faisoient en face des reproches, de ce qu'aiant mené une vie devote & exemplaire, elle la quittoit pour reprendre celle du grand monde. Elle répondoit en souriant & avec modestie, qu'il falloit faire la volonté de Dieu : Ces réponses confirmoient la creance qu'on en avoit & sur tout sa Sœur & ses Parens. Son cœur se sentant extraordinairement pressé d'executer son dessein, elle s'en

DE LA M. MARIE DE L'INCARNATION.

alla à Paris pour en chercher les moiens, & Monsieur de Bernieres l'y fut trouver pour l'aider en cette recherche. Comme ils agissoient de concert le Demon suscita un nouveau trouble, sçavoir qu'on cherchoit Madame de la Peltrie pour la mettre en un lieu où elle ne pût dissiper ses biens. Elle étoit seulement accompagnée d'un Demoiselle & d'un laquais à qui elle avoit confié ses secrets, & afin de n'être point surprise dans la necessité où elle étoit de consulter les personnes de pieté, elle changeoit d'habit avec sa Demoiselle & la suivoit comme une servante. Ceux qui furent principalement consultez sur une affaire si extraordinaire furent le Pere Goudren & Monsieur Vincent, dont le premier étoit General de l'Oratoire, & l'autre de saint Lazare: L'un & l'autre aiant jugé que cette vocation de Madame de la Peltrie étoit de Dieu, Monsieur de Bernieres ne pensa plus qu'à chercher le Pere qui faisoit à Paris les affaires du Canada. Par une providence de Dieu toute particuliere il fut adressé à V. Reverence qui lui donna esperance que ce dessein pourroit reüssir: Sur quoi vous prîtes occasion de lui dire, parlant de moy, que vous connoissiez une Religieuse Ursuline à qui Dieu donnoit de semblables pensées pour le Canada, & qui n'attendoit que l'occasion. Lui tout ravi d'une rencontre si heureuse, fut trouver Madame de la Peltrie & lui dit la découverte qu'il avoit faite; la voila toute pleine d'esperance. V. R. prit la peine de m'écrire de sa part, à quoi je fis réponse avec action de graces & d'acquiescement moiennant l'Ordre de l'obeïssance. On consulte les Reverends Peres Lallemant & de la Haïe, & par leur conseil Monsieur le Commandeur de Sillery, & Monsieur Foucquet Conseiller d'Etat, afin d'avoir leur consentement pour le passage de Madame de la Peltrie, des Religieuses & de leur suite. Cependant pour amuser le monde, Madame de la Peltrie faisoit venir ses meubles d'Alençon, ce qui confirma la creance de son mariage, en sorte qu'on cessa de l'inquieter. Enfin la resolution fut que l'on me viendroit querir à Tours, & Monsieur de Bernieres & Madame de la Peltrie voulurent bien prendre cette peine. Durant tout le voiage on les prit pour le mari & la femme, & les personnes de qualité qui étoient dans le carrosse en avoient la creance. Etant arrivez à Tours le R. Pere Grandami Recteur de vôtre College à qui le R. Pere Provincial avoit recommandé de presenter à Monseigneur l'Archevêque Madame de la Croix (c'est le nom que Madame de la Peltrie avoit pris, afin de n'être pas connuë) se trouva prest pour s'acquitter de sa commission, ce qu'il fit de si bonne grace que Monseigneur que l'on croioit devoir être inexorable pour un dessein si extraordinaire, après l'avoir entendu parler & veu les lettres de Messieurs de Sillery, de Lozon, & Foucquet, fut comme ravi de la grace que Dieu lui faisoit de prendre deux de ses filles pour une si glorieuse entreprise. Le R. Pere lui dit le secret de Madame de la Peltrie & de Monsieur de Bernieres, comme celle-là sous le nom de Madame de la Croix, & comme tous deux sous l'apparence de mariage avoient fait le voiage & travailloient à l'execution de cette affaire. Il pria le Pere & Monsieur de Bernieres de la mener au Monastere, & de donner ordre de sa part à la Reverende Mere Superieure de lui en donner l'entrée & de lui faire les mêmes honneurs qu'à sa propre personne. Il fût obeï, parce qu'elle fût reçuë avec toutes les acclamations possibles. Toute la Communauté assemblée se trouva à la porte, & quand elle parut on chanta le *Veni Creator*, & ensuite le *Te Deum laudamus*. Du Chœur on la mena dans une sale où toutes les Religieuses se furent jetter à ses pieds pour lui rendre action de grace, de ce qu'elle avoit jetté les yeux sur une personne de la Maison pour l'execution de son dessein. Quand on fut informé que Monsieur de Bernieres étoit l'Agent & l'Ange visible de Madame de la Peltrie, les Religieuses avec la permission de leur Superieure allerent file à file au parloir se jetter à ses pieds pour lui exposer le desir qu'elles avoient d'être choisies pour ma compagne. La bonne Mere Marie de saint Joseph n'osoit paroître ni declarer son desir. Je la fis entrer & la presenté moy-même à Monsieur de Bernieres. Dés qu'il l'eut veuë & entenduë parler, il crut que c'étoit celle là que Dieu avoit choisie pour m'accompagner, & il fit auprés de Monseigneur l'Archevêque qu'on nous l'accordât. Il fit dés lors une liaison d'esprit toute particuliere avec cette chere Mere, en sorte que Madame, elle & moy n'avions avec lui qu'une même volonté pour les affaires de Dieu. Il se passa bien des choses au sujet des Parens de cette chere Mere, des miens, & de mon Fils, qu'il n'est pas necessaire de dire en ce lieu.

Nos resolutions étant prises Monseigneur de Tours voulut que nous fussions en sa Maison pour nous donner sa benediction, & à cet effet il eut la bonté de nous envoier son carrosse. Il voulut encore conferer avec Madame de la Peltrie en presence du R. Pere Grandami, & de Monsieur de Bernieres touchant la fondation qu'elle vouloit faire, & il témoigna qu'il vouloit qu'elle fût contractée en sa presence. Monsieur de Bernieres le supplia de differer jusqu'à ce que nous fuffions à Paris, nôtre voiage étant extrémement preffé; mais Madame de la Peltrie declara verbalement qu'elle donnoit parole de trois mil livres de rente. Ce bon Prelat se contenta de la promesse verbale qu'elle fit, & nous aiant donné sa benediction, nous confia ma Compagne & moi à ces deux bonnes ames, avec une recommandation au Reverend Pere de la Haïe, d'agir pour lui en cette affaire, & de nous tenir sa place, pendant que nous serions à Paris. Monsieur de Bernieres regloit nôtre temps & nos Observances dans le carrosse, & nous les gardions auffi exactement que dans le Monastere. Il faisoit oraison, & gardoit le silence auffi bien que nous. Dans les temps de parler, il nous entretenoit de son oraison, ou d'autres matieres spirituelles. A tous les gîtes c'étoit lui qui alloit pourvoir à tous nos besoins avec une charité finguliere. Il avoit deux serviteurs qui le suivoient, & qui nous servoient comme s'ils eussent été à nous, parce qu'ils participoient à l'esprit d'humilité & de charité de leur Maître, sur tout son Laquais, qui sçavoit tout le secret du mariage supposé.

Lors que nos Reverendes Meres du Faux-bourg de saint Jacques sceurent nôtre arrivée à Paris, elles nous firent l'honneur de nous envoier visiter, & de nous offrir leur maison; mais les affaires de Madame de la Peltrie ne nous permettoient pas de nous separer d'elle, & de nous enfermer si-tôt. Monsieur de Meules Maître d'Hôtel chez le Roi nous prêta sa maison, qui étoit dans le cloître des Peres Jesuites de la Maison Professe, ce qui nous fut tres-commode, tant parce que nous y avions des départemens separez pour Monsieur de Bernieres, & pour nous, que pour la facilité que nous avions d'aller entendre la Messe à saint Loüis, & d'y recevoir les Sacremens.

Monsieur de Bernieres nous accompagnoit par tout, & tout le monde le croioit mari de Madame de la Peltrie, en sorte qu'étant tombé malade, elle demeuroit tout le jour en sa chambre, & les Medecins lui faisoient le rapport de l'état de sa maladie, & lui donnoient les ordonnances pour les remedes. Son masque étoit attaché au rideau du lit, & ceux qui alloient & venoient, lui parloient comme à la femme du malade. Quoi que nous fussions sensiblement affligées de la maladie de Monsieur de Bernieres, tout cela neanmoins nous servoit de recreation & de divertissement. Ce mot de mariage lui donnoit d'autres pensées; car faisant reflexion à la commission qu'il avoit donnée à son ami de demander en son nom Madame de la Peltrie à son pere, il disoit, & repetoit: Que dira Monsieur de la Bourbonniere que je me fois ainfi mocqué de lui? Bon Dieu, que dira-t-il? Je n'oferai paroître en fa prefence : Toutefois j'irai me jetter à fes pieds pour lui demander pardon. Tout cela fe faifoit dans nos recreations, mais nos entretiens ordinaires & prefque continuelles étoient de nôtre Canada, des preparatifs qu'il falloit faire pour le voiage, & de ce que nous ferions parmi les Sauvages dans ce païs barbare. Il regardoit la Mere de faint Jofeph qui n'avoit que vingt-deux ans, comme une victime qui lui faifoit compaffion, & tout enfemble il étoit ravi de fon courage & de fon zele. Pour moi, je ne lui faifois point de pitié : Il fouhaittoit que je fuffe égorgée pour JESUS-CHRIST, & il en fouhaittoit autant à Madame de la Peltrie. Le Reverend Pere Charles Lallemant fe chargea de faire preparer en fecret tout l'embarquement : Et comme Meffieurs de la Compagnie ne purent faire embarquer tout nôtre bagage, parce que nous avions parlé trop tard, lui & Monfieur de Bernieres loüerent un Navire exprés, car Madame de la Peltrie n'épargnoit point la dépenfe, pourveu qu'elle vint à bout de fon deffein.

Huit jours avant nôtre départ nos Reverendes Meres du Faux-bourg de faint Jacques nous reçurent dans leur Maifon avec une charité & cordialité incroiable. Vôtre Reverence fçait ce qui fe paffa au fujet de ma Reverende Mere de faint Jerôme, que nous avions demandée pour Compagne, comme elle tomba malade, lors qu'il fallut partir, & comme cet accident nous obligea de paffer fans elle, ce qui nous caufa une tres-fenfible affliction : car outre que nous perdions un excellent fujet, nous fûmes obligées de refaire nôtre contract de fondation, dans lequel elle étoit comprife : Monfieur de Bernieres & Monfieur Laudier Agent de Madame de la Peltrie nous menerent pour cet effet chez le Notaire, où il y eut un peu de démêlé, parce que ce dernier ne jugea pas à propos que Madame de la Peltrie employât dans fon contrat ce qu'elle avoit promis à Monfeigneur de Tours, parce, difoit-il, que nous aiant promis plus que le droit ne permettoit, cela l'eût pu jetter à l'avenir en des procez avec fes parens. Nous fûmes donc obligées par le confeil de nos amis d'en paffer à ce qui pouvoit rendre le traitté valide, & fans crainte d'aucune mauvaife confequence.

Nos affaires étant expediées à Paris, nous partîmes pour nous rendre à Diépe, qui étoit le lieu de l'embarquement, Monfieur de Bernieres étant toujours nôtre Ange Gardien avec une charité nonpareille. Nous trouvâmes à Roüen le Reverend Pere Charles Lallemant,

mant, qui avoit fait preparer toutes choses pour le voiage si secretement qu'à peine s'en étoit-on aperçu dans la maison. Il nous fit la charité de nous conduire à Diepe, & de faire embarquer nos provisions, & nôtre équipage, Madame de la Peltrie fournissant à toute la dépense. Monsieur de Bernieres se fût embarqué avec nous, pour faire le voiage, si Madame de la Peltrie ne l'eut constitué son Procureur, pour faire la dépense de sa fondation, & pour faire ses affaires en France : car ses parens croïoient assurément qu'ils étoient mariez, & sans cela ils nous eussent arrêtées, ou du moins retardées cette année-là. Ce grand Serviteur de Dieu ne nous pouvoit quitter: Il nous mena dans le Navire, accompagné du Reverend Pere Lallemant, & tous deux nous rendirent tous les bons & charitables offices necessaires en cette rencontre où la Mer nous rendoit fort malades. Enfin il fallut se separer, & quitter nôtre Ange Gardien pour jamais, mais quoi qu'il fût éloigné de nous, sa bonté lui fit prendre le soin de nos affaires avec un amour plus que paternel. Dans toute la conversation que nous eûmes avec lui depuis nôtre premiere entreveuë jusques à nôtre separation, nous reconnûmes que cet homme de Dieu étoit possedé de son Esprit, & entierement ennemi de celui du monde. Jamais je ne lui ai entendu proferer une parole de legereté, & quoi qu'il fût d'une agreable conversation, il ne se dementoit jamais de la modestie convenable à sa grace. Vôtre Reverence en peut rendre un semblable témoignage, aiant eu de grandes conversations avec lui, à l'occasion du dessein de Madame nôtre Fondatrice, duquel il a été un des principaux instrumens pour le conduire au point, où par la misericorde de Dieu nous le voions. Voila, mon cher Pere, un petit abbregé des connoissances que j'ai de ce qui s'est passé au sujet de Monsieur de Bernieres & de Madame de la Peltrie : vous pouvez y ajoûter foi, parce que je me suis efforcée de le faire avec plus de fidelité que d'elegance & d'ornement.

De Quebec le 25. d'Octobre 1670.

LETTRE LXXXVIII.
A UNE RELIGIEUSE URSULINE DE TOURS.

Avec laquelle elle fait une association de prieres, lui marque son zele pour le salut des ames, & la détrompe de la fausse nouvelle qu'on lui avoit dite, qu'on faisoit acception des maisons de France, pour en tirer des Religieuses pour le Canada.

MA tres-chere & bien-aimée Mere. C'est avec bien de la joïe que j'ai reçu vôtre chere Lettre. Oüi, mon aimable Mere, tout ce qui vient de vous, me donne de la consolation. C'est donc tout de nouveau que j'entre avec vous dans une nouvelle association de biens spirituels jusques à l'éternité, où il n'y aura plus de changemens ni de renouvellemens à faire. Je fais le semblable à ma Reverende Mere de l'Annonciation, de laquelle j'experimente toutes les bontez imaginables. C'est un bon cœur à qui je souhaitterois pouvoir correspondre, & à vous, mon aimable Mere, qui vous interessez si fortement en tout ce qui me touche. Il faut que je vous confesse que j'aimerois la vie, si je pouvois aider en quelque chose les ames rachetées du Sang de JESUS-CHRIST, & si j'en étois capable, je souhaitterois vivre jusqu'au jour du jugement pour un si noble emploi. Mais puisque j'en suis indigne, offrez-lui ma bonne volonté, & s'il veut que je meure bien-tôt, demandez-lui que puisque je ne suis pas digne de le faire en cette vie, il differe de me donner son Paradis aprés ma mort, pour m'envoier tout le temps qui sera convenable à sa plus grande gloire, par tout le monde, afin de lui gagner les cœurs de tous ceux qui ne l'aiment pas & qui ne connoissent pas ses amabilitez. Car n'est-ce pas une chose insupportable qu'il y ait encore des ames qui ignorent le Dieu que nous servons? Joignez-vous à moi, mon intime Mere, pour lui gagner des cœurs, puis qu'il les a tous creez capables de son amour.

Enfin nos bonnes Religieuses sont arrivées ici en bonne santé, & bien resoluës de ne se point épargner à travailler à la vigne de nôtre Seigneur. Nous avons une tres-grande obligation à nos Meres de Tours du favorable accueil qu'elles leur ont fait en passant par leur Monastere. Elles n'ont pas assez de paroles pour exprimer tout ce qu'elles y ont veu de vertu & de regularité. Elles m'ont assuré n'y avoir rien remarqué que ce qui se pratique dans les maisons d'où elles sont sorties, tant pour l'esprit de l'Observance que pour le genie des personnes. Je ne voudrois pas pour tous les biens du monde, qu'elles n'y eussent passé, pour le grand bien que j'espere que cette visite apportera à toutes nos maisons, sçavoir le bien de la paix & de la charité. Leur seul déplaisir est qu'aucune de cette maison n'a passé en leur compagnie, car elles ne sont nullement partiales, c'est une verité dont je vous assure. Si cette privation leur fait de la peine, je n'en suis pas moins mortifiée, comme d'un bien que j'esperois & attendois avec ardeur. Il n'a pas tenu non plus au Pere Ragueneau, parce que n'en aiant demandé que de nôtre Congregation, il s'étoit accordé, selon les ordres de Monseigneur nôtre Evêque, avec les Meres de nôtre Congregation de Flandres qu'il nous envoiroit de leurs Religieuses. Et en effet trois devoient passer cette année, car je conserve encore les Lettres de ces cheres Meres qui nous témoignent une amitié qui n'est pas croiable. Le Pere demeuroit en repos en cette attente, & en effet il les attendoit de jour à autre, lors qu'on lui apporta la nouvelle qu'elles étoient retenuës par l'ordre, ainsi que je croi, de leur Prelat. Il écrivit ensuite à Tours, d'où il n'eut pas une réponse favorable. Il s'adressa à nos Meres de Vannes, de qui il esperoit plus de satisfaction, mais elles differerent trop à lui faire réponse. Tous ces coups aiant manqué, Monsieur Poitevin Grand-Vicaire de Monseigneur nôtre Evêque voiant que le temps pressoit, fit une tentative pour avoir les deux de Bourges, qui avoient été arrêtées, il y a quatre ans, supposé qu'elles fussent encore en disposition de partir. Monsieur de Bourges étant alors à Paris, il fut facile de conclure l'affaire en peu de temps, car la proposition lui en aiant été faite, il les accorda sans beaucoup de peine. D'ailleurs la Communauté de Paris, qui avoit refusé deux Religieuses quelques années auparavant, a consenti cette année à leur départ : ce sont les deux que vous avez veuës, & qui en verité sont deux excellens sujets. Les choses aiant été ainsi arrêtées, & les ordres de Monsieur le Grand-Vicaire délivrez, nos Meres de Vannes écrivirent qu'elles étoient prêtes, mais on leur répondit qu'elles avoient parlé trop tard, & que les ordres étant donnez pour cette année, il leur falloit attendre une autre occasion. Quelque ordre neanmoins qui eût été expedié, le Pere Ragueneau me mande que si une ou deux de nos Sœurs de Tours eussent été en disposition de passer, il les eut jointes à celles qui sont arrivées. Nous avions aussi demandé deux Religieuses de Carcassonne qui sont de nôtre Congregation, & leur Prelat qui est fort ami du nôtre les avoit promises, mais il est arrivé que la plus considerable des deux s'est disloqué un bras, & par cet accident elle a été dans l'impuissance de partir.

Voila, ma chere Mere, de quelle maniere les choses se sont passées, & j'ai bien voulu vous en faire un recit sincere, afin de vous ôter l'impression qu'on vous a donnée, que l'on prefere la Congregation de Paris à la nôtre de Tours. Ce que je vous dis, est si veritable, que les Meres de Paris n'eussent point eu de peine, si les vôtres eussent passé à leur exclusion: Elles n'ont point toutes ces partialitez, dont on les accuse : Ce sont des Filles tres-cordiales & tres-humbles, en sorte que quand on ne leur accorde pas de venir avec nous, elles ne laissent pas de nous aimer, & elles n'envisagent ce refus, qu'à cause qu'elles en sont indignes; c'est ainsi qu'elles parlent d'elles-mêmes, quoi qu'en effet ce soient de tres-riches sujets. Il n'a tenu qu'à nous que nos bonnes Meres de saint Denis en France, ne soient en Canada avec nous, & neanmoins elles n'en ont point de ressentiment. La Mere Superieure m'écrit même que si ses Filles n'ont pas eu le même bonheur que celles qui nous sont venuës, elles n'ont pas pour cela perdu le desir d'y venir une autre fois. Elle me témoigne encore l'agrément qu'elle auroit, si nous allions aux Isles de la Martinique, & que celle de sa maison qui y doit aller, se trouvât en nôtre compagnie, parce que les Marchands de Quebec y envoiant des vaisseaux, il y a de l'apparence qu'elle prendra cette route.

Je vous assure donc encore une fois que ces bonnes Meres ne distinguent point leur Congregation de la nôtre, quand il s'agit de nôtre Mission : Cela seroit trop bas dans des Filles qui s'abandonnent comme des victimes à un lieu où il n'y a nul attrait pour les sens. Pour une plus grande preuve de tout ce que je vous viens de dire, celles qui nous sont venuës, se mirent à genoux dés le premier jour de leur arrivée, pour demander nôtre habit, & ne voulurent pas se coucher qu'elles ne l'eussent reçu : Elles ont ensuite embrassé à l'aveugle toutes nos Coûtumes, quoi qu'elles soient beaucoup differentes de celles de leur Congregation. J'ai été étonnée de ce qu'on m'a mandé de chez vous, que nos cheres Sœurs avoient dit en plusieurs rencontres, qu'elles passeroient volontiers en Canada, pourveu qu'elles fussent seules à Mont-Real. Je ne croi pas que cela soit veritable ; ou s'il est vrai, je croi que c'est une parole échapée. Car, mon intime Mere, ces paroles sont-elles de l'Esprit de Dieu, qui unit ensemble les cœurs dont il se veut servir, afin de n'en faire qu'un? Sont-elles dignes d'une ame qui veut sacrifier tous les sentimens de la nature à la conversion des filles Sauvages? Si vous sçaviez ce que c'est que Mont-Real, vous n'auriez garde d'y envoier des Religieuses, & quand vous le voudriez, Monseigneur nôtre Evêque n'auroit garde de le permettre, sur tout à de nouvelles venuës, & qui ne seroient pas encore faites au païs : outre que celles qui y seroient envoiées, n'y pourroient vivre, sans être changées de temps en temps à cause de l'incommodité du lieu ; il y a encore des raisons tres-fortes, que la charité m'oblige de tenir dans le silence. Mais nous ne serons pas en cette peine, parce que Messieurs de saint Sulpice, qui en ont la conduite, n'y veulent que des Filles Seculieres, qui aient la liberté de sortir, pour aller çà & là, afin de solliciter & d'aider le prochain. Laissons donc conduire le tout à Dieu, qui fera toutes choses dans le temps ordonné dans son conseil. Conservez-moi, mon aimable Mere, vôtre amitié, & me croiez inviolablement vôtre.

LETTRE LXXXIX.

A SON FILS.

Guerre allumée entre les Sonontɤans & les ɤtaɤak. Elle est éteinte par la valeur des François. Progrés merveilleux de la Foi aux Nations du Nord, dont les François prennent possession au nom du Roi. Chemin par terre à la grande Baye du Nord. Metheores & Phenomenes rares arrivez cette année.

MOn tres-cher Fils. Je vous écris ce peu de lignes avant que d'avoir receu de vos nouvelles, pour vous assurer de la sainte protection de Dieu sur vous, & sur moi en particulier qui suis en assez bonne santé pour mon âge, graces à la divine Bonté. Et pour prevenir l'embarras de la décharge des vaisseaux, je m'en vais vous faire un petit abbregé de ce qui s'est passé en ce païs depuis nôtre dernier entretien.

Premierement les Sonontɤans ont remué pour faire la guerre aux ɤtaɤak, Monsieur nôtre Gouverneur a tellement intimidé les uns & les autres, qu'il les a rendus amis. Neanmoins comme l'on ne se peut fier entierement aux Sauvages, afin de leur faire voir, qu'on les pourra humilier quand on voudra, il a pris sans faire bruit une troupe de François, & s'est embarqué avec eux en des batteaux & en des canots qu'il a conduits par des rapides & bouillons, où jamais les Sauvages n'avoient pu passer, quoi qu'ils soient tres habiles à canoter. Il arriva heureusement à Quinté, qui est une habitation d'Hiroquois, dont ces Barbares furent tellement effraiez, qu'aprés avoir long-temps tenu la main sur la bouche pour marque de leur étonnement, ils s'écrierent que les François étoient des Diables qui venoient à bout de tout ce qu'ils vouloient, & qu'Onontio étoit l'incomparable. Monsieur le Gouverneur leur dit qu'il perdroit tous ceux qui feroient revolte, & qu'il prendroit & détruiroit leur païs quand il voudroit. Vous remarquerez qu'avant ces troubles les Sonontvans étoient d'intelligence avec les Anglois pour leur mener les Utavak, afin de frustrer la traite des François, ce qui eût perdu tout le commerce. Mais les Anglois aiant appris ce voiage de Monsieur le Gouverneur chez les Sauvages, ne furent pas moins effraiez que les Sauvages mêmes, & eurent crainte qu'on ne les allât attaquer pour les chasser de leur lieu. Tous les Hiroquois sont si petits & si humiliez depuis que les François les ont brûlez, que dans la crainte qu'ils ne le fassent encore, ils sont doux comme des Agneaux, & se laissent instruire comme des enfans. Dieu se sert de tout pour le salut des ames.

L'Automne dernier Monsieur l'Intendant envoia un Gentil-homme aux Utavak, pour reconnoître tous ces païs, & en prendre possession pour le Roi. Il doit être deux ans à toutes ces recherches, durant lequel temps il accompagnera les Peres dans les Missions, pour prendre toutes ces connoissances. Le Reverend Pere Dallois a poussé jusques dans une Nation encore bien plus éloignée. Les chemins en ont été fort scabreux & difficiles; aprés quoi, il a trouvé un païs merveilleusement peuplé, & le plus beau du monde. Les Sauvages, qui l'ont receu comme un Ange, l'ont écouté, & beaucoup remercié de leur avoir apporté des nouvelles, dont ils n'avoient jamais entendu parler; sçavoir qu'il y a un Dieu, un Paradis, un Enfer, & autres choses semblables: Et aprés tout, de leur avoir procuré l'amitié des François, qu'on leur avoit dit être si bons à tout le monde. Sur cela le Pere fit paroître Monsieur de saint Luçon, qui étoit le Gentil-homme deputé, & leur dit qu'il étoit envoié vers eux de la part du Grand Capitaine des François, dont ils avoient entendu dire tant de bien. Ces bons Sauvages avoient envoié dans les Nations voisines, pour leur

DE LA M. MARIE DE L'INCARNATION. 671

donner avis que les François vouloient faire alliance avec eux. A ces nouvelles, il vint des Ambassadeurs de dix ou douze Nations, ausquels le Pere, qui servoit d'Interprete au Deputé, fit un discours ravissant des Grandeurs & de la Majesté du Roi de France, qui les vouloit prendre en sa protection, pourveu qu'ils voulussent être ses fideles Sujets. Tous y consentirent avec des cris de joïe & d'applaudissement, & ensuite l'on planta la Croix comme le Trophée de nôtre salut, que le Roi & tous ses fideles Sujets adoroient. L'on mit vis-à-vis un poteau, où les Armes de France étoient attachées, & de là sorte l'on prit possession de tous ces païs pour Sa Majesté. Ce Reverend Pere fait merveilles avec ces bons Neophites, & il auroit besoin de quatre ou cinq Peres avec lui pour la grandeur du champ que Dieu lui a donné à défricher & à cultiver.

Le Reverend Pere André a fait un bon Noviciat en sa Mission où il n'est que de l'Eté dernier: Je ne sçai comment lui & son Compagnon s'égarerent du chemin qui les conduisoit au lieu où ils devoient hiverner. La famine les saisit de telle façon qu'ils sont quasi morts de faim, n'aiant vécu dans leur égarement que de vieilles peaux & de mousse. Son homme qui est de nos quartiers de Touraine m'a assuré qu'ils étoient prêts d'expirer quand ils sont arrivez à la residence de leurs Peres. Il faut être puissamment animé de l'Esprit de Dieu, pour se resoudre à souffrir de semblables travaux.

Les Reverends Peres qui côtoient le long Saut des Ataak, où est leur maison fixe, y font des biens nompareils pour la conversion de ces Peuples. Ces bons Peres étant allez à quelques lieuës de là pour une affaire qui regarde la Gloire de Dieu, la maison qui étoit demeurée seule, a été consumée par le feu avec l'Eglise, & tout ce qui étoit dedans. L'on croit avec raison que le Diable enragé de voir tant de progrés, a fait ce malheureux coup. Au fort de l'incendie, un bon Frere, qui venoit de la campagne, se jetta dans le feu, & sauva le tres-saint Sacrement, laissant le reste à la merci des flâmes. Avant cet embrasement les Peres avoient baptisé trois cens Sauvages; c'est le grief des Demons.

Les Peres étant de retour, & se voiant denuez de tout ce qu'ils avoient (car c'étoit là que l'on portoit en reserve tout ce qui étoit necessaire pour l'entretien des Missions) ne perdirent pas courage. Ils se mirent aussi-tôt avec leurs Gens & quelques François affectionnez, à charpenter une Eglise & une Maison plus belle & plus spatieuse que la premiere. Ces bâtimens sont de poutres écarrées & posées les unes sur les autres: Tout est de bois, excepté la cheminée, les couvertures mêmes sont de planches de pin. L'Eglise ne fut pas plûtôt refaite, qu'on y apporta quarante enfans pour être baptisez ; & il ne faut point douter que les Demons n'enrageassent de voir qu'ils avoient plus perdu que gagné dans l'embrasement qu'ils avoient excité. L'on a veu dans la même Mission des choses miraculeuses pour preuve de nôtre sainte Foi, ceux qui les ont veuës, m'en ont assurée. Ces Missions du côté des Atayak sont les plus florissantes pour le present, & c'est un bonheur pour ces peuples, & pour l'établissement de la Foi, de ce qu'ils sont éloignez des François, & par consequent des mauvais exemples & des boissons qui peuvent enyvrer.

Il paroît que la Bonté Divine veut sauver tous ces Peuples. Il y a plusieurs années qu'on cherche un passage par terre pour aller à la grande Baye du Nord. L'on avoit tenté diverses routes, mais en vain, parce qu'on y voioit les grandes montagnes du Nord, qui en fermoient les avenuës. Par une providence toute particuliere les Sauvages de ce païs-là sont venus au nombre de quarante canots pour traitter avec les François, qui les ont reçus avec accueil aussi bien que les Sauvages de ces contrées. Il est sans doute que c'est Dieu qui leur a inspiré ce voiage pour leur salut. Il y a quelques années qu'un honnête homme de nos Amis voulut sonder s'il pourroit trouver ce chemin plus par desir de la conversion de ces Peuples, que pour des profits temporels. Quoi que ce fût en Eté, la Mer étoit pleine de glaces, aussi est-elle appellée la Mer glaciale. Il avoit une bonne barque, sans quoi il auroit été perdu. Chemin faisant, il rencontra un port où il y avoit un grand nombre de Sauvages qui le flattoient de paroles lui & les siens, pour obliger quelqu'un de les aller trouver ; Un jeune homme fut assez hardi ou plûtôt assez simple pour descendre. Ces Barbares le voiant à terre, grinçoient les dents comme des chiens en colere ; ils le prirent, le percerent de coups de coûteau, & l'eussent tué & mangé ensuite, si ceux de la barque ne l'eussent promptement secouru. Le Chef voiant tant d'écuëils & tant de glaces, qui ne lui laissoient qu'une petite voie libre pour la navigation ; reconnoissant encore la malignité de ces Peuples, rebroussa chemin, & se sauva par miracle. Je vous dis ceci pour vous faire voir la Providence de Dieu, en ce que ces Peuples, qui auparavant étoient si feroces, sont venus d'eux-mêmes avec une douceur & benignité inconcevable. Le Reverend Pere Albanel est parti avec eux pour porter la Foi en leur païs : Il sçait en perfection la langue Montagneze, qui est

celle

DE LA M. MARIE DE L'INCARNATION. 673
celle de ce Peuple. Monsieur l'Intendant a envoié des François avec le Pere pour prendre possession de ces grands païs, qui outre la Foi, qui est la fin principale, sont tres-avantageux pour le commerce. Il y a loin d'ici, & peut-être n'entendrons-nous de deux ans des nouvelles de cette Mission.

L'on vient de ramener de la Mission d'Oiognen le Reverend Pere de Carhait tres-digne Missionnaire & tres-saint Homme. L'Hiver dernier aiant été obligé par necessité d'être long-temps dans l'eau, pour assister quelques Sauvages, les nerfs se sont refroidis & retirez de telle sorte que tout un côté est replié en double; & comme il a été long-temps sans être secouru, le mal est devenu incurable. C'est un jeune homme d'environ trente-cinq ans, fervent au possible, sçavant dans les langues Hiroquoises, & plein de belles qualitez; le voila neanmoins perclus sur le lit pour le reste de ses jours. Il ne se peut exprimer combien les Ouvriers de l'Evangile souffrent de travaux, ni à combien de perils ils s'exposent pour gagner des ames à JESUS-CHRIST.

Nous avons extrait des memoires qu'on a apportez des Atatak ce qu'il y a de plus rare & de plus considerable, j'en dirai ici quelque chose que vous ne serez pas marri de sçavoir, le tout est tres-veritable.

Le 21. de Janvier de cette année l'on vit un Parelie dans la Baie des Puans une heure ou deux avant le coucher du Soleil. L'on voioit en haut un grand croissant, dont les cornes regardoient le Ciel, & aux deux côtez du Soleil deux autres Soleils également differens du vrai Soleil qui tenoit le milieu. Il est vrai qu'on ne les découvroit pas entierement, parce qu'ils étoient couverts partie d'un nuage de couleur d'Arc-en-ciel, partie d'une grande écharpe blanche, qui empêchoit l'œil de bien distinguer. Les Sauvages voiant cela, disoient que c'étoit signe d'un grand froid, qui en effet fut tres-violent le jour suivant.

Le sixiéme de Mars l'on vit encore un Parelie en trois endroits differens & éloignez les uns des autres de plus de trente lieuës. Il fut encore veu en la Mission de saint Ignace à Missilimakinak, trois Soleils distans les uns des autres comme d'une demi-lieuë en apparence. En voici trois circonstances considerables que l'on a remarquées. La premiere est qu'ils se firent voir deux fois le même jour, sçavoir le matin une heure après le Soleil levé, & le soir une heure avant le Soleil couché. La deuxiéme, que celui des trois, qui le matin étoit du côté du Midi, se trouva le soir du côté du Septentrion; & en outre celui

Qqqq

qui le matin se voioit du côté du Septentrion, se voioit plus bas que celui du milieu; & le soir aiant changé de situation, & pris le côté du Midi, s'étoit placé plus haut que le vrai Soleil. La troisiéme circonstance est touchant la figure des deux faux Soleils; car celui qui étoit du côté du Midi, étoit si bien formé qu'à peine le pouvoit-on distinguer du vrai Soleil, sinon qu'il paroissoit orné d'une bande rouge en façon d'écarlate du côté qu'il regardoit le vrai Soleil; mais l'autre qui tenoit la gauche, avoit beaucoup plus d'apparence d'un Iris en ovale que d'un Soleil; on voioit bien neanmoins, que c'en étoit une image, en laquelle le Peintre n'avoit pas si bien reüssi, quoi qu'il fût comme couronné d'un filet d'or, qui lui donnoit fort bonne grace.

Ce même Parelie fut veu le même jour en l'Isle de Kaentouton dans le Lac des Hurons à plus de quarante lieuës des Missilimakiak : Voici ce que l'on y a remarqué de curieux : Trois Soleils parurent en même temps du côté du Couchant; ils étoient paraleles à la terre & égaux en grosseur, mais non pas en beauté. Le veritable Soleil étoit à l'Ouest-Sourouest. On vit en même temps deux parties du cercle paralele à l'Orison tenant beaucoup des couleurs de l'Arc-en-ciel. Le bleu étoit en dedans, la couleur aurore au milieu, & le gris obscur ou cendré étoit à l'exterieur : de plus un quart de cercle perpendiculaire à l'Orison presque de même couleur touchoit le faux Soleil, qui étoit au Sourouest, & coupant le demi cercle paralele à l'Orison se confondoit & se perdoit en cette rencontre, où le faux Soleil paroissoit. Le Ciel n'étoit pas si net du côté des Soleils, que par tout ailleurs où l'on ne voioit aucun nuage, mais seulement l'air mediocrement serain. On découvroit nettement la Lune, & s'il eût été nuit, les Etoilles auroient aisément paru. L'air pouvoit soûtenir les faux Soleils durant un temps assez notable, mais non pas le veritable. Ces trois Soleils ensemble ne faisoient pas tant de lumiere que le vrai Soleil en faisoit quand le Ciel étoit bien pur. Il y avoit apparence de vent en l'air, parce que les faux Soleils disparoissoient de temps en temps, & même le veritable, au dessous duquel enfin parut un quatriéme Soleil posé en ligne droite, & en même distance que paroissoient les deux autres qui tenoient les côtez. Ce troisiéme faux Soleil dura peu, mais les deux premiers ne se dissiperent pas si-tôt : lors que les deux faux Soleils cesserent de paroître, ils laisserent aprés eux deux Arcs-en-ciel comme deux beaux restes de leur lumiere. Les Sauvages qui tiennent toutes ces choses extraordinaires pour des Genies, & qui estiment que ces Genies sont mariez, demandoient au

Pere, qui les instruisoit, si ce n'étoient pas les femmes du Soleil, qu'il contemploit si curieusement. Il leur dit, que celui qui a tout fait, les vouloit instruire sur le mystere de la tres-sainte Trinité, & les desabuser par le Soleil même qu'ils adoroient. Cette reflexion du Pere eut son effet, parce que dés le lendemain les femmes qui auparavant ne vouloient pas entendre parler de la priere, presenterent leurs enfans pour être baptisez.

Enfin le même Phenomene s'est fait voir le même jour au Saut, mais d'une façon bien differente & plus admirable, parce qu'outre les trois Soleils qui parurent le matin, on en vid encore huit tous ensemble un peu aprés midi, voici comme ils étoient arrangez. Le vrai Soleil étoit couronné d'un cercle formé des couleurs de l'Arc-en-ciel, dont il étoit le centre. Il avoit à ses deux côtez deux Soleils contrefaits, & deux autres étoient l'un sur sa tête, l'autre comme à ses pieds. Ces quatre Soleils derniers étoient placez sur la circonference de ce cercle en égale distance, & directement opposez les uns aux autres. De plus on voioit un autre cercle de même couleur que le premier, mais beaucoup plus grand, qui passoit par en haut par le centre du vrai Soleil, & avoit le bas & les deux côtez chargez de trois Soleils apparens; & ces huit luminaires faisoient ensemble un spectacle tres-agreable à la veuë.

Voila un petit recit de ce qui s'est passé de plus curieux dans les Nations : J'ai parlé plus haut de ce qui s'y est passé de plus saint, sçavoir de la conversion des ames & de l'établissement de nôtre sainte Foi. J'ai tiré l'un & l'autre des memoires de nos Reverends Peres, dont la sincerité m'est si connuë que j'ose bien vous reiterer qu'il n'y a rien qui ne soit assuré.

L'on vient d'apprendre que quelques-uns de ceux qui sont en route pour la grande Baïe du Nord ont rebroussé chemin pour apporter la nouvelle que des Sauvages, dont ils ont fait rencontre, les ont assurez qu'il y étoit arrivé deux grands vaisseaux, & trois Pinaces d'Angleterre, à dessein de s'emparer du port & du païs; que les deux vaisseaux s'en sont retournez chargez de peltrie, & que les Pinaces y vont hiverner. Voila une mauvaise affaire pour le temporel, peut-être aussi pour le spirituel, puisque le païs tombe sous la domination des Infideles. Si l'on y eût envoié de France, comme l'on en étoit averti, cette perte ne seroit pas arrivée. Ceux qui sont partis d'ici pour cette découverte, ne laisseront peut-être pas d'y planter la Croix avec les Fleurs de Lys à la face des Anglois. Prions pour cette grande affaire.

F I N.

PRIVILEGE DU ROY.

LOUIS par la grace de Dieu Roy de France & de Navarre: A nos amez & feaux Conseillers les Gens tenans nos Cours de Parlement, Maistres des Requestes ordinaires de nôtre Hôtel, Bailliffs, Senéchaux, Prevosts, leurs Lieutenans, & à tous autres nos Justiciers & Officiers qu'il appartiendra, Salut: Nôtre bien amé Louis BILLAINE, Marchand Libraire & Imprimeur de nôtre bonne Ville de Paris, Nous a tres-humblement fait remontrer qu'il auroit recouvré en Manuscrit *les Lettres de la venerable Mere Marie de l'Incarnation, premiere Superieure des Ursulines de la Nouvelle France, divisées en deux parties. 1. Lettres Spirituelles. 2. Lettres Historiques*, lesquelles Lettres l'Exposant desireroit faire imprimer, ce qu'il ne peut faire sans avoir sur ce nos Lettres necessaires, humblement requerant icelles: Nous lui avons permis, & permettons par ces Presentes de faire imprimer, vendre, & debiter ledit Manuscrit intitulé, *les Lettres de la venerable Mere Marie de l'Incarnation, premiere Superieure des Ursulines de la Nouvelle France, divisées en deux parties. 1. Lettres Spirituelles. 2. Lettres Historiques.* en tels volumes, caracteres, & autant de fois que bon lui semblera durant le temps & espace de vingt années, à compter du jour que ledit Manuscrit sera achevé d'imprimer pour la premiere fois, faisant défenses à tous Libraires, Imprimeurs, & autres, d'imprimer, vendre, ni debiter aucuns desdits Livres en quelques lieux de nôtre obeïssance que ce soit, sous pretexte d'augmentation, corrections, ou autres manieres quelconques, sans le consentement de l'Exposant, ou de ceux qui auront droit de lui, à peine de trois mille livres d'amende, confiscation des Exemplaires contrefaits, & de tous dépens, dommages, & interests; à condition de fournir deux Exemplaires desdits Livres en nostre Bibliotheque publique, un en celle de nostre Cabinet du Louvre, & l'autre en celle de nostre tres-cher & feal le sieur le TELLIER Chevalier, Chancelier de France, à peine de nullité des Presentes. Si vous mandons que du contenu en ces Presentes vous fassiez joüir ledit Exposant, & ceux qui auront droit de lui plainement & paisiblement, cessant & faisant cesser tous troubles & empeschemens contraires. Voulons aussi qu'en mettant au commencement ou à la fin de chacun desdits Livres un Extrait des Presentes, elles soient tenuës pour deüement signifiées, & que foi y soit adjoûtée comme à l'Original. Mandons au premier nostre Huissier ou Sergent sur ce requis faire pour l'execution des Presentes tous Exploits & autres Actes requis & necessaires, sans demander autre permission, nonobstant clameur de Haro, Chartres Normande, & autres Lettres à ce contraires: Car tel est nostre plaisir. Donné à Fontainebleau, le 14. Juin, l'an de grace 1680. & de nostre Regne le trente-huitiéme. Par le Roi en son Conseil, BERTIN.

Registré sur le Livre de la Communauté, le 3. jour de Mai 1681.

Achevé d'imprimer pour la premiere fois, le 4. jour de Mai 1681.